KB040902

The Splendid
and
The Vile

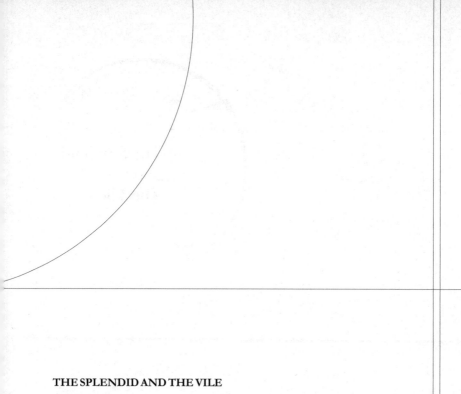

폭격기의 달이 뜨면

The Splendid and The Vile

에릭 라슨 지음 이경남 옮김

1940 런던 공습,
전격하는 히틀러와 처칠의 도전

생각의힘

이유는 밝힐 수 없지만
데이비드 우드럼David Woodrum에게
이 책을 바친다.

다행스러운 일이지만 인간에게는 사건의 추이를
앞질러 예견할 능력이 없습니다. 그걸 다 안다면
세상 살아가기가 쉽지 않을 것입니다.

— 윈스턴 처칠, 1940년 11월 12일 네빌 체임벌린 추도사

독자들께 드리는 말씀

　몇 년 전 맨해튼으로 이사하고 나서야 2001년 9월 11일에 그런 끔찍한 광경을 현장에서 지켜봤던 뉴요커들과 멀리 밖에서 TV로 접한 우리 같은 사람들의 경험이 비슷할 수 없다는 생각을 문득 하게 되었다. 공격받은 도시는 그들의 삶의 터전이었다. 그런 생각이 떠오른 것과 거의 동시에 내 머릿속에는 1940~1941년에 런던에 가해진 독일군의 공습이 떠올랐다. 그리고 런던 시민들이 어떻게 그 악몽 같은 시간을 견뎠을지 궁금해졌다. 런던은 57일간 밤마다 계속된 폭격 이후로도 6개월 동안 강도 높은 야간 공습에 시달렸다.

　특히 나는 윈스턴 처칠의 심경을 헤아려봤다. 그는 어떻게 견뎠을까? 그의 가족과 친구들은? 그의 도시가 밤마다 폭격에 시달리는 것도 그렇고, 그런 끔찍한 공습이 그보다 더 끔찍한 역사의 서막에 불과하다는 것을 알고 있었다면 어떤 심정이었을까? 독일군이 하늘과 바다 양쪽에서 밀려들어와 앞마당에 낙하산이 떨어지고, 탱크가 굉음을 울리며 트라팔가 광장을 질주하고, 예전에 자신이 화폭에 담았던 그 바닷가에 독가스가 살포된다면?

　그래서 좀 알아봐야겠다고 마음을 먹었다. 하지만 '해보자'라고 말하는 것과 실제로 하는 것은 전혀 별개의 문제라는 것을 나는 작업을 시작하기 무섭게 절감해야 했다. 나는 처칠이 총리로 취임한 첫해인 1940년 5월 10일부터 1년 뒤인 1941년 5월 10일까지의 기간에 초점을 맞췄는데, 이 시기는 독일의 공습작전이 산발적이고 목표도 없어 보이는 공격에서 런던에 대한 집중적인 총공격으로 전환되던 시기였다. 그해 마지막 주말은 커트 보니것Kurt Vonnegut의 소설처럼 허망한 폭력으로 끝나지만, 사람들의 반복되는 일상과 환상은 나중에 이 전쟁의 첫 번째 위대한 승리로 기록되는 사건의 뚜렷한 징조를 보여주기 시작했다.

그 뒤의 이야기는 결코 처칠의 삶을 명확하게 설명해주지 않는다. 그런데도 다른 저자들, 특히 지칠 줄 몰랐으나 애석하게도 영원히 살 수는 없었던 그의 전기 작가 마틴 길버트Martin Gilbert는 그 일을 해내고야 말았다. 그의 8권짜리 연구서는 마지막 세부적인 내용에 대한 갈증을 해소시켜 주고도 남는다. 내 책은 처칠과 그 주변 인물들이 일상을 견디고 살아남은 과정을 파헤치는 좀 더 은밀하고 사사로운 이야기다. 이는 암울한 순간과 영광, 복잡한 로맨스와 패주, 슬픔과 웃음 그리고 히틀러의 철권통치 속에서 살아가는 모습을 드러내는 기이한 작은 일화들의 묶음이다. 이 해에 처칠은 처칠이 되었다. 그 시기에 그는 우리 모두가 알고 있는 시가를 입에 문 불독이 되었고, 위대한 연설을 통해 용기와 리더십이 어떤 것인지 세상에 보여주었다.

달리 보일 때도 간혹 있겠지만 이 책은 논픽션이다. 인용 부호로 묶은 것은 일기나 편지나 회고록 등 여러 형태의 역사적 기록에서 가져온 것이다. 몸짓이나 시선, 미소 또는 표정에 나타나는 반응에 대한 언급은 현장에서 목격한 사람의 말을 빌렸다. 이제부터 읽게 될 내용이 처칠과 이 시기에 대해 독자 여러분이 알고 있는 것과 조금 다른 것 같다고 고개가 갸웃거려진다면, 역사는 놀라움으로 가득 찬 활기찬 장소라고밖에 말할 수 없다.

2020년 맨해튼에서, 에릭 라슨

차례

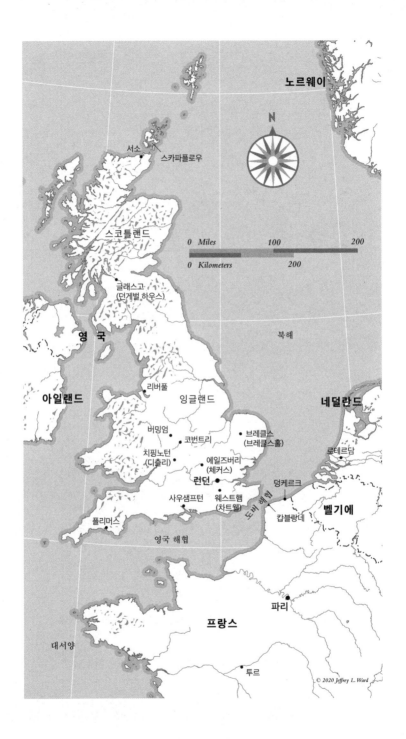

노르웨이

서소
스카파플로우

스코틀랜드

글래스고
(던게벌 하우스)

영 국

아일랜드

리버풀
잉글랜드

버밍엄
코번트리
치핑노턴
(디즐리)
에일즈버리
(체커스)
런던
사우샘프턴
웨스트햄
(차트웰)
플리머스

영국 해협

북해

네덜란드

로테르담

덩케르크
칼블랑네

도버 해협

벨기에

브레클스
(브레클스홀)

프랑스

대서양

파리

투르

0 Miles 100 200
0 Kilometers 200

© 2020 Jeffrey L. Ward

일러두기

1. 이 책은 《The Splendid and The Vile: A Saga of Churchill, Family, and Defiance During the Blitz》(2020)를 우리말로 옮긴 것입니다.

2. 단행본은 겹화살괄호(《 》), 시, 신문, 잡지, 영화 등은 홑화살괄호(〈 〉)로 표기하였습니다.

3. 인명 등 외래어는 관례와 원어 발음을 존중하여 그에 가깝게 표기하였습니다.

4. 저자 주는 번호를 달아 미주로 처리하고, 옮긴이 주는 본문에서 괄호로 적고 표기하였습니다.

냉혹한 예상

폭격기가 온다는 말을 의심하는 사람은 없었다. 작전을 기획하는 사람들이 구체적인 위협을 염두에 두고 있던 것은 아니었지만, 전쟁이 일어나기 훨씬 전부터 방위 대책은 마련되어 있었다. 유럽은 유럽이었다. 과거의 경험을 토대로 판단한다면 전쟁은 어디서든 일어날 수 있었다. 영국의 군부 지도자들은 앞서 그레이트 워the Great War(제1차 세계대전) 때 제국이 겪었던 경험의 렌즈를 통해 세계를 보았다. 그때 독일의 비행선들은 역사상 최초의 체계적인 공습으로 영국과 스코틀랜드에 폭탄을 떨어뜨려 군인과 민간인을 가리지 않는 대량 살상을 자행했었다. 첫 번째 폭격은 1915년 1월 19일 밤이었고, 이후 50회가 넘는 폭격이 뒤를 이었다. 영국의 하늘 위를 유유히 떠다니던 거대한 비행선은 폭탄 162톤을 떨어뜨려 557명의 목숨을 앗아갔다.

그 후 폭탄은 점점 더 커지고 더욱 치명적이고 더 정교해졌다. 시간 지연 장치도 첨가되고 떨어질 때 날카로운 소리가 나도록 성능이 우수해졌다. 전장 4미터에 무게가 1,800킬로그램인 사탄Satan이라는 거대한 독일제 폭탄은 단 한 개로 도시의 블록 하나를 통째로 주저앉힐 파괴력을 가지고 있었다.[1] 이런 폭탄을 운반하는 항공기도 역시 더 크고 더 빨리 더 높이 날았기에 그들은 영국 본토의 방어막을 어렵지 않게 피했다. 1932년 11월 10일, 당시 부총리였던 스탠리 볼드윈Stanley Baldwin은 하원에서 앞으로 닥칠 일을 예고했다. "지구상 어디에도 거리에서 폭격을 막을 수는 없다는 사실을 알아야 합니다. 누가 뭐라 해도 폭격기는 언제나 제 할 일을 할 것입니다." 유일한 방어책은 공격뿐이라면서 그는 이렇게 덧붙였다. "그러니까 적으로부터 스스로를 보호하려면 적보다 더 많은 여성과 아이들을 더 빨리 죽여야 한다는 말입니다."

'결정타'를 우려하던 영국 민방위 전문가들은 런던이 공습을 받을 경우 도시 전체까지는 아니더라도 상당 부분 파괴될 것이고, 목숨을 잃게 될 민간인도 20만 명은 될 것이라고 추산했다. "전쟁이 시작되면 몇 분 안에 런던은 잿더미로 변할 것이라고 사람들은 생각했다." 어떤 하급 관리는 그렇게 썼다. 공습이 자행되면 생존자들도 엄청난 공포에 휩싸여 다들 제정신이 아닐 것이다. "며칠 사이에 런던은 거대한 광란의 아수라장이 될 것이다." 1923년에 군사이론가 J. F. C. 풀러J. F. C. Fuller는 그렇게 썼다. "병원으로 사람들이 난입하고 교통은 마비되고 노숙자들은 살려달라고 비명을 지르며 도시는 아비규환으로 변할 것이다."

내무부는 매장 규정을 따를 경우 190만 제곱미터의 나무널감이 필요할 것으로 추산했는데 이는 실제로 공급할 수 있는 물량이 아니었다. 그렇다면 두꺼운 마분지나 파피에마셰papier-mâché(펄프나 석회 등으로 만든 공예 및 건축 재료-옮긴이)로 관을 짜거나 아니면 시신을 그냥 천으로 둘둘 말아 묻어야 한다. 스코틀랜드 보건부는 "많은 시신을 매장하기에 가장 적절한 형태는 참호형 무덤으로, 깊게 파서 시신을 5겹으로 쌓는 방식"이라고 조언했다. 설계자들은 런던을 비롯한 몇몇 도시의 외곽에 큰 구덩이를 파되, 작업은 가능한 한 신중하게 진행하도록 요청했다. 장의사들은 독가스로 사망한 사람들의 시신과 의복을 소독하는 특별 훈련을 받기로 했다.

히틀러의 폴란드 침공에 맞서 1939년 9월 3일 영국이 독일에 선전포고를 할 당시 정부는 본격적으로 폭격과 그에 따른 본토 침략에 대비해왔다. 침공이 임박했거나 진행 중임을 알리는 암호명은 '크롬웰 Cromwell'이었다. 정보부는 '침략군 퇴치Beating the Invader'라는 특별 전단지를 수백만 가구에 발송했다. 그것은 시민을 안심시키기 위한 수단이 아니라 경고장이었다. "적군이 상륙하는 지역에서는 … 매우 치열한 전투가 벌어질 것입니다." 전단지는 시민들에게 대피하라는 정부의 조언을 흘려듣지 말라고 당부했다. "막상 공격이 시작되면 떠나기에는 너무 늦습니다. … 굳건히 버텨야 합니다." 이제 영국 전역에서 교회의 종탑은 울릴 수 없게 되었다. 오로지 침략자들이 다가오고 '크롬웰'이 발동될 때에만 울릴 수 있었다. 종소리가 들렸다면 가까운 곳에서 낙하산 부대가 목격되었다는 뜻이었다. 그럴 경우 "자전거를 망가뜨리거나 숨기고 지도를 없애야 합니다." 전단지는 그렇게 당부했다. 차량을 소유한 사람은 "배전기 헤드와 도선을 제거하고 연료 탱크를 비우거나 카뷰레터를 탈거하십시오. 방법을 모르면 가까운 정비소를 찾으세요."

마을과 촌락은 거리표지판을 철거하고 지도는 경찰이 발급한 허가증을 소지한 사람에게만 판매하도록 했다. 농부들은 낡은 자동차나 트럭을 들판이나 밭에 방치해두어 적 병사를 실은 글라이더가 착륙하는 데 방해가 되도록 했다. 정부는 시민들에게 방독면 3,500만 개를 지급하여 직장이나 교회에 갈 때 지참하게 하고 집에서는 침대맡에 보관하도록 했다. 런던의 우체통들에는 독가스가 닿으면 색깔이 변하는 노란색 페인트로 된 특수 도료를 칠했다. 엄격한 등화관제로 인해 해가 지고 나면 기차역에서 내리는 사람을 알아보기가 힘들 정도로 주변이 캄캄해졌다. 달이 뜨지 않는 밤이면 보행자들이 자동차와 버스 앞으로 지나가거나 가로등에 부딪히거나 인도에서 떨어지고 모래주머니에 걸려 넘어지는 일이 흔하게 발생했다.

사람들은 갑자기 달의 위상에 관심을 갖기 시작했다. 물론 폭격기는 낮에 공격해왔지만 어두워진 뒤에도 달빛에 의지해 목표물을 찾을 수 있을 것이라고 사람들은 생각했다. 보름달이나 상현달, 하현달 같은 볼록한 달은 '폭격기의 달bomber's moon'이라고 불렸다. 그나마 위안이 있다면 폭격기와 그보다 더 중요한 호위 전투기들이 독일에 있는 기지에서 날아온다는 사실이었다. 그럴 경우 거리가 너무 멀기 때문에 그들의 도달거리와 타격 능력에 한계가 있을 것이다. 그러나 이런 가정은 막강한 육군과 마지노선과 강력한 해군을 보유한 프랑스가 굳게 버텨 루프트바페Luftwaffe(독일 공군)의 발을 묶고 독일이 쳐들어올 모든 길목을 차단해준다는 전제가 있어야 가능한 시나리오였다. 프랑스의 지구력은 영국 방어 전략의 초석이었다. 프랑스가 무너진다는 생각은 상상할 수 없는 일이었다.

"분위기로 말하자면 불안한 정도를 넘어서는 수준이다." 얼마 뒤에 정보부 정무차관이 되는 해럴드 니컬슨Harold Nicolson은 1940년 5월 7일자 일기에 그렇게 썼다. "그것은 실질적인 두려움이다." 그와 그의 아내인 작가 비타 새크빌-웨스트Vita Sackville-West는 독일군에게 잡힐 경우 자살하기로 합의했다. "효과가 즉각 나타나고 고통이 없으면서 휴대할 수 있는 것이 있어야 해요." 5월 28일 그녀는 남편에게 편지를 썼다. "오, 여보. 우리가 어쩌다 이 지경이 됐죠?"

*

예기치 못한 힘과 상황이 맞물리며 마침내 폭격기들은 런던으로 날아왔고, 그중에서도 1940년 5월 10일 해가 떨어지기 직전에 일어난 비상한 사건은 누구나 기억할 만한 아주 화사한 봄날의 멋진 저녁에 발생했다.

1940년

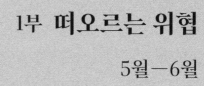

1부 떠오르는 위협

5월 — 6월

1장 검시관 떠나다

차들이 영국 정부청사들이 모여있는 화이트홀Whitehall과 버킹엄 궁 사이로 난 대로 더몰The Mall을 따라 질주했다. 조지 6세와 엘리자베스 왕비가 거주하는 775칸 규모를 자랑하는 궁전의 돌로 된 정면이 저 멀리 길이 끝나는 곳에 보였다. 길은 그늘이 져 어두컴컴했다. 5월 10일 금요일 이른 저녁이었다. 초롱꽃과 앵초가 사방에 활짝 피어있었고 봄의 여린 이파리들이 나무 위에서 아른거렸다. 세인트제임스 파크의 펠리컨들은 봄볕을 쬐며 관광객들의 시선을 즐겼고 그다지 멀지 않은 사촌인 백조들은 그런 관심 따위는 대수롭지 않다는 듯 평소처럼 물 위에서 유유자적했다. 이날의 아름다움은 새벽에 벌어진 일과 충격적일 만큼 대조적이었다. 그날 독일군은 기갑부대와 급강하폭격기와 낙하산 부대를 앞세워 네덜란드와 벨기에와 룩셈부르크로 진격했다.

첫 번째 차 뒷좌석에는 영국 해군의 최고 관료인 해군장관 윈스턴 S. 처칠Winston S. Churchill이 타고 있었다. 65세였다. 그는 앞선 전쟁에서도 같은 직책을 한 번 맡았지만, 이번 전쟁이 선포되자 총리 네빌 체임벌린Neville Chamberlain에 의해 다시 임명되었다. 두 번째 차에는 경찰청 소속으로 처칠의 목숨을 지키는 책무를 맡은 경호원인 스코틀랜드 야드 Scotland Yard(런던경시청) 특별 지부의 월터 헨리 톰슨Walter Henry Thompson 경위가 타고 있었다. 마른 몸매에 키가 크고 코가 각진 톰슨은 보도사진에도 자주 모습을 드러내고 어디를 가든 항상 따라붙지만 따로 언급

될 일은 거의 없는, 흔히 하는 말로 궂은일을 도맡는 '말단' 충복이었다. 하긴 개인비서나 의회 사무비서, 보좌관, 타이피스트 등 정부를 돌아가게 만드는 화이트홀의 무수한 보병들도 다들 격무에 시달렸다. 그러나 다른 사람들과는 달리 톰슨은 항상 외투 주머니에 권총을 품고 다녔다.

처칠은 국왕의 부름을 받고 가는 길이었다. 톰슨이 보기에 이유는 분명했다. "나는 올드맨Old Man을 뒤따르며 말로 표현하기 어려운 벅찬 자부심을 가졌다." 톰슨은 그렇게 썼다.

처칠은 궁전으로 들어갔다. 44세의 조지 왕은 통치 4년째였다. 안짱다리에 살짝 튀어나온 아랫입술과 커다란 귀에 말을 심하게 더듬는 그는 연약해 보이는 인상이어서, 그가 호출한 상대와는 여러 면에서 대조적이었다. 처칠은 국왕보다 키가 8센티미터 작았지만, 체구는 훨씬 컸다. 왕은 늘 처칠을 경계했다. 1936년에 처칠이 왕의 형 에드워드 8세Edward VIII를 동정하여 그의 편을 든 탓에 빚어진 처칠과 왕실의 마찰은 아직 앙금이 가시지 않은 상태였다. 당시 에드워드 8세는 이혼 경력이 있는 미국의 월리스 심슨Wallis Simpson과의 로맨스로 퇴위 위기에 몰려있었다. 국왕은 히틀러가 체코슬로바키아의 일부를 합병할 수 있도록 한 1938년의 뮌헨 협정을 두고 처칠이 체임벌린 총리를 비판한 것에도 화를 냈다. 국왕은 처칠의 독자적 행보와 지조 없이 당적을 바꾼 사실 때문에도 그를 불신하는 편이었다.

왕은 처칠더러 앉으라고 권한 뒤 한참이나 그를 물끄러미 바라보았다. 나중에 처칠의 설명에 따르면 뭔가 탐색하는 듯한 묘한 태도였다.

왕이 입을 열었다. "왜 오라고 했는지 모르시죠?"[2]

"예, 폐하. 짐작도 안 갑니다."

*

하원에서 체임벌린 정부를 흔드는 반란이 있었다. 한 달 전 독일이 침공한 노르웨이에서 독일군을 쫓아내려는 영국의 시도가 실패로 돌아간 것을 두고 언쟁을 벌이던 중에 불거진 일이었다. 그 부분에서 처칠도 해군장관으로서 져야 할 책임이 있었다. 예상외로 거센 독일군의 공격에 직면하여 쫓겨날 위기에 처한 쪽은 영국이었다. 그런 패주는 정권 교체 요구를 촉발시켰다. 반대파들이 보기에 '검시관'이나 '낡은 우산' 등 여러 별명으로 불리는 71세의 체임벌린은 빠르게 확대되는 전쟁을 관리할 능력이 부족했다. 레오폴드 에이머리Leopold Amery 의원은 5월 7일 연설에서 1653년에 올리버 크롬웰Oliver Cromwell이 했던 말을 빌려 체임벌린을 맹렬히 비난했다. "당신은 별로 하는 일도 없이 여기 너무 오래 앉아있지 않았소! 물러나세요. 이제 그만 끝내시라고요! 분명히 말하는데 사라지세요!"[3]

하원은 의원들이 찬성, 반대 두 줄로 로비에 줄지어 서서 투표하는 '가부 표결' 방식을 통해 신임투표를 실시했다. 결과는 찬성 281표 대 반대 200표였다. 집계만 놓고 보면 체임벌린이 이긴 것 같았지만, 사실 이전의 표결과 비교해 보면 그의 정치적 기반이 얼마나 약해졌는지 금방 알 수 있었다.

그 후 체임벌린은 처칠을 만나 사임하겠다고 말했다. 의리 있는 척하고 싶었던 처칠은 그를 만류했다. 그런 처칠의 행동에 왕은 크게 고무되었지만, 체임벌린이 눌러앉을까 걱정이 된 반대파 중 한 사람은 발끈하여 체임벌린을 가리켜 "의자 다리에 붙은 더럽고 오래된 껌 딱지"라고 비난하는 등 험한 말을 가리지 않았다.

5월 9일 목요일, 체임벌린에 반대하는 세력은 결심을 굳혔다. 그날 시간이 흐를수록 그의 사임은 더욱 확실해 보였고, 후임으로 두 사람이 급히 물망에 올랐다. 외무장관 핼리팩스 경Lord Halifax과 많은 대중들로부터 존경을 받는 해군장관 처칠이었다.

그러나 5월 10일 금요일, 히틀러는 저지대 국가들(벨기에, 네덜란드, 룩셈부르크 등)을 상대로 전격전에 돌입했다. 그 소식은 화이트홀 전체에 어두운 그림자를 드리웠지만, 덕분에 체임벌린은 자리를 지킬 수 있을지 모른다는 새로운 희망을 어렴풋하게나마 가질 수 있게 되었다. 그런 중대한 사건이 벌어지는 와중에 정부를 바꾸는 것은 어리석은 일이라는 데 하원은 동의할 것이다. 그러나 반대파들은 체임벌린 밑에서는 봉직하지 않겠다는 점을 분명히 밝히며 처칠의 추대를 추진했다.

체임벌린은 사임 외에 달리 선택의 여지가 없다고 판단했다. 그는 핼리팩스 경이 총리직을 맡아야 한다고 주장했다. 핼리팩스는 처칠보다 더 안정적인 인물이어서 영국을 어떤 새로운 궁지로 몰 가능성은 낮아 보였다. 처칠은 화이트홀 내에서 훌륭한 웅변가로는 인정을 받았지만 판단력에 대해서는 믿음을 주지 못하는 편이었다. 핼리팩스도 처칠을 "포악한 코끼리"라고 불렀다. 그러나 전시에 국가를 이끌 자신이 없었던 핼리팩스는 총리직을 맡을 생각이 없었다. 체임벌린이 그의 마음을 돌리기 위해 사람을 보냈을 때 그는 치과에 간다고 해놓고 사라져 거부 의사를 분명히 밝혔다.

이제 남은 것은 국왕의 결정이었다. 그는 우선 체임벌린을 불렀다. "그의 사표를 수리했다." 국왕은 일기에 그렇게 썼다. "나는 그가 터무니없이 부당한 대우를 받았다고 생각하며 이 모든 논란이 매우 유감스럽다고 그에게 말했다."

두 사람은 후임자 얘기를 했다. "물론 나는 핼리팩스를 제안했다." 왕은 그렇게 썼다. 왕은 핼리팩스를 "매사 분명한 사람"이라고 생각했다.

하지만 체임벌린의 생각은 뜻밖이었다. 그는 처칠을 추천했다.

왕은 이렇게 썼다. "윈스턴을 불러 내각을 구성해달라고 부탁했다. 그는 요청을 받아들였고, 내가 그 때문에 사람을 보낼 줄은 생각도 못했다고 내게 말했다." 왕의 설명에 따르면, 처칠은 염두에 두고 있던 사람들 몇몇을 댔다.

*

처칠이 탄 차와 톰슨 경위가 탄 차는 런던 해군사령부 영내의 장관 공관으로 돌아갔다. 처칠이 거주지로 사용하고 있는 곳이었다. 두 사람은 차에서 내렸다. 늘 그렇듯 톰슨은 권총을 빨리 뽑을 수 있도록 외투 주머니에 한 손을 넣고 있었다. 착검된 소총을 든 초병이 서 있었고 모래주머니로 은폐한 루이스 경기관총으로 무장한 병사들도 있었다. 근처 세인트제임스 파크의 잔디 위에는 포신이 긴 대공포가 석순처럼 위로 돌출되어 있었다.

처칠은 톰슨 쪽으로 몸을 돌렸다. "자네 내가 왜 버킹엄궁에 갔는지 알지?" 그가 말했다.

톰슨은 안다고 했고 축하드린다고 말했지만, 맡으실 일이 너무 막중해서 좀 더 일찍 더 좋은 시절에 임명이 됐으면 좋았을 뻔했다고 덧붙였다.

"그게 얼마나 대단한 일인지는 신만이 아시겠지." 처칠은 그렇게 말했다.

두 사람은 장례식에서 만난 조문객처럼 엄숙하게 악수를 했다. "너무 늦지 않았길 바랄 뿐일세." 처칠은 그렇게 말했다. "그래서 몹시 두렵네. 하지만 우린 최선을 다해야 해. 이제 우리에게 남은 게 뭔지 모르지만 그걸 다 바쳐야 할 걸세."

처칠은 낮은 목소리로 말했지만 내심 자신감이 넘쳤다. 지금까지 평생을 이 순간을 위해 살아왔다. 그것이 이처럼 암울한 시기에 찾아왔다는 것은 중요하지 않았다. 오히려 그래서 그의 임명이 더욱 절묘했다.

흐릿한 불빛 속에서 톰슨 경위는 처칠의 뺨에 흐르는 눈물을 보았다. 톰슨 역시 눈물이 나려 했다.

*

그날 밤 잠자리에 누우니 그제야 도전과 기회를 마주했다는 짜릿한 느낌이 생생하게 다가왔다. "오랜 세월 정치를 하며 국가의 요직이란 요직을 두루 거쳤지만 지금 내게 떨어진 직책이 가장 마음에 든다는 점을 흔쾌히 인정할 수밖에 없다." 처칠은 그렇게 썼다. 권력 자체를 위해 권력을 탐하는 것은 정치가의 "기본적" 욕구지만, "어떤 명령을 내려야 할지 안다고 생각하는 국가적 위기의 순간에 잡은 권력은 하나의 축복이다." 그는 그렇게 덧붙였다.

그는 큰 안도감을 느꼈다. "마침내 나는 모든 현장에 지시를 내릴 권한을 손에 넣었다. 마치 운명과 함께 걷고 있는 기분이고, 모든 지나간 과거의 내 인생이 이 시간과 이 시련을 위한 준비에 불과했던 것 같은 느낌이었다. …

어서 아침이 왔으면 했지만, 잠은 푹 잤다. 꿈에서까지 환호할 필요는 없었다. 현실이 꿈보다 나으니까."

톰슨 경위에게 불안한 심정을 털어놓기는 했어도 처칠은 다우닝가 10번지에 뻔뻔스러울 정도로 확실한 자신감을 불어넣었다. 자신의 영도하에 영국은 전쟁에서 승리할 것이다. 아무리 객관적인 평가가 자신에게 기회가 없다고 말해도 상관없었다. 이제 자신이 넘어야 할 난관은 영국 국민들, 지휘관, 각료 등 다른 모든 사람들, 그리고 무엇보다 미국 대통령 프랭클린 D. 루스벨트Franklin D. Roosevelt가 그런 사실을 믿도록 만드는 것임을 처칠은 알고 있었다. 처음부터 처칠은 이 전쟁의 저변에서 대치하고 있는 힘의 성격을 알고 있었다. 미국이 참전하지 않고서는 이길 수 없다는 것이었다. 영국 혼자서도 독일과 맞서 버티고 저지할 수 있지만, 히틀러와 국가사회주의의 최종적인 척결을 보장하는 것은 오직 미국의 산업 역량과 병력뿐이라고 그는 믿었다.

이 모든 상황이 더욱 부담스러운 것은 히틀러가 그의 공군 루프트바페를 발진시키고 전 병력을 영국에 집중시키기 전에 이런 목적을 빨리 달성해야만 한다는 사실이었다. 영국 정보부는 전력 면에서 독일 공군이 영국 공군보다 월등하게 우세하다고 판단했다.

*

이런 가운데 처칠은 또 다른 문제를 처리해야 했다. 당장 그달 말에 갚아야 할 감당하기 힘든 개인적 빚이었다. 하지만 수중에 돈이 없었다. 외아들 랜돌프Randolph도 빚에 허덕였다. 그는 돈을 헤프게 쓸 뿐 아니라 도박에서 돈을 잃는 데에도 남다른 재주를 끈질기게 보여주었다. 랜돌프의 무능은 유명했다. 또한 술을 너무 많이 마셨고, 한 번 취하면 주사가 심했다. 그는 어머니 클레멘틴Clementine(영국인들은 '클레멘틴'으로 발음한다)이 언젠가 가족 망신을 단단히 시킬지 모른다고 여길 만큼 아슬아슬한 행동을 자주 벌이곤 했다. 처칠은 등화관제 규정과 엄격한 배급과 암살을 방지하려는 관리들의 성가신 사생활 침해도 다뤄야 했다. 공습에 대비해 다우닝가 10번지와 화이트홀의 여러 구역을 보강하기 위해 파견된 노동자들도 그를 끊임없이 괴롭혔다. 그들은 쉬지 않고 망치질을 해댔는데 그 소리는 다른 어떤 도발보다 더 거슬리는 일이어서 머리 꼭대기까지 화가 치밀게 만들곤 했다.

그래도 절대 참을 수 없는 것은 휘파람 소리였다.

그 자신도 언젠가 히틀러와 자신에게 유일한 공통점이 있다면 휘파람을 싫어하는 것이라고 말한 적이 있다. 단순한 강박증 수준이 아니었다. "그것은 거의 정신적인 발작이라 해도 좋을 정도다. 엄청나고 즉각적이고 터무니없다." 톰슨 경위는 그렇게 썼다. 언젠가 톰슨과 신임 총리가 다우닝가 10번지로 걸어갈 때였다. 앞에서 열세 살쯤 된 신문팔이 소년이 같은 방향으로 가고 있었다. 소년은 "신문 뭉치를 겨드랑이에 끼고 주머니에 손을 찔러 넣은 채 신이 나서 큰 소리로 휘파람을 불었다." 톰슨은 그렇게 회상했다.

소년이 가까워지자 처칠은 화가 치밀었다. 소년을 따라잡은 그는 어깨를 구부리고 호통을 쳤다. "휘파람 불지 말거라."

그 소년은 아주 차분하게 대답했다. "왜요?"

"내가 싫어하니까. 끔찍한 소음이야."

소년은 가던 길을 가며 돌아서서 소리쳤다. "귀를 막으면 되잖아요. 안 그래요?"

소년은 계속 걸어갔다.

처칠은 순간 움찔했다. 그리고 화가 나서 얼굴이 빨개졌다.

하지만 처칠의 큰 장점 중 하나는 균형 감각이었다. 그것은 그에게 개별적인 사건들을 요술 상자 안에 집어넣는 능력을 주었고, 그래서 기분 나쁜 일도 순식간에 웃음으로 바꿔주었다. 다시 걸음을 옮기면서 톰슨은 처칠의 얼굴에 미소가 번지는 것을 보았다. 처칠은 낮은 소리로 소년의 말을 반복했다. "귀를 막으면 되잖아요. 안 그래요?"

그러고는 크게 소리 내어 웃었다.

*

    처칠은 그를 찾는 새로운 소환에 즉시 부응하여 많은 사람에게 용기를 주었지만, 그의 등장을 비보로 여기는 사람들도 있었다.

2장 사보이의 밤

17살이던 메리 처칠Mary Churchill도 5월 10일 아침, 그날 유럽에서 전해진 암울한 소식을 들었다. 자세한 내용은 그 자체도 두려웠지만, 그것이 더욱 충격적으로 다가왔던 건 메리가 지난밤 보낸 즐거웠던 순간과 영국 해협 건너편에서 일어난 일이 나란히 동시에 진행되었다는 사실 때문이었다.

메리는 처칠의 다섯 자녀 중 막내였다. 넷째인 메리골드Marigold는 생후 2년 9개월 만인 1921년 8월에 패혈증으로 죽었다. 처칠과 그의 아내는 아이가 죽을 때 곁을 지켰다. "클레멘틴은 고통스레 죽어가는 짐 승처럼 거칠고 새된 비명을 계속 뱉어냈다." 나중에 처칠은 메리에게 그 순간을 그렇게 설명했다.

메리의 큰언니인 30살의 다이애나Diana는 내무부 민방위 부서인 공습대책반Air Raid Precautions, ARP에서 처칠의 '특별연락관'으로 일했던 던컨 샌디스Duncan Sandys와 결혼했다. 그들은 세 명의 아이를 가졌다. 메리의 둘째 언니인 25살의 새라는 어린 시절 별명이 '고집통이Mule'였을 정도로 다루기가 힘들었다. 배우였던 그녀는 자신보다 16살이 많고 이미 두 번의 결혼 경력이 있는 오스트리아의 엔터테이너 빅 올리버Vic Oliver와 결혼하여 처칠의 속을 썩였다. 그들은 아이가 없었다. 곧 29살이 되는 둘째 랜돌프는 1년 전 파멜라 딕비Pamela Digby와 결혼했다. 파멜라는 이제 20살이었고 첫 아이를 임신하고 있었다.

메리는 예쁘고 명랑하고 기개가 있었다. 어떤 사람은 "매우 활달하다"고 했다. 그녀는 새끼 양처럼 천진한 열정의 세계에서 살았다. 미국에서 온 손님 캐시 해리먼Kathy Harriman은 메리를 질릴 정도로 순진한 처녀로 여겼다. "메리는 매우 똑똑한 소녀다. 하지만 너무 순진해서 쉽게 상처를 입는다. 그녀는 너무 솔직해서 사람들에게 웃음거리나 놀림감이 된다. 그래서인지 극도로 예민하다. 그녀는 뭐든 허투루 여기지 않는다." 메리가 태어났을 때, 어머니 클레멘틴은 그녀에게 '생쥐 메리Mary the mouse'라는 별명을 붙여주었다.

히틀러가 저지대 국가의 수많은 사람들을 죽음으로 몰아넣고 그들에게 씻을 수 없는 트라우마를 씌우던 시간에, 메리는 친구들과 즐거운 시간을 보내고 있었다. 그날 저녁은 그녀와 절친한 주디를 위한 만찬으로 시작되었다. 메리의 사촌인 주디스 베네시아 몬태규Judith Venetia Montagu는 17세 동갑내기로, 인도 국무장관을 지냈던 고 에드윈 새뮤얼 몬태규Edwin Samuel Montagu와 그의 부인 베네시아 스탠리Venetia Stanley의 딸이었다. 그들의 결혼생활은 한 편의 드라마 같은 것이어서 여러 가지 추측이 무성했다. 베네시아는 35년 연상인 전 총리 H. H. 아스퀴스H. H. Asquith와 3년 동안 불륜관계를 이어가던 중에 몬태규와 결혼했다. 베네시아와 아스퀴스가 육체적인 관계를 가졌는지는 당사자가 아니고는 알 수 없는 의문으로 남았지만 소문의 양만으로 로맨스의 강도를 측정할 수 있다면, 아스퀴스는 돌이킬 수 없는 사랑에 빠진 남자였다. 그는 3년 동안 베네시아에게 적어도 560통의 편지를 보냈는데, 일부는 각료회의 중에 쓴 것이었다. 처칠은 그런 그의 버릇을 가리켜 "영국의 안보에 매우 심각한 큰 위험"이라고 지적했다. 몬태규와의 깜짝 약혼으로 아스퀴스는 크게 상심했다. "이보다 더한 지옥은 없을 것이다." 그는 그렇게 썼다.

주디 몬태규의 만찬에는 다른 젊은 남녀들도 많이 참석했다. 모두가 런던의 유복한 가정에서 태어난 영국 상류층의 자손들로, 인기 있는 나이트클럽을 전전하며 식사하고 춤을 추고 샴페인을 즐기는 부류였다. 전쟁의 음산함도 그들의 흥을 막을 수는 없었다. 남자들은 대부분 이런저런 군에 입대하거나 샌드허스트Sandhurst나 퍼브라이트Pirbright 같은 군사학교에 들어갔다. 뭐니 뭐니 해도 가장 낭만이 넘치는 곳은 RAFRoyal Air Force(영국왕립공군)였을 것이다. 입대한 젊은이들 중 일부는 노르웨이에서 싸웠고, 일부는 영국원정군British Expeditionary Force으로 해외에 파견되었다. 메리 같은 부류의 소녀들은 여성자원봉사단Women's Voluntary Service에 가입하여 피난민들의 정착을 돕고 요양소를 운영하고 비상식량 배급을 맡는 한편, 개의 털로 실을 꼬아 옷감을 만드는 등 다양한 일들을 했다. 간호사 훈련을 받는 젊은 여성들도 있었다. 몇몇은 외무부에 들어가 보이지 않는 곳에서 일하는 등 메리의 표현대로 "딱히 정해지지 않은 활동"을 했다. 그렇다고 청춘의 특권을 포기할 수는 없었다. 암울한 시기의 모임이지만 메리와 그녀의 친구들은 춤을 추었다. 메리에게는 매달 첫날 아빠로부터 받는 5파운드(20달러 정도)의 용돈이 있었다. 메리는 회고록에서 "런던 사교생활은 활기찼다"고 썼다. 등화관제 속에도 극장은 만원이었고 식당들이 모두 문을 닫은 밤늦은 시간에도 춤을 출 수 있는 나이트클럽은 많았다. 여전히 많은 사람들이 저녁 파티를 열었다. 그중에는 휴가차 나온 아들을 위한 파티도 많았다.

메리와 친구들이 가장 즐겨 찾는 장소는 코벤트 가든Covent Garden 근처의 플레이어스 극장Players' Theatre이었는데, 그들은 테이블에 앉아 피터 유스티노프Peter Ustinov를 비롯한 배우들이 앙상블로 오래된 연주회용 노래를 부르는 것을 보았다. 그들은 극장이 문을 닫는 새벽 2시까지 그렇게 놀다가 등화관제가 실시되고 있는 거리를 걸어 집으로 향했다. 메리는 가득 찬 달이 자아내는 밤의 아름다움과 신비함에 감탄했다. "어두운 계곡처럼 그림자 짙게 드리운 거리에서 솟아오른 달이 드넓은 트라팔가 광장을 온통 자신의 빛으로 넘칠 만큼 채우는 가운데, 배경에 새겨진 세인트마틴인더필즈 성당과 강인하고 검은 수호 사자獅子 위로 밤하늘을 찌를 듯 솟아오른 넬슨 기념탑이 고전적인 대칭을 이루고 있었다. 결코 잊을 수 없는 광경이었다."

주디 몬태규의 만찬에 참석한 남자들 중에 마크 하워드Mark Howard라는 젊은 육군 소령이 있었다. 메리는 잘생기고 쾌활한 그 소령이 "아주 멋져 보였다."[4] 4년 뒤에 전사할 운명인 마크는 영국 정규군 중 가장 오래된 연대인 콜드스트림 근위대Coldstream Guards 소령이었다. 전투 부대였지만 그들의 임무 중에는 버킹엄궁을 지키는 일도 있었다.

저녁 식사 후 메리와 마크와 친구들은 유명한 사보이 호텔Savoy Hotel로 몰려가 춤을 추었고, 그곳을 나와 런던의 부유한 젊은 남녀들 사이에서 '야간 사교본부'로 통하는 인기 나이트클럽 400으로 자리를 옮겼다. 레스터 광장 지하에 위치한 이 클럽은 새벽까지 문을 열었고 손님들은 18인조 오케스트라의 음악에 맞춰 왈츠와 폭스트로트를 추었다. "거의 내내 마크하고만 춤을 췄다." 메리는 일기장에 그렇게 썼다. "너무 좋았다! 새벽 4시에 집으로 와 곧장 침대로."

5월 10일 금요일 아침, 메리는 유럽에서 벌어진 히틀러의 기습공격 소식을 들었다. 그녀는 일기에 이렇게 썼다. "마크와 내가 오늘 아무 생각 없이 즐겁게 춤을 추던 차갑고 뿌연 새벽녘에 독일은 아무런 죄도 없는 나라를 두 곳 이상 덮쳤다. 네덜란드와 벨기에였다. 그 잔인무도함이 상상이 안 간다."

메리는 할리 스트리트에 있는 퀸즈 칼리지에 다녔고, 그곳에서

'데이걸day girl(집에서 기숙학교를 다니는 학생-옮긴이)'로 불문학과 영문학과 역사를 공부했다. "하루 종일 자욱한 불확실성과 의심이 우리를 괴롭혔다. 정부는 어떻게 되는 걸까?" 메리는 그렇게 썼다.

답은 금방 나왔다. 오후에 메리는 런던에서 남동쪽으로 약 40킬로미터 떨어진 처칠 가문의 시골저택인 차트웰Chartwell로 갔다. 금요일이면 습관처럼 하는 행차였다. 그녀는 이곳에서 자랐고 관상용 동물을 길러 그중 일부를 '해피 주The Happy Zoo'라는 기업을 통해 팔려고 했다. 그 집은 전쟁 중에 처칠의 서재만 제외하고 전부 폐쇄되었지만 영지 안에 있는 오두막집은 여전히 열려있었고, 지금은 메리가 따르는 전 유모 메리엇 와이트Maryott Whyte가 살고 있었다. 와이트는 클레멘틴의 인척으로 가족끼리는 '모펫Moppet'이나 '나나Nana' 등 여러 가지 별명으로 불렸다.

덥고 여름다운 저녁이었다. 메리는 푸른 땅거미가 질 무렵에 오두막 계단에 앉아있었다. 그 시간을 그녀는 '박명'이라고 불렀다. 그리고 방 안에서 나오는 라디오를 들었다. BBC 정규 뉴스 방송이 시작되기 직전인 9시쯤, 체임벌린이 짤막한 연설을 했다. 자신은 이제 물러나며 처칠이 새 총리가 되었다는 얘기였다.

메리는 감격했다. 그렇지 않은 사람들도 많았다.

*

그날 밤 사보이와 400 클럽에 있었던 메리의 일행 중 적어도 한 명에게 그 임명은 달가운 일이 아니었다. 그것이 국가와 전쟁에 그리고 자기 삶에 미칠 영향을 생각할 때 더욱 그랬다.

5월 11일 토요일 아침까지 존 "조크" 콜빌John "Jock" Colville은 네빌 체임벌린의 보조비서였지만, 이제 그는 처칠 비서로 임명되었다. 직업의 특성상 그는 다우닝가 10번지의 주인과 꼼짝없이 함께 살아야 할

판이었다. 콜빌을 바라보는 메리의 입장은 양면적이었지만 경계하는 쪽에 더 가까웠다. "그렇다. '체임벌린의 사람'이나 '친독일파'라는 점에서 모두 의심스러웠다!" 메리는 그렇게 썼다. 콜빌은 콜빌대로 메리에게 그다지 매력을 못 느꼈다. "나는 처칠의 딸이 좀 거만하다고 생각했다."

개인비서는 선망의 직업이었다. 콜빌은 새로 임명된 다른 네 명과 함께 처칠의 '비서실Private Office'을 구성하여 거의 그의 대행 역할을 하다시피 했다. 다른 비서들과 타이피스트들은 처칠이 불러주는 내용을 받아쓰거나 일상적 사무를 처리했다. 콜빌이 총리 비서라는 직책을 이어받은 것도 사실은 애초 다우닝가 10번지에 배정되었을 때 이미 결정된 것이나 다름없었다. 그의 아버지인 조지 찰스 콜빌George Charles Colville은 법정 변호사였고, 어머니 신시아 크루-민즈Cynthia Crewe-Milnes는 메리Mary 대비의 시중을 드는 조신朝臣이었다. 그녀는 또한 사회복지사로 런던 동부의 빈민들을 돌보면서 가끔 콜빌을 데리고 가 영국의 다른 면을 보여주곤 했다. 콜빌은 12세 때 국왕 조지 5세George V의 시동이 되어 의무적으로 일 년에 세 번 버킹엄궁에 나가 의전에 참석했다. 그때는 무릎까지 오는 예복 바지에 소매에 레이스가 달린 왕실의 푸른 외투를 걸치고 빨간 깃털이 달린 삼각 모자를 써 한껏 치장했었다.

콜빌은 25살밖에 되지 않았지만 나이가 들어 보였는데, 이는 무슨 장례식에 참석하는 사람마냥 늘 정장을 해야 하는 데다 짙은 눈썹과 무표정한 얼굴 탓도 있었다. 그러나 그런 면면 외에도 사실 그는 다우닝가 10번지에서 지내던 시절 남모르게 써왔던 일기장에서도 분명하게 드러나듯, 엄격한 비판의식을 갖고 세련된 글을 쓰면서 주변 세상의 아름다움을 대체로 깊은 안목으로 평가할 줄 알았고, 인간 행동에 대한 정확한 관찰자였다. 그에게는 해군에서 복무하고 있는 맏형 데이비드

David와 둘째 형인 육군 소령 필립Philip이 있었는데, 필립은 영국원정군으로 프랑스에 파견되어 조크는 늘 마음을 졸였다.

콜빌은 좋은 학교만 골라 다녔다.[5] 영국의 상류층에게 이는 매우 중요한 문제로, 학교는 군대로 말하면 일종의 사단기 같은 기능을 했다. 그는 영국의 고등학교에 해당하는 해로 스쿨Harrow School에서 펜싱 팀 주장을 맡았고 졸업 후 케임브리지의 트리니티 칼리지로 진학했다. 특히 해로 스쿨은 영국 상류층 젊은이들의 운명에 대단한 영향을 끼쳤는데, '해로 졸업생Old Harrovians' 명단에는 처칠을 포함한 7명의 총리가 포함되어 있다. 학교 직원의 말을 빌리면 처칠은 "눈에 띄게 꾀죄죄한" 모습의 우둔한 학생이었다. (이 외에도 졸업생 명단에는 베네딕트 컴버배치Benedict Cumberbatch와 〈프린세스 브라이드The Princess Bride〉로 유명해진 캐리 엘위스Cary Elwes, 조류학자 제임스 본드James Bond 등이 있다.) 콜빌은 독일에 두 번 체류하면서 독일어를 배우고 익혔다. 히틀러가 독일의 총리가 된 직후인 1933년과 히틀러가 전권을 장악한 1937년이었다. 처음에 콜빌은 독일 대중의 열광에서 어떤 전염성을 느꼈지만 시간이 갈수록 그런 그들의 모습을 불안한 눈으로 바라보게 되었다. 그는 바덴바덴에서 책을 불태우는 장면을 목격했고 나중에는 히틀러의 연설도 들었다. "집단 히스테리가 이처럼 보편적인 규모로 드러나는 광경은 전에도 이후로도 본 적이 없다." 그는 그렇게 썼다. 같은 해 그는 외무부에 들어갔다. 외무부는 다우닝가 10번지에 개인비서들을 파견했다. 2년 뒤 콜빌은 체임벌린을 보좌했지만 그가 공들인 뮌헨 협정이 실패하자 크게 당황했다. 체임벌린을 비판한 주요 인사 중 한 명인 처칠은 이 협정을 "총체적 완전한 패배"로 규정했다.

콜빌은 체임벌린을 좋아하고 존경했기에 처칠이 권력을 잡은 지금 어떤 일이 벌어질지 두려웠다. 그저 앞날이 혼란스럽기만 했다. 화이트홀의 다른 많은 사람들처럼, 그는 처칠이 종잡을 수 없고 오지랖이 넓으며 모든 일을 한꺼번에 처리하려는 의욕이 남다른 정치가라고 생각했다. 하지만 대중은 그를 사랑했다. 콜빌은 일기에서 이처럼 처칠의 인기가 급상승한 이유를 히틀러의 탓으로 돌렸다. "히틀러가 취한 아주 영리한 조치 중 하나는 윈스턴을 '공공의 적 1호'로 만든 것이다. 그 덕분에 처칠은 조국과 미국에서 '공공의 영웅 1호'가 되었다."

처칠의 임명이 가져올 잠재적 영향력이 구체화되면서 화이트홀 전반에 좋지 않은 실망의 기운이 자리 잡는 것 같다고 콜빌은 염려했다. "물론 그는 이 나라가 생각하는 것처럼 추진력과 에너지를 가진 사람일지 모른다. 그리고 그는 삐걱거리는 우리의 군사 및 산업 기계의 속도에 박차를 가할 수 있을지도 모른다." 콜빌은 그렇게 썼다. "하지만 그것은 위험하기 짝이 없는 발상이다. 거기에는 경솔하고 화려한 공적을 내세울 위험이 포함되어 있다. 이 나라가 그 어느 때보다 위험한 지경에 처하지나 않을지 걱정을 떨칠 수가 없다."

콜빌은 처칠의 임기가 길어지지 않기만 바랐다. "N.C.(네빌 체임벌린)가 머지않아 돌아오리라고 믿는 분위기가 있는 것 같다."[6] 그는 자신의 일기에 그렇게 털어놓았다.

그러나 한 가지는 확실했다. 처칠이 콜빌을 임명한 덕에 일기에 쓸 거리가 많아졌다는 사실이었다. 그는 전쟁이 시작된 직후인 8개월 전부터 일기를 쓰기 시작했다. 그런 행위가 국가의 안보에 심각하게 위배된다는 생각을 하게 된 것은 한참 뒤의 일이었다. 나중에 그의 동료 비서는 이렇게 말했다. "조크(콜빌)가 보안 문제와 관련하여 저지른 위험을 보고 무척 놀랐다. 그런 사실이 발각되었다면 즉시 해고감이었다."

콜빌의 의구심은 사실 화이트홀의 전체 분위기를 그대로 반영하는 것이었다. 조지 6세는 일기에 이렇게 썼다. "아직 윈스턴이 P.M.(총리)이라는 생각이 잘 안 든다." 왕은 버킹엄궁 경내에서 핼리팩스 경과 우연히 마주쳤다. 핼리팩스는 유스턴 광장에 있는 자택에서 외무부로 출근할 때 버킹엄궁을 통과할 수 있도록 왕실의 허락을 받은 터였다. "핼리팩스를 정원에서 만났다. 그리고 그에게 그를 P.M.으로 세우지 못해 미안하다고 말했다." 왕은 그렇게 썼다.

핼리팩스는 외무장관으로 재임명되었지만 처칠을 믿지 못했고 그가 다우닝가 10번지에 몰고 올 거친 에너지에 대해서도 의심하는 입장이었다. 핼리팩스는 처칠이 임명된 다음 날인 5월 11일 토요일에 아들에게 편지를 썼다. "윈스턴이 우리를 데리고 경거망동하지 않기를 바랄 뿐이다."

A. A. 밀른A. A. Milne의 캐릭터 위니-더-푸Winnie-the-Pooh에서 착안하여 처칠에게 '푸'라는 별명을 붙인 핼리팩스는 처칠이 새로 조각組閣한 인물들의 지적 함량이 떨어진다고 불평했다. 핼리팩스는 그들을 모두 "갱스터"라고 싸잡아 흉을 보면서 처칠을 갱단의 두목이라고 했다. "지식에 엉성한 빈틈이 많은 사람, 아니 정신상태가 언제 어떻게 갑자기 바뀔지 모르는 그런 사람을 나는 본 적이 거의 없다." 핼리팩스는 그 주 토요일 일기에 그렇게 썼다. "그가 그걸 좀 더 질서정연하게 작동시킬 수 있을까? 그게 관건이다."

처칠의 임명 소식을 듣고 어떤 의원의 아내는 펄쩍 뛰었다. 그녀는 처칠을 헤르만 괴링Hermann Göring에 비유했다. 뚱보에 성격이 잔인한 독일 공군 루프트바페의 수장 괴링은 제3제국 서열 2위의 권력자였다. "W.C.야말로 영국의 괴링이다." 그녀는 그렇게 썼다. "피와 '전격

전Blitzkrieg'에 대한 열망으로 똘똘 뭉쳐있고 자만심과 과식으로 몸이 부푼 데다, 혈관에 흐르는 변절의 기질은 변할 줄 모르고 중간중간에 영웅심과 허세가 드러난다."

그러나 넬라 라스트Nella Last라는 민간 일기기록원의 견해는 달랐다. 그녀는 자신의 일기를 매스옵저베이션Mass-Observation에 보냈다. 매스옵저베이션은 전쟁이 발발하기 2년 전에 출범한 단체로 사회학자들이 평범한 영국인의 생활을 좀 더 잘 파악하기 위해 수백 명의 자원봉사자를 모집하여 매일 일기를 쓰도록 한 프로젝트였다. 일기기록원들은 자신이나 가까운 친구들의 일상을 묘사함으로써 관찰 능력을 연마했다. 라스트 같은 자원봉사자들은 전쟁 내내 일기를 썼다. 그중 한 구절. "만약 한 남자와 평생을 보내야 한다면 난 체임벌린을 선택하겠다. 하지만 폭풍에 난파당할 지경이 되면 당장 처칠에게 달려갈 것이다."

대중과 처칠의 우방들은 그의 임명을 박수로 환영했다. 축하 편지와 전보가 해군장관 관저로 쇄도했다. 그중 특히 두 통이 처칠을 흡족하게 했다. 둘 다 처칠과 오랫동안 친구로 지내면서 여러 가지 정황으로 보아 로맨틱한 열망을 품었을지도 모르는 여성들에게서 온 편지였다. 클레멘틴은 그 관계를 수상쩍게 여겨 두 여성을 모두 경계했다고 전해진다.

"내가 바라던 대로 됐군요." 1928년 사망한 전 총리 H. H. 아스퀴스의 딸 바이올릿 본햄 카터Violet Bonham Carter는 그렇게 썼다. "이제 확실한 믿음과 자신감을 가지고 앞으로 닥칠 일들을 마주할 수 있을 것 같네요." 처칠을 잘 알았던 그녀는 그의 에너지와 호전성이 정부의 분위기를 쇄신하리라고 믿어 의심치 않았다. "당신이 늘 하던 대로 우리 모두는 저들에게 되로 주고 말로 받아낼 겁니다." 그녀는 그렇게 썼다.

"하지만 당신은 휘둘리지 않고 상황을 장악하겠죠. 당신이 그 자리에 있고 당신이 우리의 운명의 키를 잡고 있고 당신이 직접 국가의 투지에 불을 붙이게 됐다는 사실이 얼마나 다행인지 몰라요."

두 번째 편지는 베네시아 스탠리가 보낸 것이었다. 스탠리는 아스퀴스와 서신으로 은밀한 관계를 계속 이어갔었다. "달링, 당신이 총리가 되었을 때 온 문명 세계에 전해진 엄청난 환호에 내 목소리를 더하고 싶네요. 얼마나 감사한 일인지요." 그녀는 기쁨에 들떠 그렇게 말했다. "우리 모두를 구할 기회가 당신에게 주어진 겁니다."

그녀는 추신을 달았다. "사랑하는 사람이 10번지를 또 다시 차지하게 되어 얼마나 좋은지 모르겠어요."

3장 런던과 워싱턴

미국은 전쟁을 대하는 처칠의 생각과 그로 인한 최종적인 결과를 중대하게 보았다. 히틀러는 유럽을 압도할 기세였다. 독일의 공군 루프트바페는 영국의 왕립 공군 RAF보다 규모가 훨씬 크고 강력한 것 같았고, 독일의 잠수함과 전함들은 이제 섬나라에 매우 중요한 식량과 무기와 원자재의 공급을 심각하게 방해하고 있었다. 앞선 전쟁은 미국이 작정하고 달려들 때 군사력으로 얼마나 강력한 힘을 보여줄 수 있는지를 과시한 자리였다. 하지만 지금 이 순간에도 양측의 균형을 맞출 수단은 역시 미국에만 있는 것 같았다.

처칠의 아들 랜돌프도 전략적인 측면에서 미국이 중요한 자리를 차지하고 있다는 사실을 곧 깨닫게 되었다. 처칠이 총리가 된 지 얼마 되지 않았을 때였다. 랜돌프는 아버지께 인사를 드리러 관저에 있는 처칠의 침실을 찾았다. 처칠은 세면대 거울 앞에서 면도를 하고 있었다. 랜돌프는 예전에 처칠도 배속된 적이 있는 제4여왕직속기병대Queen' Own Hussars에서 휴가차 고향에 돌아온 터였다.

"잠깐이면 된다. 그동안 거기 앉아 신문이나 읽으렴." 처칠이 그에게 말했다.

잠시 후 처칠은 아들을 향해 몸을 반쯤 돌리고 말했다. "이제 좀 뭔가 풀릴 것 같아."

그는 다시 거울 쪽으로 돌아섰다.

랜돌프는 아버지가 전쟁 얘기를 한다고 생각했다. 그래서 그런 말을 듣고 놀랐다고 그는 회상했다. 당시 영국은 이길 가망이 거의 없었기 때문이었다. "우리가 지지 않는다는 말씀이세요?" 랜돌프가 물었다. "그러니까 그 망할 놈들을 무찌를 수 있다고요?"

그러자 처칠은 면도기를 세면대에 내던지고 얼굴을 돌려 아들을 마주보며 고함을 쳤다. "당연히 우리가 이기지."

"그럼요. 저도 동의해요." 랜돌프가 급히 수습했다. "하지만 어떻게 해서 이긴다는 말씀인지…"

처칠은 얼굴을 닦았다. "미국을 끌어들일 거다."

*

미국 대중은 이리저리 끌려다니는 데 관심이 없었다. 유럽 전쟁에 휘말리는 것이라면 특히 그랬다. 전쟁 초기와는 사뭇 다른 모습이었다. 당시 갤럽이 실시한 여론조사에서는 프랑스와 영국의 패배가 확실시될 경우, 미국이 독일에 선전포고를 하고 군대를 보내야 한다고 생각하는 미국 국민이 42퍼센트인 데 반해 안 된다는 대답은 48퍼센트였다. 그러나 히틀러가 저지대 국가를 침공하자 대중의 태도는 급변했다. 1940년 5월에 실시된 여론조사에서 갤럽은 93퍼센트가 선전포고에 반대한다고 발표했다. 이른바 고립주의였다. 미 의회는 앞서 1935년부터 제정한 일련의 중립법안Neutrality Acts을 통과시켜 무기 및 군수품의 수출을 엄격히 규제하고 전쟁 중인 어느 나라에도 미국 선박을 이용한 물자 수송을 금지함으로써 이런 반감을 명문화했다. 미국인들은 영국에 대해 동정적이었지만, 히틀러가 네덜란드, 벨기에, 룩셈부르크를 침공한 같은 날 내각을 해체한 대영제국이 얼마나 안정을 유지할 것인지에 대해서는 의문을 가졌다.

5월 11일 토요일 아침, 루스벨트 대통령은 백악관에서 국무회의를 소집했다. 영국의 신임 총리도 논의의 대상이었다. 핵심은 이 새롭게 확대된 전쟁에서 처칠이 기선을 제압할 수 있겠는가 하는 점이었다. 루스벨트는 처칠이 해군장관으로 있는 동안 여러 차례 그와 교신한 적이 있지만, 미국 여론을 자극할까 우려하여 그런 사실을 비밀에 부치고 있었다. 국무회의의 전반적인 분위기는 회의적이었다.

그 자리에는 내무장관 해롤드 L. 이키스Harold L. Ickes도 있었다. 뉴딜정책으로 알려진 루스벨트의 사회사업 및 재정개혁 프로그램을 주도한 인물로 루스벨트에게 적지 않은 영향력을 행사하는 고문이었다. "듣자 하니 처칠은 술에 취하면 전혀 믿을 수 없다고 합니다." 그가 말했다. 이키스는 한술 더 떠 처칠을 "너무 늙었다"며 폄하했다. 노동부장관 프랜시스 퍼킨스Frances Perkins에 따르면, 회의가 진행되면서 루스벨트는 처칠을 "알 수 없는" 인물로 단정하는 눈치였다.

그러나 신임 총리에 대한 의구심, 특히 그의 주량에 대한 의구심은 회의가 있기 훨씬 전부터 심어진 것이었다. 1940년 2월, 미 국무부차관 섬너 웰스Sumner Welles는 유럽을 순방했다. '웰스 미션Welles Mission'으로 알려진 그의 행차는 베를린, 런던, 로마, 파리 등지에서 지도자들을 만나 유럽의 정치 상황을 가늠하기 위한 일정이었다. 그가 방문했던 사람들 중에는 당시 해군장관이었던 처칠도 있었다. 웰스는 보고서에 이렇게 썼다. "그의 집무실로 안내되었을 때 처칠은 난롯불 앞에 앉아 24인치 시가를 피우며 위스키와 탄산음료를 마시고 있었다.[7] 내가 가기 전에 이미 위스키를 많이 들이킨 것이 분명했다."

그러나 처칠을 믿지 못하게 만드는 데 결정적인 역할을 한 사람은 주영 미국대사 조지프 케네디Joseph Kennedy였다. 케네디는 총리를 싫어했고 영국의 전망과 처칠의 성격에 대해 계속 비관적인 보고만 올렸다.

언젠가 케네디는 처칠이 "수전증 때문에 술잔을 양손으로 들어야 할 정도가 되었고 한 번도 제대로 된 판단을 한 적이 없다"는 체임벌린의 발언을 루스벨트에게 그대로 전했다.

사실 케네디는 런던에서 별로 인기가 없었다. 처칠의 외무장관인 핼리팩스 경의 부인은 케네디가 영국의 생존 가능성을 비관적으로 보며 영국 공군이 곧 궤멸되리라고 말한 그의 예언 때문에 대사를 몹시 싫어했다.

"할 수만 있다면 내 기꺼이 그를 죽여 버릴 것이다." 그녀는 그렇게 썼다.

4장 감전 효과

취임한 지 첫 24시간 만에 처칠은 전혀 다른 종류의 총리로서 그 진면목을 드러냈다. '낡은 우산', '검시관' 체임벌린이 침착하고 신중하게 다뤘던 문제를 신임 총리는 그의 평판에 걸맞게 현란하고 자극적이며, 전혀 예측할 수 없는 방식으로 처리했다. 우선 처칠은 직접 국방장관을 겸임했다. 이를 두고 어떤 퇴임 관리는 일기에 이렇게 썼다. "하늘이시여, 우리를 도우소서." 국방장관은 신설된 자리로 이를 통해 처칠은 육군과 해군과 공군의 지휘부를 통제할 수 있게 되었다. 그는 이제 전쟁을 완전히 장악했고 아울러 모든 책임도 함께 떠맡았다.

그는 재빨리 조각에 착수해 다음 날 정오까지 7개 부처의 장관을 임명했다. 그는 핼리팩스 경을 외무장관으로 유임시키고 관용과 충성의 표시로 체임벌린을 추밀원 의장에 추대했다. 하는 일은 많지 않지만 정부와 국왕의 가교 역할을 해달라는 취지였다. 처칠은 체임벌린을 다우닝가 10번지 총리 관저에서 즉시 내보내기보다는 품위 있게 물러날 시간을 주고 자신은 현재 거주하고 있는 해군장관 관저에 당분간 머물기로 했다. 처칠은 1930년대 체임벌린이 재무장관 시절에 거주했던 인접한 타운하우스인 다우닝가 11번지를 그에게 제공했다.

화이트홀 전체의 전기 사용량이 급증했다. 조용했던 통로들이 깨어났다. "하룻밤 사이에 기계의 톱니바퀴가 한두 개 새로 생긴 것 같았다." 전시내각War Cabinet 장관 에드워드 브리지스Edward Bridges는 그렇게 썼다.

낯설고 당혹스러운 이 새로운 에너지는 말단 비서관부터 최고위 직 장관에 이르기까지 모든 관료층을 훑고 지나갔다. 10번지 전체가 감전된 것처럼 화들짝 놀랐다. 존 콜빌에 따르면 체임벌린 재직 중에는 전쟁이 발발했을 때도 일의 속도가 달라지지 않았는데, 처칠은 발전기 그 자체였다. "지체 높은 공직자들이 복도를 달리는 모습을 실제로 자주 볼 수 있었다." 콜빌은 그렇게 놀라워했다. 콜빌을 비롯한 처칠의 개인비서들의 업무량도 상상하지 못할 정도로 폭증했다.

처칠은 '전언문minute'으로 알려진 간단한 메모로 지시를 내리고 명령했는데, 대부분 타이피스트에게 구술하여 받아 치게 한 것이었다. 그 탓에 타이피스트들 중 적어도 한 명은 그가 잠에서 깨어나는 순간부터 잠자리에 들 때까지 항상 가까운 곳에 대기해야 했다. 처칠은 오탈자나 말이 안 되는 구절이 나오면 자신의 말에 집중하지 않은 탓이라고 생각하여 불같이 화를 내곤 했다. 하지만 사실 그는 약간 혀짧배기 같은 언어장애가 있어 's' 발음이 분명하지 않았다. 그 외에도 그의 말을 정확하게 받아 친다는 것은 결코 쉬운 일이 아니었다. 1941년에 다우닝가 10번지에 온 타이피스트 엘리자베스 레이턴Elizabeth Layton은 27페이지 분량의 연설문을 작성하면서 "공군부Air Ministry"를 "공군장관Air Minister"으로 받아 친 단 한 번의 실수로 처칠에게 호되게 야단맞았지만 덕분에 의도치 않게 강렬한 시각적 이미지가 담긴 문장이 만들어졌다. "공군장관은 꼭대기부터 밑바닥까지 혼란스러운 상태였다." 레이턴은 처칠이 침대에서 구술할 때, 특히 아침에는 그의 말을 알아듣기가 어려웠다고 토로했다. 또렷하게 들리지 않는 다른 이유도 있었다. "항상 그 시가가 문제였어요." 그녀는 그렇게 말했다. "그리고 그분은 보통 방을 왔다 갔다 하면서 말씀하세요. 어떨 때는 내 의자 뒤에 있다가 잠시 후에는 방 저쪽 멀리 가 계시죠."

처칠은 아무리 사소한 문제도 소홀히 넘기는 법이 없었다. 그는 장관들이 보고서를 작성할 때 사용하는 표현과 문법에까지 간섭했다. 그들은 비행장을 말할 때도 '에어로드롬aerodrome'이 아니라 '에어필드airfield'라고 해야 했고 비행기는 '에어로플레인aeroplane'이 아니라 '에어크래프트aircraft'라고 해야 했다. 처칠은 특히 장관들이 작성하는 전언문의 길이를 한 페이지 이내로 간결하게 줄이라고 다그쳤다. "생각을 압축하지 않는 건 게으르기 때문이오."[8]

이런 정확하고 까다로운 소통방식 때문에 지위 고하를 막론하고 사람들은 새로운 책임감을 가지고 업무에 임했고 그래서 늘 똑같았던 업무의 진부함을 떨쳐낼 수 있었다. 처칠의 코뮈니케(공식발표)는 매일 수십 개씩 쏟아져 나왔고 언제나 짧고 정확한 영어로 쓰였다. 하루가 끝나기 전에 그가 복잡한 문제에 대한 해결책을 내놓으라고 요구하는 것은 드문 일이 아니었다. "그가 당장 중요하다고 여기지 않거나 그의 관심사가 아닌 문제는 실제로 아무런 가치도 없는 문제가 되었다." 다우닝가 10번지의 비서진들이 '브루키Brookie'라고 불렀던 앨런 브룩Alan Brooke 장군은 그렇게 썼다. "그가 어떤 일을 끝내기로 작정하면 다른 일들은 모두 중단해야 했다."

그런 효과는 "끊임없이 빙글빙글 돌며 행정부의 외진 곳까지 비추는 서치라이트 광선 같았다. 그래서 아무리 서열이 낮고 하는 일이 보잘것없어도 그 광선이 언제 어떻게 자신에게 떨어져 하고 있는 일을 낱낱이 드러낼지 몰라 늘 노심초사했다." 브룩은 그렇게 말했다.

*

체임벌린이 다우닝가 10번지를 떠날 때까지 처칠은 해군관저 1층에 집무실을 마련하고, 밤에는 그곳에서 업무를 보았다. 타이피스트 한 명과 개인비서 한 명이 식당을 사무실 삼아 매일 돌고래를 모티브로 한 가구, 등받이와 팔걸이에 해초가 새겨진 의자, 갖가지 해양 생물들이 모여있는 통로를 오갔다. 처칠의 집무실은 안방이었다. 책상 위에는 알약, 가루약, 이쑤시개 외에 소매를 잡아주는 커프스, 각종 금메달 등이 어지럽게 놓여있었다. 그는 메달들을 문진文鎭처럼 늘어놓았다. 옆 테이블 위에는 위스키 병들이 놓여있었다. 낮에는 다우닝가 10번지 집무실에서 업무를 보았다.

그러나 처칠은 집무실에 대해 퍽이나 개방적인 생각을 가지고 있었다. 장군이나 장관, 참모들은 자주 욕조에서 처칠과 만나곤 했다. 욕조는 처칠이 즐겨 일하는 장소였다. 그는 또한 침대에서 일하는 것을 좋아해서, 매일 아침 타이피스트를 곁에 두고 침대에서 몇 시간씩 공문서와 보고서를 훑어보곤 했다. '박스Box'는 언제나 그 자리에 있었다. '박스'는 관리들이 보낸 보고서, 서신, 전언문 등 처칠이 봐야 할 것들을 모아 놓은 검은색 서류상자로, 개인비서들이 매일 내용물을 채워 넣었다.

특히 거의 매일 아침 처칠의 침실을 찾는 사람이 있었다. 새로 군사수석자문에 임명된 헤이스팅스 이즈메이Hastings Ismay 소장이었다. 보통 그를 닮은 품종의 개인 '퍼그Pug'라는 애칭으로 통했다. 처칠과 3군 참모총장 사이를 오가며 처칠의 생각을 그들에게 납득시키고 처칠도 그들의 입장을 이해하도록 중재하는 것이 이즈메이의 일이었다. 이즈메이는 재치와 외교관 뺨치는 수완으로 자신이 맡은 일을 해냈다. 이즈메이는 곧 처칠이 '비밀 서클Secret Circle'이라고 부르는 조직의 핵심 멤버가 되었다. 이즈메이는 아침마다 처칠의 침실을 찾아 오전 수석참모 회의에서 나올 문제들을 논의했다. 어떨 때는 그저 옆에 앉아있기만

할 때도 있었다. 그저 다정하고 침착한 모습으로 앉아있기만 해도 처칠에게는 그런 그가 필요했다. 타이피스트와 개인비서들도 모두 퍼그를 좋아했다. "눈, 주름이 생기는 코, 입, 얼굴 모양은 전체적으로 사람을 즐겁게 해주는 충직한 개와 같은 효과를 자아냈다." 존 콜빌은 그렇게 썼다. "그가 미소를 지으면 얼굴에 생기가 넘쳤고 꼬리를 흔드는 모습을 쉽게 상상할 수 있었다."

이즈메이는 새로운 총리로 처칠을 간절히 원하는 국민들의 모습에 무척 놀랐다. 다우닝가 10번지에서 그와 함께 나와 해군관저로 걸어가는 도중에 이즈메이는 곁을 지나치는 사람들이 처칠에게 뜨거운 환호로 인사하는 것을 보고 감탄했다. 10번지 입구에서 기다리던 사람들은 큰 소리로 축하와 응원의 메시지를 외쳤다. "행운을 빌어요. 위니. 신의 가호가 있기를."

처칠은 매우 감동한 표정이었다. 건물에 들어서자 처칠은 북받치는 감정을 감추지 않고 눈물을 흘리기 시작했다.

"불쌍한 국민들, 불쌍한 국민들." 그는 말했다. "저들은 나만 믿고 있는데 내가 그들에게 줄 거라곤 한동안 재앙밖에 없을 것 같구려."

그가 그들에게 가장 주고 싶었던 것은 행동이었다. 그는 그 점을 처음부터 분명히 밝혔다. 집무실이든 전장이든 어디서나 그는 행동하는 모습을 보여주려 했다. 그가 특히 바랐던 것은 영국이 공세로 전환해 "그 못된 사내that bad man"와 직접 전쟁을 벌이는 일이었다. 그는 아돌프 히틀러를 그렇게 불렀다. 처칠은 독일인들이 "피 흘리고 불에 타는" 모습을 보고 말겠다는 말을 자주 했다.

취임한 지 이틀 만에 RAF 폭격기 37대가 독일의 공업화된 루르 지역에 위치한 도시 뮌헨글라트바흐를 공격했다. 그 공습으로 4명이 사망했는데, 그중 한 명은 어이없게도 영국 여성이었다. 그러나 인명 피해는 중요하지 않았다. 이 작전과 곧이어 이어진 몇 차례의 공습은 영국 국민들과 히틀러와 특히 미국에게 끝까지 싸우겠다는 영국의 의지를 확고히 보여주기 위한 선언이었다. 처칠은 5월 13일 월요일 하원에서 첫 연설을 할 때도 같은 메시지를 던졌다. 그렇게 자신만만하게 승리를 다짐하기는 했어도 현재 영국이 처한 냉혹한 지형을 누구보다 잘 아는 현실주의자이기도 했다. 특히 그런 처지를 그는 한 마디로 명확하게 드러냈다. "나는 피와 수고와 눈물과 땀 외에는 드릴 게 없습니다."

비록 이 문구는 나중에 그가 했던 말 중에 가장 멋진 발언으로 웅변의 판테온에 당당히 자리를 잡고, 몇 년 뒤 히틀러의 선전장관 요제프 괴벨스Joseph Goebbels에게도 높은 평가를 받지만, 지난 시절 그가 저지른 치명적인 실수 때문에 여전히 의심의 눈초리로 바라보는 청중들에게는 그저 그런 또 하나의 연설에 지나지 않았다. 새로운 상사를 모시게 되었지만 여전히 체임벌린에 대한 충성심이 변치 않았던 존 콜빌도 "화려하지만 대수롭지 않은 연설"로 치부했다. 이 행사를 위해 콜빌은 "50실링 양복점Fifty-Shilling Tailors에서 산 담청색 새 정장"을 입었다. 저가의 남성복을 판매하는 대형 체인점의 "저렴하면서도 감각적인 디자인이 새 정부와 잘 어울릴 것으로 생각했기 때문"이었다.

*

독일군은 터무니없는 근거를 내세워 저지대 국가에 대한 지배권을 주장하고 나섰다. 5월 14일, 600미터 높이에서 떼를 지어 날아온 루프트바페의 폭격기들이 로테르담에 폭탄을 떨어뜨려 800명이 넘는 민간인 사상자를 냈다. 그것은 영국도 유사한 운명에 놓일 수 있다는 경고였다. 그러나 처칠과 그의 지휘관들이 가장 경악했던 것은 하늘의 대포로 통하는 항공기와 함께 동원된 독일 기갑부대의 가공할 활약이었다. 그들은 벨기에와 프랑스에서 연합군을 연타하여 프랑스의 저항을 무력화시키고 대륙에 주둔하는 영국원정군BEF을 위험에 빠뜨렸다. 5월 14일 화요일, 프랑스 총리 폴 레노Paul Reynaud는 처칠에게 전화를 걸어 약속한 RAF 전투기 4개 편대 외에 10개 편대를 더 보내달라고 사정하며 덧붙였다. "가능하면 오늘 말입니다."

독일은 이미 승리를 공공연하게 기정사실화하고 있었다. 그 화요일 베를린에 있던 미국 특파원 윌리엄 샤이러William Shirer는 승전 선언을 반복하는 뉴스캐스터들의 들뜬 목소리를 귀가 따갑도록 들었다. 그들은 정규 라디오 프로그램을 중단하고 새로 들어온 진격 상황을 흥분한 목소리로 전했다. 먼저 팡파르가 울려 퍼진 다음 최근 승전보가 나오면, 합창단이 "당시 큰 인기를 모았던 '우리는 영국으로 진격한다Wir fahren gegen Engeland'를 불렀다"고 샤이러는 일기에 기록했다.

5월 15일 수요일 아침 7시 30분에 레노는 처칠에게 다시 전화를 걸어 아직 잠자고 있는 총리를 깨웠다. 처칠은 침대 옆 탁자에 있는 전화기를 들었다. 잠음 사이로 레노의 목소리가 아득하게 들렸다. 레노는 영어로 말했다. "우리는 패했습니다."

처칠은 아무 말도 하지 않았다.

"우린 졌습니다." 레노가 다시 말했다. "전투에서 졌단 말입니다."

"어떻게 그렇게 빨리 당할 수 있단 말이요?" 처칠이 물었다.

레노는 독일군이 벨기에와 프랑스의 국경 근처 아르덴 숲에 있는 마을 스당에 주둔하던 프랑스군을 격파했으며, 곧이어 그 틈을 비집고 탱크와 장갑차들이 쏟아져 나왔다고 말했다. 처칠은 레노를 진정시키며, 군사 경험에 비춰볼 때 공격하는 쪽은 시간이 갈수록 그 기세가 꺾이게 마련이라고 안심시켰다.

"우린 패했다니까요." 레노는 같은 말만 되풀이했다.

믿기지 않는 얘기였다. 프랑스군은 규모가 크고 훈련이 잘되어 있었으며 요새화된 마지노선은 난공불락이었다. 영국의 전략적 계획은 프랑스를 파트너로 삼는 것이었는데, 이제 그들이 없다면 영국원정군의 우위 확보는 물 건너간 얘기였다.

처칠은 문득 미국의 원조를 직접 요청할 때가 되었다고 생각했다. 이날 루스벨트 대통령에게 발송한 비밀 전보에서 처칠은 대통령에게 영국이 공격받는다는 것은 거의 틀림없는 시나리오이며 독일은 곧 총공격을 준비하고 있다고 말했다. "필요하다면, 우리는 혼자라도 전쟁을 계속할 것입니다. 우리는 두렵지 않습니다." 그는 그렇게 썼다. "그러나 대통령 각하, 미국의 목소리와 힘을 너무 오랫동안 눌러두고 있으면 모든 것이 무위로 돌아갈지 모른다는 것을 각하도 알고 계시리라 믿습니다. 그렇게 되면 놀라우리만치 빠른 시간에 나치에게 완전히 예속된 유럽이 자리를 잡을지도 모릅니다. 그리고 그 중압감은 우리가 견딜 수 있는 정도 이상일 것입니다."

그가 원하는 것은 물적 지원이었다. 특히 그는 루스벨트에게 노후화된 구축함 50척을 보내달라고 요청했다. 그 구축함이라도 있으면 영국 해군이 자체 해군 강화 계획에 따라 새로운 함정을 제조할 수 있을 때까지 버틸 수 있을 것이다. 그는 또한 항공기를 "최신형으로 수백 대" 요구하면서 대공 무기와 탄약도 함께 달라고 했다. "그렇게 되면 내년에는 필요한 항공기를 어느 정도 확보할 수 있게 될 것입니다. 우리가 그것을 볼 때까지 살아있다면 말입니다."

그리고 그는 곧 건드리지 않을 수 없는 민감한 문제에 도달했다. 미국을 다룰 때는 항상 값을 후려치거나 아니면 그런 시늉이라도 해야 했다. 그는 이렇게 썼다. "능력이 되는 한 계속 대금을 치를 생각입니다. 그러나 더는 지불할 수 없게 되어도, 미국이 물자를 변함없이 제공해준다는 점을 납득이 가는 선에서 확인하고 싶군요."

루스벨트 대통령은 이틀 뒤 답신을 통해 의회의 특별 승인 없이는 구축함을 보낼 수 없다며 "지금 이 시점에 그런 안건을 의회에 제출하는 것이 현명한 일인지 확신이 서지 않는다"고 덧붙였다. 그는 여전히 처칠을 경계했지만 그보다 더 조심스러운 것은 미국 국민들의 반응이었다. 당시 루스벨트는 아직 적극적인 의사를 표명하지 않았지만 3선 출마를 놓고 고심을 거듭하고 있었다.

대통령은 처칠의 몇 가지 요청을 슬쩍 비켜가며 말을 맺었다. "총리님께 행운이 함께하기를 빕니다."

*

다급해진 처칠은 프랑스 지도자들을 직접 만나기로 했다. 현재 치르고 있는 싸움의 전황을 파악하고 그들의 투지를 북돋우기 위해서였다. 독일 전투기들이 프랑스 상공을 장악하고 있는 가운데도 처칠은 5월 16일 목요일 오후 3시에 다우닝가 10번지에서 북쪽으로 약 11킬로미터 떨어진 헨던 공군기지에서 군용 수송기 드 하빌랜드 플라밍고de Havilland Flamingo를 타고 이륙했다. 기체 전체가 금속으로 만들어진 쌍발 엔진 비행기에 커다란 안락의자가 설치된, 처칠이 가장 좋아하는 기종이었다. 플라밍고는 이륙 즉시 프랑스까지 호위하기 위해 발진한 스핏파이어 편대와 합류했다. 퍼그 이즈메이를 비롯한 몇몇 관리 등 소규모 인원만 그를 수행했다.

착륙해보니 상황은 예상보다 훨씬 더 심각했다. 총리 일행을 만난 프랑스 장교들은 이즈메이에게 독일군이 며칠 안에 파리에 도달할 것으로 보인다고 말했다. "우리는 도무지 그 말을 믿을 수 없었다." 이즈메이는 그렇게 썼다.

레노와 휘하 장군들은 또다시 항공기를 요청했다. 고심 끝에 처칠은 늘 그랬던 것처럼 훗날의 평가를 고려하여 10개 편대를 약속했다. 그는 그날 밤 자신의 전시내각에 전보를 쳤다. "그들의 요구를 거절했다가 결국 몰락을 초래한다면 역사적으로 좋지 않은 선례가 될 것입니다."

처칠 일행은 다음 날 아침 런던으로 돌아왔다.

프랑스로 그렇게 많은 전투기를 보낸다는 말을 들은 개인비서 콜빌은 걱정이 되었다. "그 말은 이 나라가 보유한 최전방 전투기 방어 병력의 4분의 1을 빼낸다는 뜻이 아닌가." 그는 일기에 그렇게 썼다.

*

프랑스의 상황이 악화되자 히틀러가 모든 관심을 영국 쪽으로 집중시킬 것이라는 두려움이 현실로 다가왔다. 침공은 확실해 보였다. 화이트홀과 영국 사회 저변 깊은 곳 어딘가에서 꾸준히 돌던 유화의 목소리가 다시 고개를 들기 시작했다. 히틀러와의 평화 협정을 맺어야 한다는 주장에 새삼 힘이 실렸다. 거슬러 올라와 잔디밭을 적시는 지하수처럼 오래된 본능이 거품을 내고 있었다.

처칠 집안에서 그런 패배주의적인 발언을 꺼냈다가는 큰일 난다는 사실을 모르는 사람들이 있었다. 어느 오후 처칠은 제1원내총무 데이비드 마거슨David Margesson을 점심 식사에 초대했다. 클레멘틴과 메리가 동석했다. 마거슨은 소위 '뮌헨의 남자들Men of Munich', 한때 유화정책에 찬성하며 체임벌린의 1938년 뮌헨 협정을 지지한 부류 중 한 명이었다.

식사를 하던 클레멘틴은 점점 불편해졌다.

처칠이 총리로 임명된 이후, 그녀는 남편의 변함없는 동지로 오찬과 만찬을 주최하고 대중들이 보내는 수없이 많은 편지에 대신 답장을 썼다. 그녀는 종종 머리 스카프를 터번처럼 둘렀는데, 거기에는 작게 그려진 전쟁 포스터와 '방위를 위한 대여Lend to Defense', '전진하라Go to It' 등의 구호가 인쇄되어 있었다. 그녀가 살아온 55년의 세월 중 32년은 처칠과 함께 한 결혼생활이었다. 그들이 약혼했을 때 처칠의 절친한 친구였던 바이올릿 본햄 카터는 클레멘틴의 자질을 크게 의심했다. "내가 늘 하는 얘기지만 클레멘틴은 그에게 장식용 구레나룻에 지나지 않을 거야. 그 이상은 관심도 없어 아주 속 편하게 살 걸."

그러나 클레멘틴은 결코 '구레나룻'이 아니라는 것을 행동으로 보여주었다. 키가 크고 날씬하며, 본햄 카터도 인정했듯이 "흠잡을 데 없이 완벽한 미모"를 가진 그녀는 자주 가족과 오래 떨어져 혼자 휴가를 보낼 정도로 의지가 강하고 독립적이었다. 1935년에 그녀는 4개월 이상 극동 지방을 혼자 여행했다. 그녀와 처칠은 침실을 따로 썼고, 부부관계는 그녀가 원할 때만 가능했다. 결혼 직후에 클레멘틴이 처칠의 연분홍색이나 실크 소재 등 특이한 속옷 취향을 폭로한 상대도 본햄 카터였다. 클레멘틴은 상대방의 지위가 아무리 높아도 기죽지 않고 논쟁을 벌였고, 처칠과 제대로 맞설 수 있는 유일한 사람이라는 말을 자주 들었다.

식사 도중에 그녀는 끓어오르는 울화를 꾹꾹 누르고 있었다. 마거슨이 말도 안 되는 유화책을 계속 늘어놓았기 때문이었다. 더는 참을 수 없는 지경에 이른 클레멘틴은 유화주의자를 자청했던 그의 전력을 비난하며, 영국을 지금 이런 곤란한 지경으로 몰고 간 책임을 에둘러 꾸짖었다. 딸 메리의 표현에 따르면, 그녀는 "말로 매질하여 제압했다." 사실 드문 일도 아니었다. 가족들은 "엄마의 제압"을 자주 입에 올렸다.

처칠은 먹잇감을 한순간에 제압한 그때의 상황을 묘사하면서 "클레미 (클레멘틴)가 재규어처럼 나무에서 뛰어내려 그를 덮쳤다"고 놀렸다.

이번엔 그녀 혼자 달려들지 않았다. 그녀는 메리까지 끌어들이려 했다. 그들의 식사 장소는 금색과 흰색 장식의 화려한 인테리어가 유명한 인근 칼튼 호텔Carlton Hotel의 그릴이었다.

메리는 어머니의 행동에 질렸다. "창피했고 조마조마했다." 그녀는 일기에 썼다. "마미와 나는 칼튼에서 점심을 먹었다. 잔뜩 찡그린 분위기 때문에 좋은 음식만 망쳤다."

클레멘틴의 분노는 평소 다니던 교회에서 또 한 번 폭발했다. 5월 19일 일요일에 그녀는 예배를 드리기 위해 트라팔가 광장에 있는 유명한 성공회 성당 세인트마틴인더필즈St. Martin-in-the Fields로 갔다. 패배의 식에 젖은 신부의 설교를 듣던 그녀는 자리를 박차고 뛰쳐나왔다. 다우닝가 10번지에 도착하자마자 그녀는 남편에게 그 이야기를 했다.

처칠은 그녀에게 말했다. "하나님의 집을 거짓말로 더럽히다니 '부끄러운 줄 알라'고 외쳤어야지!"

그런 다음 처칠은 런던 외곽에 있는 가족 저택인 차트웰로 가 총리로서 하는 첫 라디오 연설 원고를 다듬고 연못가에서 금붕어와 한 마리 남은 검은 백조에게 먹이를 주면서 평화로운 시간을 보냈다.

다른 백조들도 있었지만 모두 여우에게 물려 죽었다.

*

처칠은 프랑스에서 온 전화를 받고 런던으로 돌아갔다. 상황은 급속하게 악화되었고 프랑스군은 힘이 달리는 것 같았다. 심각한 뉴스였지만 처칠은 조금도 낙담한 표정이 아니었다. 그래서인지 새로운 상관에 대한 조크 콜빌의 태도도 한결 부드러워졌다. 콜빌은 같은 일요일에 이렇게 썼다. "윈스턴의 단점이 무엇이든 간에, 그분은 지금 이 상황에 딱 맞는 인물인 것 같다. 굽힐 줄 모르는 정신을 가진 분이어서 프랑스와 영국을 잃는다 해도 사략선이라도 모아 전쟁을 계속할 것이다."

그리고 이렇게 덧붙였다. "아마 그분에 대한 내 판단이 너무 인색했던 것 같다. 어쨌든 몇 주 전에 비해 상황이 많이 달라졌다."

4시 30분 전시내각 회의에서 처칠은 프랑스에 주둔하고 있는 영국군 사령관이 영국 해협 쪽 해안으로 철수를 고려하면서 특히 항구도시 덩케르크를 낙점했다는 사실을 알게 되었다. 처칠은 반대했다. 병력을 덩케르크로 집결시켰다가는 독일군의 덫에 갇혀 꼼짝없이 괴멸될 것이다.

처칠은 사실상 프랑스에 전투기를 한 대도 보내지 않기로 마음을 고쳐먹은 터였다. 이미 그 나라의 운명이 끝난 것이나 다름없는 상황에서 별 의미가 없는 조치이고, 임박한 침략에 대비하려면 전투기 한 대도 아껴야 했다.

그는 그날 밤 6시부터 9시까지 마지막으로 라디오 연설 원고를 다듬은 다음 BBC 마이크 앞에 섰다.

"국가의 운명이 걸린 엄숙한 시간에 총리로서 첫 말씀을 드립니다."[9] 처칠은 그렇게 운을 뗐다.

처칠은 독일이 항공기와 탱크의 "비상한" 조합을 활용하여 프랑스 국경을 돌파한 경위를 설명했다. 그러나 "프랑스는 과거에도 발군의 반격 능력을 입증한 바 있기에 이런 그들의 실력에 영국 육군의 힘과 기술이 더해지면 함께 전세를 역전시킬 수 있을 것"이라고 말했다.

연설을 통해 그는 전쟁 내내 밟게 될 패턴을 설정했고, 현실을 냉철한 눈으로 본다고 해도 낙관적으로 생각할 만한 이유를 사람들에게 각인시켰다.

"이런 순간 사안의 중대성을 감추려 한다면 어리석은 짓이겠죠." 그는 말했다. "하지만 겁을 먹고 용기까지 잃는다면 그것은 훨씬 더 어리석은 짓입니다."

그는 불과 몇 시간 전에 전시내각에서 논의했던 프랑스에서의 영국원정군의 철수 문제는 한 마디도 언급하지 않았다.

그리고 그는 연설을 하게 된 가장 큰 이유를 말했다. 국민들에게 앞으로의 상황을 경고하기 위해서였다. "이번 전투로 프랑스의 기세가 꺾이고 나면, 우리 섬을 노리는 전투가 코앞의 일로 닥칠 것입니다. 영국의 모든 것, 영국이 가진 모든 의미를 노리고 말입니다." 그는 그렇게 말했다. "가장 우려했던 비상사태가 닥치는 순간 우리는 주저하지 않고 모든 조치를 취할 것입니다. 어떤 극단적인 조치도 사양하지 않고 우리는 우리 국민으로부터 그들이 할 수 있는 마지막 한 방울, 마지막 한 치의 노력까지 끌어낼 것입니다."

이 연설을 듣고 겁을 먹은 청취자들도 일부 있었지만, 프랑스군의 현 상황에 대해서는 몰라도 본토 침략 위협에 대한 처칠의 솔직한 태도에 사람들은 용기를 얻었다고 정보부 내 국내정보국Home Intelligence은 분석했다. 이 부서는 우편 및 전화 검열관, 극장 지배인, W. H. 스미스W. H. Smith 서점 운영자 등 100여 곳으로부터 수집한 정보를 토대로 매주 보고서를 발행하여 여론과 사기의 동향을 살피는 일을 했다. 처칠의 연설이 방송된 이후 국내정보국은 청취자들을 대상으로 번개 조사를 실시했다. "런던 지역 150여 가구를 대상으로 실시한 인터뷰 중 절반가량은 연설에 겁을 먹었고 그래서 걱정이 된다고 답했지만 나머지는 '용기를 얻었다', '더욱 결의를 다졌다', '확신을 갖게 되었다'는 등의 반응을 보였다."

처칠은 프랑스에 있는 수십만 명의 영국 군인의 문제를 놓고 괴로운 결정을 내렸다. 평소 그의 성향대로라면 끝까지 싸우자고 밀어붙이고 싶었지만 그런 영웅적인 행동을 요구할 시기는 이미 지난 것 같았다. 영국원정군은 독일의 기갑사단에 쫓겨 해안 쪽으로 총퇴각 중이었다. 기갑부대는 유럽을 종횡무진하는 히틀러에게 결정적인 이점을 안겨준 무기였기에 자칫하다가는 영국원정군이 전멸할 판이었다.

콜빌이 보기에 조금도 당황하지 않을 것 같았던 처칠도 일요일에는 제국의 운명이 자신의 책임에 달렸다는 사실에 크게 부담감을 느끼는 모습이었다. 5월 21일 화요일에 콜빌은 일기에 썼다. "윈스턴이 그렇게 침울해하는 걸 본 적이 없다."

*

참모총장 등 측근들의 만류에도 처칠은 악천후를 뚫고 파리로 날아가 두 번째 회의를 갖기로 마음을 굳혔다.

하지만 그 방문은 클레멘틴과 딸 메리를 걱정시킨 것 외에 아무런 성과도 거두지 못했다. "비행하기엔 끔찍한 날씨였다." 메리는 일기장에 그렇게 썼다. "너무 불안했다. 들려오는 소식들은 믿을 수 없을 정도로 좋지 않다. 잘되기를 기도하는 것 외에 달리 할 일이 없다."

*

상황이 너무 긴박하고 총리가 여러 가지로 스트레스를 많이 받는다고 판단한 각료들은 처칠의 반대에도 불구하고 그에게 주치의를 따로 배정하기로 했다. 그 직책은 런던의 세인트메리 의대 학장 찰스 윌슨 경Sir Charles Wilson에게 떨어졌다. 제1차 세계대전 당시 군의관이었던 그는 1916년 솜므 전투에서의 공훈으로 군 십자훈장Military Cross을 수여받았다.

5월 24일 금요일 오전 늦게 해군관저를 찾은 윌슨은 위층 처칠의 침실로 안내되었다. 영국에서 윌슨 정도의 의사는 일반적으로 '닥터'라는 접두사를 붙이지 않고 '씨Mr.'를 붙이는 것이 통례였다. "나는 그의 주치의가 되었다." 윌슨은 일기에 이렇게 썼다. "그가 원해서가 아니라, 그가 매우 중요한 자리에 올랐다고 생각하여 그의 건강을 지켜볼 사람이 필요하다고 판단한 몇몇 각료들 때문이다."

정오에 가까운 시간이었지만, 윌슨이 방에 들어갔을 때 처칠은 침대 위에 똑바로 앉아 서류를 읽고 있었다. 처칠은 고개를 들지 않았다.

윌슨은 침대 곁으로 갔다. 처칠은 여전히 그의 존재를 무시했다. 그는 서류에서 눈을 떼지 않았다.

잠시 후(윌슨에게는 "꽤나 길게 느껴진" 시간이겠지만) 처칠은 서류를 내려놓으며 짜증을 냈다. "왜들 이렇게 수선을 떠는지 모르겠군. 난 아무 문제 없어요."

그는 윌슨을 곁에 세워두고 다시 서류를 들여다보았다.

또다시 긴 시간이 흐른 후에 처칠은 갑자기 쿠션을 밀어내고, 이불을 걷어찬 다음 소리를 질렀다. "그래요, 소화불량증에 시달리고 있긴 하지." 나중에 사람들이 말하는 가슴앓이였다. "그리고 이게 치료법이에요."

그는 호흡 운동을 시작했다.

윌슨은 지켜보았다. "크고 허연 배가 위아래로 움직였다." 그는 그렇게 회상했다. "노크 소리가 들렸고 P.M.은 시트를 움켜쥐었다. 힐 부인이 들어왔다." 39세의 캐슬린 힐Kathleen Hill은 그가 아끼는 개인비서였다. 처칠이 옷을 걸쳤든 안 걸쳤든 그녀와 그녀의 타자기는 늘 곁에 있었다.

"그 일이 있은 직후 나는 휴가를 냈다. 이 일이 마음에 들지 않

는다. 그리고 이런 식의 직무가 계속되리라고 생각하지도 않는다." 윌
슨은 그렇게 썼다.

*

존 콜빌이 보기에도 처칠에게 의사의 진료 따위는 필요가 없었다.
처칠은 다시 건강해 보였고 생기를 되찾았다. 앞서 며칠 동안 괴롭혔
던 우울증을 떨쳐낸 것 같았다. 그 주 금요일에 해군관저에 갔을 때 콜
빌은 "아주 화려한 꽃무늬 실내복을 입고 긴 시가를 물고 연기를 내뿜
으며 상층 전쟁상황실Upper War Room에서 침실로 올라가는" 처칠을 보
았다.

매일 하는 목욕을 하려는 중이었다. 시종집사 프랭크 소여스Frank
Sawyers가 정확하게 섭씨 36.5도의 물을 욕조 3분의 2만큼 채워 준비해
놓았다. 소여스는 24시간 대기했다. (콜빌의 표현대로 "안 볼 수도 없고 빈
틈이 없는 소여스"였다.) 처칠은 매일 두 번 목욕을 했다. 장소가 어디든
아무리 긴급한 일이 벌어져도, 프랑스 지도자들과의 회담 중에도, 총리
전용열차(그곳 화장실에는 욕조가 딸렸다)를 타고 있어도 목욕은 그의 오
랜 습관이었다.

그 주 금요일에도 목욕하고 있는 중에 꼭 받아야 할 중요한 전화
가 많이 왔다. 콜빌이 옆에 대기하고 있는 상태에서 처칠은 전화가 올
때마다 벌거벗은 채 욕조에서 나와 몸에 수건을 둘렀다.

콜빌은 그것도 처칠이 소중히 여기는 특징 중 하나라는 것을 알
았다. "인격적인 허세 따위는 전혀 없었다."

콜빌은 체임벌린 밑에서 일할 때에도 처칠을 몇 번 마주쳤었지만
지금 해군관저와 다우닝가 10번지에서 목격하는 그는 그때와 전혀 다
른 사람이었다. 처칠은 빨간 실내복에 철모를 쓰고 폼폼이가 달린 슬리

퍼를 신고 복도를 돌아다녔다. 그는 또한 자신이 직접 디자인한 통으로 된 하늘색 '사이렌 수트siren suit'를 입었는데 공습 사이렌이 울리면 눈 깜짝할 사이에 입을 수 있는 일종의 대피복이었다. 직원들은 그것을 처칠의 "롬퍼스(통으로 된 아기옷)"라고 불렀다. 경호원 톰슨 경위에 따르면, 그 의상은 "공기가 빵빵하게 차서 언제든 마루에서 일어나 자신의 구역을 항해할 수 있을 것 같다는 생각이 들게 했다."

콜빌은 이 남자가 마음에 들기 시작했다.

*

금요일, 해협 건너편에서 들려온 소식을 생각하면 처칠의 평정심은 더욱 특이했다. 모든 사람들이 계속 어리둥절한 가운데, 막강한 프랑스군은 이제 최후의 패배 직전에 몰린 것 같았다. "지난 2년 동안 모두가 합심해서 만든 굳건한 바위가 바로 프랑스 군대였다." 외무장관 핼리팩스는 일기에 그렇게 썼다. "독일 군대는 폴란드에서처럼 그곳을 걸어서 통과했다."

그날도 처칠은 정신이 번쩍 들게 만드는 문서를 받았다. 지금까지 감히 생각할 수 없는 결과를 떠올리게 만드는 문서였다. 그것은 보고서를 작성한 참모들도 상상조차 하지 못한 것이어서 제목에 담을 수도 없었다. 그들은 그 보고서를 '어떤 최종적 사태가 났을 때의 영국의 전략'이라고만 했다.

5장 두려운 달빛

"이 보고서는 프랑스군의 저항 능력이 완전히 괴멸될 경우 우리가 홀로 계속 싸우는 데 필요한 수단을 알아보기 위한 것이다." 보고서는 그렇게 시작했다. 거기에는 영국원정군의 상당 부분을 잃고 프랑스 정부가 독일과 협정을 맺는다는 가정도 포함되어 있었다.

'극비사항'이라는 표지 때문에 다들 읽고 싶지 않은 것 같았다. 보고서의 몇 가지 기본 가설 중에는 미국이 "경제적, 재정적으로 전적인 지원"을 해주리라는 것도 있었다. 이 보고서는 미국의 지원이 없으면 "성공을 기대하거나 전쟁을 계속할 수 있다고 생각하지 않는다"고 이탤릭체로 강조했다. 아울러 프랑스에 있는 영국원정군의 병력도 일부만이 철수할 수 있을 것이라고 예측했다.

가장 우려되는 사태는 프랑스가 항복할 경우 히틀러가 그의 육군과 공군의 주력을 영국 쪽으로 돌리지 않을까 하는 점이었다. "독일은 영국을 침략하고 점령할 병력을 충분히 보유하고 있다. 적군이 해안에 차량과 병력을 상륙시키는 데 성공할 경우, 장비가 절대 부족한 영국 군대로서는 적군을 격퇴하기가 어려울 것이다."

"우리의 전투기 방어망으로 적의 공격 규모를 합리적인 범위까지 끌어내릴 수 있느냐 하는 점이 관건이다." 영국은 전투기 생산, 승무원 훈련, 항공기 공장 방어에 에너지를 집중시켜야 했다. "문제의 핵심은 방공 능력이다."

프랑스가 적의 손에 떨어진다면 이런 과제는 감당할 수 없을 만큼 어려워질 것이라고 보고서는 지적했다. 이전까지의 본토방위 계획은 루프트바페가 독일 내의 기지에서 출격할 것이고 따라서 영국으로 깊숙이 침투할 수 있는 능력에는 한계가 있을 것이라는 가정, 아니 확실성에 기초를 두고 있었다. 그러나 이제 영국의 전략가들은 독일 전투기와 폭격기들이 영국 해안에서 불과 몇 분 거리인 프랑스 연안의 비행장이나 벨기에, 네덜란드, 덴마크, 노르웨이 등지에서 이륙한다는 전망을 인정해야 했다. 보고서는 이들 기지 덕택에 독일은 "매우 무거운 장단거리 폭격기의 공격력을 우리나라의 여러 곳에 집중시킬 수 있을 것"이라고 지적했다.

핵심은 확실시되는 독일 공군의 가공할 총공격을 과연 영국 국민이 견딜 수 있을 것인가 하는 문제였다. 국가의 사기는 "그 어느 때보다도 심한 위기감으로 압박을 받을 것"이라고 보고서는 경고했다. 그러나 작성자들은 "제국의 존립이 위태롭다는 것을 깨닫는다 해도(실제로 깨닫기 시작했지만)" 국민들의 사기가 쉽게 떨어지지는 않을 것 같다는 근거를 찾아냈다. 따라서 "우리가 마주한 진정한 위험을 대중에게 알릴" 때라고 보고서는 분석했다.

런던은 히틀러의 주요 표적이 틀림없어 보였다. 1934년 하원 연설에서 처칠은 런던을 가리켜 "세계에서 가장 위대한, 몸집이 크고 살찐 표적으로, 먹잇감을 노리는 짐승을 유인하기 위해 묶어 놓은 아주 값진 소"라고 비유했던 적이 있었다. 얼마 전 처칠은 국무회의가 끝난 뒤 장관들을 이끌고 거리로 나와, 웃는 것인지 화가 났는지 헷갈리는 묘한 표정으로 그들에게 말했다. "잘 봐두세요. 2, 3주 후면 이 모든 건물들이 전혀 다른 모습으로 바뀔 겁니다."

해협 건너편의 전세는 이미 기울었지만 비관적이었던 참모들조차도 프랑스가 그 정도로 빠르고 완벽하게 무너질 줄은 헤아리지 못했다고 보고했다. 프랑스에서 독일의 승리가 거의 확실해지면서, 영국 정보당국은 이제 독일이 프랑스의 공식 항복을 기다리지 않고 즉시 영국 침공을 감행할 것 같다고 예측했다. 영국은 그들의 침공이 독일 공군의 대규모 공습으로 시작될 것이며 그것은 그들의 'KO 펀치'일 가능성이 높아, 처칠의 말대로 항공기 1만 4,000대가 하늘을 가리는 공중의 '대연회'가 될지 모른다고 예상했다.

영국의 전략가들은 루프트바페가 보유하고 있는 항공기가 RAF에 비해 4배 많다고 믿고 있었다. 독일의 3대 주력 폭격기인 융커스 Junkers Ju 88, 도르니어Dornier Do 17, 하인켈Heinkel He 111 등은 폭탄을 900에서 3,600킬로그램까지 탑재할 수 있는데, 앞선 전쟁에서는 상상하기 어려웠던 적재량이었다. 슈투카Stuka라는 폭격기는 특히 공포의 대상으로, 독일어로 급강하 폭격기를 뜻하는 **슈툴츠캄플룩초이크** Sturzkampfflugzeug의 약칭이었다. 날개가 굽은 거대한 곤충처럼 생긴 슈투카는 '여리고의 나팔Jericho-Trompete'이라는 장치가 달려있어 급강하하는 순간 소름 끼칠 만큼 날카로운 소리를 냈다. 슈투카는 일반 폭격기보다 정확도가 훨씬 높았고 한번에 5발까지 폭탄을 탑재할 수 있어 전격전에서 연합군을 공포에 떨게 했다.

영국의 전문가들이 판단하기에 독일은 영국이 항복 외에 다른 선택의 여지가 없을 때까지 폭격할 수 있는 능력을 보유하고 있었다. 이는 오래전에 '전략 폭격' 즉 '공포 폭격terror bombing'을 적을 제압하는 수단으로 여긴 공중전 이론가들의 분석 결과였다. 독일의 로테르담 폭격은 그런 이론을 확인시켜 주는 실증 사례로 보였다. 루프트바페의 공격이 있은 다음 날, 네덜란드는 다른 도시들까지 파괴될 것을 우려하여 서둘러 항복했다. 영국이 이런 독일의 공세로부터 스스로를 방어할 수 있는지 여부는 전적으로 허리케인Hurricane과 스핏파이어Spitfire 등의 전투기를 생산하는 항공기 산업의 역량에 달려있었다. 그것도 가파르게 증가하는 손실분을 채울 뿐 아니라 전투에 동원할 수 있는 항공기 수 자체를 크게 늘릴 수 있는 속도전이 필요했다. 엄밀히 말해 전투기만으로 전쟁을 이길 수 있는 것은 아니었다. 하지만 처칠은 항공기만 충분하면 히틀러를 저지해 미국을 전쟁에 끌어들일 때까지 독일의 침공을 최대한 늦출 수 있을 것으로 계산했다.

그러나 전투기 생산 속도는 더뎠다. 영국의 항공기 공장들은 해협 바로 건너편에 적군이 주둔하는 새로운 현실을 전혀 염두에 두지 않았던 전쟁 전의 일정에 따라 가동되고 있었다. 생산량이 늘긴 했지만, 평화에 젖어있던 관료들의 구태의연한 관행에 눌려있다가 전면전이라는 낯선 현실에 겨우 눈을 뜬 상태였다. 부품과 자재 부족도 생산을 지연시켰다. 수리를 기다리는 파손된 항공기는 계속 쌓여갔다. 완성을 앞둔 비행기들도 대부분 엔진과 계기들이 부족했다. 중요한 부품은 멀리 떨어진 지역에 있었지만, 토착 관리들은 다른 사람들의 공을 시샘하는 데다 앞으로 필요할지 모른다고 판단해 그것들을 움켜쥐고 내놓지 않았다.

처칠이 총리직에 오른 첫날 전투기와 폭격기 생산에만 전념하는 항공기생산부를 신설했던 것도 그런 사정을 잘 알고 있었기 때문이었다. 처칠은 이 새로운 부처야말로 영국을 패배로부터 구할 수 있는 유일한 수단이라고 판단했다. 게다가 그는 그 부서를 운영할 수 있는 적임자도 알고 있다고 확신했다. 그의 오랜 친구이면서도 때로 그의 적수 역할도 했던 맥스 에이큰Max Aitken, 비버브룩 경Lord Beaverbrook이었다.

뾰족탑이 번개를 부르는 원리를 두고 논쟁을 벌이기도 했던 사이였다.

처칠은 그날 밤 그에게 그 직책을 제안했지만 비버브룩은 손사래를 쳤다. 그는 신문으로 큰돈을 벌었고 사업 수완도 대단했지만 전투기나 폭격기처럼 복잡한 제품을 생산하는 공장에는 문외한이었다. 게다가 건강도 안 좋았다. 그는 눈병과 천식이 심해 런던에 있는 자신의 저택 스토노웨이 하우스Stornoway House에 천식을 치료한답시고 방 하나를 주전자로 가득 채워 증기를 만들어냈다. 61세가 된 지 2주 만에 신문 제국의 경영 일선에서 손을 뗐고, 프랑스 남동부 해안 캬프다이에 있는 별장에서 더 많은 시간을 보내려고 했지만 히틀러 때문에 당분간 계획을 보류하고 있던 처지였다. 비버브룩의 비서들은 그가 시키는 대로 거절하는 서신을 작성하고 있었지만, 5월 12일 저녁에 그는 충동적으로 그 직책을 수락했다. 그리고 이틀 후 항공기생산부 장관으로 취임했다.

처칠은 비버브룩을 잘 알았다. 그리고 그가 잠자고 있는 항공기 산업을 깨울 수 있는 장본인이라고 직감했다. 그는 또한 비버브룩이 다루기 힘들고(실제로 그렇게 된다) 갈등의 불씨가 되리라는 점도 예상했다. 하지만 그런 것은 중요하지 않았다. 한 미국인 방문객의 표현대로 "총리는 비버브룩에 대해 아주 좋은 감정을 가졌기에 파티에서 그다지 적절치 않은 말을 한 꼬마에게 아무런 타박도 하지 않는 관대한 부모의 눈으로 그를 보았다."

그러나 처칠이 그를 택한 데에는 또 다른 이유도 있었다. 처칠은 친구로서 비버브룩이 필요했다. 항공기 생산을 넘어 그 이상의 문제에 대해 조언을 해줄 친구가 그에게는 필요했다. 후세 전기 작가들은 처칠을 성인聖人에 가까운 인물로 그렸지만 사실 그는 혼자서 전쟁을 지휘해야 하는 엄청난 압박을 감당할 자신이 없었고 솔직히 감당할 수도 없었다. 그는 때로 측근들을 자신의 생각과 계획을 떠보는 청중 정도로

밖에 여기지 않았지만 그런 한편으로 그들에게 크게 의존했다. 비버브룩은 항상 솔직해서 정치적 문제나 개인적인 감정 따위는 개의치 않고 직언을 해주는 든든한 조력자였다. 퍼그 이즈메이가 침착하고 냉정하게 영향력을 행사했다면 비버브룩은 휘발유 같은 역할을 했다. 그는 또한 매우 재미있었는데 그것 역시 처칠이 사랑하고 필요로 했던 특성이었다. 이즈메이는 조용히 앉아 언제든 면담을 하고 조언할 준비가 되어 있었지만, 비버브룩은 가는 곳마다 활기를 불어넣었다. 때로 그는 자신을 처칠의 궁정광대라고 불렀다.

캐나다 태생인 비버브룩은 제1차 세계대전이 일어나기 전에 영국으로 이주했다. 1916년에 그는 빈사 상태에 빠진 〈데일리익스프레스Daily Express〉를 사들여 발행 부수를 7배인 250만 부로 늘리며 언론계의 천재적인 독불장군으로서의 명성을 확고히 다졌다. "비버브룩은 도발적인 행동을 즐겼다." 비버브룩의 〈이브닝스탠더드Evening Standard〉에서 전시 영국의 생활을 기록한 저명한 저널리스트이자 작가인 버지니아 코울스Virginia Cowles는 그렇게 썼다. 무사안일주의는 그에게 "핀을 든 작은 소년에게 건네진 풍선처럼" 참기 힘든 표적이었다고 코울스는 말했다. 비버브룩과 처칠은 30년 동안 친구로 지냈지만, 그들 사이는 밀고 당기기를 반복했다.

비버브룩을 싫어하는 많은 사람들에게 그의 외모는 그의 성격에 대한 은유처럼 보였다. 그는 175센티미터로 처칠보다 8센티미터 정도 더 컸고 상체는 넓고 엉덩이는 빈약했으며 다리가 가늘었다. 이런 조합에 심술궂은 유쾌한 미소, 유별나게 큰 귀와 코, 얼굴 여기저기에 찍힌 반점까지 겹쳐 사람들은 그를 동화 속의 못된 요정처럼 실제보다 더 하찮게 묘사하곤 했다. 참관인 자격으로 영국에 파견된 미국의 주재무관 military attaché 레이먼드 리Raymond Lee 장군은 비버브룩을 "폭력적이고 열정적이며 악의적이고 위험한 작은 도깨비"[10]라고 불렀다. 핼리팩스 경은 그에게 '두꺼비'라는 별명을 붙여주었다. 등 뒤에서 비버브룩을 '비버'[11]라고 부르는 사람들도 있었다. 특히 클레멘틴은 비버브룩에게 깊은 불신을 갖고 있었다. 그녀는 처칠에게 편지를 썼다. "여보, 당신 핏속에 있는 그 세균 좀 없애봐요. 사람들이 걱정하고 있다고요. 병 속의 그 작은 도깨비를 쫓아내 보세요. 그 안의 공기가 얼마나 맑고 깨끗해지는지 금방 알 수 있을 테니까요."

하지만 대체로 여성들은 비버브룩에게 매력을 느꼈다. 그의 아내 글래디스Gladys는 1927년에 사망했지만, 그는 아내와 사별한 뒤에는 물론 결혼생활 중에도 많은 염문을 뿌렸다. 그는 가십거리를 좋아했고 그의 여자친구들과 기자들의 네트워크 덕분에 런던 고위층의 비밀을 많이 알고 있었다. "맥스는 어떤 사내들의 사는 모습이나 불륜관계나 그들의 욕정과 관련된 추잡한 드라마에 질리지도 않는 모양이다." 이제 처칠의 주치의가 된 찰스 윌슨Charles Wilson은 그렇게 썼다. 비버브룩의 가장 신랄한 정적인 노동부 장관 어니스트 베빈Ernest Bevin은 처칠과 비버브룩의 관계를 대담한 비유로 설명했다. "그는 매춘부와 결혼한 남자 같다. 그는 상대가 매춘부라는 것을 알면서도 그녀를 사랑한다."

처칠은 그들의 관계를 간결하게 요약했다. "마약을 하는 사람도 있지 않은가. 나는 맥스를 복용한다."

처칠은 오랫동안 기반을 다져온 공군부에서 항공기 생산 부분을 떼어내 비버브룩에게 주는 행위가 영토 분쟁의 불씨가 된다는 것을 알고 있었지만, 비버브룩이 그토록 빨리 노골적인 언쟁을 일으키고 그래서 많은 사람들의 분노를 유발할 줄은 예상하지 못했다. 작가 이블린 워Evelyn Waugh도 "악마의 존재를 믿지 않고서는 비버브룩 경의 존재를 설명할 수 없다"고 말할 정도였다. 작가 자신은 부인하지만 그의 풍자소설《특종Scoop》을 비버브룩에서 영감을 얻은 작품이라고 생각하는 사람들도 있었다.

실제로 위험 부담이 큰 도박이었다. "전반적인 상황 자체가 영국이 직면한 사태만큼이나 어두웠다." 비버브룩의 많은 비서들 중 한 명인 데이비드 패러David Farrer는 그렇게 썼다.

비버브룩은 새로운 임무를 기분 좋게 끌어안았다. 권력의 중심부를 차지했다는 게 좋았고, 꽉 막힌 관료들의 생활을 어지럽힐 생각을 하니 더욱 의욕이 솟았다. 그는 자신의 저택에서 새로 맡은 임무를 시작했고, 자신의 신문사에서 발탁한 직원들이 행정업무를 보좌하게 했다. 나이를 생각하면 이례적인 조치이지만 편집자 중 한 명을 개인적인 선전 요원과 홍보 담당자로 고용했다. 그는 항공기 산업의 생태를 단시일 내에 바꾸기 위해 포드 자동차Ford Motor Company 공장의 총지배인을 비롯하여 자신의 고위 보좌진들로 고위 경영진을 꾸렸다. 그들이 비행기에 대한 전문지식이 있든 없든 그런 것은 문제가 되지 않았다. "그들은 다들 산업체에서 부서장을 지낸 베테랑이다. 산업은 신학과 같아 한 가지 신앙의 기본을 알면 다른 신앙의 의미도 두루 알 수 있다. 나라면 로마 교황의 직무를 대신할 사람으로 장로교 총회장을 임명하는 데 주저하지 않을 것이다." 비버브룩은 그렇게 말했다.

비버브룩은 저택 아래층에 있는 도서관이나 날씨가 좋을 때는 2층 무도회장의 발코니에서 중요한 회의를 열곤 했다. 타이피스트와 비서들은 위층에 공간이 허락되는 곳이면 가리지 않고 아무 곳에서나 일했다. 욕실에도 타자기가 있었다. 침대는 문서를 늘어놓는 받침대가 되었다. 점심을 먹겠다고 건물 밖으로 나가는 사람은 없었다. 비버브룩의 요리사가 주문받은 음식을 쟁반에 담아 가져왔기 때문이었다. 그는 보통 점심으로 치킨이나 빵이나 배 한 개를 먹었다.

직원들은 그가 일하는 만큼 일할 각오를 해야 했다. 하루에 12시간, 일주일에 7일 근무였다. 비현실적인 요구도 예상해야 했다. 그의 가장 고위 측근 중 한 명은 비버브룩이 새벽 2시에 일감을 준 다음 아침 8시에 전화를 걸어 어느 정도 마무리되었는지 확인한다고 불평했다. 어느 날 개인비서 조지 맬컴 톰슨George Malcolm Thomson이 예정에 없던 오전 휴가를 내자 비버브룩은 메모를 남겼다. "정신 차리지 않으면 히틀러가 들이닥칠 것이라고 톰슨에게 일러두어라." 시종인 앨버트 노켈스Albert Nockels는 "빌어먹을, 좀 서두르라고"라는 그의 고함에 대들었다. "장관님, 전 스핏파이어가 아닙니다."

전투기가 아무리 중요하다고는 해도 아직은 방어용 무기에 지나지 않았다. 그래서 처칠은 폭격기 생산을 크게 늘리라고 성화였다. 그는 폭격기야말로 현재 히틀러와 당장 힘겨루기를 할 수 있는 유일한 수단이라고 보았다. 4발엔진 중폭격기 스털링Stirling과 핼리팩스Halifax(핼리팩스 경이 아니라 요크서의 한 마을에서 따온 이름이다) 2종이 곧 개발을 앞두고 있었지만, 당장은 RAF의 중형 폭격기에 의존하는 수밖에 없었다. 처칠은 히틀러가 마음만 먹으면 동쪽이든 아시아든 아프리카든 어느 쪽으로도 군대를 투입할 수 있다는 사실을 인정했다. "하지만 그를 물리치고 끌어내릴 수 있는 한 가지 방법이 있네." 처칠은 비버브룩에게 보낸 전언문에서 그렇게 썼다. "바로 이 나라에서 발진한 중폭격기들이 나치 본토를 완전히 초토화시키고 숨통을 끊을 만큼 공격을 해대는 것이지. 이런 수단으로 그들을 압도할 수 있어야 하네. 그렇지 않고서는 타개할 방법이 보이지 않아."[12]

처칠은 손으로 추신을 썼다. "제공권보다 더 중요한 목표가 있다고 생각하지 않네. 언제쯤 그걸 장악할 수 있겠나?"

처칠의 항공기생산부 장관은 흥이 나서 지휘했고 파란색 바탕에 빨간색 'M.A.P' 이니셜이 선명한 자동차 라디에이터용 특수 기장까지 디자인했다. 'Minister of Aircraft Production(항공기생산부 장관)'의 약자였다. 영국의 항공기 공장들은 독일 정보기관도 전혀 예측하지 못한 속도로 그리고 공장장 자신들도 상상도 못했던 상황에서 전투기를 생산해내기 시작했다.

*

본토 침공이 예상되자 영국 사회 각계각층의 시민들은 침략의 정확한 의미를 따져보았고 그것이 어떤 추상적 개념이 아니라 식탁에 앉아 〈데일리익스프레스Daily Express〉를 읽거나 정원에 쭈그리고 앉아 장미 덤불을 정리하는 도중에 일어날 수 있는 일이라고 결론을 내렸다. 처칠은 히틀러의 주요 목표 중 하나가 자신을 죽이는 것이라고 확신했다. 자신의 정부만 없어지면 어떤 정부가 들어서도 독일과의 협상에 응할 것이라고 예상했기 때문이었다. 그는 독일군이 자신을 처치하기위해 온다면 가능한 한 많은 적을 무덤에 함께 데려가겠다고 누차 다짐했기 때문에 차 트렁크에 브렌Bren 경기관총을 싣고 다녔다. 톰슨 경위의 말에 따르면 처칠은 종종 권총을 지니고 다녔지만 어디 뒀는지 몰라 찾곤 했다. 처칠은 느닷없이 권총을 꺼내 들고 "악랄하고 또 즐겁게"라고 외치곤 했다고 톰슨은 회상했다.[13] "이보게, 톰슨. 놈들이 나를 산 채로 데려가지는 않을 거야! 그러니 앉아서 당하기 전에 한두 놈은 해치워야 하지 않겠나?"

하지만 처칠은 그보다 더 나쁜 경우에도 대비했다. 그의 타이피스트인 힐 여사에 따르면, 그는 만년필 뚜껑에 청산가리가 들어있는 캡슐을 끼워두었다.

정보부 정무차관 해럴드 니컬슨과 그의 아내이자 작가인 비타 새크빌-웨스트는 겨울 폭풍을 대비하듯 침략에 대처할 사항들을 꼼꼼하게 따져봤다. "언제라도 시동을 걸 수 있도록 뷰익Buick에 연료를 가득 채워 넣고 최적의 상태로 정비해두어야 한다." 니컬슨은 그렇게 썼다. "차에는 24시간 버틸 식량을 넣고, 뒷좌석에는 보석과 일기장을 챙겨 넣을 것. 옷이나 다른 귀중품도 챙기고 싶다. 하지만 나머지는 남겨둘 수밖에 없다." 비타는 시싱허스트에 마련한 시골별장에 살았다. 영국과 프랑스 사이가 가장 좁은 도버 해협에서 불과 30킬로미터 떨어진 곳이었다. 니컬슨은 독일군이 들이닥치면 서쪽으로 5시간 거리에 있는 데번셔로 차를 몰고 가라고 아내에게 일러두었다. "너무 겁주는 얘기 같지만 그렇다고 위험이 없는 척 외면하는 것도 어리석은 짓이오." 그는 덧붙였다.

날씨가 좋으면 불안감이 커졌다. 마치 자연이 히틀러의 편을 들어 해협의 고요한 바다에 맑고 따뜻한 날을 거의 매일 끊이지 않고 선사하는 것처럼 보였다. 선체가 얕은 바지선에 히틀러가 탱크와 포병을 태워 상륙시키기에 이상적인 날씨였다. 작가 레베카 웨스트Rebecca West는 남편과 런던의 리젠트 파크를 거닐며 "흠잡을 데 없는 천국 같은 그 완벽한 여름날" 머리 위에 높이 떠있는 탄막풍선barrage balloons을 "은색 코끼리silver elephantines"에 비유했다. 런던 상공에는 급강하 폭격기의 접근을 막고 전투기들이 시가를 공격하기 위해 고도를 낮출 경우에 대비한 기다랗고 거대한 기구 562개가 1.5킬로미터 정도의 케이블에 묶여 떠있었다. 웨스트는 사람들이 장미꽃 사이사이에 놓인 의자에 앉아 긴장으로 하얗게 질린 채 정면을 응시하고 있던 모습을 회상했다. "몇몇은 장미꽃밭 사이를 거닐며 특별히 진지한 표정으로 화사한 꽃을 내려다보고 향기를 들이마셨다. 그들의 몸짓은 마치 이렇게 말하는 것 같았다. '이게 바로 장미의 진짜 모습이야. 이게 바로 장미 냄새야. 어둠

속을 헤매도 그건 기억해야 해.'"

그러나 침공의 두려움에도 그 늦은 봄날의 유혹을 완전히 외면할 수는 없었다. 훤칠한 키에 영화배우 뺨치는 외모를 가진 처칠의 신임 전쟁장관 앤서니 이든Anthony Eden은 세인트제임스 파크에서 산책하다 벤치에 앉은 채 한 시간가량 낮잠을 잤다.

*

프랑스가 너무 빨리 무너지고 영국 상공을 노리는 공습이 확실해지면서 달은 공포의 대상이 되었다. 5월 21일 화요일, 처칠의 임기가 시작되고 처음 뜬 보름달은 런던의 거리를 양초 같은 서늘한 창백함으로 물들였다. 로테르담에 가해진 독일군의 공격은 머지않아 런던에 닥칠 일을 상기시키는 사례로 좀처럼 사람들의 뇌리에서 떠나지 않았다. 이런 예측은 가능성이 매우 높은 것이어서 사흘 뒤인 5월 24일 금요일에 조금 이지러지긴 했어도 여전히 밝은 달이 뜨자 매스옵저베이션의 사회관찰 네트워크 책임자인 톰 해리슨Tom Harrisson은 휘하의 많은 일기기록원들에게 특별 메시지를 보냈다. "공습이 시작될 경우 아무것도 하지 않고 우두커니 있는 관찰자들은 없을 것입니다. … 관찰자들도 다른 사람들과 함께 대피할 수 있다면 얼마든지 대피하세요. 되도록 많은 사람들과 함께 있을수록 좋습니다."

인간의 행동을 여과 없이 관찰하기에 더없이 완벽한 기회였다.

6장 괴링

5월 24일 금요일, 히틀러는 앞으로 치러나갈 전쟁의 기간과 성격에 중대한 영향을 미치게 되는 결정 두 가지를 내렸다.

정오에 히틀러는 신임하는 어떤 장군의 조언에 따라 영국원정군의 뒤를 쫓는 기갑사단에게 진격을 중지하라고 명령했다. 히틀러는 탱크와 기갑병들에게 전력을 재정비할 시간을 준 다음 계획했던 대로 남쪽을 향해 진격하자는 장군의 권고를 받아들였다. 독일군은 이미 소위 서부 회전에서 큰 손실을 입었다. 2만 7,074명의 병사가 사망하고, 11만 1,034명이 부상당했으며, 1만 8,384명이 실종되었는데, 단기간 내에 전쟁을 깔끔하게 끝낼 것을 기대했던 독일 국민들에게는 충격적인 병력 손실이었다. 영국군의 숨통을 틔워준 이 정지 명령에 독일군 지휘관은 크게 당황했고 영국군도 어리둥절했다. 루프트바페의 원수 알버트 케셀링Albert Kesselring은 나중에 이 명령이 "치명적인 패착"[14]이었다고 진술했다.

케셀링이 더욱 기가 막혔던 것은 그다음 결정이었다. 영국군은 독 안에 든 쥐 신세여서 기갑사단이 조금만 더 밀어붙이면 끝장을 낼 수 있는데 지휘부가 달아나는 영국군을 궤멸하는 임무를 느닷없이 자신의 비행대에게 떠넘겼기 때문이었다. 루프트바페의 수장 헤르만 괴링Hermann Göring이 히틀러에게 자신의 공군으로 영국원정군을 직접 치겠다고 큰소리치면서 나온 결정이었다. 하지만 그것은 현실성이 없는 결정이었다. 특히 지칠 대로 지친 조종사들과 최신형 스핏파이어를 모는 RAF 조종사들의 높은 사기를 감안하면 더욱 그랬다.

그 주 금요일, 마법에 가까운 위력을 가졌다고 생각한 자신의 공군력을 믿은 괴링의 말에 마음이 크게 흔들린 히틀러는 전쟁 내내 내리게 될 일련의 총통작전지시Führerbefehle 중 하나인 지령 13호를 내렸다. "공군은 포위된 적군의 저항을 모두 분쇄하고 영국군이 해협 건너편으로 탈출하지 못하게 막을 것." 지령에는 그렇게 쓰여있었다. 지령문은 또한 루프트바페가 "충분한 병력을 확보하는 즉시 영국 본토를 총공격해도 좋다"고 허락했다.

*

장대한 몸집에 우쭐거리기 좋아하고 무자비하고 잔인한 데다 히틀러와의 긴밀한 관계를 이용해 이런 임무를 받아내는 데 성공한 괴링은 왕성한 의욕과 활달하지만 비위를 잘 맞추는 성격 덕분에 적어도 당분간은 히틀러의 불안을 잠재울 수 있었다. 서류상 히틀러의 2인자는 부총통 루돌프 헤스Rudolf Hess(아우슈비츠를 운영한 루돌프 회스Rudolf Hoess와는 다른 인물)였지만, 실제로 히틀러가 가장 총애하는 심복은 괴링이었다. 괴링은 아무것도 없는 상태에서 루프트바페를 세계 최강의 공군으로 만들었다. "괴링과 얘기하고 있으면 마치 강철로 목욕하는 기분이다." 히틀러는 나치 건축가 알버트 슈페어Albert Speer에게 그렇게 말했다. "얘기하고 나면 속이 시원해진다. (괴링) 원수는 같은 얘기도 아주 자극적으로 설명한다." 부총통에게는 그런 느낌을 받지 못했다. "헤스와 얘기하고 있으면 참기 힘들 정도로 고통스럽고 긴장된다. 그는 항상 불쾌한 문제만 들고와 갈 생각을 않는다." 히틀러는 그렇게 말했다. 전쟁이 시작되자 히틀러는 괴링을 그의 첫 번째 후계자로 삼았다. 헤스는 그다음이었다.

　괴링은 국방위원회 위원장, 경제4개년계획부 장관, 제국의회 의장, 프로이센 총리 그리고 산림 및 수렵청장 등 많은 공식 직함이 말해주듯 공군 외에 다른 영역에서도 막강한 권력을 과시했다. 마지막 산림 및 수렵청장은 중세 역사에 대한 그의 개인적인 애정을 드러내는 직함이었다. 그는 봉건시대의 성에서 자랐다. 아래에서 적군이 공격해올 때 돌과 끓는 기름을 퍼부을 수 있도록 돌출된 총안이 설치된 성벽과 탑을 지닌 성이었다. 영국의 한 정보 보고서에 따르면, "어린 시절 그는 항상 악한 기사 역을 맡거나 마을 소년들을 지휘하여 군사 작전을 흉내 내며 놀았다." 괴링은 독일의 중공업에도 전권을 행사했다. 또 다른 영국의 평가도 있다. "병적인 무자비함과 에너지를 가진 이 남자가 현재 독일 권력의 고삐를 거의 모두 틀어쥐고 있다."

　한편 괴링은 미술품 거래상과 폭력배로 구성된 범죄 제국을 운영했는데, 이들은 박물관에 들어갈 만한 작품을 훔치거나 값을 후려치는 등의 수법으로 강탈하여 괴링에게 바쳤다.[15] 대부분 '주인 없는 유대인의 미술품'이라는 구실을 내세워 유대인 가정에서 압수한 것으로 반 고흐Van Gogh의 〈아를의 랑글루아 다리Bridge at Langlois in Arles〉 외에도 르누아르Renoir, 보티첼리Botticelli, 모네Monet의 작품 등 모두 1,400여 점의 그림, 조각품, 태피스트리 등이 그의 수중에 들어갔다. '주인이 없다'는 말은 도망가거나 추방당한 유대인들이 남긴 예술 작품을 가리키는 나치의 용어였다. 전쟁을 치르는 동안 괴링은 루프트바페 사업을 시찰한다는 명목으로 파리를 20차례 방문하면서, 네 개의 전용 "특별 열차" 중 하나를 타고 나타나 그의 하수인들이 튈르리 정원에 있는 죄드폼Jeu de Paume 미술관에서 수집한 작품들을 살펴보고 골라갔다. 1942년 가을에 그는 여기서만 596점의 작품을 챙겼다. 그는 최고의 작품들만 골라 자신의 고향이자 본거지가 된 카린할Carinhall[16]에 전시했다. 카린할은 1931년에 사망한 그의 첫 번째 아내 카린Carin의 이름을 딴 별장이었다. 바닥에서 천장까지 벽에 여러 줄로 걸려있는 그림들은 그것의 아름다움이나 가치보다는 새로운 주인의 노획 능력을 과시했다.

괴링은 베를린에서 북쪽으로 70여 킬로미터 떨어진 고대 숲에 카린할을 설계하면서 중세의 사냥용 오두막 분위기를 재현했다. 그는 또한 죽은 아내의 시신을 묻은 자리에 스톤헨지의 사암 블록을 연상시키는 커다란 사르센 석으로 테를 두른 거대한 묘지를 조성했다. 그는 1935년 4월 10일 루프트바페 폭격기 편대가 머리 위에서 축하 비행을 하는 가운데 베를린 성당에서 여배우 에미 조네만Emmy Sonnemann과 재혼했다.

괴링은 복장에 남다른 공을 들여 호화롭게 장식했다. 그는 은 세공과 훈장과 견장으로 화려하게 직접 디자인한 제복을 여러 벌 만들어놓고 하루에도 몇 번씩 옷을 갈아입었다. 그는 튜닉과 토가나 샌들 등 별난 의상을 많이 입는 것으로 유명했으며, 샌들을 신을 땐 발톱을 빨갛게 칠하고 볼에 화장을 하여 악센트를 줬다. 오른손에는 다이아몬드 6개가 박힌 큰 반지가 끼워져 있었고, 왼손에는 6.5제곱센티미터짜리 사각형 에메랄드 반지를 꼈다. 그는 녹색 가죽 재킷에 허리띠를 두르고 거기에 커다란 사냥용 칼을 찔러 넣은 다음 지팡이를 든 채, 마치 덩치 큰 로빈 후드처럼 카린할 경내를 성큼성큼 걸어 다녔다. 그는 "금실로 수를 놓은 녹색 실크 셔츠와 커다란 모노클을 매달고 앉아있었다. 머리는 노랗게 염색했고 눈썹을 그렸으며 뺨에는 연지를 발랐다. 스타킹은 보라색 실크였고 신발은 검은색 에나멜 가죽이었다. 그렇게 앉아있는 모습이 마치 해파리 같았다." 괴링의 부름을 받고 간 어떤 독일 장군은 그의 모습을 그렇게 묘사했다.

모르는 사람이 보면 제정신이 아닌 것 같지만 "악의적인 소문에도 불구하고 정신착란과는 거리가 먼 사람이다. 사실 그는 매우 '빈틈없는 상대'이고 훌륭한 배우이며 능숙한 거짓말쟁이라고 해야 옳다." 나중에 괴링을 심문했던 미국의 칼 스파츠Carl Spaatz 장군은 그렇게 썼다. 독일 국민들은 그를 사랑했기에 그의 터무니없는 과욕과 거친 성격을 용서했다. 미국의 특파원 윌리엄 샤이러는 일기에서 이런 그럴듯한 역설을 설명하려 했다. "히틀러가 한 인간으로서 냉랭하고 전설적이며 모호하며 수수께끼 같은 존재라면, 괴링은 재치 있고 현실적이며 피와 살을 가진 욕심꾸러기 인간이다. 독일인들은 그를 이해할 수 있기에 그를 좋아한다. 그는 보통 사람들이 갖는 결점과 미덕을 지녔고, 사람들은 그 두 가지 때문에 그를 칭찬한다. 그는 어린아이처럼 군복과 훈장을 좋아한다. 다른 사람들도 그렇다."

샤이러는 그가 누리는 "환상적이고 중세적이고 돈이 무척 많이 드는 개인 생활"에 대한 대중들의 분노를 읽지 못한 것 같다. 그래서 "그것은 아마 기회가 주어진다면 그들도 누리고 싶어 할 그런 종류의 삶"이라고만 생각했다.

괴링은 그를 섬기는 장교들에게도 흠모의 대상이었다. 처음에는 그랬다. "우리는 **총통**에게 맹세했고 괴링을 숭배했다." 한 폭격기 조종사는 그렇게 쓰면서 괴링이 대단한 명성을 얻을 수 있었던 것은 앞선 전쟁에서 최고의 에이스 조종사로서 보여준 그의 전설적인 용맹 덕분이라고 말했다. 하지만 그의 장교들과 조종사들은 조금씩 미몽에서 깨어나고 있었다. 그가 없는 곳에서 그들은 괴링을 '뚱보'라고 부르기 시작했다. 최고 전투기 조종사 중 한 명인 아돌프 갈란트Adolf Galland는 괴링과 가까워지면서 전술 문제로 계속 충돌했다. 갈란트는 괴링이 "한 줌도 안 되는 아첨꾼들"에게 쉽게 휘둘렸다고 탄식했다. "끊임없이 아첨하고 음모를 꾸미고 값비싼 선물을 하면 그의 호의를 얻을 수 있기에 그의 총신은 자주 바뀌었다." 갈란트가 보기에 더 걱정스러운 것은 괴링이 이전 전쟁 이후 공중전 양상이 급격히 바뀐 사실을 이해하지 못하고 있다는 점이었다. "괴링은 현대 전투기의 교전 상황에 대한 기술적 지식도 식별력도 거의 없었다."

그러나 갈란트에 따르면 괴링의 최악의 실수는 친구 베포 슈미트Beppo Schmid를 루프트바페의 정보부장 자리에 앉힌 일이었다. 그것은 곧 중대한 결과를 초래했다. "베포 슈미트는 무엇보다도 가장 중요한 직책인 정보 장교로서 완전한 낙제생이었다." 갈란트는 그렇게 말했다.

그런데도 괴링은 오로지 슈미트의 말만 들었다. 그는 슈미트를 친구로 믿었지만, 더 중요한 것은 슈미트가 전하는 듣기 좋은 소식에 한껏 취해 있었다는 사실이었다. 슈미트는 언제든 기쁜 소식을 전할 능력을 갖추고 있었다.

히틀러는 영국 정벌이라는 벅찬 과제에 눈을 돌리면서 자연스레 괴링을 찾았고 괴링은 쾌재를 불렀다. 서부 전투에서 모든 영예는 육군, 특히 기갑사단이 독차지했고 공군은 들러리로 지상군 지원만 하는 입장이었기에 특히 그랬다. 이제 승리의 영광은 루프트바페의 차지가 될 것이고 괴링은 곧 그렇게 되리라 믿어 의심치 않았다.

7장 부족함이 없는 기쁨

프랑스가 휘청거리고 독일군 비행기들이 덩케르크에 집결한 영국군과 프랑스군을 두들기고 있을 때, 처칠의 개인비서 존 콜빌은 오랫동안 그를 괴롭혀온 당혹감과 싸우고 있었다. 사랑에 빠진 것이다.[17]

그가 흠모한 상대는 클레멘틴 처칠이 점심 식사 도중에 은근히 망신을 주었던 유화주의자 데이비드 마거슨의 딸이자 옥스퍼드 대학생인 게이 마거슨Gay Margesson이었다. 2년 전 콜빌은 게이에게 청혼했지만 거절당했었다. 그래도 그는 그녀를 향한 마음을 접지 못했다. 그리고 그녀는 여전히 그의 애정 공세에 보답할 생각이 없었다. 실망한 그는 게이의 성격과 행동에서 결함을 찾아내려 했고 또 실제로 찾아내기도 했다. 그러나 그런다고 그녀를 만나고픈 마음이 사라지는 것은 아니었다.

5월 22일 수요일 그는 주말에 만나기로 한 약속을 확인하기 위해 게이에게 전화를 걸었다. 그는 옥스퍼드로 찾아갈 계획이었다. 그녀는 적당히 둘러댔다. 처음에는 일이 있어 와봐야 소용이 없다고 했다가 나중에 말을 바꿔 그날 오후에 학교에서 친구들과 일정이 있다고 했다. 콜빌은 자신과의 약속은 몇 주 전에 했던 것이니 지켜줘야 하는 것 아니냐며 따졌다. 마음이 약해진 "그녀는 마지못해 내 청을 받아줬지만 나를 만나는 것보다 옥스퍼드의 볼품없는 학생들과 어울리는 걸 더 좋아하는 그녀에게 큰 상처를 받았다." 콜빌은 그렇게 썼다. "상대방의 감정을 조금도 배려하지 않으면서 좋아하는 척하다니 흔히 볼 수 있는 경우는 분명 아니다."

그래도 주말 데이트는 괜찮게 시작되었다. 토요일 아침 콜빌은 햇살 가득한 봄 날씨에 설레는 마음으로 옥스퍼드를 향해 차를 몰았다. 그러나 막상 도착했을 때는 구름이 잔뜩 끼어 하늘을 가리고 있었다. 콜빌과 게이는 흔한 대중 식당에서 점심을 먹은 후, 옥스퍼드에서 템스강을 따라 남쪽으로 내려가다 나오는 마을 클리프턴 햄든으로 드라이브를 즐긴 다음 잔디밭에 누워 이야기를 나누며 시간을 보냈다. 게이는 전쟁과 곧 닥칠 두려운 일들 때문에 침울해했다. "그래도 우리는 즐거웠다. 그리고 그녀와 함께 있는 것만으로도 나는 더없이 행복했다." 콜빌은 그렇게 썼다.

다음 날 그들은 모들린 칼리지 운동장을 함께 걷기도 하고 앉아서 한동안 이야기도 나누었지만 대화는 지루했다. 두 사람은 그녀의 방으로 갔지만 아무 일도 없었다. 게이는 프랑스어 공부를 했고 콜빌은 낮잠을 잤다. 나중에 둘은 정치 문제로 충돌했다. 게이는 얼마 전부터인가 사회주의자를 자처하고 있었다. 그들은 템스강을 따라 거닐었다. 너벅선과 거룻배가 다니는 그 강을 옥스퍼드 사람들은 풍요의 여신의 이름을 따 아이시스Isis라고 불렀다. 저녁 무렵에 두 사람은 트라우트인Trout Inn에 앉았다. 강가에 자리 잡은 17세기 식당으로 그냥 '트라우트'로 통했다. 다시 해가 났고 날씨가 "활짝" 개면서 "푸른 하늘과 지는 태양 그리고 그 태양을 더욱 돋보이게 만드는 적당한 양의 구름"이 나타났다고 콜빌은 썼다.

두 사람은 폭포와 오래된 다리와 인접한 숲이 한눈에 들어오는 테이블에서 식사를 한 뒤 강변길을 따라 걸었다. 근처에서 아이들이 뛰놀고 물떼새들이 서로를 불렀다. "행복하기 위해 이보다 더 아름다운 배경은 없었다. 이보다 더 멋진 평온과 만족을 느낀 적은 없었다." 콜빌은 그렇게 썼다.

게이도 마찬가지였다. 그녀는 콜빌에게 말했다. "행복을 맛보고 싶다면 지금 이 순간만 살아야 해요."

뭔가 기대를 갖게 하는 말이었다. 그러나 방으로 돌아온 게이는 콜빌과는 절대 결혼할 생각이 없다는 뜻을 다시 한 번 밝혔다. 그래도 콜빌은 그녀의 마음이 바뀔지 모르니 기다리겠다고 했다. "그녀는 나에게 자기를 사랑하지 말라고 했지만, 나는 그녀를 아내로 맞는 것은 내가 가진 가장 큰 야망이며 그래서 달을 따겠다는 터무니없는 바람을 포기하지 않을 것이며 그 달은 내 인생의 전부라고 그녀에게 말했다."

그는 일요일 밤 형수 조운Joan 가족이 소유한 인근의 한 오두막집 소파에서 잤다.

*

그날 저녁 5월 26일 7시 직전에 처칠은 런던에서 다이나모 작전 Operation Dynamo의 개시를 명령했다. 프랑스 해안에서 영국원정군을 철수시키는 작전이었다.

*

베를린의 히틀러도 영국원정군을 향해 진격을 재개하라고 기갑부대에 명령했다. 영국군은 지금 항구도시 덩케르크 해안에 집결해있었다.

독일군의 움직임이 예상보다 더뎌지자 히틀러는 괴링의 폭격기와 전투기에게 당장 과제를 완수하라고 지시했다.

그러나 괴링은 토미들Tommies(영국군 병사들의 별명)이 철수 준비를 하는 덩케르크 해안의 상황을 잘못 판단하고 있었다.

"어선 몇 척만 건너오고 있다." 5월 27일 월요일에 괴링은 그렇게 말했다. "토미들이 수영이나 할 줄 알면 다행이다."

8장 첫 번째 폭탄

철수작전에 세계의 이목이 집중됐다. 왕은 얼마나 많은 병사들이 탈출했는지 매일 일기장에 기록했다. 외무부는 미국의 루스벨트 대통령에게 매일 업데이트되는 소식을 상세하게 전했다. 처음에 해군부는 기껏해야 4만 5,000명 정도가 탈출할 수 있을 것으로 예상했었다. 처칠은 최대 5만 명으로 추정했다. 첫날 집계가 7,700명으로 밝혀지자 두 추정치가 모두 욕심이었다는 말이 나돌았다. 둘째 날인 5월 28일 화요일은 1만 7,800명의 병력이 탈출해 전망이 한결 좋아졌지만 여전히 영국이 실제 전력으로 활용하기엔 턱도 없는 수치였다. 그러나 처칠은 내내 한 번도 주눅 들지 않았고 그런 기색을 내비치지도 않았다. 오히려 그는 작전에 열광하는 것 같았다. 그러나 그는 다른 사람들이 자신의 낙관적인 전망에 동의하지 않는다는 것을 알고 있었다. 이를 뒷받침하듯 그의 전시내각의 한 각료는 영국원정군의 전망이 "그 어느 때보다 어두워" 보인다고 말했다.

자신감과 대담함이야말로 리더가 직접 선보이고 가르쳐야 할 태도라는 것을 알고 있는 처칠은 모든 장관들에게 강인하고 긍정적인 모습을 잃지 말라는 지령을 내렸다. "이렇게 암울한 시기에 고위 관료들뿐 아니라 정부에 있는 총리의 모든 동료들이 집단 내에서 드높은 사기를 유지해준다면 총리로서는 더없이 감사할 일입니다. 이는 사태의 심각성을 축소하려는 것이 아니라 우리가 유럽 전체를 자신들의 발밑에

놓으려는 적의 의지를 꺾을 때까지 전쟁을 계속하겠다는 불굴의 의지와 우리의 능력을 자신 있게 보여주기 위함입니다."

처칠은 또한 영국이 히틀러와 평화를 모색하려 한다는 근거 없는 추측도 완전히 단념시키기로 했다. 25명의 각료들을 놓고 연설하는 자리에서 처칠은 프랑스의 몰락이 임박한 사실을 알고 있으며 자신도 평화 협상을 잠시 고려했다고 털어놓았다. 그러나 "지금 내가 한 순간이나마 협상이나 항복을 생각하고 있다면 여러분 모두가 들고일어나 저를 이 자리에서 끌어내릴 것이라고 확신합니다. 우리의 이 오랜 섬의 역사가 결국 끝나려면, 우리 각자가 땅에 쓰러져 자신의 피에 코를 박고 숨이 끊어질 때나 가능할 것입니다."[18]

순간 전율과 함께 침묵이 흘렀다. 그리고 장관들은 자리에서 일어나 그를 둘러싸고 그의 등을 치면서 동의의 함성을 외쳤다. 처칠은 깜짝 놀랐고 안심했다.

"그는 매우 장대했다." 장관 휴 달튼Hugh Dalton은 썼다. "그 사람, 바로 그 순간 우리에겐 그 한 사람밖에 없었다."

다른 연설과 마찬가지로 여기서도 처칠은 그만의 특징을 확실하게 보여주었다. 사람들을 더 우쭐하게 더 강인하게 무엇보다도 더 용감하게 만드는 그만의 기술이었다. 그는 "불굴의 의지와 자신감을 보여줌으로써 사람들에게 용감하고 강인해지는 데 필요한 것을 남김없이 요구했다." 처칠의 개인비서 중 한 명인 존 마틴John Martin은 그렇게 생각했다. 그의 영도하에 영국인들은 스스로를 "장대한 드라마 현장의 주인공이자 지고한 무적의 대의를 위해 싸우는 투사"로 자부하며 "그런 대의를 위해 하늘을 운항하는 별들도 싸우고 있다"고 생각하기 시작했다고 마틴은 썼다.

그는 주변 사람들을 대할 때도 같은 식이었다. 톰슨 경위는 어느 여름날 저녁, 켄트에 있는 처칠의 자택인 차트웰에서 있었던 일을 회상했다. 비서에게 메모를 받아쓰게 하던 중 처칠은 시원한 시골 바람을 들이기 위해 창문을 열었다. 그때 커다란 박쥐 한 마리가 날아들었다. 박쥐는 방 안 이곳저곳을 마구 헤집고 다니다 비서를 향해 곧장 달려들었다. 그녀는 기겁했지만 처칠은 알아차리지 못했다. 발작적으로 몸을 움츠리는 것을 본 처칠은 뭐가 잘못됐느냐고 물었고 그녀는 박쥐가 들어왔다고 말했다. "크고 매우 호전적인 박쥐"였다고 톰슨은 썼다.

"설마 박쥐가 무서워 그러는 건 아니겠지?" 처칠이 물었다.

그녀는 정말로 무서웠다.

"내가 지켜줄 테니 자넨 하던 일을 계속하게." 그는 그렇게 말했다.

*

덩케르크 탈출은 상상 이상의 성공을 거두고 끝났다. 히틀러의 진격 중지 명령과 루프트바페를 좌절시킨 해협의 악천후가 큰 도움이 되었다. 토미들은 수영하지 않아도 됐다. 선박 887척이 덩케르크 철수 작전에 동원되었지만 영국 해군 소속 함정은 4분의 1에 지나지 않았다. 91척은 여객선이었고, 나머지는 어선과 요트와 그 밖의 소형 선박이었다. 프랑스군 12만 5,000명을 포함해 모두 33만 8,226명이 탈출했다. 존 콜빌의 형 필립Philip을 포함한 영국군 병사 12만 명이 프랑스에 남아 있었지만, 그들도 해안의 다른 탈출지점을 향해 가고 있었다.

영국원정군의 철수는 성공적이었지만 처칠은 답답하기만 했다. 그는 서둘러 공격하고 싶었다. "해안 절벽으로 달아나 그곳을 지키려 쩔쩔맬 것이 아니라 우리가 다음에 어디를 칠지 몰라 독일인들이 전전긍긍하게 된다면 얼마나 좋겠나." 처칠은 그의 군사수석자문인 퍼그 이즈메이에게 그렇게 썼다. "우리를 괴롭히는 적의 의지와 주도권에 눌려 당장 굴복하고픈 그런 나약한 정신을 떨쳐버려야 하네."

철수가 진행되는 와중에도 처칠은 즉답을 요구하는 전언문과 지령문에 '오늘 처리할 것ACTION THIS DAY'이라는 독촉성 빨간 딱지를 붙이기 시작했다. "특별한 관심을 가지라는 표시였다. 제일 높은 분의 요구는 절대 무시하면 안 되었다." 비서 마틴은 그렇게 썼다.

6월 4일 철수 마지막 날, 처칠은 하원 연설에서 제국 전반에 힘을 북돋우기 위해 다시 웅변조로 말했다. 그는 먼저 덩케르크의 성공을 치하하면서도 냉정한 평가를 덧붙였다. "철군으로 전쟁을 이길 수는 없습니다."

연설이 막바지에 이르자 그는 화로에 불을 지폈다. "우리는 끝까지 싸울 것입니다." 그의 말은 점점 사나워지고 더욱 자신감이 붙었다. "우리는 프랑스에서 싸울 것이며, 바다와 대양에서 싸울 것입니다. 우리는 싸울수록 자신감을 갖게 될 것이며 공중에서 더욱 힘을 키울 것이며, 어떤 대가를 치르더라도 우리의 섬을 지킬 것입니다. 우리는 해안에서 싸울 것입니다. 우리는 상륙지에서 싸울 것입니다. 우리는 들판과 거리에서 싸울 것입니다. 우리는 언덕에서 싸울 것입니다. 우린 결코 항복하지 않을 것입니다."

하원이 찬성의 함성을 외치자 처칠은 옆자리 의원에게 중얼거렸다. "그리고 … 우리는 깨진 병을 집어 들고 싸울 것이오. 가진 게 빌어먹을 그것밖에 없으니까."[19]

그날 방청석에 클레멘틴과 나란히 앉아있던 메리는 연설을 듣고 가슴이 벅찼다. "아버지에 대한 사랑과 경탄이 영웅숭배 쪽으로 바뀌기 시작한 것은 바로 그때였다." 그녀는 그렇게 썼다. 나중에 언론인이자 방송인으로 명성을 얻게 되는 해군 청년 루도빅 케네디Ludovic

Kennedy도 회상했다. "그 연설을 듣는 순간 모든 것이 잘되리라는 것을 직감으로 알았다."

해럴드 니컬슨은 아내 비타 새크빌-웨스트에게 편지를 썼다. "윈스턴의 굉장한 연설에 힘이 불끈 솟았소. 아무리 많은 적이 몰려와도 이젠 맞설 수 있을 것 같아요." 하지만 자살 계획을 포기할 정도는 아니었다. 그와 비타는 어떤 종류가 됐든 독약을 구할 계획이었고 햄릿의 독백을 빌리면 그것을 투여할 '뾰족한 돗바늘'도 필요했다. 그는 아내에게 그 바늘을 늘 가까이 두라고 일러두었다. "그래야 필요할 때 죽음을 맞이할 수 있소. 나도 하나 구할 작정이요. 그런 갑작스러운 죽음은 조금도 두렵지 않아요. 그건 명예로운 죽음이오. 정작 두려운 것은 고문과 굴욕이지."

처칠의 연설이 감동적이기는 했지만, 모두가 전폭적으로 찬성한 것은 아니었다. 클레멘틴의 지적에 따르면 "토리당(보수당)의 상당수"는 별다른 반응을 보이지 않았고, 일부는 '언짢은 침묵'으로 일관했다. 전 총리이자 현 자유당 의원인 데이비드 로이드 조지David Lloyd George는 당시 반응을 "딱 반쪽짜리"로 규정했다. 다음 날 국내정보국은 신문사 중에 "처칠의 연설을 헤드라인으로 다룬 곳"은 두 군데뿐이며, 그의 연설이 대중의 사기를 높이는 데 별 도움이 되지 않았다고 보도했다. "영국원정군이 마지막 철수를 끝냈을 때는 어떤 울적한 기분마저 감돌았다." 어떤 신문사는 그렇게 지적했다. "그에 상응하는 결의가 다져지지 않아서인지 긴장이 풀리고 있다." 이 기사는 더 나아가 "'혼자라도 싸울 것'이라는 총리의 언급은 온 나라에 어떤 불안감을 야기했다"고 전했다. "그래서인지 우리의 동맹국(프랑스)의 의도를 더욱 의심하게 되었다."

매스옵저베이션의 일기기록원인 이블린 손더스Evelyn Saunders는 이렇게 썼다. "어제 처칠의 연설을 들었지만 기운이 나지 않는다. 여전히 짜증스러울 뿐이다."

그러나 연설문을 다듬으면서 처칠이 가장 중요하게 여겼던 청중은 사실 미국이었다. 그리고 그런 점에서 연설은 예상대로 확실히 성공한 것 같았다. 싸워야 할 언덕과 해변이 6,500킬로미터나 떨어져 있으니 그럴 법도 했다. 비록 미국을 직접 언급하지는 않았지만, 처칠은 그 연설을 통해 덩케르크의 퇴각이 무엇을 의미하든 그리고 프랑스가 다음에 어떻게 나오든 상관없이 영국은 오로지 승리에만 전념한다는 입장을 루스벨트와 미 의회에 전달했다.

그 연설은 또한 히틀러에게도 계속 싸우겠다는 처칠의 결의를 반복해서 보여주었다. 연설 때문인지는 모르지만 다음 날인 6월 5일 수요일에 독일 항공기는 폭격기 몇 대와 수많은 전투기를 동반하여 영국 본토에 있는 목표지점을 처음 폭격하기 시작했다. 이 공습을 신호로 다른 공습들이 이어지자 RAF 지휘관들은 당혹감을 감추지 못했다. 루프트바페도 비행기와 조종사들을 잃었다. 대부분 불필요한 손실이었다. 공습이 밤새 계속되었지만, 폭탄은 데본과 콘월과 글로스터셔 외 몇몇 지역의 목초지와 숲에 떨어졌기 때문에 별다른 피해는 없었다.

RAF는 이 공습을 다가올 본토 침공을 준비하는 과정에서 영국군의 방어 능력을 시험하기 위한 연습용으로 추정했다. 우려했던 대로 히틀러는 이제 브리튼 제도로 시선을 돌린 것 같았다.

9장 거울 이미지

처칠이 연설에서 언급하지 않은 한 가지가 있었다. 그것은 덩케르크 철수에서 제대로 평가되지 않은 부분이었다. 30만 명이 넘는 병사들이 상공과 지상의 협공을 뚫고 용케 해협을 건넜지만 달리 생각하면 그런 사실에는 불길한 교훈도 담겨있었다. 입장을 바꿔 영국군이 덩케르크에서 철수한 것처럼 독일군도 수백 척의 작은 배와 바지선과 쾌속정에 병력을 태워 대규모로 쳐들어온다면 영국군 사령부가 생각하는 것보다 저지하기가 더 어려워질지 모르기 때문이었다.

"[RAF가] 폭격을 한다 해도 보쉬들Bosches(독일군)도 똑같은 방식으로 영국에 병사들을 상륙시킬 수 있다는 사실을 그때 처음 알게 되었다." 영국 본토방위군 사령관 에드먼드 아이언사이드Edmund Ironside 장군은 그렇게 썼다.

그가 두려워한 것은 역 덩케르크였다.

10장 유령

6월 10일 월요일, 처칠은 기분이 몹시 상했다. 아무리 전쟁 탓이라지만 그의 타고난 낙천적 기질을 생각하면 드문 일이었다. 이탈리아는 영국과 프랑스에 전쟁을 선포하면서 그가 했던 말을 비틀어 되돌려주었다. "폐허를 보러 가는 사람들은 앞으로 굳이 이탈리아의 나폴리나 폼페이까지 갈 필요가 없다."

여기에 프랑스 상황까지 더해지자 다우닝가 10번지엔 폭풍이 몰아쳤다. "그분은 심기가 매우 불편했다." 조크 콜빌은 그렇게 썼다. "아무한테나 쏘아붙이고 해군장관에게 보내는 전언문에 대고 화풀이를 하고, 구두로 전달하는 메시지는 들은 척도 하지 않았다." 처칠이 저기압일 때 그 예봉을 직접 맞는 사람은 대부분 가까운 사람이었다. 그 중에서도 충직하게 곁을 지키며 그를 오래 겪은 경호원 톰슨 경위가 늘 직격탄을 맞았다. "그분은 아무나 가까이 있는 사람에게 분풀이를 했다." 톰슨은 그렇게 회상했다. "나는 항상 곁에 있었기 때문에 이런 봉변을 많이 당했다. 그분의 눈에는 내가 무엇 하나 제대로 하는 게 없는 사람처럼 보였던 것 같다. 그분은 내게 짜증을 냈고 내가 꼭 해야 하는 일 때문에 짜증을 냈다. 내가 언제나 곁에 있어야 한다는 사실이 무척 지겨우셨을 것이다. 그건 나도 마찬가지였다." 처칠이 사정없이 야단을 칠 때면 낙오자가 된 기분이었다. "그럴 때마다 나는 누군가가 그분께 달려들었으면 했다. 그럼 당장 그 자를 쏴버릴 텐데."

하지만 처칠의 분풀이는 오는 것만큼이나 빠르게 사라졌다. 그는 결코 사과하는 법이 없었지만, 다른 수단을 통해 폭풍이 지나갔다는 사실을 알리곤 했다. "그 양반은 성질이 못됐다는 소리를 많이 들었다. 그건 사실이 아니다." 비버브룩 경은 그렇게 설명했다. 항공기생산부 장관이었던 탓에 그 역시 수시로 처칠의 표적이 되곤 했다. "그는 감정이 격해지긴 하지만, 누굴 호되게 야단치고 나면 버릇처럼 그 사람 손을 잡는다. 그 사람 손에 자기 손을 얹기도 한다. 그럴 때는 꼭 자네를 향한 내 진심은 변함이 없다고 말하는 것 같다. 그렇게 인간미를 멋지게 드러내기도 쉽지 않다."

날씨는 도움이 되지 않았다. 길고 긴 따스함과 햇볕이 사라진 뒤라 날은 어둑어둑했다. 섬뜩할 정도였다. "지독한 어둠." 영국의 고위 외교관이자 외무부 차관으로 당대 저명한 일기작성자였던 알렉산더 캐도건Alexander Cadogan은 그렇게 썼다. "스코틀랜드 야드Scotland Yard(런던 경시청)의 사무원이자 매스옵저베이션의 패널로 많은 양의 일기를 남긴 올리비아 코켓Olivia Cokett은 이렇게 썼다. "무거운 먹구름이 계속 떠 있었지만 비는 내리지 않았다. 사람들은 날씨 얘기를 많이 했다. 금방이라도 어떻게 될 것 같은 분위기였다." 그녀는 누군가가 하는 말을 우연히 들었다. "그리스도가 십자가에 못 박힌 날이 꼭 이랬을 거다. 무슨 일이 일어날 것만 같아."

처칠의 관심은 온통 프랑스에 가 있었다. 프랑스를 여러 차례 찾았지만 상황을 바꾸고 프랑스를 재기시킬 계기를 만들지 못하는 자신의 무기력에 그는 화가 났다. 파리는 48시간 내에 함락될 것 같았기에 프랑스의 항복은 확실해 보였다. 그래도 그는 아직 포기하지 않았다. 그는 여전히 자신의 존재나 격려의 말 한 마디로, 어쩌면 가슴을 뒤흔드는 사자후나 다짐으로 송장이 다 된 프랑스를 다시 살려낼 수 있을지도 모른다고 생각하는 것 같았다. 처칠은 6월 11일 화요일, 레노 총리가 또다시 자신을 찾자 마지막 기회라고 생각했다. 이번에는 파리에서 남쪽으로 150킬로미터 정도 떨어진 루아르강에 있는 작은 마을 브리아르였다. 하지만 아무런 소득도 없었고 어떤 자극도 주지 못했다. 그저 사태가 걷잡을 수 없이 악화되었다는 사실을 확인했을 뿐이었다. 형편없는 프랑스어와 훌륭한 영어를 급하게 구사하는 처칠은 무슨 일이 있어도 싸우겠다고, 필요하면 영국 혼자서라도 싸우겠다고 다짐했다. "계속, 계속, 계속, 뚜주르toujours(영원히), 변함없이, 어디서나, 파흐투partout (어디서나), 파 드 그라스 pas de grâce(피도 눈물도 없이), 자비도 없이, 퓌 라 빅투아Puis la victoire(그리고 승리를)!"[20]

프랑스 인사들은 아무런 감흥을 느끼지 못했다.

그러나 이 회의도 프랑스 장교들의 마음에 한 가지 인상만은 분명히 각인시켰다. 오후 목욕물을 준비하지 못한 프랑스 사람들에게 화가 난 처칠이 빨간 기모노를 흰 띠로 묶고 곁문을 박차고 들어가 소리치는 모습이었다. "어 에 마 방Uh ay ma bain?" 내 목욕물이 어디 있느냐는 말이었다. 한 목격자는 분노한 그의 모습이 "성난 일본 지니"처럼 보였다고 전했다.

프랑스인들은 완전히 풀이 죽었고 거의 자포자기 상태였기에 처칠은 RAF 전투기들을 보내 봐야 소용이 없겠다고 생각을 고쳐먹었다. 그는 프랑스인들에게 자신이 이기적인 것이 아니라 단지 신중한 것뿐이라고 말했다. 예상되는 영국에 대한 공격을 저지할 수 있는 것은 전투기밖에 없었다. "더는 도울 수 없다는 것이 슬프지만, 어쩔 수 없소." 그는 그렇게 말했다.

조크 콜빌에게는 개인적인 걱정도 있었다. 그는 아직도 프랑스 셰르부르에서 철수를 서두르는 영국 군인들이 많다는 사실을 알고 있었다. 그는 그들 중에 형 필립이 있기만을 간절히 바랐다. 필립의 짐 일부가 런던으로 온 것은 희망적인 징조였지만, 그것만으로는 안심이 안 됐다.

콜빌의 형은 둘 다 전쟁에 나갔다. 그건 그의 동료들도 대부분 마찬가지였다. 콜빌은 이젠 자신도 싸움에 뛰어들 때라고 생각했다. 가장 좋은 방법은 왕립 해군을 통하는 길이라고 생각했기에, 그는 처칠의 수석 비서인 에릭 실Eric Seal에게 그런 뜻을 밝혔다. 실도 도와주겠다고 말은 했지만 사실 할 수 있는 일은 아무것도 없었다. 외무부에서 근무하는 많은 사람들을 포함하여 화이트홀에서 일하는 젊은이들은 대부분 콜빌과 같은 포부를 가지고 있었기에 오히려 그것이 문제를 만들었다. 외무부는 적어도 당분간은 젊은이들을 군대에 내주지 않으려 버티고 있었다. 하지만 콜빌은 계속 방법을 찾아보기로 했다.

＊

6월 12일 수요일 처칠 일행이 프랑스에서 회담을 끝냈을 때, 미국 대사 조지프 케네디Joseph Kennedy는 그의 상관인 미 국무장관 코델 헐Cordell Hull에게 비밀 전보를 보내 영국의 전망을 또다시 편협하게 평가했다. 독일의 막강한 군사력을 감안할 때 제국의 대비책은 "형편없이 초라하다"고 그는 말했다. "딱할 정도"라는 말까지 덧붙였다. 영국이 가진 것이라고는 용기뿐이다. 처칠을 버틸 수 있게 해주는 것은 미국이 얼마 남지 않은 대선을 치르고 난 뒤 곧 참전할 것이라는 믿음이 전부라고 케네디는 단정했다. 11월 5일 치러지는 선거에 루스벨트가 출마할 가능성은 점점 더 높아지고 있었다. 처칠은 "미국 국민들이 자신들의 수많은 마을과 도시의 이름의 유래가 된 영국의 마을과 도시들이 폭격으로 파괴되는 것을 보면 모두들 줄을 서서 전쟁에 나가고 싶어 할 것"으로 믿고 있다고 케네디는 썼다.

케네디는 "미국을 끌어들일 '사건'"만 있으면 된다고 쓴 미국 주재 영국 특파원의 보고서를 인용했다. 케네디는 그 점이 걱정이었다. "절 망스러운 상황에 처한 사람들에게 필요한 것이 그것뿐이라면 그들은 무슨 짓이든 할 것"이라고 그는 경고했다.

*

다른 곳에서도 좋지 않은 소식이 나왔다. 6월 12일 수요일 아 침, 처칠이 개인 과학고문으로 새로 임명한 프레더릭 린드만Frederick Lindemann은 공군부 정보부서의 젊은 과학자 레지널드 V. 존스Reginald V. Jones 박사를 만났다. 린드만의 제자였던 존스는 28세밖에 안 됐지만 정 보연구 부국장이라는 높은 직함을 가지고 있었다.

두 사람이 만난 이유는 독일이 자체 레이더 시스템을 개발하고 배 치하는 데 성공했는지 여부를 알고 싶어서였다. 전쟁 전에 영국은 레이 더를 개발하여 독일 항공기의 접근을 사전에 정확하게 경고해주는 해 안 타워 네트워크인 '체인 홈Chain Home' 기지를 설치함으로써 아주 은 밀하게 유리한 고지를 선점해놓고 있었다. 그러나 화제는 금방 바뀌어 두 사람은 끔찍한 전망을 예상했다. 독일이 실제로 어떤 기술적 개발에 성공했다면 독일이 공중전에서 매우 유리한 입장을 확보할지 모른다 는 전망이었다.

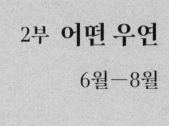

2부 **어떤 우연**

6월—8월

11장 백조 성의 미스터리

존스의 말을 듣던 교수(린드만과 가까운 사람들은 옥스퍼드 대학 물리학 교수였던 그를 'The Prof'라고 불렀다-옮긴이)는 점점 더 고개를 갸웃거렸다. 젊은 공군정보요원인 존스 박사의 주장은 장거리 전파와 관련하여 물리학자들이 알고 있는 것과는 모든 면에서 달랐다. 존스가 제시한 몇 가지 정보들은 분명 흥미로운 구석이 있었지만, 그것들은 존스가 짐작하는 것과는 다른 어떤 의미를 지니고 있었다.

과학적인 객관성으로 세상을 평가하는 것이 교수의 일이었다. 54세의 옥스퍼드 물리학자였던 그는 처칠이 처음 입각시킨 사람 중 한 명이었는데, 그것은 발전된 기술이 이 새로운 전쟁에서 큰 역할을 할 것이라는 믿음 때문이었다. 이런 사실은 이미 레이더로 증명된 바 있었다. 레이더는 항공기를 일격에 파괴할 '살인 광선death ray'을 만들기 위한 연구가 진척이 없는 가운데 우연히 나온 뜻밖의 부산물이었다. 마찬가지로 영국은 루프트바페의 통신을 가로채 해독하는 데 뚜렷한 성과를 거두고 있었으며, 그렇게 얻은 정보는 정부통신본부Government Code and Cypher School의 극비 안가인 블레츨리 파크Bletchley Park에서 처리되었다. 이곳에서 암호 해독요원들은 독일의 암호 '에니그마Enigma'를 해독했다.

린드만은 앞서 처칠이 해군장관이었을 당시 왕립 해군의 일상적인 작전 투입 능력을 가능한 한 정확히 파악하기 위해 설치한 해군사무소를 운영한 바 있었다. 처칠은 총리가 된 직후 린드만을 총리 직속의 통계부라는 훨씬 더 광범위한 부서의 책임자로 임명하는 한편, 그를 특별과학고문으로 임명했다. 특별과학고문의 공식 직함은 총리 개인보좌관이었다. 이 두 가지 역할로 린드만은 전쟁의 경과에 영향을 미치는 과학, 기술, 경제 문제를 탐구할 수 있는 권한을 부여받았다. 이는 강제력을 가진 권한이지만 화이트홀의 장관들 사이에 질투심을 불러일으킬 것이 뻔한 권한이기도 했다.

더욱 알 수 없는 것은 린드만 자신이었다. 외무차관 캐도건의 말에 따르면 그의 주요 업적은 "그와 접촉해본 사람들이라면 모두 합심하여 그에게 대항하게 만드는 것"이었다.

그는 키가 크고 안색이 창백했으며 가슴 부분에 빳빳하게 풀을 먹인 '예장용' 셔츠와 빳빳한 칼라와 목을 꽉 조이는 타이를 맸다. 창백한 얼굴은 그의 회색 양복과 잘 어울렸다. 그는 항상 거대한 검은 중절모와 벨벳 깃이 달린 외투를 입고 우산을 들고 다녔다. 언제나 상대방을 얕보는 듯한 표정은 내려간 입꼬리에서도 그대로 드러났다. 그는 나이를 알 수 없는 사람이었다. 아니 오히려 나이가 있어 보였다고 버켄헤드 경Lord Birkenhead(나중에 린드만의 전기를 쓴다)의 딸 레이디 줄리엣 타운센드Lady Juliet Townsend는 회상했다. "그는 아마도 일찍부터 나이 들어 보이는 축에 속할 것이다. 그 후로 20년 동안은 늘 같은 모습이었다." 그녀는 그렇게 말했다. 어린아이였을 때 린드만에게 '교수Prof'라는 별명을 붙여준 사람도 타운센드였다. '프로프'라고 할지 '더 프로프the Prof'라고 할지는 부르는 사람 마음이었다.

린드만은 모순 그 자체였다. 그는 흑인을 싫어했지만 수년간 그의 테니스 복식 파트너는 서인도제도 출신이었다. 그는 유대인을 싫어하여 동료 물리학자를 가리켜 "드럽고 쬐끄만 유대인"이라고 얕보면서도, 알버트 아인슈타인Albert Einstein은 친구로 여겨 히틀러가 득세하기 시작하자 그의 탈출을 도왔다. 그는 호불호가 분명해서 자신의 친구들은 전혀 문제가 없는 반면 적들은 제대로 된 구석이 하나도 없는 인간으로 여겼다. 한 번 그의 눈 밖에 나면 평생을 갔다. "그의 기억력은 대단한 정도가 아니었다. 까마득한 옛날의 사소한 일도 한 번 새겨두면 코끼리만해졌다."

그래도 여성들과 아이들은 린드만을 좋아했다. 처칠 가족이 가장 좋아하는 사람이었던 그는 남의 생일을 잊는 법이 없었다. 특히 클레멘틴이 그를 좋아했다. 처칠 주변의 장관이나 장군들 중 클레멘틴이 좋아하는 사람이 거의 없다는 점을 생각하면 이례적이었다. 린드만은 남자답지 않게 보인다는 이유로 손목시계를 차지 않았는데, 외면적인 부분을 엄격하게 다스리는 성격 탓에 남의 눈을 의식하는 그런 섬세한 내적 감수성은 오히려 잘 드러나지 않았다. 그는 어렸을 때 그의 부모님이 지어준 애칭이 '피치peach(예쁜소녀)'였다는 사실을 들키지 않으려 무척 조심했다.

그는 무엇을 하든 최고가 되어야 했고 실제로 테니스 실력은 거의 프로 수준이어서 윔블던Wimbledon에서 복식 경기에 출전한 적도 있었다. 그의 누이 린다Linda에 따르면 그는 종종 클레멘틴과 시합했지만 결코 즐거운 내색은 보이지 않았다고 한다. 그의 내면은 늘 싸움을 하는 것 같았다. "점심 식사 자리에서 아주 끔찍한 교양지식을 화려하게 늘어놓아 모든 대화를 악몽으로 빠뜨리는 피치. 체스를 두든 테니스를 치든 피아노를 치든 항상 결의에 찬 모습을 보여주는 피치. 사실 전혀 즐길 줄 모르는 가엾은 피치." 린다는 그렇게 썼다.

린드만이 어머니의 이기심 탓으로 돌린 우연한 타이밍으로 인해, 그는 1886년 4월 5일에 영국이 아닌 독일의 온천 휴양도시 바덴바덴에서 태어났다. "출산이 가까워졌다는 것을 알면서도 독일 영토에서 낳기로 한 어머니의 결정을 린드만은 평생 불쾌하게 여겼다." 버켄헤드 경은 그렇게 썼다. 린드만은 한 번도 스스로를 독일인이라고 생각해본 적이 없고 오히려 독일을 혐오했지만, 그의 출생은 앞선 전쟁과 또다시 터진 새로운 전쟁 중에 국가에 대한 충성과 관련하여 의혹의 표적이 되었다. 콜빌조차 일찍이 "그의 외국 연줄은 수상하다"고 말할 정도였으니까.

린드만의 어머니는 훗날 사람들이 그를 또 다른 시선으로 보게 만드는 계기를 만들어주었다. 어렸을 때 그와 그의 형제들에게 엄격한 채식 식단을 마련해준 것이 발단이었다. 하지만 그녀와 나머지 사람들은 곧 채식을 포기했고 린드만 혼자만 그 식단을 고수했다. 집착에 가까운 고집이었다. 그는 날마다 올리브 오일로 만든 엄청난 양의 마요네즈와 달걀 흰자위(노른자위는 털끝만큼도 들어가지 않았다)를 소비했다. 또한 단것을 너무 좋아해 초콜릿이 들어간 과자를 즐겼고 풀러Fuller's 초콜릿 크림이라면 사족을 못 썼다. 하지만 양을 신중히 조절해 하루에 설탕을 티스푼 48개에 해당하는 200그램 이상은 먹지 않았다.

린드만과 처칠은 1921년 여름 런던에서 열린 한 만찬에서 처음 만났고 시간이 지나면서 친해졌다. 1932년에 두 사람은 처칠의 조상 말버러 공작Duke of Marlborough이 싸웠던 전쟁터를 방문하기 위해 독일을 함께 여행했다. 당시 처칠은 말버러 공작의 전기를 쓰고 있었다. 교수의 롤스로이스(그는 아버지의 사망과 함께 막대한 재산을 상속받았다)를 타고 농촌을 누비는 동안, 그들은 보이지 않는 곳에서 흐르는 독일인들의 호전적 민족주의를 감지했다. 불안해진 그들은 함께 히틀러의 독일에서 고개를 드는 군국주의에 관한 정보를 가능한 한 많이 수집하면서 다가오는 위험을 영국에 알리기로 했다. 그 후로 처칠의 집은 독일 내부의 정보를 수집하는 일종의 정보 센터가 되었다.

린드만은 처칠에게 직업적 혈연 의식을 느꼈다. 처칠은 과학자가 되었어야 했다고 린드만은 생각했다. 처칠은 세부적인 것까지 끌어내 복잡한 주제를 기본적인 요소로 추려 정리하는 린드만의 능력에 감탄했다. 그는 교수가 '멋진 두뇌beautiful brain'를 가지고 있다는 말을 자주 했다.

*

존스 박사와 만난 린드만은 독일이 전파를 이용하여 항공기를 탐지하는 기술을 터득했느냐는 질문부터 던졌다. 존스는 그런 것 같다고 답하면서 자신의 주장을 뒷받침해주는 정보를 내밀었다. 회의가 끝나갈 무렵 존스는 화제를 바꾸었다. 그날 회의 전에 있었던 일이 계속 마음이 걸렸기 때문이었다. 그는 RAF에서 독일 라디오 방송을 청취하는 부서의 책임자이자 동료인 L. F. 블랜디L. F. Blandy로부터 블레츨리 파크에서 해독한 루프트바페의 메시지 사본을 건네받았다.

"이거 자네가 관심을 가질 말한 문제 같아서 말야."[21] 블랜디는 그렇게 말했다. "여기 있는 사람들에게는 별로 소용이 없을 것 같지만."

메시지는 간략했다. 위도와 경도로 나타낸 지리적 위치와 함께 독일어 명사로 보이는 클레베스Cleves와 크니케바인Knickebein이라는 단어가 적혀있었다. 존스는 머리를 써서 번역해보았다. '클레베스 크니케바인은 북위 53° 24'와 서경 1° 지점에 위치한다.'

존스는 소스라쳤다. 그리고 블랜디에게 자신에겐 더없이 중요한 메시지라고 말했다.

그것은 지난 몇 달 동안 여러 정보 조각들을 모아 머릿속에서 일부 완성했던 모자이크의 빈 부분에 딱 들어맞았다. 크니케바인은 전에도 본 적이 있는 단어였다. 그는 1940년 3월 추락한 독일 폭격기의 잔해에서 발견된 종이에 '무선표지 크니케바인Funkfeuer Knickebein'이라는 문구가 적힌 것을 본 적이 있었다. 얼마 전에는 평소 하던 대로 RAF 공군 정보국이 포로들을 심문하는 대화를 녹음한 테이프에서 독일 비행사 2명이 비밀 무선항법 시스템으로 보이는 것을 두고 얘기를 나누는 것을 듣게 되었다.

그러다 이 최신 메시지를 입수한 것이었다. 존스는 크니케바인이 '외만각外彎脚' 다시 말해 '밭장다리'라는 것을 알고 있었고, 클레베스라는 철자도 클레베Kleve라는 독일 마을을 가리킬 가능성이 높다고 믿었다. 이 마을에는 유명한 '슈바넨부르크Schwanenburg' 즉 '백조의 성'이 있었는데, 아나 폰 클레페Anna von Kleve가 헨리 8세Henry VIII의 4번째 부인으로 간택되어 영국으로 건너가기 전에 거주했던 성으로 추정된다.[22] 백조의 성과 기사 로엔그린Lohengrin의 전설은 바그너에게 영감을 주어 기사의 이름과 같은 제목의 유명한 오페라의 탄생의 모태가 되었다.

조각들은 갑자기 존스가 추측했던 방식으로 맞아떨어졌지만 존스는 있을 수 없는 일이라고 결론을 내렸다. 그는 28세였다. 함부로 말을 꺼냈다가 자신의 추론이 틀렸다면 완전히 바보가 될 일이었다. 하지만 추측이 사실이라면, 헤아릴 수 없이 많은 생명을 구하는 엄청난 발견이 될 것이다.

살펴보니 새로 가로챈 메시지가 알려주는 지리적 좌표는 영국의 산업 중심지 레트포드 마을 남쪽의 한 지점과 일치했다. 클레베스에서 레트포드까지 이어진 선은 어떤 벡터, 아마도 항공기의 항로나 무선 전송, 즉 'Funkfeuer Knickebein'이라는 문구로 표시된 빔beam(방향지시 전파)이나 비컨beacon(무선표지)을 의미할 것이다. '밭장다리'라는 용어는 어떤 종류의 교차점을 의미하여 두 번째 빔이 첫 번째 빔과 교차할 가능성이 있다고 존스는 추측했다. 다시 말해 이것은 지상의 정확한 지리적 위치, 아마도 도시나 심지어 개별 공장을 표시하는 방법일 것이다. 무선 빔으로 상업용이나 군용 항공기를 유도하는 기술은 있었지만, 그것은 가시거리가 확보되지 않았을 때 착륙을 돕기 위한 단거리용에 지나지 않았다. 로렌츠 계기착륙 시스템Lorenz blind-landing system이라는 이 기술은 이를 발명한 독일의 C. 로렌츠 AGC. Lorenz AG의 이름을 딴 방식으로, 양측이 모두 익히 알고 있어 영국과 독일의 민간 공항과 군용 비행장에서 널리 사용되고 있었다. 존스는 루프트바페가 로렌츠 같은 빔을 한 단계 더 발전시켜 해협 건너편 영국 내부의 목표물에 투사하는 방법을 찾아냈을지도 모른다고 생각했다.

그렇다면 큰일이었다. 현재까지는 야간 비행에서 목표물에 어느 정도 정확하게 폭탄을 투하하려면 맑은 하늘과 달빛이 있어야 했다. 하지만 존스가 상상하는 그런 시스템이 있다면, 얘기가 전혀 달라진다. RAF 전투기들이 꼼짝없이 지상에 묶여있는 날씨에도 독일 폭격기들은 보름달을 기다리거나 달이 차고 기우는 것과 관계없이 아무 때고 영국 상공을 휘젓고 다닐 수 있을 것이다. RAF는 낮에 들이닥치는 공습에는 얼마든지 대응할 수 있다고 자신했지만, 레이더망이 있어도 야간에 전투기를 띄워 적 항공기를 찾아내 물리친다는 것은 거의 불가능에 가까운 임무였다. 교전할 때는 육안으로 적기를 확인해야 했다. 지상 레이더에 의지해서는 필요한 만큼 적기에 가까이 다가갈 수 없었다. RAF 조종사들이 전투기사령부의 관제사로부터 레이더상에서 적의 위치를 받았을 때는, 독일 폭격기들이 이미 고도와 기수를 바꿔 다른 곳으로 가버린 뒤일 것이다.

존스는 교수에게 자신의 이론을 설명했다. 그는 우연히 독일의 비밀 기술을 알아냈다며 흥분했다. 그러나 린드만은 언제나 그랬듯이 미동도 하지 않고 근엄하게 입꼬리를 내리면서 그건 이론적으로 불가능하다고 단정했다. 기존의 계기착륙 빔은 직선으로만 이동했다. 다시 말해 지구의 곡률 때문에 독일의 빔이 영국에 있는 목표물 상공까지 300킬로미터가 넘는 거리를 이동했을 때는 폭격기가 아무리 높게 비행한다 해도 그 빔을 찾을 수 없다고 린드만은 반박했다. 사실 이는 모두가 인정하는 이론이었다. 그리고 린드만은 한번 확신한 사실은 절대 굽히는 법이 없었다. 그의 측근인 로이 해러드Roy Harrod도 이렇게 말했다. "일단 틀림없다고 믿는 자신의 논리에 대해 그토록 깊고 흔들리지 않는 확신을 가진 사람을 나는 본 적이 없다."

실망했지만 포기할 생각이 없었던 존스는 사무실로 돌아가 방법을 생각했다. 그는 다음 날 린드만에게 두 번째 면담을 요청했다.

*

목요일 오전 11시, 처칠은 프랑스로 이륙했다. 프랑스 지도자들과 다시 마주앉기 위해서였다. 그것이 그들과의 마지막 대면이었다. 그는 퍼그 이즈메이, 핼리팩스, 캐도건 그리고 프랑스 연락책인 에드워드 스피어스Edward Spears 소장을 대동했다. 하지만 이번에는 비버브룩 경까지 데려가 영국 정부의 상당 부분을 다시 위험에 빠뜨렸다. 그들이 향하는 투르 비행장은 바로 전날 밤 폭격당한 상태였다. 메리 처칠과 그녀의 어머니는 그 행차로 또 하루를 불안에 떨어야 했다. "아버지가 가는 게 너무 싫다." 메리는 일기장에 그렇게 썼다. "생각하기도 싫지만 우리는 다들 프랑스인들이 굴복할 것으로 보고 있다. 세상에! 프랑스가 그러면 안 되지! 프랑스는 계속 싸워야 해. 싸워야 한다고."

야간 공습으로 그쪽 비행장은 쑥대밭이 되어 있었다. 프랑스 비행사들은 격납고 사이를 어슬렁거렸지만 새로 도착한 사람들에게 거의 관심을 보이지 않았다. 처칠은 모여있는 조종사들에게 다가가 서툰 프랑스어로 자신이 영국의 총리라고 소개했다. 그들은 처칠에게 소형 투어링카를 한 대 주었다. 196센티미터의 핼리팩스는 고사하고 처칠도 타기 힘든 차였다. 그래도 그들은 슬랩스틱 코미디 출연자처럼 차에 몸을 우겨넣듯 올라타 중앙정부 대표들이 모여 있는 지방 관청소재지를 향해 출발했다. 그들을 맞은 사람은 프랑스 총리 레노와 외무차관 폴 보두앵Paul Baudouin 두 사람뿐이었다. 레노는 책상 뒤에 앉아있었다. 처칠이 푹신한 안락의자를 골라 앉자 거의 보이지 않을 지경이 되었다.

브리아르에서 가졌던 이전 회합과 달리 처칠은 굳이 우호적인 태도를 보이려 애쓰지 않았다. 그는 "매우 단호하고 결연해" 보였다고 스피어스 장군은 썼다. 애완용 개 노릇을 그만둔 퍼그 이즈메이의 표정도 심각했다. 비버브룩은 "누군가에게 팁을 줄 동전을 찾는 것처럼" 주머니에서 동전을 짤랑거렸다고 스피어스는 전했다. 얼굴은 붉게 상기되었고 숱이 거의 없는 머리카락은 헝클어져 있었다. "그의 둥근 머리는 작고 긴장된 몸에서 뿜어내는 강력한 탄성 때문인지 레노를 향해 당장이라도 발사될 것 같은 대포알 같았다."[23]

항복하는 쪽으로 마음이 기운 탓인지 프랑스인들은 어서 회의를 끝내고 싶어 하는 눈치였다. 레노는 모든 것이 미국이 어떻게 나오느냐에 달려있다고 말했다. 그는 즉시 루스벨트에게 전보를 치기로 했다. "이제 우리가 할 수 있는 유일한 조치는 미국 대통령에게 상황을 솔직하게 알리는 것뿐입니다." 레노는 그렇게 말했다.

처칠도 그렇게 하겠다고 약속한 뒤 잠시 일행들과 따로 있게 해달라고 부탁했다. "당 르 자뎅Dans le jardin(정원에서요)!" 그가 요구했다. 그들은 좁은 오솔길로 난 황량한 직사각형 정원으로 빠져나가 계속 같은 자리를 빙글빙글 돌았다. "모두들 어이가 없어 할 말이 없는 것 같았다."

스피어스는 그렇게 썼다. "틀림없었다."

갑자기 비버브룩이 침묵을 깨고 이제는 루스벨트의 반응을 기다리는 수밖에 없다고 말했다. 처칠이 경솔하게 RAF 전투기 편대 파견을 약속하지 않을까 걱정된 비버브룩은 막판에 어떤 언질도 주지 말라고 처칠에게 다짐을 줬다. "어떻게 해볼 도리가 없습니다." 그는 그렇게 말했다. "사실 레노에게 이런 말을 듣는 것 자체가 아무런 도움이 안 됩니다. 그냥 돌아갑시다."

그들은 해 질 녘에 영국으로 돌아왔다.

*

젊은 존스 박사는 교수와의 두 번째 면담을 대비해 더욱 중무장을 했다. 존스는 영국 최고 전파 전문가인 토머스 L. 에커슬리Thomas L. Eckersley가 언젠가 쓴 짤막한 논문을 알고 있었다. 마르코니 사Marconi Company의 베테랑 연구기술자인 에커슬리는 그 논문에서 아주 가느다란 빔은 지구의 곡률을 따라 휘어질 수 있고 따라서 영국으로 출격한 독일 폭격기를 유도할 수 있다고 계산했다. 존스는 에커슬리의 논문 외에 몇 가지 새로운 정보도 챙겼다.

좀 더 준비를 철저히 하기 위해 존스는 루프트바페 승무원들의 심문을 맡은 친구이자 동료인 팀장 새뮤얼 데니스 펠킨Samuel Denys Felkin에게 연락했다.[24] 존스는 최근 며칠간 격추된 폭격기에서 구출한 새로운 포로들을 심문하기 위해 데려왔다는 것을 알고 있었기 때문에 펠킨에게 빔 유도 기술을 집중적으로 질문해달라고 요청했었다.

펠킨은 직접 심문했지만 새로운 정보를 얻는 데는 실패했다. 그래서 포로로부터 정보를 얻어낼 묘안을 생각해냈다. 심문이 한 차례 끝나면 포로를 동료 비행사들이 있는 곳으로 다시 보낸 다음 심문받은 내용을 두고 나누는 대화를 숨겨둔 마이크로 도청하는 방법이었다. 펠킨은 새로 확보한 포로 한 명을 '감방'으로 돌려보냈고 그가 '감방' 동료에게 RAF가 아무리 애를 써도 "장비"를 찾지는 못할 것이라고 하는 말을 들었다.

물론 존스가 그 말을 놓칠 리 없었다. 그 포로의 말은 존스의 추리가 옳다는 것을 간접적으로 확인시켜 주었다. 아울러 그것은 그 장치가 쉽게 눈에 띄는 곳에 숨겨져 있을 수 있다는 의미도 되었다.

존스는 즉시 영국 수사관들이 지난가을에 추락한 폭격기를 조사한 후 작성한 기술 보고서 사본을 요청했다. 그 포로가 탔던 것과 같은 종류의 폭격기였다. 존스는 무선 장비에 집중했다. 그중 한 기기에 눈길이 갔다. 보고서에서 '계기착륙 수신기'라고 확인된 장치였다. 그 자체로는 대수로울 것이 없었다. 독일 폭격기들은 모두 기본적으로 로렌츠 착륙 시스템을 갖추고 있었기 때문이었다. 보고서에는 실험정신이 강한 항공부대인 로열 에어크래프트 팩토리Royal Aircraft Factory의 한 엔지니어가 이 장비를 면밀하게 조사했다고 적혀있었다.

존스는 그 엔지니어를 불렀다.

"블라인드 랜딩 수신기에 특이한 점이 없었나요?" 존스가 물었다.

그 엔지니어는 없다고 말한 다음 설명했다. "하지만 지금 그렇게 물으시니 말인데요," 그는 말을 이었다. "그건 블라인드 랜딩에 필요한 것보다 훨씬 더 민감한 장치입니다."

그 장치는 특정 주파수에 맞출 수 있고, 존스는 자신의 예감이 정확하다면 그 주파수는 새로운 빔 시스템이 작동하는 대역일 것이라고 추론했다.

린드만은 자신의 입장을 굽히지 않는 편이지만 그런 만큼이나 냉철한 과학적 논리에는 고집을 피우지 않았다. 28세의 과학자가 몇 가지

정황 증거를 토대로 알려지지 않은 독일의 유도 기술이 존재할 수 있다고 주장하는 것쯤은 얼마든지 흘려들을 수 있지만, 기초적인 무선 물리학으로 그런 시스템을 만들어낼 수 있는 이 분야의 일류 전문가가 내미는 분명하고 구체적인 수치를 들여다보는 것은 별개의 문제였다. 그리고 존스가 수집한 새로운 증거는 매우 흥미로운 구석이 있었다.

루프트바페가 이런 신기술을 갖추었다면 그것은 정말로 가공할 결과를 초래할 수 있었다. 린드만은 갑자기 긴장했다. 존스는 이 빔이 목표물을 중심으로 반경 350미터 이내의 범위까지 항공기를 유도할 수 있다고 보았다. 놀라운 정밀도였다.

그날 린드만은 처칠과의 긴밀한 연줄을 이용하여 총리에게 직접 전달할 긴급 전언문을 작성했다. 그것은 라스푸틴Rasputin(제정 러시아 시절 황제의 총애를 발판으로 국정을 멋대로 농단하다 왕정의 몰락을 초래한 인물-옮긴이) 같은 은밀한 연줄이어서 동료들 사이에 많은 의심과 질투심을 불러일으키기 딱 좋은 일 처리 방식이었다. 하지만 새로운 직책으로 한껏 위상이 올라간 터라 웬만큼 중요한 문제는 모두 그의 손안에 있었다. 그는 정부의 가장 외진 곳도 조사할 수 있고 묻고 싶은 것은 무엇이든 물었으며 심지어 새로운 무기를 제안하고 군사 전략에 개입하여 지위 고하에 관계없이 모든 관료들의 일상을 좌지우지했다. "그는 고집불통이었고 하늘 아래 그가 해결할 자격이 없는 문제가 있다는 사실을 인정하려 하지 않았다." 퍼그 이즈메이는 그렇게 회상했다. "그는 오늘 주요 전략에 관한 각서를 쓰고 내일 달걀 생산에 관한 논문을 쓸 것이다." 연말까지 린드만의 집무실에서 발송한 메모와 비망록만 250개가 넘었다. 니트로글리세린이나 목재 공급품이나 비밀 대공 무기 등 주제도 다양했다. 그의 말을 들은 처칠은 여러 장관들에게 새로운 조치를 주문하여 가뜩이나 스트레스가 심한 그들의 생활을 더욱 복잡하게 만들었다. 린드만의 말을 듣고 단단히 준비한 처칠이 회의 중에 갑자기 통계 자료를 늘어놓아 요구나 논쟁을 아예 불필요하게 만들지 아니면 린드만 자신이 조용하고 신경질적인 목소리로 그런 요인을 직접 제거할지는 아무도 알지 못했다. 갈수록 자신의 일에 점점 거리낌이 없어지면서 그는 메모에 처칠의 이니셜이 적힌 전언문 초안을 덧붙이곤 했다. 그럴 때는 처칠과 비슷한 말투를 사용하여 자신의 역할을 신중하게 감추었다.

하지만 그런 수법이야말로 처칠이 린드만에게 원했던 것이었다. 권위와 기정사실에 도전하고 그래서 더 큰 효율성으로 관료체계에 자극을 주기를 처칠은 원했다. 교수는 인습적인 신념을 뒤엎는 아이디어를 수시로 생각해냈다. 한번은 동료 도널드 맥두걸Donald MacDougall과 함께 걸어가던 중 계몽 포스터를 본 적이 있었다. '물방울이 떨어지지 않게 단단히 잠그세요.' 물을 절약해서 물 배급 체제를 유지하는 데 필요한 석탄 소비를 줄이자는 취지였다. 교수는 걸어가면서 포스터용 종이를 만드는 데 필요한 에너지, 목재 펄프, 운송비용 등을 계산하기 시작했다. "당연히 교수가 당초 의심했던 대로였다. 포스터의 내용을 따랐을 때 절약되는 비용보다 포스터를 만드는 데 드는 비용이 훨씬 더 많이 들었다." 맥두걸은 그렇게 회상했다.

움직일 수 없는 사실로 보이는 존스 박사의 추론을 담은 전언문을 처칠에게 보내면서도 린드만은 차분한 어조를 유지했다. "독일인들이 목표를 찾는 데 필요한 어떤 종류의 무선 장치를 확보했다고 가정할 만한 이유가 몇 가지 있는 것 같습니다." 그는 그렇게 썼다. 이 기술의 정확한 성격은 확실하지 않지만 아마도 어떤 종류의 빔이나 첩자들이 영국에 설치한 무선표지와 관련이 있어 보인다고 그는 추측했다. "조사해볼 필요가 있으며 특히 어떤 파장을 사용하는지 알아내는 것이 중요합니다. 이를 알아낸다면 교란할 방법도 찾을 수 있을 것입니다."

그는 "이 문제를 공군부와 상의하여 조치를 취할 수 있도록" 허락해달라고 처칠에게 요구했다.

처칠은 보고를 받는 순간 중대한 정보라고 판단했다. 나중에 그는 이 소식을 "고통스런 충격"으로 받아들였다고 회상했다. 그는 그 전언문을 공군장관 아치볼드 싱클레어Archibald Sinclair에게 전달하며 직접 자필로 쓴 메모를 첨가했다. "아주 흥미로운 정보 같소. 철저히 검토해주시길 바라오."

처칠에게 받은 전언문이라면 대충 넘어갈 수 없었다. 싱클레어는 내키지 않았지만 즉시 행동에 옮겨 공군부 고위 관리 한 명을 지목하여 존스의 이론을 검토하게 했다.

*

그리고 이사할 날이 왔다. 6월 14일 금요일에 퇴임한 총리 체임벌린이 결국 다우닝가 10번지를 떠나면서, 처칠은 소지품을 해군장관 관저에서 새 거처로 옮기기 시작했다. 클레멘틴이 작전을 지휘했다.

어느 시절이나 이사는 스트레스이지만 프랑스가 곧 함락되기 직전이고 본토 침략이 임박했기 때문에 긴장감은 더했다. 하지만 이사하기 며칠 전, 한때 라이벌이라 의심했던 친구 바이올릿 본햄 카터가 관저에 차를 마시러 들렀을 때 클레멘틴은 잘 해나가는 것 같아 보였다. 관저는 장식이 화려했고 가구도 잘 갖춰져 있었다. "멋지고 운치가 있었으며 꽃이 많아 그들이 아끼는 그림들이 모두 광채가 났다." 6월 11일 일기에 그녀는 이렇게 썼다. "클레미는 완전히 평소 모습을 되찾아 쾌활하고 매우 상냥했다. 그리고 항상 예상보다 조금 더 유쾌했다."

이사는 며칠이 걸렸기에 메리와 클레멘틴은 임시로 칼튼 호텔에 머물렀다. 교수도 그곳을 임시 거처로 사용하고 있었다. 처칠은 어수선한 관저를 피해 비버브룩 경의 런던 저택이자 항공기생산 본부인 스토노웨이 하우스Stornoway House에 머물렀다.

처칠은 다우닝가 10번지에 새 가족을 들였다. 트라팔가에서 영국의 승리를 이끈 영웅 허레이쇼 넬슨Horatio Nelson 부제독의 이름을 딴 넬슨이라는 검은 고양이었다. 처칠은 그 고양이를 귀여워하여 관저 곳곳에 데리고 다녔다. 메리에 따르면 넬슨이 오면서 고양이들끼리 세력 다툼이 발생했다. 넬슨이 다우닝가 10번지에 이미 살고 있던 '뮌헨 쥐잡이Munich Mouser'라는 별명을 가진 고양이를 괴롭혔기 때문이었다.

물론 여느 가정과 마찬가지로 정리할 것이 많았지만 클레멘틴의 손길을 기다리는 복잡한 다우닝가 10번지에서는 물품 목록이 도움이 됐다. 와인 잔과 텀블러(위스키는 어디로 치워야 했다), 자몽 잔, 고기용 접시, 체, 거품기, 식칼, 주전자, 아침 식사용 컵과 컵받침, 칠면조 꿰는 꼬챙이, 침실용 유리 물병과 텀블러, 가구 광택제 병 36개, 석탄산 비누 27파운드, 프림로즈 비누 150파운드, 나폴레옹과 빅토리아 여왕이 가장 좋아했다는 브라운 윈저Brown Windsor 비누 78파운드 등등. 강모와 총채로 된 배니스터 브러시, 유뱅크Ewbank 자동 바닥 청소기, 난로용 솔, 무릎 매트, 두올Do-All 대걸레용 헤드와 걸레와 손잡이, 그 밖에 샤무아 가죽, 걸레 8파운드, 난로와 시가에 불붙이는 성냥 24다스 등이었다.

"체임벌린 사람들은 아주 지저분하게 어질러놓고 떠났다." 메리는 다음 날 일기장에 썼다. "엄마는 해군관저를 말끔하게 정리해놓고 나오셨는데."

메리는 새집이 마음에 들었다. 기품 있는 분위기가 특히 좋았다. 현관문은 검은색 에나멜로 칠해져 있었고 사자 머리 쇠고리가 달려있었으며 제복을 입은 도어맨과 경찰관이 입구를 지켰다. 처칠의 개인 서재와 유명한 각료회의실은 1층에 있었다. 당당하고도 적요한 회의실 분위기는 영국 역사의 무게만으로도 일상의 소란스러움을 잠재우는 것 같았다. 복도에는 처칠이 그린 그림들이 걸렸다.

가족이 기거하는 곳은 3층으로, 토마토색 카펫이 깔리고 에그쉘 블루로 칠한 복도와 연결되어 있었다. 창문에 서면 정원과 뒷문 외에 호스가드퍼레이드Horse Guards Parade가 내려다보였다. 중요한 의식 행사가 열리는 넓고 자갈이 깔린 광장이었다. 메리는 3층을 보며 시골집을 떠올렸다. 해군장관 관저에서처럼 처칠과 클레멘틴은 각각 다른 침실을 썼다.

메리는 특히 자신에게 배정된 방이 마음에 들었다. "엄마는 내게 예쁜 침실과 거실과 아주 널찍한 옷장을 주셨다(옷장은 특히 믿기 어려울 정도로 비현실적이다)." 메리는 그렇게 썼다.

아버지가 총리가 된 탓에 그녀는 이제 모든 일의 중심에 서게 되었다. 매우 번거로우면서도 로맨틱한 처지였다. 루프트바페는 얼마 안 가 메리를 그녀의 예쁜 방에서, 아니 아예 런던에서 쫓아내지만, 그녀의 일기장의 분위기로 판단하면 그 순간만큼은 메리도 그런 기운을 전혀 눈치채지 못했다.

*

처칠은 6월 15일 토요일 오후 늦게 프랑스와 했던 약속을 이행하기 위해 루스벨트 대통령에게 간절한 청을 담은 전보를 보냈다.

받아쓰는 과정은 누가 그 일을 맡든(보통은 그의 수석 개인비서인 힐 부인과 개인비서 존 콜빌이지만) 언제나 인내심을 요구했다. "전보나 전언문 내용을 불러주고 받아 치는 모습을 지켜보면 아이를 낳는 자리에 있는 기분이다. 그분 표정이 너무 경직되어 있고 쉴 새 없이 몸을 이리저리 돌리고 소곤거리듯 말을 하는 탓에 정신 바짝 차리고 귀를 기울여야 한다." 콜빌은 나중에 그렇게 썼다.

전보를 불러줄 때는 아주 민감해져 이런 의례에 특히 공을 들였다.

"대통령께서 미국의 여론과 의회 때문에 얼마나 고충이 많은지 잘 알고 있습니다." 처칠은 그렇게 불러주었다. "사태가 급격하게 나빠지고 있습니다. 결국 여론이 무르익을 때면 사태가 걷잡을 수 없이 바뀌어 있을 것입니다." 프랑스는 실존적 위기에 직면했고 그들의 미래에 영향을 미칠 수 있는 유일한 세력은 미국이었다. "필요하다면 미국의 참전 선언이 프랑스를 구할 수도 있을 것입니다." 처칠은 그렇게 말했다. "그렇게 하지 않으면 며칠 안에 프랑스의 저항은 꺾이고 우리만 홀로 남게 됩니다."

그러나 프랑스보다 훨씬 더 위험한 문제가 있다고 그는 덧붙였다. 그는 히틀러의 위세에 굴복하려는 영국의 망령을 언급하며 새로운 친독 정부가 자신의 정부를 대체할 수도 있다고 경고했다. "만약 우리가 함락된다면 신대륙보다 훨씬 인구가 많고 훨씬 더 강력하고 훨씬 더 무장이 잘 된 나치 휘하의 유럽연합국United States of Europe이 생길지도 모릅니다."

그는 구축함을 보내달라는 이전의 요청을 다시 한 번 되풀이하면서 예상되는 침공을 감안할 때 구축함 지원이 얼마나 다급한 문제인지 상세히 기술한 논문 하나를 근거로 제시했다. 본토방위군 사령관 아이언사이드가 애초에 우려했던 역 덩케르크를 다시 한 번 강조한 이 논문은 독일군의 해상 침공이 "대규모 소형 선박을 산개하여 상륙하는 방식으로 이루어질 것으로 보이며 그에 대한 유일한 효과적인 대응책은 구축함을 대거 동원하여 효과적으로 순찰하는 것"이라고 예측했다. 그

보고서는 영국 해군이 작전에 동원할 수 있는 구축함이 68척뿐이라고 지적했다. 따라서 구축함을 더 많이 확보하는 것이 무엇보다 중요했다. "당장 취할 수 있는 확실하고 실질적이고 가능한 결정적 조치가 있습니다. 다시 한 번 저의 말을 진지하게 고려해주시기를 촉구합니다." 그는 그렇게 썼다. 그는 구축함 지원을 "생사가 달린 문제"라고 했다.

처칠은 전보를 다 불러주고 캐나다와 영연방 여러 나라의 총리들에게 보낼 전보까지 작성한 후 존 콜빌에게 고개를 돌리며 익살스럽게 말했다. "들어간 단어의 개수를 생각해서라도 우린 이 전쟁에서 이겨야 해." 루스벨트는 동조하는 편이었지만 여전히 중립법과 미국 시민들의 고립주의에 발목이 잡혀있었다.

*

주말에 콜빌은 시골로 급히 떠났다. 그곳은 어느새 처칠의 비장의 무기가 되고 있었다. 런던에서 북서쪽으로 65킬로미터 떨어진 버킹엄셔에 있는 총리의 공식별장 체커스Chequers 였다.

12장 아둔한 사람들의 유령들

검은 다임러Daimlers 3대가 어스름이 깔리는 시골길을 질주했다. 처칠은 빨리 달리는 것을 좋아했다. 운과 담력만 믿는 그의 운전기사는 다우닝가에서 체커스까지 한 시간 만에 주파하는 재주를 가지고 있었다. 신호등과 우선통행권을 무시하고 50분 안에 도착하는 날엔 처칠에게 후한 칭찬을 들었다. 언젠가 왕복 일정에서는 시속 110킬로미터를 찍었다는 말도 있었다. 자동차에 안전벨트가 없던 시절의 일이었다. 처칠은 항상 뒷좌석에 타이피스트와 함께 탔는데 처칠과 같은 차를 타면 누구든 머리털이 곤두섰다. 비서 엘리자베스 레이턴Elizabeth Layton은 나중에 그 경험을 이렇게 썼다. "한쪽 무릎 위에 책을 놓아 균형을 잡고 뭔가를 열심히 끄적이고 왼손은 여분의 연필이나 안경 케이스나 여분의 시가를 들고 앉아계셨다. 어떨 때는 귀중한 '박스'가 닫히지 않도록 발로 막았는데 그렇게 하지 않으면 모퉁이를 돌 때 쾅 하고 닫혔을 것이다." 속기는 차 안에서만 허용되었고 그렇지 않을 때는 불러주는 말을 타자기로 받아 쳐야 했다.

톰슨 경위도 같이 왔다. 목적지가 가까워지자 그는 불안해졌다. 그집이 암살을 시도하기에 아주 좋은 환경이라고 그는 생각했다. 이전 소유자 아서 리 경Sir Arthur Lee의 사려 깊은 헌정 덕분에 심황색 벽돌로 지은 커다란 튜더 양식 저택은 1917년 이후로 영국 총리들의 공식 휴양지가 되었다. "건장하고 권총을 지닌 경찰관이라도 그곳에서는 혼자라는 사실이 부담됐다." 톰슨은 그렇게 썼다. "전혀 안전하지 못한 곳이다."

차량들은 장식이 화려한 큰 철문을 통해 한 줄로 들어갔다. 문 양쪽에는 벽돌로 된 경비실이 붙어있었다. 콜드스트림 근위대Coldstream Guards 병사들이 주변을 순찰했고 경찰관들이 초소에서 차를 세우고 신분을 확인했다. 처칠의 운전기사도 예외는 아니었다. 그런 다음 차들은 길고 곧은 빅토리 웨이Victory Way를 따라갔다.

평화 시엔 길게 늘어선 높은 창문에 환영의 호박색 불빛이 가득했겠지만 지금은 어두웠다. 전국적으로 시행되고 있는 엄격한 등화관제 규정 때문이었다. 차들은 반원형 차도로 진입해 저택 동쪽에 있는 현관 앞에 멈춰 섰다. '몬티Monty'로 통하는 미스 그레이스 라몬트Miss Grace Lamont가 일행을 맞았다. 1937년부터 총리들을 위해 집을 관리해 온 그녀는 스코틀랜드 출신으로 공식 직함은 '레이디 하우스키퍼lady housekeeper'였다.

리는 집을 기증하면서 그 집에서는 일을 하지 말라는 조건을 달았다. 그곳은 휴식과 재충전의 장소였다. 리는 이렇게 썼다. "이런 모호한 영향력 외에도 우리 통치자들의 건강이 좋아질수록 더 온전한 정신으로 통치할 것이다. 일주일에 이틀을 칠턴힐스와 숲의 맑고 청결한 공기 속에서 보내면 국가뿐 아니라 국가가 선택한 지도자들에게도 진정 도움이 될 것이다."

그곳의 풍경은 정말로 목가적이었다. "총리님들, 즐거운 시간 되세요. 어느 길로 가시든 신선한 절경들이 맞아줄 겁니다." 초기 소유주의 후손인 휴버트 애슬리Hubert Astley는 그렇게 썼다. 그 집은 칠턴힐스의 얕은 계곡에 자리를 잡았는데 삼면이 높은 지형에 둘러싸여 있고 주목 울타리와 연못과 너도밤나무, 낙엽송, 호랑가시나무 숲 사이로 사람들을 이끄는 오솔길에는 초크힐블루 나비가 무리지어 날아다녔다. 말쑥하게 정돈된 저택의 여러 숲 중 하나인 롱 워크 우드Long Walk Wood에는 토끼들이 즐겁게 뛰놀았다. 구내에는 크로케를 하는 잔디밭이 있어 승부욕이 강하고 까칠한 클레멘틴을 기쁘게 했다. 처칠은 곧 크로케 잔디를 새로운 군용 무기들을 시험하는 장소로 사용했다. 그중에는 교수가 고안한 것도 있었다. 저택의 남쪽 끝에는 우울한 명문이 새겨진 고대 해시계가 있었다.

> 그대의 시간은 화살 같아
> 머지않아 우린 죽으리니
> 세월이 가면 틀림없이
> 그대의 집과 언덕만이
> 홀로 견디리라

현관은 입구의 통로를 향해 열려있어 그곳을 따라가면 그레이트 홀Great Hall로 이어졌다. 집과 같은 높이로 솟은 홀의 벽면에는 렘브란트의 〈수학자The Mathematician〉등 30여 점의 대형 그림들이 전시되어 있었다. (〈수학자〉는 나중에 렘브란트의 제자가 그린 것으로 밝혀졌다.)[25] 집 전체가 영국 역사의 장대한 역정을 몸으로 보여주지만 지난날의 느낌을 유독 뚜렷하게 느낄 수 있는 곳은 2층의 롱갤러리Long Gallery였다. 여기에는 나폴레옹 보나파르트Napoleon Bonaparte가 세인트헬레나에서 유배 생활을 하는 동안 사용했던 테이블이 놓여있었다. 커다란 벽난로 선반에는 올리버 크롬웰Oliver Cromwell이 사용했던 칼 2개가 걸려있었는데 그중 하나는 1644년 마스턴무어 전투 당시 지니고 있던 것으로 추정된다. 벽난로 왼쪽에는 전장에서 그가 직접 쓴 기분 좋은 편지가 걸려있었다.

편지에는 '하나님이 우리의 칼 앞에서 적들을 그루터기로 만드셨다God made them as stubble to our Swords'는 유명한 문구가 담겨있다.

　모두가 그 집을 좋아한 것은 아니었다. 로이드 조지는 그 집이 움푹 꺼진 곳에 자리하고 있어 시골 풍경을 다 볼 수 없다며 투덜거렸다. 그는 그 집이 "아둔한 사람들의 유령들로 가득 차있다"면서, 그의 개 총 Chong이 롱갤러리에만 들어가면 으르렁거리는 것도 그 때문일 것이라고 생각했다. 처칠은 로이드 조지가 총리로 재직하던 1921년 2월에 이 집을 방문한 적이 있었다. 어쩌면 이 집을 보고 언젠가 자신도 총리가 되겠다는 야망을 더욱 불태웠는지도 모르겠다. "드디어 왔소." 그는 클레멘틴에게 편지를 썼다. "당신이 여길 봐야 하는데. 곧 그렇게 되겠지! 당신도 감탄할 거요. 벽마다 역사와 보물이 가득한 박물관이오. 하지만 별로 따뜻하진 않아요. 그래도 멋진 저택이야."

　처칠은 일 따위는 잊으라는 아서 리의 요구를 존중할 의도가 없음을 금방 보여주었다.

＊

　6월 15일 토요일 저녁 식사는 9시 30분으로 예정되었다. 하객 중에 교수가 있다는 사실을 통고받은 요리사는 채식주의자의 입맛에 맞는 특별 요리를 준비했다. 교수는 아스파라거스 오믈렛, 양상추 샐러드, 토마토를 특히 좋아했는데 토마토는 껍질을 벗긴 다음 달걀과 올리브 오일을 넣어 만든 마요네즈와 어울리도록 얇게 썰어야 했다. 클레멘틴은 교수의 입맛을 맞추기 위해서라면 별난 레시피도 마다하지 않았다. "엄마의 정성은 끝도 없었다." 메리는 그렇게 회상했다. "교수님을 위해 늘 특별 요리를 따로 만들었고 달걀 요리도 종류가 끝이 없었다. 그분은 조심스럽게 노른자를 골라낸 다음 흰자만 드셨다." 식사만 아니면 편안한 손님이었다. "교수님은 전혀 걱정할 필요가 없었다. 애써 즐겁게 해드릴 필요도 없었다. 골프를 치겠다고 사라지거나 일을 하거나 아빠에게 새로운 사실을 가르쳐드리곤 했다. 아니면 테니스를 쳤다. 그는 정말 멋진 손님이었다."

그러나 반가운 만큼 어려운 상대였다. "농담을 별로 하지 않는 분이어서 옆에 앉기가 두려웠다. 젊은 사람에게는 조금 지루한 상대였다. 그분에게는 한 번도 포근함을 느낀 적이 없다. 정말 매력적이었지만 우리와는 다른 부류였다."

클레멘틴도 메리도 그 토요일 밤에는 체커스에 없었다. 가족과 넬슨이 다우닝가 10번지로 이사하는 중이었기에 그곳에 남기로 했는지도 모른다. 하룻밤을 묵게 된 손님들 중에는 처칠의 딸 다이애나와 남편 던컨 샌디스와 늘 곁을 지키는 존 콜빌이 있었다. 목욕하러 가다 다른 사람과 마주치는 것을 싫어하는 교수는 그곳에 묵지 않았고 사생활이 보장되는 편안한 옥스퍼드의 자기 방이나 주중에 새로 머물게 된 칼튼 호텔을 선호했다.

사람들이 식당에 들어가기 직전에 콜빌은 런던에서 근무 중인 동료 비서로부터 전화를 받았다. 지금까지 프랑스에서 온 소식 중 가장 소름끼치는 내용이었다. 프랑스인들은 이제 이전의 영불 조약을 파기하고 히틀러와 평화 협정을 맺도록 허락해 줄 것을 공공연히 요구하고 있었다. 콜빌이 그 소식을 전하자 처칠은 "금방 침울해졌다." 체커스의 분위기는 순식간에 초상집으로 변했다고 콜빌은 썼다. "저녁은 처연한 분위기였고 W.(윈스턴)는 코를 접시에 박다시피 한 채 빠르고 탐욕스레 음식을 넣으면서 이따금 린드만에게 기술 관련 질문을 불쑥 해댔다. 린드만은 조용히 채식 식단을 들었다."

뚱한 채 고민에 빠진 처칠은 적어도 그 순간만큼은 식탁에서 오가는 일상적인 담소에 별 관심이 없는 것 같았다. 그의 관심은 오로지 린드만에게 가 있었다.

사람들이 샴페인과 브랜디와 시가를 들고 왔다. 그러자 놀랍게도 분위기가 밝아졌다. 술과 식사로 분위기가 되살아나는 것은 일종의 정해진 패턴이었다. 핼리팩스 경의 아내 도로시도 예전에 이렇게 적었다. 처칠은 식사를 시작할 때는 "말이 없고 언짢아 보이고 조금 멀게 느껴진다. 그러나 샴페인과 좋은 음식이 들어가면 딴사람이 되어 명랑하고 재미있는 말동무가 되었다." 언젠가 클레멘틴이 술을 너무 많이 마신다고 잔소리를 하자 처칠은 말했다. "잊지 말아요, 클레미. 난 술에 빼앗기는 것보다 더 많은 걸 술에서 빼앗아온다오."

대화가 활기를 띠었다. 처칠은 제국 내 멀리 떨어진 곳에서 온 지지 전보를 소리 높여 읽기 시작했다. 그는 기운을 되찾았고 파티에 있는 다른 사람들까지 격려했다. 그는 냉정하게 말했다. "이 전쟁으로 우리는 많은 피를 흘리게 될 거요. 하지만 우리 국민들은 폭격에도 꿋꿋하게 맞서야 합니다. 훈족(독일인)들이야 우리가 그들에게 주려는 것을 좋아하지 않겠지. 그러나 나약한 인간들 때문에 지난 전쟁에서 우리가 승리를 강탈당했다고 상상해보시오. 그런 비극이 어디 있겠소?" 그가 말하는 "나약한 인간들"이란 체임벌린의 유화정책을 지지하는 사람들이었다.

일행은 바깥으로 나가 주변을 거닐었다. 처칠과 사위 던컨과 톰슨 경위는 장미 정원으로 갔고 콜빌과 교수와 다이애나는 반대쪽으로 걸었다. 해는 9시 19분에 졌다. 달이 높이 떠 사방이 환했다. 보름이 닷새 남았기에 볼록하게 부풀어있었다. "밝고 청명하고 따뜻했다." 콜빌은 그렇게 썼다. "그러나 철모를 쓰고 착검한 총을 든 초병들이 저택 곳곳에 포진하고 있어 현실의 엄중함을 실감할 수 있었다."

콜빌은 자주 전화를 받았고 그때마다 처칠을 찾았다. "윈스턴을 찾으러 장미 사이를 헤집고 다녔다." 콜빌은 일기에 그렇게 썼다. 그는 처칠에게 프랑스인들이 곧 항복할 것 같다고 말했다.

처칠은 말했다. "그들에게 말하게. …그들이 함대를 우리에게 넘긴다면 결코 잊지 않겠지만 만약 그들이 우리와 상의하지 않고 항복한다면 결코 용서하지 않을 것이라고 말이야. 우리는 그들의 이름을 천 년 동안 욕되게 할 것이다!"

그는 잠시 말을 멈추더니 덧붙였다. "물론 아직은 그러지 말게."

*

프랑스의 소식에도 처칠의 기분은 더욱 좋아졌다. 그는 시가를 나누어주었다. 어둠 속에서 성냥불이 깜박였다. 시가의 끝부분이 발갛게 타오르자 그는 시를 낭송하고 즐겁게 전쟁 얘기를 했다.[26] 그는 때로 남성 듀오 플래너건Flanagan과 앨런Allen이 부른 인기곡의 후렴구를 외쳤다.

탕, 탕, 탕, 탕, 농부의 총이 울린다,
달아나 토끼야, 달아나 토끼야, 달려, 달려, 달려라, 달려.

이 노래는 나중에 플래너건과 앨런이 '토끼'를 '아돌프'로 바꾸면서 엄청난 인기를 끌었다.

조지프 케네디 주영 미 대사로부터 전화가 왔다. 콜빌은 정원에 있는 처칠을 모셔왔다. 처칠의 태도는 금방 근엄하게 바뀌더니 케네디에게 벌컥 화를 냈다. "문명을 구하는 일에 미국이 할 수 있고 엄연히 해야 할 부분이 있다는 홍수 같은 웅변"이었다고 콜빌은 썼다. 처칠은 재정적, 산업적으로 지원하겠다는 미국의 약속이 "역사의 무대에서 웃음거리가 되었다"고 대사에게 쏘아붙였다.

새벽 1시에 처칠과 손님들은 중앙 홀에 모였고 처칠은 소파에 누워서 시가 연기를 내뿜었다. 그는 몇 가지 유치한 농담을 한 다음 RAF 전투기 생산 증대의 중요성에 대해 이야기했다.

새벽 1시 30분에 일어나 침실로 가면서 그는 다른 사람들에게 말했다. "잘들 자요, 내 새끼들."

그날 밤 콜빌은 일기에 썼다. "그날 저녁은 내가 지금까지 겪었던 저녁 중 가장 드라마틱하고 환상적인 저녁이었다."

13장 욕되게 할 일

일요일 아침 7시 30분 처칠이 잠에서 깬 사실을 확인한 콜빌은 프랑스 상황을 알려주는 최신 보고서를 챙겼다. 전화로 받아둔 것과 전령이 가져온 서류들이었다. 콜빌은 처칠의 방으로 메시지를 가져갔다. 침대에 누워있는 처칠은 "실크 조끼를 입은 꽤 괜찮은 돼지처럼 보였다."

처칠은 그날 오전 10시 15분에 런던에서 특별 각료회의를 소집하기로 했다. 침대에서 아침 식사를 하는 동안 집사 소여스는 그의 목욕물을 받았고 짐도 생기를 찾기 시작했다. 힐 부인은 휴대용 타자기를 준비했다. 톰슨 경위는 암살 위험이 없는지 점검했다. 처칠의 운전기사가 차를 준비했다. 콜빌은 옷을 입고 짐을 싸기 위해 달려갔고 아침도 먹는 둥 마는 둥 서둘렀다.

그들은 폭우를 뚫고 물을 튀기며 빨간 신호등도 무시해가면서 런던의 더몰을 따라 돌진했다. 그동안 처칠은 힐 부인에게 전언문을 불러주고 콜빌과 그의 동료 비서들에게 오전에 할 일을 지시했다.

다우닝가 10번지에 도착했을 때 각료들은 다 모여있었다. 회의 결과는 12시 35분에 전보로 프랑스 측에 전달되었다. 프랑스가 자체적으로 휴전 조건을 알아보는 것을 인정하되 "단, 협상 중에 프랑스 함대를 영국의 몇몇 항구로 즉시 출항시키는 조건에 한한다"는 단서를 달았다. 전보에서 영국은 계속 싸울 것이며 프랑스가 독일과 추진하는 어떤 협의에도 참여하지 않겠다는 점을 분명히 밝혔다.

처칠은 프랑스가 패했다고 판단했다. 이제 그의 최대 관심사는 프랑스 함대였다. 만약 함대가 히틀러의 수중에 들어간다면 적어도 당분간 영국이 우위를 유지했던 공해상에서 힘의 균형은 바뀔 것이다.

*

그 일요일 런던에서 교수와 공군정보부의 젊은 박사 존스는 RAF 야간요격위원회Night Interception Committee에 참석했다. 존스가 찾아냈다는 독일의 새로운 빔 항법 시스템에 대해 좀 더 자세한 얘기를 들어보기 위해 공군 원수 필립 주베르Philip Joubert가 소집한 회의였다. 원래 참석하기로 했던 처칠은 빠졌지만 그가 각별한 관심을 갖고 있는 것은 분명했다. 그동안 다소 학문적 관심의 대상이었던 문제가 이제 여러 전문가에게 배당된 특수 임무로 바뀌면서 구체적인 조사 대상이 됐다.

"불과 1주일 전만 해도 딱히 할 일이 없었는데 분위기가 갑자기 달라졌다." 존스는 그렇게 썼다.

그러나 존스의 주장에 대한 사람들의 의구심은 여전했다. 모임의 핵심 인물인 공군사령관이자 전투기사령부 사령관 휴 다우딩Hugh Dowding은 존스의 진술을 뒷받침할 "증거가 약간 애매하다"고 지적했다. 또 저명한 과학고문 헨리 티자드Henry Tizard는 공군부에 회의적인 견해를 써 보냈다. "내가 틀렸을 수도 있지만 우리나라를 공격하기 위해 독일이 최근에 개발했다는 방법을 두고 불필요하게 흥분하는 것 같다. 이런 방식으로는 지정된 목표물을 정확히 폭격할 수 없다."

그러나 교수는 사안이 시급하다고 확신했다. 린드만은 또다시 처칠에게 자신의 견해를 밝힌 메모를 보내면서 "원료뿐 아니라 특히 인력 활용과 관련하여 앞으로 3개월 내에 생산에 별다른 영향을 미칠 것 같지 않은 다른 어떤 연구보다 이 문제에 관한 조사를 먼저 진행하라"

는 지시를 내려달라고 재촉했다.

처칠도 동의했다. 린드만으로부터 받은 메모에 그는 이렇게 적어 돌려보냈다. "일을 차질 없이 마무리하도록 하시오."

존스는 얼마 후 처칠이 이 문제를 매우 중대하게 받아들여 다우닝가 10번지에서 회의를 소집할 계획이라는 소문을 들었다.

존스는 믿기지 않았다. 그는 공군정보부 동료들이 자신을 골탕 먹이기 위해 계획한 짓궂은 장난의 시작이라고 생각했다. 그는 그들이 장난의 강도를 계속 높여가면서 자신을 맨 앞에 세워 낭패를 보게 하려 한다고 생각했다.

*

6월 17일 월요일 "드디어 올 것"이 오고야 말았다. 프랑스가 함락된 것이다. 처칠의 내각은 오전 11시에 소집되었고 곧이어 레노의 후임으로 프랑스를 이끌게 된 필립 페탕Philippe Pétain 원수가 프랑스군에게 전투 중지를 명령했다는 사실을 알게 되었다.

회의가 끝난 후 처칠은 다우닝가 10번지의 정원으로 혼자 걸어 들어갔다. 고개를 숙이고 양손을 등 뒤로 돌려 깍지 낀 채 천천히 걸음을 옮겼다. 풀이 죽거나 겁먹은 모습은 아니었지만 깊은 생각에 잠긴 것 같았다. "프랑스 함대와 공군과 식민지를 구해낼 방도를 생각하는 것이 틀림없었다." 콜빌은 그렇게 썼다. "그분은 확신하건대 절대 굴하지 않을 것이다."

처칠이 그날 늦게 페탕과 막심 베강Maxime Weygand 장군에게 보낸 전보를 봐도 그건 맞는 말 같았다. 비꼬는 투로 상대를 추켜세우며 그는 서두를 꺼냈다. "나는 독일과의 두 번의 대전에서 우리의 동지였던 혁혁한 페탕 원수와 고명하신 베강 장군이 훌륭한 프랑스 함대를 적에게 넘겨줌으로써 동맹국을 해치지 않을 것이라는 나의 깊은 확신을 다시 한 번 강조하고 싶습니다. 만에 하나 그렇게 한다면 천년 역사에서 그 이름을 욕되게 할 것입니다." 욕되게 한다scarify. 600년 묵은 이 단어를 중요한 외교 서신에서 사용한 사람은 그때까지 처칠 외에 아무도 없었다. "훗날을 기약하며 프랑스의 명예를 위해 영국이나 미국의 항구로 안전하게 빠져나갈 수 있는 얼마 안 되는 소중한 시간을 함대가 허투루 낭비한다면 그런 결과도 쉽게 올지 모릅니다."

BBC가 프랑스 소식을 처음 알린 것은 그날 오후 1시였다. 국내정보국은 대중의 반응이 "혼란과 충격이었지만 그다지 놀라지는 않았다"고 보고했다. "여러 곳에서 당황스럽고 불안해한다는 보고가 접수되고 있다." 영국 정부가 "해외로 망명"하거나 간단히 포기할지도 모른다는 우려가 팽배했다. "모든 것이 끝났다고 생각하는 사람들도 일부 있다." 사람들의 가장 큰 관심사 두 가지는 아직 프랑스에 남아있는 영국 병사들은 어떻게 될 것인가, 즉 "제2의 덩케르크가 가능할까?" 하는 문제와 이제 프랑스 공군과 해군은 어떻게 될 것인가, 하는 점이었다. 보고서는 처칠이나 왕이 그날 밤 직접 나서서 연설하는 편이 좋겠다는 의견을 제시했다.

런던경시청 사무원이자 매스옵저베이션의 일기기록원인 올리비아 코켓은 직장에서 BBC 방송을 들었다. "불쌍한 프랑스!"라고 그녀는 오후 3시 40분에 썼다. "1시 뉴스는 내겐 폭탄이었다. 나는 주변 사람들에게 프랑스가 독일에 굴복하는 일은 없을 것이라고 누차 말해왔다. 우리는 모두 아무 말도 하지 않았다." 오후에 차가 나왔다. 코켓은 나라에 대한 집착만큼 차를 좋아하지는 않았지만 오늘 "이번만은 차 한 잔에 감사했다." 그 후 한 시간 동안 그녀는 "진저리치며 눈물을 흘렸다."

그러나 다우닝가 10번지와 버킹엄궁에는 프랑스의 항복을 반갑게 여기는 분위기가 뚜렷했다. 왕은 어머니인 메리 대비에게 서신을 보냈다. "개인적으로는 홀가분한 기분입니다. 예의를 갖추거나 응석을 받아줄 동맹이 사라졌으니 말입니다." 공군 원수 다우딩도 차라리 잘 됐다고 생각했다. 처칠이 성급하게 아량을 베풀어 프랑스에 전투기를 보냈다가 곧 닥칠 독일 공군의 대규모 공격에 대비할 병력을 축낼지도 모른다는 걱정을 더는 하지 않아도 되기 때문이었다. 프랑스가 항복한 이상 독일 공군이 들이닥칠 것은 불을 보듯 뻔했다. 나중에 다우딩은 핼리팩스 경에게 털어놓았다. "솔직히 말해 프랑스의 항복 소식을 들었을 때 무릎을 꿇고 하나님께 감사드렸습니다."

그러나 이런 안도감도 프랑스의 함락으로 전략적 지형이 급변했다는 평가가 나오면서 금방 사라져버렸다. 루프트바페는 틀림없이 그들의 비행대를 해협 해안 쪽 기지로 옮길 것이다. 침공은 기정사실일 뿐 아니라 임박한 사태였다. 영국은 독일군의 침공이 대규모 공습으로 시작될 것으로 예상했는데 그렇게 되면 크게 우려할 만한 "결정타"가 될 것 같았다.

*

그날 오후에는 안 좋은 소식이 더 많이 들어왔다. 적막이 흐르는 다우닝가 10번지 각료회의실에 앉아있던 처칠은 병력 수송선으로 차출된 대형선박회사인 큐나드Cunard 사의 여객선 랑카스트리아호Lancastria 가 6,700명이 넘는 영국 병사와 항공기 승무원과 민간인을 태운 채 독일 항공기들의 공격을 받았다는 보고를 받았다. 폭탄 3발이 배에 명중했고 곧이어 불이 붙었다. 랑카스트리아호는 20분 만에 침몰하면서 최소 4,000명의 인명 피해를 냈다. 타이타닉호Titanic 와 루시태니아호Lusitania를 합친 것보다 훨씬 많은 희생자였다.

프랑스의 몰락도 감당하기 힘든 충격인데 이런 비보가 전해지자 처칠은 언론의 보도를 막으라고 지시했다. "오늘 재앙만으로도 신문들은 겪을 만큼 겪었다." 그는 그렇게 말했다. 그러나 생존자들 2,500명이 곧 영국에 도착했기 때문에 이런 보도 검열은 애초에 성공할 수 없는 일이었다. 〈뉴욕타임스New York Times〉가 5주 뒤인 7월 26일에 이 사실을 터뜨리자 영국 언론도 뒤따라 보도했다. 정부가 침몰 사실을 인정하지 않은 탓에 국민들의 불신만 팽배해졌다고 국내정보국은 분석했다. "랑카스트리아호 보도를 금지한 것은 비판의 좋은 소재가 되었다." 국내정보국은 일간 보고서에서 그렇게 평가했다. 이런 소식을 제대로 발표하지 않으면 "다른 나쁜 뉴스도 묶이는 줄 알 것이다. … 게다가 이 뉴스가 미국 신문에 발표된 후에 나왔기 때문에 그렇지 않았을 경우 더 오래 묶였을 수도 있다고 생각하는 사람들이 많다."

그뿐 아니라 사망자 수가 당초 보도된 것보다 훨씬 더 많은 것 같았다. 실제 탑승 인원이 확실히 파악되지 않았지만 9,000명이 될 수도 있었다.

그러나 좋은 소식도 있었다. 출처는 항공기생산부였다. 6월 18일 화요일에 비버브룩 경은 항공기 생산량에 대한 첫 보고서를 전시내각에 제출했다. 결과는 놀라웠다. 매주 245대를 출고하던 그의 공장은 363대로 속도를 높이고 있었다. 엔진 생산량도 일주일에 411대에서 620대로 급증했다.

하지만 비버브룩이 보고하지 않은 것이 있었다. 이런 증산으로 인한 스트레스와 건강문제 등 그 자신이 막대한 대가를 치르는 중이고 아울러 처칠 정부 부서 간의 조화가 크게 어긋나기 시작했다는 사실이었다. 비버브룩은 새 직책을 맡자마자 공군부와 충돌하기 시작했다. 그는 항공기 제조 방식뿐 아니라 항공기에 장비를 갖추고 실전에 배치하는 기존의 방법론이 매우 진부하고 경직되어 있다고 진단했다. 그는 공중전에 대해 나름의 통찰력을 가지고 있었다. '리틀 맥스Little Max'로 통하는 그의 아들 맥스Max도 전투기 조종사였다. 키가 크고 매우 잘생긴 맥스는 얼마 후 '수훈비행십자장Distinguished Flying Cross'을 받는다. 비버브룩은 가끔 아들과 아들의 동료 조종사들을 자택으로 불러 칵테일을 마시며 대화를 나누곤 했다. 비버브룩은 매일 저녁 8시까지는 마음을 놓지 못했다. 리틀 맥스가 그 시간에 전화를 걸어 자신이 무사하다는 사실을 알렸기 때문이었다.

비버브룩은 생산, 수리, 보관을 비롯해 모든 것을 통제하려 했다. 그러나 공군부는 이를 자신들의 고유 권한으로 여겼다. 물론 가능한 한 많은 비행기를 보유할 수 있는 것은 반가웠지만 비버브룩의 월권은 참을 수 없었다. 특히 그가 새 비행기에 장착할 총기의 종류까지 지정했을 때는 더욱 그랬다.

비버브룩은 다른 부처들의 심기도 건드렸다. 그는 다른 부처에 시급한 것이 무엇이고 무엇이 필요하든 관계없이 목재나 강철이나 직물, 드릴, 절삭기, 폭약 등 폭격기와 전투기 제조에 필요한 모든 자원을 선점하려 했다. 심지어 이미 다른 용도로 지정된 건물들까지 해당 부서에 알리지도 않고 징발하곤 했다. 처칠과의 직접적인 관계 때문에 그런 그의 강탈 행위는 당사자들을 더욱 화나게 만들었다. 퍼그 이즈메이도 비버브룩을 경영자라기보다 노상강도에 가깝다고 생각했을 정도였다. "자재든 공작기계든 노동력이든 한번 눈독을 들이면 주저하는 법이 없었다. 그래서 경쟁 부서들은 복면도 하지 않은 강도에게 당했다고 혀를 내둘렀다."

비버브룩은 보고서를 제출하기 이틀 전에 처칠에게 보내는 9쪽 분량의 편지에서 자신의 고충을 털어놓았다. "요즘 아주 실망스러운 점이 많습니다. 훼방을 놓는 사람도 많고요. 당장 손을 써주셔야겠습니다."

그는 격추된 RAF 비행기를 구조하고 수리하는 문제까지 자신들의 영역이라며 간섭하는 공군부로 인한 여러 가지 고충을 장황하게 늘어놓았다. 비버브룩은 처음부터 파괴된 비행기에서 떼어낸 엔진과 기기 등을 예비 부품으로 재활용할 수 있다고 생각했다. 이들 부품을 적당히 끼워 맞추면 멀쩡한 항공기를 새로 만들어내는 것도 가능했다. 영국 전투기들은 피해를 입어도 대부분 비행장이나 농장, 공원 등 회수하기 쉬운 아군 지역에 불시착했다. 그는 규모가 작은 회사의 인재들이나 정비공들을 모아 파손 비행기를 능숙하게 구조, 복구하는 네트워크를 만들었기 때문에 한 달에 수백 대의 전투기를 전쟁터로 복귀시킬 수 있었다.

비버브룩은 파손된 비행기와 부품을 집결시키는 정비 기지에 대한 전권을 요구하며, 영역 싸움에 골몰하는 공군부가 사사건건 훼방을 놓는다고 주장했다. 처칠에게 보내는 편지에서 그는 그의 구조대가 어느 창고에서 작동하지 않는 비커스Vickers 기관총 1,600정을 회수하여 수리 공장으로 보낸 경위를 설명했다. 그는 그런 총은 더는 없다고 들었지만 알고 보니 사실이 아니었다고 분개했다. "어제 새벽 제가 사람들을 동원하여 급습한 결과 총기 1,120정을 추가로 회수했습니다."

비버브룩이 사용한 '급습'이라는 단어는 그의 수법의 성격을 상징적으로 보여주는 말이었다. 그런 방식 때문에 그는 공군부 관리들로부터 좋은 소리를 듣지 못했다. 그들은 비버브룩의 긴급 구조대원 즉 '행동대Action Squads'를 몰려다니는 해적 떼로 보았고, 그래서 어느 때부터인가 전방 비행장에 그들의 출입을 금지시켰다.

하지만 비버브룩은 그 9쪽짜리 편지를 보내지 않았다. 이런 심경

변화는 드문 일이 아니었다. 그는 타이피스트에게 불평과 험담을 잔뜩 늘어놓은 전언문을 불러주거나 여러 종류의 초안을 작성했다가 나중에 하나도 보내지 않는 경우가 많았다. 의회 기록보관소에 남아있는 그의 개인 서류 중 보내지 않은 우편물만 따로 모아둔 대형 파일이 있는데, 거기에는 발산하지 못한 짜증스러운 하소연이 가득했다.

그의 불만은 계속 속으로 곪았고 강도도 높아졌다.

14장 "이 괴상하고 치명적인 게임"

　6월 18일 화요일 오후 3시 49분에 처칠은 하원에서 프랑스의 패주를 설명하기 위한 연설을 했다. 그는 그날 저녁 라디오 방송을 통해 같은 연설을 다시 한 번 반복한다. 이 연설도 그의 하원 연설 중 매우 중요했던 순간의 웅변으로 꼽힌다.
　처칠은 낙하산 부대와 공수부대의 착륙과 폭격을 거론하며 "틀림없이 매우 빠른 시기에 들이닥칠 것"이라고 강조했다. 폭격기는 독일이 더 많지만 영국도 보유하고 있으며 "틈을 주지 않고" 출격시켜 독일 내 군사 시설을 타격할 것이라고 말했다. 그는 동료 의원들에게 영국에는 해군이 있다는 점을 상기시켰다. "사람들은 그런 사실을 잊고 있는 것 같습니다." 그는 그렇게 말했다. 그렇다고 프랑스의 몰락이 뜻하는 바를 외면할 생각은 없었다. 그는 "프랑스 전투"는 끝났다고 말하면서 덧붙였다. "이제 곧 영국 전투가 시작될 것입니다." 경각에 달린 것은 대영제국만이 아니라 기독교 문명 전체였다. "포악한 적은 전력을 다해 달려들 것입니다. 이 섬에서 우리를 꺾지 못하면 전쟁에서 패할 수밖에 없다는 사실을 히틀러는 잘 알고 있습니다."
　그는 클라이맥스를 향해 뚜벅 걸음을 옮겼다. "우리가 그와 맞서 싸워 이길 수 있다면 유럽 전역이 해방될 것이고 세계는 드넓고 밝고 높은 고지로 나아갈 것입니다. 그러나 우리가 패한다면 미국을 포함한 전 세계가, 우리가 알고 소중하게 여겼던 모든 것이 도착적인 과학의

140

힘에 눌려 사악하고 어쩌면 오래 지속될 새로운 암흑기의 나락으로 가라앉고 말 것입니다."

그는 중간중간 영국인들의 위대한 정신에 호소했다. "그러니 맡은 바 우리의 임무를 다하겠다는 결의를 다집시다. 그리하여 영국 연방과 대영제국이 천 년을 지속한다면 사람들은 '그때가 그들의 최고 전성기였다'고 말할 것입니다."

두말할 필요 없이 이때는 처칠의 전성기이기도 했다. 그래서 그가 하원에서의 연설을 생중계하라는 정보부 장관의 권고를 들었더라면 그 전성기는 더욱 빛을 발했을 것이다. 국내정보국도 확인했지만, 대중들은 프랑스의 대몰락과 그것이 이 전쟁에서 영국의 전망과 관련된 의미를 처칠의 입을 통해 직접 들을 필요가 있었다. 그러나 의원들로부터 승인에 필요한 표를 확보하는 문제를 비롯하여 하원에서 방송을 준비하는 것 자체가 생각만큼 간단하지 않았다.

처칠은 마지못해 그날 밤 따로 방송을 하는 것에 동의했다. 정보부는 그가 연설문을 새로 쓸 것으로 예상했지만 처칠의 자녀 중 누군가의 반대로 그는 하원에서 했던 연설문을 다시 읽기로 했다. 매스옵저베이션과 국내정보국의 보고서를 통해 나타난 대중의 반응은 다양했지만 한 가지 일관된 주제는 처칠의 연설 태도에 대한 비판이었다. "누구는 그가 술에 취했다고 주장했다." 매스옵저베이션은 6월 19일에 그렇게 보도했다. "스스로의 선언에 자신감을 담지 못했다고 말하는 사람도 있었다. 누구는 피곤했던 모양이라고 했다. 연설 태도가 연설 내용의 효과를 반감시킨 것 같았다." 〈데일리미러Daily Mirror〉의 편집국장 세실 킹Cecil King도 일기에 이렇게 썼다. "술에 취했는지 아니면 그냥 피곤하고 탈진했는지는 모르겠지만 일생일대 최고의 연설을 했어야 할 상황에 비해 들인 노력은 최악이었다."

한 청취자는 다우닝가 10번지로 전보를 보내 처칠이 심장질환이 있는 것 같다며 누워서 일할 것을 권하기도 했다.

하지만 원인은 엉뚱한 곳에 있었다. 담배를 입에 물고 연설문을 읽겠다고 고집을 피웠기 때문이었다.

*

다음 날 처칠의 3군 참모총장들은 퍼그 이즈메이를 통해 처칠과 그의 전시내각에 '보안 유지에 만전을 기할 것To Be Kept Under Lock and Key' 이라고 쓴 비밀 보고서를 올렸다. 보고서에서 그들은 처칠이 연설을 통해 상세하게 밝힌 것보다 더 강한 어조로 다가올 위험을 경고했다. "플랑드르와 프랑스에서의 교전 경험으로 판단하건대 독일이 전쟁 양상을 바꿀 때까지 머뭇거릴 시간이 없을 것으로 예상됩니다." 그들은 보고서에서 그렇게 썼다. "따라서 침공 위협이 임박했다고 봐야 합니다." 참모장들은 첫 번째 공격은 하늘에서 닥칠 것이라고 예고했다. 그것은 "우리의 방공 능력과 우리 국민의 사기를 크게 떨어뜨릴 것입니다."

히틀러는 조금도 사정을 봐주지 않을 것이라고 그들은 경고했다. "독일인들은 프랑스에서 이미 막대한 손실을 보았지만, 우리나라를 상대로 결정적인 결과를 얻기 위해 노르웨이에서 감수했던 것보다 훨씬 더 막대한 손실과 더 큰 위험을 각오하고 있을 것입니다."

그들은 앞으로 3개월이 전쟁의 결과를 좌우할 것이라고 예측했다.

*

목요일엔 처칠이 빔 항법만을 의제로 회의를 소집한다는 소문이 돌았다. 존스 박사도 다음 날인 6월 21일 금요일 아침에 회의가 있을 것이라는 말을 들었다. 그러나 그를 부르는 사람은 없었다. 그래서 금요일 아침에 그는 평소대로 9시 35분에 런던의 리치몬드에서 기차를 타고 약 35분 뒤에 직장에 도착했다. 사무실에 들어서는데 공군정보부의 서기관이 그에게 메모를 한 장 건넸다. 동료이자 팀장인 롤리 스콧-파니Rowley Scott-Farnie가 "전화를 걸어와 다우닝가 10번지에 있는 각료회의실로 가겠느냐고 의사를 타진했다"는 내용이었다.

*

다우닝가 10번지의 회의실에 각료들이 속속 도착했다. 전장 7.5미터짜리 광택이 나는 목재로 된 '긴 탁자'에는 녹색보가 덮였고 22개의 마호가니 의자의 등받이가 톱니 모양으로 가지런히 늘어섰다. 유일한 안락의자인 총리의 의자는 탁자 한쪽의 중앙, 커다란 대리석 벽난로 앞에 자리했다. 키가 큰 창문으로 뒤뜰이 보였고 그 너머로 호스가드퍼레이드와 세인트제임스 공원도 보였다. 각자의 자리마다 맨 위에 '다우닝가 10번지'라고 검은색으로 양각된 메모 용지와 메모 패드와 압지가 놓여있었다.

이따금 처칠은 그 방을 전보와 전언문을 불러주는 장소로 사용했다. 어떤 비서는 때때로 그의 맞은편에 앉아 몇 시간씩 이런저런 문서를 타이핑했고 처칠은 "불러주기가 끝나면 신호로 한 손을 쭉 내밀었다"고 엘리자베스 레이턴은 썼다. 처칠 전용 홀 펀치인 '클롭klop'과 펜 두 자루가 항상 곁에 있어야 했다. 펜 하나에는 서신 서명을 위한 군청색 잉크가, 또 하나에는 각서에 이니셜을 표기하는 빨간색 잉크가 함께 놓여있었다. 필요한 게 있으면 손을 내밀어 "기미Gimme"라고 말하곤 했는데 레이턴은 무얼 달라는지 알고 있어야 했다. 그는 사람들을 호출할 때도 같은 말을 썼다. "기미 프로프Gimme Prof"나 "기미 퍼그Gimme Pug"는 린드만이나 이즈메이 장군을 호출하라는 말이었다. 말 없는 시간이 길어질 때면 그녀는 조용히 앉아 빅벤Big Ben과 기마근위대의 시간을 알리는 차임벨 소리를 들었다. 둘 다 15분 간격으로 울렸는데 빅벤의 위엄 있는 '둥' 소리에 맞서는 기마근위대의 '땡그랑' 소리가 듣기 좋은 불협화음을 만들었다.

각료들이 자리에 앉았다. 처칠, 린드만, 비버브룩 경 외에도 공군장관 아치볼드 싱클레어와 전투기사령관 휴 다우딩을 비롯한 제국 최고의 항공 관계자들 10여 명이 자리를 잡았다. 헨리 티자드도 참석했는데 그는 정부에 항공 관련 문제를 조언하는 입장이었다. 린드만은 한때 친구로 지냈던 티자드와 서먹한 사이였다. 앙금을 풀지 못하는 교수의 성격 탓이 컸다. 일반비서든 개인비서든 비서는 아무도 참석하지 않았다. 서면 기록을 남기지 않을 만큼 비밀스러운 모임이라는 뜻이었다.

방 안에 긴장감이 감돌았다. 티자드와 린드만은 별것 아닌 오해로 서로에게 원한을 품고 있었다. 그들의 반목은 눈에 보일 정도였다.

처칠은 가장 중요한 인물이 없다는 것을 알아차렸다. 연구를 통해 지금 이 회의를 소집하게 만든 젊은 과학자 존스였다. 결국 토론은 그가 없는 상태로 시작되었다.

프랑스가 무너지면서 사태는 더욱 긴박하게 돌아갔다. 루프트바페는 기지를 프랑스 해안 쪽으로 옮기고 있었다. 영국 본토 공격의 규모와 심각성과 빈도는 시간이 갈수록 더욱 커지고 있었다. 이틀 전 밤에 루프트바페는 150대의 항공기를 영국 상공에 띄워 제철소와 화학공장을 파손시켰고 가스배관과 급수본관(수도관에 물을 공급해주는 대구경 배관-옮긴이)을 파괴했으며 상선 한 척을 침몰시키고 사우샘프턴에 있는 탄약고도 폭파를 시도했다. 그 과정에서 민간인 10명이 목숨을 잃었다. 독일군이 언제 침략할지 모르는 데에서 오는 긴장감은 점점 커지는 북소리처럼 스릴러(1889년에 처음 선보인 단어다)의 분위기를 닮아갔다. 국내정보국의 한 보고서에 따르면 그런 긴장감은 사람들을 짜증 나게 하고 불안하게 만들 뿐 아니라 정부에 대한 비판도 더 거세지게 만들었다.

실제로 야간에 독일 항공기를 유도하는 새로운 비밀 항법 시스템이 있다면 가능한 한 빨리 사실을 확인한 후 대책을 마련해야 했다. 이런 알려지지 않은 과학의 영역은 늘 처칠을 들뜨게 했다. 그는 기계와 비밀 무기를 좋아했고 교수가 제안한 진기한 발명품을 적극 지지했지만 그때마다 다른 관리들은 정신이상자의 꿈같은 얘기라고 코웃음을 쳤다. 탱크 외부에 폭파장치를 붙여(가끔 병사들이 던지기도 하지만) 적 탱크를 망가뜨리는 시제품이 실패했을 때도 처칠은 교수를 두둔하고 나섰다. 퍼그 이즈메이에게 보내는 것이지만 그 발명품을 널리 확산시킬 의도를 담은 전언문에서 처칠은 경고했다. "이 폭탄이 성공하지 못했다는 사실을 두고 이를 밀어붙이는 데 게으름을 피워온 관리들이 키득거린다면 나한테 미운털이 박힐 각오를 해야 할 것이오."

결국 '접착 폭탄sticky bomb'은 육군부의 반대에도 불구하고 처칠의 전폭적인 지지로 야전에 배치되었다. 1940년 6월 1일에 분명한 의지와 표현의 간결성으로 주목할 만한 전언문에서 처칠은 명령했다. "100만 개를 만들 것. WSC."

나중에 몇몇 의원들이 린드만의 영향력에 이의를 제기하자 처칠은 역정을 냈다. 논쟁이 격해지는 하원의 '질의 시간'에 한 의원은 린드만을 우회적으로 비난하는 질문을 던졌을 뿐 아니라 그의 독일 혈통을 은근히 들먹여 처칠을 격분시켰다. 그런 후 처칠이 하원 흡연실에서 그 의원과 마주쳤을 때였다. 처칠이 "그를 향해 성난 황소처럼 고함을 쳤다"고 한 목격자는 전했다. "도대체 왜 그따위 질문을 한 거요? 그 사람이 내 오랜 친구이고 가장 친한 친구란 걸 몰라요?"

처칠은 그 의원에게 "썩 꺼지라"고 말했고 이후 그와는 말도 섞지 않았다.

그런 다음 처칠은 옆에 있던 의회 사무차관에게 들릴까 말까 한 목소리로 말했다. "한 가지가 좋으면 다 좋아 보인다지만, 한 가지가 마음에 들지 않는다고 다 미워해서도 안 되지."

*

존스 박사는 아직도 다우닝가 10번지 회의가 장난이라고 생각했다. 그는 그날 아침 책상 위에 메모를 올려놓은 비서를 찾았다. 그녀는 그 메모가 진짜라고 장담했다. 여전히 납득이 가지 않았던 존스는 그 사실을 비서에게 전화로 알려준 동료인 스콧-파니에게 전화를 걸었다. 그도 정색하며 장난이 아니라고 했다.

존스는 택시를 잡았다. 다우닝가 10번지에 도착했을 때 회의는 30분 가까이 진행된 상태였다.

존스는 발이 얼어붙었다. 회의실에 들어섰을 때 처칠과 10여 명의 참석자들의 눈이 일제히 그를 향했기 때문이었다. 기껏 28살밖에 안 된 존스는 약간 얼이 빠져 각료회의실의 그 유명한 긴 테이블 한복판을 우두커니 내려다봤다.

처칠은 테이블 왼쪽 중간쯤에 린드만과 비버브룩 경을 양옆에 두고 앉아있었다. 두 사람은 외모도 딴판이어서 린드만은 창백하고 비누 같았고, 비버브룩은 활기가 넘치고 까칠해 보이는 것이 어느 모로 보나 신문에서 사진으로 본 심술쟁이 요정이었다. 테이블 반대편에는 헨리 티자드와 싱클레어 공군장관과 전투기사령부의 다우딩이 앉아있었다.

존스는 순간 방 안에 도는 긴장을 감지했다. 린드만은 자신의 오른쪽에 있는 빈자리를 손으로 가리켰다. 그러자 티자드 쪽에 앉아있던 사람들도 그들 쪽으로 오라는 신호를 보냈다. 존스는 순간 당황했다. 린드만은 자신을 가르친 교수였고 의심할 여지없이 이 회의에 맨 먼저 초대된 주빈이었다. 그러나 공군부 인사들은 존스의 동료들이어서 원칙대로라면 그들과 함께 앉아야 했다. 그 순간 문제를 더욱 곤란하게 만든 것은 존스가 티자드와 린드만 사이의 악감정을 잘 알고 있었다는 점이었다.

존스는 두 대표단 사이의 이른바 '무인지대'인 테이블 끝에 있는 의자에 앉았다.

사람들은 중단된 얘기를 다시 시작했고 그는 귀를 기울였다. 그는 오가는 설전을 통해 이들이 빔의 정체와 그것이 공중전에 미치는 영향을 제대로 이해하지 못하고 있다고 판단했다.

그러던 어느 순간 처칠이 그에게 직접 질문했다. 세부적인 사항을 확인하는 질문이었다.

존스는 대답을 하지 않고 되물었다. "제가 처음부터 상황을 제대로 말씀드리면 안 될까요? 각하." 자신의 그런 침착함에 스스로도 놀랐다고 그는 훗날 회고했다. 그리고 그렇게 차분할 수 있었던 것은 갑작스레 소환되어 걱정할 틈이 없었던 탓도 어느 정도 있었던 것 같다고 술회했다.

존스는 그간의 정황을 탐정소설 들려주듯 말하면서 초기 단서와 그 이후에 축적된 증거들을 설명했다. 그는 또한 갓 얻은 정보도 공개했다. 거기에는 3일 전에 추락한 독일 폭격기에서 찾아낸 쪽지도 있었는데, 거기에는 크니케바인 시스템이 하나의 빔이 아니라 두 개의 빔을 발신하는 방식이며, 첫 번째 빔과 두 번째 빔이 의도된 목표물 위에서 교차하는 것 같다는 그의 예감을 확인해주는 내용이 적혀있었다. 그 쪽지에는 두 번째 빔의 발사지점이 독일 북부 해안에 있는 슐레스비히홀

슈타인에 있는 마을 브레드슈테트라고 적혀있었다. 아울러 쪽지에는 빔의 주파수로 보이는 숫자도 포함되어 있었다.

처칠은 비밀스러운 기술을 소설처럼 풀어가는 현란한 그의 말솜씨에 격앙되어 넋을 잃고 들었다. 그러나 그는 또한 존스의 발견이 갖는 냉혹한 현실을 깨달았다. 루프트바페가 영국 해안에서 불과 몇 분 거리의 점령지에 기지를 마련하는 것은 썩 달갑지 않은, 아니 매우 불길한 징조였다. 그러나 존스는 이제 그런 기지에서 발진한 항공기가 달이 없는 밤이나 흐린 날씨에도 정확하게 폭탄을 투하할 수 있다고 말하고 있었다. 정말 듣고 싶지 않은 뉴스였다. 처칠은 나중에 "전쟁을 치르면서 가장 눈앞이 캄캄해지는 순간 중 하나였다"고 회고했다. 이때까지도 그는 공군정보통의 말대로 RAF가 루프트바페에 비해 수적으로는 열세여도 호락호락 당하지 않을 것이라 확신하고 있었다. 실제로 RAF 조종사들은 주간 전투에서 움직임이 굼뜬 독일의 폭격기들을 격추시키고 그들을 호위하는 전투기들을 제지하는 데 발군의 실력을 입증해보이고 있었다. 독일 전투기들은 느린 폭격기를 보호하느라고 제속도를 내지 못했고, 제한된 연료 때문에 비행시간도 90분밖에 여유가 없어 고전했다. 그러나 야간 전투에서는 RAF도 독일 항공기를 제대로 요격하지 못했다. 만약 독일 비행기들이 구름이 짙게 낀 어두운 밤에 목표물을 정확하게 타격할 수 있다면, 그들은 더는 전투기의 호위를 받을 필요도 없을 것이고 전투기의 연료 제한에 구애받지도 않을 것이다. 그들은 브리튼섬을 거리낌 없이 넘나들 것이다. 침략의 발판을 마련하는 입장에서 그것은 엄청난 이점이었다.

존스의 설명은 20분 동안 계속되었다. 브리핑을 마쳤을 때 "모두들 쉽게 믿지 않는 분위기였다." 처칠은 나중에 그렇게 회상했다. 처칠이 물었다. 그럼 어떻게 해야 하는가?

첫 번째 단계는 항공기를 이용하여 빔이 실제로 존재하는지 확인하는 것이라고 존스는 말했다. 그런 다음 빔 사이를 비행하여 빔의 특성을 파악해야 한다. 독일이 실제로 민간항공기가 사용하는 것과 같은 로렌츠 시스템을 사용한다면 거기에는 어떤 특징들이 있을 것이라고 존스는 보았다. 지상의 송신기는 두 개의 분리된 안테나를 통해 신호를 보낼 것이다. 이 신호들은 멀리 퍼지고 확산되지만 신호가 겹치는 곳에서는 두 그림자가 겹칠 때 더 어두워지듯 강력하고 폭이 좁은 빔을 만들 것이다. 민간항공기 조종사들을 활주로가 보이는 곳까지 유도하는 바로 그 빔이었다. 송신기가 한 쪽 안테나로 긴 '대시(ㅡ)' 신호를 보내고 다른 안테나로는 짧은 "점(•)" 신호를 전송하면, 조종사의 수신기가 두 신호를 듣는다. '대시' 신호가 강하게 들리면 조종사는 '점' 신호가 잘 들릴 때까지 오른쪽으로 이동한다. 조종사가 정확한 경로의 중앙에 있으면 대시와 점이 동일한 강도(일명 등가신호역equi-signal zone)를 갖는 곳으로 들어갔다는 뜻이어서 신호가 계속 하나로 들리게 된다.

일단 빔 시스템의 성격을 파악하고 나면 RAF는 빔을 교란하고 가짜 신호를 보내는 등 대응책을 마련할 수 있을 것이라고 존스는 설명했다. 그러면 독일 조종사들은 폭탄을 너무 일찍 떨어뜨리거나 잘못된 경로로 비행할 것이라고 덧붙였다.

처칠은 기분이 좋아졌다. "또 한시름 덜었군." 그는 나중에 존스에게 말했다. 그는 당장 빔 연구에 착수하라고 명령했다.

처칠은 또한 그런 빔이 존재한다면 교수가 아끼는 비밀 무기인 '공중기뢰aerial mine' 개발을 서둘러야 한다고도 말했다. 공중기뢰는 전쟁이 일어나기 훨씬 전부터 린드만이 추진해온 것으로 그와 처칠은 똑같이 이 무기에 유달리 강한 집착을 보였다. 영국군은 낙하산 줄에 매달아 떨어뜨리는 소형 폭발물인 공중기뢰를 독일 폭격기들의 이동 경로에 수천 개 뿌려 날개와 프로펠러의 기능을 마비시켰다. 린드만은 밤마다 30킬로미터에 달하는 '기뢰 커튼'을 들어 올려 런던을 보호하는 계획을 내놓기도 했다. 비행기들이 계속 날아다니며 6시간마다 25만 개의 기뢰를 투하한다는 아이디어였다.

처칠은 린드만의 기뢰를 전적으로 승인했지만 다른 사람들은 그 효용성을 의심했다. 처칠의 고집으로 공군부와 비버브룩의 항공기생산부는 시제품을 개발하고 시험했지만 효과에 대해서는 별다른 믿음을 주지 못해 처칠에게 큰 좌절감을 안겼다. 하지만 이제 루프트바페의 공격을 피할 수 없게 된 마당에 이것저것 가릴 처지가 아니었다. 가능한 모든 방어 수단을 검토할 필요가 있었다. 처칠의 의욕은 다시 불타올랐다. 독일 항법 빔의 존재가 사실로 입증된다면 교수의 꿈을 실천에 옮기는 것도 가능할 뿐 아니라 빠르게 추진할 수 있었다. 빔의 위치를 찾을 수 있다면 갑자기 기습해오는 폭격기의 경로를 따라 공중기뢰를 훨씬 더 정확하게 투하할 수 있기 때문이었다. 하지만 지금까지 모든 프로그램은 연구와 전언문에만 갇혀있었다. 그는 탁자를 쾅 내리쳤다. "내가 공군부로부터 받는 건 파일뿐이야. 파일, 파일밖에 없다고!" 그는 고함을 질렀다.

티자드는 린드만에 대한 악감정도 있고 해서 존스의 설명에 코웃음을 쳤다. 그러나 처칠은 "이 기이하고 치명적인 게임의 원리"를 확신하면서 독일 빔의 존재를 기정사실로 받아들여야 한다고 단언했다. 그는 히틀러가 곧 영국을 상대로 루프트바페의 모든 전력을 동원할 것이라고 생각했다. 그는 다른 어떤 것보다 앞서 빔에 대한 대응책부터 마련하라고 지시하면서 "이 정책을 수행하는 데 일말의 망설임이나 일탈"이 있으면 보고하라고 으름장을 놓았다.

자신의 반대의견이 묵살되자 린드만에 대한 티자드의 증오심은 다시 불타올랐다. 그는 이를 개인적인 모욕으로 받아들였다. 회의 직후 티자드는 과학자문위원회Scientific Advisory Committee 위원장직과 공군자문 직을 사임했다.

바로 그런 순간에 처칠은 교수에게 최고의 평가를 내렸다. "더 위 대한 과학자들도 분명 있었다." 처칠은 인정했다. "하지만 내가 보기 에 그는 더없이 중요한 두 가지 자질을 갖추고 있었다." 첫째, 린드만은 "20년 동안 친구였고 그것도 믿을 수 있는 친구였다"고 처칠은 그렇게 썼다. 교수의 두 번째 자질은 난해한 과학을 간단하고 이해하기 쉬운 개념으로 풀어내는 능력이었다. 그는 "먼 지평선에서 전문가들이 보내 는 신호를 해독한 다음, 문제가 되는 것만 골라 명료하고 평범한 용어 로 설명해준다." 따라서 일단 그의 이론으로 무장하고 나면 처칠은 자 신의 "파워 릴레이power-relay" 즉 직책의 권위를 발동시켜 개념을 행동으 로 바꿀 수 있었다.

빔을 찾기 위한 수색 비행은 당장 그날 저녁으로 예정되었다.

존스는 그날 밤 도통 잠을 이룰 수 없었다. 그는 총리와 린드만과 영국왕립공군의 고위인사들 앞에서 자신의 경력을 거는 위험한 모험 을 했다. 그는 속으로 회의 내용을 하나부터 열까지 전부 복기했다. "총 리 앞에서 멍청한 소리를 하고 너무 요란을 떠는 무례를 범한 것은 아 닐까? 내 결론이 너무 성급했나? 내가 독일 포로들의 간교한 속임수에 넘어간 것은 아닐까? 무엇보다 영국이 침략당하거나 공중에서 사라지 려는 절체절명의 순간에 내가 총리의 귀중한 시간을 오만하게 허비한 것은 아닌가?"

처칠에게는 그날 마음을 놓아도 좋을 또 다른 이유가 있었다. 그 것은 일종의 금융 덩케르크라고 해도 좋았다. 전쟁이 깊어지고 금전적 인 압박이 심해지면서 그는 공직생활 내내 자신을 괴롭혀온 개인적인 문제와 씨름해야 했다. 돈이 바닥나기 시작한 것이다. 그는 공직에서 얻는 수입을 보충하기 위해 책과 기사를 써왔다. 총리에 임명되기 전까지 그는 〈데일리미러〉와 〈뉴스오브더월드News of the World〉에 칼럼을 썼고 미국 라디오 방송에도 나갔다. 돈 때문이었다. 그러나 그 정도로는 턱없이 부족해서 재정적으로 다급한 궁지를 벗어나긴 힘들었다. 그는 양복점이나 와인 공급업자나 시계수리점(그는 자신의 시계를 '순무turnip' 라고 불렀다.) 등에서 보내온 청구서는 물론 세금도 제대로 내지 못했다. 더욱이 그는 로이드 은행Lloyds에 많은 돈을 빚지고 있었다. 6월 18일 화요일 그의 계좌명세서에 적힌 당좌대월 액수는 5,000파운드가 넘었다. 21세기 미국 달러로 환산하면 30만 달러가 넘는 돈이었다. 월말에 이자를 내야 했지만 수중에 돈이 없었다.

그러나 빔 미팅이 있었던 금요일 그의 로이드 계좌에 5,000파운드라는 알 수 없는 돈이 때맞춰 들어왔다. 입금된 수표에 적힌 이름은 처칠의 의회담당비서관인 브렌던 브래큰Brendan Bracken이었지만 실제 출처는 브래큰과 〈이코노미스트Economist〉를 공동소유하고 있는 부유한 헨리 스트라코시 경Sir Henry Strakosch이었다. 3일 전 로이드 은행으로부터 당좌대월 대금 내역서를 받은 처칠은 브래큰을 사무실로 불렀다. 그는 중요한 국사를 코앞에 두고 있는 마당에 재정난 따위로 집중력이 흐트러지고 스트레스를 받아야 하는 현실에 진저리가 났다. 그는 브래큰에게 상황을 바로잡으라고 말했고 브래큰은 그렇게 했다. 로이드 은행을 해결했다고 해서 돈 문제가 완전히 깨끗해진 것은 아니지만 당장 채무불이행이라는 급한 불은 일단 끈 셈이었다.[27]

*

다음 날인 토요일, 존스 박사는 독일 빔을 찾아 나섰던 전날 밤의 비행 결과를 듣기 위해 소집된 회의에 참석했다. 조종사 H. E. 버프턴H. E. Bufton 대위가 직접 나와 번호가 붙은 물품 3개와 함께 간결한 보고서를 전달했다. 그와 관측자는 북쪽으로 비행하여 로렌츠 계기착륙 시스템에서 발생하는 것과 같은 신호를 찾으라는 지시를 받고 케임브리지 근처의 비행장에서 이륙했다.

먼저 버프턴은 영국 북해 연안 근처 마을인 스폴딩 남쪽 1.6킬로미터 상공에서 가느다란 빔을 발견했다고 보고했다. 워시라는 커다란 만 안쪽으로 해안선이 불룩 나온 지점이었다. 이 비행에서 그들은 빔 바로 남쪽에서 점이, 북쪽에서 대시가 전송되는 것을 탐지했다. 예상한 대로 로렌츠형 지표였다.

둘째, 버프턴은 감지된 빔의 주파수가 초당 31.5 메가사이클이라고 보고했는데 이는 이전에 공군정보부가 회수한 메모지에 적혀있던 주파수와 일치했다.

그런 뒤에 결정적인 단서가 잡혔다. 기다렸던 최고의 희소식이었다. 적어도 존스에게는 그랬다. 그 비행에서 비슷한 특징을 가진 두 번째 빔이 탐지된 것이다. 두 번째 빔은 더비 근처의 한 지점에서 첫 번째 빔과 교차되었다. 더비는 RAF의 스핏파이어와 허리케인에 장착하는 멀린Merlin 엔진 전량을 생산하는 롤스로이스 공장 소재지였다. 주파수가 다른 두 번째 빔은 목표물 바로 직전에서 어김없이 첫 번째 빔과 교차되고 있었다. 직전인 이유는 독일 승무원들이 폭탄 투하를 준비할 시간을 주기 위해서였다.

교차점은 롤스 공장이 표적이라는 사실을 암시하고 있었지만 그것만으로도 대단한 쾌거였다. 존스는 가슴을 쓸어내렸다. 존스는 회의를 주선한 관리가 "실제로 기뻐서 방을 펄쩍펄쩍 뛰어다녔다"고 나중에 술회했다.

당장 빔에 효과적으로 대응할 수 있는 방법부터 서둘러 찾아야 했다. 크니케바인에는 '두통Headache'이라는 암호명을 붙였고, 잠재적인 대응책은 "아스피린Aspirin"으로 부르기로 했다.

그러나 먼저 존스는 동료 한 명과 함께 가까운 세인트스티븐스 태번St. Stephen's Tavern을 찾았다. 빅벤에서 90미터가량 떨어진 곳에 위치한, 화이트홀에서 꽤나 유명한 술집이었다. 그리고 두 사람은 취하도록 마셨다.

15장 런던과 베를린

6월 22일 토요일 오후 6시 36분, 프랑스는 히틀러와 휴전 협정을 맺었다. 영국은 이제 공식적으로 혼자였다. 다음 날 체커스 별장은 프랑스 소식으로 분위기가 안 좋았다. "울화가 치밀고 우울했던 아래층에서의 아침 식사." 메리는 일기장에 그렇게 썼다.

처칠은 잔뜩 화가 나있었다. 아무리 생각해봐도 프랑스 함대가 계속 마음에 걸렸다. 독일이 휴전 협정 조건을 정확히 밝히지 않은 상태여서 공식적으로 함대의 운명이 어떻게 될지는 아무도 알 수 없지만, 히틀러가 그 선박들을 합병할 것은 불을 보듯 뻔한 일이었다. 그렇게 되면 지중해에서 힘의 균형이 바뀌고 독일의 영국 침공은 더욱 확실해질 것이다. 상상하기 싫은 끔찍한 시나리오였다.

클레멘틴도 처칠의 행동 때문에 화가 났다. 그녀는 남편에게 편지를 쓰기 위해 자리를 잡고 앉았다. 늘 그렇지만 남편의 관심을 끌 수 있는 가장 좋은 방법은 편지였다. "당신이 알아야 할 게 몇 가지 있어서 말하는 것이니 용서하세요."

클레멘틴은 편지를 다 썼지만 찢어버렸다.

*

베를린에서는 승리가 손에 잡힌 듯했다. 6월 23일 일요일 공식 직함이 대중계몽선전장관인 요제프 괴벨스는 프랑스가 항복 선언을 공식화하자, 전쟁의 새로운 방향을 논의하기 위해 수석선전요원 회의를 소집했다.

괴벨스는 프랑스를 진압했으니 이제 관심을 영국에 집중시켜야 한다고 말했다. 그는 승리가 당장에라도 따라올 것처럼 믿게 만드는 어떤 행동도 하지 말라고 경고했다. "영국과의 전쟁이 어떤 식으로 지속될지는 아직 말할 단계가 아니며, 따라서 무슨 일이 있어도 내일부터 영국 점령 작전이 시작된다는 인상을 대중들에게 심어주어서는 안 된다." 회의록에 따르면 괴벨스는 그렇게 말했다. "반면 영국이 합리적인 참작의 여지를 남겨두지 않는다면 영국도 프랑스와 같은 선고를 받을 것이라는 사실에는 의심의 여지가 없다." 합리적인 참작은 평화 협정을 의미했다.

영국이 유럽의 자유를 지키는 마지막 보루로 떠오른 가운데 독일은 "이제 유럽 대륙과 영국의 금권주의 섬 주민들이 충돌하는 갈등의 선두에 섰다"는 사실을 강조하라고 괴벨스는 지시했다. 이후 독일에서 외국어로 전송하는 장비들은 "신중하고 체계적으로 운영하되 다음과 같은 구호를 내걸어야 한다. '유럽의 국가들이여 경계하라. 영국은 그대들의 굶주림을 획책하고 있다!'"

회의록에 기록되지 않았지만 괴벨스는 나중에 제3제국 공보실의 한 회원이 인용한 발언에서 이렇게 말했다. "흠, 이번 주에 영국의 상황이 크게 요동치겠군." 프랑스가 무너진 이상 영국 국민들은 이제 평화를 외치게 될 것이 틀림없다는 얘기였다. "처칠은 절대 버티지 못한다. 타협을 원하는 정부가 구성될 것이다. 우리의 전쟁은 얼마 남지 않았다."

16장 적색경보

6월 24일 월요일 런던에서 열린 처칠의 전시내각은 아침에 한 번 밤에 두 번, 모두 세 번 열렸다. 마지막 회의는 오후 10시 30분에 시작되었다. 회의는 대부분 캐도건 외무차관이 말한 "프랑스 함대라는 두려운 문제"에 집중되었다.

이날 오전 〈타임즈오브런던Times of London〉은 독일이 아직 공식 발표하지 않은 프랑스 휴전 조건을 공개했다. 독일군은 프랑스의 북부와 서부를 점령하고 나머지 지역은 파리에서 남쪽으로 약 300킬로미터 떨어진 비시를 근거지로 한 자유 정부에 맡기기로 한다. 처칠이 주의 깊게 읽은 것은 8조였다. "독일 정부는 독일이 지배하고 있는 항구에 주둔한 프랑스 함대에 대해 해안 감시와 기뢰 제거에 필요한 부대 외에는 전쟁 기간에 자신의 목적을 위해 사용할 생각이 없음을 엄중히 선언한다." 또한 프랑스 해역 밖에서 운항하는 모든 프랑스 선박들은 프랑스의 식민지 영토를 보호해야 할 경우가 아니면 프랑스로 돌아가라고 요구했다.

독일이 나중에 발표한 조항에는 "독일 정부는 평화조약이 체결될 경우 프랑스 함대에 대한 소유권을 주장할 의사가 없음을 엄중하고 명시적으로 선언한다"는 문장이 포함됐다.

물론 처칠이 이 말을 믿을 리는 없었다. 그동안 반복되어 온 히틀러의 약속 파기는 고사하고라도 그 조항에 사용된 언어 자체만으로도 프랑스 선박의 운용 범위는 가변성이 너무 높았다. "해안 감시"에는 정확히 어떤 조치가 뒤따르는가? 아니 "기뢰 제거"는? 처칠은 독일의 "엄중한" 약속을 비웃었다. 그는 나중에 의회에서 말했다. "그런 엄중한 보장이 얼마나 의미가 있는지 6개국에 물어보라 하세요."

하루에 각료회의를 세 차례 열었지만 장관들은 최종 방침을 정하지 못하고 있었다.

마지막 회의가 끝난 직후인 화요일 오전 1시 15분에 공습 사이렌이 울리기 시작했다. 전쟁이 시작된 지난 9월 이후로 런던에 발령된 첫 '적색경보'였다. 공격이 임박했음을 의미하는 경계령이었지만 폭격기는 나타나지 않았다. 경보를 울리게 만든 것은 어떤 민간항공기였다.

매스옵저베이션 일기기록원 올리비아 코켓은 '해제 사이렌'이 울리기를 기다리다 일기장을 펼쳤다. "밤이 매우 적막하다. 시계의 똑딱거리는 소리가 크게 들린다. 장미를 담은 그릇 네 개와 키 큰 백합 그릇 하나로 집 안 공기가 상쾌해졌다." 가족들이 지켜보는 가운데 그녀는 백합을 들고 양탄자 위에 누운 다음 장례식에서 하듯 꽃을 가슴에 올렸다. "모두들 웃었다." 그녀는 그렇게 썼다. "그렇지만 그다지 크게 웃지는 않았다."

국내정보국의 발표로는 런던 인구의 10~20퍼센트가 공습경보를 듣지 못했다고 했다. "사람들은 대부분 침실을 떠나지 않았고 부모들은 자는 아이들을 깨우지 않으려 했다." 보고서는 그렇게 전했다. 7살 소녀가 사이렌에 이름을 붙여주었다. "위블 워블스Wibble-Wobbles(오뚝이 장난감 인형-옮긴이)."

*

침공의 위협은 날로 커져갔다. 6월 28일 금요일에 처칠은 공군정보부의 존스 박사로부터 메모를 받았다. 그는 충격적인 소식을 전하는 데 비상한 재주가 있는 것 같았다. 이 메모에서 존스는 독일 범에 관한 중요한 정보를 제공했던 바로 그 '확실한 정보원'이 제1고사포 군단Flakkorps I으로 알려진 독일 공군의 대공부대가 본부로 급히 보낼 다양한 축척의 영국 지도를 1,100부 요청했다는 사실을 확인했다고 보고했다. 존스는 이것이 "영국과 아일랜드 양국에 기동화된 고사포 부대를 착륙시키려는 의도"일지 모른다는 의견을 달았다. 침략군 입장에서 볼 때 RAF의 저항을 물리치고 점령지를 완전히 장악하려면 그런 부대가 필요할 것이다.

처칠은 그 '확실한 정보원'이 첩자가 아니라 블레츨리 파크에 있는 엘리트 암호 해독 팀이라는 것을 알고 있었다. 그는 이 부대의 존재를 알고 있는 화이트홀의 몇 안 되는 고위 관리 중 한 명이었다. 존스도 공군정보부 부국장이었기 때문에 알고 있었다. 블레츨리의 비밀 문서는 처칠의 일반적인 검은색 '박스'와는 별도로 노란색 특별송달함에 넣어 전달되었고 처칠만 개봉할 권한이 있었다. 가로챈 지도 요청 정보는 그것이 침략 전에 예상할 수 있는 일종의 구체적인 준비 조치라는 점에서 문제가 심각했다. 처칠은 즉시 교수와 퍼그 이즈메이에게 메시지 사본을 보냈다.

앞으로 3개월이 침략 위협이 가장 큰 시기라고 처칠은 판단했다. 이후에는 날씨가 점점 악화되기 때문에 기상이 어느 정도 전쟁을 억제하는 역할을 해줄 것이다.

처칠이 보내는 전언문의 어조는 점점 더 급박해지고 더 구체적으로 바뀌었다. 교수의 부추김을 받은 처칠은 퍼그 이즈메이에게 수송기로 상륙할 적의 병력과 탱크를 저지하려면 공터마다 참호를 400미터 정도의 길이로 파야 한다고 말하면서 "향후 48시간 내에 전국에서 동시에 실시할 것"을 명시했다. 6월 30일 일요일에 그는 퍼그에게 보낸 별도의 메모에서 "상륙하기 가장 좋은 날"을 예상할 수 있도록 템스강 어귀에서 조수와 달의 위상을 조사하라고 명령했다. 또한 같은 일요일에 처칠은 퍼그에게 특별히 민감한 문제와 관련하여 전언문을 보냈다. 침략군에 독가스를 사용하는 문제였다. "적들이 우리 해안에 거점을 확보한다고 가정할 때 이들 해변이나 거점보다 머스타드 가스(겨자 냄새가 나는 매우 치명적인 생화학 무기로 머스타드 가스라고 불리지만 기체가 아니라 액체다-옮긴이)를 살포하기에 더 좋은 지점은 없을 것"이라고 그는 썼다. "내 생각에 적들이 그런 방법을 택해주길 기다릴 필요는 없소. 효과가 있다는 판단이 서면 적은 반드시 채택할 것이오." 그는 이즈메이에게 해변을 가스로 "채우는" 방법은 어떨지 알아보라고 지시했다.

그가 특히 걱정하는 부분은 또 있었다. 독일의 낙하산 부대와 변장한 제5열이었다. "(그들이) 영국 군복을 입는 경우에 철저히 대비해야 합니다." 그는 그렇게 썼다.

*

전쟁 스트레스로 처칠의 건강이 안 좋아지자 클레멘틴은 긴장했다. 지난 주말 체커스에서 처칠은 완전히 시골사람처럼 지냈었다. 건강을 걱정했던 첫 번째 편지를 버렸기 때문에 그녀는 편지를 다시 썼다.

그녀는 자신이 잘 모르는 처칠의 이너서클 인사 중 한 명이 "나를 찾아와 당신의 태도가 너무 신랄하고 고압적이어서 동료와 부하들로부터 미움을 받을 위험이 있다고 귀띔해줬다"고 썼다. 그녀는 그런 말을 해준 사람이 다른 불순한 속셈이라고는 전혀 없는 "어떤 헌신적인 친구"라고 덧붙였다.

처칠의 개인비서들은 처칠의 그런 태도를 그냥 그런가 보다 생각하고 잊어버리기로 작정한 것 같다고 그녀는 썼다. "좀 더 고위직 인사가 (가령 회의 때) 어떤 아이디어를 제시한다 해도 당신이 그런 식으로 얕보게 되면, 좋든 나쁘든 아이디어라는 게 나올 수 없을 거예요."

클레멘틴은 "요즘 몇 해 동안 내가 당신과 함께 일하거나 당신 밑에서 일하는 모든 사람들에게 익숙해졌고 또 당신을 사랑하기 때문"에 그런 말을 듣고 충격과 상처를 받았다고 말했다. 그 충직한 친구는 처칠의 행동이 점점 못되지는 이유를 나름대로 설명하면서 "틀림없이 긴장한 탓일 것"이라고 말했다.

하지만 클레멘틴이 편지를 쓰게 된 것은 친구의 충고 때문만은 아니었다. "내 사랑 윈스턴," 그녀는 그렇게 시작했다. "요즘 내가 봐도 당신의 태도에 좀 문제가 있어요. 그리고 당신은 예전처럼 다정하지 않아요."

그녀는 명령을 내리고 "아무나 해고할" 힘을 가지고 있을 때는 특히 품위를 잃지 말아야 한다면서 "예의와 친절함과 가능하면 평정심까지 갖춰야" 한다고 경고했다. 그녀는 과거 처칠 자신이 자주 입에 올렸던 프랑스 격언을 상기시켰다. "옹 느 레뉴 쉬르 레 잠므 끄 빠 르 깜므On ne règne sur les âmes que par le calme." "남을 이끄는 자리에 있는 사람은 차분해야 한다"는 뜻이다.

"국가와 자신을 위해 봉사하는 사람들이 당신을 칭찬하지도 존경하지도 않을 뿐 아니라 당신을 사랑하지 않는다는 사실이 견디기 힘들군요." 그녀는 그렇게 썼다. "화를 내고 무례한 행동으로는 좋은 결과를 얻을 수 없을 겁니다. 그런 것은 증오심 아니면 노예근성만 키울 거예요. (전쟁 중이니 반란을 일으킬 수도 없잖아요!)"

"당신을 무척 사랑하지만 이런 잔소리를 할 수밖에 없는 당신의 클레미를 용서해 주세요." 그녀는 그렇게 끝맺었다.

그녀는 편지지 아래에 꼬리를 말고 쉬고 있는 고양이 캐리커처를 그린 다음 후기를 덧붙였다. "지난 일요일에 체커스에서 이 글을 썼다가 찢어버렸는데 지금 다시 쓰네요."

클레멘틴은 처칠이 성을 잘 낸다고 나무랐지만 그날 아침 존 콜빌이 다우닝가 10번지에 있는 처칠의 침실로 들어갔을 때 그는 전혀 다른 사람이 되어있었다.

총리는 눈에 띄게 편안해 보였다. 그는 진홍색 드레싱가운 차림으로 침대에 누워 베드레스트에 몸을 기댄 채 시가를 피우고 있었다. 옆에는 피우다 만 시가를 놓는 커다란 크롬 거치대(사보이 호텔 마크가 찍힌 아이스 버킷)와 서류가 절반쯤 들어있는 '박스'가 열린 채 놓여있었다. 그는 타자기와 함께 침대 발치에 앉아있는 힐 부인에게 받아 칠 내용을 불러주고 있었다. 방에 담배 연기가 자욱했다. 처칠의 검은 고양이 넬슨도 침대의 발치에 사지를 완전히 벌리고 누워있었다. 평화롭고 차분한 한 폭의 그림이었다.

처칠은 이따금 고양이를 사랑스러운 눈초리로 쳐다보며 웅얼거렸다. "이쁜 야옹이."

17장 "토프렉!"

처칠에게 체커스는 분명 신이 내린 선물이었다. 그곳은 런던이라는 일상의 압박과 산만함에서 벗어날 수 있는 최적의 피정지였다. 아울러 체커스는 처칠의 사령부였다. 그는 장군과 장관과 외국 관리, 가족, 직원 등을 그곳으로 불러들였다. 초대받은 사람들은 식사만 하거나 하룻밤을 잤고 아니면 "식사도 하고 잠도 잤다." 그는 개인비서도 한 명 데리고 갔다(다른 비서들은 런던에 남아 일했다). 그 외 타이피스트 2명, 시종, 운전사, 전화교환원 2명 그리고 항상 곁을 떠나지 않는 톰슨 경위가 동행했다. 부지는 철조망이 에워쌌고, 콜드스트림 근위대 병사들이 언덕과 계곡과 저택 주변을 순찰했다. 전령들은 매일 보고서와 전언문과 최신 정보를 전달했는데 모든 정보는 그의 검은색 '박스'나 노란 극비 문서 보관함으로 들어갔다. 그는 일간지와 일요신문 8종을 받았고 그것들을 읽었다. 식사하고 산책하고 목욕하고 낮잠 잘 시간을 내긴 했지만, 대부분은 전언문을 불러주고 방문객들과 전쟁에 관해 토론하며 보냈다. 그런 점은 다우닝가 10번지 때와 크게 다를 바 없지만 결정적인 차이가 한 가지 있었다. 그 집에서는 아이디어나 의견 교환이 더 수월하고 솔직하게 이루어졌다. 모두가 사무실을 떠났다는 단순한 사실과 새로운 분위기에서 대화를 나눌 수 있는 기회에 고무된 것 같았다. 사람들은 비컨과 쿰힐을 오르고 장미 정원을 산책하고 크로케나 카드놀이를 하고 마음대로 따를 수 있는 샴페인과 위스키와 브랜디에 취했다.

대화는 보통 자정을 훌쩍 넘겼다. 체커스의 방문객들은 런던에 있을 때보다 더 마음 놓고 말할 수 있고 비밀도 보장된다는 것을 알았다. 그렇게 주말을 보내고 난 뒤에 신임 본토방위군 참모총장 앨런 브룩은 체커스에 꼬박꼬박 불러주는 처칠의 배려에 감사를 표하면서 이렇게 썼다. "각하와 이 나라의 방위 문제들을 토론할 기회를 주시고 저의 몇 가지 난제에 관심을 가져주신 것에 대해 감사드립니다. 이런 비공식적인 대화는 저에게 큰 도움이 됩니다. 제가 각하의 친절을 얼마나 감사하게 생각하는지 알아주셨으면 합니다."

처칠 역시 체커스에선 마음이 느긋해졌고 그곳에선 하고 싶은 대로 할 수 있다는 것도 알았다. 그리고 그곳에서 무슨 일이 일어나든 비밀에 부칠 수 있다고 확신했다(첫 비가 온 뒤 피어난 사막의 꽃처럼 전쟁 후에 나온 회고록과 일기로 보건대 이것은 아마도 잘못된 믿음이었을 것이다). 그곳의 모임을 그는 "세클르 사크레cercle sacré", 신성한 서클이라고 했다.

언젠가 처칠은 새벽 2시 15분인데도 사람들에게 중앙 홀로 가서 샌드위치를 먹자고 한 적이 있었다. 녹초가 된 브룩은 어서 그만 끝내고 자러 가고 싶었다.

"하지만 어림도 없었다!" 브룩은 그렇게 썼다.

그런 다음 방문객들의 기억에 두고두고 잊기 힘든 순간이 이어졌다. 체커스에서는 그런 일이 드물지 않았다.

"그는 축음기를 켰다." 브룩은 그렇게 썼다. "그리고 색깔이 요란한 드레싱가운 차림으로 한 손에는 샌드위치를 들고 다른 한 손에는 미나리를 들고 복도를 돌며 축음기 가락에 맞춰 가끔씩 껑충거렸다." 그는 방을 돌다 말고 멈춰 서서 "재미있는 인용구나 떠오르는 생각을 얘기했다." 그렇게 잠시 멈춰 선 처칠은 한 남자의 삶을 닫힌 창문들이 늘어선 통로를 걷는 모습에 비유했다. "창문 하나에 이를 때마다 알 수 없는 손이 창문을 연다. 그리로 들어오는 빛은 통로 끝의 어둠과 대비될 때만 더 밝아진다."

그는 계속 춤을 추었다.

*

6월의 마지막 주말엔 집이 터질 듯 사람들로 붐볐다. 손님이 적어도 열 명은 왔는데 몇 명은 식사만 하고 몇 명은 식사를 한 뒤 잠도 잤다. 비버브룩 경은 도착할 때부터 신이 나 있었고 동시에 짜증도 많이 냈다. 왕의 개인비서인 알렉산더 하딩Alexander Hardinge은 와서 차만 마시고 갔다. 처칠의 아들 랜돌프와 스무 살 된 아내 파멜라Pamela도 주말을 보내기 위해 도착했다. 본토방위군 총참모장 버나드 패짓Bernard Paget 장군과 보수당 의원 레오폴드 에머리Leopold Amery도 왔다. 그는 "신의 이름으로 말하노니 가라!"는 선동적인 크롬웰의 외침을 인용하며 처칠이 권좌에 앉는 것을 도왔다.

그곳에서는 여러 가지 얘기가 오갔다. 항공기 생산, 생소한 독일 기갑전, 프랑스의 함락, 4년 전 월리스 심슨Wallis Simpson과 결혼하기 위해 왕위를 포기한 뒤로도 많은 물의를 일으키고 있는 윈저 공의 처리 문제, 침략군이 상륙할 가능성이 있는 장소와 방법 등등. 역시 방문객이면서 해협이 가장 좁아지는 곳의 해안 방어를 맡은 사령관 오거스터스 프란치스 앤드루 니콜 손Augustus Francis Andrew Nicol Thorne 장군은 자신이 지키고 있는 구역이 주요 표적으로 보이며 독일은 틀림없이 그 쪽으로 8만 병력을 투입할 것이라고 단언했다.

6월 29일 토요일 오후, 처칠과 비버브룩이 따로 비밀 이야기를 나누는 동안 보고 싶은 사람을 만나지 못해 애태우던 존 콜빌은 시골에 온 김에 아쉬움을 달랠 겸 화창하고 따뜻한 오후를 클레멘틴과 그녀의 딸 메리와 함께 정원에서 보냈다. "가까이 지내보니 생각보다 썩 괜찮은 친구다." 그는 메리를 그렇게 평했다.

차가 나왔다. 티타임이 끝나고 콜빌은 처칠 가족의 불미스러운 면을 본의 아니게 엿보았다. "랜돌프만큼 불쾌한 사람도 못 본 것 같다. 시끄럽고 자기주장이 강하며 투덜거리고 솔직히 못마땅했다." 콜빌은 그렇게 썼다. "그다지 똑똑해 보이지도 않았다." 사실 랜돌프는 무례하기로 평판이 자자했다. 그는 식탁에서 자신이 함부로 대할 수 없는 사람들과도 말싸움을 했다. 마치 주변 사람을 모두 적으로 만들려고 작정한 것 같았다. 콜빌의 말을 빌리면 그는 '예방전쟁preventive war(선제공격으로 기선을 제압하는 수법-옮긴이)'의 선수로, 손님들이 실제로 한 말이 아니라 할 것으로 예상되는 말로 시비를 걸었다. 그는 아버지에게도 자주 싸움을 걸어 처칠을 당황시켰다. 사람들 앞에서 시도 때도 없이 코를 후비고 크게 기침을 하는 것도 말릴 수 없는 버릇이었다. "그의 기침은 바다 모양을 바꿔놓는 거대한 준설기 같다." 랜돌프의 친구를 자처하는 정보부 장관 더프 쿠퍼Duff Cooper의 아내 다이애나 쿠퍼Diana Cooper는 그렇게 말했다. "아예 기침을 손에 토해낸다."

저녁 식사 때는 상황이 더 악화되었다고 콜빌은 썼다. 랜돌프는 "윈스턴에게 절대 고분고분한 법이 없었다. 윈스턴이 그를 그렇게 아끼는 데도 말이다." 그는 본토방위군 총참모장 패짓 앞에서 장군들의 무능과 장비 부족과 정부의 안일한 대응을 비판하며 '한바탕 소란'을 피웠다.

주량 이상으로 술이 들어가자 랜돌프는 더 시끄럽고 더욱 걷잡을 수 없게 되었다.

랜돌프의 아내 파멜라는 그와 정반대였다. 그녀는 매력적이고 쾌활하고 붙임성이 좋았다. 스무 살밖에 안 됐지만 나이 든 여성들의 세련미와 자신감을 겸비했고 그 나이치고는 보기 드물게 성적 지식이 풍부했다. 그런 면은 2년 전 파멜라가 사교계에 처음 등장했을 때도 분명하게 드러났다. "팸은 대단히 섹시했고 매우 노골적이었다." 사교계에 같이 데뷔했던 어떤 여성은 그렇게 말했다. "그녀는 꽤 통통했고 가슴이 아주 커서 우리는 그녀를 '젖소 부인'이라고 불렀다. 그녀는 하이힐을 신고 엉덩이를 이리저리 흔들며 걸었다. 우리는 꽤나 특이한 캐릭터라고 생각했다. 그래도 아주 매력적이고 섹시한 젊은이였다." 미국에서 온 방문객 캐시 해리먼Kathy Harriman도 파멜라를 좋게 보았다. "그녀는 멋진 여자다. 나이는 나와 같지만 내가 만난 여자들 중엔 제일 똑똑하다. 정치든 뭐든 모르는 게 없다."

파멜라는 결혼 덕분에 처칠과 가까워졌다. 그녀는 또한 비버브룩과도 친구가 되었는데 비버브룩은 사교계 거물들과 어울릴 줄 아는 그녀의 능력을 높이 평가했다. "그녀는 다른 사람들에 대해 자신이 알고 있는 것은 죄다 비버브룩에게 일러주었다." 윌리엄 랜돌프 허스트 William Randolph Hearst 소유의 〈뉴욕데일리미러New York Daily Mirror〉의 칼럼니스트이자 텍스Tex라는 이름으로 더 잘 알려진 미국의 방송인 레이건 맥크래리Reagan McCrary는 그렇게 말했다. "비버브룩은 소문 내기를 좋아했고 파멜라는 그에게 정보를 물어다주었다."

파멜라는 1939년 10월 4일 랜돌프의 짧은 구애 끝에 그와 결혼했는데 랜돌프가 전쟁터에 나가기 전 후손을 남기고 싶어 했기 때문에 서둘렀다. 그는 전쟁에 나가면 살아 돌아오기 힘들다고 생각했다. 그는 두 번째 데이트에서 파멜라에게 충동적으로 청혼했고 그녀 역시 충동적으로 청혼을 받아들였다. 랜돌프는 파멜라보다 10년 가까이 나이가 많았고 아주 잘생겼지만 무엇보다도 그녀가 혹했던 것은 그가 권력의 중심에 있는 처칠 가문 사람이라는 사실이었다. 클레멘틴은 결혼을 찬성하지 않았지만 처칠은 파멜라를 "매력적인 아가씨"라고 부르며 두 팔 벌려 환영했기에 관계가 빠르게 진전되는 것도 문제 삼지 않았다. "초봄이면 그 아이가 전투에 투입될 것 같다." 처칠은 아들의 결혼식 직전 친구에게 그렇게 썼다. "그래서 떠나기 전에 결혼하게 된 것이 무엇보다 기쁘다."

처칠은 결혼을 단순하게 여겼고 몇 가지 격언을 들먹이며 결혼에 대한 환상을 깨뜨리려 했다. "결혼하는 데 필요한 건 샴페인과 시가 한 상자와 더블침대가 전부야." 그는 그렇게 말했다. 또 "행복한 결혼의 비결은 사랑하는 사람과 정오가 되기 전에는 절대 보지도 이야기하지도 않는 것이지." 처칠은 가족 규모에 대해서도 분명한 공식이 있었다. 아이는 넷이 가장 좋다. "하나는 아내를 닮은 아이로, 하나는 자신을 닮은 아이로, 하나는 인구를 늘리기 위해, 하나는 사고를 대비해서."

클레멘틴이 그 결혼을 불안하게 여긴 것은 파멜라보다는 아들이 못 미덥기 때문이었다. 클레멘틴과 아들의 관계는 늘 아슬아슬했다. 랜돌프는 어렸을 때부터 사람을 아주 힘들게 했다. 학교 교장의 말에 따르면 "말썽꾸러기"였다. 보모를 물이 가득 찬 욕조로 떠밀고, 외무부에 전화를 걸어 처칠 흉내를 내는 등 크고 작은 장난이 끊이지 않았다. 사촌을 부추겨 열린 창문으로 로이드 조지 머리 위로 요강을 쏟게 한 적도 있다고 했다.[28] 그가 9살이었을 때는 학교를 찾아갔던 클레멘틴이 분을 참지 못해 아들의 뺨을 때린 적도 있었다. 나중에 랜돌프는 그때 엄마가 자신을 싫어한다는 것을 깨달았다고 했다. 그는 특별한 구석이 없는 학생이었고 학구열이 부족하다는 이유로 처칠에게 자주 꾸지람을 들었다. 처칠은 심지어 그의 글씨체까지 지적했고 어떨 때는 연애편지까지 편집 교정하듯 빨간 글씨로 고쳐 돌려주었다. 랜돌프가 옥스퍼드에 입학할 수 있었던 것은 그를 조카처럼 아꼈던 교수 프레더릭 린드만이 힘을 써주었기 때문이었다. 거기서도 그는 두각을 나타내지 못했다. "인생을 그렇게 빈둥거리며 게으르게 낭비하는 너 때문에 내 복장이 터진다." 처칠은 그렇게 썼다. "아무 짝에도 못쓸 인간이 되는 것 같구나." 처칠은 그를 사랑했지만 시간이 흐르면서 "점점 애정이 식은 것 같았다"고 존 콜빌은 썼다. 한편 클레멘틴은 어느 모로 봐도 모성애를 찾아보기 힘든 무심한 엄마였다. "그가 그런 골칫거리가 된 데에는 그런 이유도 있었다." 한 친구는 파멜라의 전기 작가 크리스토퍼 오그든Christopher Ogden에게 그렇게 말했다. "그는 엄마에게 전혀 사랑받지 못했다. 클레미는 평생 랜돌프를 싫어했다."

메리 처칠은 오빠를 조금 미묘하게 분석했다. "성격이 형성되는 과정에서 어머니의 건강한 성격과 삶에 대한 태도와는 너무 다른 품성과 관점이 드러난 것 같다." 메리가 보기에 랜돌프는 "아버지의 관여가 절대적으로 필요했지만 오빠를 통제하는 일은 거의 전적으로 클레멘틴에게 맡겨졌고 그래서 엄마와 랜돌프는 처음부터 티격태격했다."

랜돌프는 시끄럽고 재치가 부족했고 술을 너무 많이 마셨고 버는 것보다 더 많이 썼다. 그에게는 군대에서 받는 봉급과 비버브룩이 소유한 〈이브닝스탠더드Evening Standard〉의 특파원으로 받는 월급이 있었다. 그리고 아주 어리석게도 도박을 했다. 처칠이 그해 봄 재정 문제를 해결하기 위해 애쓸 때에도 랜돌프는 자신의 빚을 갚아달라고 도움을 요청했고 처칠은 아들의 성화에 못 이겨 결국 청을 들어주었다. "청구서를 지불할 돈 100파운드를 주시겠다니 정말 너그러우시군요." 랜돌프는 6월 2일 아버지에게 그렇게 썼다. 21세기 시세로 6,000달러가 넘는 돈이었다. "이런 일로 아버지에게 누가 되지 않았으면 좋겠습니다. 우선 급한 청구서 두 가지를 동봉합니다."

그의 결혼생활에서 더 큰 문제는 여성과 성을 대하는 태도였다. 그에게 지조는 언제든 내던질 수 있는 거추장스러운 짐이었다. 그는 기혼이든 미혼이든 따지지 않고 상대를 정복하려 했고 그럴 때마다 주인이 손님들을 상대로 뚜쟁이 노릇을 하는 별장의 수백 년 묵은 음흉한 관습을 십분 활용했다. 랜돌프는 초대하지도 않은 여성들의 방에 일단 불쑥 들어가고 본다고 떠벌리기도 했다. 혹시라도 받아줄지도 모르기 때문이라고 했다. 그가 어떤 여자친구에게 그 얘기를 하자 그녀는 정나미가 떨어져 빈정거렸다. "퇴짜 많이 맞았겠네."

그는 웃으면서 말했다. "맞아. 하지만 먹힌 때도 많아."

처음부터 랜돌프는 전혀 이상적인 남편이 못 된다는 것을 스스로 입증해보였다. 저돌적이고 매력적인 이미지로 아내의 마음을 샀지만 따분할 땐 아무도 못 말렸다. 신혼여행 때 밤에 침대에 누워서는 에드워드 기번Edward Gibbon이 쓴 《로마 제국 쇠망사*History of the Decline and Fall of the Roman Empire*》를 읽어주겠다고 우기기도 했다. 그는 장문의 구절을 읽어주고 파멜라를 부부관계의 상대가 아니라 정신이 산만한 학생을 대하듯 물었다. "듣고 있는 거야?"

그렇다고 그녀는 대답했다.

하지만 그는 꼭 확인하려 들었다. "그럼, 마지막 문장이 뭐였지?"

그때도 파멜라가 임신 6개월인 줄은 아무도 몰랐다. 하지만 그것은 매우 든든한 소식이었다. 세상이 난리가 나도 보이지 않는 생명의 위대한 리듬은 지속되고 당장 어떻게 될지 모르는 상황이지만 미래를 기약할 수 있다는 증거였다. 히틀러가 쳐들어오지 않는다면, 독가스가 창문으로 스며들지 않는다면, 독일군의 폭탄이 눈에 보이는 것들을 단

숨에 쓸어가지 않는다면, 아이는 10월에 이 세상에 올 것이다. 파멜라는 태아를 "베이비 덤플링Baby Dumpling"이라고 불렀다.

저녁 식사 후, 와인과 샴페인 잔이 몇 차례 더 돈 뒤에 콜빌은 메리와 역시 손님인 메리의 친구 주디 몬태규Judy Montagu와 산책했다. 저택이 목가적이고 아름다운 만큼 현재 치르고 있는 전쟁과 경계가 삼엄한 체커스가 무척 낯설다고 콜빌은 생각했다. 세 사람은 "사나운 초병들의 딱딱한 태도가 거북했다." 콜빌은 그렇게 썼다. 다행히 그들은 그날의 암구호를 알고 있었다. "토프렉Tofrek." 19세기 수단에서 있었던 전투를 가리키는 것 같았다.

콜빌은 그날 밤 런던의 공군부에 전화를 걸어 독일 공습에 대한 자세한 정보를 물었다가 적기 1개 편대가 체커스 근처에 왔었다는 사실을 알게 되었다. 콜빌은 그 사실을 처칠에게 알렸다. 그러자 처칠은 그에게 말했다. "놈들이 이 집을 치지 않는다는 데 500 대 1로 걸지."

그래도 폭탄이 떨어질지도 모른다는 생각에 흥분한 처칠은 건물 밖으로 뛰쳐나가 초병을 지나치며 소리쳤다. "이봐, 토프렉, 총리야." 초병은 놀라서 입을 다물지 못했다.

콜빌과 본토방위군 총참모장 패짓 장군은 천천히 그 뒤를 따랐다. 패짓은 재미있다는 듯 말했다. "저 양반 기운이 넘치는군."

항상 곁을 지키지만 늘 배경에 있어야 하는 콜빌에게 이런 경우는 골칫거리였다. 다음 날 6월 30일 일요일 아침 의자에 앉아 햇빛을 받으며 그는 자신의 어색한 입장을 일기에 되새겼다. "손님도 아니면서 시골별장에서 여러 가지 이유로 그분 가족들과 아주 가깝게 지내며 주말을 보내는 느낌이 아주 야릇하다. 화려한 대화가 오고 가는 걸 제외하면 여느 주말 파티와 흡사했다. 멍청하고 무식한 소리를 해서 대화가 끊기는 일 없이(가끔 랜돌프가 하는 말은 예외지만) 자연스레 이어지는 정말 박식한 이야기의 향연을 듣는 것도 즐겁다. P.M.의 비서라면 당연히 재미있는 사람일 거라 생각하겠지만 가끔씩 처리할 일만 빼면 뒤로 물러나 견해를 거의 드러내지 않아도 되기 때문에 그나마 다행이다."

*

그날, 곧 다가올 것 같은 침공을 예고하기라도 하듯 독일군은 체커스에서 300킬로미터도 안 되는 노르망디 해안의 채널 제도에 있는 영국령 건지섬을 점령했다. 대수롭지 않은 작전이라고 여겨 독일군은 469명의 병력만으로 섬을 점령했다. 그러나 골치 아프기는 매한가지였다.

18장 사직서 제1호

같은 날 6월 30일 일요일, 전쟁과 침략 따위는 알 바 아니라는 듯 처칠의 절친한 친구이자 고문이자 방위산업 부문에서 기적을 일으키고 있는 비버브룩 경이 사직서를 제출했다.

사직서는 비버브룩이 항공기생산부 장관이 된 이후 7주 동안 항공기 생산량이 상상을 초월하는 속도로 증가했다는 기쁜 소식을 상기시키는 말로 시작되었다. RAF는 당장 전투에 투입할 수 있는 항공기를 1,040대 확보했다. 그가 맡을 당시 45대(이 수치를 도출한 방법은 곧 논쟁거리가 되지만)였던 것에 비하면 놀라운 비약이었다. 그는 자신이 해야 할 일을 완수했다. 이제는 그만둘 때였다. 공군부와의 갈등은 그의 업무 능력에 지장을 줄 정도로 골이 깊었다.

"이제 항공기생산부는 공군부 사람이나 공군 고위 장성들과 긴밀히 연락하며 그들과 보조를 맞춰야 합니다." 그는 그렇게 썼다. 그는 자신이 공군부 관리들과 일하는 데 적합한 인물이 아니라면서 문제를 자신을 탓으로 돌렸다. "저는 저 아닌 다른 사람이 제게 허락되지 않았던 지지와 호의에 대한 희망과 기대를 가지고 그 책임을 맡을 수 있다고 확신합니다."

그는 후임 예정자가 그의 부서에서 현재 진행 중인 작전과 프로젝트에 대해 충분한 보고를 받는 즉시 자신을 직위 해제시켜 줄 것을 요청했다.

"확신하건대 제 일은 끝났고 제 임무도 끝났습니다."

존 콜빌은 비버브룩의 진짜 동기가 "새로운 난관에 부딪히기 전에 성공의 절정에서" 그만두려는 것이라고 추측했다. 콜빌은 일고의 가치도 없는 핑계라고 생각했다. "운이 계속 따른 뒤에 포커 판을 뜨려는 행위와 다름없다." 그는 일기에 그렇게 썼다.

화가 난 처칠은 다음 날인 7월 1일 월요일 비버브룩에게 답장을 보냈다. 평소처럼 맥스나 비버브룩이라 부르지 않고 냉담하게 "친애하는 항공기생산부 장관님"으로 편지를 시작했다.

"나는 6월 30일부로 귀하의 편지를 받았으며 침략이 임박했다는 보고가 들어와 있는 지금 이런 상황에서는 어떤 장관직 사퇴도 받아들일 수 없다는 것을 서둘러 말씀드리는 바입니다. 그러므로 나는 귀하가 이 문제를 마음에서 떨쳐버리고 국민의 안전을 좌우하는 막중한 임무를 계속 맡아주실 것을 당부하는 바입니다."

아울러 처칠은 덧붙였다. "나는 귀하의 부서와 공군부의 업무가 겹치는 부분을 감독하는 문제와 관련하여 귀하가 요구한 것을 충족시키고 또한 그 과정에서 불거진 잘못된 견해차를 진정시킬 방법을 인내심을 가지고 연구하고 있습니다."

질책을 받은 비버브룩은 즉시 답장을 했다. "침략을 코앞에 둔 지금 제 임무를 소홀히 하는 일은 없을 것이라고 분명히 말씀드립니다. 그러나 우리 해안에 대한 무력 공격의 위협 때문에라도 더욱더 이 부서를 가능한 한 빠른 시일에 다른 사람에게 이양해야 합니다."

그는 또 답답한 심정도 토로했다. "물자나 장비와 관련하여 저는 필요한 정보를 요구해도 얻지 못합니다. 침략에 대비하여 우리의 예비병력을 최대한 강화하는 데 꼭 필요한 작전을 수행하는 것도 제게는 허락이 안 됩니다."

"지난 5주 동안 좀처럼 협조를 해주지 않는 고위 장교들에게 제가 가할 수밖에 없었던 압력으로 인해 계약 위반이 발생했기 때문에 일을 계속할 수 없습니다."

이런 문제를 "무마할 힘이 없다"고 그는 썼다.

그러나 당장 그만두겠다는 위협은 더는 하지 않았다.

처칠은 안도했다. 이럴 때 비버브룩이 떠난다면 총리를 둘러싸고 있는 지원군과 고문단에 채울 수 없는 공백이 생길 것이다. 그런 사실은 그날 밤늦게 분명하게 드러난다. 사임 위협을 일단 잠재운 처칠은 아주 긴급한 문제로 인해 비버브룩을 다우닝가 10번지로 소환해야겠다고 생각했다.

달이 뜨지 않은 밤은 유난히 어두웠다. 상쾌한 밤바람이 다우닝가 10번지의 창문을 흔들었다. 처칠은 결단력 있고 눈 밝은 친구의 조언이 필요했다.

각료회의실로 비버브룩을 부른 것은 자정 직후였다. 비버브룩은 틀림없이 깨어있을 것이고 정신도 또렷하리라고 생각했기 때문이었다. 항공기생산부 장관으로서 그는 처칠과 같은 시간에 자고 같은 시간에 일어나 항공기 공장들의 생산 속도를 높이라고 참모들을 부추기고 들볶았다. 해프닝으로 끝난 비버브룩의 사직 소동은 직책을 포기하려는 진지한 시도라기보다는 공군부와 맞서는 상황에서 처칠의 지지를 이끌어내기 위한 치기 어린 투정이었다.

회의실에는 해군의 최고책임자 두 명이 먼저 와있었다. 해군장관 A. V. 알렉산더A. V. Alexander와 그의 작전참모인 제1해군경 더들리 파운드 경Sir Dudley Pound이었다. 방 안에 긴장감이 감돌았다. 프랑스 함대의 처리 문제는 히틀러의 손에 들어가기 전에 함대를 강탈할 것인지 여부를 정하는 양단 간의 문제로 귀결되었다. 영국 해군은 "접근 가능한 모든 프랑스 함대에 대해 동시적으로 압류하거나 통제하거나 무력화시킬" 계획을 당장 실행할 수 있었다.[29] 그것은 플리머스와 사우샘프턴 같은 영국 항구에 있는 프랑스 선박뿐 아니라 다카르, 알렉산드리아, 알제리 메르셀케비르의 프랑스 기지에 정박해있는 선박까지 표적으로 삼는다는 뜻이었다. 캐터펄트 작전Operation Catapult으로 명명된 이 계획은 가장 중요한 기지 메르셀케비르와 오랑에서 5킬로미터 떨어진 작은 부속 항구에 초점이 맞춰져 있었다. 그곳에는 현대식 전투순양함 2척 외 몇몇 함정들과 잠수함 21척 등 프랑스 해군에서도 최강에 속하는 함정들이 정박해 있었다.

시간이 촉박했다. 언제든지 출항할 수 있는 이 배들이 독일의 통제를 받게 되면 바다, 특히 지중해에서 힘의 균형은 달라질 것이다. 히틀러가 전쟁을 치르는 중에 프랑스 함대를 그냥 두고 놀리겠다는 약속을 지킬 것이라고 믿는 사람은 아무도 없었다. 한 가지 불길한 사실도 해군부의 두려움을 확인시켜 주는 것 같았다. 영국 정보부는 독일군이 프랑스 해군의 암호를 손에 넣어 사용하고 있다는 사실을 알아냈다.

일단 캐터펄트 작전이 개시되었을 때 프랑스군이 자진해서 그들의 배를 포기하거나 무력화시키지 않는 한 작전을 맡은 영국 지휘관은 무력을 사용해야 할지도 모른다고 처칠은 생각했다. 그 책임을 맡은 사람은 부제독 J. F. 소머빌 경Sir J. F. Somerville이었다. 그는 앞서 런던에서 그의 상관들을 만나 이 계획을 논의했다. 소머빌은 프랑스군에게 발포한다는 발상 자체를 탐탁하게 여기지 않았다. 영국과 프랑스는 동맹국이었다. 프랑스는 함께 독일에 선전포고를 했고 비록 실패했지만 히틀러의 맹공을 막기 위해 수천 명의 사상자를 감수하면서 손을 잡고 싸웠다. 그리고 프랑스 선박에 탄 장교와 승무원들은 동료 해군이었다. 수병들은 어느 나라 할 것 없이 심지어 서로 전쟁을 할 때도 강한 유대감을 느꼈다. 아무리 현실이 엄준하고 위험해도 그들은 바다라는 공동의 적과 싸우는 형제였다. 그들은 재난이든 폭풍이든 전쟁이든 누구든 표류하는 사람은 무조건 구출하고 보는 것을 의무로 알았다. 월요일 오후 소머빌은 해군본부에 전보를 쳤다. "무슨 일이 있어도 무력 사용은 피해야 한다."

그러나 그는 명령을 완수할 각오가 되어있었고 그렇게 할 수 있는 수단도 갖고 있었다. 해군본부는 유인전투함대인 암호명 포스 HForce H 지휘를 그에게 맡겼다. 포스 H는 전함 HMS 후드호HMS Hood와 항공모함인 HMS 아크로열호HMS Ark Royal 등 17척의 함정으로 구성되었다. 처칠이 비버브룩을 소환한 월요일 밤 포스 H는 이미 지브롤터에 집결해 메르셀케비르로 떠날 준비를 마쳤다.

이제 소머빌 제독에게 필요한 것은 최종 명령이었다.

*

바람이 거세게 몰아치던 그날 밤 다우닝가 10번지에서 제1해군경 파운드는 프랑스 함정에 대한 공격에 대해 찬성 의사를 밝혔다. 알렉산더 경은 처음에는 입장을 분명히 밝히지 않았지만 곧 파운드 편을 들었다. 처칠은 여전히 괴로웠다. 그는 "가증스러운 결정이고, 내가 지금까지 우려했던 일 중 가장 잔인하고 고통스러운 결단"이라고 말했다. 그는 비버브룩의 명료한 판단이 필요했다.

그리고 늘 그랬듯 비버브룩은 한 치의 망설임도 없었다. 그는 공격을 재촉했다. 그는 프랑스 함정들의 선장과 선원들이 아무리 버틴다 해도 결국 히틀러가 시키는 대로 할 수밖에 없다고 주장했다. "독일군은 프랑스 함대를 윽박질러 이탈리아에 합류시킬 것이고 그렇게 되면 지중해는 그들 수중에 들어가게 됩니다." 그는 그렇게 말했다. "프랑스가 이를 거부하면 독일인들은 당장 보르도부터 불태우고 다음엔 마르세유 그다음엔 파리를 불태우겠다고 위협할 겁니다."

그 말에 생각이 바뀐 처칠은 작전을 시행하라고 명령을 내렸지만, 곧 전개될 사건의 중대성에 마음이 무거웠다. 그는 비버브룩의 팔을 잡고 다우닝가 10번지 뒤쪽 정원으로 끌고 나갔다. 새벽 2시가 가까워지고 있었다. 바람이 세차게 불었다. 처칠은 정원을 빠르게 지나쳤다. 뒤처진 비버브룩은 따라잡기 위해 쩔쩔맸다. 비버브룩의 천식이 도졌다. 다가온 그가 숨이 차 헐떡일 때 처칠은 공격밖에 방법이 없다고 힘주어 말했다. 그리고 울기 시작했다.

소머빌이 최종 명령을 받은 것은 7월 2일 화요일 오전 4시 26분이었다. 작전은 메르셀케비르의 프랑스 지휘관 마르셀 젠술Marcel Gensoul 제독에게 소머빌의 최후통첩을 전하는 것으로 시작했다. 세 가지 중 하나를 선택하라는 통첩이었다. 영국과 함께 독일, 이탈리아와 싸우던가, 영국의 항구로 이동하던가, 서인도제도의 프랑스 항구로 가서 무장해제하거나 안전하게 미국으로 이첩하는 대안이 제시되었다.

"만약 귀하가 이 공정한 제안을 거절한다면 매우 유감스럽지만 본인은 귀하에게 귀하의 함정들을 6시간 이내에 직접 침몰시켜달라고 요구할 수밖에 없습니다. 그렇게 하지 않을 경우 본인은 귀하의 함정이 독일이나 이탈리아의 손에 넘어가는 것을 막기 위해 필요한 모든 무력을 사용하라는 본국 정부로부터의 명령을 이행할 수밖에 없습니다." 소머빌은 그렇게 메시지를 보냈다.

포스 H는 새벽에 지브롤터를 떠났다. 그날 밤 10시 55분에 파운드 제독은 처칠의 명령에 따라 소머빌에게 전보를 쳤다. "귀관은 영국 제독이 마주해야 하는 임무 중 가장 불쾌하고 난감한 일을 맡았지만, 우리는 귀관을 전적으로 신임하고 있으며 귀관이 그 임무를 가차 없이 수행하리라 믿는다."

*

그날 7월 2일 화요일 베를린에서 히틀러는 육해공군 지휘관들에게 영국에 대한 전면 공격의 타당성을 검토하라고 지시했다. 그가 그런 공격을 진지하게 여기기 시작했다는 것을 드러내는 최초의 구체적 암시였다.

지금까지 그는 영국 정벌에 별다른 관심을 보이지 않았다. 프랑스가 함락되고 덩케르크 이후 영국군이 혼란에 빠졌을 때 히틀러는 영국이 기회를 보아 전쟁에서 발을 뺄 것이라고 짐작했다. 그렇게 돼야 하고 곧 그렇게 될 것이다. 영국은 서부전선의 마지막 장애물이었지만, 히틀러가 오랫동안 꿈꿔왔던 소련 침공에 전념하기 위해서는 영국이라는 장애물을 걷어내야 했다. 그렇지 않으면 전선을 둘로 나눠야 한다. 신조어를 만드는 독일인들의 능력은 여기서도 유감없이 발휘됐다. 츠바이프론텐크리크Zweifrontenkrieg(양면전). 히틀러는 제아무리 처칠이라도 계속 자신에게 맞서는 것은 어리석은 짓임을 인정할 것이라고 믿었다. 히틀러가 보기에 서부전선은 끝난 것이나 다름없었다. "영국은 가망이 없소." 히틀러는 육군총참모장 프란츠 할더General Franz Halder에게 그렇게 말했다. "전쟁은 우리가 이겼소. 이를 뒤집는 것은 불가능하오." 히틀러는 영국이 협상에 응할 것이라 확신하여 그의 군대의 25퍼센트에 해당하는 국방군Wehrmacht 40개 사단을 해산시켰다.

그러나 처칠은 정신이 똑바로 박힌 사람처럼 행동하지 않았다. 히틀러는 스웨덴 왕과 바티칸을 포함한 여러 경로를 통해 간접적인 평화 제의를 여러 차례 건네 상대의 의중을 떠봤지만 모두 거부당하거나 묵살되었다. 히틀러는 평화 협정을 위한 어떤 실마리도 놓치기 싫어 루프트바페의 수장 헤르만 괴링에게 런던의 민간 지역은 절대 건들지 말라고 일러두었다. 침략은 고민이 많이 되는 내키지 않는 일이었고 타당한 이유가 있어도 장고를 해야 할 신중한 문제였다. 독일 해군은 히틀러가 영국 침공을 염두에 두기 훨씬 전부터 독자적으로 수행해왔던 초기 연구를 통해 침공에 중대한 걸림돌이 있다는 사실을 확인했고 상대적으로 규모가 작아 그런 모험을 하기에 적합하지 않다고 결론을 내렸다. 육군도 위험한 장애물이 많다고 판단했다.

히틀러가 마음을 정하지 못했다는 사실은 지휘관들에게 이 새로운 요구를 표현하는 방법에서도 분명히 드러났다. "영국을 침공하려는 계획은 어떤 구체적인 모습을 갖춘 것이 아니며" 단지 가능성을 염두에 둔 지시일 뿐이라고 그는 강조했다. 그러나 한 가지는 확실했다. 영국 침공은 제공권에서 RAF에 대한 독일의 우위가 완전히 확보되었을 때에만 성공할 수 있다는 사실이었다.

*

7월 3일 수요일 오전 3시 소머빌 제독의 포스 H 함대가 지중해의 오랑에 접근하던 시간에 구축함 한 대는 장교 3명을 태우고 미리 오랑에 가있었다. 프랑스와의 교신 채널을 열기 위해서였다. 근처에는 불투리아라는 어색한 이름의 고대 로마 도시 유적이 서있었다. 곧이어 프랑스 제독 젠술에게 회동을 요청하는 메시지가 전달되었다. 메시지는 듣기 좋은 소리로 시작되었다. "영국 해군은 귀하와 용맹스럽고 영광스러운 프랑스 해군이 우리의 제안을 받아들여 우리 편에 서주기를 희망하고 있습니다." 프랑스 제독이 왕립 해군과 함께 항해하기로 한다면 "귀하의 함정들은 계속 귀하에게 귀속될 것이고 앞으로의 일에 대해서는 누구도 불안감을 가질 필요가 없을 것"이라는 점을 분명히 밝혔다.

메시지는 이렇게 끝났다. "영국 함대가 오랑 앞바다에서 여러분을 맞이하기 위해 기다리고 있습니다."

프랑스 제독은 영국 장교들과의 만남을 거부했다. 영국 장교들은 최후통첩을 육필로 써 보냈다. 그때가 오전 9시 35분이었다. 영국의 소머빌 제독은 프랑스인들에게 신호를 보냈다. "이 제안이 받아들여져 여러분이 우리 편에 서기를 간절히 바랍니다."

포스 H에 배속된 항공모함 '아크로열Ark Royal' 소속 정찰기들은 프랑스 함정들이 '증기를 뿜고 닻을 끌어올리며' 출항을 준비하는 징후를 보고했다.

오전 10시, 프랑스 해군 제독은 프랑스 함정이 독일의 통제를 받는 사태를 절대 허용하지 않을 것임을 다짐하는 메시지를 전달하면서 최후통첩과 관련하여 만약 영국이 무력을 사용한다면 그의 함선도 반격할 것이라고 단언했다. 그는 한 시간 후에 같은 내용을 반복하면서 자신의 함대를 지키기 위해서라면 어떤 방법도 주저하지 않겠다고 통고했다.

긴장이 고조되었다. 11시 40분에 영국은 최후통첩이 받아들여지지 않는 한 프랑스 선박이 항구를 떠나는 것을 허용하지 않겠다는 메시지를 보냈다. 영국 항공 정찰은 프랑스 함대가 해상으로 나올 준비를 하고 있다는 추가적인 징후를 보고했다. 함교에도 사람들이 모두 나와 있었다. 소머빌 제독은 아크로열에서 발진한 항공기에게 항구 입구에 기뢰를 투하하라고 명령했다.

소머빌이 그날 오후 2시 30분부터 프랑스 측에 폭격을 개시한다는 메시지를 막 보내려 할 때 프랑스 해군 제독으로부터 직접 면담에 응하겠다는 소식이 들어왔다. 소머빌은 프랑스군이 시간을 벌기 위한 술수라고 생각했지만 그래도 장교 한 명을 파견했다. 회담은 프랑스 기함 덩케르크호Dunkerque에서 4시 15분에 시작되었다. 프랑스 선박들은 예인선을 배치하고 출항할 준비를 마친 상태였다.

소머빌은 더 많은 기뢰를 투하하라고 명령했고 오랑의 인근 항구에 기뢰가 투하되었다.

*

덩케르크 선상회의는 잘 풀리지 않았다. 영국 대표에 따르면 프랑스 제독은 "극도로 분노하여 펄펄 뛰었다." 회담은 한 시간가량 계속되었지만 아무런 성과도 없었다.

*

런던의 처칠과 해군본부는 초조해졌다. 프랑스 제독은 시간을 끌고 있는 것이 분명했고 소머빌도 마찬가지인 것 같았다. 공격을 주저하는 그의 심정은 이해할 만했다. 하지만 결행을 해야 할 때가 왔다. 땅거미가 지고 있었다. "더는 지체하지 말고 [소머빌에게] 그 혐오스러운 임무를 수행하라는 최종 명령을 내리는 것 외에는 달리 할 것이 없었다." 퍼그 이즈메이는 그렇게 썼다. "그러나 메시지를 작성하고 있을 때 그 자리에 있던 사람들의 심정은 너 나 할 것 없이 모두 참담했다. 죄책감을 떨칠 수 없었다." 처음에 퍼그는 프랑스 함대를 공격하는 것에 반대했었다. 도덕적인 가책과 프랑스가 영국에 선전포고를 할지도 모른다는 두려움 때문이었다. "쓰러진 사람을 발로 차는 건 할 짓이 아니다." 그는 그렇게 썼다. "특히 그가 이미 심한 고통에 괴로워하고 있는 친구일 때는 파렴치한 행위에 가깝다."

해군부는 소머빌에게 전보를 쳤다. "문제를 빨리 해결하지 않아 프랑스군이 전열을 가다듬으면 일이 더 어려워진다."

오후 4시 15분, 덩케르크호의 선상회의가 막 시작되었을 때 소머빌은 프랑스인들에게 5시 30분까지 그들이 제시한 대안 중 하나를 받아들이지 않으면 그들의 배를 침몰시킬 것이라고 신호를 보냈다.

포스 H는 전투태세에 돌입했다. 프랑스도 마찬가지였다. 덩케르크호를 떠나던 영국 사절은 뒤에서 '전투 개시'를 알리는 경보음을 들었다. 그는 소머빌의 최종시한 5분 전인 오후 5시 25분에 본대로 귀환했다.

최종시한이 왔고 또 갔다.

*

프랑스 함정에 대한 나포 작전을 진행하던 포츠머스와 플리머스 항에서 영국군은 별다른 저항을 받지 않았다. "전격 작전이었고 부득이 기습적이었다." 처칠은 그렇게 썼다. "압도적인 병력이 동원되었지만 그 모든 과정을 지켜보며 독일인들이 마음만 먹었다면 그들이 지배하고 있는 항구에 있는 프랑스 군함들을 얼마나 쉽게 점령할 수 있었는지 확실히 알 수 있었다."

처칠은 영국 항구에서 이루어진 조치가 대부분 "우호적"이었다고 설명했고, 일부 프랑스 선원들은 배를 두고 떠나는 것을 기뻐했다. 저항한 선박은 하나였다. 쉬르쿠프호Surcouf로 18세기 프랑스 사략선의 이름을 딴 대형 잠수함이었다. 영국군 특공대가 승선하려 쫓아가자 프랑스군은 매뉴얼을 불태우고 잠수함을 침몰시키려 했다. 총격전이 벌어졌고 프랑스 선원 1명과 영국 선원 3명이 사망했다. 쉬르쿠프호는 항복했다.

*

지중해 메르셀케비르 근해에서 소머빌 제독은 마침내 발포 명령을 내렸다. 시간은 오후 5시 54분으로 최종시한이 30분 정도 지났을 때였다. 그의 함정들은 '최대 가시거리'인 1만 7,500야드 밖에 있었다. 16킬로미터 정도의 거리였다.

첫 번째 포탄은 표적에 미치지 못했다. 두 번째는 방파제에 맞아

콘크리트 덩어리를 박살냈고 그중 일부가 프랑스 선박에 떨어졌다. 세 번째 포탄이 목표물에 명중했다. 1,200명의 선원을 태운 프랑스의 대형 전함 브레타뉴호Bretagne의 탄약고가 폭발하면서 거대한 오렌지색의 화염과 연기가 수백 미터 상공으로 솟구쳤다. 구축함 한 척도 폭발했다. 연기가 항구를 가득 메워 해상과 공중에 있는 영국 관측병들의 시야를 가렸다.

발포를 시작한 지 1분 뒤에 프랑스군은 대형 함포와 해안에 배치된 중포로 응사하기 시작했다. 포병들이 조준하면서 포탄은 영국 함정에 점점 더 가까워졌다.

소머빌은 무선으로 런던에 메시지를 보냈다. "치열하게 교전 중."

다우닝가 10번지에서 처칠은 해군장관 알렉산더에게 말했다. "프랑스가 전쟁이 발발한 이후 처음으로 제대로 싸우는구려." 처칠은 프랑스가 선전포고할 것을 충분히 예상하고 있었다.

영국의 포탄이 또 다른 프랑스 전함에 명중했고 오렌지색 불길이 치솟았다. 대형 구축함 한 척이 항구를 빠져나가려다 직격탄을 맞았다.

포스 H의 함정에선 모두 36발의 포탄이 발사되었다. 직경 38센티미터의 고성능 폭탄이었다. 드디어 프랑스 포가 잠잠해졌다. 소머빌은 행동 개시 10분 만인 오후 6시 4분에 사격 중지 명령을 내렸다.

연기가 걷혔고 소머빌은 전함 브레타뉴호가 사라진 것을 확인했다. 이 공격으로 프랑스 장교와 병사 1,297명이 사망했다. 분당 약 130명의 목숨을 앗아간 공격이었다. 브레타뉴호의 사망자만 1,000명에 가까웠다. 소머빌의 포스 H의 인명 피해는 없었다.

*

다우닝가 10번지에 전투 소식이 도착하기 시작했다. 처칠은 집무실을 서성거리면서 계속 같은 말을 뱉어냈다. "끔찍하다, 끔찍해."

딸 메리도 일기에 썼지만 그 전투는 처칠에게 큰 영향을 주었다. "옛 동맹국을 향해 발포를 해야 하다니 너무 끔찍하다." 그녀는 그렇게 썼다. "파파는 그렇게 해야 했다는 사실에 큰 충격을 받았고 깊은 슬픔에 빠졌다."

전략적으로 이 공격은 프랑스 해군을 일부 무력화시키는 눈에 보이는 이득을 안겨주었지만 처칠에게는 그것에 못지않게 아니 그보다 더 중요한 효과가 있었다. 그 사건이 보내는 신호였다. 이때까지도 수많은 방관자들은 프랑스와 폴란드와 노르웨이와 그 밖의 많은 나라가 히틀러의 손아귀에 들어간 이상 영국도 히틀러와 휴전을 모색할 수밖에 없을 것이라고 생각했다. 하지만 그 공격은 영국이 항복할 의사가 없음을 알려주는 분명하고도 확고한 증거였다. 그것은 루스벨트에게 보여주는 증거이자 히틀러에게 보내는 확실한 통고였다.

*

다음 날인 7월 4일 목요일 처칠은 메르셀케비르 사태를 하원에 공개했다. 해상 스릴러를 방불케 하는 전투의 전개과정을 한 치의 주저함도 없이 직설적인 표현으로 상세하게 설명했다. 그는 "서글픈 조치"라고 표현했지만 그것의 당위성은 따지고 말고 할 게 없다고 했다. "나는 우리의 조치에 대한 판단을 의회에 맡깁니다. 국가에 맡기고 미국에 맡깁니다. 그것을 세계와 역사의 판단에 맡기겠습니다."

하원은 노동당, 자유당, 보수당 할 것 없이 일어나 요란한 함성으로 찬성 의사를 표시했다. 처칠은 이전에도 보여줬고 앞으로도 계속 보여주게 되지만, 그에게는 비통한 소식을 전하면서도 청중들에게 용기를 주고 한껏 들뜨게 만드는 특이한 능력이 있었다. 마음을 "굳게 다졌다"고 그날 해럴드 니컬슨은 일기장에 썼다. 프랑스가 이제 영국에 선전포고를 할지 모른다는 냉혹한 현실과 가능성에도 불구하고 니컬슨은 벅차오르는 감정을 억제할 수 없었다. "어떻게든 이 고비를 넘기기만 하면 우리는 기필코 이 전쟁에서 승리할 것이다. 얼마나 대단한 전투인가! 우리에겐 또 얼마나 좋은 기회인가! 프랑스 함대에 대한 우리의 조치는 전 세계에 엄청난 영향을 미쳤다. 내 마음도 이 이상 더 굳건해질 수는 없을 것이다."

박수는 몇 분 동안 계속되었다. 처칠은 울었다. 소란 속에서 존 콜빌은 그가 하는 말을 들었다. "가슴 아픈 일이야."

대중들도 박수를 보냈다. 7월 4일 국내정보국 조사에 의하면 그 공격 소식은 "모든 지역에서 만족과 안도감으로 받아들여졌다. … 이런 초강경 조치는 정부의 강인함과 결단을 반기는 증거로 보인다." 1940년 7월 갤럽 여론조사에 따르면 영국인의 88퍼센트가 총리의 결단에 찬성했다.

그러나 해군성 내부에서 비난의 목소리가 흘러나왔다. 공격에 연루된 고위 장교들은 이를 가리켜 "말도 안 되는 반역 행위"라고 맞받았다. 퍼그 이즈메이에 따르면 프랑스 해군 장교들은 소머빌에게 "해군 동지들 전체의 얼굴에 먹칠을 했다"며 통렬하게 제독을 비난하는 편지를 보냈다. 소머빌은 겉으로는 질책을 일축하는 듯 태연한 표정이었지만 이즈메이는 이렇게 썼다. "그에게는 실로 뼈아픈 말이었을 것이다."

메르셀케비르 사태는 곧이어 다우닝가 10번지의 점심 식사에도 긴장감을 불러일으켰다. 클레멘틴에게 샤를 드골Charles de Gaulle 장군이 온다는 소식이 전달되었기 때문이었다. 그는 원래 예정되어 있던 하객이었다. 현재 영국에 망명 중인 드골은 그 사태로 심기가 험악해져 있었다. 클레멘틴은 점심 식사에 참석할 사람들에게 모두 언행에 조심하라고 단단히 일러두었다. 초대받은 사람 중에는 파멜라 처칠도 있었다.

클레멘틴이 마련한 식사가 끝나갈 무렵 대화가 슬그머니 위험한 경계를 넘어갔다. 그러자 그녀는 드골에게 이제는 프랑스 함대도 영국과 합세하여 독일과의 싸움에 동참했으면 좋겠다고 말했다. "그 말에 장군은 무뚝뚝한 말투로 자기가 보기에 프랑스 함대가 정말로 원하는 것은 포의 방향을 돌리는 것이오, 라고 말했다." 파멜라는 그렇게 회상했다. "바로 당신들에게 말이오!"

클레멘틴은 드골을 좋아했지만 프랑스 함선을 침몰시켜야 하는 남편의 상심이 얼마나 큰지 잘 알고 있었기 때문에 그 말에 발끈했다. 그녀는 완벽한 불어로 파멜라의 표현에 따르면 "그를 꾸짖었다." "그런 말씀이나 그런 식의 감정 표현은 동맹국이나 이 나라의 손님으로 어울리지 않습니다."

식탁 저쪽에 앉아있던 처칠이 서둘러 둘 사이를 중재하려 했다. 그는 몸을 앞으로 숙여 사과하는 어조로 이렇게 말했다. "제 아내를 용서하세요, 장군. 아내가 프랑스어를 너무 잘합니다."

클레멘틴은 처칠을 노려보았다.[30]

"아뇨. 윈스턴." 그녀가 말을 끊었다.

그녀는 다시 드골 쪽으로 몸을 돌리고 프랑스어로 말했다. "그건 이유가 안 됩니다. 남자들끼리는 못해도 여자라서 할 수 있는 말이 있습니다. 그래서 그런 말씀을 드린 겁니다. 드골 장군님."

다음 날 사과의 뜻으로 드골은 그녀에게 커다란 꽃바구니를 보냈다.

20장 베를린

히틀러는 전쟁을 끝내기 위해 진지한 자세로 영국과 협상하기를 원했다. 하지만 이제 그는 처칠이 집권하고 있는 한 그런 일은 없다는 걸 분명히 알게 되었다. 영국이 메르셀케비르에서 프랑스 함대를 공격한 사실로 보아 의심의 여지가 없었다. 7월에 히틀러는 부총통 루돌프 헤스를 만나 답답한 심정을 토로하면서 처칠을 제거하고 좀 더 유연한 후임자와 협상할 방법을 찾았으면 좋겠다는 자신의 '바람'을 전달했다. 헤스는 히틀러가 자신에게 서부전선의 평화를 확고히 하는 막중한 임무를 부여했다고 생각했다.

헤스로서는 영광스럽고도 반가운 일이었다. 그는 한때 다른 어떤 당원들보다 히틀러의 지근거리에 있었다. 그는 8년 동안 히틀러의 개인비서로 일했고 1923년에 실패로 끝난 나치 폭동 이후 히틀러와 함께 란츠베르크 교도소에 투옥되었다. 히틀러는 그곳에서 《나의 투쟁*Mein Kampf*》을 쓰기 시작했다. 그는 히틀러가 구술하는 원고를 타이핑했다. 헤스는 그 책에서 제시한 히틀러의 지정학적 전략의 핵심이 영국과의 평화라고 생각했고, 히틀러가 앞선 전쟁에서 독일이 영국을 자극하여 참전하게 만든 것은 치명적인 실수였다고 생각한다는 사실을 알았다. 헤스는 히틀러와 호흡이 척척 맞는다고 생각했기에 그는 따로 명령을 받지 않고도 히틀러의 의지를 실행에 옮길 수 있었다. 헤스는 유대인을 싫어하여 유대인의 생활에 많은 제약을 가하는 일을 꾸몄다. 그는 스스로를 나치 정신의 구현자라고 여겨 히틀러에 대한 국가적 숭배를 영구히 다지고 당의 순수성을 보장하는 책임을 자진해 떠맡았다.

그러나 전쟁이 시작되면서 헤스의 위세는 빛을 잃어갔고 헤르만 괴링 같은 사람이 두각을 나타내기 시작했다. 그런 상황에서 히틀러가 그렇게 중요한 일을 맡기자 헤스는 크게 안심했다. 그러나 시간이 얼마 없었다. 프랑스가 몰락한 지금 영국은 경계태세를 풀거나 패망 직전에 몰렸다는 것을 인정해야 한다. 어떻게 해서든 처칠을 공직에서 물러나게 해야 했다.

히틀러는 헤스와 얘기를 나누면서 영국의 비타협적인 태도 때문에 답답하다는 심정을 토로했다. 곧 일어날 사건들을 고려할 때 히틀러의 그런 표현 방식은 적어도 표면적으로는 하나의 예언 같았다.

"무슨 방법이 없을까?" 히틀러가 물었다. "내가 그리로 날아가 무릎을 꿇고 빌 수는 없지 않은가."

*

메르셀케비르 공격으로 나치 지도자들은 뒤통수를 맞았지만 선전부 장관 요제프 괴벨스는 이 사건을 하나의 돌파구로 보았다. 이제 마음 놓고 영국을 상대로 선동 전쟁을 벌일 수 있게 되었다고 그는 판단했다. 7월 4일 오전 회의에서 그는 부관들에게 영국이 이번 공격을 프랑스의 이익에 부합하는 사건이라고 주장하고 있지만, 그런 말에 현혹되지 말고 이 사건을 잘 이용하여 프랑스가 다시 한 번 전쟁으로 인한 피해를 고스란히 입고 있다는 것을 보여주라고 지시했다. "이제 영국은 가면을 벗고 본색을 드러냈다." 그는 부관들에게 그렇게 말했다.

그동안 선전부는 영국, 특히 처칠에 대한 증오심에 불을 지피기 위해 총력을 기울였지만 대중이 전면 공격을 요구하고 나설 정도는 아니었다. 괴벨스는 히틀러가 침략에 대해 상반된 방법을 놓고 저울질하고 있으며 여전히 협상안을 선호한다는 것을 알고 있었다. "따라서 우리는 **총통**이 어떤 결정을 내릴지 예측할 수 없기 때문에 기다리면서 상황을 주시할 필요가 있다." 괴벨스는 그렇게 말했다. "**총통**이 직접 말씀하실 때까지 우리는 가능한 한 분위기를 계속 조성해야 한다."

그리고 괴벨스는 히틀러가 곧 입장을 밝힐 계획이라는 것을 알고 있었다. 이틀 후 회의에서 괴벨스는 그의 발언을 예상하고 당분간 선전부의 선전은 영국인들에게 "발을 조금 뺄 수 있는 마지막 기회를 주어야 한다"는 생각이 들도록 만들라고 강조했다.

괴벨스는 히틀러의 연설에 따라 전쟁의 흐름이 바뀔 수도 있고 어쩌면 전쟁이 끝날지도 모른다고 믿었다. 그리고 그렇지 않다고 해도 히틀러가 적어도 처칠에 대한 대중의 증오심을 불러일으킬 방법은 제시해주리라 믿었다.

*

같은 주에 다우닝가 10번지에서는 프랑스가 영국에 선전포고를 할 것인지 그리고 독일이 당장 침공을 개시할 것인지 몰라 불안감이 증폭되고 있었다. 7월 3일 참모총장들은 보고서를 통해 경고했다. "본토를 직접 침공하든 공습을 하든 아니면 둘 다 병행하든 언제라도 대규모 작전이 시작될 수 있다." 보고서에는 정찰과 여러 정보원情報源을 통해 탐지된 불길한 상황들이 열거되어 있었다. 그중 '비밀 정보원'이라는 표시는 의심할 여지없이 블레츨리 파크를 의미했다. 노르웨이에서 독일군은 선박을 징발하여 무장하는 중이었다. 노르웨이가 보유한 어선은 800척이었다. 루프트바페는 군대를 수송할 항공기를 전방 공군기지로 옮겼다. 독일 해군은 발트해 연안에서 육해공 합동훈련을 실시했고 낙하산 부대 2개 연대는 벨기에로 이동했다. 아마도 가장 불길하고 "가장 믿을 만한 소식통의 정보는 독일군이 7월 10일 이후에 파리에서 군사 퍼레이드를 거행한다는 내용일 것이다." 히틀러는 승리를 확신하는 듯했다.

"독일이 대단한 봄을 만들기 위해 전력을 재정비하고 있다는 인상을 받았다. 몹시 불편하다." 존 콜빌은 그렇게 썼다.

콜빌이 그런 걱정을 하게 된 것은 며칠 전에 독일이 취했던 조치 때문이었다. 바로 처칠이 메르셀케비르 전투를 두고 연설하던 날이었다. 그날 독일은 급강하폭격기 20대를 보내 영국 남쪽 해안에서 해협 쪽으로 돌출한 포틀랜드섬을 공격했다. 그들은 RAF로부터 아무런 제지도 받지 않고 빠져나갔다. "이런 일이 백주 대낮에 버젓이 저질러진다면 앞으로 어떻게 될지 큰 걱정이다." 콜빌은 그렇게 썼다.

21장 샴페인과 가르보

7월 10일 수요일 게이 마거슨이 콜빌을 찾아 런던으로 왔다. 그들은 영어로 공연된 요한 슈트라우스Johann Strauss의 오페레타 〈박쥐Die Fledermaus〉를 관람했다. 관객들은 그런 식의 유머를 좋아했다. 하지만 콜빌과 게이는 극이 마음에 들지 않아 3막 중간에 자리를 떴다.[31] "막간에 게이는 계속 정치 얘기를 했다. 그녀는 자신이 정치적 편견에 사로잡혀 있다는 것도 모르고 체임벌린 정부를 계속 비난했다. 그녀를 알게 된 이후 처음으로 그녀가 지루하고 철이 없다는 걸 알게 되었다." 그는 일기에 그렇게 썼다.

콜빌 자신도 인정했듯이 그는 게이의 결점을 찾음으로써 여전히 그의 애정에 보답할 생각이 없는 그녀로 인한 상처를 달래보려 했다. 그러나 소용이 없었다. 그녀에 대한 그의 사랑은 좀처럼 식을 줄 몰랐다.

그들은 유명 나이트클럽인 카페드파리Café de Paris로 자리를 옮겼다. 그곳에 가자 "그녀의 매력과 진정한 사랑스러움이 다시 돋보였고 잠깐 가졌던 다소 불쾌한 인상은 온데간데없이 사라졌다"고 그는 말했다. 그들은 얘기를 나누고 샴페인을 마시고 춤을 추었다. 한 출연자가 잉그리드 버그만Ingrid Bergman과 그레타 가르보Greta Garbo의 흉내를 냈다.

콜빌은 새벽 2시에 혼자 자신의 침대로 돌아왔다. 게이가 이제부턴 다정하게 대해줄 것 같아 기분이 좋았다.

22장 우리가 그렇게 낮게 날았나요?

영국은 침략에 대비했다. 군인들은 의회와 빅벤이 있는 웨스트민스터궁 근처에 모래주머니를 쌓고 기관총을 설치했다. 팔러먼트 광장에 급조한 작은 방어진지(토치카)는 W. H. 스미스W. H. Smith 서점으로 위장했다. 모래주머니와 총이 버킹엄궁의 뜰을 장식했고, 〈뉴요커New Yorker〉의 칼럼니스트 몰리 팬터-다운스Mollie Panter-Downes에 따르면 그곳 정원의 수많은 튤립은 "정확히 핏빛 색깔"을 띠었다. 왕비는 권총 사격법을 배우기 시작했다. "그래요, 나는 다른 사람들과 마찬가지로 피난 가지 않습니다." 왕비는 그렇게 말했다. 하이드 파크에서는 런던 한복판에 내려오는 독일 글라이더들을 막기 위해 군인들이 대전차 참호를 파고 장애물을 설치했다. 침공 시 행동 요령을 적은 정부 발행 팸플릿은 시민들에게 집에 머물되 밖에 나와도 뛰지 말라고 경고했다. "달아나면 네덜란드와 벨기에에서 민간인들이 당했던 것처럼 기관총 세례를 받기 쉽습니다."

독일 폭격기들이 수많은 전투기를 거느리고 점점 더 영토 깊숙이 침입해오면서 전쟁을 매일 직접 목격하는 사람들의 수도 계속 더 늘어났다. 바로 그 주에 폭격기 한 대가 단기로 스코틀랜드 애버딘에 폭탄 10발을 투하하는 바람에 35명이 목숨을 잃었지만 공습경보는 울리지 않았다. 같은 날 밤 다른 폭격기들은 카디프와 타인사이드와 글래스고 인근을 강타했다. 도버 항구는 전투기의 호위를 받은 급강하폭격기

40대의 공격을 받았고, 에이번마우스, 콜체스터, 브라이튼, 호브, 셰피 섬에도 폭탄과 소이탄이 떨어졌다. 처칠은 루스벨트에게 이 모든 상황을 알렸다. 당시 외무부는 워싱턴 주재 영국대사를 통해 매일 대통령에게 전보로 '전황'을 알려주고 있었다.[32] 모든 작전구역에서 일어나는 상황을 있는 그대로 설명하는 내용이었다. 여기엔 이중의 목적이 있었다. 대통령에게 최신 정보를 알리는 것 그리고 그보다 더 중요한 것은 미국의 도움이 현실적이고 긴급하다는 것을 루스벨트에게 납득시키는 것이었다.

영국군 전투기들은 곧 반격에 나섰다. 때문에 시민들은 지상에서 공중전을 자세히 볼 수 있었다. RAF의 전투기 조종사들은 RAF 폭격기 사령부의 조종사들과 마찬가지로 빠르게 시대의 영웅이 되어갔다. 앞선 전쟁이 끝나기 얼마 전인 1918년 4월 1일에 창설된 RAF는 적의 공습에 효과적으로 대응하기 위해 육군과 해군이 따로 운용해왔던 전혀 성격이 다른 항공부대를 하나로 통합했다. RAF는 이제 독일의 침공을 막는 1차 방어선으로 전면에 나섰다.

메리 처칠과 그녀의 친구 주디 몬태규에게 조종사는 신과 같은 존재였다. 두 처녀는 노퍽에 있는 주디의 시골저택인 브레클스홀Breccles Hall에서 '한여름'을 함께 보내고 있었다. 그곳에서 그들은 거의 매일 오후 근처 공군기지에서 나온 폭격기 승무원들과 어울리고 시시덕거렸다. 저녁에 그들은 비행대에서 주최하는 댄스파티에 참석했는데 메리의 설명에 따르면 "매우 신나고 떠들썩한 파티였고 다들 흠뻑 취했지만 때로 보이지 않는 긴장감이 감돌 때(특히 일부 비행기가 돌아오지 못한 경우)"도 있었다. 그들은 메리의 표현대로 "특별한 친구"가 되었고 주디는 그들을 집으로 다시 초대하여 "테니스를 치거나 수영을 하거나 실없는 장난을 치거나 건초더미에서 가벼운 애무를 하거나 그냥 정원에 앉아 수다를 떨었다." 남자들은 대부분 20대였고 중산층 출신이고 미혼이었다. 메리는 그들에게 묘한 매력을 느꼈다. 조종사들이 브레클스홀 상공에서 나무에 닿을 정도로 "덮치듯" 달려들 때면 펄쩍 뛰며 환호했다. 한 번은 인근 와튼 기지에서 출격한 승무원들이 "상상하기 힘든 멋진 급강하 묘기를 보여주었다"고 메리는 일기장에 썼다. "블레넘 편대가 나타나 한 대씩 차례로 지상에서 7~10미터까지 급강하했다. 우리는 모두 흥분해서 기절하는 줄 알았다."

이들 조종사들은 처칠의 말대로 대영제국의 운명이 달린 싸움에 사활을 걸고 매일 참여했다. 둥근 항적운이 머리 위 하늘을 채우는 가운데 시민들은 안전하게 정원에서 또는 마을의 거리를 거닐다, 목가적인 풀밭에서, 소풍을 나왔다가 공중전을 지켜보았다. 해 질 무렵이면 전투기들이 하루의 수명을 다한 마지막 햇빛을 받아 반짝거리는 호박색으로 변했고 새벽에는 소라껍질처럼 나선형을 그리며 떨어졌다. 비행기는 목초지와 숲에 추락했고 조종사들은 조종실에서 튕겨 나와 땅에 뒹굴었다.

7월 14일 BBC 라디오의 이동취재팀이 공중전을 취재하기 위해 도버 절벽에 기지국을 설치하고 상황을 중계하자 청취자들은 열광했다. BBC의 아나운서 찰스 가드너Charles Gardner는 전투 현장을 상세하게 중계했다. 해협 상공에서 벌어지는 목숨을 건 대결이라기보다는 축구 해설에 가까운 방송이었다. 일부 청취자들은 눈살을 찌푸렸다. 런던의 한 여성은 〈뉴스크로니클News Chronicle〉에 이렇게 썼다. "이런 일을 스포츠 행사로 여길 만큼 우리가 타락한 것일까? 들뜬 함성으로 기관총 소리를 들어보라 하고 자기 낙하산에 걸려 물속에서 몸부림치는 조종사의 모습을 상상해보라고 한다." 그녀는 예감하듯 말한다. "만약 이런 짓거리를 통제하지 않고 내버려두면 우리는 곧 아무 전선에나 마이크를 설치해놓고 〈라디오타임스〉에 모눈그래프를 그려가면서 전황을 추적하게 될 것이다." 매스옵저베이션의 일기기록원 올리비아 코켓도 혐오감을 느끼기는 마찬가지였다. "이런 작태를 그대로 내버려두어서는 안 된다." 그녀는 그렇게 주장했다. "이런 방송은 사람들에게 버틸 힘을 주기는커녕 아주 천박하고 노골적이고 잔인한 폭력으로 쓸어 넣어 처절한 사투를 장난이나 스포츠로 만들어버린다."

더욱 한심한 것은 아나운서의 "유식한 척하는 무신경한 말투"라고 국내정보국의 설문조사에서 어떤 여성은 지적했다.

그러나 방송 직후에 런던 시민 300명을 대상으로 실시한 여론조사가 끝난 다음 날인 7월 15일에 국내정보국이 발표한 보고서는 "상당히 많은 사람들이 열광하며 그 방송을 화제 삼았다"고 밝혔다. 〈뉴요커〉의 칼럼니스트 팬터-다운스는 청취자들 대부분이 이 드라마를 흥미롭게 즐겼다고 보았다. 그녀는 일기에 이렇게 썼다. "점잖지만 그다지 까다롭지 않은 대다수의 시민들은 라디오 옆에 꼼짝 않고 앉아 응원했다."

특히 사람들의 마음을 들뜨게 만든 것은 루프트바페에 조금도 밀리지 않고 맞서는 RAF의 일관된 전투력이었다. 처칠이 외무부를 통해 루스벨트에게 매일 새 소식을 전하는 전보에서 말한 것처럼 도버 전투에서 독일군이 전투기 3대와 폭격기 3대 등 6대를 잃는 동안 영국이 잃은 것은 허리케인 한 대뿐이었다. 7월 15일 국내정보국 보고서는 지상에서 시민들이 지켜보는 가운데 "침략자들을 격추시키는 장면은 … 군사적 이점 이상의 대단한 심리적 효과를 거두었다"고 평가했다.

처칠 자신도 전율을 느꼈다. 그는 그 한 주가 지난 뒤에 〈시카고 데일리뉴스Chicago Daily News〉와 가진 인터뷰에서 말했다. "혈기왕성한 젊은이가 시속 650킬로미터로 적을 마주한 상태에서 마음 놓고

1,200~1,500마력의 무한한 공격력을 과시하는 것보다 멋진 경험이 또 어디 있겠소? 아마 이것은 인간이 상상할 수 있는 사냥 중 가장 찬란한 형태의 사냥일 겁니다."

＊

무위로 끝난 사직 시위를 용서받은 비버브룩 경은 언제 그런 일이 있었느냐는 듯 7월에 다시 전투기 제조에 매달렸다. 그는 무서운 속도로 비행기를 만들고 같은 속도로 적도 많이 만들었지만 동시에 존경받는 영국의 아들이 되어갔다. 비버브룩 경은 반대파의 눈에는 강도에 지나지 않았지만 그는 인간 본성의 미묘한 구석이나 노동자들과 대중의 심리를 파악하여 자신이 추구하는 명분에 활용했다. 대표적인 예가 '스핏파이어 펀드Spitfire Fund'였다.

1962년까지 영국의 식민지로 남게 되는 자메이카의 시민들은 비버브룩이나 공군부가 나서서 독려하지 않아도 폭격기 건조에 필요한 돈을 기부하여 이 섬의 주요 신문인 〈데일리글리너Daily Gleaner〉를 통해 비버브룩에 보냈다. 비버브룩은 크게 기뻐하여 그런 기부금을 받은 소식과 감사 전보를 보낸 사실을 만천하에 알렸다.

그러자 미국과 실론처럼 멀리 떨어진 지역에서도 기부금이 들어오기 시작했다. 비버브룩은 매번 감사 전보를 보냈고 이를 전국에 보도되도록 조치했다. 그는 이런 시민들의 호의와 성원이 비행기를 만드는 데 필요한 막대한 금액을 조성하는 일뿐 아니라 전시에 시민들의 협력을 구하고 무엇보다도 고질적인 "투지 부족"으로 그의 속을 썩였던 항공기 공장 노동자들의 의욕을 증진시키는 데 도움이 될 수 있다고 판단했다.

그는 한 번도 기부를 공개적으로 호소한 적이 없었다. 하지만 접수된 기부금에 대해서는 일부러 감사의 뜻을 널리 알리고 과시했다. 기부금이 일정 수준에 이르면 특정 전투기의 이름을 붙일 자격을 주었는데 금액이 많으면 폭격기의 이름도 지을 수 있었다. "전 비행대대의 항공기에 이름을 붙이는 것이 목표가 됐다." 비버브룩의 비서 중 한 명인 데이비드 패러David Farrer는 그렇게 회상했다. BBC도 밤 뉴스 방송 도중에 기부자들의 이름을 발표하기 시작했다. 처음에 비버브룩은 기부자들 모두에게 직접 편지를 썼지만 감당하기 힘들 정도가 되자 비서들에게 가장 주목할 만한 기부자를 고르라고 지시했다. 액수가 많든가 기부 뒤에 숨겨진 사연이 특이하면 감사 편지를 보냈다. 몇 펜스를 기부한 아이도 부유한 산업가 못지않게 그의 편지를 받을 가능성이 높았다.

항공기생산부로 소액 성금이 쏟아져 들어오기 시작하면서 기부자들은 이를 '스핏파이어 펀드'라고 부르기 시작했다. 사람들이 공중전의 아이콘이 된 스핏파이어 전투기를 특히 좋아했기 때문이었지만 사실 RAF는 스핏파이어보다 허리케인을 더 많이 보유하고 있었다. 비버브룩을 비방하는 자들은 사람들의 이목을 끌기 위한 그의 또 다른 '술수'라고 폄하했지만 사실 이 펀드는 곧 매달 100만 파운드, 요즘 시세로 약 6,400만 달러씩 기부금을 조성하게 된다. 1941년 5월까지 모금된 금액은 총 1,300만 파운드(8억 3,200만 달러)에 달해, 패러는 "실제로 영국의 모든 큰 마을이 항공기에 자신의 이름을 올렸다"고 썼다.

실제로 그 기금이 전투기와 폭격기 생산의 전반에 미친 영향은 대수롭지 않았겠지만 비버브룩은 금액 자체보다 사기에 미치는 영향을 더 중요하게 여겼다. "그는 수많은 선남선녀들이 전쟁에 좀 더 적극적인 관심을 갖고 그 임무를 수행하는 데 열정적인 기여를 할 수 있는 손쉬운 방법을 찾아냈다." 비서 패러는 그렇게 썼다.

비버브룩은 시민들의 참여의식을 높일 또 다른 수단도 발견했는데 이것 역시 간접적인 효과를 노린 것이었다. 처칠처럼 그는 상징의 위력을 잘 알고 있었다. 그는 RAF 조종사를 공장으로 보내 자기가 조종할 비행기를 만드는 과정을 직접 보게 했다. 그는 이들 조종사들이 단순히 책상물림만 겨우 면한 RAF 장교가 아니라 군복에 달린 날개 기장이 부끄럽지 않은 투사가 되어야 한다고 생각했다. 그는 또 추락한 독일 비행기의 동체를 전국에 전시하도록 지시하여 국민들이 항공기 생산부 장관의 노력을 의심하지 않게 했다. 그는 추락한 항공기를 트레일러에 싣고 폭격당한 도시를 순회하도록 하면 상당한 효과를 거둘 수 있다고 생각했다. 그는 이를 '서커스'라고 불렀지만 그런 쇼는 항상 좋은 반응을 불렀고 피해를 심하게 입은 지역에서는 특히 대단한 효과를 거두었다. 비버브룩은 처칠에게 말했다. "사람들은 추락한 적기를 보고 매우 기뻐했고 서커스는 큰 효과를 거두었습니다."

농부들과 마을 원로들과 골프장 운영자들이 논밭이나 마을광장이나 골프장에 떨어진 적기를 두고 불평을 했을 때에도 비버브룩은 일부러 늑장을 부려가며 천천히 치웠다. 고칠 수 있는 RAF 전투기를 서둘러 회수했던 때와는 딴판이었다. 한 골프장에서 항의가 들어왔을 때에도 그는 독일 비행기를 그대로 두라고 지시했다. "격추된 기계는 라운딩하는 사람들에게도 도움이 될 것이다." 그는 홍보담당자에게 말했다. "이겨야겠다는 투지를 더욱 불태울 테니까."

*

처칠의 저항과 언변에 격분한 히틀러는 영국이 두려워하는 일을 당장 개시하도록 명령했다. 전면적인 해상공격이었다. 하지만 그때까지도 영국 본토 침공에 대해서는 과학적인 분석이나 어떤 구체적인 계획도 없었다. 7월 16일 화요일 그는 '영국 상륙작전 준비에 관하여'라는 제목의 작전지시 16호를 발령했고 작전명을 '제뢰베Seelöwe' 즉 '바다사자'라고 명했다.

"군사적 상황이 절망적인데도 영국은 협상할 의사가 전혀 없는 것 같다." 작전지시는 그렇게 시작했다. "나는 영국을 상대로 상륙작전을 준비하기로 결심했고, 필요할 경우 이를 실행에 옮기겠다."

그는 대규모 해상공격을 생각했다. "상륙은 람즈게이트 주변에서 와이트섬 서부 지역까지 넓은 전선에서 기습적으로 단행될 것이다." 영국 해협에서 가장 좁은 부분인 도버 해협 해안을 비롯한 영국의 해안선 전체를 포함하는 구역이었다. (그의 지휘관들은 1차 공격에 1,600척의 함정으로 10만 병력을 수송하는 장면을 구상했다.) 히틀러는 바다사자 작전의 모든 계획과 준비를 8월 중순까지 완료하라고 지시했다. 히틀러는 침공을 시작하기 전에 달성해야 할 목표들을 점검했다. 그중에서도 특히 중요한 부분이 있었다. "영국 공군은 정신적으로나 물리적으로 매우 위축되어 독일 도하작전에 별다른 저항을 할 기력이 없을 것이다."

23장 이름이 뭐 대수라고

갑자기 처칠 가문에 대수롭지 않지만 절박한 문제가 대두되었다.

7월에 파멜라 처칠은 뱃속의 아기를 사내아이로 확신하고 아이의 이름을 총리 이름을 따서 윈스턴 스펜서 처칠Winston Spencer Churchill로 정했다. 그러나 같은 달 처칠의 사촌의 부인인 말버러 공작부인이 아들을 낳았고 그 이름을 쓰겠다고 고집을 피웠다.

허망하게 선수를 빼앗긴 파멜라는 화가 났다. 그녀는 시아버지에게 가서 눈물을 흘리며 어떻게 좀 해달라고 간청했다. 처칠도 그 이름을 줄 권리는 자신에게 있고 조카보다는 손자에게 주는 것이 더 적절하게 보인다며 파멜라의 청을 들어주었다. 그는 공작부인에게 전화를 걸어 무뚝뚝한 말투로 그 이름은 자신의 이름이니 파멜라의 새 아들에게 줘야겠다고 통고했다.

공작부인은 파멜라의 아이는 아직 태어나지도 않았고 아들이라는 보장도 없지 않느냐며 항의했다.

"당연히 아들일 거다." 처칠이 말을 잘랐다. "그리고 이번이 아니더라도 다음엔 아들이겠지."

공작과 공작부인은 아들의 이름을 찰스로 바꾸었다.

7월 19일 금요일 히틀러는 독일의 입법부인 국가의회Reichstag 연설을 위해 베를린의 크롤 오페라하우스Kroll Opera House의 연단에 올랐다. 의사당 건물이 1933년 방화로 사용할 수 없게 된 이후로 국가의회를 이곳에서 개최해왔다. 이날 연단에서 히틀러와 가까운 자리에 앉아있던 루프트바페 수장 괴링은 "크리스마스 아침에 선물로 받은 장난감을 가지고 노는 아이처럼 즐거워했다." 현장에서 연설을 지켜본 특파원 윌리엄 샤이러는 그렇게 쓰면서 덧붙였다. "카린할 다락방에 있는 전동열차 외에 그가 가지고 노는 장난감들 중 일부가 슈투카 폭격기였다니 이 얼마나 위험한가!" 그날은 원래 괴링을 비롯한 장군 13명의 진급을 서임하는 자리였다. 대장들은 원수로, 이미 원수였던 괴링은 새로 만든 계급인 제국원수Reichsmarschall(대원수)로 진급했다. 히틀러는 자신의 심복을 잘 알았다. 그는 괴링이 자신의 특별한 총애와 번쩍거리는 메달을 탐낸다는 것을 알고 있었다.

이에 앞서 요제프 괴벨스 선전부 장관은 오전 정례회의를 주재하면서 예정된 히틀러의 연설과 그 잠재적 효과를 중점적으로 다루었다고 회의록은 전한다. 그는 2~3일 사이에 외국의 반응이 뚜렷하게 드러나지는 않겠지만 처칠의 사임을 압박할 정도로 영국 내 여론이 양극화될 것이 확실하다고 예고했다. "장관은 오늘 저녁 영국의 운명이 결정될 것이라고 강조한다." 회의록은 그렇게 전하고 있다.

히틀러가 연설을 시작했을 때 청중석에 앉아있던 샤이러는 그의 수사에서 새로운 점을 발견했다. "훌륭한 연기자다." 샤이러는 일기에 그렇게 썼다. "독일 대중의 마음을 자유자재로 다루는 저 당당함." 그는 히틀러가 정복자인 동시에 겸손한 평화주의자로 자신을 부각시키는 수법에 경탄했다. 그는 또한 히틀러가 늘 해왔던 꾸민 듯한 몸짓을 버리고 평소보다 낮은 어조로 말한다고 생각했다. 그러다 그는 자신의 몸을 이용해 전달하려는 생각을 강조하고 과장하며 머리를 곧추세워 신랄하게 비난하며 코브라처럼 머리를 흔들었다. 특히 샤이러의 눈길을 끈 것은 히틀러의 손동작이었다. "오늘 밤 그는 두 손을 멋지게 활용했다. 어휘나 목소리를 활용하는 만큼이나 그는 손과 몸의 흔들림으로 자신을 표현하는 것 같았다."

우선 히틀러는 지금까지 벌어졌던 전쟁의 역사를 열거하면서 그 책임을 유대인과 프리메이슨과 영국과 프랑스의 '전쟁광들' 탓으로 돌렸다.[33] 그중에서도 처칠의 책임이 가장 크다고 목소리를 높였다. "유럽 여러 나라와 미국을 파멸시키는 이런 파렴치한 정치인이 나는 너무도 가증스럽습니다." 히틀러는 독일의 명예를 회복하고 베르사유 조약의 족쇄로부터 나라를 구하기 위해 전쟁을 일으켰다며 자신의 거병을 날조했다. 그는 그의 군대와 진급한 장군들의 공적을 치하하고 여러 사람들의 이름을 일일이 거명하며 축하했으며 특히 그의 공식 대리인인 루돌프 헤스와 친위대장 하인리히 히믈러Heinrich Himmler, 요제프 괴벨스와 4인방 중에서도 그가 가장 총애하는 괴링을 추켜세우는 데 몇 분을 할애했다.

"히틀러가 연설하는 동안 괴링은 책상 위에 몸을 숙이고 연필을 씹으며 히틀러가 연설을 끝낸 후 자신이 이어받을 연설의 원고를 큰 동작으로 휘갈겨 썼다." 샤이러는 그렇게 말했다. 작문 수업이 끝나갈 때 다급해진 학생처럼 그는 연필을 물어뜯고 눈을 찌푸리고 글씨를 날리듯 썼다. 괴링은 이따금 웃으며 유별나게 힘을 주어 큰 손으로 박수를 쳤다. 히틀러는 괴링의 진급을 발표한 뒤 그의 군복에 매달 새 훈장이 들어있는 상자를 그에게 건네주었다. 괴링은 상자를 열고 들여다본 다음 다시 돌아가 연필을 씹었다. 그의 "아이 같은 자부심과 만족감은 애처로울 정도로 감탄을 자아냈지만, 실제로는 늙은 살인범의 모습 그것이었다." 샤이러는 그렇게 썼다.

히틀러는 주제를 미래로 돌렸다. 그는 자신의 군대가 최강의 수준에 이르렀다고 선언하고 영국이 독일을 공습할 경우 영국에 "끝없는 고통과 불행"을 안기는 방식으로 대응해주겠다고 다짐하면서 하지만 그런 고통과 불행이 처칠 자신에게는 해당되지 않을지도 모른다고 말했다. "왜냐하면 그는 이미 캐나다로 피신해 있을 것이 틀림없기 때문입니다. 전쟁밖에 모르는 사람들은 이미 돈과 자식들을 그곳으로 보냈을 겁니다. 그렇지 못한 수많은 사람들만 큰 고통을 겪게 생겼습니다."

이제 괴벨스가 영국의 운명을 결정할 것이라고 믿었던 대목이 나왔다. "미스터 처칠은 내 말을 진지하게 받아들여야 합니다. 장담하건대 이 위대한 제국은 멸망할 테지만, 사실 제국을 파멸시키거나 훼손하는 것은 나의 원래 의도가 아니었다는 사실을 말입니다."

이 전쟁의 유일한 결말은 독일이나 영국 어느 한쪽의 완전한 소멸이라고 그는 경고했다. "처칠은 그것이 독일이라고 믿겠죠." 히틀러는 말했다. "내가 보기에 망하는 건 영국입니다." 그는 손짓과 몸짓으로 이것이 단순한 위협이 아니라는 것을 분명히 보여주었다. "이 순간 나는 다른 나라들과 마찬가지로 그레이트브리튼의 이성과 상식에 다시 한번 호소하는 것이 나 자신의 양심에 따른 의무라고 느낍니다. 나는 선처를 호소하는 패배자가 아니라 이성의 이름으로 선포하는 승리자이기 때문에 이런 호소를 할 수 있는 위치에 있다고 생각합니다."

갑자기 정복자는 겸손한 총통으로 물러섰다. "나는 이 전쟁을 계속해야 할 이유를 알지 못합니다." 그는 말했다. "그로 인한 희생을 생각하면 비통할 따름입니다. 그런 사태는 피하고 싶습니다."

*

머리 위에서는 RAF 폭격에 대비해 독일의 에이스 아돌프 갈란트와 그의 비행대가 상공을 날며 베를린 오페라하우스를 호위했다. 이는 프랑스 전투에서 이룬 그들의 전과를 과시하고 기리는 의미도 있었다.

28세밖에 되지 않았지만 갈란트는 이미 노련한 조종사였고 자신의 비행대를 거느린 대장이었다. 커다란 귀에 가무잡잡한 피부와 검은 콧수염을 기르고 늘 시원한 미소를 보이는 그는 나치당이 소중히 여기는 북유럽적인 냉담한 구석은 찾아보기 힘든 외모였고 정당 이데올로기의 열렬한 신봉자도 아니었다. 그는 늘 모자를 비딱하게 쓴 채 한량같은 인상을 주었다. 연설 바로 전날 그는 17대의 항공기를 격추시키고 독일 지상군을 효과적으로 지원한 공로를 인정받아 소령으로 승진하였고 세 번째 기사십자장을 받았다. 게다가 상관인 알베르트 케셀링이 그 훈장을 수여하던 날 갈란트가 격추시킨 적기는 총 30대로 늘어나 있었다. 히틀러가 연설하는 동안 하늘을 수호하는 역할을 맡았던 그는 다른 사람들만큼 독일 지휘부를 대단하게 여기진 않았다. 그는 나중에 이렇게 썼다. "크롤 오페라하우스에 폭탄 하나만 떨어뜨려도 독일 최고 사령부가 통째로 날아갔을 테니 그런 예방책도 타당했던 것 같다."

그 순간까지 갈란트가 걸어왔던 역정은 루프트바페가 창설되고 화려하게 만개하는 전 과정을 구체적으로 드러낸다.[34] 갈란트는 어릴 적부터 비행에 매료되었고 제1차 세계대전이 끝난 후 폰 리히트호펜

남작Baron von Richthofen의 무훈을 듣고 조종사로서의 꿈을 키웠다. 17살 때 그는 글라이더를 몰기 시작했다. 그의 아버지는 그에게 공군에 입대하라고 종용했지만 갈란트는 그저 나는 것 자체를 좋아하여 하늘을 날며 생계를 꾸릴 방법을 찾았다.

하지만 글라이더를 타다 보니 동력항공기가 몰고 싶었다. 길은 하나밖에 없었다. 독일의 신설 항공사 도이체루프트한자Deutsche Luft Hansa, 줄여서 루프트한자로 알려지게 되는 독일의 신설 항공사의 조종사가 되는 것이었다. 비행에 열광하는 젊은이들은 다들 그런 야망을 갖고 있었다. 갈란트는 독일민간조종사학교Deutshche Verkehrsfliegerschele에 지원한 2만 명 중 한 명이었고, 거기서 선발된 100명에 들었다. 그리고 다시 20명이 최종 심사를 통과했다. 1932년 말에 그는 예비 비행자격증을 취득했다.

하지만 상황은 예기치 않은 방향으로 흘러갔다. 갈란트와 4명의 다른 학생들에게 베를린의 비행학교로 출두하라는 명령이 떨어졌고, 그곳에서 그들은 비밀리에 실시되고 있는 군용기 비행훈련에 참여해 보라는 권유를 받았다. 히틀러는 제1차 세계대전 종전에 따른 베르사유 조약을 무시하고 독일 재무장을 실천에 옮기고 있었기 때문에 이 훈련은 비밀에 부쳐졌다. 5명 모두가 제안을 받아들였다. 그들은 민간인 차림으로 뮌헨 근처의 비행장으로 이동했다. 그들은 그곳에서 전술 수업을 받았고 25시간짜리 구식 복엽기 조종 수업을 통해 대형을 유지하면서 지상의 목표물을 타격하는 방법을 배웠다. "최고의 순간은 헤르만 괴링의 방문이었다. 그는 비밀리에 공군을 재건하고 있었다." 그는 그렇게 회고했다.

민간항공사의 부조종사로 잠깐 근무한 후 1933년 12월에 베를린으로 다시 소환된 갈란트는 괴링이 여전히 비밀로 하고 있던 루프트바폐에 입대하라는 권유를 받았다. 그다음 해 가을, 그는 처음으로 전투비행단에 들어갔다. 공군이 스페인 내전에서 프란시스코 프랑코 Francisco Franco 장군의 군부 세력을 대신해 전투비행단을 띄우고 조종사들이 돌아와 떠드는 낭만적인 무용담에 마음이 동한 갈란트는 원정에 자원했다. 그는 곧 다른 루프트바폐 대원 370명과 함께 다시 민간인 복장으로 민간인임을 입증해주는 서류를 지닌 채 스페인행 부정기 화물선에 올랐다. 스페인에서 갈란트는 자신이 복엽기를 모는 전투부대 책임자로 임명된 사실에 실망했다. 반면 다른 동료 조종사들은 최신 전투기 메서슈미트Messerschmitt Me 109를 조종했다.[35]

스페인 내전에서 쌓은 경험으로 루프트바폐는 공중전에 관한 귀중한 교훈을 많이 얻었지만 동시에 괴링과 다른 고위 장교들에게 잘못된 인식을 심어주었다. 독일이 스페인에 배치한 폭격기는 노후화된 적의 전투기들보다 더 빨랐다. 따라서 일찍부터 폭격기에 굳이 전투기의 호위를 붙일 필요가 없다고 생각했던 괴링은 스페인 전투를 통해 자신의 평소 바람을 실제로 확신하게 되었다.

갈란트는 히틀러의 기습공격에 매번 가담했고 마침내 최신형 전투기를 조종하는 전투기 부대에 배치되었다.

곧 그는 최신 허리케인과 스핏파이어를 모는 영국 RAF 조종사들과 처음으로 부딪혔다. 그리고 그 순간 갈란트는 그들이 지금까지 만났던 적과는 전혀 다른 상대라는 것을 깨달았다. 그것은 바로 그가 바라던 종류의 싸움이었고 "매번 한 치의 양보도 있을 수 없는 '너 아니면 나'의 공중전이었다."

양측이 내세우는 최고의 전투기는 각각 특정 조건에서 나름의 이점을 갖고 있었지만 전반적인 성능은 엇비슷했다. 영국의 스핏파이어와 허리케인은 비교적 중무장이 잘된 편이고 기동성이 뛰어났지만, 독일의 메서슈미트 Me 109는 높은 고도에서 뛰어난 성능을 발휘했고 방어용 장갑이 튼튼했다. 스핏파이어가 8정의 기관총을 장착한 데 반해 Me 109는 2정밖에 없었지만 대신 포탄을 발사하는 기관포가 2문이었다. 이들 세 종류의 전투기는 모두 단엽기에 시속 500킬로미터까지 속도를 낼 수 있는 단발엔진 항공기였지만 모두 같은 한계를 가지고 있었다. 바로 90분 정도밖에 떠있을 수 없는 연료 탱크였다. 메서슈미트의 경우 런던까지 갔다가 간신히 돌아올 수 있는 정도의 양이었다. 메서슈미트는 여러 면에서 매우 우수한 항공기였지만 최대의 강점은 독일 조종사들이 갈란트처럼 공중전 경험이 훨씬 더 많다는 사실이었다. 루프트바페 전투기 조종사의 평균 연령은 26세였고 RAF 조종사는 20세였다.

독일군이 빠른 시간에 놀라운 전과를 올리면서 갈란트의 부대는 전진하는 전선에 맞춰 프랑스 해안에 더 가까운 새로운 비행장으로 이동했다. 영국이 그만큼 더 가까워진 것이다. 그것은 영국 상공에서 전투를 벌일 수 있는 시간을 그만큼 늘릴 수 있다는 뜻도 되었다. 처칠과 히틀러의 평화 협정이 이루어지지 않는다면 전쟁은 새로운 국면으로 접어들 것이다. 갈란트가 보기에 결과는 확실했다. 영국은 망한다.

*

그런 결론이 난 지 한 시간 뒤에 히틀러의 연설에 대한 영국의 첫 번째 응답이 나왔다. 영국의 BBC가 처칠이나 외무장관 핼리팩스의 사전 승인 없이 방송한 논평이었다. 해설자 세프턴 델머Sefton Delmer는 단도직입적으로 말했다. "당신이 멋대로 우리의 이성과 상식이라고 불러가며 호소한 것에 대해 우리 영국인들의 생각을 알려드리고자 합니다." 그는 그렇게 말했다. "총통 겸 제국의회 의장님, 우리는 당신의 그 호소를 당신의 악취 나는 이빨 속에 바로 던져버렸습니다!"

윌리엄 샤이러는 베를린의 독일 라디오 센터에서 히틀러의 연설과 관련된 기사를 내보낼 준비를 하다 BBC의 회신을 들었다. 스튜디오에 있던 관계자들은 "귀를 의심했다"고 샤이러는 썼다. 누군가가 외쳤다. "이해가 돼? 저 영국 천치들, 어떻게 된 거 아냐? 이 판국에 평화를 거부한다고? … 미쳤군."

사흘 뒤 영국의 공식 답변이 나왔지만 처칠은 아니었다. "나는 헤르(미스터) 히틀러의 연설에 대해 이러쿵저러쿵하지 않겠다. 그와는 말로 할 사이가 아니니까." 처칠은 그렇게 말했다. 7월 22일 월요일 오후 9시 15분에 나온 공식 답변의 당사자는 외무장관 핼리팩스였다. 그의 메시지는 분명했다. "우리는 우리 자신과 다른 나라 국민들의 자유가 보장될 때까지 싸움을 멈추지 않을 것이다."

괴벨스 선전부 장관은 독일 언론에 핼리팩스의 공식적인 거부를 "전쟁 범죄"로 규정하라고 지시했다. 괴벨스는 24일 수요일 오전 회의에서 독일 선전기구의 방침을 개략적으로 설명했다. "금권에 좌우되는 지배계급에 대한 불신을 조장하고, 곧 닥칠 사태가 얼마나 무서운지 주입시킬 것. 이 모든 기조를 가능한 한 두텁게 다져야 한다."

영국의 라디오 방송국을 가장하고 있지만 실제로는 독일에 본부를 둔 선전부의 일련의 '비밀 송신소들'이 "영국 국민들에게 경각심을 불러일으키고 공포감을 조장하기 위해" 배치를 서둘렀다. 그들은 나치당에 대한 비판으로 방송을 시작할 정도로 독일에서 발송된다는 사실을 감추기 위해 노력하면서도, 영국에 대한 독일의 첫 공습이 이루어졌을 때 그로 인한 사망자와 부상자를 소름 끼칠 정도로 상세히 보도하여 영국 시민들을 공포에 떨게 만들었다. 괴벨스는 또한 외견상으로는 공습에 대비하는 요령을 가르치는 것처럼 보이지만 세부적인 내용을 정확히 설명하는 방송으로 영국 청취자들 사이에 공포 분위기를 더욱 확실하게 조성하라고 지시했다.

괴벨스는 또한 덩케르크에 버리고 간 10만 벌의 영국군 군복을 발견했다고 거짓 보도하여 침공에 떠는 영국인들의 불안감을 증폭시키라고 지시했다. "비밀 송신소들은 적당한 기회를 봐서 이들 군복을 입은 독일군 낙하산 부대가 영국 본토에 내렸다고 소문을 낼 것."

*

당시 독일 전투기들은 해협 연안의 프랑스 비행장에 집결해 있었다. 아돌프 갈란트의 부대도 그중 하나로, 런던 중심부에서 불과 150킬로미터 떨어진 칼레 인근 비행장이 그들의 기지였다.

25장 교수의 깜짝쇼

교수(프레더릭 린드만)가 다루기 힘든 사람이라는 평판은 화이트홀 전체로 빠르게 확산되었다. 영특하긴 하지만 그는 때로 남의 일에 간섭하고 방해하여 사람들을 짜증 나게 했다.

7월 27일 토요일 밤 린드만은 처칠 가족과 저녁 식사를 하기 위해 체커스로 갔다. 여느 때처럼 그 집은 손님들로 북적였다. 비버브룩, 이즈메이, 처칠의 딸 다이애나와 남편 던컨 샌디스는 물론 제국군총참모장 원수 존 딜 경Sir John Dill, 영국군 3군단장 제임스 마셜-콘월 경Sir James Marshall-Cornwall 등 군 고위 관리들이 대부분 식사를 하고 하룻밤 묵기 위해 와있었다. 메리 처칠은 사촌이자 친구인 주디 몬태규의 노퍽 저택에서 여름휴가를 보내느라 빠졌다. 늘 그렇듯 하객들은 저녁 식사에 어울리게 여성들은 드레스를, 남성들은 야회복 재킷을 입었다. 린드만은 늘 입는 모닝코트와 줄무늬 바지를 입었다.

처칠은 의기양양했다. "열정과 전염성 강한 유쾌함이 좌중을 지배했다"고 나중에 마셜-콘월 장군은 썼다. 장군은 처칠과 교수 사이에 앉았고 딜 원수는 바로 맞은편에 앉았다. 처칠은 딜을 부를 때 제국군총참모장Chief of the Imperial General Staff의 긴 직함을 네 글자로 줄여 CIGS라고 불렀다.

샴페인이 나왔을 때 처칠은 마셜-콘월에게 덩케르크를 탈출할 당시 장비를 다 놔두고 온 2개 사단의 근황을 물었다. 장군은 처칠에게 자신의 첫 번째 임무는 공격하는 것이라고 하는 등 시작은 좋았다. 마샬-콘월은 그동안 자신의 사단이 "대전차 장애물 뒤에 숨는 방어 전술에만 너무 집착했다"고 시인하면서 이제 그들의 새로운 구호는 "앉아 기다리는 것이 아니라 때리는 것"이라고 말했다.

처칠은 흡족했다. "멋지군! 그것이 내가 바라는 기개요." 마샬-콘월의 자신감에 처칠은 또 물었다. "그럼 이제 장군의 군단은 출전할 준비가 된 거요?"

"아직은 멀었습니다. 각하." 마샬-콘월이 말했다. "아직 재무장이 완료되지 않았고 재무장을 하더라도 한두 달 정도 강도 높은 훈련을 더 받아야 합니다."

처칠의 표정이 금방 변했다. 매우 언짢은 얼굴로 그는 디너 재킷 주머니에 손을 넣어 서류뭉치 하나를 꺼냈다. 교수가 작성한 최근 '전투 준비 현황'에 관한 차트였다. 처칠의 요청으로 린드만의 사무실 직원들이 그달 초부터 매주 작성해온 통계 자료였다. 차트에는 모든 사단의 준비 상태를 소총, 기관총, 박격포 등의 종류별로 구분하여 숫자까지 적혀있었다. 이들 자료는 화이트홀 주변에서 반감만 유발했다. "우리는 과거 린드만 교수의 부서가 총리에게 잘못된 인상을 전달하기 위해 이 수치를 사용한 것으로 알고 있다." 육군부의 한 고위 관계자는 그렇게 트집 잡았다.

처칠은 주머니에서 방금 꺼낸 통계 자료를 펼치면서 마샬-콘월 장군에게 물었다. "장군의 사단이 어디죠?"

"제53보병사단(웰시)과 제2런던사단입니다." 장군은 대답했다.

처칠은 두툼한 손가락으로 교수의 도표를 훑어 그 두 개 사단을 찾았다.

"여기 있군." 처칠이 말했다. "인원, 소총, 박격포는 100퍼센트 완료되고, 야포, 대전차 소총, 기관총은 50퍼센트 완료되었군."

장군은 깜짝 놀랐다. 그의 사단은 전혀 준비가 되어있지 않았다. "실례지만, 각하." 그가 말했다. "그 무기는 병참부대가 우리 사단에 지급하려고 준비 중인 수치를 의미할 겁니다. 아직은 그런 수치에 턱없이 모자랍니다."

처칠은 마샬-콘월의 표현에 따르면 "화가 나서 말은 못하고" 눈만 부라렸다. 그리고 그 서류를 테이블 건너편에 있는 제국군총참모장 딜 장군에게 던졌다.

"CIGS!" 그가 말했다. "그 서류들을 확인한 후 내일 다시 가져오시오."

잠시 모든 대화가 중단되었다. "분위기를 바꿀 필요가 있었다." 마샬-콘월은 그렇게 썼다. 그것도 처칠의 몫이었다. 그는 마샬-콘월의 반대편에 앉아있는 교수 쪽으로 몸을 기울였다.

"교수!" 그가 고함을 질렀다. "당신 오늘 나한테 할 말 없어요?"

창백한 외모와 조용한 목소리 그리고 활기와는 거리가 먼 성격 등 사람들 앞에 잘 나서지 않는 편이지만 린드만은 사실 사람들의 관심을 받기를 좋아했고 담담해 보이는 성격을 발판으로 자신의 말과 행동의 영향력을 높일 수 있다는 사실을 잘 아는 연출가였다.

린드만은 천천히 그의 연미복 주머니로 손을 가져가 마술사 같은 능숙한 솜씨로 뭔가를 꺼냈다. 수류탄이었다. 일종의 밀스 폭탄Mills bomb으로 '파인애플'이라고 불리는 홈이 파이고 레버에 동그란 금속 안전핀 고리가 달린 전형적인 수류탄이었다.

모든 이의 시선이 집중되었다. 테이블에 불안한 기운이 감돌았다.

처칠은 소리쳤다. "그게 뭐요, 교수? 그게 뭐냐고?"

"이것은 현재 영국 보병에게 지급되고 있는 성능이 시원치 않은

밀스 폭탄입니다." 린드만이 말했다. 이건 10여 개의 부품으로 이루어졌으며 각각의 부품은 다른 공정으로 제작된다고 그는 설명했다. "그래서 제가 수류탄을 새로 설계했습니다. 부품을 줄이고 폭발력은 50퍼센트 강하게 만들었죠."

새로운 장비나 무기라면 늘 귀가 솔깃하는 처칠이었다. "멋지군. 교수, 아주 멋져! 그게 바로 내가 듣고 싶었던 말이오." 그는 딜 장군에게 말했다. "CIGS! 밀스 폭탄을 즉시 폐기하고 린드만 수류탄을 도입하세요."

마샬-콘월에 따르면 딜은 "완전히 당황했다." 육군은 이미 영국 및 미국의 제조업자들과 구형 수류탄 수백만 개를 생산하기로 계약을 끝낸 상태였다. "하지만 총리는 들은 척도 하지 않았다." 마샬-콘월은 그렇게 말했다.

그러나 만찬이 끝난 뒤에 시간이 좀 지나자 좀 더 냉정한 평가가 오갔던 것 같다. 이후 30년 동안 모습만 조금씩 바뀌었을 뿐 밀스 폭탄은 계속 사용되었으니까. 린드만이 저녁 식사 때 그럴듯하게 소개했던 수류탄이 실제로 생산되고 사용되었는지는 확실하게 전해지는 자료가 없다.

처칠은 테이블 반대편에 있는 비버브룩을 가리켰다. "맥스!" 그가 외쳤다. "당신은 어떻게 생각해요?"

비버브룩은 교수와 그가 작성한 수치를 점잖게 비웃으며 대답했다. "총리님! 5분만 시간을 주시면 최신 수치를 알려드릴 수 있습니다."

그는 자리에서 일어나 방의 한쪽 끝에 있는 전화기로 걸어갔다. 그는 잠시 후 얼굴에 웃음을 띠고 돌아왔다. 심술기가 가득한 웃음이었다.

"총리 각하, 지난 48시간 동안 우리는 허리케인 생산을 50퍼센트 늘렸습니다." 그는 그렇게 말했다.

26장 새벽의 흰 장갑

루스벨트 대통령과 연락을 주고받으면서 처칠은 아슬아슬한 줄타기를 계속했다.

일단 그는 대통령에게 상황이 다급해졌다는 사실을 납득시켜야 했다. 하지만 동시에 영국의 상황이 너무 암담하다는 인상을 주어서도 안 되었다. 그랬다가는 결정적인 지원을 주저할지도 모를 일이었다. 영국이 무너지면 미국의 물자를 헛되이 버리는 셈이 될 테고 일이 잘못되어 적의 손에 들어가면 결국 미군만 불리해지기 때문이었다. 덩케르크에 버려진 수천 대의 트럭과 총과 보급품들이 패배의 톡톡한 대가를 생생하게 증명해주었다. 처칠은 이제 궁극적인 승리에 대한 영국 스스로의 자신감을 높이고 무엇보다도 공무를 맡은 사람들 사이에서 엿보이는 비관주의의 징후를 잠재우는 것이 중요하다고 판단했다. 이것은 영국 함대의 최종적 처분과 관련하여 특히 중요했다. 메르셀케비르의 조치로 프랑스 해군에 대한 우려가 상당 부분 해소된 후 미국은 영국 함대가 절대로 독일에 항복하지 않으리라는 보장을 원했고, 패배가 불가피해지면 영국 함대를 미국의 지배하에 둔다는 합의에 따라 구축함을 기부하는 방안을 고려하고 있었다.

처칠은 자국의 함대를 구축함을 확보하기 위한 협상 수단으로 이용한다는 발상 자체가 마음에 안 들었다. 그는 8월 7일자 전보에서 주미대사 로디언 경Lord Lothian에게 협상에서 그런 말은 아예 꺼내지도 말라고 단단히 일러두었다. 그것은 변명의 여지가 없는 패배주의로 "그에 따른 결과가 너무 비참하기" 때문이었다. 일주일 후 처칠은 전시내각 회의에서 같은 주제를 다루며 이렇게 말했다. "사기를 떨어뜨리거나 싸울 의지를 꺾는 말은 일체 해선 안 됩니다."

그러나 로디언에게 보낸 전보에서 그는 미국이 전쟁에 참전하여 본격적인 동맹국으로 활동한다면 양측이 "적군에 효과적인 최종적 패배를 안기기 위해" 필요하다고 생각하는 어떤 전략적 처분도 함대는 받아들일 수 있다고 전하라고 허락했다. 그는 함대에 보이는 미국의 관심을 긍정적으로 보았다. 그것은 영국이 패해 나치의 지배를 받게 되면 미국에도 심각한 위협이 되리라고 경고했던 자신의 말을 루스벨트가 진지하게 받아들였다는 뜻이기 때문이었다. 처칠이 보기에 미국 쪽의 사소한 우려는 오히려 반길 만한 일이었다. 그는 로디언에게 말했다. "나는 이 문제에 대해 미국이 갖고 있는 그럴 법한 걱정을 덜어줄 생각이 없어요."

처칠은 또한 미국의 여론이 첨예하게 양분되어 있다는 사실을 잘 알고 있었다. 고립주의자들은 전쟁에 관여하지 않으려 하는 반면, 결국 전쟁을 할 수밖에 없다고 믿는 사람들은 미국의 개입이 늦을수록 비용은 더 많이 들 것이라고 생각했다. 처칠로서는 애가 탈 노릇이지만 루스벨트는 너무나 명료한 사실을 내다보지 못하고 있었다. 처칠은 이미 지난 5월에 노후 구축함 50대를 대여해달라고 처음 요청했고, 6월 11일에도 거듭 요청하며 그 의미를 강조했었다. "앞으로 6개월이 매우 중요합니다." 그러나 미국은 여전히 그 배들을 넘기지 않고 있었다. 대다수 영국 국민이 다들 그렇게 생각하듯 처칠도 미국 대통령은 영국 총리보다 더 많은 권한을 갖고 있다고 생각했다. 그리고 그는 루스벨트를 정신적 동지로 여겼다. 그런데 과연 그가 정신적 동지라면 왜 물질적 원조를 망설이고 더 나아가 직접적인 개입을 하지 않는 것일까?

그러나 루스벨트는 힘겨울 정도로 복잡한 정치 지형에 얽매여 있었다. 의회는 이미 징병제 발의로 격랑에 휘말린 상태였다. 역사상 최초의 평화 시 징병이었다. 루스벨트는 징병이 꼭 필요하다고 여겼다. 유럽에서 전쟁이 시작되었을 당시 미 육군은 17만 4,000명이 전부였다. 개인 화기도 1903년에 만들어진 스프링필드Springfield 소총을 포함하여 쓸모없는 무기밖에 없었다. 5월에 남부에서 7만 명의 병사를 동원한 기동작전은 전쟁을 치를 군대로는 너무 초라한 모습만 드러내고 끝났다. 히틀러의 고도로 기계화된 막강한 조직에 비하면 특히 한심했다. 〈타임〉의 설명대로 "유럽의 전면전에 비하면 미군은 비비탄 총을 든 순진한 소년 같았다."

루스벨트 대통령은 영국에 구축함 50척을 보내려면 의회의 승인을 받아야 한다고 생각했다. 미국이 해외로 군수물자를 수송하려면 먼저 그 보급품이 미국 군대에겐 필요가 없는 것이라는 사실을 의회가 확인해야 한다는 1940년 연방군수계획Munitions Program 조항 때문이었다. 징병 논쟁으로 분위기가 이미 험악했기 때문에 루스벨트는 그 배들이 사실상 쓸모없어도 의회에서 승인을 얻기 힘들 것으로 보았다. 실제로 그해 초에 의회는 배들을 폐기할 생각이었다. 그러나 해군이 끼어들어 바로 이 구축함들이 사실상 중요한 자산이라고 주장하고 나섰다.

게다가 1940년은 대통령 선거가 치러지는 해였고 루스벨트는 전례가 없는 3선 출마를 결정한 상태여서 문제는 더욱 복잡하게 꼬여갔다. 그는 7월 18일 시카고에서 열린 전당대회에서 민주당 지명을 수락했다. 그는 영국의 어려운 처지에 동정적이었고 원조금을 보내기 위해 할 수 있는 것을 모두 했지만 그러면서도 참전을 심각하게 반대하는 대다수 미국인의 심정도 이해하는 편이었다. 적어도 당분간 그와 그의 맞상대인 공화당 후보 웬델 윌키Wendell Willkie는 둘 다 이 문제를 신중히 다룰 생각이었다.

그러나 전쟁의 양상은 점점 더 영국에 위협적으로 바뀌어갔다. 독일 해군은 두 척의 신형 전함 비스마르크호Bismarck와 티르피츠호Tirpitz의 진수를 코앞에 두고 있었다. 애초 처칠이 '매우 중요한 표적'으로 지목했던 전함이었다. 게다가 영국으로 들어오는 상선을 호위하는 구축함이나 영국 구축함을 노리는 독일 항공기와 U-보트의 공격도 점점 더 매서워져서 처칠은 루스벨트에게 자국의 구축함들이 "공중폭격에 매우 취약하다"고 타전했다. 따라서 미국의 구축함들은 이제 단순히 호송에 도움이 되는 정도가 아니라, 근해를 지키고 영국이 덩케르크에서 철수한 군대를 재편하고 충원하는 데 필요한 시간을 벌기 위해서도 꼭 필요한 무기였다. 그러나 루스벨트는 화가 날 정도로 냉담했다.

처칠은 비록 7월 말에 비굴한 모습을 보일 뻔했지만 결코 저자세로 탄원하지는 않았다. 7월 31일 수요일에 루스벨트에게 보낸 전보에서 그는 다른 보급품들뿐 아니라 구축함의 필요성은 이제 "가장 시급한 사항"이 되었다고 쓰면서 지금이 매우 중요한 순간이라고 다시 한번 강조했다. 미국에게 그 선박들이 있고 없고는 "별것 아닌 쉽게 해결할 수 있는 문제"이지만 영국에게는 "전쟁의 운명 자체"를 가를 수 있는 결정적 요인이었다. 그는 전보 초안에서 그전까지 루스벨트에게 사용하지 않았던 어조로 그 점을 강조했다. "대통령께서 그런 자리에 계시면서 왜 그깟 낡은 구축함 50~60척을 내주지 않는지 저로서는 납득이 가지 않습니다." 하지만 최종안에서 이 문구는 빠졌다. 처칠은 대신 그들 구축함에 대잠수함 수중 음파 탐지기를 설치하여 해협 서쪽 입구로 수렴되는 수송로인 서부진입로Western Approaches에서 암약하는 U-보트를 저지하겠다고 약속했다. 그 구축함들은 예상되는 수륙양용 침공을 물리치기 위해서도 꼭 필요했다. "대통령 각하, 무한한 존경심으로 드리는 말씀이지만 기나긴 세계 역사에서 바로 이것이야말로 지금 해주셔야 할 일입니다."

처칠은 나중에 이 부분을 다시 불러주면서 "지금"을 이탤릭체로 바꾸라고 했다.

*

처칠의 요구가 다급하다고 판단한 루스벨트는 8월 2일 금요일에 국무회의를 소집해 미국이 중립법을 위반하지 않고 영국에 선박을 인도할 방법을 궁리했다.

해군장관 프랭크 녹스Frank Knox가 아이디어를 하나 냈다. 미국이 뉴펀들랜드와 버뮤다를 포함한 대서양 여러 섬에 있는 영국 해군기지를 사용하는 대가로 영국에게 구축함을 인도하여 일종의 거래로 취급하면 문제가 되지 않을 것 같다는 제안이었다. 그렇게 해서 미국의 안보에 도움이 된다면 전쟁 물자를 이전해도 법에 저촉되지 않을 것이다. 쓸 수 없게 된 구축함을 내주는 대신 전략기지를 얻을 수 있다면 법적인 요건도 충족시킬 수 있을 것 같았다.

루스벨트와 국무위원들은 좋은 아이디어라고 무릎을 쳤지만 그렇다고 해서 의회의 승인이 필요하지 않은 것은 아니었다.

루스벨트는 우호적인 상원의원 클로드 페퍼Claude Pepper에게 그 거래를 허가하는 법안을 제출해달라고 요청했다. 하지만 그렇게 하려면 공화당의 승인이 필요한데, 무엇보다 전쟁 개입을 완강히 반대하는 미국인들이 너무 많아 선거가 임박한 시점에서 안건은 사실상 통과되기 어려울 것 같았다.

페퍼는 루스벨트에게 법안이 "통과될 가망이 없다"고 말했다.

*

금요일에 처칠은 비버브룩을 전시내각의 정식 각료로 임명했고 곧이어 국방위원회의 정식 위원으로 앉혔다. 비버브룩은 마지못해 위원회에 합류했다. 그는 종류나 위상이 무엇이든 위원회라는 것 자체를 싫어했다. 그의 사무실에 있는 표어에는 이렇게 적혀있었다. "위원회 위원들은 전쟁에서 힘만 뺀다."

그가 보기에 회의만큼 세상에 쓸모없는 것도 드물었다. "생산을 조금이라도 늘리려면 공군부에 가서 하루 종일 쫓기듯 보내야 했다." 그는 당시를 회고하며 그렇게 썼다. "나는 우리 공군의 물자가 부족할까 늘 노심초사했다. 또 각료회의에 참석하라는 요구를 수도 없이 받았는데 내가 없으면 총리가 사람을 보내곤 했다." 처칠은 밤늦게까지 이어지는 국방위원회의 회의에 그를 불러댔고, 회의가 끝난 후에도 거실로 끌고 가 토론을 이어갔다.

"이만저만한 부담이 아니었다." 비버브룩은 그렇게 썼다. 그리고 처칠에겐 불공평한 이점이 있다고 그는 지적했다. 처칠은 꼭 낮잠을 잤다.

*

8월 4일 일요일, 처칠의 아들 랜돌프가 소속부대인 제4여왕직속 기병대를 떠나 군복을 입은 채 다우닝가 10번지로 돌아왔다.

첫날밤은 훈훈한 분위기로 시작했다.[36] 다우닝가 10번지에서 파멜라와 클레멘틴과 처칠은 모두 함께 저녁 식사를 즐겼다. 식사 후 처칠은 다시 일하러 갔고 클레멘틴은 침실로 돌아갔다. 사실 클레멘틴은 대부분의 저녁을 침실에서 혼자 보냈다. 그녀는 남편의 친구들이나 동료들을 대체로 싫어했고, 싱글 베드와 싱크대가 있는 간소한 자신의 방에서 식사하기를 즐겼다. 반면에 처칠은 일주일에 5번 정도 저녁 식사 모임을 열거나 참석했다.

랜돌프는 오랜만에 집에 돌아왔지만 식사를 마친 후 혼자 밖으로 나가 사보이 호텔로 갔다. 친구이자 미국의 언론인인 H. R. 니커보커H. R. Knickerbocker가 곧 떠날 예정이어서 그를 만난다고 파멜라에게 말했다. 두 남자는 호텔 바가 문을 닫을 때까지 술을 마신 다음 니커보커의 방으로 함께 가 최소 브랜디 한 병은 더 비웠다. 다음 날 아침 6시 10분에 다우닝가 10번지로 차를 몰고 돌아오는 랜돌프의 몰골을 처칠의 경호원 톰슨 경위가 목격했다. 랜돌프는 비틀거리며 차에서 내려 파멜라의 방으로 갔다. 너무 취해서 잠옷으로 갈아입지도 못했다.

톰슨은 차를 점검했다.

*

파멜라는 취하고 흐트러진 랜돌프에게 화가 잔뜩 났다. 그리고 약 1시간 뒤인 오전 7시 30분쯤 가정부가 파멜라의 방문을 두드렸다. 당장 보자는 클레멘틴의 쪽지였다.

클레멘틴은 분노했다. 그녀는 하얀 장갑을 끼고 있었다. 화가 나면 하는 그녀의 습관이었다.

"어젯밤 랜돌프는 어디에 있었니?" 그녀가 물었다. "무슨 일이 있었는지 알기나 하는 거냐?"

물론 파멜라는 남편이 술에 취해 집에 돌아온 것을 알고 있었지만 클레멘틴의 태도로 미루어 볼 때 밖에서 무슨 일이 생긴 것이 틀림없었다. 겁이 난 파멜라는 울먹이기 시작했다.

클레멘틴은 톰슨 경위가 랜돌프의 차를 확인하다 차 안에서 비밀 군사지도들을 찾아냈다고 말했다. 지나가던 사람도 볼 수 있는 상태라고 했다. 심각한 보안수칙 위반이었다.

"어떻게 된 거냐?" 클레멘틴이 물었다.

파멜라는 랜돌프에게 따졌다. 그는 손이 발이 되게 빌었다. 그는 부끄러운 얼굴로 밤사이 일을 아내에게 모두 말했고, 또 아버지에게도 말했다. 랜돌프는 사과했고 술을 끊겠다고 약속했다. 클레멘틴의 분노는 가라앉지 않았다. 그녀는 아들을 다우닝가 10번지에서 쫓아냈고 그의 남성 클럽인 화이츠White's에 임시 거처를 마련하도록 했다. 17세기 때 망신살 뻗친 남편들을 위해 만든 피난처로, 특히 도박에 빠진 랜돌프 같은 사람에게 딱 어울리는 곳이었다.

술을 끊겠다는 약속은 그가 지킬 수 없었던 많은 허언 중 하나였다.

영국 침공 계획이 착착 진행됨에 따라 히틀러는 작전지시 17호를 발령했다. RAF에 대한 전면적인 공격 요구였다. "독일 공군은 가능한 한 짧은 시일 내에 휘하의 모든 병력을 동원하여 영국 공군을 제압할 것." 히틀러는 그렇게 썼다. "공격은 주로 비행대, 지상 설비, 보급기관 외에 대공 장비 제조 시설 등 항공기 산업에 집중시킬 것."

히틀러는 "보복 조치로 테러 공격을 결정할 권리"는 유보했다. 그가 런던 중심부와 다른 대도시 민간 지역에 대한 공격 명령을 계속 망설였던 것은 도덕적인 혐오와는 무관한 것으로, 그보다는 처칠과 평화협정을 계속 시도하고 베를린에 대한 보복 공격을 피하고 싶다는 희망 때문이었다. 나중에 나온 루프트바페의 평가에 따르면 RAF에 대한 이런 새로운 군사행동은 전쟁사에 획기적인 사건이었다. "처음으로 … 공군은 다른 군대(육군, 해군 등)의 작전과 무관하게 적의 공군에 결정적인 타격을 주는 것을 목표로 하는 공격을 감행할 예정이었다." 문제는 공군이 단독으로 "적이 평화를 호소할 때까지 대규모 공습으로 적의 전투력 전반을 훼손시킬" 능력이 있는가 하는 점이었다.

새로운 전략적 폭격을 계획하고 실행하는 임무는 헤르만 괴링에게 주어졌고, 그는 작전 개시일에 아들러타크Adlertag, '독수리의 날'이라는 작전명을 붙였다. 그는 독수리의 날을 8월 5일로 정했다가 토요일인 8월 10일로 연기했다. 그는 자신의 공군이 히틀러의 숙원을 풀어주리라 믿어 의심치 않았다. 8월 6일 화요일에 그는 작전 계획을 세우기 위해 공군의 고위 지휘관들을 카린할로 불렀다.

지금까지 루프트바페는 영국을 상대로 제한된 작전만 펼쳐왔다. 영국 방공망을 탐색하면서 RAF 전투기를 끌어내기 위한 의도였다. 독일 폭격기들은 콘월과 데본과 사우스웨일즈 등 몇몇 지역에 대해 짧고 개별적인 공격을 수행했다. 그러나 이제 괴링은 늘 그랬던 것처럼 허세를 버리지 못하고 유사 이래 전례가 없는 대규모 공격을 머릿속에 그리기 시작했다. 그는 영국의 방공체계를 완전히 무력화시킬 생각이었다. 저항은 대단치 않을 것이다. 공군정보부장 베포 슈미트Beppo Schmid의 보고에 따르면 RAF는 이미 큰 타격을 입은 상태였고 손실을 보상할 만큼 항공기를 새로 생산해내지도 못하고 있었다. 날이 갈수록 RAF는 힘이 빠질 것이라고 했다. 슈미트는 얼마 안 가 RAF에는 더는 임무를 수행할 수 있는 항공기가 남아있지 않을 것이라고 보고했다.[37]

괴링에 떠밀리고 슈미트의 보고에 고무된 공군 지휘관들은 나흘이면 RAF에 남은 전투기와 폭격기를 모조리 파괴할 수 있다고 판단했다. 그 후로는 주야를 가리지 않고 공습을 퍼부어 영국 전역의 공군 기지와 항공기 제조 시설을 차근차근 하나씩 제거하면 된다. 과감한 계획이었지만 불확실하고 결정적인 변수가 하나 있었다. 날씨였다.

괴링은 폭격기 수백 대를 프랑스 해협 해안을 따라 늘어선 기지와 노르웨이로 옮겼다. 그는 항공기 1,500대를 동원해 초전에 판세를 결정지을 작정이었다. 기습공격으로 영국을 압도하겠다는 현대식 물량작전이었다. 괴링의 폭격기들은 발진 후 6분이면 해협을 건널 수 있었다.

그러나 루프트바페 조종사들이 하늘에서 직접 겪은 경험은 베포 슈미트의 보고서 설명과 크게 달랐다. "괴링은 그런 보고서 내용이 현실과 맞지 않는다는 전투 지휘관들의 이의 제기를 들으려 하지 않았습니다." 루프트바페의 에이스 갈란트는 나중에 미국 취조관에게 그렇게 말했다. 막상 RAF와 맞붙었던 독일 조종사들은 그들에게서 힘이 떨어 졌거나 전열이 흐트러졌다는 느낌을 전혀 받지 못했다.

대대적인 공격은 다가오는 토요일에 시작될 예정이었다. 일이 잘 풀리면 곧이어 본토 침공이 뒤따를 것이다.

28장 오, 달, 사랑스러운 달

처칠의 리더십에서 가장 두드러진 특징 중 하나는 한순간에 분위기를 바꿔 다른 총리들이 대수롭지 않게 여긴 일에도 다들 진지하게 집중하게 만드는 능력이었다. 보기에 따라서는 재미있는 특징일 수도 있지만 골칫거리일 수도 있었다. 처칠에게는 중요하지 않은 것이 하나도 없었으니까. 예를 들어 전황이 다급해지고 있던 8월 9일 금요일에 그는 전시내각 각료와 직원들을 불러놓고 자신이 중요하다고 생각하는 문제를 다루는 전언문에 대해 설명을 늘어놓았다. 매일 자신의 검은색 '박스'에 들어오는 보고서의 길이와 작성 방식에 문제점이 있다는 얘기였다.

'간결함'이라는 짧은 제목의 그 전언문은 이렇게 시작했다. "이런 일을 하려면 많은 분량의 서류를 읽어야 한다. 그런데 서류들이 대부분 너무 길다. 이건 시간 낭비다. 핵심을 찾는 데 에너지를 다 써야 하니까."

그는 장관들과 직원들에게 보고서를 개선할 방법 4가지를 제시했다. 첫째, "보고서는 짧고 분명한 단락으로 나눠 요점만 확실히 제시할 것." 둘째, 복잡한 사항을 다룬 논의나 통계분석은 부록으로 첨부할 것. 셋째, 경우에 따라서는 보고서를 통째로 없애고 "필요할 경우 말로 설명할 수 있는 표제만 적은" 비망록aide-méoire으로 대신할 것. 마지막으로 그는 공식 보고서의 특징인 난삽한 문체를 트집 잡았다. "이런 문장들은 이제 집어치우자." 그는 그렇게 쓰면서 두 가지 대표적인 문장을 예로 들었다.

"다음의 고려사항들을 명심하는 것 또한 중요하다."
"…의 실현 가능성을 고려해야 한다."

"이런 알다가도 모를 문장들은 대부분은 불필요한 삽입구여서, 아예 빼버리거나 한 단어로 대체될 수 있다. 대화체라도 상관없으니 짧으면서도 뜻이 풍부한 문장을 사용하는 데 주저하지 말라." 처칠은 그렇게 썼다.

그런 표현은 "처음에는 단조로운 공식 관용구에 비해 성의 없어 보일 수 있다." 그는 그렇게 지적했다. "그러나 시간 절약은 매우 중요한 문제다. 게다가 실제로 요점을 간결하게 제시하는 훈련은 명확한 사고에도 도움이 된다."

그날 저녁 처칠은 그때까지 주말마다 거의 그랬던 것처럼 시골로 떠났다. 체커스에서 개인비서 임무를 맡은 존 콜빌은 별도의 차로 클레멘틴과 메리와 함께 갔다. 앤서니 이든과 퍼그와 요직을 맡은 장군 2명 등 다른 손님들은 이미 먼저 가있었고, 모두들 식사를 하고 잠을 잤다. 처칠은 제1해군경 더들리 파운드도 초대했지만 누구에게도 그가 온다는 사실을 알리지 않아 콜빌의 말대로 "저녁 식탁 자리를 정신없이 다시 배치해야 했다."

식사가 끝난 후 메리는 습관처럼 자리를 떴고 클레멘틴도 본인이 원해서 자신의 방으로 갔다.

남자들의 대화 주제는 침공 위협과 본토 방어에 필요한 조치로 바뀌었다. 해변 곳곳에 대전차 지뢰가 매설되었다. 지뢰는 "무서운 파괴력을 드러냈다." 콜빌은 그렇게 썼다. 실제로 그는 그 지뢰들로 인해 적지 않은 영국 시민들이 목숨을 잃었다고 지적했다. 처칠은 골프공을 인근 해변 쪽으로 친 불운한 골퍼 이야기를 했는데 아마도 지어낸 이야기일 가능성이 크다. 콜빌은 일기에서 결말을 이렇게 요약했다. "그는 그 해변에 9번 아이언을 가져가 플레이를 했지만 후에 남은 것은 공뿐이었다. 공은 그린으로 안전하게 돌아왔다."

저녁 식사 후 처칠과 장군들과 파운드 제독은 호트리 룸_{Hawtrey Room}으로 자리를 옮겼다. 그곳은 폭격에 대비해 거대한 목재로 구조물을 받쳐놓았다. 그 방에는 귀중한 물건이 많았는데 1476년에 발행된 책도 있었다. 콜빌은 외교 각서를 검토한 다음 정리해 처칠의 검정색 '박스'에 보관했다.

어느 순간 독일 항공기 한 대가 그들 위로 날았다. 처칠을 선두로 사람들은 비행기를 보러 정원으로 달려나갔다.

사람들을 즐겁게 해주려 했는지 파운드 제독이 계단을 내려오다가 발을 헛디뎠다. "제1해군경은 처음에 계단 아래로 굴렀다가 씁쓸한 표정으로 몸을 일으켰지만 또다시 굴러 땅바닥에 털썩 엎어지고 말았다. 그곳에 있던 보초병이 총검으로 그를 위협했다." 콜빌은 그렇게 썼다.

파운드는 간신히 몸을 일으키며 중얼거렸다. "제1해군경이 있을 곳이 못 되는군."

처칠은 재미있어 하면서 그를 놀렸다. "정신 차려요. 당신은 함대의 제독이지 수습사관이 아니잖아요!"

*

콜빌에게 토요일 아침은 전보를 보내고 전언문을 전달하는 등 평소보다 일이 더 많은 날이었다. 그런 다음 처칠과 클레멘틴과 메리 등 "앙 파밀en famille (가족과 함께)" 점심을 먹었다. "더없이 즐거운 시간이었다." 무엇보다 처칠의 "유머가 최고였다." 콜빌은 그렇게 썼다. "그는 러스킨에서부터 볼드윈 경까지, 유럽의 미래부터 토리당의 장점까지 어떤 주제가 됐든 화려한 언변을 과시했다." 그는 자신이 확실하게 보강하려 했던 군대가 군수품과 무기의 심각한 부족으로 고전하고 있다고 불평했다. "우리는 당연히 승리할 겁니다." 처칠이 그렇게 선언했다. "그러나 우리는 그럴 자격이 없어요. 자격이 있다면 우리의 덕목 때문이지 우리가 똑똑해서는 아닐 거요."

대화는 엉뚱한 쪽으로 흘러갔다. 콜빌은 작자도 알 수 없는 시를 몇 가지 암송했다. 4행시 하나가 처칠을 기쁘게 했다.

오, 달, 사랑스러운 달이여, 그대의 아름다운 얼굴로
공간 이곳저곳을 가리지 않고 질주하는
그대를 볼 때마다 나는 속으로 생각하오
내가, 도대체 내가 그대의 뒷모습을 볼 날이 있을까

점심 식사 후 콜빌과 클레멘틴과 메리는 가까운 언덕에 올랐다. 콜빌과 메리의 산책은 경주로 바뀌었다. 누가 먼저 정상에 오르는지 내기였다. 콜빌이 이겼지만 "그 어느 때보다 마음이 안 좋았다. 생각하기도 싫다."

콜빌을 바라보는 메리의 평가는 꾸준히 좋아지고 있었지만 그녀는 여전히 그런 내색을 하지 않았다. 8월 10일 토요일 일기에서 그녀는 썼다. "나는 조크(콜빌)를 좋아하지만 그는 폭 '젖은' 것 같다." '젖은wet' 것 같다는 말은 개성이나 박력이 없어 보인다는 영국인들의 구어다. 콜빌도 메리를 계속 다정하게 대했다. 다음 날 그는 일기에 이렇게 썼다. "메리 스스로도 인정했지만 그녀는 조금 진지한 편이다. 그래도 매력적인 아가씨이고 보고 있으면 기분이 좋다."

다가온 토요일에 헤르만 괴링은 실망한 기색을 감출 수 없었다. 바로 RAF에 대한 총력전의 시작을 알리는 '독수리의 날'이었지만 영국 남부의 악천후로 인해 공격을 취소해야 했기 때문이었다. 그는 작전을 다음 날인 8월 11일 일요일 아침으로 정했지만 다시 8월 13일 화요일로 연기되었다.

다행스러운 점도 한 가지 있었다. 그때쯤엔 달이 볼록하게 차올라 주말이면 보름달에 가까워질 것이고 그렇게 되면 야간 작전이 더 수월해져 성공할 확률이 높아질 것이다. 독일의 빔 항법 기술로 루프트바페는 달빛 의존도를 많이 줄였지만, 그래도 조종사들은 새로운 시스템에 신중한 입장이어서 여전히 달빛에 지상이 환히 내려다보이는 맑은 날씨에 공격하는 쪽을 선호했다.

*

베를린에서는 도시 한복판에 있는 파리저 광장에 노동자들이 대형 스탠드를 짓고 있었다. 전쟁의 종식을 알리는 전승 퍼레이드 행사를 위한 시설이었다. "오늘 그들은 그곳에 페인트를 칠하고 거대한 황금 독수리 2마리를 가설했다." 윌리엄 샤이러는 일요일 일기를 그렇게 시작했다. "양쪽 끝에는 거대한 철십자도 세우고 있다." 샤이러의 호텔은 그 광장에 있었는데 광장 한쪽 끝에는 브란덴부르거 토르Brandenburger Tor(브란덴부르크 문)가 서 있었다. 개선군은 그곳을 통과할 예정이었다.

샤이러는 들은 말이 있었다. 히틀러가 월말이 되기 전에 스탠드 가설을 끝내길 원한다는 얘기가 나치당 내에 돌고 있다는 소문이었다.

3부 **두려움**

8월—9월

29장 독수리의 날

8월 13일 화요일 새벽, 약 60여 대로 구성된 독일 폭격기 2개 편대가 프랑스 아미앵 상공으로 날아올라 원을 크게 그리며 비행고도까지 올라간 후 전투 대형으로 집결했다. 여기에만 30분이 소요되었다. 날이 맑아도 비행기가 많으면 대형을 갖추는 일이 쉽지 않았지만 그날 아침은 예상치 못한 날씨 변화로 어려움이 가중되었다. 유럽에 맑은 날씨를 보장해줄 것 같았던 아소르스 상공의 고기압이 갑자기 소멸되었기 때문이었다. 해협과 프랑스와 영국의 해안이 짙은 구름에 가렸고 독일군 비행장은 안개에 휩싸였다. 영국의 남동부 해안의 시계한도는 1,200미터로 낮아졌다.

100대의 폭격기로 구성된 세 번째 편대가 디에프 상공에서 출격했고, 네 번째 편대는 40대의 비행기로 셰르부르 북쪽에, 다섯 번째 편대는 채널 제도에 집결했다. 200대가 훨씬 넘는 폭격기들은 대형을 갖춘 뒤 영국으로 향했다.

바로 헤르만 괴링이 벼르던 아들러타크, '독수리의 날'이었다. 그는 히틀러의 계획대로 영국 본토를 침공하기 전, 영국 상공의 제공권을 장악하기 위해 RAF에 대한 총공격을 지시했다. 지난주에 루프트바페는 영국의 해안을 따라 늘어선 레이더 기지에 소규모 포격을 시도했지만 이제는 본격적인 전투를 개시할 때였다. 괴링은 항공기로 하늘을 새카맣게 뒤덮는 공군력을 과시함으로써 세계를 놀라게 할 작정이었다. 이를 위해 그는 폭격기 949대, 급강하폭격기 336대, 전투기 1,002대 등, 총 2,300대를 동원했다. 드디어 히틀러와 전 세계에 그의 공군의 위력을 보여줄 기회가 온 것이다.

그러나 공격을 시작하자마자 괴링은 날씨 때문에 계획을 취소할 수밖에 없었다. 비밀 항법 빔이 있으니 흐린 날씨라고 해서 폭격기들이 날 수 없는 건 아니지만 공격의 규모와 중요성을 생각하면 좀 더 시야가 확실하게 확보되어야 했다. 구름 속에 들어간 전투기와 폭격기는 서로를 찾지 못했고 의사소통도 되지 않았으며 전투기는 빔을 따라가는 데 필요한 장비가 부족했다. 취소 명령을 내렸지만 대부분 명령을 받지 못했다. 80대의 폭격기로 구성된 어떤 편대는 호위 전투기만 취소 명령을 받고 그들만 기지로 복귀해 폭격기들을 위험에 노출시켰다. 폭격기 편대장은 계속 전진했다. 하늘이 흐린 탓에 RAF가 자신들을 먼저 발견하지는 못할 것으로 여긴 것 같았다.

그러나 목표물이 가까워졌을 때 RAF 허리케인들이 떼를 지어 나타났다. 예상치 못한 적기의 출현과 거센 공격에 폭격기들은 탄약을 떨어뜨리고 구름 속으로 도망쳤다.

괴링은 그날 오후 2시에 공격을 재개하라고 명령했다.

*

이 작전에는 루프트바페뿐 아니라 RAF 조종사들 사이에서도 거의 신화에 가까운 명성을 얻고 있던 아돌프 갈란트도 참여했다. 처칠처럼 그를 상징하는 것은 시가였다. 그는 아바나Havana를 하루에 20대 피웠다. 차량용 시가 잭을 이용해 불을 붙였는데 그는 괴링이 조종실에서 담배를 피울 수 있도록 허락한 유일한 조종사였다. 그러나 히틀러는 그가 담배 피우는 모습을 사진으로 남기지 못하게 했다. 독일 젊은이들에게 좋지 않은 영향을 미친다는 이유에서였다. 갈란트와 그의 대원들은 그때 프랑스 해안의 파드칼레 비행장에 주둔하고 있었다. 전쟁 초반에 거둔 손쉬운 승리에 익숙한 루프트바페에게 이 시기는 "미숙한 각성기"였다고 갈란트는 나중에 술회했다.

영국으로 향하기 전 프랑스 해안에서 폭격기와 엄호기 대형을 갖추는 데에만 30분을 썼기 때문에, 그의 Me 109 전투기의 90분 비행시간은 평소보다 훨씬 더 불리하게 다가왔다. 갈란트 편대 전투기들의 작전 범위는 200킬로미터 정도로 대략 런던까지의 거리였다. "그 외의 모든 것은 사실상 우리의 범위 밖이었다." 갈란트는 그렇게 썼다. 그는 독일 전투기를 사슬에 묶인 개에 비유했다. "사슬의 제약 때문에 적을 공격하고 싶어도 피해다운 피해를 입힐 수 없다."

루프트바페는 또한 5월과 6월의 서부 회전에서 가장 강력한 위력을 자랑했던 슈투카 급강하 폭격기의 한계를 빠르게 실감하고 있었다. 슈투카는 일반 항공기보다 훨씬 더 정밀하게 폭탄을 투하할 수 있지만 폭탄을 외부에 탑재했기 때문에 속도가 스핏파이어의 절반 정도밖에 되지 않았다. 슈투카는 특히 급강하할 때 취약했고 영국 조종사들은 그런 특성을 금방 간파하여 역이용했다. "꿀이 파리를 끌어들이듯 슈투카들은 스핏파이어와 허리케인을 불러 모았다." 갈란트는 그렇게 썼다.

독일의 다른 대형 폭격기도 속도가 비교적 느렸다. 스페인과 폴란드에서는 그런 속도로도 요격을 효과적으로 피할 수 있었지만 영국의 최신형 전투기에는 통하지 않았다. 따라서 폭격기에는 대규모의 호위대가 붙어야 했다. 이는 전투기 조종사들과 괴링의 갈등을 부추기는 요인이 되었다. 괴링은 폭격기가 목표지점까지 갔다가 돌아오는 내내 전투기들이 폭격기와 나란히 고도를 유지하면서 근접 비행으로 '밀착 경호'를 하라고 주문했다. 빠른 전투기더러 느린 폭격기에 맞춰 날라는 지시였다. 그러면 공격을 받기 쉬울 뿐 아니라 적기 격추 대수를 늘릴 기회도 줄어들 수밖에 없었다. 격추 대수를 늘리는 것이야말로 전투기 조종사들이 진정으로 원하는 목표였다. 한 조종사는 영국 전투기들의 '밝은 푸른색 바다'을 빤히 올려다보면서도 허락이 떨어지지 않아 그들 뒤를 쫓지 못했을 때의 좌절감을 토로하기도 했다. "우리는 짝을 지어 폭격기 대형을 고수했다. 그렇게 빌어먹을 어색한 느낌도 없었다." 그는 그렇게 썼다. 갈란트는 전투기 조종사들이 알아서 능력껏 날 수 있는 느슨한 패턴을 선호하여, 느리게 근접 비행하는 전투기도 있고, 폭격기들 사이를 빠르게 헤집으며 활약하는 전투기도 있고, 폭격기 편대 위로 날아올라 '상단 엄호top cover'하는 전투기도 있어야 한다고 생각했다. 그러나 괴링은 그의 말을 듣지 않았다. 갈란트와 그의 동료 조종사들은 괴링이 달라진 공중전의 실체를 보지 못한다고 생각하기 시작했다.

괴링의 자화자찬식 홍보에 영향을 받은 대중은 루프트바페의 전력이 RAF보다 훨씬 더 막강하여 거의 무적에 가깝다고 생각했지만 사실 갈란트는 자신들이 넘볼 수 없는 영국군의 강점을 간파하고 있었다. 우선 RAF는 그들에게 유리한 지역에서 비행하고 싸웠다. 그래서 비행기를 잃더라도 살아남아 다시 싸울 수 있었다. 게다가 영국 조종사들은 영국의 존폐가 자신에게 달렸다는 생각으로 달려들었고, 자신들보다 규모가 더 큰 공군과 싸우고 있다고 생각하는 사람들이 갖는 절박한 생존 욕구를 가지고 전투에 임했다. RAF 조종사들은 갈란트의 표현대로 "절박한 상황의 심각성"을 인식하고 있던 반면, 루프트바페는 그동안의 손쉬웠던 성공과 RAF의 전력이 크게 약화되었다는 잘못된 정보로 인해 어느 정도 안일하게 운영되고 있었다. 독일 분석가들은 격추된 영국 항공기와 기능이 마비된 비행장에 대한 루프트바페 조종사들의 보고서를 별다른 의심 없이 받아들였다. 사실 파손된 기지들은 대부분 몇 시간 안에 복구되곤 했다. "그러나 루프트바페 사령부에서는 한 손으로 폭격기나 슈투카 비행대의 보고를 받고 다른 손으로는 굵은 파란색 연필을 들고 전술지도에서 문제의 비행대나 기지를 삭제해나갔다." 갈란트는 그렇게 썼다. "그것들은 더는 존재하지 않았다. 어쨌든 서류상으로는 없었다."

RAF의 가장 큰 강점은 레이더를 능숙하게 활용하는 것이라고 갈란트는 생각했다. 독일에도 유사한 기술이 있었지만 영국 폭격기가 독일 도시로 날아오리라고 생각하지 않았기 때문에 아직은 레이더를 체계적으로 배치하지 않고 있었다. "연합군이 제국에 공습을 가할 가능성은 당시로서는 생각도 할 수 없는 일이었다." 갈란트는 그렇게 썼다. 독일 조종사들은 해협을 건너 영국 해안선을 따라 높이 솟은 레이더 타워를 가끔 공격했지만, 레이더는 금방 다시 가동되었고 괴링은 관심을 접었다. 그러나 날이 갈수록 갈란트는 독일군 편대를 찾아내는 영국 전투기의 탁월한 능력에 충격을 받았다. "우리와 우리 사령부에게 이것은 놀랍고도 견디기 힘든 일이었다." 갈란트는 그렇게 썼다.

문제는 괴링이었다. 그리고 그는 그런 사실을 스스로 입증하기 시작했다. 그는 갈수록 산만해져서 한 가지 확실한 목표에 전념하질 못했다. 그는 전선을 넓게 잡고 다수의 목표물을 동시다발적으로 공격해야 RAF 전투사령부를 파괴시키고 전반적인 혼란을 야기할 뿐 아니라 처칠을 궁지로 몰아넣어 항복을 받아낼 수 있다고 생각했다.

*

공격이 재개되었다. '독수리의 날'이 계속되면서 500대에 가까운

폭격기와 1,000대의 전투기가 영국 상공으로 날아들었다. 당시 항공용
어로 소위 '상륙landfall'이었다.

30장 난해함

다시 한 번 영국의 '체인 홈' 레이더망에 접근하는 독일 항공기들이 포착되었다. 그러나 이번에 잡힌 폭격기와 전투기의 수는 레이더 요원들이 그때까지 본 적이 없던 어마어마한 규모였다. 오후 3시 30분경 그들은 노르망디의 기지에서 해협을 건너오는 폭격기 약 30대로 구성된 독일 항공기 3개 편대를 확인했다. 그 뒤로 약 60대에 달하는 2개 편대가 밀려오고 있었다. RAF 지휘관들은 당장 전투기 편대를 발진시키라고 명령했다. 오후 4시경 100대가 넘는 RAF 전투기들이 출격하여 침략자들을 향해 질주했다. 그들은 레이더 기지와 지상관측자들이 제공하는 현지 정보를 활용한 지상 관제사들의 안내를 받았다. 지상관측자들은 접근하는 비행기의 종류와 고도와 속도, 위치 등을 보고했다. 다가오는 폭격기의 선두에는 전투기 편대들이 대규모로 앞장서고 있었다. 엔진의 굉음과 함께 맞닥뜨린 양측은 기관총을 난사하며 적의 대구경 탄환과 기관포 사격을 뚫고 거칠게 맞붙었다. 폭격기들은 계속 전진했다. 사우샘프턴 외에 도싯, 햄프셔, 월트셔, 캔터베리, 브로미치성 등 여러 지역에 폭탄이 떨어졌다.

영국의 관찰자들은 어리둥절했다. 비행장, 항구, 선박 등 곳곳에 폭탄이 떨어졌지만 뚜렷한 패턴이나 초점이 없었다. 그리고 이상하게도 폭격기들은 런던을 건드리지 않았다. 로테르담을 공격할 당시 독일군은 그런 조심성을 보이지 않았기 때문에 매우 의아한 일이었다.

오후 늦게 영국 상공에서 벌어진 전투의 강도는 전례 없이 치열했다. 끝도 없이 밀려드는 독일 폭격기와 전투기들은 레이더의 안내로 확실한 반격에 나선 700여 대의 RAF 허리케인, 스핏파이어와 맞붙었다. 영국 공군부는 RAF가 독일 폭격기 78대를 격추시키고 아군 조종사 3명을 잃었다고 보고했다.

다우닝가 10번지는 환호했다. 그러나 불안감도 없지 않았다. 그날 공습은 앞으로 있을 공습의 규모와 강도를 예고하는 듯했다. RAF는 그때까지도 그것이 나중에 '영국본토항공전Battle of Britain'으로 불리게 되는 대규모 공세의 시작에 불과하다는 것을 짐작하지 못했다. '본토 항공전'은 이듬해 초 공군부가 접전의 전개 과정을 설명한 32쪽에 달하는 소책자를 발간하여 100만 부가 팔린 뒤에야 일반적인 용어로 편입되었다. 그러나 1940년 8월 13일 화요일에는 이 중 어느 것도 명확하지 않았다. 이날의 공격은 강도가 높아지고 혼란스러워지는 일련의 공습 중 최근의 에피소드였을 뿐이다.

"요즘 사람들이 하는 질문은 똑같다. 별로 얻는 것도 없는데 그렇게 많은 희생을 치러가면서 대낮에 그렇게 대규모로 공습을 감행하는 이유가 무엇인가?" 존 콜빌은 일기에 그렇게 썼다. "떠보기 위한 위력정찰인가 아니면 견제작전인가 그도 아니면 주력 부대의 공격에 앞서 내보내는 기병공격인가? 아무래도 며칠 더 지내봐야 알 수 있을 것 같다."

사실 그날의 전적은 과장된 것으로 밝혀졌지만 전투 직후에는 늘 그랬다. 하지만 실제 전적으로도 예감은 좋았다. 루프트바페는 모두 45대의 비행기를 잃었는데, RAF는 13대여서 손실 비율은 3 대 1도 안 되었다.

*

그날 워싱턴에서 루스벨트는 핵심 국무위원들을 만나 노후 구축함 50척을 영국으로 보내는 방법을 정했다고 말했다. 그는 의회의 승인을 구하지 않고 자신의 행정권을 발동하여 선박을 빌려주고 기지를 이용하는 거래를 추진하도록 위임하겠다고 했다. 게다가 그는 협상이 최종 타결될 때까지 그 사실을 의회에 알리지 않기로 했다. 루스벨트는 그날 밤 전보로 처칠에게 그 사실을 알렸다.

처칠은 기뻐했지만 이제 그는 자신의 정부와 하원이 그 거래를 받아들이도록 만들 방법을 찾아야 했다. 하원은 자국민의 주권이 행사되는 고유의 영토를 임대한다는 발상에 "매우 민감한 감정적인" 반응을 보일 것이 분명했다. "만약 이 문제가 오로지 구축함 50척 때문에 영국의 소유권을 그렇게 대놓고 포기하는 것으로 비춰질 경우, 분명 격렬한 반대에 부딪힐 것"이라고 처칠은 생각했다.

그는 루스벨트에게 이것을 내주고 저것을 얻는 맞교환이라는 인식을 대중에게 심어주기보다는 구축함의 이전과 임대를 완전히 별개의 협정으로 다뤄야 한다고 주장했다. "우리는 할 수 있는 한 서로를 도와야 하는 위험에 처한 두 우방이라는 것이 우리의 생각입니다." 그는 루스벨트에게 그렇게 전보를 쳤다. 구축함이라는 선물은 "전혀 별개의 자발적 행위"여야 한다는 점을 분명히 밝혔다.

처칠은 그 거래를 상거래처럼 다루면 정치적 타격을 입지 않을까 걱정이 되었다. 미국 해군은 그렇지 않아도 의회가 폐기하고 싶어 했던 노후 선박들을 떠넘길 수 있는 좋은 기회이지만, 영국은 자국의 영토를 99년 동안 임대해주는 입장이기 때문이다. 구축함을 영토에 대한 대가로 공공연하게 계약 대상으로 취급하면 사람들은 어느 쪽에게 더 유리한지 따져보게 될 것이고, 그렇다면 결론은 뻔했다. 훨씬 더 유리한 쪽은 미국이었다.

그러나 루스벨트도 나름대로의 걱정이 있었다. 그의 결정은 세 번째 대통령 선거에서 승리하기 위한 선거운동에 불리하게 작용할 수 있었다. 의회의 징병 법안을 두고 양당의 논쟁이 가열되고 있는 시점에서는 특히 그랬다. 자발적으로 구축함 50척을 선물하는 것은 명백한 중립법 위반이고 행정권의 범위를 자의로 해석한 결정이었다. 따라서 이 거래가 매우 까다롭고 영리한 협상의 결과일 뿐 아니라 미국의 안보에 도움이 된다는 사실을 대중에게 납득시키는 것이 중요했다.

그런 합의로 미국이 전쟁에 말려들지만 않는다면 안보와 관련하여 논란이 일어날 여지는 거의 없었다. "미국 전함 50척을 영국으로 넘긴 것은 결정적으로 미국의 중립 조치를 위반한 행위였다." 처칠은 나중에 그렇게 썼다. "모든 역사적 기준으로 보아도 그것은 독일 정부가 미국에 전쟁을 선포할 정당한 사유가 되었을 것이다."

*

다음 날인 8월 14일 수요일은 괴링이 RAF를 궤멸하겠다고 장담했던 나흘간의 작전 중 이틀째로 예정된 날이었지만 전날보다 더 악화된 날씨 때문에 다시 한 번 계획은 좌절되어 비행기들은 대부분 지상에 머물렀다. 그래도 몇몇 폭격기 부대는 영국 서부에 흩어져 있는 목표물들에 대한 소탕작전을 수행했다.

아돌프 갈란트는 80대로 구성된 슈투카 급강하폭격기 편대를 '분견 호위detached escort'하라는 명령을 받고 반색을 했다. 폭격기 호위에 동원된 전투기도 역시 80대였는데, 갈란트를 비롯한 절반 정도는 폭격기 편대보다 훨씬 앞에서 비행하고 나머지는 폭격기와 가까운 거리를 유지하며 호위하기로 했다. Me 109s로 걸어가면서 갈란트는 동료들에게 예감이 좋다고 말했다. 그는 그런 날을 '사냥꾼의 날hunter's day'이라고 불렀다. 폭격기들은 해협에서 가장 좁은 지점인 도버 해협을 건너 영국으로 접근하기로 했다. 그렇게 하면 연료가 떨어질 때까지 전투할 시간을 그만큼 벌 수 있었다. RAF가 나타날 것은 의심의 여지가 없어 보였다. 그리고 실제로 도버에 배치된 영국 레이더는 그의 부대가 프랑스 상공에 집결했을 때부터 이미 그들을 탐지하고 있었다. 예상대로 RAF 전투기 4개 편대가 그들을 마중 나왔다. 도버의 유명한 백악절벽에 닿기도 전이었지만 이미 멀리서 다가오는 그들의 모습이 갈란트의 눈에 들어왔다.

갈란트는 단기로 무모하게 전투기들의 밀집대형을 파고들어 RAF 허리케인 한 대를 찾아냈지만 상대 조종사도 무척 빨랐다. 상대 조종사는 기체를 한 바퀴 돌린 후 바다를 향해 빠르게 급강하다 마지막 순간에 기수를 들어올렸다. 갈란트는 따라가지 않기로 했다. 대신 그는 전투 상황을 좀 더 잘 보기 위해 엔진 마력을 크게 올려 300미터까지 올라갔다. 그는 기체를 360도 돌려 시야를 전부 확인했다. 그의 주특기였다.

슈투카 폭격기를 공격하려는 허리케인 전투기 한 대가 눈에 들어왔다. 슈투카 폭격기는 속도가 느려 쉽게 표적이 됐다. 갈란트는 먼 거리에서 사격했다. 허리케인이 구름 속으로 숨었다. 갈란트는 직감에 따라 영국 비행기가 나타날 만한 지점에 자리를 잡았다. 잠시 후 그의 바로 앞에 떠있는 구름 속에서 허리케인이 튀어 올랐다. 갈란트의 기관총이 3초 동안 불을 뿜었다. 공중전에서는 영원이라고 할 만한 시간이었다. 허리케인이 나선형을 그리며 땅으로 추락했다. 갈란트는 무사히 프랑스로 돌아왔다.

두 번째 공중전에서 루프트바페는 19대의 항공기를 잃고 RAF는

8대를 잃었다.

괴링은 심기가 크게 불편했다.

31장 괴링

날씨는 RAF를 궤멸하고야 말겠다는 괴링의 원대한 계획을 계속 방해했고 그의 항공기들은 대부분 지상에 묶여있었다. 8월 15일 목요일은 폭격기와 전투기가 당초 예정된 작전을 끝냈어야 하는 날이지만, 괴링은 소강상태가 지속되던 그날 시골집인 카린할로 고위 장교들을 소환하여 부진한 실적을 질책했다.

그러나 그가 추궁의 강도를 높이던 그날 오전 늦게 갑자기 구름이 걷히며 맑은 하늘이 드러났다. 그의 참모장들은 2,100대가 넘는 항공기를 동원하는 대규모 공격을 감행했다. 이날은 이후에 루프트바페 내에서 '검은 목요일Schwarzer Donnerstag'이라 불리는 불운의 날이 된다.

상징적으로 보일 수 있는 우연한 일이 벌어졌다. 루프트바페는 독일 항공기들이 떼를 지어 남쪽에서 접근하면 RAF는 통상 잉글랜드 북부 기지에서 가능한 한 많은 전투기를 영국 남부 해안으로 보내 임박한 공격에 대비할 것이고 그렇게 되면 북부는 무방비 상태가 될 것으로 판단했다.

이런 예측에다 RAF의 전투력이 크게 약화되었다는 정보에 고무된 루프트바페의 한 사령관은 노르웨이에서 폭격기를 띄워 잉글랜드 북부에 있는 RAF 기지를 공격하라고 명령했다. 독일의 최고 전투기라는 Me 109s도 북해를 가로지르는 폭격기를 계속 호위할 만큼 비행거리가 길지는 않았기 때문에 대낮에 이런 공격을 하는 것은 매우 무모한 일이었다.

　도박에 가까운 특명이었지만 전반적인 상황을 미루어 추측해보 건대 전술적으로는 큰 문제가 없어 보였다. 결국 그날 오후 12시 30분에 독일 폭격기 63대가 2인조 쌍발엔진 전투기의 허술한 호위를 받으며 영국 북동부 해안으로 접근했다. 이들 전투기는 비행거리는 길었지만 단발엔진인 Me 109에 비해 민첩성이 크게 떨어졌기 때문에 공격에는 더 취약했다.

　그러나 RAF는 독일의 예상대로 움직이지 않았다. 영국 전투기사령부가 병력을 남부에 집중시킨 것은 사실이지만, 정확히 이런 종류의 공격에 대비해 북부에 남은 일부 편대는 제 위치를 지키고 있었던 것이다.

　스핏파이어가 처음 나타났을 때 독일 폭격기들은 영국 해안에서 40킬로미터 떨어진 위치에 있었다. 스핏파이어들은 독일 폭격기 편대 900미터 위쪽에서 날아오고 있었다. RAF 조종사 하나가 아래를 내려다보다 희뿌연 구름 위쪽을 배경으로 날고 있는 폭격기의 윤곽을 포착했다. 그는 무선으로 소리쳤다. "적기 100여대 발견!"

　스핏파이어는 무서운 굉음을 내며 대형을 뚫고 강하했다. 폭격기들은 혼비백산하여 200미터 아래에 있는 구름 속으로 숨기 바빴다. 그들은 목표 근처에도 가지 못한 채 적재물을 버리고 폭탄을 해안 지방에 되는 대로 뿌리고 되돌아갔다. 이 한 번의 전투에서 루프트바페는 항공기 15대를 잃었다. RAF의 손실은 한 대도 없었다.

　이런 전투는 수천 번의 공중전 중 하나에 불과했다. 그 목요일에만 루프트바페는 1,800회의 출격을 했고 RAF는 1,000회 출격했다. 쌍발엔진 Me 110s를 조종했던 어떤 젊은 루프트바페 중위에게 그날은 일생의 마지막 날이 되었다. 뒷좌석에는 무전수가 탑승했는데 그는 기관총도 쏘았다. RAF 정보당국은 그 조종사의 일기를 회수했다. 거기에는 독일 승무원들의 참혹한 생활이 낱낱이 기록되어 있었다. 그의 첫 "전투"는 한 달 전인 7월 18일이었는데, 그때 그는 기관총을 2,000발 발사했고 그의 비행기는 세 차례 상대편 총탄에 맞았다. 4일 후 그는 가장 친한 동료 비행사의 전사 사실을 알게 되었다. "나는 그를 열한 살 때부터 알고 지냈다. 그의 죽음은 내게 큰 충격이었다." 그로부터 일주일 후 그의 전투기는 30차례 총알 세례를 받았고 무선통신원도 거의 죽을 뻔했다. "그는 탄환에 튄 기계 파편에 맞아 주먹만 한 상처가 났다." 조종사는 그렇게 썼다. 그 후 2주 동안 더 많은 친구들이 죽었다. Me 109의 조종간이 망가져 탈출을 시도하다 죽은 동료도 있었다.

RAF 정보국은 8월 15일 목요일자 일기를 공개했다. 그 조종사의 마지막 일기로, 첫 전투를 치른 지 28일째 되는, 그에게는 가장 암울한 목요일이었다. RAF 정보국이 일기에 붙인 메모에는 이렇게 적혀있었다. "이 일기를 작성한 사람은 S9+TH에서 사망했다." 그 부호는 루프트바페 조종사의 항공기 식별기호였다.

목요일 내내 존 콜빌은 격추시킨 적기의 최근 수치를 다시 한 번 알려달라는 전화에 시달렸다.

집계 수치는 믿을 수 없을 정도였다. RAF는 아군 전투기들이 독일 항공기 182대를 격추시켰으며 아마 53대가 추가될 수도 있다고 주장했다. 흥분한 처칠은 퍼그 이즈메이에게 헉스브리지에 있는 RAF 작전실로 가보라고 지시했다. 런던과 영국 남동부 방어를 맡은 제11비행단 소속 전투기들을 지휘하는 곳이었다. 나중에 처칠은 차에서 퍼그에게 말했다. "아무 말 마시오. 내 이렇게 감동해본 적도 없을 거요."

몇 분 후 침묵을 깬 쪽은 처칠이었다. "일찍이 인류의 전쟁사에서 이렇게 많은 사람들이 이렇게 적은 사람들에게 이렇게 큰 빚을 진 적은 없습니다."

너무 인상적인 발언이어서 이즈메이는 집에 돌아가 아내에게 그 말을 전해주었다. 그는 처칠이 곧 그의 유명한 연설에서 그 대목을 다시 말할 줄 몰랐다.

하지만 실제로 처칠이 들었던 것만큼 대단한 전적은 아니었다. 루프트바페는 75대의 항공기를 잃었고 RAF는 34대를 잃었다. 그러나 당초 발표되었던 숫자가 널리 보도되고 대중의 환호를 받아 사람들은 첫 번째 수치만 기억했다. "RAF 무훈은 대중들에게 연이어 강렬한 인상을 심어주고 있다." 국내정보국은 그렇게 분석했다. 외무차관 알렉산더 캐도건은 일기에 이렇게 썼다. "이런 날 히틀러가 런던에 있어야 하는데, 코빼기도 보이지 않는군."

그러나 언제라도 황홀한 순간에 찬물을 끼얹을 준비가 되어 있는 교수의 자료들은 전적을 고집하려는 사람들의 과도한 집착이 가리고 있는 무거운 현실을 여지없이 폭로했다. 사정을 봐주지 않는 단호한 막대그래프와 누적 집계 차트와 진홍색과 청록색의 사랑스러운 색조 대비로 양측의 비율을 보여주는 꽤나 그럴듯한 벤 다이어그램이 바로 그것이었다. 교수는 공중에서의 손실에만 관심을 보이는 사람들에게 지상에서 파괴된 영국 항공기의 수는 포함되지 않았다는 사실을 상기시켰다. 8월 16일 금요일에 루프트바페는 해협에서 내륙으로 8킬로미터 들어온 탱미어의 RAF 주요 기지를 공격하여 폭격기 6대와 최신형 전투기 7대를 포함해 모두 14대의 항공기를 파괴하거나 못 쓰게 만들었다. 그날 오후 옥스퍼드 서쪽의 RAF 기지에서는 독일군의 급습으로 전투훈련용 비행기 46대가 파괴되었다. 발표된 수치에는 독일 상공으로 침투하는 공습작전에 출격했다 격추되거나 파손된 영국 폭격기들도 빠져있었다. 예를 들어 8월 16일 금요일 밤 RAF 폭격기 사령부는 폭격기 150대를 출격시켰고 7대를 잃었다.

다음 날 체커스에서 처칠은 교수가 있는 자리에서 공군참모총장 시릴 뉴월 경Sir Cyril Newall에게 보낼 전언문을 작성했다. "우리의 시선이 온통 이 나라 상공에서 벌어진 전투의 결과에 쏠려있지만, 폭격기 작전에서 발생하는 심각한 손실을 간과해선 안 됩니다." 처칠은 그렇게 썼다. 이런 손실 외에 지상에서 파괴된 항공기의 수와 전투 중 잃은 전투기의 수를 합치면 영국과 독일의 손실 비율은 조금 달라졌다. "사실 그날 우리는 2 대 3으로 졌습니다." 처칠은 그렇게 썼다.

그제야 영국 항공 관계자들은 새로운 일이 벌어지고 있으며 RAF

자체가 저들의 표적이라는 사실을 깨닫기 시작했다. 지난주에 공군정
보통은 독일 공군의 전반적인 활동량이 증가한 사실만 주목했다. 무작
위로 선정된 것 같은 표적과 악천후 때문에 그들 작전의 전반적인 성격
을 정확히 파악할 수는 없지만, 이번엔 뭔가 다르고 어쩌면 이것이 예
상했던 영국 본토 침공의 서막일지 모른다는 생각을 하게 되었다. 8월
22일자로 집계된 같은 주의 영국 정보부 보고서에 따르면 RAF 비행장
50곳이 하루 평균 700대의 항공기에게 공격을 받았다. 보고서는 독일
이 아군의 방어망을 교란하는 데 성공할 경우, 독일의 장거리 폭격대의
강도 높은 작전이 뒤따를 가능성이 높아 적은 "별다른 저항 없이 낮에
도 마음 놓고 작전을 수행하게 될 것"이라고 경고했다.

　　대중들도 전쟁의 양상이 갈수록 안 좋게 흘러가고 있다고 생각하
기 시작했다. 어처구니없었던 지상전투 등 앞선 전쟁의 기억은 여전히
영국인들의 기억에 생생해서 이런 새로운 공중전과는 비교할 바가 아
니었다. 만약 전투가 낮은 고도에서 일어난다면 지상의 사람들은 또다
시 기관총과 엔진 소리를 듣게 될지도 몰랐다. 고도가 높으면 보이는
것도 들리는 것도 거의 없었다. 머리 위에서 벌어지는 전투는 종종 구
름에 가렸고 날이 맑으면 항적운이 하늘에 선명한 나선과 고리를 그리
는 정도였다.

　　8월의 어느 화창한 날 기자 버지니아 코울스Virginia Cowles는 도버
근처의 셰익스피어 절벽 꼭대기 풀밭에 누워있다가 공중전을 목격
했다. "무대장치는 장엄했다." 그녀는 그렇게 썼다. "앞에는 해협의 푸
른 바다가 펼쳐져 있고 저 멀리 프랑스 해안의 윤곽이 흐릿하게 드러
났다." 집들이 낮게 엎드려있었다. 저인망 어선 등 여러 종류의 배들이
햇빛을 받으며 항구에 떠있었다. 수면이 반짝거렸다. 위에는 스무 개
가 넘는 거대한 회색 탄막풍선이 해우海牛처럼 떠있었다. 하지만 그 위

에서 조종사들은 죽을 때까지 싸웠다. "길게 자란 풀밭에 누워 코끝을 간질이는 부드러운 바람을 느끼며 수백 대의 은빛 비행기들이 마치 모기떼처럼 하늘을 날아다니는 장면을 보았다." 그녀는 그렇게 썼다. "근처 어디서 대공포가 기침하듯 진저리를 칠 때마다 뭔가 작은 하얀 분사물이 튀어나가 하늘을 찔러댔다." 불붙은 비행기들이 "마지막 유서인 양 하늘을 배경으로 시커먼 모깃불을 길게 남기며" 땅을 향해 호를 그리며 돌진했다. 그녀는 엔진과 기관총 소리를 들었다. "우리 머리 위 4,500미터 상공, 태양과 바람과 하늘의 세계에서 문명의 운명이 결정되고 있었다." 그녀는 그렇게 썼다. "보고는 있었지만 그래도 받아들이기는 힘들었다."

이따금 비행복을 입은 영국 조종사가 비행장으로 돌아가기 위해 택시를 부르는 모습도 보였다. 추락한 비행기에서 낙하산으로 탈출한 조종사에게는 또 다른 위험이 기다리고 있었다. 툭 하면 총질을 해대는 시민군이었다. 독일 공군이라면 특히 위험했다. 루프트바페의 폭격기 조종사 루돌프 람베르티Rudolf Lamberty는 공중과 지상에서 영국의 방위군과 유난히 강렬한 조우를 했다. 처음에 그의 폭격기는 낙하산-케이블 발사체parachute-and-cable launcher에서 발사된 로켓의 케이블에 부딪혀 작은 낙하산에 매달린 채 비행하는 신세가 됐다. 케이블과 낙하산에 엉키는 것을 피하기 위해 상승하던 그는 대공포에 맞고 영국 전투기들의 기관총 세례를 받다가 결국 시민군이 쏘는 빗발 같은 총탄 세례를 맞고 추락했다. 포로가 되어서도 자기 쪽으로 떨어지는 폭탄을 피해야 했다. 그는 살아남았다. 그의 비행단에 배속된 9대의 폭격기 중 7대는 기지로 복귀하지 못했다.

RAF와 루프트바페가 맞붙은 수천 번의 회전으로 하늘은 기관총탄, 대공 포탄 파편, 항공기 잔해 같은 금속 조각들로 채워졌다. 특이하게도 대부분은 들판이나 숲이나 바다로 떨어져 별다른 피해를 입히지 않았지만 늘 그런 것도 아니었다. 해럴드 니컬슨의 아내 비타 새크빌-웨스트는 집에서 날벼락을 맞았다. 고향인 시싱허스트에서 남편에게 보낸 편지에서 그녀는 정원의 헛간을 뚫고 들어온 대구경 탄환을 발견했다고 말했다. "그래서 말인데요, 머리 위에서 싸움이 벌어질 땐 집안에 꼼짝 말고 있어야 해요. 그 뾰족한 것들 정말 정떨어져요."[38]

런던 시민들은 도시 공습이 멀지 않았음을 직감했다. 당장에라도 큰일이 일어날 것 같았다. 8월 16일 금요일 외곽의 크로이던에 폭탄이 떨어져 80명의 사상자를 내고 비버브룩 경의 공장 두 곳이 파손되었다. 같은 날 독일 폭격기들은 윔블던을 강타해 14명의 민간인의 목숨을 앗아가고 59명에게 부상을 입혔다. 런던 시민들은 긴장했다. 공습 사이렌은 도시의 일상이 되었다. 정보기관은 금요일 보고서에서 독일이 도시 폭격을 감행하지는 못할 것이라는 믿음을 주민들은 더는 갖지 않게 되었다고 밝혔다. "무슨 소리만 나면 모두 사이렌이나 비행기 소리인 줄 알았다." 매스옵저베이션의 일기기록원 올리비아 코켓은 그렇게 썼다. 작은 소리에도 모두가 "귀를 쫑긋 기울였다."

특히 무서운 것은 달빛이었다. 8월 16일 금요일, 코켓은 일기에 이렇게 썼다. "이렇게 매혹적인 달이 떴으니 오늘 밤 더 많이 몰려오겠지."

*

그래도 존 콜빌은 감당하기 힘든 처칠의 성화에서 벗어나 휴식이 절실히 필요했기에 주말 저녁을 조금 평온하게 보내기 위해 시골로 향했다. 적색경보가 발효 중인 가운데 그는 다우닝가 10번지를 떠나 2시간이 걸리는 포츠머스 인근 웨스트서식스에 있는 스탠스테드 파크

Stansted Park로 차를 몰았다. 그곳은 베스버러 9대 백작9th Earl of Bessborough 비어 폰손비Vere Ponsonby의 저택이었다. 백작의 딸 모이라Moyra와 아들 에릭Eric은 그의 친구였다.

스탠스테드 하우스는 이오니아식 기둥 여섯 개로 이루어진 현관을 정면에 둔, 황토벽돌로 지은 에드워드 양식의 깔끔한 3층짜리 집이었다. 1651년에 찰스 2세가 잉글랜드 내전 중 마지막 전투에서 크롬웰에 패한 뒤 도주하면서 이 부지를 통과했다는 역사적인 장소이기도 했다. 중요한 해군기지인 인근의 포츠머스는 최근 루프트바페의 단골 표적이었다. 영국 남부 해안을 와이트섬과 분리하는 부메랑 모양의 해협인 솔렌트강에 위치한 이 기지는 물자를 수송하는 상선을 보호하고 잉글랜드 침공을 방어하는 구축함대의 모항이었다. RAF 비행장은 그레이트딥Great Deep이라는 섬뜩한 이름의 좁은 해협을 사이에 두고 본토와 분리된 소니섬에 자리하고 있었다.

콜빌이 도착했을 때 집에는 베스버러 경의 부인 로버테Roberte와 딸 모이라만 있었다. 에릭은 부대에 있고 베스버러는 타고 있던 기차의 선로에 폭탄이 떨어져 늦어지고 있었다. 콜빌과 모이라와 레이디 베스버러는 하인들이 차린 식탁에서 그들끼리 먼저 식사를 했다. 콜빌은 찾아온 이유를 "멋진 공중전을 보기 위해서"라는 농담으로 둘러댔다.

다음 날인 8월 17일 토요일 아침에 콜빌은 잠에서 깼지만 날씨만 덥고 화창할 뿐 "공중에서는 어떤 활동도 없었다." 그와 모이라는 부지에 딸린 정원으로 나가 복숭아를 몇 개 딴 다음 계속 걸어가 독일 폭격기의 잔해 앞에 다다랐다. 루프트바페의 주력 기종인 쌍발엔진 융커스 Ju 88이었다. 날개 앞쪽의 불룩 튀어나온 조종석이 큰 잠자리 눈처럼 보여 하늘에 떠있어도 금방 알아볼 수 있는 기종이었다. 찢기고 뒤틀린 동체는 목초지에 뒤집힌 채 배를 보이고 누워서 날개 아래쪽과 랜딩기어 한쪽을 드러내며 잠들어 있었다.

무척 생경한 순간이었다. 각료회의 때는 전쟁을 귀로 경험했지만, 그 폭력성에 대한 대가의 증거를 직접 눈으로 확인하는 것은 전혀 별개의 일이었다. 여느 여행자들이 흔히 상상할 수 있는 전형적인 영국의 한적한 시골에 독일 폭격기가 누워있다니. 느리게 굽이치는 초원의 구릉과 숲, 그리고 남쪽으로 완만하게 경사진 농경지 외에 한때 사냥을 하고 목재를 베었던 중세의 흔적이 남아있는 곳이었다. 폭격기가 어쩌다 여기까지 오게 되었는지 콜빌은 알 수 없었다. 하지만 낯선 기계 덩어리가 눈앞에 있었다. 몸체는 짙은 녹색에 뒷날개는 회색이었고 여기저기에 노란색과 파란색 휘장이 아무렇게나 핀 꽃처럼 찍혀있었다. 푸른색 방패 문장의 중앙에 하얀 불가사리가 반짝였다. 가공할 현대전의 총아인 폭격기가 들판에 널브러져, 차를 마시러 집으로 돌아가기 전에 들러 구경하는 한갓 유물이 되고 말았다.

그 폭격기는 파리 외곽의 비행장을 떠난 지 45분 만인 오후 12시 15분에 격추되었다.[39] RAF 전투기 한 대가 3,000미터 상공에서 요격해 무전수를 사살하고 엔진에 총격을 가하자 기체는 빙글빙글 돌며 떨어졌다. 조종사는 기체를 바로잡아보려 했지만 동체가 동강 나면서 꼬리 일부와 후방 방어기총은 소니섬으로 떨어졌고 꼬리날개는 비행장 작전실 밖으로 추락했다. 콜빌과 모이라가 목격한 폭격기의 동체는 스탠스테드 파크의 가장자리에 있는 호스패스처 팜에 추락했다. 승무원 중 3명이 사망했다. 21세에서 28세 사이였고 가장 어린 사람은 생일을 겨우 2주 앞두고 있었다. 네 번째 승무원은 부상을 입었지만 가까스로 낙하산으로 탈출해 안전하게 착륙한 뒤 포로가 되었다. 전쟁 중에 스탠스테드는 자석처럼 폭탄과 격추된 비행기를 끌어당겨 총 85발의 폭탄과 4대의 비행기가 그 부지에 떨어졌다.[40]

토요일 나머지 시간은 별다른 일 없이 지나갔다. 하지만 다음 날 콜빌은 일기에 이렇게 적었다. "소원을 이루었다."

*

콜빌이 일어났을 때 날씨는 전날과 마찬가지로 더웠다. 화창하고 완벽한 여름날이었다. 오전 내내 공습경보 사이렌이 울렸지만 항공기는 보이지 않았다. 그러나 점심 식사를 끝냈을 때 상황이 바뀌었다.

콜빌과 모이라는 남쪽으로 낸 테라스에 앉아있었다. 멀리 솔렌트 해협과 소니섬이 보였다. 오른쪽으로는 삼림지대를 전경에 두고 그 너머로 급강하폭격기의 저고도 공격으로부터 포츠머스를 보호하기 위한 탄막풍선들이 보였다.

"갑자기 대공포 소리와 함께 포츠머스 상공에 포탄이 터지면서 하얀 연기가 뿜어져 나왔다." 콜빌은 그렇게 썼다. 대공포탄들이 하늘에 수없이 많은 점을 찍었다. 왼쪽에서 항공기 엔진과 기관총 소리가 점점 크게 들리더니 굉음이 갑자기 커졌다.

"저기다!" 모이라가 외쳤다.

눈이 부셔 손으로 해를 가린 채 그들은 치열하게 전투 중인 항공기 20대를 지켜보았다. 숨 막힐 정도로 가까운 거리여서 콜빌은 '특별관람석'에 앉은 기분이었다. 독일 폭격기 한 대가 연기를 내뿜으며 하늘에서 아치를 그리더니 나무 너머로 사라졌다. "낙하산이 펼쳐졌고 이리저리 선회하는 전투기와 폭격기들 사이로 우아하게 내려앉았다." 콜빌은 그렇게 썼다.

슈투카로 보이는 급강하폭격기 한 대가 대열을 이탈해 "먹이를 노리는 새처럼 맴돌더니" 소니섬 쪽으로 급강하했다. 다른 급강하폭격기들도 뒤를 따랐다.

멀리서 고폭탄 폭발음이 천둥소리처럼 들려왔다. 섬에서 연기가 피어올랐다. 격납고가 불타는 것 같았다. 포츠머스 탄막풍선 4개가 폭발하여 축 늘어지더니 시야에서 사라졌다. 콜빌과 모이라는 8월의 아름다운 아지랑이 사이로 이 모든 장면을 멀리서 지켜보았다.

두 사람은 여전히 테라스에 있었다. "눈앞에서 벌어지는 장면에 한껏 들떴다." 콜빌은 그렇게 썼다. 그의 짐작으로 전투는 2분 정도 지속된 것 같았다.

그 후 그들은 테니스를 쳤다.

33장 베를린

    토요일 아침 베를린에서 요제프 괴벨스는 정기 선전회의를 열었다. 그는 영국 시민들의 공포감이 날로 높아지고 있다고 생각했다. 그는 그 점을 최대한 활용하기로 했다.

    "두말할 것 없이 지금 가장 시급한 것은 서서히 조성되고 있는 영국의 공포 분위기를 최대한 끌어올리는 것이다."[41] 그는 그렇게 말했다. 독일의 비밀 송신소와 외국어 서비스 방송은 공습의 "무서운 결과"를 계속 강조하기로 했다. "특히 비밀 송신소들은 눈으로 직접 본 파괴의 현장을 소름 끼치게 진술하는 목격담을 계속 내보내도록 하라." 아울러 청취자에게 안개가 공습을 막는 데 별 도움이 되지 못한다는 사실을 경고하라고 지시했다. 악천후는 독일 폭격기들이 목표를 제대로 찾지 못하게 만들기 때문에 의도하지 않은 곳에 폭탄을 떨어뜨릴 가능성이 높다는 점을 강조하라고 했다.

    괴벨스는 외신과 국내 언론사 대표들에게 폭격으로 사망한 노인과 임산부 등의 사연을 들먹이며 세계의 양심을 일깨우려는 영국인들의 선전공세에 대비하라고 지시했다. 그의 언론 담당자들은 영국이 이렇게 나올 경우 1940년 5월 10일에 있었던 독일 프라이부르크 공습으로 사망한 어린이들의 사진을 즉시 공개하여 대응할 준비를 갖추고 있었다. 하지만 그는 놀이터에서 20명의 아이들이 사망한 사건이 독일 폭격기의 실수로 인한 사고라는 사실은 말하지 않았다. 그때 독일 폭격기 승무원들은 프라이부르크를 프랑스 디종으로 착각하고 공격했다.

히틀러는 여전히 런던 폭격을 허락하지 않고 있었다. 그들의 목표는 영국인들을 벼랑 끝으로 몰아가는 것이었다. "현재의 공격은 앞으로 벌어질 가공할 사태의 맛보기에 불과하다는 점을 계속 강조하라." 괴벨스는 그렇게 말했다.

34장 올 맨 리버

처칠은 하원이 기지와 구축함을 맞바꾸는 거래를 분명 문제 삼을 것이라 생각했다. 처칠은 이 거래를 양국이 서로에게 도움이 되기를 바라는 희망에서 나온 자발적인 결과로 규정하자고 제안했지만 루스벨트는 거절했다. 미 국무부가 판단하기에 미국의 중립법 때문에 구축함뿐 아니라 다른 어떤 것도 자발적인 선물로 포장하는 것은 "전혀 불가능했다." 그것은 어쨌든 주고받는 거래여야만 했다.

그렇다고 거래를 무산시킬 수는 없었다. 영국의 해상 손실은 계속 증가하고 있었다. 지난 6주 동안 독일의 U-보트와 기뢰와 항공기에 의해 침몰된 상선이 81척이었다. 그리고 이것은 빠르게 확대되고 있는 세계적 참사의 한쪽 무대에 불과했다. 루프트바페가 RAF와 전면전을 벌이기로 작정한 것은 이제 분명한 사실이고, 공중에서 RAF가 선전하고 있다고는 해도 독일의 공습 강도와 빔 항법에 의한 정확도로 인해 영국의 공군기지와 비버브룩 경의 항공기 공장 네트워크가 심각한 피해를 입고 있다는 것 역시 마찬가지로 분명한 사실이었다. 침공은 가능성 있는 카드가 아니라 임박한 현실이었기 때문에 독일 공수부대가 트라팔가 광장의 넬슨 기념탑 주변에 내려온다고 해도 놀랄 일은 아니었다. 시민들은 교회를 갈 때도 방독면을 지참했고, 언제 어디서 몸이 산산조각 날지 몰랐기 때문에 팔찌에 작은 금속 인식표를 달기 시작했다. 우편함에 배달된 민방위 안내책자에는 장갑차가 나타났을 때의 행동요령이 적혀있었다. 책자는 한 가지 팁으로 탱크의 강철 트레드가 가이드 휠 위를 통과하는 지점에 쇠지레를 찔러 넣으라고 일러주었다.

달리 선택의 여지가 없다고 생각한 처칠은 루스벨트의 입장을 받아들였지만 의회와 대중들에게 이 협정을 설명할 때는 자신의 방식대로 하기로 결심했다. 그는 '전황'을 장문의 연설로 설명하기로 했다. 거기서 이 협정을 정식으로 처음 언급할 작정이었다. 그는 8월 19일 월요일 오후 내내 연설문 작성에 매달렸다.

초고를 읽은 존 콜빌은 전에 들어본 부분이 있다고 생각했다. 처칠이 평소 얘기를 하다 어디선가 그런 아이디어와 구절을 시험 삼아 얘기한 적이 있기 때문이었다. 총리는 또한 특별히 '곁에 두는' 파일에 시나 성경 구절들을 보관했다. "몇 주 동안 한 구절, 한 줄의 시를 고치고 다듬고 살을 붙인 다음 연설에서 선보이는 모습을 지켜보고 있으면 아주 흥미롭다." 콜빌은 그렇게 썼다.

다음 날인 화요일 아침, 처칠은 연설문을 좀 더 다듬어보려 했지만 호스가드퍼레이드 공사 현장의 해머 소리 때문에 집중할 수가 없었다. 일꾼들은 다우닝가 10번지에서 얼마 떨어지지 않은 커다란 정부 청사 건물 지하실에 있는 내각전쟁상황실Cabinet War Rooms(나중에 처칠전쟁박물관Churchill War Rooms으로 이름을 바꾼다)의 보강 공사로 바빴다. 오전 9시에 처칠은 콜빌에게 소리가 나는 곳을 찾아 당장 멈추게 하라고 명령했다. "거의 매일같이 하시는 불평이다." 콜빌은 그렇게 썼다. "그 때문에 화이트홀에 대한 방어 조치들이 크게 지연될 수밖에 없었다."

*

비버브룩 경의 생산 목표를 좌절시키는 장애물도 매일같이 발생했다. U-보트는 중요한 부품과 도구와 원자재를 실은 배들을 격침시켰다. 공장에는 폭탄이 떨어졌다. 겁에 질린 노동자들은 일을 그만두었고, 잘못된 경보로 몇 시간 동안 공장 가동이 중단되는 일도 잦았다. 이런 사실을 알아챈 루프트바페는 공장 지구 상공으로 폭격기를 단신으로 보내 공습 사이렌을 울리게 했고 덕분에 비버브룩의 노발대발도 끊일 새가 없었다. 그리고 이제 신조차도 그의 계획을 뒤엎겠다고 위협하고 나섰다.

8월 20일 화요일 영국교회(성공회)는 전쟁 1주년을 맞아 3주 뒤인 1940년 9월 8일 일요일 '전국 기도의 날National Day of Prayer'에 모든 군수공장의 문을 닫자고 제안했다. (앞서 있었던 기도의 날은 영국군이 덩케르크에서 전멸 직전까지 갔던 5월 26일이었다.) 교회는 모든 공장 노동자들에게 교회에 나올 기회를 주고 싶어 했다. "물질적인 손실은 작지만 정신적 이득은 헤아릴 수 없을 만큼 크리라 생각합니다." 교회가 발행하는 신문의 편집자인 허버트 업워드Herbert Upward는 총리에게 보내는 서한에서 그렇게 썼다.

처칠은 전면 폐쇄는 거부했지만 노동자들이 일요일 오전이나 저녁에 교회에 갈 수 있도록 작업시간을 조정하자는 데는 동의했다. 비버브룩은 지긋지긋했다. "그렇지 않아도 우리는 수많은 방해물과 싸우고 있습니다." 그는 공습과 공습경보와 노조 간부 출신인 노동부 장관 어니스트 베빈Ernest Bevin 등 평소 그를 괴롭혔던 관리들을 언급하며 처칠에게 불만을 토로했다. "가뜩이나 골치 아픈 일에 신의 섭리까지 가세하지 않기를 간절히 바랍니다."

그러나 "군수공장 노동자들도 다른 사람들과 마찬가지로 적을 물리치게 해달라고 기도할 기회는 가져야 할 테니, 노동자들이 교회로 갈 것이 아니라 성직자들을 공장으로 모셔오는 방법도 가능할 것 같습니다." 비버브룩은 그렇게 썼다.

"그렇게 하면 신에 대한 호소를 더 널리 확산시킬 수 있을 겁니다. 효력도 못지않을 테고요."

*

8월 20일 화요일 처칠은 8월의 무더위로 활기를 잃은 하원에서 오후 3시 52분에 '전황 보고' 연설을 시작했다. 그는 구축함이란 단어는 꺼내지도 않았다. 다만 임대계약은 그의 정부가 북대서양과 서인도제도에서 미국의 안보를 걱정하는 루스벨트의 염려를 해소시켜 주기 위한 우호적 행위라고만 말했다. 처칠의 말에 따르면 임대계약은 우방이자 미래의 동지가 될지도 모르는 나라를 도와주는 관대한 행동이었다. "주권 이양 같은 문제는 당연히 없습니다." 처칠은 하원에 그렇게 장담했다.

그는 임대 승인이 당초 실제 세부적인 내용에서 드러났던 것보다 훨씬 더 영국에 유리한 조건인 것처럼 설명했다. 그는 그것이 영국과 미국의 이익을 단단히 엮어주는 일종의 해상 약혼반지라고 둘러댔다. "의심할 것도 없이 이 과정은 영어권 민주주의를 대표하는 양대 국가인 대영제국과 미국이 상호 이익과 보편적 이익을 위해 일부 업무에서 어느 정도 긴밀한 관계를 맺어야 한다는 것을 의미합니다." 그는 그렇게 말했다.

처칠은 하원에서 자신은 이 문제에 대해 일말의 "의혹"도 갖고 있지 않다고 말했다. 미국이 꼼짝없이 전쟁에 엮이고 기왕이면 정식 참전국이 되기 바랐던 점을 감안할 때 이런 발언은 속이 들여다보이는 교활한 논평이었다. 그리고 비록 걱정을 한다고 해도 서로 하나로 얽히는 과정은 계속될 것이라고 말했다. "제가 멈추고 싶다고 해서 멈춰질 일이 아닙니다. 아무도 멈출 수 없습니다. 미시시피강처럼 그것은 계속 흘러갑니다. 흘러가게 두어야 합니다." 그는 낮은 목소리로 연설을 끝내면서 이렇게 말했다. "도도하게 좌고우면하지 말고 좋든 싫든 자애롭게 더 넓은 땅과 더 좋은 날들을 향해 흘러가도록 합시다."

*

처칠은 연설에 만족했다. 다우닝가 10번지로 돌아가는 길 내내 그는 '올 맨 리버Ol' Man River' (미시시피강의 별칭으로 1927년의 뮤지컬 〈쇼 보트Show Boat〉에 나오는 곡-옮긴이)를 씩씩하게 그러나 음정은 멋대로 불렀다.

그러나 콜빌이 보기에 그것은 평소 처칠의 기백을 제대로 드러내지 못한 연설이었다. "몇 군데 밝은 내용을 제외하면 대체로 … 늘어지는 연설이었고 8월에 하원 의사당에 앉아있는 것에 익숙지 않은 의원들도 흥미를 잃은 것 같았다." 의원들의 관심을 끌었던 것은 섬 기지를 언급한 마무리 부분이었다고 콜빌은 지적했다.

그러나 후세 역사는 이 연설에서 처칠이 RAF의 업적을 칭송한 부분이야말로 웅변의 위력을 가장 잘 보여준 대목이라고 평가한다. 바로 전주에 벌어진 치열한 공중전을 두고 차에서 퍼그 이즈메이에게 했던 바로 그 말이었다. "일찍이 인류의 전쟁사에서 이렇게 많은 사람들이 이렇게 적은 사람들에게 이렇게 큰 빚을 진 적은 없습니다." 당시 많은 다른 일기기록원들처럼 콜빌도 그 대사는 일기에 옮기지 않았다. 그는 나중에 이렇게 썼다. "그때는 그 말이 그렇게 인상적으로 와닿지 않았다."

콜빌에게 더 중요한 일기 소재는 그날 밤 미라벨Mirabelle이라는 식당에서 가진 저녁 식사였다. 그는 젊은 여성 오드리 패짓Audrey Paget과 함께 있었다. 18살밖에 되지 않았지만 게이 마거슨과 결혼하고 싶다는 꿈이 희미해지면서 조금씩 관심이 생긴 여성이었다. 한 가지 걸리는 부분은 오드리가 파시스트 성향을 가진 보수당 하원의원 퀸버러 경Lord Queenborough (베스버러Bessborough와는 다른 인물이다)의 딸이라는 점이었다. 그는 비극에 나오는 주인공 같았다. 그는 아들을 간절히 원했지만 처음 결혼한 미국 여성과의 사이에서 딸만 둘을 낳았고, 두 번째 결혼으로 오드리를 포함하여 딸을 셋 더 낳았는데 콜빌의 말로는 모두들 "범상치 않게 예뻤다." 그들의 어머니 이디스 스타 밀러Edith Starr Miller는 퀸버러에 조금도 밀리지 않았다. 반유대주의자인 그녀는 '국제 정치 수사관'을 자처했고 700쪽에 달하는 《밀교 신정정치Occult Theocrasy》를 썼는데 이 책에서 그녀는 유대인과 프리메이슨Freemason, 일루미나티Illuminati 등 이른바 상류층뿐 아니라 각계각층에 두루 침투하여 그들을 지배하고 파괴하려는 집단의 국제적 음모를 폭로하려 했다.[42]

젊은 여성의 아름다움에 매료된 콜빌에게는 그런 것도 문제가 되지 않았다. 그는 일기에서 오드리를 "삶에 대한 의욕과 즐거움에 대한 열정이 가득한 매우 매력적이고 상쾌한" 여성이라고 묘사했다. "그녀는 많은 얘기를 했지만 두드러지는 '천진성'은 결코 어리석은 것과 거리가 멀다." 다른 날짜의 일기에서는 "고혹적으로 예쁘다"고 썼다.

8월 20일 화요일 유달리 더웠던 밤에 콜빌은 설레게도 오드리와 단둘이 식사를 하게 되었다. 그때 〈선데이타임즈Sunday Times〉의 사주 켐슬리 경Lord Kemsley이 그들의 테이블로 오더니 콜빌에게 커다란 시가를 불쑥 건넸다.

식사를 마친 후 콜빌은 오드리와 채링크로스로드에 있는 윈덤 극장Wyndham's Theatre으로 가 코믹 스파이 스릴러 연극 〈코티지 투 렛Cottage to Let〉을 봤다. 그들은 나이트클럽 슬리핀Slippin'에서 그날 데이트를 마무리했는데 끝이 안 좋았다. 클럽은 "텅 비었고 따분하고 지저분했다."

콜빌은 그렇게 썼다.

하지만 그는 오드리에게 완전히 반했다. "우리는 어느 때보다도 태연하게 새롱거렸다. 어느 순간 새롱거리는 수준을 살짝 넘어 소크라테스가 나무랄 만한 짓을 저지른 것 같아 양심의 가책도 조금 느낀다." 일기에는 오드리의 젊음에 대한 얘기가 뒤를 이었다.

하긴 콜빌은 25세였다.

35장 베를린

그날 8월 20일 화요일 베를린에서 히틀러는 루프트바페의 확실한 우위를 보여주겠다던 약속을 지키지 못한 헤르만 괴링에게 실망감을 드러냈다. 그는 사령부 직원들에게 말했다. "현 상황에서는 1940년에 영국이 무너진다는 시나리오를 더는 기대할 수 없게 되었다." 그러면서도 그는 9월 15일로 예정된 영국 본토를 침공하는 바다사자 작전Unternehmen Seelöwe을 취소하는 어떤 조치도 취하지 않았다.

괴링은 여전히 자신의 공군만으로도 영국을 굴복시킬 수 있다고 생각하면서도 그의 전투비행단에게 폭격기를 보호할 용기와 기술이 부족하다고 탓했다. 화요일에 그는 장교들에게 "끊임없는 공격"으로 RAF를 완전히 끝장내라고 명령했다. 런던은 히틀러가 확실하게 못을 박아두었기 때문에 여전히 건드릴 수 없었다.

그 후 며칠 동안 괴링의 폭격기와 전투기는 영국 상공으로 밤마다 수천 회 출격했다. 너무나 많은 항공기가 너무 많은 방향에서 날아와 영국의 해안 레이더망을 압도했기 때문에 그들에 맞서 정확한 지점으로 비행대를 출격시킬 수 있는 RAF의 추적 기능도 한계에 부딪힐 수밖에 없었다.

그리고 8월 24일 토요일 밤, 전쟁 전반의 성격 자체를 바꾸어놓는 항법상의 오류가 발생했다. 영국을 대표하는 역사학자 베질 콜리어Basil Collier는 이 사건을 세계가 조금도 사정을 봐주지 않고 히로시마를 향해 나가도록 만든 한순간의 "경솔한 부주의"라고 지목했다.

하지만 차茶가 먼저 나왔고 교수는 그쪽으로 관심을 돌렸다.

그의 적들은 그를 생활에서 온정이나 동정심 따위는 말끔히 들어낸 통계 괴물로 취급했다. 하지만 그는 사실 자신의 선행을 드러내기 싫어했을 뿐, 직원들과 낯선 사람들에게 적지 않은 친절을 베풀곤했다. 실험실에 근무하는 젊은 여직원이 정전이 된 상태에서 자전거를 타고 출근하다 맨홀에 빠져 두개골에 금이 가는 부상을 당했을 때 치료비를 대신 지불해준 적도 있었다. 어떤 자선단체의 설명에 따르면 나이든 어떤 전직 간호사가 "어려운 처지에" 놓였다는 소식을 들었을 때는 그 여성을 대신해 연금을 들어주었다. 그는 특히 하비Harvey라는 시종에게 관대했다. 그는 하비에게 오토바이를 선사했지만 혹시 사고로 다칠까 봐 대신 차로 바꿔주었다.[43]

교수는 또한 관심사가 많았다. 덩치가 큰 자동차, 초콜릿, 머튼Merton 코트 등 좋아하는 것을 즐기고 또 자제도 했지만, 종종 전쟁을 겪는 보통 사람들의 심사를 헤아리는 마음도 보여주었다. 그 해 여름 처칠에게 차 배급량을 일주일에 2온스로 줄이자는 식품부의 제안에 반대한다는 편지를 쓴 것도 그런 배려에서였다.

전쟁의 트라우마를 진정시키는 가장 보편적인 처방은 단연 차였다.[44] 차는 전쟁을 견딜 힘을 주었다. 사람들은 공습이 계속되는 중에도, 산산조각이 난 건물에서 시신을 찾다 잠깐 쉴 때도 차를 끓였다. 차는 1,000여 곳의 관측소에서 작전을 수행하며 영국 상공에 뜬 독일 항공기를 감시하는 3만 명의 관측요원들의 네트워크에도 힘을 불어넣었다. 관측소에는 예외 없이 차와 주전자가 갖춰져 있었다. 휴대용 반합 뚜껑을 열면 김이 모락모락 올라오는 차가 끝도 없이 나왔다. 선전 영화에서 차를 끓이는 모습은 전쟁을 계속하겠다는 의지의 상징적 비유로 사용되었다. "차는 런던 생활에서 거의 마법 같은 비중을 획득했다." 전쟁 중 런던을 다룬 한 연구 자료는 그렇게 밝혔다. "마음을 가라앉히는 차 한 잔은 실제로 위기에 처한 사람들에게 큰 격려가 되었다." 차는 매스옵저베이션 일기 속에서도 강물처럼 흘렀다. "공습 때는 차가 애물단지다." 한 여성 일기기록원은 그렇게 불평했다. "무턱대고 끓여놓기만 하면 다들 마시는 줄 안다." 사람들은 차에 기대어 그날 하루를 버텼다. 처칠은 탄약보다 차가 더 중요하다고 입버릇처럼 말했지만 실제로 차를 마시지는 않았다. 그는 위스키와 물을 더 좋아했다. 차는 위안이고 역사였다. 무엇보다도 그것은 영국적이었다. 차가 있는 한 영국은 존속했다. 그러나 이제 전쟁과 함께 실시된 엄격한 배급제는 모두가 기대는 가장 평범한 기둥마저 흔들겠다고 위협했다.

교수는 위험을 보았다.

"2온스 차 배급 같은 아이디어는 사람들의 고개만 갸우뚱하게 만들 것입니다." 린드만은 처칠에게 그렇게 쓴 메모를 보냈다. "살림하는 노동계급 여성들과 일용직 여성들 상당수가 오로지 차 하나에 의지하고 있습니다. 그들에게 차는 일종의 자극제입니다. 차를 그들의 주요 사치품이라고 하는 것으로는 부족합니다. 차는 그들의 유일한 사치품입니다."

그런 사람들은 주전자에서 손을 뗄 새가 없었다. 두세 시간마다 차를 준비하는 것이 보통이라고 그는 썼다. "잦은 공습경보 때문에 차를 더 찾는 것 같습니다." 그는 그렇게 쓰면서 경고했다. "이런 사치를 제한하면 예상치 못한 결과를 초래할지 모릅니다. 전쟁으로 가장 심한 고통을 받는 계층이 바로 이들입니다. 물량이 부족해지고 가격이 오르면 그들이 가장 먼저 타격을 받습니다. 등화관제를 하거나 대피를 하게 되면 더 큰 어려움을 겪게 됩니다. 그들에게는 보상을 받을 만한 새로운 흥밋거리나 모험도 별로 없습니다."

이들 계층은 또한 "이 나라에서 가장 교육 수준이 낮고 책임질 일도 가장 적은" 사람들이라고 린드만은 썼다. "그들은 자유민주주의 공동체의 이점에 대한 별다른 지분이 없습니다. 그들은 히틀러가 그들의 지도자가 된다 해도 아무런 차이가 없을 것이라고 말합니다. 어떤 점에서는 진심일지도 모릅니다."

차는 사기에도 영향을 미쳤다. "만약 이들 계층이 상심한다면, 그런 실망감은 그들의 남편에게도 옮아 그들의 사기마저 떨어뜨릴지도 모릅니다. 게다가 이런 고통에 격렬한 공중 폭격까지 더해지면 어떻게 되겠습니까?"

린드만은 처칠과 각별한 사이였지만 그의 만류는 성공하지 못했다. 결국 일주일에 3온스로 늘어난 차 배급제는 1952년까지 그 효력이 지속된다.

그러자 사람들은 사용한 찻잎을 다시 쓸 수 있도록 말렸다.

37장 길을 잃은 폭격기

8월 24일 토요일 밤 독일 폭격기 편대 하나가 길을 잃었다. 그들의 목표물은 런던 동쪽의 항공기 공장과 석유 비축기지였는데 승무원들은 그들이 지금 목표지점 위에 왔다고 생각했다. 하지만 그곳은 런던 상공이었다.

RAF는 그들이 프랑스를 떠났을 때부터 추적하고 있었지만 제지하지는 못했다. 그때까지도 영국은 어두워진 후에 침입자들을 요격할 효과적인 수단을 갖추지 못하고 있었다. 지상 레이더가 폭격기의 대략적인 위치를 알려주었지만 고도가 어느 정도인지 폭격기가 한 대인지 20대인지 정확한 정보는 알려주지 못했다. 비행기를 처음 포착한 시점부터 전투사령부 관제사들이 좌표를 파악할 때까지 약 4분이 경과했는데, 그 시간이면 적기들은 해협을 가로질러 이미 다른 고도로 이동했을 것이다. 따라서 이들을 요격하려면 조종사들이 목표물을 눈으로 확인하는 수밖에 없었다. RAF는 전투기를 야간 전투용으로 개조하고 실험용으로나마 공대공 레이더를 장착해보려 애썼지만 아직까지는 별다른 진전이 없었다.

연구원들은 또한 독일 항법 빔 전파를 방해하고 교란시킬 방법을 찾기 위해 경합하듯 실험에 몰두했다. 첫 번째 무선방해장치는 투열요법에 사용되는 의료기기를 어설프게 개조한 것으로, 원래 전자기 에너지를 활용하여 다양한 상태의 환자를 치료하는 장비였다. 8월에 이들기기는 좀 더 효과적인 방해 장치와 미코닝meaconing 시스템으로 대체되었다. 미코닝은 독일의 무선표지를 차단한 다음 다시 송출하여 신호를 따라가던 폭격기를 교란시키거나 우회시키는 시스템이었다. 그러나 이런 기법도 이제 막 가능성을 엿볼 수 있는 초기 단계에 불과했다. 그래서 대부분의 경우 RAF는 서치라이트에 의해 유도되는 대공포와 탄막풍선에 의존했다.

당시 대공포는 헛웃음이 나올 정도로 정확성이 떨어졌다. 공군부는 얼마 후 6,000발을 발사해야 겨우 한 대 정도 격추시킨다는 사실을 알아낸다.

폭격기가 다가오자 런던 전역에 사이렌이 울리기 시작했다. 세인트마틴인더필즈 성당 계단에서 CBS 뉴스의 라디오 기자 에드워드 R. 머로Edward R. Murrow는 생방송을 시작했다. "여기는 트라팔가 광장입니다." 깊고 차분한 목소리였다. 머로는 그가 서있는 곳에서 넬슨 기념탑과 그 위에 있는 제독의 동상이 보인다고 청중에게 말했다. "지금 들리는 이 소리는 공습 사이렌입니다." 멀리서 서치라이트가 다가왔고 또 한 개의 빛줄기가 가까운 곳에 있는 넬슨 동상 뒤로 다가왔다. 머로는 잠깐 말을 멈추고 여러 가지 사이렌이 대위법적으로 부딪히며 주고받는 소리를 청취자들에게 들려주었다. 소름끼치는 울부짖음이 밤공기를 흔들었다. "저기 커다란 빨간 버스가 하나 다가오네요." 그가 다시 입을 열었다. "이층버스군요. 위층에 등이 몇 개 켜져있습니다. 사방이 칠흑처럼 어두워서 마치 배가 지나가는 것 같습니다. 둥근 창문밖에 보이지 않습니다."

버스가 또 한 대 지나갔다. 서치라이트가 몇 개 더 켜졌다. "여러분은 지금 하늘로 곧장 뻗어나가는 서치라이트 불빛을 보고 계십니다. 어쩌다 구름이 걸리면 그 밑바닥에서 되튀는 것 같군요." 신호등이 빨간색으로 바뀌었지만 전구 위에 십자형으로 틈을 낸 등화관제판 때문에 거의 보이지 않았다. 놀랍게도 그런 상황에서도 차들은 용케들 알고 멈추어 섰다. "이 계단을 따라 어둠 속으로 천천히 들어가 걸어가는 사람들의 발소리를 들을 수 있는지 알아보겠습니다." 머로는 그렇게 말했다. "요즘 런던에서 이런 캄캄한 밤에 들을 수 있는 소리 중에 가장 이상한 소리는 바로 길을 따라 걷는 발자국 소리입니다. 마치 유령이 쇠구두를 신고 걷는 것 같습니다."

배경에서는 사이렌 소리가 계속 오르락내리락하다 마침내 사라졌다. 언제 다시 또렷한 신호가 울릴지 몰라 런던은 계속 경계를 늦추지 않았다. 방송하는 내내 머로는 폭발음을 보지도 듣지도 못했지만, 사실 그 시간 그가 서있던 지점 바로 동쪽의 런던 중심가에는 폭탄이 계속 떨어지고 있었다. 크립플게이트에 있는 세인트가일 교회가 포탄 한 발을 맞았고 그 밖에 스테프니, 핀즈베리, 토트넘, 베스널그린과 인근 지역에도 포탄이 떨어졌다.

피해가 경미하고 인명 피해도 거의 없었지만 도시 전체가 공포에 휩싸였다. 히틀러는 절대 런던은 건드리지 말라고 단단히 일러두었지만 영국 사람들 어느 누구도 그 폭탄들이 실수로 떨어진 것이라는 사실을 아는 사람은 없었다. 일요일 아침 일찍 괴링이 해당 폭격기 편대에 호통을 쳤다는 사실을 아는 사람도 당연히 없었다. 그는 편대에 메시지를 보냈다. "접근 금지 구역인 런던에 폭탄을 투하한 승무원들을 당장 찾아내 보고할 것. 최고 사령관(괴링)은 관련 지휘관들을 보병으로 재배치하여 개인적으로 처벌할 생각이다."

런던 시민들은 그 공격을 전쟁이 새로운 국면에 접어들었다는 예고로 받아들였다. 매스옵저베이션 일기기록원 올리비아 코켓은 그 일을 계기로 새로운 공포의 환영에 시달렸다. "두렵고 끔찍한 환상이 줄

줄이 이어지며 나를 짓누른다. 하수구와 수도관이 사라지고 가스가 나오지 않고 물을 마실 수 없고(장티푸스 때문에), 비행기에서는 가스가 살포된다. 그런데 갈 곳이 없다. 무서운 생각이 끊이지 않고 밤에 들리는 사이렌 소리를 무시하기도 어렵다."

그녀는 갈수록 불안이 고조된다고 생각했다. "차가 속력을 올리기만 해도, 누가 뛰거나 빨리 걷거나 갑자기 멈춰 서거나 고개를 갑자기 돌리거나 하늘을 쳐다보기만 해도, '쉿!' 하거나 휘파람 신호를 하거나 바람에 문이 쾅 닫히거나 방 안에서 모기가 윙윙거리기만 해도 심장이 멎는 것 같다. 아무리 생각해도 심장이 뛸 때보다 안 뛸 때가 더 많은 것 같다!!"

*

토요일 밤에 저질러진 런던 공습에 처칠은 격분했지만 한편 공세로 전환하여 독일과 전면전을 치르지 못하는 좌절감은 한결 줄어들었다. RAF는 이미 루르강과 그 밖의 다른 지역의 산업 및 군사 목표물을 폭격했지만 물리적 피해나 심리적인 영향에서는 별다른 영향을 주지 못했다. 런던 공격으로 그에겐 기다려왔던 구실이 생겼다. 베를린을 공격하는 데 필요한 도덕적 타당성이었다.

38장 베를린

다음 날 밤 12시 20분, 베를린 시민들은 영국 폭격기가 머리 위에 나타나고 도시 전역에 공습 사이렌이 울리는 것을 듣고 충격을 받았다. 대공포가 하늘을 찢었다. "베를린 시민들은 기겁했다." 샤이러 특파원은 다음 날 그렇게 썼다. "상상하지 못했던 일이 벌어지고 있다. 이 전쟁을 시작할 때만 해도 괴링은 그런 일은 절대 없을 것이라고 호언했었다. 그는 수도 외부와 내부의 촘촘한 대공 방어고리를 뚫고 들어올 적기는 없다고 떠들었다. 베를린 사람들은 순진하고 단순했다. 그들은 그 말을 믿었다."

공습의 피해는 경미했고 사망자도 없었지만 선전부 장관 요제프 괴벨스에게는 새로운 골칫거리가 생긴 셈이었다. "근거 없는 소문"이 나돈다고 그는 오전 회의에서 참석자들에게 말했다. 영국 폭격기들이 서치라이트에 걸려도 눈에 띄지 않는 페인트를 칠했다는 얘기였다. 그렇지 않고서야 어떻게 격추되지 않고 베를린까지 들어왔겠는가?

괴벨스는 루머에 대해 "정확한 설명"으로 대응하라고 지시하면서, 피해가 거의 없다는 사실을 구체적으로 밝히도록 했다.

그는 또한 더욱 강력한 조치를 요구했다. "멀쩡한 신분을 망각한 채 소문을 퍼트리고 만들어내는 사람들을 색출해 엄중하게 다스리고 필요하다면 비공식으로라도 가혹하게 처벌할 수 있도록 당에서 조치를 취할 것."

39장 아 젊음이여!

히틀러가 보복할 것은 불을 보듯 뻔했고 떼로 몰려다니기 좋아하는 그동안의 독일 공군의 행태를 고려할 때 대규모 공격이 될 가능성이 높았다. 8월 26일 월요일 아침, 런던에 공습 사이렌이 울리자 처칠은 존 콜빌과 다우닝가 10번지에 있는 모든 사람들에게 건물의 방공호로 들어가라고 명령했다.

알고 보니 잘못된 경보였다.

처칠은 그날 밤 RAF가 라이프치히를 공습할 계획이라는 보고를 받았지만 표적이 라이프치히라는 말을 듣고 언짢았다. 그는 공군참모총장 시릴 뉴월 경에게 전화를 걸어 불쾌감을 드러냈다. "그들이 우리 수도를 건드렸으니 우리도 본때를 보여줘야 해요. 당신이 칠 곳은 베를린이라고요." 처칠은 그에게 말했다.

그날 밤 런던에 다시 사이렌이 울렸다. 마침 콜빌은 세인트제임스궁의 근위병 식당에서 킹스가드 대원인 친구와 저녁 식사를 끝낸 터였다. 남자들은 시가를 집었다. 백파이퍼가 테이블 주위를 돌며 '스피드 보니 보트Speed Bonnie Boat'를 연주했다. 사이렌 소리에 남자들은 조용히 시가를 끄고 궁궐 대피소로 이동했고 그곳에서 청색으로 된 식사용 옷을 전투복으로 갈아입고 헬멧을 썼다.

폭탄은 떨어지지 않았지만 경보는 계속되었다. 콜빌은 그곳을 떠나 다우닝가 10번지로 돌아왔다. 밤 12시 30분이 되었지만 공습해제 사이렌은 여전히 울리지 않았다. 이따금 콜빌의 귀에 비행기 엔진과 대공포의 날카로운 포성이 들렸다. 처칠은 잠자리에 들지 않고 돌아다니며 직원들에게 대피소로 가라고 명령해놓고, 정작 자신은 콜빌과 교수와 몇몇 다른 관리들과 비서들을 데리고 하던 일을 계속했다.

어느 순간 할 일이 없다고 생각한 콜빌은 집 뒤편으로 나가 벽으로 둘러싸인 정원으로 갔다. 주변은 따뜻한 도시가 피워내는 안개에 감겨 밤공기가 부드러웠다. 서치라이트가 하늘 저 멀리 옅은 광선 기둥을 세우고 있었다. 손가락으로 셀 정도의 비행기가 왔고 아직 폭탄은 떨어지지 않았지만 비행기가 뜬 것만으로도 도시는 폐쇄되었다. 이상할 정도로 고요한 정적이 흘렀다. "정원에 서서 자정을 알리는 빅벤 소리를 들으며 서치라이트 불빛을 보고 있자니 익숙하지 않은 런던의 정적이 신기했다. 소리도 없고 바람 한 점 없다. 그때 갑자기 멀리서 엔진 소리와 총소리가 들렸다."

처칠은 잠옷으로 갈아입은 다음 헬멧을 쓰고 아래층으로 내려왔다. 콜빌은 "유달리 장엄한 금색 용이 그려진 드레싱가운"이라고 했다. 처칠도 정원에 들어섰다. 처칠은 그곳에서 한동안 이리저리 서성거렸다. 불타오르는 황금빛 땅딸막한 둥근 형체가 움직이는 것 같았다. 처칠은 결국 대피소로 내려가 그곳에서 밤을 보냈다.

새벽 3시 45분에 공습해제 사이렌이 울렸지만 처칠은 도중에 깨지 않고 잠을 푹 잤다. 그는 항상 잘 잤다. 시간과 장소를 가리지 않고 잘 수 있는 능력은 그의 특별한 재능이었다. "머리가 베개에 닿는 순간 숙면에 빠지는 그의 능력은 알아줘야 했다." 퍼그 이즈메이는 그렇게 썼다.

콜빌은 그렇지 못했다. 다른 수많은 런던 시민들처럼 그는 최초 경보 후에 간신히 잠이 들었지만 단조로운 해제 사이렌이 길게 울릴 때

잠을 깨고 말았다. 이런 것이 "야간 공습의 이중고다." 콜빌은 그렇게 썼다.

우편전신검열국이 미국과 아일랜드로 가는 우편물을 분석한 자료에 따르면 당시 일반 대중들의 사기는 여전히 높았다. 8월 30일 금요일에 발표된 이 보고서는 〈노스웸블리North Wembley〉 특파원의 말을 인용했다. "저는 지금 다른 어느 곳도 아닌 바로 이곳에 있습니다. 요행을 바라고 말입니다." 검열관들은 그가 그곳에서 역설을 보았다고 주장했다. "가장 심하게 폭격을 당한 곳일수록 사기는 오히려 높습니다." 그러나 그런 말을 인용한 후 검열관들의 보고서는 비판적인 논조를 분명히 드러냈다. "잠이 부족하다는 불평이 가장 많다. 하지만 신경쇠약을 말하는 사람들은 대체로 용기가 없는 사람 같다. 아이들이 무서워한다고 쓴 편지는 대부분의 경우 어머니들의 잘못으로 보인다."

그렇긴 하지만 그때까지 런던과 다른 대도시의 민간 구역은 별다른 손상을 입지 않았다.

밤사이에 RAF는 두 번째 베를린 공습을 개시하여 시민 10명의 목숨을 빼앗고 21명에게 부상을 입혔다.

런던이 히틀러의 보복을 대비하고 있을 때 메리 처칠과 그녀의 어머니는 메리의 친구 주디 몬태규의 시골별장인 브레클스홀Breccles Hall에서 평화롭고 따뜻한 여름밤을 즐기고 있었다. 메리는 그곳에서 몇 주 더 보내기로 했고 클레멘틴은 런던으로 금방 돌아왔다.

41만 제곱미터의 밭과 황무지와 소나무 숲 중에도 노퍽의 셋포드 숲 가장자리에 있는 이 농경지에서 보면 폭탄이 떨어지고 항공기들이 맞붙는 공중전은 멀리 딴 세상일처럼 느껴진다고 메리는 일기에 기록했다. 브레클스홀은 1500년대 중반까지 거슬러 올라가는 고택으로, 때로 사두마차를 탄 아름다운 유령이 나타나는데 그 뒷모습만 보아도 그 자리에서 죽는다는 전설이 있었다. 메리와 주디는 자전거와 말을 탔고 테니스를 치고 수영을 하고 영화도 보았다. 근처의 RAF 기지에서 공군 병사들과 춤을 추었고 때로 그들을 헛간으로 데려가 이제는 익숙해진 '가벼운 애무'의 시간을 가졌다. 메리는 어느 날 일기에 이렇게 적었다. "아, 라 주네스, 라 주네스Ah la jeuneseese - la jeuneseese(아, 젊음이여, 젊음이여)."

주디의 어머니 베네시아는 딸과 딸 친구에게 다양한 지적 활동으로 나태한 여름의 균형을 맞춰주기로 했다. 그녀는 그들에게 제인 오스틴Jane Austen의 작품들을 읽혔다. 그녀는 메리와 주디를《오만과 편견 Pride and Prejudice》에 나오는 '경망스러운 소녀' 키티 베넷과 리디아 베넷에 비유했다. "그들은 그 지역에 어떤 부대가 왔는지 보기 위해 꽤나 오랫동안 메리턴에 나가 있었다." 메리는 그렇게 썼다.

두 처녀는 또한 윌리엄 셰익스피어William Shakespeare의 소네트를 매일 하나씩 암송하기로 했지만 철저히 지키지는 못했다. 그래도 덕분에 메리는 이후 몇 년 동안 몇 편 정도는 암송할 수 있었다.

때로 전쟁이 끼어들기도 했다. 주디의 아버지가 전화로 도버 해협에 있는 램스게이트에 독일군이 대규모 공습을 감행하여 민가 700채가 파괴되었다는 소식을 알려주었기 때문이다. 특히 이번 공습은 불과 5분 사이에 고성능 폭탄 500여 발을 떨어뜨릴 정도로 강도가 높았다고 했다. 메리는 그 소식을 듣고 충격을 받았다. "공중에선 저 난린데, 특히나 이렇게 멋진 날에. 그런데 여기 이곳에선 전쟁을 거의 잊고 산다." 그녀는 그렇게 썼다.

그런 소식을 듣고 나니 브레클스홀에서 지내는 생활과 전쟁이라는 무거운 실상의 괴리가 더욱 크게 느껴졌다. 9월 2일 월요일 그녀는 어머니에게 편지를 써서 런던으로 돌아가고 싶다며 허락해달라고 간청했다. "전 지금 여기서 도피주의에 빠져있습니다." 그녀는 그렇게 썼다. "오랫동안 전쟁을 완전히 잊고 있었어요. 공군장병들과 함께 있을 때도 전쟁 생각이 안 나요. 그들이 너무 쾌활하기 때문이에요." 유럽 전역에서 수백만의 사람들이 "굶주리고 사랑하는 사람을 잃고 힘겨워한다"고 그녀는 썼다. "아무리 봐도 이건 아닌 것 같아요. 가능한 한 빨리 엄마 아빠 곁으로 다시 가고 싶어요. 공습을 재미 삼아 수다 떠는 게 싫어요. 전쟁이든 뭐든 저도 관심이 많다고요. 저도 위험을 마다 않고 뭔가를 한다는 기분을 느끼고 싶어요."

부모의 마음은 달랐다. "네가 이 나라에서 행복한 보살핌을 받고 있다니 다행이구나." 클레멘틴은 그렇게 답했다. "네가 죄책감을 가질 필요는 없다. 슬프고 침울해봐야 아무에게도 도움이 되지 않는다."

그녀는 딸에게 토요일 밤 공격 이후로 달라진 10번지의 생활을 설명했다. "우리는 공습경보에 꽤 익숙해져 있단다. 네가 돌아오면 대피소에 있는 작은 2층 침대가 오히려 편하다는 걸 알게 될 것이다. 모두 4개란다. 하나는 아빠 거, 하나는 내 거, 하나는 네 거, 하나는 파멜라 거란다." 파멜라 처칠은 임신 8개월째였다. "2층 침대는 올라가기가 아주 어렵다. 거기서 두 번 밤을 꼬박 보냈는데 '공습해제' 사이렌이 울리고야 겨우 잠이 들었다. 너야 아무것도 못 들었겠지만."

"우리 귀염둥이 시골쥐." 클레멘틴은 편지에서 딸을 그렇게 불렀지만 그렇다고 메리의 죄책감이 덜어지는 것은 분명 아니었다.

오히려 인근의 RAF 기지를 방문한 뒤로는 마음이 더 괴로웠다. 점심을 먹고 테니스를 치고 차를 마시는 등 평소처럼 부질없는 일과가 계속되었지만 "오후의 하이라이트"가 기다리고 있었다. 블레넘Blenheim 폭격기 투어였다.

"짜릿했다." 메리는 그렇게 썼지만 이렇게 덧붙였다. "막상 그걸 보니 더욱더 내가 쓸모없는 존재 같다는 생각이 들었다. 조국에 대한 내 사랑을 제대로 측정할 방법이 내겐 없다. 비행기를 조종하고 싶지만 여자라서 그것도 안 된다. 내가 전적으로 믿고 아주 깊이 사랑하는 어떤 것에 모든 것을 걸고 싶다."

하지만 "나는 사무실에서 편지나 봉하고 편하게 일하며 안락하고 행복한 삶을 사는 수밖에 없다." 그녀는 그렇게 썼다.

*

런던 공습이 예상되자 주영 미국대사 조지프 케네디는 일감을 챙겨 달아났다. 런던 시민들로서는 매우 경멸할 일이지만 그는 시골의 별장에서 대사 업무를 시작했다. 외무부 내에서 우스갯소리가 돌기 시작했다. "나는 조 케네디를 만나기 전까지는 수선화가 노란 줄 알았다(노란색은 겁쟁이를 뜻한다—옮긴이)."

"예의는 아니지만 그런 말이 나올 만도 했다." 외무장관 핼리팩스는 그 농담을 두고 그렇게 논평했다. 그는 케네디의 시골집과 아주 가까운 곳에 독일군 포탄이 떨어져 집이 파괴될 뻔했다는 소식을 듣고 고소하게 여겼다. "조에게 내린 심판." 핼리팩스는 8월 29일 목요일의 일기에 그렇게 썼다.

*

비버브룩 경은 지쳤다. 천식도 괴로웠고 공습 사이렌이 울릴 때마다 공장 가동을 멈춰야 하는 현실이 짜증 났다. 독일 폭격기들은 제 집 드나들듯 오가는 것 같았고 폭탄 한 발로 며칠 동안 생산이 중단되는 경우도 있었다. 그래도 이런 모든 역경과 밤마다 찾아오는 루프트바페의 공격을 딛고 항공기를 제조하고 복구하는 그의 제국은 8월에 총 476대의 전투기를 생산하는 데 성공했다. 총참모장들이 예측했던 것보다 200대 정도 많은 실적이었다.

9월 2일 월요일에 비버브룩은 처칠에게 이런 자신의 공적을 상기시키며 생색내는 편지를 썼다. 그는 또한 이런 성과를 올리기 위해 얼마나 많은 싸움을 벌여야 했는지도 자기 연민을 섞어가며 구구절절 늘어놓았다. 그는 미국의 흑인 영가 제목으로 메모를 마무리했다. "내 괴로움을 누가 알리요Nobody knows the trouble I've seen."

처칠은 다음 날 비버브룩의 쪽지를 돌려주며 아래에 답장으로 두 마디를 적었다.

"내가 안다네."

40장 베를린과 워싱턴

베를린이 공격당하자 히틀러는 펄쩍 뛰었다. 8월 31일 토요일 그는 공군 수장인 괴링에게 런던 공격을 준비하라고 명령했다. 전략적 가치가 있는 목표물에 공격의 초점을 맞추되 적의 사기를 꺾으라고 히틀러는 지시했다. 아직도 그는 '집단 패닉'까지 유발하고 싶지는 않았다. 그러나 폭격이 원래 부정확할 수밖에 없다는 점을 감안할 때 런던 내부의 전략적 목표물에 대한 공격은 민간 지역을 직격하는 것이나 다름없다는 사실을 히틀러는 누구보다 잘 알고 있었다.

이틀 후 괴링은 루프트바페에 명령했다. 다시 한 번 그는 처칠이 항복하지 않을 경우 공직에서 쫓겨날 수밖에 없을 정도로 난감한 궁지에 몰리는 시나리오를 머리에 그렸다. 괴링은 자신의 공군을 모욕한 영국에 복수하기로 했고, 영국 수도에 모든 전력을 투입할 생각에 들떴다. 이번에는 반드시 영국의 무릎을 꿇리고야 말겠다.

*

괴링의 공습과 영국 침공 준비가 차근차근 진행되자 히틀러의 대리인 루돌프 헤스는 격화되는 갈등이 점점 더 걱정되었다. 지금까지 어떻게든 처칠 정부를 무너뜨리려는 히틀러의 소원을 풀어보려 백방으로 궁리를 해봤지만 아무런 진전도 없는 상태였다. 두 제국이 충돌하는 상황까지 가면 일이 완전히 틀어질 것이라고 헤스는 생각했다.

8월 31일 그는 친구이자 멘토인 칼 하우스호퍼Karl Haushofer 교수를 만났다. 하우스호퍼는 히틀러의 세계관에 이론적 근거를 제시한 대표적인 정치학자였지만 개인적인 문제 때문에 입지가 불안한 상태였다. 유대인의 피가 절반 섞인 아내 때문이었다. 헤스 자신은 유대인을 증오했지만 하우스호퍼의 두 아들을 '명예로운 아리아인'으로 선언하여 그들을 보호했다.

헤스와 하우스호퍼는 9시간을 얘기했다. 헤스는 그에게 독일이 영국을 곧 칠 것 같다고 말했다. 두 사람은 런던에 평화 제의를 전달할 방법을 논의하면서 영국 측에서 중재해줄 사람을 찾았다. 처칠 정부의 유화적 성향의 인사들과 긴밀한 연줄이 있는 사람을 통해 의회 내에서 처칠을 실각시킬 계기를 마련해보자는 구상이었다.

헤스를 만나고 사흘 뒤에 하우스호퍼 교수는 아들 알브레히트Albrecht에게 어휘를 신중하게 골라가며 편지를 썼다. 알브레히트는 히틀러와 헤스에게 중요한 조언을 해온 데다 완벽한 영어를 구사하는 친영파였다. 아버지 하우스호퍼는 임박한 침략에 우려를 나타내면서 아들에게 영향력 있는 중재인과 중립적인 장소에서 만나 영국과 갈등을 피할 방법을 논의할 수 있도록 만남을 주선해줄 수 있는지 물었다. 그는 아들이 스코틀랜드의 명망가 해밀턴 공작Duke of Hamilton과 친하게 지낸다는 것을 알았기에 그에게 접근해보라고 권했다.

무엇보다 서둘러야 했다. "알다시피 문제의 섬에 대한 매우 강도 높고 맹렬한 공격 준비가 완료된 상태이기 때문에 높은 자리에 있는 분이 버튼만 누르면 사태는 되돌릴 수 없게 된다." 하우스호퍼 교수는 그렇게 썼다.

구축함과 기지를 맞바꿔 대여하는 거래로 고심하던 미국은 국무부의 한 변호사가 타협안을 생각해내면서 마지막 걸림돌을 걷어냈다. 처칠과 루스벨트 모두 자국민들을 흡족하게 해줄 수 있는 타협안이었다.

뉴펀들랜드와 버뮤다 기지는 영국이 "미국의 국가 안보에 대한 우호적이고 동정적인 관심"을 인정하는 의미에서 양도하는 선물로 분류했다. 나머지 기지의 임대는 구축함에 대한 대금이지만 어떤 특정 자산에도 현금 가치를 매길 수 없기에 서로의 비교 가치를 계산하는 데는 한계가 있을 수밖에 없었다. 미국이 비평가들에게 구체적인 수치로 불균형을 쉽게 입증할 수 있는 기회를 제공하지 않았기 때문에 미국에 더 유리한 거래인 것만은 분명했다. 실제로 미국 언론들도 이를 대통령의 회심의 한 수라고 환영했다. 미국을 사업적인 방식으로 일을 처리하는 데 능숙한 국가로 인식시킨 나름대로 실속 있는 거래라는 평가였다. "인디언들에게 24달러어치 물품과 술 한 병을 주고 맨해튼섬을 받아낸 이후로 이보다 더 좋은 거래는 없었다." 루이빌의 〈쿠리어저널Courier-Journal〉은 그렇게 평가했다.

9월 2일 월요일 주미 영국대사 로디언 경과 미국 국무장관 코델 헐은 협정에 서명했다. 이틀 후 첫 번째 구축함 8척이 캐나다 핼리팩스항에 닻을 내렸다. 배의 새 주인이 된 영국 선원들이 올라가 보니 전투는커녕 항해하려 해도 많은 작업이 필요한 상태였다. 선체도 "바닷물이나 작은 물고기가 들어오는 것을 막을" 만큼 두텁지 못했다고 어떤 장교는 말했다.

그러나 처칠에게 구축함의 상태는 전혀 중요하지 않았다. 해군 출신이었던 그는 그 배들이 너무 낡아 쓸모가 없다는 것을 알고 있었다.

정작 중요한 것은 루스벨트의 관심을 이끌어냈고 혹시 그의 옆구리를 슬쩍 건드리면 미국이 전쟁에 한 걸음 더 다가설지도 모른다는 사실이었다. 그러나 루스벨트가 얼마나 오래 대통령 자리에 머무를지는 알 수 없었다. 미국 대통령 선거는 2달 뒤인 11월 5일에 실시될 테고 처칠은 루스벨트가 승리하기를 간절히 바랐지만 결과는 확실치 않았다. 갤럽이 9월 3일에 발표한 여론조사에서 미국인의 51퍼센트는 다가오는 선거에서 루스벨트를 선호하고 49퍼센트는 웬델 윌키Wendell Willkie를 지지하는 것으로 나타났다. 오차범위를 생각하면 막상막하였다.

그러나 미국에서는 고립주의가 힘을 얻고 있었다. 9월 4일에 일단의 예일대 법대생들이 참전에 반대하는 미국우선위원회America First Committee를 설립했다. 이 단체는 빠르게 세력을 키워 1927년 대서양 횡단으로 국민적 영웅이 된 찰스 린드버그Charles Lindbergh 같은 유명인사로부터 뜨거운 지지를 받았다. 그리고 대통령 선거에서 승기를 잡기 위해 무슨 일이든 할 생각이 있던 공화당 지도자들은 윌키에게 전략을 바꿔 전쟁과 공포를 선거운동의 핵심 쟁점으로 삼으라고 조언했다.

41장 그가 온다

9월 4일 수요일 히틀러는 베를린의 슈포르트팔라스트Sportpalast 연단에 올랐다. 몇 년 전 독일 총리로서 첫 연설을 했던 곳이었다. 운집한 청중은 여성 사회복지사와 간호사들이었다. 표면적으로는 빈곤한 독일인들에게 음식과 난방과 의복을 제공할 기금을 모으는, 그 해의 전쟁 동계구호 캠페인Kriegswinterhilfwerk의 개시를 알리는 자리였다. 그러나 그는 연설 도중 최근에 영국군이 감행한 독일 공습을 비난하기 시작했다. "미스터 처칠은 새로운 아이디어를 선보였습니다. 야간 공습입니다."

루프트바페가 실시한 주간 군사작전에 비하면 비열하기 짝이 없는 수법이라고 히틀러는 비난했다. 그는 처칠이 그런 공습을 재고하고 중단하기를 바라는 마음에서 지금까지 대응을 자제해왔다고 말했다. "그러나 미스터 처칠은 이를 우리가 약하다는 징조로 받아들였습니다." 히틀러는 그렇게 말했다. "당신은 이제 우리가 야간에는 야간으로 응대한다고 해도 이해해야 합니다. 영국공군이 2,000, 3,000, 4,000킬로그램의 폭탄을 투하하면 우리는 하룻밤에 15만, 23만, 30만, 40만 킬로그램의 폭탄을 투하할 것입니다."

이 부분에서 큰 함성이 터져 나왔기 때문에 히틀러는 말을 중단해야 했다고 미국인 특파원 윌리엄 샤이러는 썼다.

그는 함성이 가라앉기를 기다렸다가 말을 이었다. "그들이 우리 도시에 대한 공격을 늘리겠다고 선언하면 우리는 그들의 도시들을 주

저앉힐 것입니다." 그는 "이 하늘의 해적들의 만행을 끝내겠다"고 맹세
하면서 말했다. "신이 우리를 도울 것입니다."

"여성들이 자리를 박차고 일어섰다." 샤이러는 일기에 그렇게
썼다. "그들은 가슴이 벅차 지지의 함성을 외쳤다."

히틀러는 계속했다. "우리 중 한쪽이 꺾이는 때가 올 것입니다. 하
지만 그것이 국가사회주의 독일Nationalsozialistische Deutsche은 아닐 것입
니다."

군중들은 귀가 먹먹할 정도로 소리를 질렀다. "아니다! 아니다!"

"영국인들은 궁금해서 계속 묻습니다. '왜 그는 오지 않는가?'" 히
틀러는 모든 제스처에 역설을 담아 말했다. "진정하세요. 진정하세요.
그는 가고 있습니다! 가고 있습니다!"

청중들의 웃음소리가 광기를 띠었다.

처칠은 피로 대꾸했다. 그날 밤 RAF는 베를린이 자랑하는 아름다
운 티어가르텐Tiergarten 공원에 폭탄을 투하했고, 경찰관 한 명이 사망
했다.

*

독일의 평화로운 시골마을 카린할에서 헤르만 괴링과 그의 루프
트바페 지휘관들은 '런던 파괴'를 위한 공격을 구상하며 군더더기 없이
간결한 문구로 된 계획서를 작성했다.[45]

첫 번째 공격은 오후 6시에 시작하고 이어 6시 40분에 '본격적인
공격'을 실시하기로 했다. 첫 번째 공습의 목적은 RAF 전투기를 하늘
로 불러내는 것이었다. 폭격기 본대가 도착할 때쯤 영국 수비대는 연료
와 탄약이 바닥날 것이다.

전투기들이 넓게 호위하는 가운데 폭격기 3개 편대가 해협의 프

랑스 쪽 해안 3개 지점에서 발진해 런던으로 곧장 날아간다. 전투기들은 목표 도시까지 줄곧 폭격기와 동행하고 함께 돌아온다. "전투기들이 버틸 수 있는 한계까지 작전을 전개할 예정이기 때문에 직선거리로 날아가 반드시 최단 시간에 공격을 완료한다"는 것이 그들의 계획이었다. 그렇게 하려면 병력을 총동원하고 서로 다른 고도로 비행해야 한다. "단 한 번의 공격으로 작전을 완수하기 위한 방법이다."

그렇게 많은 항공기를 하늘에 띄우려면 조종사들도 귀환 방식을 체계적으로 조율할 수 있어야 했다. 폭탄을 투하한 편대는 왼쪽으로 선회하여 영국을 향해 갔던 길과 다른 항로로 돌아 나와야 뒤에 오는 폭격기와 충돌을 피할 수 있다.

"효과를 극대화하기 위해서는 접근하고 공격하는 것도 중요하지만 무엇보다 귀환할 때 집중력을 발휘해야 한다." 계획서는 그렇게 강조했다. "이 작전의 주요 목표는 루프트바페가 이런 과업을 완수할 능력이 있다는 사실을 입증하는 것이다."

날짜는 1940년 9월 7일 토요일로 정해졌다. 괴링은 괴벨스에게 전쟁은 3주 안에 끝날 것이라고 말했다.

*

공습에 참가하는 폭격기 부대 중에 제100폭격항공단KGr 100이라는 특수비행대가 있었다. 세 개의 '파트핀더Pfadfinder(맨 앞에서 소이탄 등을 투하해 주력 부대에게 공격지점을 알려주는 항로 선도대로 영어로는 패스파인더pathfinder라고 한다-옮긴이)' 중 하나였다. 이 부대의 승무원들은 많은 문제를 보이던 크니케바인Knickebein 무선항법 시스템보다 훨씬 더 진보된 기술을 이용하는 항법 빔을 따라 비행하는 전문가들이었다. 크니케바인이 독창적이었던 이유는 그 기술이 단순하고 친숙했기 때문이었다. 독일의 폭격기 조종사라면 누구나 비행장에 접근할 때 일반적인 로렌츠 계기착륙 장비를 사용할 줄 알았고 또 모든 폭격기는 이 시스템을 탑재했다. 크니케바인을 사용하려면 평균고도보다 더 높이 올라가 중앙 빔을 따라가면서 더 먼 거리를 날아야 했다. 그런데 어디선가 문제가 생긴 것 같았다. 조종사들은 알 수 없는 빔 왜곡 현상과 신호가 사라지는 경우를 자주 겪었다. 그들은 갈수록 시스템을 믿지 못하게 되었다. 8월 29일 밤 리버풀 대공습 때도 이유는 알 수 없지만 신호가 잘못되어 심각한 혼선을 빚었다. 결국 출격한 폭격기 중 목표지점에 이른 것은 겨우 40퍼센트 정도였다. 아무래도 영국 정보기관이 크니케바인의 비밀을 알아낸 것 같았다.

다행히 그들에게는 또 다른 기술이 있었다. 그것은 훨씬 더 발전된 방식으로, 그 어느 때보다 비밀에 부치고 있는 체계였다. 독일 과학자들은 X-페어파렌X-Verfahren이라는 빔 항법 시스템을 개발했는데 이 방법은 훨씬 더 정밀하고 복잡했다. 이 역시 로렌츠 시스템처럼 대시와 점 신호에 의존했지만 빔을 단 한 번 교차하는 것이 아니라 더 좁은 빔 세 개를 합쳐 RAF 감청자들이 탐지하기 더 어렵게 만들었다. 폭격기의 진로와 교차하는 첫 번째 빔은 단지 경고 신호로 더 중요한 2번째 교차가 임박했다는 것을 무전통신수에게 알리기 위한 것이었다. 두 번째 신호가 들리면 승무원은 비행기의 정확한 대지속도對地速度(지상에서 관측한 비행기의 속도)를 측정하는 장치를 켰다. 곧이어 마지막 3번째 빔을 만나면, 그 지점에서 폭격기 승무원들은 폭탄 사출 메커니즘을 제어하는 타이머를 켜 필요한 순간에 폭탄을 투하할 수 있도록 준비했다.

이 시스템은 효과적이었지만 고도로 숙련되고 훈련된 승무원들이 필요했기 때문에 루프트바페는 특수 폭격기 부대인 KGr 100을 따로 결성했다. 이 시스템이 제 기능을 발휘하려면 항공기가 목표에 도달할 때까지 항로를 정확히 유지하면서 일정한 속도와 수정된 고도로 비행해야 하기 때문에 적의 공격에 취약할 수밖에 없었다. 따라서 머리털이 곤두서는 순간도 있었지만 이 시스템을 사용하는 폭격기는 빔을 포착하기 위해 서치라이트와 탄막풍선의 한계범위를 훨씬 벗어나 매우 높은 고도에서 비행했기에 적어도 밤에는 웬만해서 RAF 전투기에 요격당할 걱정을 하지 않아도 되었다. KGr 100의 항공기는 모든 표면을 무광택 검은색으로 칠했기 때문에 어둠 속에서 찾아내기가 어려웠고 위협적인 분위기마저 풍겼다. 프랑크푸르트 인근 호수에서 실시한 시험비행에서 승무원들은 목표물의 902미터 이내에 폭탄을 떨어뜨렸다. 1939년 12월에도 이 비행단은 폭탄을 싣지 않은 채 런던으로 세 번의 시험비행을 한 적이 있었다.

그 뒤에도 루프트바페는 KGr 100의 특수 기능을 최대한 활용하는 새로운 전략을 계속 개발했다. 이 비행단의 폭격기들은 공습의 선두에 서서 대형 화재를 일으키는 소이탄과 고폭탄을 혼합한 포탄을 떨어뜨려 표적을 표시해줌으로써 뒤따르는 조종사들의 길잡이 역할을 했다. 그들이 떨어뜨린 폭탄의 불빛은 웬만큼 구름이 껴도 그 틈으로 보였다. 이들의 작전 구역은 런던으로 확대되었다.

42장 불길한 움직임

9월 6일 금요일 저녁, 처칠은 다우닝가 10번지를 떠나 체커스로 출발했다. 그는 도착해서 늘 하던 대로 잠깐 눈을 붙였다가, 퍼그 이즈메이와 제국군총참모장 존 딜John Dill과 본토방위군 참모총장 앨런 브룩Alan Brook과 함께 저녁 식사를 했다.

식사는 9시에 시작되었다. 대화는 침략 가능성에 집중되었고 많은 논의가 오갔다. 가로챈 신호와 정찰 사진을 통해 구체적인 침공 준비가 빠르게 진행되고 있다는 것을 짐작할 수 있었다. 그 주말 영국 정보당국은 벨기에의 항구도시 오스텐데에서 270척의 바지선을 확인했다. 불과 일주일 전까지만 해도 18척에 불과했던 곳이었다. 네덜란드 북해 연안의 플러싱(블리싱겐)에도 100척의 바지선이 도착했다. 정찰기는 이후에도 해협의 여러 항구에 집결하는 함정이 계속 늘어나는 정황을 포착했다. 영국의 합동정보위원회Joint Intelligence Committee는 앞으로 며칠 동안, 특히 9월 8일부터 10일까지 수륙양용 상륙에 유리한 달과 조수의 조석 현상이 나타날 것이라고 분석했다. 게다가 폭격 활동이 증가했다는 보고도 있었다. 이날 하루에만 장거리 폭격기 300대와 전투기 400여 대가 켄트와 템스강 어귀의 목표물을 공격했다.

대화가 활기를 띠었다. "P.M.이 점점 열을 올리며 저녁 내내 사람들의 흥미를 돋우었다." 브룩은 일기에 그렇게 썼다. "우선 그는 히틀러의 입장에서 이 섬을 공격할 테니 나보고 방어해보라고 했다. 그 후 그는 공습경보 시스템을 전면 개편한 다음 우리더러 비판해보라고 했다. 결국 새벽 1시 45분에야 우리는 겨우 잠자리에 들 수 있었다!"

다음 날 브룩은 일기에 이렇게 썼다. "어느 보고를 봐도 죄다 침략이 가까워진 것 같다는 얘기뿐이다." 적으로부터 영국을 방어해야 하는 임무를 맡은 장수로서 그의 긴장감은 어느 때보다 높았다. "내 군 경력 중에 침공이 임박했던 그때보다 책임감이 더 무거웠던 시기는 기억에 없는 것 같다." 그는 나중에 그렇게 썼다. 훈련과 장비가 모두 부족했지만 자신이 얼마나 철저한 대비책을 마련하고 군대를 원활히 지휘할 수 있느냐에 영국의 생존 여부가 달려있다는 사실을 그는 누구보다도 잘 알고 있었다. 이 모든 것 때문에 "곧 닥칠 전투에 대한 전망은 때로 견디기 힘든 중압감으로 다가왔다." 하지만 그런 속내를 드러낼 수 없기에 처신이 더욱 쉽지 않았다. 처칠처럼 그는 외적인 모습의 힘과 중요성을 이해했다. "누구라도 마음에 품고 있는 근심을 털어놓을 때는 자신감 부족, 사기 저하, 의심, 저항 의지를 꺾어놓는 온갖 음해 행위 같은 재앙을 감수할 각오를 해야 한다."

9월 7일 토요일 브룩과 참모총장들에게 결정의 순간이 다가왔다. 코드명 '크롬웰Cromwell'을 발령할 것인가 하는 문제였다. 침공이 임박했으며 브룩은 군대를 동원해야 한다는 뜻이었다.

43장 캅블랑네

토요일 아침 괴링과 루프트바페의 고위 장교 두 명은 대형 메르세데스-벤츠 3대를 나눠 타고 오토바이를 앞세워 프랑스 해안을 따라 달렸다. 헤이그에 있는 임시 사령부에서 그곳 칼레까지 괴링을 태우고 온 것은 그의 '특별 전용열차'였다. 덕분에 그는 편안하게 이동하면서 중간에 새로 수집한 미술품들을 점검할 수 있었다. 이런 행차에는 늘 하인리히 히믈러Heinrich Himmler의 지허하이츠딘스트Sicherheits Dienst, 즉 친위대 보안국 요원SD들 20명이 평상복 차림으로 대동했다. 마음에 드는 것이 눈에 띄면 당장 그 자리에서 포장해 실었다. 나중에 그를 취조한 미국 수사관의 보고에 따르면 괴링의 "탐욕은 대상을 가리지 않았다.", "컬렉션에 관한 한 그의 욕망은 한계가 없었다." 긴 가죽 코트 때문에 그는 몸집이 더 커 보였다. 그는 훈장을 주렁주렁 매달았고 흰색 군복을 즐겨 입었다.

차들의 행렬은 프랑스 해안에서 가장 높은 편에 속하는 캅블랑네 꼭대기에 올랐다. 평화로울 때는 피크닉으로 인기 있던 장소였다. 장교들은 테이블과 의자를 놓고 샌드위치와 샴페인을 펼쳐놓았다. 의자는 접이식이었는데 괴링이 앉을 의자는 특별히 튼튼하게 만들었다. 장교들은 그날 오후로 예정된 루프트바페의 런던 공격을 보기 위해 자리를 잡고 앉았다.

대륙 시간으로 약 2시에 괴링과 그 일행의 귀에 남쪽인지 북쪽인지 낮게 웅웅거리는 폭격기 소리가 들리기 시작했다. 장교들은 발끝을 세우고 수평선을 살폈다. 괴링은 쌍안경을 들었다. 한 장교가 소리치며 해안가를 가리켰다. 곧 폭격기와 호위 전투기가 하늘을 가득 메웠고 그 위로 잘 보이지는 않지만 단발엔진 메서슈미트 109s 편대가 파도처럼 밀려왔다. 마중 나올 것이 분명한 영국 전투기들을 잡기 위한 위치였다. 독일의 에이스 갈란트와 그의 비행대는 영국 해안에 배치된 RAF 요격 전투기를 궤멸하는 임무를 맡았다.

괴링은 이날 루프트바페의 놀라운 전과를 확신했기에, 절벽 위에 대기하는 라디오 방송국 기자단에게 자신이 직접 공격을 기획했다고 발표했다. 괴링이 그토록 기다렸던 순간이었다. 이제 세계의 모든 눈과 귀가 자신과 자신의 전과에 쏠릴 것이다. "역사적인 순간이오." 그는 기자들에게 말했다. "최근 며칠 밤사이에 벌어진 영국군의 도발적인 베를린 공격의 대가로 총통께서는 대영제국의 수도에 결정타를 가하라고 명령하셨습니다. 본인은 이 공격을 직접 주도했고 오늘 나는 승리를 외치는 독일 편대의 굉음을 들었습니다."

절벽 꼭대기의 분위기는 한껏 고조되었다. 벅찬 환희를 주체하지 못한 괴링은 환하게 웃으며 옆에 있던 장교의 어깨를 움켜잡고 거세게 흔들었다. 괴벨스의 대중계몽선전부 영화를 찍을 때나 나올 법한 연기였다.

4부 **피와 먼지**

9월—12월

44장 조용하고 푸르른 날에

날은 무덥고 고요했고 피어오르는 아지랑이 위로 하늘이 푸르렀다. 오후 기온은 런던 날씨로는 드물게 30도를 넘어가고 있었다. 사람들은 하이드 파크로 몰려들었고 서펜타인 호수 옆에 의자를 놓고 앉아 일광욕을 즐겼다. 옥스퍼드 스트리트와 피카딜리의 상점도 쇼핑객들로 가득했다. 머리 위에 떠있는 탄막풍선이 거리에 거대한 그림자를 드리웠다. 런던에 정말로 폭탄이 처음 떨어졌던 8월의 공습 이후 런던은 범접할 수 없는 곳이라는 꿈속에 다시 빠졌지만, 간혹 울리는 허위 경보가 그 꿈을 깨우곤 했다. 처음에는 무섭고 낯선 경험이었지만 폭격기가 나타나지 않자 경보도 시들해졌다. 늦여름 더위가 나른한 안도감을 더해주었다. 웨스트엔드의 극장가에선 24개의 작품이 공연되었는데 그중에는 연극 〈레베카Rebecca〉도 있었다. 대프니 듀 모리에Daphne du Maurier의 소설을 작가가 직접 각색한 연극이었다. 로렌스 올리비에 Laurence Olivier와 조운 폰테인Joan Fontaine이 주연한 알프레드 히치콕Alfred Hitchcock의 영화 버전도 상영 중이었고, 그 외에 〈그림자 없는 남자The Thin Man〉와 장기 상영 중인 〈가스등Gaslight〉도 있었다.

상쾌한 초록의 시골에서 보내기 좋은 날씨였다.

처칠은 체커스에 있었다. 비버브룩 경은 점심 식사 직후에 자신의 시골저택인 처클리 코트Cherkley Court로 떠났지만 나중에 그는 그 사실을 부인한다. 존 콜빌은 그보다 앞선 목요일에 런던을 떠나 어머니와 동생과 함께 이모의 요크셔 저택에서 열흘간의 휴가를 시작했다. 그는 메추라기 사냥을 하고 테니스를 치고 삼촌이 수집한 와인저장소에서 1863년산을 따기도 했다. 메리 처칠은 여전히 친구이자 사촌인 주디와 함께 브레클스홀에서 내키지 않는 시골쥐 노릇을 계속하면서 매일 셰익스피어 소네트 한 편을 외우기로 한 약속을 지키려 애썼다. 토요일에 그녀는 소네트 116번을 골랐다. 사랑은 '영원히 변치 않는 표식'이라고 노래하는 시였다. 메리는 그 시를 외워서 일기에 적었다. 그리고 호수로 수영하러 갔다. "정말 재미있었다. 주아 드 비브르joie de vivre(사는 재미)가 허망함을 이겼다."

대담하게 그녀는 목욕까지 했다.

*

같은 토요일 아침 베를린에서 요제프 괴벨스는 부관들에게 그날이 끝날 즈음에 벌어질 일을 대비하도록 일러두었다. 곧 닥칠 런던의 파멸은 "아마 인류 역사상 가장 큰 재앙이 될 것"이라고 큰소리쳤다. 그는 그 공격을 독일의 민간인을 노린 영국의 폭격에 대한 응당한 대응으로 포장하여 세계의 비난을 잠재울 생각이었지만, 사실 전날 밤 폭격을 포함하여 그때까지 이루어진 영국의 폭격은 그런 대규모 보복을 정당화시킬 만큼의 사상자와 피해를 내지 못했다.

그러나 괴벨스는 곧 시작될 루프트바페의 런던 공습은 전쟁을 서둘러 종식시키는 데 반드시 필요한 조치라고 판단했다. 영국군의 공습으로 인한 피해가 그렇게 경미한 것은 아쉽지만 그 문제는 어떻게 처리할 수 있을 것이다. 그는 처칠이 "가능한 한 빨리" 공습다운 공습을 해주기를 바랐다.

새로운 과제는 매일 등장했고 거기에는 이따금씩 기분 좋은 여흥

거리도 적당히 섞였다. 그 주에 열렸던 회의에서 괴벨스는 선전부 특별문화과제국장 한스 힝켈Hans Hinkel로부터 독일과 오스트리아에 거주하는 유대인들에 관한 새로운 현황을 보고받았다. 회의록에 따르면 "빈의 경우 18만 명의 유대인 중 4만 7,000명이 남아있으며 이 가운데 3분의 2는 여성이고 20~35세 사이의 남성이 약 300명"이었다. "전쟁 중이기는 해도 총 1만 7,000명의 유대인들을 남동쪽으로 수송할 수 있습니다. 베를린에는 아직도 7만 1,800명의 유대인이 살고 있으며 앞으로 매달 약 500명씩 남동부로 보낼 예정입니다." 전쟁이 끝난 후 처음 4개월 동안 베를린에서 유대인 6만 명을 추방할 계획이 마련되어 있다고 힝켈은 보고했다. "남은 1만 2,000명도 앞으로 4주 이내에 사라지게 될 것입니다."

독일의 노골적인 반유대주의는 오래전부터 만방에 그 속셈을 분명히 드러냈기 때문에 그것 자체로도 대외 선전이 무척 중요한 문제라고 인식하고 있었지만 괴벨스는 어쨌든 그 보고를 듣고 흡족했다. 유대인 문제에 관한 한 그에게는 철학이 있었다. "전 세계인들로부터 유대인의 적이라는 항의와 비난을 받는 마당에, 왜 우리는 연극이나 영화나 공공 생활이나 행정에서 유대인들을 없앨 때의 단점, 그러니까 장점이 아닌 것만 찾아내야 하는가? 우리가 여전히 유대인의 적이라고 공격받는다면 우리는 적어도 떳떳하게 말할 수 있을 것이다. 그럴 만한 가치가 있었다. 그래서 덕을 보았으니까."

*

루프트바페는 티타임에 왔다.

폭격기는 3차례로 나눠 파상 공격을 했다. 첫 번째는 폭격기 348대와 전투기 617대로 이루어진 편대였다. 특수 장비를 갖춘 KGr

100 '파트핀더(패스파인더)' 비행대의 힝켈 폭격기 8대가 표준형 고폭탄과 소이탄Flammenbomben과 지연 도화선으로 작동하는 폭탄을 투하해가며 길을 안내했다. 지연 도화선은 소방대원들의 진화작업을 방해하기 위한 장치였다. 대낮이고 날씨도 맑았지만 그들은 X-빔 시스템을 사용했다. 오후 4시 43분, 런던에 첫 사이렌이 울렸다.

작가 버지니아 코울스와 그녀의 친구 앤은 런던 중심부에서 남동쪽으로 50킬로미터 떨어진 미어워스 마을에 있는 영국 언론계의 거물 에스먼드 함스워스Esmond Harmsworth 남작의 집에 머물고 있었다. 따뜻한 햇볕을 즐기며 잔디밭에서 차를 즐기고 있을 때 남동쪽에서 쿵 하는 묵직한 저음이 들렸다. "처음에는 아무것도 보이지 않았다." 코울스는 그렇게 썼다. "하지만 소음은 곧 깊고 무시무시한 굉음으로 바뀌었다. 마치 거대한 폭포가 떨어지듯 멀리서 진동이 느껴졌다." 그녀는 친구와 비행기들을 세기 시작했다. 150대가 넘었다. 폭격기들을 전투기가 방패처럼 에워싸고 있었다. "풀밭에 누워있던 우리의 눈은 하늘을 향했다. 곤충 떼 같은 작고 하얀 반점들이 수도를 향해 북서쪽으로 날아갔다."

그녀는 RAF로부터 아무런 제지도 받지 않고 전진하는 그들의 모습에 어안이 벙벙해, 독일 비행기가 영국의 방어망을 뚫은 모양이라고 생각했다.

"런던이 야단났네." 그녀의 친구가 말했다.

독일 비행기들이 별다른 저항을 받지 않았다는 코울스의 짐작은 옳았지만 이유는 달랐다. 해협을 건너는 거대한 무리의 폭격기들이 레이더망에 포착되자 RAF는 주요 비행장들을 방어하기 위해 전투기 편대를 분산시켰다. 이번에도 그곳이 주요 타깃이라고 추측했기 때문이었다. 대공포도 마찬가지로 비행장과 그 밖의 전략적 목표물들을 보호하기 위해 런던에서 철수한 상태였다. 런던 중심부를 지키는 대포는 고작 92문이 전부였다.

하지만 얼마 가지 않아 RAF 전투기들은 적의 실제 목표물이 런던 이라는 것을 눈치챘다. 그들은 즉시 독일 침략군을 향해 집결하기 시작했다. 침략자를 발견한 RAF 조종사는 자신의 눈을 믿지 못했다. "그렇게 많은 항공기는 본 적이 없다." 그는 그렇게 썼다. "약 5,000미터 상공까지 안개가 낀 것처럼 뿌옇게 보였다."

"안개를 뚫고 나갔지만 믿어지지 않았다. 보이는 것이라고는 밀려오는 독일 항공기들뿐이었다. 끝도 없이 밀려오고 있었다."

지상에서 바라본 광경도 놀랍기는 마찬가지였다. 18세의 콜린 페리Colin Perry는 자전거를 탄 채 첫 번째 파도가 머리 위를 지나는 모습을 보았다. "굉장하고 인상적인, 그 자리에서 얼어붙게 만드는 광경이었다." 페리는 나중에 그렇게 썼다. "머리 바로 위에 문자 그대로 수백대의 비행기가 지나가고 있었다. 독일 비행기였다! 독일 비행기가 온통 하늘을 덮고 있었다." 전투기들은 서로 가까이 붙어있었다. "여왕벌 주변을 지키는 벌떼 같았다." 그는 그렇게 회상했다.

런던 남동부 펌스테드에 사는 건축학도 잭 그레이엄 라이트Jack Graham Wright와 그의 가족은 거실에서 차를 준비하고 있었다. 어머니는 찻잔과 받침, 우유를 담은 작은 주전자와 찻주전자 등을 은테를 두른 쟁반에 받쳐 내왔다. 차가 식지 않도록 찻주전자에는 덮개를 씌웠다. 사이렌이 울렸다. 처음에는 대수롭지 않게 생각했지만 혹시나 하고 라이트와 어머니가 문밖을 내다보니 하늘에 비행기가 가득했다. "작고 밝은 것들"이 떨어지는 광경이 눈에 들어왔다. 그리고 곧 폭탄이라는 것을 깨달았다. 두 사람은 계단 아래로 숨기 위해 뛰었다. "집어삼킬 것 같이 우르릉거리는 비행기 소리가 점점 커졌고 잇달아 쿵 하는 둔탁한 폭발음도 가까워지고 있었다." 라이트는 그렇게 회상했다.

집이 흔들렸고 마룻바닥이 요동을 쳤다. 땅에서 전해지는 충격파가 몸을 타고 올라왔다. 라이트는 문설주에 몸을 바짝 붙였다. 느껴보지 못했던 소음과 강력한 에너지가 밀려왔다. "거실 공기가 응축되어 마치 순식간에 적갈색 안개로 바뀐 것처럼 칙칙해졌다." 그의 집과 옆집을 나누는 무거운 벽돌로 된 '경계벽'이 휘는 듯했고 문설주가 흔들렸다. 지붕에서 깨진 슬레이트가 온실 유리를 뚫고 떨어졌다. "사방에서 문과 창문 부서지는 소리가 들렸다."

요동이 멈췄다. 벽은 그대로 서있었다. "갈색 안개는 사라졌지만 방 안이 온통 짙은 갈색 먼지로 뒤덮였다. 먼지가 바닥에 너무 두텁게 깔려 카펫이 보이지 않았다." 사소한 것까지 기억에 생생했다. "우유가 담긴 작은 도자기 주전자가 옆으로 누워있었고 쏟아진 우유가 탁자 가장자리로 개울처럼 흘러 아래 두터운 먼지층에 하얀 웅덩이를 만들며 떨어졌다."

런던의 많은 시민들이 이 공격과 그 뒤를 이은 공격에서 가장 뚜렷하게 기억하는 것은 이런 먼지였다. 건물들이 폭발하면서 처마, 지붕, 굴뚝, 난로, 아궁이에서 부서져 나온 벽돌과 벽토, 모르타르가 거대한 먼지 구름을 뿜어냈다. 크롬웰, 디킨스, 빅토리아 시대부터 쌓여있던 먼지였다. 폭탄은 종종 집 아래 지반에 부딪힐 때만 터져 거리를 따라 떠가는 먼지폭풍에 흙과 바위를 보태고, 그럴 때마다 맨흙의 짙은 음산한 냄새가 대기로 스며들었다. 먼지는 처음에는 포연처럼 밖으로 빠르게 분출되었다가 속도가 줄면서 걸러지고 가라앉아 보도와 차도와 자동차 앞유리, 이층버스, 공중전화박스와 사람들의 몸을 덮었다. 폐허에서 살아남은 생존자들은 회색 밀가루 같은 먼지를 머리부터 발끝까지 뒤집어썼다. 정보부 정무차관 해럴드 니컬슨은 일기에서 "머리와 눈썹에 두터운 먼지를 덕지덕지 붙인 채 사방 모든 것에 내려앉은 짙은 안개"에 휩싸인 사람들의 모습을 보았다고 술회했다. 같은 토요일 밤 내과의사 모튼 박사Dr. Morton는 상처 치료가 간단치 않다는 사실을 깨달았다. "놀라운 것은 엄청난 양의 흙과 먼지였다. 무슨 일이 생길 때마다 오랜 세월 묵었던 흙과 먼지가 폭발했다." 그녀는 그렇게 썼다. 부상자들의 감염을 막는 훈련을 받았지만 그런 건 소용이 없었다. "사람들 머리에 모래와 먼지가 가득했고 피부는 먼지로 변색되어 도대체 소독 자체가 불가능했다."

특히 부자연스러운 것은 그런 회색 바탕과 대조되는 핏빛이었다. 작가 그레이엄 그린Graham Greene은 폭탄을 맞은 건물에서 빠져나오는 군인들을 본 어느 날 밤 "먼지가 뽀얀 찢어진 잠옷에 핏빛 반점이 선명한 남녀들이 문간에 서있는 연옥"을 보았다.

*

토요일 오후 5시 20분 퍼그 이즈메이와 참모총장들은 머리를 맞대고 공습의 의미를 분석했다. 오후 6시 10분에 공습해제 사이렌이 울렸지만 영국 레이더는 8시 정각에 폭격기 318대로 구성된 독일 항공기의 두 번째 무리가 프랑스 상공에 집결하는 것을 확인했다. 오후 8시 7분 참모총장은 '크롬웰' 경보를 발령할 때가 되었다는 데 동의했고 본토방위군에 침공이 임박했다고 통보했다. 심지어 일부 지역의 지휘관들은 적의 공수부대가 낙하하면 아무리 낯선 광경이라도 놀라지 말고 반드시 교회 종을 울리라고 주문했다.

그날 밤 8시 30분, 런던 배터시 구역에 폭탄이 떨어지고 있었지만 런던시의 대공포는 웬일인지 잠잠하다 30분이 지난 뒤에야 발포를 시작했다. 그나마도 산발적인 발포였다. 날이 어두워지자 RAF 전투기들이 기지로 돌아왔다. 어둠 때문에 그들은 아무것도 할 수 없었다.

*

폭탄은 밤새도록 떨어졌다. 겁 없이 밖으로 나간 사람들은 하늘이 붉게 타는 광경을 보았다. 소방대원들은 거대한 화염과 싸웠지만 좀처럼 진척이 없었고 따라서 독일 조종사들은 힘들이지 않고 도시를 찾아냈다. 독일 라디오는 환호했다. "세계 최대 도시의 지붕들 위로 두꺼운 연기구름이 퍼지고 있습니다." 한 아나운서는 상황을 설명하며 조종사들이 비행기에서도 폭발의 충격파를 느낄 수 있다고 전했다. (승무원들은 가장 큰 폭탄인 '사탄Satan'을 떨어뜨릴 때 충격의 영향을 받지 않도록 2,000미터 이상의 고도를 유지하라는 지시를 받았다.) "독일 공군이 대영제국의 심장부를 강타하고 있습니다." 아나운서는 그렇게 말했다. 독일의 한 비행사는 선전 의도가 드러나는 보고서에서 이렇게 썼다. "이글거리는 불의 고리가 수백만 명의 터전인 도시 곳곳으로 뻗어나갔다! 몇 분 사이에 우리는 폭탄을 투하해야 할 지점에 이르렀다. 그런데 그 자랑스러운 알비온Albion (중세 때 브리튼섬을 지칭하던 말)의 전사들은 도대체 어디 있는가?"

런던 시민들로서는 처음 겪는 격동의 밤이었다. 폭발 후의 화약 냄새. 유리들이 산산조각 나는 소리. 런던에 살면서 전쟁 기간 중 일상의 모습을 상세하게 일기로 남긴 30대 교사 필리스 워너Phillis Warner는 폭탄이 떨어지는 소리를 처음 들었다. "점점 가까워지는 열차의 기적소리 같은 무시무시한 새된 소리가 나면 넌더리 나는 충격이 지면을 통해 퍼지듯 전해졌다." 도움이 되는지는 몰라도 그럴 때마다 그녀는 베개 밑에 머리를 묻었다. 작가 코울스는 "해안에 부딪치는 파도의 천둥소리 같은, 떨어지는 석조물의 강력한 굉음"이 들렸다고 회상했다. "가장 기분 나쁜 소리는 항공기들이 내는 웅웅거리는 낮은 소음으로, 치과의사의 드릴을 연상케 했다." 그날 밤 런던에 있었던 또 다른 작가 존 스트레이치John Strachey는 "가루로 변한 부서진 집들의 잔해가 매캐하게 코를 찔렀다"며 폭발이 가져다준 후각적 충격을 회고했다.

그날은 핑계를 대고 일을 저지르기 좋은 밤이기도 했다. 나중에 작가이자 회고록으로 유명해진 조운 윈덤Joan Wyndham은 런던 켄싱턴의 한 방공호로 대피했다. 자정 무렵 그녀는 처녀 노릇을 그만둘 때가 되었다고 판단하고 남자친구 루퍼트를 모험에 끌어들였다. "폭탄이 멋지다." 그녀는 그렇게 썼다. "모든 게 아슬아슬했다. 그래도 죽지 않으면 사는 거니까 내일이면 루퍼트의 유혹에 넘어갈 것 같다." 조운은 콘돔(프랑스제 '거시기')을 가지고 있었지만 잘못될 경우를 대비해 친구와 함께 약국에 가 볼파Volpar라는 잘 알려진 피임약을 사기로 했다. "새벽 5시에 공습해제 사이렌이 울렸다." 그녀는 그렇게 썼다. "사랑스런 나의 루퍼트도 해제된 것 같았다."

다음 날 오후 그녀는 결심을 실행에 옮겼지만 막상 해보니 기대했던 것에는 크게 미치지 못했다. "루퍼트가 옷을 벗었다. 갑자기 벌거벗은 그의 모습이 너무 우스워 웃기 시작했다. 웃음을 참을 수 없었다."

"왜 그래? 내 게 마음에 안 들어?" 그가 물었다.

"아냐, 괜찮아. 약간 비딱해서!"

"다들 그래." 루퍼트가 말했다. "그만 웃고 옷 벗어."

나중에 그녀는 생각해봤다. "글쎄, 그렇게 끝났다. 끝나서 홀가분했다. 정말 그게 다라면 담배나 한 대 맛있게 피우거나 영화를 보러 가는 게 더 낫겠다 싶었다."

*

　9월 8일 일요일 새벽, 맑은 여름 하늘과 이스트엔드에서 솟아오른 검은 연기 벽이 어울리지 않게 풍경에 나란히 걸렸다. 잠에서 깨어난 캠든타운의 모닝턴크레센트 주민들은 어느 집 2층 창문 밖으로 튀어나온 이층버스를 발견했다. 머리 위로는 어디가 끝인지도 모르게 탄막풍선 수백 개가 걸리는 것 하나 없이 한가하게 떠다니며 떠오르는 햇빛을 받아 예쁜 분홍으로 색을 바꾸고 있었다. 다우닝가 10번지에서는 당직 비서 존 마틴John Martin이 건물 지하 대피소에서 밤을 보낸 뒤 밖으로 걸어 나와 "아직 그 자리에 있는 런던"을 보고 놀랐다.

　그날 밤 공습으로 400명이 넘는 사람들이 죽고 1,600명이 중상을 입었다. 주민들에게 그날 밤은 죽은 사람들을 본 또 다른 첫날밤이었다. 18세의 렌 존스Len Jones는 집 뒤편의 잔해를 헤집고 들어갔다가 튀어나온 머리 2개를 보았다. "특히 한 사람은 누군지 금방 알 것 같았다. 중국인 세이 씨였다. 그는 한쪽 눈을 감고 있었다. 그가 죽었다는 사실이 실감나기 시작했다." 그는 그렇게 썼다. 몇 시간 전만 해도 평화로운 동네였다. "죽은 그 중국인을 보는 순간 몸이 부들부들 떨렸고 숨을 쉴 수가 없었다. 떨리는 몸을 주체할 수 없었다. 내가 죽은 것이 틀림없다고 생각해서 성냥을 긋고 손가락을 태워보았다. 아직 살아있는지 보기 위해 성냥으로 그 짓을 계속했다. 살아있다는 건 알았지만 못 살 것 같았다. 세상이 끝났다고 생각했다."

　루프트바페는 항공기 40대를 잃었고 RAF는 28대를 잃고 전투기 16대가 크게 파손되었다. 독일의 에이스 아돌프 갈란트가 보기에 그만하면 성공이었다. "희한할 정도로 큰 손실 없이 하루가 지나갔다." 그는 그렇게 말했다. 그의 지휘관 알버트 케셀링 원수는 그날 공습이 대승리로 끝났다고 생각했지만 캅블랑네 절벽 위에서 호들갑을 떠는 괴링의 모습은 못마땅했다. "독일 국민을 상대로 불필요한 폭격 방송을 하며 흥분한 모습은 같은 남자이자 군인인 내가 보기에도 꼴불견이었다." 케셀링은 그렇게 회상했다.

해가 떠올랐고 처칠과 경위, 타이피스트, 비서, 군인들 그리고 어쩌면 고양이 넬슨까지 체커스에 갔던 일행은 모두 서둘러 런던으로 달려왔다. 처칠은 도시의 파손된 지역을 둘러볼 생각이었다. 그리고 무엇보다도 가능한 한 자신의 그런 모습을 사람들이 볼 수 있게 해야 했다.

비버브룩 역시 급히 런던으로 돌아왔다. 그는 비서 데이비드 패러를 불러 자신이 공습이 벌어지던 시간에 줄곧 런던에 있던 것으로 항공기생산부 기록부에 적어놓으라고 지시했다.

패러는 처음에는 항의했다. 그는 공습 당일인 토요일에 비버브룩이 점심 식사를 끝내자마자 시골저택으로 출발했다는 얘기를 들은 직원들이 많았다고 상기시키며 그를 단념시키려 했다. 하지만 비버브룩은 고집을 꺾지 않았다. 나중에 쓴 회고록에서 패러는 썼다. "돌이켜보면 항공기생산부 장관인 자신이 이 엄청난 공중전의 끔찍한 순간을 목격하지 못했다는 사실 자체를 받아들이기 힘들었던 것 같다. 그래서 그는 거기에 있었다. 그게 전부였다."

45장 예측할 수 없는 마법

처칠이 이스트엔드에 도착했을 때에도 불길은 여전히 타올랐고 구조대원들은 파괴된 건물더미에서 시신을 찾아내고 있었다. 언제나처럼 그의 곁을 지키는 톰슨 경위는 시찰 도중에 발생할지 모르는 위험에 촉각을 곤두세웠다. 퍼그 이즈메이도 왔는데 충직한 개처럼 보이는 그의 얼굴은 수면 부족과 시찰 도중에 마주친 망연자실한 사람들로 인해 더욱 슬프고 지쳐 보였다. "피해가 상상했던 것보다 훨씬 더 심각했다." 이즈메이는 그렇게 썼다. "여전히 사방에서 불길이 맹위를 떨치고 있었다. 큰 건물들 중 몇 채는 뼈대만 남았고 좀 작은 집들은 대부분 잔해더미로 변했다." 파손된 목재와 벽돌 더미에 누가 꽂아놓았는지 종이로 만든 유니언잭이 선명했다. 그는 "목이 메었다."

처칠은 상징적인 행동의 위력을 알고 있었다. 그는 폭탄이 떨어져 40명이 목숨을 잃은 방공호에서 걸음을 멈췄다. 사람들이 몰려들었다. 이즈메이는 구경꾼들이 도시를 보호하지 못한 분노를 처칠에게 터뜨리지 않을까 잠깐 두려운 생각이 들었지만 이스트엔드 주민들은 그의 출현을 반기는 것 같았다. 누군가가 소리쳤다. "멋진 올드 위니Old Winnie(처칠의 애칭)! 오실 줄 알았어요. 우린 견딜 수 있어요. 그들에게 되갚아 줘요." 자전거에서 공습을 목격했던 콜린 페리는 처칠을 보고 일기에 이렇게 썼다. "그는 무적으로 보였다. 실제로 그는 무적이다. 강인하고 사납고 다 꿰뚫을 것 같다."

314

강인했다. 그렇다. 하지만 처칠은 참담한 모습과 사람들의 놀라운 복원력에 압도되어 남들이 보는 데서 눈물을 흘리기도 했다. 그는 한 손에 든 커다란 흰 손수건으로 눈을 닦았고 다른 손으로는 지팡이 손잡이를 잡았다.

"봐요. 그가 우리를 걱정해줘요. 울고 있다고요." 나이 든 여성이 소리쳤다.

낙담한 얼굴로 집에 남은 것들이 없는지 살펴보는 사람들을 찾았을 때 한 여성이 소리쳤다. "베를린은 언제 폭격할 건가요, 위니?"

처칠은 몸을 획 돌리더니 주먹을 흔들고 지팡이를 휘두르며 호령했다. "나한테 맡겨요!"

그러자 사람들의 표정이 순식간에 환하게 바뀌었다. 새뮤얼 배터스비Samuel Battersby라는 공무원은 이렇게 썼다. "갑자기 사기가 충천했다. 사람들은 흡족해했고 안심했다." 그 순간에 더없이 완벽한 답변이라고 그는 생각했다. "그때 그렇게 절박한 상황에서 총리가 무슨 말을 할 수 있겠는가? 그것은 못나게 부적절하지도 않았고 노골적으로 위험하지도 않았다." 배터스비가 보기에 그것은 "처칠이라는 예측할 수 없는 특이한 마력"을 여실히 보여주는 상징적인 답변이었다. "의기소침할 수밖에 없는 참혹한 재난을 궁극적인 승리를 향해 나아갈 굳건하고 확실한 디딤돌로" 바꿔놓은 그의 능력이 드러나는 순간이었다.

저녁이 되어도 처칠과 이즈메이가 이스트엔드 순시를 끝낼 생각을 하지 않자 현지 부두의 관리들과 톰슨 경위는 점점 불안해졌다. 어두워지면 불길은 분명 또 다른 공격을 알리는 표적이 될 것이다. 관리들은 처칠에게 즉시 현장을 떠나야 한다고 말했지만 "처칠은 도무지 말을 듣지 않았고 하나도 빠짐없이 보겠다고 고집을 피웠다." 이즈메이는 그렇게 썼다.

날이 어두워지자 정말로 폭격기들이 돌아왔다. 처칠과 이즈메이는 차에 탔다. 운전기사가 가는 곳마다 막힌 거리를 헤치고 나가느라 쩔쩔매고 있을 때 바로 코앞에 소이탄이 무더기로 떨어지면서 불꽃이 튀고 쉭쉭 소리가 났다. 마치 뱀이 가득 담긴 바구니가 엎어진 것 같았다. 처칠은 "아무것도 모르는 척(이즈메이는 그렇게 생각했다)" 방금 떨어진 게 뭐냐고 물었다. 이즈메이는 루프트바페가 뒤따르는 폭격기들에게 목표물을 알려주기 위해 떨어뜨린 소이탄이라고 말했고 따라서 그들이 탄 차가 "표적 한복판"에 있다고 덧붙였다.

그러나 이미 타오르고 있는 화염으로도 소이탄의 목적은 이루었을 것이다. 루프트바페는 첫 번째 공습을 토요일 오후로 잡아 폭격기 조종사들이 항법 빔의 도움을 받지 않고도 대낮의 빛을 이용하여 추측 항법으로 런던을 찾을 수 있도록 조치했었다. 이들이 일으킨 불은 밤새 타올라 이어지는 폭격기의 파상 공격을 시각적으로 안내하는 지표가 되었다. 그런데도 폭탄들이 대부분 목표물과 동떨어진 도시 전역에 닥치는 대로 떨어진 것을 보면 "분명 런던에 대한 무차별 폭격이 시작된 것 같았다." 미 공군 관측통인 칼 스파츠Carl Spaatz는 일기에 그렇게 썼다.

처칠과 이즈메이는 그날 밤늦게 다우닝가 10번지로 돌아왔다. 날이 어두워졌는데도 처칠이 돌아오지 않자 직원들과 장관들은 초조한 마음으로 중앙홀에 모여있었다.

처칠은 말없이 그들을 지나쳤다.

사람들은 총리를 그런 위험에 노출시킨 이즈메이를 비난했다. 이즈메이는 대꾸했다. "이런 행차에서 총리를 단념시킬 수 있다고 생각하면 어디 한 번 다음 기회에 해보시오." 나중에 이를 두고 이즈메이는 사실 그때는 훨씬 더 거칠게 말했다고 술회했다.

*

　침공에 대한 노이로제가 심해질 경우 상황이 복잡해질 것을 우려한 브룩 장군은 일요일 아침 지휘관들에게 명령하여 적 공수부대원 25명 이상이 하강하는 것을 확인했을 경우에만 교회 종을 울리도록 했다. 다른 곳에서 종소리를 듣거나 간접보고를 받았을 때는 종을 치지 말라고 했다.

　크롬웰 경보는 여전히 유효했다. 본토 침공에 대한 우려는 계속 커져갔다. ·

*

　비버브룩은 9월 7일의 공격을 엄중하게 받아들였다. 런던으로 돌아온 그는 비상회의를 소집하여 최고위 참모들과 평의회에 국가의 항공기 산업 구조를 근본부터 뜯어고치라고 지시했다. 이후 집중화된 대형 제조 시설은 해체되어 전국 각지의 지부로 분산되었다. 버밍엄에 있던 스핏파이어 공장은 8개 도시 23개의 건물로 분산되었다. 1만 명의 노동자를 고용했던 비커스 공장은 42개 지역으로 나뉘었다. 어디에도 500명이 넘는 공장은 없었다. 비버브룩은 관료들 사이에 새로운 기 싸움을 유발할 것이 분명한 명령을 내렸다. 비버브룩은 현재 전쟁과 관련된 기능을 수행하고 있지 않거나 그런 용도로 사용할 예정이 없는 건물이라면 위치가 어디가 됐든 관계없이 그가 직접 나서 마음대로 장소와 건물을 징발할 수 있도록 조치했다.

　비버브룩은 또한 새로 건조한 항공기를 전투비행단으로 옮기기 전까지 보관하는 문제를 두고 고심을 거듭했다. 그때까지 새로 만든 항공기는 일반적으로 RAF 비행장 같은 대형 저장 건물에 보관했지만 비버브룩은 이들 항공기를 지방에 분산시켜 격납고나 헛간에 넣도록 조치했다. 그래야 운 좋은 적 조종사에게 발각되어 아군 항공기가 대량 파손되는 참사를 막을 수 있었다. 그는 지난 7월 옥스퍼드 서부 브라이즈노턴의 한 격납고를 시찰한 후 줄곧 그 문제를 걱정해왔다. 그곳에는 많은 항공기들이 밀집된 채 "적의 공격에 위험하게 노출되어 있었다." 비버브룩은 사태의 심각성을 처칠에게 보고했다. 6주 후 그의 우려가 틀리지 않았다는 것을 입증해주는 일이 벌어졌다. 독일 항공기 단 두 대가 기지를 공격하여 비행기 수십 대를 파괴한 것이다. 비버브룩의 새로운 은신처들은 "개똥지빠귀 둥지Robins' Nests"로 불렸다.

비버브룩의 분산 프로그램에 관료들은 발끈했다. 그는 다른 부처가 사용하기 위해 이미 찍어둔 건물들까지 압수했다. "강압적인 조치였다. … 해적질이나 다름없었다." 그의 비서 데이비드 패러는 그렇게 썼다. 그러나 비버브룩은 반대가 거세도 분산 논리를 양보할 생각이 없었다. "덕분에 그는 임기 동안 많은 건물들을 확보했고 아울러 평생의 적들도 그만큼 끌어모았다." 패러는 그렇게 썼다.

또한 그런 조치로 인해 단 한 번의 공습으로 이후의 생산에 지속적인 차질을 빚는 불상사는 피할 수 있었지만 그 탓에 새로운 항공기의 생산도 느려졌다. 하지만 그것은 피해에 비하면 대수롭지 않은 대가로 보였다.

*

일요일에 히틀러의 부관 루돌프 헤스는 라인강변의 마을 바트고데스베르크에서 알브레히트 하우스호퍼를 만났다. 앞서 알브레히트의 아버지와는 9시간 동안 얘기를 나누었지만 이번 만남은 2시간여 만에 끝났다. 알브레히트는 나중에 이날의 대화에 대해 "모든 것을 솔직하게 말할 수 있었던 기회였다"고 썼다. 두 사람은 히틀러의 진심을 영국의 영향력 있는 관리들에게 전달할 방법을 놓고 머리를 맞댔다. 헤스가 보기에 히틀러는 대영제국을 파괴할 생각이 없었다. 총통은 아직 평화 협정에 대한 미련을 버리지 않고 있었다. 헤스가 물었다. "영국에 평화 제의를 반길 만한 사람이 어디 없을까?"

헤스와 친분을 쌓은 알브레히트는 거리낌 없이 하고 싶은 말을 할 수 있었다. 잘못하면 강제수용소로 보내질 수도 있는 내용이었다. 히틀러가 평화 협정을 준수한다는 것을 영국 사람들이 확신할 수 있어야 한다고 그는 말했다. "실제로 영국의 주요 인사들은 총통이 서명한 조약은 아무짝에도 쓸모없는 종잇조각이라고 생각합니다."

헤스는 당황했다. 알브레히트는 다시 여러 사례를 들먹인 다음 이렇게 물었다. "어차피 그동안 우리 맘대로 했는데 새로운 조약을 또 파기하지 않으리라는 보장을 어떻게 영국인들에게 해준다는 말입니까? 앵글로색슨 사람들이 보기에 총통은 지구상에서 사탄을 대표하는 자이고 그래서 싸워야 할 대상입니다. 그걸 아셔야 합니다."

결국 대화는 중립국에서의 중재자와 만날 수 있는 방법을 찾는 쪽으로 바뀌었다. 알브레히트는 그의 친구 해밀턴 공작을 제안했다. "원하면 언제든 런던의 모든 주요 인사들, 심지어 처칠이나 국왕과도 만날 수 있는 사람"이라고 그는 소개했다. 알브레히트가 알고 있었는지는 모르지만 공작은 이제 RAF의 사령관이기도 했다.

나흘 후 헤스와 알브레히트가 뚫은 알 수 없는 경로를 통해 편지한 통이 해밀턴 공작에게 발송되었다. 모호한 산문으로 된 편지는 공작과 알브레히트가 중립 장소인 리스본에서 만났으면 좋겠다는 내용이었다. 알브레히트는 공작이 발신자를 알아볼 수 있으리라 생각하여 "A"라는 이니셜로 서명했다.

답장이 없었다. 영국에서 침묵이 길어지자 헤스는 좀 더 직접적인 접촉을 시도해야겠다고 생각했다. 그는 또한 자신이 신비한 손에 이끌리고 있다고 믿었다. 나중에 그는 아들 볼프Wolf에게 편지를 썼다. 아들의 애칭은 부즈Buz(꼬마)였다.

"부즈! 이것 보렴. 저 높은 곳에는 운명을 좌우하는 힘이 있다. 그 말을 꼭 해주고 싶다. 그걸 신성한 힘이라고 하자. 그 힘은 적어도 어떤 큰일이 일어날 때가 되면 꼭 개입한단다."

*

브레클스홀에서 목가적인 여름을 보내던 메리 처칠은 하필 런던이 공습당한 다음 날인 9월 8일 일요일에 도시로 돌아가게 허락해달라고 다시 한 번 졸랐다.

"두 분 생각을 자주 해요." 메리는 엄마에게 보낸 편지에 그렇게 썼다. "그리고 이 암울한 시기에 엄마 아빠와 떨어져 있는 게 너무 싫어요. 제발 엄마, 다시 돌아가게 해주세요."

그녀는 여성자원봉사단Women's Voluntary Services, WVS에서 일하기를 고대했다. 이미 그해 여름 일찍 어머니가 주선해준 덕에 런던에서 맡은 자리가 있었지만 브레클스 휴가가 끝난 다음에 시작할 예정이었다. "나도 엄마 곁에서 내 몫을 하고 싶어요. 그리고 내 일도 시작하고 싶고요." 메리는 그렇게 썼다. 그녀는 클레멘틴에게 "날 도망이나 다니는 고양이로 만들지 말라"고 항변했다.

그날 밤과 그다음 날인 9월 9일 월요일에 폭격기들이 런던에 다시 나타났다. 폭탄 하나가 블룸스베리에 있는 작가 버지니아 울프Virginia Woolf의 집에 떨어졌다. 그곳은 그녀의 출판사 '호가드프레스Hogarth Press'의 본사이기도 했다. 두 번째 폭탄도 집을 강타했지만 그 자리에서 폭발하지는 않았다. 하지만 폭탄은 일주일 후에 폭발했고 집은 완전히 주저앉았다. 런던의 웨스트엔드에도 처음으로 폭탄이 떨어졌다. 버킹엄궁의 뜰에 떨어진 폭탄은 다음 날 새벽 1시 25분에 폭발해 왕실 건물의 유리창을 모두 날려버렸다. 그러나 왕과 왕비는 그 자리에 없었다. 그들은 궁에서 서쪽으로 30킬로미터 떨어진 윈저성에서 밤을 보내고 매일 아침 런던으로 통근했다.

런던이 공격을 받자 메리의 부모는 딸의 간청에도 흔들리지 않고 딸이 체커스에서 겨울을 나도록 하기로 했다. 결국 메리는 런던이 아닌 에일즈버리 근처의 마을 여성봉사단에서 정식으로 일할 수 있게 되었다. 클레멘틴은 메리와 상의하지 않고 그곳에서 일하도록 주선했던 것으로 보인다. "내 삶을 두고 내린 그런 '조치'는 전화로 결정된 것이 틀림없다." 메리는 그렇게 썼다.

9월 11일 수요일 메리가 체커스로 떠나기 전날 밤 사촌 주디와 주디의 어머니 베네시아는 메리의 생일과 송별회를 겸한 파티를 열고 RAF 장병들을 초대했다. 파티는 자정이 넘도록 계속되었다. 메리는 일기에서 "그동안 참석했던 파티 중 최고였다"면서 이언 프로서Ian Prosser라는 젊은 조종사와의 만남을 적었다. "떠날 때 그는 내게 아주 달콤하고 로맨틱한 키스를 했다. 별빛과 달빛이 어우러진, 진짜 로맨틱한 분위기였다."

그날 밤 그녀의 아버지는 지하의 내각전쟁상황실에서 BBC와 특별히 연결된 요새화된 방에서 라디오 연설을 했다. 다우닝가 10번지에서 화이트홀 중심부를 따라 5분만 걸으면 닿는 곳이었다.

그날 방송의 주제는 본토 침공이었다. 그리고 침공은 훨씬 더 임박한 것 같았다. 늘 그렇듯 처칠은 낙관주의에 있는 그대로의 현실을 뒤섞었다. "그들이 언제 올지는 알 수 없습니다. 그리고 정말로 그들이 그런 시도를 할지도 확신할 수 없습니다. 그러나 절대로 눈감아서는 안 됩니다. 독일은 늘 그렇듯 이 섬에 대한 대대적인 전면 침공을 철저히 그리고 체계적으로 준비하고 있으며, 잉글랜드를, 스코틀랜드를, 아일랜드를, 아니 이 세 곳 모두를 향해 곧 침범해올 것입니다."

그는 히틀러가 침공 계획을 세웠다면 날씨가 악화되기 전에 서둘러야 할 것이라고 경고하면서 그렇지 않으면 침공하는 독일의 합동 함대는 RAF의 공격을 받아 너무 많은 희생을 치르게 될 것이라고 조롱했다. "따라서 우리는 다음 주 정도를 우리의 역사에서 매우 중요한 순간으로 인식해야 할 것입니다. 아마 스페인 함대가 우리 해협에 접근했던 때나 … 넬슨이 불로뉴에서 나폴레옹 대군을 막던 때에 견줄 만한 날이 될 것입니다." 그러나 이제 그 결과는 "이 용감했던 과거의 옛 시절보다 앞으로 세계의 삶과 문명에 훨씬 더 중요한 영향을 미치게 될 것"이라고 처칠은 경고했다.

처칠은 자신의 말을 듣고 혹시나 사람들이 주눅 들지 않을까 걱정되어 희망을 갖고 영웅심을 키워야 할 근거를 제시했다. 그는 RAF가 그 어느 때보다 강력하며 시민군은 현재 150만의 병력을 헤아린다고 강조했다.

그는 히틀러의 런던 폭격을 가리켜 "무차별적인 살육과 파괴를 통해 위대한 우리 섬나라 민족을 분쇄하려는" 시도라고 규정했다. 그러나 "이런 사악한 인간"의 시도는 역효과만 불러왔다고 그는 말했다. "그가 한 짓은 여기 영국인들의 가슴에 그리고 전 세계인의 가슴에 불을 지폈고, 그 불길은 그가 런던에서 일으킨 모든 대화재의 흔적이 사라진 이후로도 오랫동안 타오를 것입니다."

연설은 침울했고 독일 폭격기들은 다시 대거 밀려왔지만, 연설이 있던 밤에 런던 시민들은 연설과 관계없이 갑자기 힘을 냈다. 이 새로운 사기 진작은 처칠의 연설과는 아무런 관련이 없었다. 오히려 그보다는 전적으로 자신의 단순한 제스처 하나로 대단한 효과를 이끌어낼 수 있다는 사실을 잘 알고 있는 그의 재능 덕분이었다. 런던 시민들은 야간 공습이 자행되는 동안 밤이면 맥을 못 추는 RAF와 이상하게도 아무런 대응도 하지 않은 대공포 때문에 루프트바페가 아무런 방해를 받지 않고 제멋대로 들어왔다가 가버렸다는 데 분노하고 있었다. 포병대원들이 대공포를 거의 쏘지 않은 것은 탄약을 아끼고 머리 위에서 항공기가 보일 경우만 발포하라는 명령을 받았기 때문이었다. 하지만 처칠의 명령이 떨어지기 무섭게 많은 대포가 런던으로 들어와 92문에서 200문 가깝게 늘어났다. 더 중요한 것은 처칠이 대공포가 적기를 격추시킬 확률이 극히 낮다는 사실을 잘 알고 있으면서도 포병들에게 닥치는 대로 발포하라고 직접 명령을 내렸다는 점이었다. 명령은 9월 11일 수요일 밤에 발효되었다. 그것이 시민들의 사기에 미친 영향은 놀랍고도 즉각적이었다.

포병은 거침없이 쏘아댔다. 어떤 장교의 표현대로 그것은 "대부분 마구잡이식 통제되지 않는 발포"였다. 서치라이트들이 쉴 새 없이 하늘을 훑었다. 트라팔가 광장과 웨스트민스터 상공에서 포탄이 불꽃놀이처럼 터졌고 거리에는 파편들이 쉬지 않고 비처럼 쏟아졌지만 런던 시민들은 환호했다. 소설가 윌리엄 샌섬William Sansom은 "대공포들이 내는 묵직한 소리로 인해 런던의 심장부에는 툭탁거리고 으스러트리고 눈을 멀게 만드는 전율이 흘렀다"고 썼다. 처칠도 대포소리가 마음에 들었다. 그는 대피소를 찾지 않고 가장 가까운 포대로 달려가 발포 현장을 지켜보았다. 이 새로운 불협화음은 "국민들의 사기에 엄청난 영향을 미쳤다." 개인비서 존 마틴은 그렇게 썼다. "모두들 신이 났다. 닷새째 잠들을 못 잤지만 오늘 아침 사람들의 표정은 전혀 달랐다. 유쾌하고 자신감이 넘쳤다. 알다가도 모를 대중 심리였다. 반격이 시작되었다는 안도감 때문인 것 같았다." 다음 날 국내정보국의 보도 역시 그런 효과를 확인해주었다. "오늘 사람들의 대화 주제는 어젯밤에 있었던 대공포의 맹렬한 활약이다. 그 때문에 사기가 크게 올랐다. 대피소에서도 사람들은 환호했다. 그들이 나누는 얘기를 들어봐도 대포소리가 얼마나 긍정적이고 즐거운 충격을 가져다주었는지 알 수 있었다."

게다가 처칠이 연설하고 대포가 불을 뿜던 그 수요일에 또 한 가지 기쁜 소식이 전해졌다. RAF가 전날 밤에 베를린을 강타했다는 소식이었다. "지금까지 중에 가장 맹렬한 폭격"이라고 윌리엄 샤이러는 일기에 썼다. RAF가 베를린에 이렇게 많은 소이탄을 투하한 것은 처음이라고 그는 덧붙였다. 요제프 괴벨스 박사의 정원에도 6발이 떨어졌다.

46장 잠

런던 공습이 계속되면서 파편에 뚫린 지붕 사이로 끝없이 떨어지는 빗물처럼 사람들은 일상적인 도전들로 조금씩 지쳐갔다. 유리가 부족했기 때문에 창문은 나무나 판지나 천으로 대충 막았다. 겨울이 가까워지고 있기 때문에 루프트바페의 수장 괴링이 "유리를 최대한 많이 깨려는" 계획을 세운 것 같다고 처칠은 생각했다. 전기와 가스가 수시로 끊겼다. 통근은 길고 지루한 도전이 되었다. 1시간 거리가 4시간이나 그 이상이 걸리는 때도 있었다.

무엇보다도 수면 부족이 문제였다. 사이렌과 폭탄 외에 불안감이 사람들의 밤을 산산조각 냈다. 새로 활기를 찾은 대공포도 그 점은 마찬가지였다. 국내정보국에 따르면 "포대 근처에 사는 사람들은 심각한 수면 부족으로 고통받고 있다. 웨스트런던에 배치된 포대 주변에 사는 사람들을 인터뷰한 결과 이곳 사람들은 수백 미터 떨어진 다른 사람들보다 잠을 제대로 못 자고 있었다." 하지만 대포를 쏘지 않았으면 좋겠다는 사람은 아무도 없었다. "잠을 못 자서 괴롭다는 불평은 거의 없다. 요란한 발포 소리가 유발하는 새로운 쾌감 때문이다. 그래도 이런 심각한 수면 부족은 관심을 가지고 지켜볼 필요가 있다."

전쟁이 발발하기 전 민방위 기획자들이 야간 공습을 예상하지 못했기 때문에, 대피소로 들어간 런던 시민들은 침구 등 잠을 자는 데 필요한 장비가 부족하다는 것을 알고 난감해했다. 한 여성 공무원은 "더 이상 폭탄은 겁나지 않는다. 겁나는 것은 피로감이다"라고 쓰면서 덧붙였다. "밤을 꼬박 새운 뒤 떠지지 않는 눈을 부릅뜨고 일에 집중하려 애쓴다." "자다가 죽어도 행복할 것 같다. 잘 수만 있다면."

한 조사에 따르면 9월 11일 밤에 한숨도 못 잤다는 사람이 응답자의 31퍼센트였다. 4시간을 채 못 잤다는 사람은 32퍼센트였다. 6시간 이상 잤다는 사람은 15퍼센트뿐이었다. "다들 만나면 똑같은 걸 물었다. 어제 어디서 어떻게 잤는가?" 버지니아 코울스는 그렇게 썼다. 특히 "어디"가 문제였다. "그 문제라면 모두가 나름대로 의견이 있었다. 어떤 사람들은 지하실이 좋다고 했고 어떤 사람들은 지붕 같은 꼭대기에서 자야 파편에 파묻히지 않는다고 했다. 어떤 사람들은 뒤뜰에 있는 좁은 참호를 추천했고, 또 어떤 사람들은 다 집어치우고 죽더라도 침대에서 편안하게 죽는 게 제일 낫다고 했다."

지하철 대피소를 이용한 시민은 많지 않았다. 하지만 나중에 가장 많이 돌아다닌 소문을 들으면 마치 런던 시민 전체가 깊은 지하철역에 몰려든 것 같은 인상을 받는다. 경찰이 이들 '지하철역'에 대피한 사람들을 집계한 통계 중에 가장 높았던 수치는 9월 27일 밤의 약 17만 7,000명으로, 런던에 남아있던 전체 인구의 약 5퍼센트였다.[46] 그리고 처음에는 처칠도 그 정도를 원했다. 많은 사람들이 역으로 몰려들었다가 폭탄 하나가 땅속 지하철 플랫폼을 뚫고 떨어졌을 때 수백, 어쩌면 수천 명이 목숨을 잃는 악몽을 그는 자주 떠올렸다. 실제로 9월 17일 지하철 마블아치역에 폭탄이 터져 20명이 사망했고, 10월에는 직격탄 4발이 지하철을 강타하여 600명의 사상자를 내기도 했다. 그러나 처칠에게 많은 사람들을 수용할 수 있는 깊은 곳의 대피소가 필요하다고 설득한 사람은 교수였다. "불만이 매우 심각할 정도로 높아지고 있습니다." 교수는 그렇게 말했다. 사람들은 "안전하고 조용한 밤"을 원한다고 했다.

그러나 11월 조사에 따르면 런던 주민의 27퍼센트는 자기 집을 대피소로 사용한 것으로 조사되었다. 이른바 앤더슨Anderson 대피소로, 존 앤더슨 국토안전부 장관의 이름을 딴 시설이었다. 앤더슨 대피소는 마당이나 정원에 묻도록 설계된 금속함으로 웬만한 직격탄에는 끄떡하지 않는다는 광고도 나돌았다. 하지만 홍수에 속수무책이고 곰팡이가 많이 피고 뼈가 시린 듯한 추위 등 문제가 많았다. 어떤 통계에 따르면 런던 시민의 71퍼센트는 집이나 지하실에 머물렀고 침대에서 나오지 않는 경우도 많다고 했다.[47]

처칠은 다우닝가 10번지에서 잠을 잤다. 폭격기가 오면 구경하겠다고 지붕으로 올라가 클레멘틴을 기겁하게 만들었다.

*

9월 12일 목요일엔 '사탄'의 변종으로 보이는 1,800킬로그램짜리 폭탄이 세인트폴 대성당St. Paul's Cathedral 앞에 떨어져 땅속 8미터 속으로 처박혔지만 폭발하지는 않았다.

사람들은 폭탄이 있는 곳까지 터널을 뚫어 사흘 만에 지면 위로 조심스레 끌어올렸다. 터널을 뚫은 사람들은 왕의 요청으로 '용감한 시민상'에 해당되는 새로 제정된 조지십자훈장George Cross의 첫 번째 수상자가 되었다.

다음 날 버킹엄궁에 또다시 폭탄이 떨어졌다. 이번에는 국왕 내외를 살짝 비켜갔다. 그들은 구름이 두텁게 덮이고 빗방울이 떨어지기 때문에 공습 가능성이 희박하다는 예보를 믿고 윈저성에서 차를 몰고 왔었다. 국왕 내외는 궁전 중앙의 커다란 사각형 안뜰이 내려다보이는 위층 방에서 국왕의 개인비서 알렉 하딩Alec Hardinge과 이야기를 나누다 비행기 굉음과 함께 폭탄 2개가 날아오는 것을 보았다. 두 번의 폭발이 궁전을 뒤흔들었다. "우리는 서로를 쳐다보았고 곧이어 최대한 빨리 통로로 나갔다." 왕은 일기에 그렇게 썼다. "모든 것이 몇 초 사이에 일어났다. 죽지 않은 게 신기했다." 그는 궁전이 그들의 표적이라고 확신했다. "항공기가 구름을 뚫고 더몰을 향해 곧장 내려오는 것이 보였다. 적기는 앞뜰에 폭탄 2발, 안뜰에 2발, 교회에 1발 그리고 정원에 1발을 떨어뜨렸다." 왕궁을 지키던 경찰은 왕비에게 "엄청난 폭격이었다"고 보고했다.

왕궁이 폭격당한 사실은 온 세상이 다 알게 되었지만 국왕 부부가 간신히 폭격을 면한 사실은 비밀에 부쳐졌다. 심지어 처칠도 몰랐다. 그가 사실을 알게 된 것은 나중에 그만의 전쟁사를 쓸 때였다. 그 일로 왕은 마음이 흔들렸다. "끔찍한 경험이었고 두 번 다시 겪고 싶지 않았다." 왕은 일기에 그렇게 털어놓았다. "그 일을 계기로 만일의 사태에 대비해 '피신하는' 일이 있더라도 '마음까지 달아나는' 일은 없어야겠다고 마음을 다잡게 되었다." 그러나 한동안 마음이 불안했다. "월요일과 화요일에는 방에 앉아있기가 싫었다." 다음 주에 그는 그렇게 썼다. "책을 읽을 수 없었고 항상 서둘렀고 수시로 창밖을 내다보았다."

긍정적인 측면도 있었다. 그 공격으로 왕과 왕비는 대중들과 한층 더 가까워진 유대감을 느꼈다. 여왕은 그 기분을 간결하게 표현했다. "폭격을 당한 게 차라리 잘 됐다. 이스트엔드의 현실을 직시하게 됐다는 생각이 든다."

주말이 다가오면서 침략의 공포는 더욱 고조되었다. 달이 만월에 가까워지고 앞바다의 조수가 적에게 유리해지면서 런던 시민들은 그것을 '침략의 주말Invasion Weekend'이라고 부르기 시작했다. 9월 13일 금요일 본토방위군 참모총장 브룩은 일기에 이렇게 썼다. "모든 정황으로 미루어 볼 때 내일을 기점으로 템스강에서 플리머스까지 적의 침공이 시작될 것 같다! 내일 이맘때 우리가 과연 얼마나 선전하고 있을까?"

사태의 심각성은 토요일에 처칠이 퍼그 이즈메이와 전시내각 장관 에드워드 브리지스와 그 밖의 고위 관리들에게 보낸 지시문만 봐도 충분히 짐작할 수 있었다. '패독Paddock'이라는 런던 북서부에 세워진 특수 요새화된 영내를 방문하겠다는 통고였다. 최악의 상황이 닥칠 경우 정부가 그곳으로 물러나 업무를 보겠다는 얘기였다. 처칠은 정부를 화이트홀에서 철수시킨다는 발상 자체를 혐오했다. 그것이 대중과 히틀러와 특히 미국에게 패배주의라는 신호를 전할까 두려웠기 때문이었다. 하지만 이제 그는 사태가 긴박하다고 판단했다. 그는 전언문에서 장관들에게 지정된 숙소를 살펴보고 "언제든 즉시 이동할 수 있도록 준비를 하라"고 지시했다. 동시에 이 같은 사실이 대외에 알려지지 않도록 조심할 것을 당부했다.

"화이트홀-웨스트민스터 지역이 언제라도 집중 공격의 대상이 될 수 있다는 점을 예상해야 한다." 처칠은 그렇게 썼다. "독일이 노리는 것은 중앙정부를 와해시켜 그것을 영국에 대한 전면 공격의 중요한 전주곡으로 삼는 것이다. 그들은 다른 나라에서도 그렇게 해왔다. 그들은 지형을 쉽게 알아볼 수 있고 강과 높은 건물들이 밤이고 낮이고 확실하게 안내하는 이곳에서도 반드시 그렇게 할 것이다."

*

침략에 대한 불안감이 치솟고 소문이 퍼졌지만 런던을 비롯한 잉글랜드 여러 지역의 많은 부모들은 그 주말에 새로운 평화를 느꼈다. 매우 다행스럽게도 부모들은 아이들을 포격과 임박한 독일 침공으로부터 안전하게 지켜줄 방법을 찾았다. 아이들을 시티오브베나레스City of Benares라는 배에 태워 리버풀을 출발해 캐나다로 대피시키기로 한 것이다. 그 배에는 아이들 90명이 탔다. 대부분 어머니가 동행했지만 혼자 가는 아이들도 있었다. 승객 명단에 포함된 어떤 소년은 태어날 때 할례를 받았기 때문에 혹시 침략군에게 유대인으로 몰려 박해당할까 두려워한 부모에게 떠밀려 배에 올랐다.

출항한 지 나흘째 되던 날 950킬로미터 떨어진 해상에서 강풍을 만난 시티오브베나레스호는 U-보트에 어뢰를 맞고 침몰했다. 배에 탔던 어린이 90명 중 70명을 포함해 265명이 목숨을 잃었다.

47장 감금의 조건

체커스에서 메리 처칠은 3층 침실을 썼다. 아래층 호트리 룸Hawtrey Room에 숨겨진 나선형 계단으로 갈 수 있는 방이었다. 그냥 복도로 갈 수도 있었지만 메리는 그 계단을 좋아했다. 평소 같으면 아무도 살지 않을 층에 따로 뚝 떨어진 그 방은 외벽이 그녀의 표현대로 "웅웅 울어대는" 바람에 노출되어 춥고 바람이 숭숭 통했다. 천장은 경사졌고, 커다란 벽난로가 있었지만 추위를 쫓는 데는 별반 도움이 되지 않았다. 그래도 메리는 그곳을 좋아했다.

그 방은 모든 것이 신비로웠다. 체커스에 있는 다른 것들도 다 그렇지만 그 방은 아득한 옛날을 떠오르게 했다. 수세기 동안 그곳은 '감방'으로 통했다. 1565년에 일어난 사건 때문이었다. 함부로 왕실의 노여움을 샀다가는 곤욕을 치르기 십상이던 시절이었다. 죄수는 레이디 제인 그레이Lady Jane Grey의 동생 레이디 메리 그레이Lady Mary Grey였다. 언니 제인은 잠깐 왕위에 올랐다가 1554년에 처형된 유명한 비극의 주인공이었다. 공녀 메리 그레이는 여왕 엘리자베스 1세의 경호를 담당했던 토머스 키즈Thomas Keyes라는 평민과 결혼하기로 했다. 그 결혼은 여러 가지 이유로 여왕을 불쾌하게 했다. 왕실을 비웃음거리로 만들었다는 이유도 그중 하나였다. 신부는 비정상적으로 작았는데 아마 난쟁이였던 것 같고, 신랑은 몸집이 크고 궁정에서 가장 키가 큰 남자였기 때문이었다. 여왕의 비서인 윌리엄 세실 경Sir William Cecil은 이들의 결합을 "망측하다"고 했다. 여왕은 키즈를 플리트 교도소에 투옥하고, 당시 체커스의 주인이었던 윌리엄 호트리William Hawtrey에게 레이디 메리를 추후 통보가 있을 때까지 그 집에 가둬두라고 명령했다. 다만 잠깐씩 바람을 쐬는 것은 허락했다. 그녀는 2년 만에 풀려났고 그녀의 남편은 아내가 풀려난 지 1년 후에 풀려났지만, 두 사람은 두 번 다시 서로를 보지 못했다.

두 개의 작은 창문으로 비컨힐이 보였다. 런던은 65킬로미터 밖에 있었지만 밤이면 멀리 대공포의 불꽃이 보였고 대포 특유의 둔탁한 폭음과 덜커덕하는 굉음이 들렸다. 항공기가 집 위를 지날 때면 메리는 이불 속에 머리를 묻었다.

평일에는 무서울 정도로 아주 적막한 집이었지만 메리의 부모는 체커스에서의 첫 번째 주말에 어린 시절 메리의 보모였던 '유모' 와이트Whyte를 보내주어 메리를 기쁘게 했다. 메리는 일기에서 올케인 파멜라 처칠이 "아기 윈스턴을 초조하게 기다리며" 그 집에서 요양하는 것도 도움이 되었다고 적었다.

9월 13일 금요일에 처칠과 클레멘틴과 당직비서 존 마틴이 도착하면서 집은 눈에 띄게 활기를 띠었다. 일요일에는 메리의 열여덟 번째 생일을 축하하는 즐거운 자리가 마련될 예정이었다.

주말에는 메리가 "흥미로운 여흥거리"라고 부르는 것도 있을 것이었다.

*

처칠과 클레멘틴은 체커스에서 토요일 점심까지 머물다 오후에 런던으로 차를 몰았다. 처칠은 다음 날 돌아와 파티에 참석할 계획이었고 클레멘틴은 그날 저녁에 깜짝 선물을 가지고 돌아왔다. "공습 중인

데도 엄마는 나를 위해 멋진 케이크를 주문해주셨다!" 메리는 일기장에 그렇게 썼다. "엄마는 정말 다정해!"

그날 밤 메리는 한 살 더 먹는다는 생각에 일기를 길게 썼다. 토요일은 "달콤했던 17살'의 마지막 날"이었다. 전쟁 중이지만 그녀도 어쩔수 없었다. 산다는 것 자체가 신나는 일이었다. "정말 멋진 한 해였어!" 그녀는 그렇게 썼다. "기억에 특히 남을 한 해였던 것 같다. 세상이 고통에 신음하고 다들 불행하지만 그래도 나는 매우 행복했다. 그래도 아무런 개념 없이 살지는 않았으면 좋겠다. 그렇지는 않을 것이다. 하지만 왠지 모르게 행복한 건 어쩔 수가 없다."

그녀는 주변 세상에 너무 민감하게 반응한다는 사실은 인정했다. "태어나서 처음으로 아주 쬐끔 두렵고 불안하고 슬펐던 것 같다. 난 젊음이 좋고 그래서 18살이 되는 게 그리 달갑지 않다. 완전히 치기 어린 짓을 하고 '엉뚱한' 행동을 할 때가 종종 있지만 그래도 지난해에는 꽤 많이 성장한 것 같다. 그만 하면 됐지 뭐."

메리가 잠자리에 들었을 때 멀리 런던 상공에서 포화가 번쩍였다.

*

처칠은 일요일 점심시간에 맞춰 체커스로 돌아왔다. 식사 후 "적이 공격하기에 딱 좋은 날씨"라고 판단한 그는 클레멘틴과 파멜라와 비서 마틴과 함께 억스브리지에 있는 전투사령부 작전센터로 다시 출발했다. 억스브리지에 도착한 처칠 일행은 층계를 내려가 지하 15미터 아래에 있는 작전상황실로 안내되었다. 상황실은 2층 높이에 직경이 18미터여서 처칠에게는 작은 극장처럼 보였다. 처음에는 방이 조용했다. 그날 일찍부터 200대가 넘는 폭격기와 호위 전투기 부대가 해안선을 넘어온 뒤 대규모 공중전이 벌어졌지만 지금은 잠잠한 상태였다.

처칠 일행이 들이닥쳤을 때, 제11비행대 사령관 공군 부원수 키스 파크 Keith Park는 이렇게 보고했다. "오늘은 어떻게 될지 모르겠습니다. 현재 로선 모두 조용합니다."

처칠 가족은 처칠이 '특석'이라고 부르는 곳에 자리를 잡았다. 아래 원형테이블에는 거대한 지도가 놓여있고 20명 정도의 남녀 요원과 전화를 받는 조수들이 테이블 주변을 둘러쌌다. 맞은편에는 각 비행단의 상태를 알려주는 색전구들이 줄지어 박힌 전광판이 벽면을 차지하고 있었다. 빨간불은 전투기가 활동 중이라는 표시였고, 다른 색은 비행장으로 돌아오는 항공기를 나타냈다. 처칠이 '스테이지 박스(극장 무대 옆에 마련된 특석-옮긴이)'라고 부른 유리로 둘러싸인 통제실에서 담당자들은 레이더 기지 운영자와 공군부에서 확보한 3만 명의 시민 관측요원 네트워크에서 전화로 알려주는 정보를 분석하고 평가했다.

침묵은 오래가지 않았다. 레이더는 프랑스 해안의 디에프 상공에서 영국으로 몰려오는 항공기를 탐지했다. 최초 보고는 "40대 이상"이라고 했다. 벽면의 전광판에 불이 반짝이기 시작했다. RAF 전투기 편대가 "대기 중"이라는 표시였다. 신호가 떨어지면 2분 안에 이륙할 것이다. 독일 항공기가 접근하고 있다는 보고가 늘어났다. 보고는 마치 기차의 도착을 알리는 안내방송처럼 담담한 어투였다.

"20대 이상."

"40대 이상."

"60대 이상."

"80대 이상."

지도 테이블을 둘러싸고 있던 요원들은 원반을 영국 쪽으로 가로질러 밀기 시작했다. 독일군이 다가온다는 뜻이었다. 영국 남동부 기지전역에서 허리케인과 스핏파이어 수백 대가 발진하자 먼 벽의 빨간 불이 깜박거렸다.

독일 항공기를 나타내는 원반이 조금씩 전진했다. 전광판에 대기 중인 예비 항공기를 나타내던 전구 불빛이 모두 꺼졌다. 제11비행단 전투기가 현재 모두 교전 중이라는 의미였다. 지상관측요원으로부터 독일 항공기의 종류와 숫자와 방향과 대략적인 고도를 알리는 전화 메시지가 쏟아져 들어왔다. 일반적인 경우 한 번의 공습에 메시지가 수천 통 들어왔다. 젊은 장교 하나가 침략자들을 맞는 전투기들에게 계속 지시를 내리고 있었다. 처칠은 "차분하고 단조로운 저음"이었다고 나중에 회상했다. 파크 부원수는 그 장교의 뒤를 이리저리 오가면서 가끔씩 명령을 내렸다. 불안한 기색이 역력했다.

전투가 계속되고 있을 때 처칠은 물었다. "다른 예비기가 있습니까?"

파크가 답했다. "한 대도 없습니다."

전쟁을 많이 치러봤던 처칠은 그것이 의미하는 심각성을 잘 알고 있었다. RAF의 전투기들은 연료를 가득 채워도 1시간 30분 정도밖에 날지 못하기 때문에 착륙해서 다시 연료를 채우고 총기를 재장전해야 할 것이다. 일단 지상에 내려오면 위험에 노출될 수밖에 없었다.

얼마 후 전광판은 기지로 복귀하는 RAF 비행대의 모습을 보여주었다. 처칠의 불안감이 고조되었다. "연료를 재급유하는 동안 '40 이상'이나 '50 이상'의 추가 공습을 받게 되면 무슨 재주로 손실을 피하겠는가?" 훗날 그는 그렇게 썼다.

그러나 한계에 도달하기는 독일 전투기들도 마찬가지였다. 그들이 호위하는 폭격기는 훨씬 더 오래 떠있을 수 있지만 RAF 전투기와 마찬가지로 루프트바페 전투기는 영국 해협을 건너갔다 해안 기지로 돌아가는 데 걸리는 시간을 포함하여 90분밖에 버틸 수 없었다. 전투기가 보호해주지 않으면 폭격기들도 위험하기 때문에 같이 돌아가야 했다. 독일의 에이스 아돌프 갈란트에 따르면 이런 한계는 "점점 더 불리한 방향으로 작용했다." 한 번의 공습에서 갈란트 편대는 전투기 12대를 잃었다. 그중 5대는 프랑스 해변에 '팬케이크 착륙(랜딩기어를 펴지 못한 상태로 낮은 고도에서 수평으로 내리는 착륙-옮긴이)'을 해야 했고 나머지 7대는 해협에 떨어졌다. Me 109 한 대는 1분 동안 바다 위에 떠 있다 사라졌다. 갈란트는 "그 정도 시간이면 조종석에서 빠져나와" 메이웨스트Mae West(구명조끼)를 입거나 작은 고무 구명보트를 띄우고 섬광탄을 쏘아 올려 루프트바페 항공 해상 구조대의 구조를 바랄 수 있다고 보았다.

처칠은 전광판에 본대로 귀환하는 RAF 비행단이 점점 늘어나는 모습을 지켜보았다. 그리고 지도 테이블에 있는 요원들은 독일 폭격기를 나타내는 원반을 해협 뒤 프랑스 해안 쪽으로 물리기 시작했다. 전투가 끝난 것이다.

처칠은 공습해제 사이렌이 울리자마자 지상으로 올라갔다. 수많은 젊은 조종사들이 전투에 뛰어들었다는 두려운 생각에 처칠은 혼자 소리쳤다. "사는 것이나 죽는 것이나 다를 바 없는 시절이군."

그들은 오후 4시 30분에 체커스로 돌아왔다. 처칠은 지쳐있었지만 보고를 받아야 했다. 영국과 자유 프랑스 군대를 동원하여 드골 장군의 지휘로 서아프리카의 도시 다카르를 공격하기로 한 연합군의 계획이 차질을 빚고 있다는 보고였다. 영국군의 징발을 피해 독일에 협조하는 비시 정부의 통제에 들어간 전함들의 예기치 않은 출현 때문에 연합군이 위협을 받고 있다고 했다. 그는 오후 5시 15분에 런던으로 급히 전화를 걸어 '메너스Menace'로 명명한 작전을 취소할 것을 권한 뒤 오후 낮잠을 자러 침실로 갔다.

낮잠은 보통 한 시간 정도였지만 이날 오후는 드라마 같은 공중전을 지켜보다 지친 탓인지 저녁 8시까지 잤다. 잠에서 깨자마자 그는 비서 마틴을 불러 여러 사령부에서 온 최신 뉴스를 들었다. "모두 마뜩지 않았다." 그는 그렇게 회상했다. "여기는 이게 잘못되었고 저기선 저게 늦어졌다. 나오는 답변들이 하나같이 만족스럽지 못했다. 대서양에서는 좋지 않은 침몰 소식까지 있었다."

마틴은 좋은 소식은 꼭 나중에 말했다.

"그러나 공중에서 모두 보상받고 있습니다." 그는 그렇게 말했다. "적기 183대를 격추하는 동안 우린 40대도 안 잃었습니다."

이례적으로 놀라운 전과여서 영국은 9월 15일을 '영국본토항공전의 날Battle of Britain Day'로 기념하게 된다. 하지만 이 수치는 사실 정확한 것이 아니었다. 전투가 열기를 띠다 보면 과장되어 부풀려지는 경우가 많았다.

일요일 밤 체커스는 메리의 생일 축하 행사로 화기애애했다. 언니 새라는 메리에게 가죽으로 만든 작문집writing portfolio을 선물했다. 어떤 친구는 초콜릿과 실크 스타킹을 보냈고 사촌 주디는 축하 전보를 보냈다. 메리는 사람들의 다정한 배려에 흐뭇했다. "이 끔찍한 시기에 18살이 된 나를 기억해주다니 다들 자상도 해라!" 그날 밤 그녀는 일기에 그렇게 썼다. "정말 다들 감사하다."

그날 일기를 메리는 이렇게 마무리했다. "18살이 되어 잠자리에 들었다. 너무 행복했다." 그녀는 다음 날 에일즈버리에서 여성봉사단 활동을 시작할 생각에 마음이 설렜다.

48장 베를린

헤르만 괴링에게 일요일 공중전의 패배는 충격이고 또 굴욕이었다. 히틀러는 귀환하지 못한 항공기의 수를 보고 손실 정도가 심각하다는 사실을 바로 알았다. RAF가 주장한 183대까지는 아니었지만 격추된 독일 비행기의 수가 너무 많았다. 잃은 60대 중 34대가 폭격기였다. 그러나 심하게 파손된 폭격기 20대와 돌아온 승무원들 중 많은 대원들이 비행기에서 내리지 못하고 죽거나 불구가 되거나 부상을 당한 사실은 집계에 반영되지 않았기 때문에 실제 손실은 더 심각했다. RAF의 최종 손실은 26대로 집계되었다.

그때까지 괴링은 자신의 폭격기 승무원들이 영국인보다 더 용감하다고 선전해왔었다. 그들은 어둠을 틈타 독일 공격을 감행했던 비겁한 영국인들과는 달리 야간뿐 아니라 환한 대낮에도 공격했다고 큰소리쳤다. 그러나 이제 그는 대규모 주간 공격을 전부 중단시켰다(그러나 그 주에 루프트바페는 또 한 번 런던으로 대규모 주간 공격을 감행했고, 동시에 혹독한 대가를 치르게 된다).

"그때를 기점으로 우리의 기세는 한풀 꺾였소." 에르하르트 밀히 Erhard Milch 원수는 나중에 심문을 받으면서 그렇게 말했다. 1940년 8월에 영국 정보기관이 중세 신과 의식을 숭배하는 "천박한 소인배"라고 묘사한 밀히는 괴링을 도와 루프트바페를 건설했다. 겪지 않아도 되었을 손실이었다고 밀히는 말했다. 그는 두 가지 원인을 들었다. "첫째 폭격기들의 대형이 크게 잘못되었고, 둘째 호위 전투기들이 있어야 할 곳에 있지 않았다. 훈련을 제대로 받았다면 그런 식으로 하지 않았을 것이다." 그는 전투기들이 "호위 임무를 제대로 지키지 않았다"고 말했다. "그들은 적기를 격추시키고 싶은 욕심에 본연의 임무를 잊고 제 멋대로 행동했다."

루프트바페의 실패는 명백한 사실이었다. 특히 괴링을 뒤에서 조종하는 상관 아돌프 히틀러에게는 더욱 그랬다.

*

한편 선전장관 괴벨스는 또 다른 선전 과제와 씨름해야 했다. 루프트바페가 지난 금요일 버킹엄궁을 폭격함으로써 야기된 야유를 진정시키는 문제였다.

전쟁에서는 비인간적인 사건들이 일상처럼 벌어지지만, 아무리 그렇다 해도 세상 사람들 눈에 그런 공격은 비열하고 불필요한 행위였다. 사람들의 분노를 누그러뜨리려면 궁전이 군수품 보관소로 사용되었거나 중요한 창고나 발전소이거나 근처에 주요 표적이 있어 우연히 궁전이 공격을 받았다고 둘러댈 수 있어야 한다고 괴벨스는 생각했다. 그렇기는 해도 비와 구름을 뚫고 화이트홀을 따라 날다 보면 런던에서 가장 크고 눈에 띄는 명소의 방어가 취약하다는 점을 금방 파악했을 것이기 때문에 조종사로서도 폭탄을 투하하고픈 유혹을 떨치기 힘들었을 것이다.

괴벨스는 일요일 선전회의에서 루프트바페의 연락장교인 루돌프 보다르크Rudolf Wodarg 소령에게 지시했다. "버킹엄궁 근처에 군사 목표물이 있는지 확인하라."

만약 없다면 있는 것으로 만들라고 괴벨스는 말했다. 특히 "바로

근처에 비밀 군비저장소가 은닉되어 있다"는 소문을 퍼뜨리라고 지시
했다.

49장 공포

여성봉사단에서 첫 주를 보낸 메리는 처음으로 전쟁을 실감했다. 시골쥐는 집이 폭격을 당했거나 폭격을 당할까 걱정하여 런던을 탈출한 가족들에게 머물 곳을 찾아주는 일을 맡았다. 사람들은 계속 밀려왔고 아울러 런던에서 겪은 끔찍한 경험담도 함께 전해졌다. 난민의 수가 이용 가능한 임시막사의 수를 크게 초과했기 때문에 봉사단은 지역 시민들에게 피난민에게 집을 개방해달라고 정중하면서도 단호하게 호소했다. 전쟁이 시작되었을 때 통과된 특별비상법으로 정부는 개인 집을 징발할 수 있는 권한을 갖게 되었지만 여성봉사단은 당장에라도 터질 것 같은 부두노동자와 시골 지주의 갈등 같은 계급 간의 적대감을 자극할까 두려워 행정권 발동을 자제하고 있었다.

메리로서는 직접 몸으로 부딪치는 현실과 브레클스홀에서 보낸 여름의 극단적인 대조가 쉽게 이해되지 않았다. 불과 2주 전 그녀와 주디 몬태규는 자전거를 타고 시골길을 누비고 저택의 연못에서 목욕을 하고 RAF의 젊은 장교들과 춤추고 시시덕거리며 전쟁과 동떨어진 자유로운 생활을 즐겼었다. 심지어 밤에 들리는 포성도 공포라기보다는 편안한 느낌을 주었다.

하지만 이제,

"지금이 20세기 아닌가." 메리는 주말 일기에 그렇게 썼다. "그런데 런던은 어떤가. 집 없이 가난하고 지쳐 떠도는 무리들은 또 어떤가.

에일즈버리가 이 지경이면 다른 곳은?"

"이번 주에는 그 어느 때보다 고통과 가난을 더 많이 보았다."

"이런 사실을 대하는 느낌을 표현할 적당한 말이 생각이 나지 않는다. 아는 것이라고는 전쟁이 가져다주는 고통을 더 크고 더 폭넓게 깨닫고 마음이 움직였다는 사실뿐이다. 전보다 인간의 고통과 걱정에 대해 더 많이 알게 되었다는 사실만 안다."

"오 하느님, 저 집 없고 근심 많은 사람들을 지켜주소서."

"걱정과 슬픔과 상실감에 힘겨워하는 표정들을 많이 봤다. 그리고 용기와 낙관주의와 건강한 의식도 많이 봤다."

시티오브베나레스호의 침몰과 탑승한 아이들의 죽음을 알게 된 것은 이틀 후인 9월 23일 월요일이었다. "그들의 영혼을 편히 쉬게 하소서." 메리는 그날 밤 일기에 그렇게 썼다. "히틀러의 저주와 인류가 낳은 가장 사악한 짐을 들어낼 수 있도록 도와주소서." 그녀의 아버지는 명령했다. 침몰할 위험이 있으니 "아이들을 해외로 대피시키는 일을 당장 중단하라."

멀리서 대공포가 발사되고 포탄이 터졌지만 체커스의 '감옥'에는 평화와 역사가 있었고 레이디 메리의 유령이 친근하게 함께해 주었다. 듣고 싶지 않은 사연을 매일 들어도 메리에겐 매일 밤 돌아갈 포근한 집이 있었고 따뜻하게 보살펴주는 체커스의 가정부 몬티(그레이스 라몬트)도 있었다. 아기가 나오기를 기다리는 파멜라도 말동무가 되어주었다. 엉뚱하게도 파멜라의 주치의 카나크 리벳Carnac Rivett 역시 그 집에 기거하다시피 했다. 클레멘틴은 그 점이 몹시 못마땅했다. 특히 클레멘틴은 체커스가 처칠의 사유지가 아니라 정부 소유이기 때문에 그의 존재가 거슬렸고 당혹스러웠다. 클레멘틴은 파멜라에게 말했다. "얘야, 너는 이곳이 공적인 장소라는 것을 알아야 해. 그리고 의사를 매일 밤 저녁 식탁에서 만나는 것도 좀 어색하지 않니?"

리벳은 아기가 언제 나올지 모르기 때문에 자기가 있어야 한다며 돌아가지 않았다.

파멜라는 리벳이 다른 꿍꿍이가 있는 것 같다고 생각했다. 분명 폭격이 무서워 런던으로 돌아가지 않으려는 수작일 것이다.

그녀의 출산 예정일은 아직 3주나 남아있었다.

존 콜빌은 일요일 오후 차를 마신 뒤 체커스를 떠나 런던 빅토리아역 근처 에클스턴 광장에 있는 가족에게 갔다. 저녁 식사를 위해 막 앉으려는데 사이렌이 울렸고 곧이어 위에서 독일 폭격기 소리가 들렸다. 콜빌은 침실로 뛰어 올라갔다. 그는 불을 끈 채 창가에 무릎을 꿇고 그들의 공격을 지켜보았다. 수도의 심장부에 떨어지는 폭탄 등 모든 것이 매우 초현실적이었지만, 어떤 아름다움도 있었다. 그는 잠자리에 들기 전에 그 느낌을 일기장에 풀어보려 애썼다.

"그날 밤은 구름 한 점 없고 별이 총총했으며 달은 웨스트민스터 상공에 떠 있었다. 이보다 더 아름다운 정경도 없을 것이다. 지평선의 어딘가에서 엇갈리는 서치라이트 불빛, 포탄이 터지는 하늘에는 별 같은 섬광, 먼 곳에서 타오르는 불길의 광채 등, 여러 가지가 그 정경에 더해졌다. 웅장하면서도 끔찍했다. 머리 위로는 적기의 웅웅거리는 소리가 끊어질 듯 이어졌고, 포성이 멀리 때로는 가까이 들렸다. 평화로운 때 전동열차가 신호하는 조명처럼 대공포가 발사될 때마다 빛이 번쩍였다. 하늘에서는 수많은 별들이 반짝였다. 진짜 별도 있고 인위적인 별도 있었다. 자연의 찬란함과 인간의 사악함이 이렇게 두드러진 대조를 보인 적은 없었다."

그 편지는 아무래도 이상했다.[48] 영국의 검열망은 외국에서 들어오거나 외국으로 나가는 모든 우편물을 밀착 감시했다. 9월 23일 독일에서 발송된 이 편지는 즉시 검열관들의 눈길을 끌었다. 겉봉에는 '미세스 V. 로버츠Mrs. V. Roberts'라는 영국 여성의 이름이 적혀있었지만 그 안에 들어있는 또 다른 봉투에는 저명한 스코틀랜드의 해밀턴 공작 Duke of Hamilton에게 보내라는 말이 적혀있었다.

두 번째 봉투 안에서 검열관들은 알다가도 모를 은밀한 편지를 발견했다. 중립지대에서 만나자는 제안이었다. 아마도 리스본을 암시하는 것 같았다. 서명은 "A"라는 이니셜이 전부였다.

검열관들은 편지를 영국의 국내 방첩기관인 MI5에게 넘겼지만, MI5는 편지를 그대로 보관해두었다. 공작이 편지의 존재를 알게 된 것은 다음 해 봄, 편지를 부친 지 6개월이 지난 뒤였다.

51장 금단구역

독일의 런던 공격은 더욱 거세졌다. 괴링이 자신의 화려한 흰색 군복과 훈장의 광채를 가리며 안개처럼 스멀스멀 몰려드는 실패의 흔적을 없애려 조바심을 냈기 때문이었다. 매일 밤 수십 대의 폭격기들이 파상 공격을 하듯 런던을 향해 돌진했지만 폭격은 실효를 거두지 못했다. 하지만 독일은 여전히 루프트바페가 군사적으로 중요한 목표물만 공략한다는 주장을 반복했다.

그러나 실제로 그들은 그 어느 때보다도 더 공공연하게 도시의 시민들과 전쟁을 벌이고 있었다. 예를 들어 루프트바페는 '낙하산 기뢰'라는 폭탄을 많이 투하했는데 이 폭탄은 바람을 타고 날아가 떨어졌기에 장소를 가리지 않았다. 거기엔 700킬로그램에 가까운 고성능 폭약이 채워져 있어 반경 450미터 내에 있는 것은 모두 파괴했다. 낙하산 기뢰는 원래 선박 파괴를 위해 설계된 폭탄이지만, 그들은 9월 16일에 육지에 처음 사용하여 런던에 25발을 투하했다. 폭탄은 섬뜩할 정도로 조용히 도시 위로 내려왔다. 그중에 폭발하지 않은 것이 17개여서 공포를 더욱 증폭시켰다. 영국 해군은 주민을 전부 강제 소개시킨 다음 특수 훈련을 받은 기술자들을 투입해 포탄을 해체했다.

떨어지는 기뢰는 점점 더 늘어났다. 루프트바페가 기뢰탄 36개를 투하한 9월 19일에 처칠은 퍼그 이즈메이에게 보낸 메모에서 낙하산으로 기뢰를 투하하는 것은 "적이 군사적 목표물을 노리는 척이라도 하려는 시늉마저 완전히 포기했다는 선언"이라고 썼다. 그는 이에는 이로 대응하겠다며 독일의 도시에 비슷한 무기를 투하하여 보복하자고 제안했다. 그는 들뜬 어조로 표적으로 삼은 독일 도시들의 목록을 미리 공개하여 공포감을 조성하라고 지시했다. "물론 놈들은 마음에 들지 않겠지. 그렇다고 그들이 불안에 떨지 말아야 한다는 법도 없지 않소?"

독일의 야간 공습으로 런던의 생활은 낮의 몇 시간으로 압축되었고, 가을이 깊어지고 도시의 위도가 높기 때문에 그 낮 시간도 무서울 정도로 빠르게 줄어들었다. 공습은 역설을 낳았다. 어떤 사람이 하룻밤 사이에 죽을 확률은 희박하지만 런던 어딘가에서 누군가가 죽을 확률은 100퍼센트였다. 안전은 오로지 운에 달린 문제였다. 한 어린 소년에게 커서 무엇이 되고 싶으냐고 물었을 때 나온 답은 소방관이나 조종사 같은 것이 아니었다.

"살아있고 싶어요."

주민들 수십 명이 목숨을 잃었고 밤이 되면 두려움도 같이 시작됐지만 낮에는 이상할 정도로 평범한 생활이 이어졌다. 피카딜리와 옥스퍼드 스트리트의 상점들은 여전히 손님들이 가득했고 하이드 파크에는 곳곳에 일광욕을 즐기는 사람들이 자리를 차지했다. 땅거미가 질 때가 되어야 독일 폭격기가 머리 위에 나타난다는 것을 그들은 알고 있었다. 피아니스트 마이라 헤스Myra Hess는 야간 공습을 피해 매일 점심 시간에 트라팔가 광장을 바라보는 내셔널갤러리National Gallery에서 콘서트를 열었다. 홀은 만원이었고 참석자들은 만일의 경우를 대비해 방독면을 들고 바닥에 앉았다. 관객들은 "엄청나고 감동적인" 박수갈채와 함께 눈물을 글썽였다고 〈뉴요커〉의 기고가 몰리 팬터-다운스는 썼다. 때로 피아니스트는 양손에 오렌지를 들고 연주하여 기량을 뽐냈다.[49] 연주가 끝나고 사람들은 "방독면을 어깨에 걸친 채 기분이 한결 좋아진 표정으로" 서둘러 떠났다고 팬터-다운스는 썼다. "한 시간 동안 지루함이나 두려움과 아무런 상관이 없는 경지를 경험했기 때문인 것 같았다."

폭탄 세례는 더욱 거세지고 파괴되는 지역도 늘어났지만 밤이 주는 두려움은 조금씩 줄어드는 듯했다. 매스옵저베이션의 일기기록원 올리비아 코켓은 친구 페그Peg와 함께 공습 중에 산책을 나갔다. "밖으로 나가 보름달이 환한 빛 속으로 걸어 들어갔다." 코켓은 그렇게 썼다. "그 아름다움에 취해 우리는 빛과 그림자가 만들어내는 효과에 감탄하고 텅 빈 거리의 적막을 즐기며 포성을 뚫고 브릭스턴까지 걸어갔다. 페그의 말대로 그런 장엄한 화려함에 비하면 전쟁이나 포화 따위는 하찮고 본질적으로 경박해 보였다." 또 다른 일기기록원인 젊은 여성도 침대에 누워있다가 폭탄이 아주 가까운 곳에 떨어져 놀랐던 심경을 적었다. "그곳에 누워 말할 수 없는 행복감과 승리감을 느꼈다." 그녀는 그렇게 썼다. "'폭격을 맞았어!' 나는 계속 혼자 중얼거렸다. 새로 산 드레스처럼 잘 맞는지 보려고 그녀는 계속 되뇌었다. '폭격을 맞았어! … 난 폭격을 맞았어! 내가!'" 죽거나 부상당한 사람들이 많을 거라고 그녀는 혼자 생각했다. "하지만 내 평생에 이렇게 순수하고 완벽한 행복을 느껴본 적은 없었다."

일기기록원 필리스 워너Phillis Warner는 자신도 그렇지만 런던 시민들의 복원력에 놀랐다. "그런 일을 감당할 수 있다는 사실을 알고 나니 크게 안심이 되었다." 그녀는 9월 22일에 그렇게 썼다. "나는 우리들이 견뎌내지 못할까 봐, 비명을 지르며 대피소로 달아날까 봐, 신경이 곤두설까 봐, 어떤 식으로든 무너지지 않을까 은근히 두려워했던 것 같다. 그래서인지 이것도 뜻밖의 기쁜 경험이었다."

그러나 지속되는 공습으로 인해 늘어나는 피해는 처참했다. 소설가 로즈 맥콜리Rose Macaulay는 9월 23일 월요일에 이렇게 썼다. "매몰 공포증이 생겼다. 집과 아파트들이 폐허 더미로 변해도 제때에 사람을 꺼내지 못하는 모습을 너무 많이 본 탓인 것 같다. 차라리 거리에서 자고 싶지만 그럴 수 없다는 걸 알고 있다." 해럴드 니컬슨도 비슷한 두려움을 가지고 있었는지, 다음 날 일기장에 이렇게 털어놓았다. "두려운 것은 거대한 석조 더미 속에 파묻혀 물이 천천히 떨어지는 소리를 듣고 가까이 다가오는 가스 냄새를 맡으며 느리고 보기 흉한 죽음을 맞이할 동료들의 희미한 울음소리를 듣는 것이다."

'사이렌 복통Siren Stomach'이라는 위장장애를 호소하는 시민들이 늘어나기 시작했다.

*

배급제는 여전히 불편하고 특히 가게에서 달걀을 전혀 구경할 수 없다는 게 힘들었지만 사람들은 그것도 임기응변으로 해결했다. 그들은 마당에서 암탉을 길렀다. 실험실과 옥스퍼드에 있는 크라이스트처치 메도우Christ Church Meadow에서 닭을 길렀던 린드만이 채택한 방법이었다. 갤럽 조사에 따르면 시민들 33퍼센트가 자신이 먹을 식량을 재배하거나 가축을 기르기 시작했다.

처칠도 배급제를 따랐지만 여러 사람들의 배려 덕택에 그런대로 변함없이 잘 지냈다. (처칠은 친구들이 앞다퉈 도와주고 싶게 만드는 재주를 가졌던 것 같다. 1932년 강연 투어를 할 때 뉴욕에서 차에 치여 병원에 입원한 적이 있었는데, 런던으로 돌아오기 무섭게 비버브룩 경을 비롯한 140명의 기부자들은 그에게 새 다임러Daimler를 건네주었다.) 교수는 채식주의자여서 할당받은 고기와 베이컨을 처칠에게 양보했다. 체커스에서 식품은 언제나 여주인에게 환영받는 선물이었다. 왕은 스코틀랜드의 발모럴성이나 노퍽의 샌드링엄의 왕실 전용 사냥터에서 잡은 사슴, 꿩, 메추라기, 산토끼 등을 보냈다. 퀘벡주 정부는 초콜릿을 보냈고 웨스트민스터 공작은 연어를 급행열차로 보냈다. 소포에는 '직송'이라는 딱지가 붙어있었다.

처칠은 물론 총리였기에 일반인에게는 허용되지 않는 특권을 어느 정도 누렸다. 가장 귀한 상품인 휘발유도 그중 하나였다. 체커스에 세워진 번호판 DXN 609의 포드 자동차는 6월 1일부터 7월 말까지 배정받은 할당량 80갤런보다 더 많은 휘발유를 소비했다. 특히 6월 말에는 소요량이 크게 늘었다. 평범한 런던 시민이라면 그런 행운을 누릴 수 없었을 것이다. 처칠이야 더 달라고만 하면 그만이었다. "따로 편지에 별표를 하시면 제가 즉시 확인하고 처리해드리겠습니다.[50]" 휘발유 배급 업무를 담당했던 광물부Mines Department 석유 담당 사무관 해리 B. 허먼 호지Harry B. Hermon Hodge는 그렇게 썼다. 그는 체커스 관리인 그레이스 라몬트(몬티)에게 58갤런짜리 쿠폰을 추가로 발행했다.

배당된 식품으로 그 많은 공식 손님들을 다 접대할 수 없다고 판단되면 여분의 쿠폰을 요청하면 그만이었다. 6월 30일에 개인비서 존 마틴은 식품부Ministry of Food에 서한을 보냈다. "체커스와 다우닝가 10번지에 적용되고 있는 배급제 때문에 총리께서 필요한 공식 접대를 하기가 매우 어렵습니다." 식품부는 돕겠다고 약속했다. "그 직책에 가장 어울리는 간단한 방법은 외국 대사에게 적용하는 절차를 따르는 것이라 생각됩니다. 우리는 그들에게 고기, 버터, 설탕, 베이컨, 햄 등을 구할 수 있는 특별 배급 쿠폰북을 발행하고 있습니다. 외국 대사들이 공식 손님을 맞을 때 사용하는 쿠폰입니다. 여기 쿠폰북 한 질을 동봉합니다." 처칠은 또한 차茶와 '요리용 지방cooking fat'을 받을 수 있는 별도의 외교관 쿠폰을 추가로 요구했고 이것 역시 지급되었다. 다가오는 주말에 체커스에서 이 식품들을 구하는 데 차질이 없도록 식품부는 그 지역 '식품 담당관'에게 지시하여 인근 상점들이 이 생소한 쿠폰들을 거절하는 일이 없도록 조치했다. "이 같은 조치에 만족하셨으면 좋겠습니다." 식품부의 R. J. P. 하베이R. J. P. Harvey는 그렇게 썼다. "혹시라도 문제가 생기면 즉시 알려주시기 바랍니다."

다행히 처칠은 특정 주요 물품에 대해서는 식량 배급 규정을 적용받지 않았다. 브랜디 하인Hine, 샴페인 폴로저Pol Roger, 시가 로메오이훌리에타Romeo y Julieta 같은 것들은 부족함을 몰랐다. 물론 이런 것들을 구하는 데 필요한 돈은 늘 그렇듯 충분하지 않았다. 특히 주말마다 체커스에 오는 많은 손님들을 맞는 데 들어가는 비용을 충당하기엔 턱없이 모자랐다. 체커스 직원들의 임금과 저택을 유지하는 데 들어가는 비용을 지불하는 체커스 트러스트The Chequers Trust는 매주 주말에 처칠이 실제로 소비한 돈의 약 절반인 15파운드를 기부했다. 요즘 시세로 환산하면 1,000달러가 조금 못 되는 액수로, 처칠 자신의 말로는 방문객을 데려온 운전기사들의 음식을 충당할 정도라고 했다. 1940년 6월부터 12월까지 체커스에서 그가 쓴 비용은 체커스 트러스트가 기여한 2만 288달러에 상당하는 금액을 초과했다.[51]

포도주는 해군장관 시절부터 돈이 꽤 들어갔던 품목이었다. 체커스에서는 그때보다 2배가 더 들어갔다. 정부판공기금The Government Hospitality Fund은 외국 방문객들을 접대하는 경우에 한해 포도주와 도수가 높은 주류의 비용을 보조하기로 했다. 처칠은 그 프로그램을 적극 이용했다. 체커스에서 주문한 어떤 내역서에는 이렇게 적혀있었다.[52]

아몬틸라도 36병 - 더프 고든Duff Gordon의 V.O.(2년 반 이상 숙성 제품)
화이트와인 36병 - 발뮈르Valmur, 1934년산 [샤블리Chablis.]

포트와인 36병 – 폰세카Fonseca 1912년산

클라레 36병 – 샤토 레오빌 푸아페레Château Léville Poyferré 1929년산

위스키 24병 – 파인 하이랜드 몰트Fine Highland Malt

브랜디 12병 – 그랑드 핀 샹파뉴Grande Fine Champagne 1874년산[66년 숙
성, 처칠의 나이와 동일]

샴페인 36병 – 폼므리 에 그르노Pommery et Greno 1926년산[그러나 그가
가장 좋아하는 것은 폴 로저Pol Roger였다.]

펀드 소속의 '정부 접객 집사' 미스터 왓슨Mr. Watson은 와인을 즉시
체커스 지하 저장실에 보관하고 그 위치를 정확히 기록해두었다. 그는
또한 저장실 표시가 제멋대로라며 별도의 카드를 보내 이를 바로 잡도
록 조치했다. 펀드의 관리책임자 에릭 크랭크쇼 경Sir Eric Crankshaw은 그
레이스 라몬트에게 보낸 편지에서 이들 품목의 정확한 사용 규정을 설
명했다. 와인은 "외국인, 영연방, 인도인, 식민지 손님"을 접대할 때만
제공해야 했다. 행사 전에 처칠 가족은 크랭크쇼와 협의를 거쳤다. "손
님들이 방문할 때 정부 접대용 와인의 사용 가능 여부를 알려드리겠습
니다." 크랭크쇼는 그렇게 말하면서 미스 라몬트에게 방문객의 이름과
소비할 와인 등을 기금에서 제공한 '저장실 장부cellar book'에 정확히 기
록해달라고 당부했다. 장부는 6개월마다 회계감사를 거쳤다. 그러나
기록 작업은 그것이 전부가 아니었다. "오찬이나 만찬이 끝나면 접대
의 성격, 손님 수, 각종 와인의 소비량을 첨부된 양식 견본대로 작성하
셔서 저희에게 보내주시기 바랍니다. 그런 기록이 있어야 회계감사를
할 수 있습니다." 크랭크쇼는 그렇게 썼다.

하지만 배급제 규정을 받지 않아도 부족한 제품이 많았다. 어떤
미국인 방문객은 셀프리지스Selfridges 백화점에서 초콜릿 케이크와 레

몬 머랭 파이는 샀지만 코코아는 찾지 못했다고 했다. 물자 부족은 위생 분야에도 영향을 끼쳤다. 여성들은 탐폰을 구하는 데 점점 더 애를 먹었다. 화장지도 특정 상표는 심각할 정도로 부족했다. 왕도 그 사실을 알았다. 왕은 화장지 문제를 해결하기 위해 워싱턴 D.C.에 있는 주미 영국대사에게 편지를 썼다. "지금 어떤 종류의 화장지가 부족합니다. 미국 제품인데 여기선 조달할 수 없군요. 500매짜리 한두 패킷 정도는 보내셔야 할 것 같습니다. 무슨 상표인지 아시겠죠? B로 시작합니다!!!" 역사가 앤드루 로버츠Andrew Roberts는 문제의 화장지가 브로모Bromo 소프트 화장지라고 했다.

*

　공습이 예상될 때마다 대피소를 습관처럼 찾는 런던 시민들은 아침에 대피소에서 출근했다가 해 질 녘에 돌아가는 새롭고 낯선 일상을 묵묵히 따랐다. 일부 대피소에서는 자체적으로 잡지와 회보를 제작하여 〈서브웨이컴패니언Subway Companion〉, 〈스테이션서치라이트Station Searchlight〉, 〈스위스코티저Swiss Cottager〉 등을 내놓았다. 이 중 〈스위스코티저〉는 지하 깊은 곳에 새로 만든 지하철역 스위스코티지Swiss Cottage에서 이름을 빌린 것으로 지금은 대피소로 사용되고 있었다. 하지만 역이름도 실제는 인근의 술집 이름에서 따온 것으로 외관이 스위스 농가를 연상시키는 술집이었다. "야간 동지들에게 인사드립니다." 〈코티저〉의 창간호는 그렇게 시작했다. "우리 임시 동굴 거주자들, 잠자리 동지들, 몽유병자 회원들, 코골이, 수다쟁이 그리고 베이컬루 노선의 스위스코티지역에 사는 시민들 모두 해 질 녘부터 새벽까지 밤마다 부디 평안하시길." 편집자이자 대피소에서 살다시피 하는 도어 실버먼Dore Silverman은 "히틀러의 환각 증세만큼이나 돌발적인" 비율로 띄엄띄엄

출판할 것을 약속하면서 이 출판물의 수명이 오래가지 않기를 바란다고 썼다.

경고와 충고가 대부분인 〈코티저〉는 야전침대나 접이식 의자는 공간을 많이 차지하니 제발 가져오지 말라고 경고하면서 쓰레기를 "넉넉하게" 버리지 말아달라고 간청했다. 그리고 언제라고 장담할 수는 없지만 대피소에서 곧 따뜻한 차를 대접해드리겠다고 약속했다. 어쨌든 "여러분이 조용히 편안하게 앉아있거나 책을 읽거나 잠을 자는 동안, 길거리에서는 차 아닌 다른 것들을 끓이고 있을지도 모릅니다." "초조하세요?"라는 제호를 내건 〈코티저〉 2호판은 지상에 배치된 대공포로 인한 불안감을 다루면서 지하철 터널이 소음을 증폭시키는 경향이 있다는 점을 지적했다. 이 회보는 소위 전문가의 조언을 제시했다. "벽에 머리를 대고 있지 않으면 중화기 포화나 그 밖의 다른 원인으로 인한 진동을 훨씬 덜 느끼게 될 것입니다."

대피소를 이용하는 사람들은 특히 유독 가스를 우려했다. 당국은 사용법에 익숙해질 수 있도록 하루 30분 동안 방독면을 쓰도록 권장했다. 아이들은 가스 공격에 대비한 훈련에 참가했다. "아이들 다섯 모두가 미키마우스 방독면을 가지고 있다." 다이애나 쿠퍼는 일기에 그렇게 썼다. "아이들은 방독면을 쓰고 훈련하는 것을 좋아하며 그 상태에서 서로 키스해보려 용을 쓰다 대피소로 노래를 부르며 행진해 들어간다. '잉글랜드여 영원하리라There'll always be an England.'"

*

런던의 호텔들도 공습으로 어려움을 겪었다. 특히 리츠Ritz, 클라리지스Claridge's, 사보이Savoy, 도체스터Dorchester 같은 대형 호텔들은 외교관, 망명 군주, 정부 각료를 비롯한 온갖 종류의 외빈들을 수용했다.

이들은 대부분 장기투숙객이었다. 호텔들은 손님들의 변덕에 얼마든지 비위를 맞춰드린다고 자부했지만 폭탄이 떨어지고 파편이 날아다니는 상황에서 안전한 대피소를 제공하는 문제는 애당초 예상에 없었기에 쉬운 일이 아니었다. 하지만 하이드 파크 맞은편 메이페어의 파크레인에 자리 잡은 도체스터는 이 부분에서 나름대로 상당한 이점을 가지고 있었다.

9층 높이의 철근 콘크리트로 지어진 도체스터 호텔은 런던에서는 이례적인 건축물이었다. 1931년 개장할 당시만 해도 호텔 앞을 지나는 파크레인이 뉴욕의 5번가를 닮아갈지 모른다며 걱정들을 했지만, 건물 자체는 웬만해서 파괴되지 않을 것 같았기에 요즘 같은 시절엔 고위 관리들에게 특히 인기가 있었다. 그들은 자기 집들을 놔두고 이곳에서 장기투숙했다. 핼리팩스 경과 정보부 장관 더프 쿠퍼Duff Cooper도 그들 중 하나였다(서머싯 몸Somerset Maugham도 한때 오래 머물렀다. 1930년대에 이 호텔 카바레에는 데이비드 카민스키David Kaminsky라는 젊은 미국 연예인이 출연했다. 나중에 배우로 전업한 그는 대니 케이Danny Kaye라는 이름으로 더 유명해진다). 최상층은 폭격에 취약했지만 쿠퍼와 그의 아내 다이애나는 이 호텔 최상층에 있는 스위트룸에서 기거했다. 전망이 좋은 그 방에 대해 다이애나는 일기장에 이렇게 썼다. "높은 창문에서 보면 하이드 파크의 초록 바다 너머로 런던을 거의 다 훑을 수 있다. 닥치는 대로 잡아먹을 듯 보기 흉하게 뻗은 가로에는 기념물, 랜드마크, 감출 수 없는 철도 노선, 다리 등이 밀집되어 있다. 우리에게 운명의 시간이 닥쳤을 때 화염은 얼마나 붉을까 하는 생각이 문득 들었다." 그녀는 남편의 정보부가 들어선 건물도 볼 수 있었다. "그 높고 하얀 건물은 도버의 절벽처럼 내겐 상징적으로 다가왔다."

도체스터 1층(미국 호텔의 2층에 해당)은 건물을 지탱하는 거대한 콘크리트 석판이 씌워져 있어 웬만한 폭탄에도 끄떡없다는 평을 듣고 있었다. 폭발력을 흡수하고 파편을 막기 위해 정문 밖에 촘촘히 쌓아놓은 모래주머니가 마치 거대한 벌집처럼 보였다. 이 호텔은 넓은 터키탕을 칸막이 방이 딸린 호화로운 쉼터로 바꿔 핼리팩스 경과 그의 부인을 포함한 위층 일반 객실에 투숙한 손님들이 이용할 수 있도록 했다. 도체스터는 이를 대대적으로 마케팅하는 책자를 발간하면서 애초에 사람들이 이 호텔을 예약하는 주된 이유가 새로운 대피소를 원하기 때문이라는 점을 강조했다. "저희 대피소가 직격탄에도 끄떡없다는 사실은 전문가들도 인정하고 있습니다." 안내책자의 그런 주장이 적어도 한 사람에겐 통한 것 같았다. 이블린 워Evelyn Waugh의 친구 필리스 드 쟝체Phyllis de Janzé는 도체스터를 철석같이 믿어 낮에는 집에서 지내다 밤에는 호텔로 옮겼다. 손님들은 호텔을 돔Dorm(기숙사)이라고 부르며 이브닝드레스를 입고 나타나기도 했다. 폭탄에 황폐화된 런던의 섬뜩한 야경 사진으로 유명해진 사진작가 세실 비튼Cecil Beaton에게 그 호텔은 "강요된 익살과 값비싼 참상의 모든 공포를 실은 호화여객선을 타고 가는 대서양 횡단을 떠올리게 했다."

핼리팩스는 여기서 쉽게 잠이 들었다고 레이디 알렉산드라 멧카프Lady Alexandra Metcalfe는 전했다. 같은 호텔에 투숙했던 그녀에게 핼리팩스는 로맨틱한 관심을 갖고 있었다. "에드워드(핼리팩스)는 잠드는데 3분밖에 걸리지 않지만 아이처럼 밑바닥을 모르는 잠으로 떨어지기까지 전주곡으로 시끄러운 하품을 끊임없이 해댄다. 한번 잠이 들면 엎어 가도 모른다." 근처 칸막이 방을 쓰던 쿠퍼 부부는 핼리팩스가 매일 아침 일어나 옷을 입을 때마다 내는 다양한 소리를 듣곤 했다. "6시에서 6시 30분 사이에 우리는 차례로 일어나기 시작한다." 다이애나 쿠퍼는 일기에 그렇게 썼다. "우리는 그들이 모두 나갈 때까지 기다린다. 그들은 각자 손전등을 들고 슬리퍼를 찾는다. 그러면 환등기가 돌아가듯 그들의 기괴한 형태가 천장에 우스꽝스레 투영된다. 핼리팩스 경을 직접 본 적은 없지만 그림자만으로도 그를 금방 구분할 수 있다."

사이렌이 울리면 클라리지스와 리츠의 투숙객들은 매트리스와 베개를 가지고 로비로 내려왔다. 공습으로 리츠 로비에 발이 묶였던 언론인 버지니아 코울스는 이를 가리켜 만인이 평등해지는 희극의 순간이라고 했다. "다들 갖가지 희한한 복장으로 돌아다녔다." 그녀는 그렇게 썼다. "비치 파자마, 슬랙스, 사이렌 수트 외에 어깨에 천을 두르고 잠옷을 바닥에 질질 끌고 다니는 사람도 있었다." 로비를 가로질러 가던 코울스는 알바니아 왕족을 만났다. "난 조그왕King Zog의 여동생에 걸려 넘어졌다. 그녀는 리츠 레스토랑 문밖에서 태평하게 자고 있었다."

9월 18일 수요일 밤 공습으로 존루이스John Lewis 백화점이 파괴되자 코울스는 다시 호텔 로비에 갇혔다. 클라리지스 호텔 로비는 순식간에 손님들로 가득 찼다. 대부분 잠옷 차림이었다. "모인 사람들 모두 서로 이야기를 나누고, 술잔이 돌고, 떠들썩하게 웃다 보니 (조금 이상하긴 하지만) 무슨 분장파티를 하는 것 같기도 했다."

까만 모자에 검정색 긴 코트를 입고 색이 살짝 들어간 안경을 쓴 한 노부인이 여성 셋을 거느리고 계단으로 내려왔다. 코울스는 그 여성들이 시종인 모양이라고 생각했다.

로비가 조용해졌다.

검은 옷을 입은 여성은 네덜란드에서 망명한 여왕 빌헬미나Wilhelmina였다. 그녀와 수행원들이 지나가자 다시 소란스러워졌다.

피해가 심각한 이스트엔드에서 온 노동자 대표단에겐 이런 화려한 호텔 피신처가 꼴사나웠던 모양이었다. 9월 14일 토요일 화이트채플과 라임하우스 사이에 있는 빈민구역 스테프니에서 온 난민 70명이

트라팔가 광장에서 조금 떨어진 스트랜드의 사보이 호텔로 행진했다. 처칠도 종종 점심 식사를 하는 곳이었다. 그는 넘버 포Number Four를 즐겨 찾았고 1911년 그가 공동 설립한 식사 모임인 '아더 클럽Other Club'에도 참석하곤 했다. 아더 클럽은 이 호텔의 피나포어 룸Pinafore Room에서 모였는데 이곳에는 카스파Kaspar라는 목에 천으로 된 냅킨을 두른 검은 고양이의 목조 조각상이 변함없이 자리를 지키고 있었다. 어쨌든 사보이 호텔 대피소는 분홍색, 녹색, 파란색으로 칠해진 현란한 구획이 침구와 수건과 잘 어울려 새로운 명성을 얻었다. 그곳에는 편안한 안락의자 외에 다른 호텔에서는 볼 수 없는 접이식 의자도 구비되어 있었다.

행진한 무리들은 호텔로 들어가 의자를 점거했다. 경찰이 떠날 것을 종용했지만 그들은 한 발짝도 움직이지 않겠다고 버텼다. 공산주의자이자 행진을 주동한 필 피라틴Phil Piratin은 이렇게 썼다. "사보이 호텔의 기생충에게 어울리는 곳이면 스테프니 노동자들과 그들의 가족들에게도 어울린다고 우리는 생각했다." 야간 공습이 시작되면서 그들을 쫓아낼 수 없다고 판단한 호텔 지배인은 직원들을 시켜 그들에게 빵과 버터를 대접했다. 차도 당연히 제공되었다.

*

야간 공습이 계속되면서 흔히 볼 수 없던 장면이나 순간들이 쌓여갔다. 폭탄으로 집 한 채가 통째로 날아갔는데 옆집은 멀쩡한 경우도 있었다. 마찬가지로 낙하산 기뢰를 맞은 블록은 순식간에 벽돌과 목재 더미로 변한 반면 그 옆 블록은 전쟁이 다른 나라 이야기인 것처럼 아무런 손상도 입지 않은 경우도 있었다. 런던의 자연사 박물관에 화재가 발생했을 때는 소방관이 뿌린 물 때문에 소장품에서 씨앗이 발아하기도 했다. 그중에는 알비지아 율리브리신Albizia julibrissin이라는 그럴듯한 학명을 가진 고대 페르시아의 자귀나무(미모사)도 있었다. 147년 된 씨앗이라고 했다. 9월 27일에 있었던 공습으로 동물원이 파손되었고 얼룩말 한 마리가 탈출했다. 주민들은 이 동물이 캠든타운에서 포획될 때까지 얼룩무늬 유령이 거리를 헤집고 다니는 것을 지켜봐야 했다. 전쟁 초기에 동물원은 독사와 거미들을 미리 죽였다.[53] 우리가 파괴될 경우 코알라보다 훨씬 더 위험한 존재가 될 것으로 보았기 때문이었다.

어떤 방공요원은 시신을 찾기 위해 깊은 폭탄 구멍에 들어갔다가 기겁했다. 조각가의 작업실이었는지 온갖 대리석 조각상들이 여기저기 삐죽 나와 있었다. 푸르스름한 달빛을 받은 탓에 조각상 파편들이 섬뜩한 빛을 발했다. "벽돌 더미 사이에서 갑자기 허연 손이 달빛을 향해 비죽 나와 있었다. 조각난 몸통이나 얼굴도 보였다." 그 요원은 매스옵저베이션 일기에 그렇게 썼다. "기괴한 느낌이었다."

*

런던 공격은 성적 욕구도 풀어놓은 것 같다고 조운 윈덤의 애인 루퍼트는 생각했다. 폭탄이 떨어지면 리비도가 치솟았다. "아무도 혼자 있으려 하지 않았다." 버지니아 코울스는 그렇게 썼다. "얌전한 숙녀들이 애인에게 서슴없이 말한다. '밤새 같이 있겠다고 약속하지 않으면 집에 안 들어갈 거야.'" 런던에 갓 도착한 미국의 한 젊은 여성은 폭탄과 화재에도 자신의 사교생활이 조금도 지장을 받지 않는 데 경탄했다. "아직 주말도 안 되었는데 다음 주 약속이 매일 밤 다 잡혔어요." 그녀는 집으로 보낸 편지에 그렇게 썼다. "여기 사람들이 두려워하는 건 혼자 있는 거예요. 그래서 저녁을 혼자 보내지 않으려고 미리부터 일정을 이런저런 약속으로 다 채워놔요."

콘돔을 구하기는 쉬웠다. 착용하는 데 조금 문제가 있지만 페서리도 마찬가지였다. 인기 있는 섹스 안내서인 프랭크 해리스Frank Harris의 회고록《나의 생, 나의 사랑*My Life and Loves*》에는 노골적일 뿐 아니라 때로 파격적이고 에로틱한 시도가 가득했다. 영국과 미국에서는 금서로 지정된 책이지만, 워낙 인기가 좋아 쉽게 구할 수 있었다. 누구나 "삶과 살아있음"을 사랑했다고 여배우 시어도라 로즐링Theodora Rosling은 썼다. 그녀는 결혼한 후 남편의 성을 따 시어도라 피츠기번Theodora FitzGibbon 이라는 이름으로 요리책을 써 유명해진다. "젊은이들에게 그것은 부정할 수 없는 흥미이고 자극이었다. 그것은 품행이 단정치 못한 소녀들에게 내린 신의 선물이어서, 사이렌이 울리는 순간부터 '공습 해제' 사이렌이 울리는 아침까지 그들이 집에 들어오리라는 기대는 말아야 했다. 실제로 그들은 있던 자리에 그대로 있는 게 상책이었다. … 젊은이들은 죽는다는 생각이 달갑지 않았지만 그래서 더욱 다른 누군가와 몸을 섞으려 했다. 그것은 쾌락을 위한 섹스였다. 돈이나 결혼 때문이 아니라 살아있음을 사랑하고 베풀고 싶어 치르는 섹스였다."

유부녀와 유부남과의 혼외정사도 흔한 일이 되었다. "불륜을 막아왔던 정상적인 장벽은 바람을 타고 날아가 버렸다." 전쟁 기간을 대부분 런던에서 보낸 컬럼비아 방송국Columbia Broadcasting System의 창립자 윌리엄 S. 페일리William S. Paley는 그렇게 썼다. "괜찮다고 생각하면 그런 것 같았다. 뭐 심각하게 생각할 것 있겠는가?" 섹스는 도피처가 되었지만 그렇다고 해서 만족까지 보장해주진 않았다. 매스옵저베이션 일기기록원 올리비아 코켓은 어떤 유부남과 눈이 맞아 1주일 동안 6번 관계를 가졌지만 "좋았던 건 딱 한 번뿐"이라고 썼다.

섹스는 흔했을지 모르지만 란제리는 팔리지 않았다. 전시라는 점을 생각하면 너무 사치스러워 보였을 수도 있고 툭 건드리기만 해도 눈이 맞는 환경에서 그런 섹시한 속옷 자체가 거추장스럽다고 생각했을 수도 있다. 원인이 무엇이든 간에 수요는 줄어들었다. "내 평생에 이런 경험은 처음이다. 이렇게 끔찍한 시절을 겪을 줄은 생각도 못 했다." 어떤 란제리 상점 주인은 그렇게 말했다. "하루 종일 손님이 하나도 없다. 거의 없다. 가슴이 무너진다."

이런 자유분방한 성의 홍수 속에서도 교수는 꿈쩍도 안 했다. 모든 일을 이분법적으로 판단하는 그의 고질적인 성향 탓인지 그는 이미 몇 년 전에 연애는 자신에게 어울리지 않는 사치품이라고 결론을 내린 바 있었다. 그는 엘리자베스 린지Elizabeth Lindsay라는 지체 높은 집안의 여성에게 반해 금단구역에 발을 디딜 뻔했었다. 당시 그는 49살이었고 그녀는 27살이었다. 두 여성에게 거절당한 아픔이 있기는 했지만 엘리자베스와의 교분은 그런대로 만족스럽게 진행되는 줄 알았다. 하지만 1937년 2월에 그는 엘리자베스의 부친으로부터 그녀가 이탈리아를 여행하던 중에 폐렴에 걸려 사망했다는 소식을 받았다. 그녀는 로마에 묻혔다.

그렇지 않아도 원한과 불만을 적지 않게 보관하고 있던 바로 그 금고에 연애와 결혼까지 예탁해두었던 린드만에게 여성은 그녀 하나로 충분했을 것이다.

블레넘궁Blenheim Palace에서 열린 한 파티에서 섹스가 주제가 되었을 때 성적 욕구가 유별나 '침대충Bedbug(실제로는 빈대라는 뜻)'이란 별명이 붙은 한 여성이 교수를 놀렸다. "교수님, 마지막으로 여자와 잔 게 언젠지 말해 봐요, 어서요."

린드만의 입은 열리지 않았다.

52장 베를린

독일의 에이스 아돌프 갈란트는 여전히 죽지 않고 살아 전적을 빠르게 쌓아가고 있었지만, 그로 인해 루프트바페의 수장 헤르만 괴링은 한 가지 의문을 품게 되었다.

갈란트의 기록은 당연히 칭송과 보상을 받아 마땅하지만, 괴링은 갈란트와 그의 전투기 조종사들 때문에 자신의 계획이 실패했다는 생각을 지울 수 없었다. 그는 전투기 조종사들이 무능한 데다 고집을 부려 자신의 폭격기를 효과적으로 근접 호위해주지 않기 때문에 루프트바페에 큰 손실을 입힌다고 생각했다. 그래서 야간 폭격으로 전환할 수밖에 없었고 그 탓에 목표물을 제대로 못 맞히고 항공기끼리 충돌하는 비싼 대가를 치러야 했다. 겨울이 가까워지면 그런 사고는 늘어날 것이 분명했다. (실제로 그다음 해 첫 3개월 동안 사고로 손상을 입거나 파괴된 폭격기가 무려 282대였다. 전체 손실의 70퍼센트에 가까운 비율이었다.) 괴링은 히틀러에게 나흘 안에 영국을 굴복시키겠다고 약속했지만 4주 동안 밤마다 런던과 그 밖의 여러 지역의 목표물을 공격했는데도 처칠의 입지가 흔들린다는 징후는 전혀 보이지 않았다.

괴링은 갈란트에게 따지기 위해 동프로이센에 있는 자신의 사냥터 별장인 라이히스예거호프Reichsjägerhof로 그를 소환했다. 갈란트는 베를린에 들러 백엽기사십자철십자장Eichenlaubs zum Ritterkreuzes des Eisernen Kreuzes을 받은 다음 동프로이센으로 날아갔다. 별장 구내로 들어가는 대형 목조 문에서 갈란트는 친구이자 동료 에이스인 동시에 최대 라이벌인 베르너 묄더스Werner Mölders를 만났다. 묄더스는 나가는 길이었다. 사흘 전 베를린에서 갈란트와 같은 메달을 받은 묄더스는 그 사흘을 허비한 것이 분해 서둘러 기지로 돌아가는 길이었다. 적기를 격추시켜 전적을 올릴 수 있는 아까운 시간을 빼앗겼기 때문이었다.

헤어지면서 묄더스는 갈란트에게 소리쳤다. "저 뚱땡이가 적어도 나를 붙든 기간만큼 자네를 붙들어놓겠다고 약속했어." 갈란트는 별장 입구를 향해 계속 갔다. 키 큰 나무들 사이에 짚으로 지붕을 얹은 거대하고 거무칙칙한 통나무 건물이 서있었다. 괴링이 마중을 나왔다. 그림 형제의 우화에 나오는 등장인물 같았다. 그는 버터플라이 슬리브가 달린 실크 셔츠에 녹색 스웨이드 사냥 재킷을 걸치고 목이 긴 부츠를 신고 있었다. 허리띠에는 중세의 검을 닮은 커다란 사냥용 칼이 꽂혀 있었다. 괴링은 기분이 좋아 보였다. 훈장을 받은 갈란트에게 축하의 말을 건넨 그는 또 다른 상이 기다리고 있다고 말했다. 사냥터에서 현상이 걸린 수사슴 한 마리를 사냥할 기회를 주겠다는 약속이었다. 괴링은 사람들이 개를 기르듯 수사슴을 풀어 놓고 각각 이름까지 붙여주었다. 그는 갈란트에게 사냥할 시간은 넉넉하니 서두를 필요 없다고 말했다. 묄더스에게 최소한 사흘은 붙들어 놓겠다고 한 약속 때문이었다. 갈란트는 다음 날 아침 그의 수사슴을 죽였다. "진짜 당당한 왕족 같은 짐승, 평생에 한 번 만나볼까 말까 한 수사슴"이었다. 거대한 뿔이 달린 머리는 갈란트가 전리품으로 간직할 수 있도록 절단되었다.

갈란트는 더 머뭇거릴 이유가 없었지만 괴링은 묄더스와의 약속이 있었기에 그를 놔주지 않았다.

그날 오후 런던 대공습에 대한 보고가 들어왔다. 최근에 시행된 공격은 낮에 이루어졌고, 그 탓에 큰 피해를 입었다고 했다. "괴링은 충격으로 제정신이 아니었다." 갈란트는 그렇게 썼다. "그는 도대체 어떻게 그렇게 고통스러울 정도로 폭격기 손실이 계속 늘어나는 것인지 제대로 설명을 못했다."

하지만 갈란트는 답을 알고 있었다. 그와 동료 조종사들은 RAF가 그 어느 때보다 강한 전력을 갖추고 있으며 끝도 없이 공급되는 새 항공기로 사기가 조금도 줄지 않고 있다는 사실을 상관들에게 누차 납득시키려 했다. 일주일 전에 괴링은 RAF에 남은 전투기는 177대가 전부라고 발표했지만, 갈란트가 공중에서 확인한 바로는 전혀 아니었다. 어찌된 일인지 영국인들은 잃어버리는 것보다 더 빠른 속도로 전투기를 생산해내는 것 같았다.

괴링이 온통 그날의 불운한 전과에 정신이 팔려 분위기가 험악해지자 갈란트는 부대로 복귀하게 해달라고 다시 한 번 요청했다. 괴링은 묄더스와 약속한 게 있었지만 그를 붙잡지 않았다.

갈란트는 커다란 뿔이 달린 수사슴 머리를 가지고 떠났다. 도중에 그와 사슴 머리는 열차를 이용했다. "사람들은 내 백엽기사십자철십자장보다 수사슴에 더 열광했다."

정작 빅 뉴스는 다른 곳에서 나왔다. 갈란트가 사냥터에 머무는 동안 일본은 독일, 이탈리아와 정식으로 동맹 관계를 맺는 3국 협정에 서명했다.

대략 같은 시각 베를린에서 루프트바페 폭격기 승무원 하나가 윌리엄 샤이러의 숙소에 들렀다. 그 비행사는 위험을 무릅쓰고 샤이러에게 독일 공군 내의 생활을 알려주는 은밀한 정보원情報源이었다. 그는 샤이러에게 자신과 동료들은 RAF 조종사들을 대단한 존경심을 가지고 바라본다고 털어놓았다. 특히 입가에 늘 담배를 물고 있는 어떤 멋쟁이 조종사를 좋아한다고 했다. 만약 그가 독일 영공에서 격추되면 그를 숨겨주고 보호해주자고 동료들과 약속까지 했다고 귀띔했다.

그는 또한 야간 폭격 때문에 스트레스가 이만저만이 아니라고도 했다. 폭격기들은 출격하는 항공기와 귀환하는 항공기의 충돌을 막기 위해 엄격한 일정과 신중하게 짠 경로를 따라 비행했다. 승무원들은 일주일에 나흘 밤 출격하기 때문에 점점 지쳐간다고 했다. 그리고 런던 공습이 뚜렷한 성과를 내지 못했다는 사실도 의외라고 했다. 그 승무원은 "런던의 크기에 깊은 인상을 받았다"고 샤이러는 일기에 썼다. "3주 동안 그렇게 퍼부었는데도 멀쩡한 곳이 그렇게 많다는 데 놀랐다고 그는 말했다. 그는 런던으로 이륙하기 전에 사방 3제곱킬로미터가 통째로 불타고 있으니 목표를 금방 찾을 수 있을 것이라고 들었지만 막상 도착했을 때 그런 불은 찾을 수 없었다. 보이는 것은 여기저기 산발적인 화재뿐이었다."[54]

샤이러는 또 다른 날짜의 일기에서 베를린 사령부 주변에 우스갯소리가 돌기 시작했다고 적었다.

"히틀러와 괴링과 괴벨스를 태운 비행기가 추락했다. 셋 다 죽었다. 누가 살았을까?"

답은 "독일 국민"이었다.

*

하루하루가 지날수록 선전장관 요제프 괴벨스는 당혹감을 감출 수 없었다. 아무리 생각해도 납득이 가지 않았다. 밤마다 런던을 두들겨대는 데도 왜 처칠은 패배를 인정하지 않는 것일까? 루프트바페 정보국의 보고에 따르면 RAF의 피해도 치명적이라고 했다. 마지막 남은 100여 대의 전투기들도 격추되었다고 한다. 그런데 왜 런던은 여전히 건재하고 처칠은 아직 권좌에 멀쩡히 앉아있는가? 영국이 비탄에 잠겄다거나 나약해졌다는 징후는 어디에도 없었다. 오히려 그 반대였다. 괴벨스는 10월 2일 선전부 회의에서 부관들에게 말했다. "런던에서 시작된 낙관주의와 허세가 지금 영국 전역으로, 아니 어쩌면 전 세계로 확산되고 있는지도 모른다."

　부인하기 힘든 영국의 복원력은 독일 국민들에게 예상치 않았던 파장을 일으켰다. 문제가 골치 아프게 된 것이다. 영국이 투쟁 의지를 포기하지 않는 한 독일인들은 두 번째 겨울에도 전쟁을 끝낼 수 없게 되었다. 불만은 커지고 있었다. 최근 며칠간 독일 정부가 베를린에서 어린이들을 강제로 대피하도록 지시했다는 소식은 국민들을 더욱 불안하게 만들었다. 그것은 루프트바페가 독일 공습을 허용하지 않는다며 괴벨스 자신이 큰소리쳤던 선전과 맞지 않는 조치였다. 괴벨스는 다음 회동인 10월 3일 목요일 회의에서 대피는 자발적인 훈련이었으며 이를 부인하는 소문을 퍼뜨리는 사람은 "집단수용소를 각오해야 할 것"이라고 으름장을 놓았다.

53장 처칠이라는 표적

 런던 폭격으로 처칠의 신변이 위험해졌지만 정작 당사자는 크게 개의치 않는 것 같았다. 아무리 맹렬한 공습도 사태를 살피겠다며 가까운 지붕으로 올라가는 그를 막지는 못했다. 어느 추운 날 밤 내각전쟁 상황실을 덮고 있는 건물 옥상에서 그는 따뜻한 굴뚝 위에 앉아 공습을 지켜보았다. 경찰관이 다가와 정중하게 자리를 옮겨달라고 부탁한 뒤에야 그는 일어났다. 아래에 있는 여러 방으로 연기가 밀려들어가고 있었다. 처칠은 대공포에 매료되어 독일 폭격기가 머리 위를 어지럽게 날고 있는 와중에도 계속 대공 시설을 찾았다. 공습이 시작되면 직원들을 아래 대피소로 보냈지만 자신은 따라가지 않고 책상으로 돌아가 일을 계속했다. 밤잠이든 낮잠이든 그는 꼭 자신의 침대에서 잠을 잤다. 다우닝가 10번지와 아주 가까운 세인트제임스 파크에서 대형 불발탄이 발견되었을 때에도 처칠은 자리를 뜨지 않고 호수에 있는 "불쌍한 작은 새들(펠리컨과 백조)" 걱정만 했다. 하마터면 직격탄을 맞을 뻔했지만 조금도 동요하지 않는 것 같았다. 존 콜빌은 처칠과 화이트홀을 지나는데 폭탄 두 발이 휘파람 소리를 내며 근처에 떨어졌던 어느 날 밤의 일을 회상했다. 콜빌이 급히 몸을 날려 처칠의 몸을 막았지만 처칠은 그를 제치고 계속 걸었다. "턱을 내밀고 금빛 머리 지팡이를 들고 킹찰스 스트리트 한복판을 따라 성큼성큼 빠르게 걸어가셨다."
 처칠이 자신의 안위에 신경을 쓰지 않자 공군장관 싱클레어는 참다못해 화를 내며 탄원했다. "요즘 한 가지 걱정되는 것이 있습니다. 각하께서 적절한 대피소도 없이 다우닝가에 머무르고 계신다는 사실입니다." 그는 처칠에게 내각전쟁상황실이나 보호가 잘되는 장소에 머물 것을 촉구했다. "우리보고는 지하실에나 살라고 떠밀면서 정작 각하가 안 들어가시면 모양이 우스워집니다!" 처칠의 절친한 친구 바이올릿 본햄 카터는 총리가 위험한 지역으로 행차하지 못하게 좀 말려보라고 클레멘틴을 다그쳤다며 총리에게 이렇게 말했다. "당신은 그게 재미있을지 모르지만 우리로서는 기겁할 노릇입니다. (지난번과 달리) 이번 전쟁은 원맨쇼라는 사실을 잊지 마시고 당신 생명을 불씨처럼 소중히 여기세요. 당신의 생명은 당신 혼자만의 것이 아니라 우리 모두의 것입니다."

총리를 보호하자고 직접 나서는 사람들도 있었다. 그들은 폭탄 파편을 막고 유리가 살점에 박히는 불상사를 막기 위해 창문에 방폭 셔터를 설치했다. 노동부는 내각전쟁상황실의 천장을 보강하기 위해 철근 콘크리트 차폐물을 만들기 시작했다. 또한 위험이 고조되자 정부는 전쟁상황실 위에 있는 건물 내에 새로 방폭 시설을 짓기 시작했다. 처칠을 위해 설계된 그 방은 '10번지 별관', 줄여서 '별관the Annexe'으로 불리게 된다. 늘 그랬듯이 이런 공사로 인한 망치질은 처칠의 신경을 건드렸다. 그는 수시로 출처를 찾아 비서를 보내 공사를 중단시켰고, 그 때문에 공사는 콜빌이 예측한 대로 크게 지연되었다.

언젠가 처칠이 "다 쓰러져간다"고 표현했던 다우닝가 10번지이지만, 적어도 큰 건물 사이에 끼어있다는 장점은 있었다. 그곳은 대공포부대와 탄막풍선이 밀집된 안전구역 내에 있었다. 하지만 총리의 별장 체커스는 사정이 달랐다. 그때까지 공습에 대비해 취한 조치라고는 호트리 룸에 버팀목을 받친 것이 전부였다. 체커스의 전 주인인 아서 리

Arthur Lee는 이런 조치를 처음 알았을 때 소스라치게 놀랐다. "체커스에 있을 때 집 내부에 방폭실을 만들겠다는 노동부의 발상에 다소 충격을 받았다는 사실을 고백하지 않을 수 없다. 그들은 외부의 벽돌담에 다 썩어가는 모래주머니를 쌓아 보강해놓았다." 나중에 모래주머니는 치워졌지만 목재는 그대로였다.

처칠은 크롬웰의 유물에 둘러싸여 독일 침략자들이 그 집에 쳐들어올 경우 그들을 물리칠 만반의 준비를 하고 있었고 그의 가족들도 똑같이 하기를 기대했다. 어떤 자리에서 그는 이렇게 말했다. "독일 놈들이 오면 각자 죽은 독일 놈들을 하나씩 가져갈 수 있을 거요."

"저는 총 쏠 줄도 모르는데요." 며느리 파멜라가 볼멘소리를 했다.

"주방에 식칼이 있잖니."

그녀는 그 말이 농담이 아니라고 생각했다. "그 어른은 어이없을 정도로 진지했고 나는 무서웠다." 그녀는 나중에 그렇게 회상했다. 흔히 '철모tin hat'로 불리는 헬멧 4개가 체커스에 배당되었다. 관리인 그레이스 라몬트와 처칠의 운전기사와 클레멘틴과 파멜라의 몫이었다. 메리는 여성자원봉사단의 헬멧과 제복이 따로 있었다.

체커스가 취약하다는 사실을 처음 눈치챈 사람은 비서 에릭 실이었다. 그가 그런 걱정을 퍼그 이즈메이에게 진지하게 털어놓는 바람에 이즈메이의 걱정도 같이 커졌다. 독일인들이 그 집의 위치를 알고 있다는 것은 의심의 여지가 없는 사실이었다. 3년 전 영국대사였던 히틀러의 외무장관 요아힘 폰 리벤트로프Joachim von Ribbentrop는 스탠리 볼드윈이 총리였을 때 그 저택을 방문했었다. 이즈메이는 영국 상공에서 공중전이 벌어질 경우, 체커스는 인근의 들판으로 내려오는 낙하산 부대와 루프트바페의 좋은 표적이 될 것이라고 생각했다. 하지만 그가 저택의 심각한 취약성을 제대로 깨달은 것은 독일 조종사들의 눈에 저택이 어떻게 보일지 알기 위해 RAF가 그 집의 정찰 사진을 여러 차례 찍어보고 나서였다.

3,000미터 상공에서 찍은 사진들(그리고 나중에 1,500미터와 4,500미터 상공에서 찍은 다른 사진들)은 주변 풍경 속에 자리 잡은 그 집의 방위와 특징을 고스란히 드러냈다. 실로 기겁할 사진들이었다. 기다란 진입로인 빅토리 웨이Victory Way는 집 앞과 뒤의 출입구로 이어지는 U자형 진입 차도와 교차했다. 차선에는 밝은색 자갈이 깔려있어 주변의 녹지와 뚜렷한 대조를 이루었다. 공중에서 보니 소름이 끼쳤다. 세로로 길게 뻗은 하얀색의 빅토리 웨이는 집을 가리키는 화살처럼 보였다. 밤에 달빛이 옅은 자갈에 반사되면 그 효과는 더욱 두드러져 루프트바페가 아직 그 집을 공격하지 않은 것이 신기할 정도였다.

이즈메이는 체커스의 항공사진이 어떤 사적인 경로를 통해 이미 언론에 공개되었다는 사실 때문에 더욱 걱정이었다. 이즈메이가 국토안전부 장관에게 8월 29일자로 보낸 서한에서 말한 것처럼 "따라서 (사진이) 독일군 손에 들어갔을 가능성이 있었다." 그는 그 집이 아주 또렷한 표적처럼 보이는 사진을 한 장 동봉하면서 이렇게 썼다. "총리가 거의 주말마다 그곳에 가시는 판국이니, 집을 쉽게 식별하지 못하도록 어떤 조치를 취해야 합니다."

안보부의 위장지부Camouflage Branch는 테니스 코트와 같은 재질로 차로를 포장하고 강면鋼綿으로 짠 그물을 설치하는 등 많은 해결책을 제안했지만, 가장 적은 비용으로 차로를 은폐하는 최선의 방책은 차선을 잔디로 덮는 것이라는 결론을 내렸다. 클레멘틴은 서둘러주기를 바랐다. 그 집에는 막내딸과 임신한 며느리가 있었다. 게다가 화이트홀에 가해지는 독일 공군의 공격 횟수가 점점 늘어나자 그녀는 루프트바페가 처칠을 표적으로 삼는 것 같다고 생각하기 시작했다.

이즈메이에겐 또 다른 위험도 걱정거리였다. 보안평가서는 변장한 단독 암살자의 침투부터 낙하산 부대의 공격까지 체커스가 모든 종류의 위협에 노출되어 있기 때문에 따로 보호대책을 마련해야 한다고 경고했다. 주택과 부지는 현재 부사관 4명과 병사 30명으로 구성된 콜드스트림 근위대가 감시를 맡고 있었지만 이즈메이는 이를 150명 정도의 중대 단위로 확장해야 한다고 생각했다. 경비병들은 부지에 세운 막사에 거주하고 있었다. 이즈메이는 부지 뒤에 있는 나무 사이에 통나무집과 식당을 보이지 않게 설치하여 좀 더 영구적인 시설에서 병사들이 기거할 수 있는 방안을 제시했다. 하수 처리도 문제였다. "체커스의 기존 배수구를 사용할 수밖에 없는데 그렇게 되면 과부하가 걸릴 수 있다."

9월 중순, 침공에 대한 두려움이 가중되면서 본토방위군은 처칠 전용으로 란체스터Lanchester 장갑차와 책임 장교 2명을 체커스에 배치했다. 본토방위군 참모부는 장교들에게 톰슨Thompson 기관단총으로 무장하라고 지시했다. "기관단총은 적의 스파이나 낙하산 부대와 맞닥뜨렸을 경우 권총보다 더 큰 파괴력을 발휘할 것이다." 평일에 처칠의 전용차는 런던에 상주했다. 처칠의 개인 운전기사는 그 차의 운전법을 따로 지시받았다.

교수는 처칠이 시민이나 외국 사절로부터 선물 받은 꽤나 많은 시가를 걱정했다. 흡연이 몸에 나빠서가 아니라(당시엔 그런 인식이 없었다) 시가에 독극물이 들어있을지 몰랐기 때문이었다. 시가 50개 중 한 개에 아주 적은 양만 넣으면 얼마든지 목적을 달성할 수 있는 일이었다. 안전을 위해서는 검사를 해야 하는데 그러려면 시가를 부숴야 했다. 그들은 쿠바산 시가 하나를 골라 정밀 분석했다. 그랬더니 "작고 까맣고 납작한 야채 부스러기 덩어리 안에 많은 양의 녹말과 털이 두 가닥 들어

있었다." 알고 보니 쥐의 배설물 알갱이였다. MI5의 수석 검사관 로스차일드 경Lord Rothschild은 처칠이 선물로 받은 시가 세트를 검사한 뒤 결론을 내렸다. 니코틴 자체가 위험한 독이기는 하지만 "런던의 거리를 건너는 것보다는 남은 시가를 피우는 것이 더 안전하다고 할 수 있다."

처칠은 때로 다른 사람들까지 위험에 끌어들였다. 그는 쿠바 대통령으로부터 아바나 시가가 가득 담긴 상자를 선물로 받았다. 저녁 식사를 끝낸 뒤 국무회의를 재개하는 자리에서 그는 장관들에게 선물을 보여주었다. "여러분," 그가 입을 열었다. "실험을 하나 해보려 합니다. 즐거운 실험이 될 수도 있지만 비극으로 끝날지도 모릅니다. 이제 이 근사한 시가를 여러분께 하나씩 나눠드리겠습니다."

그는 잠시 멈추었다 다시 말을 이었다.

"당연히 각각에 일정량의 치명적인 독이 들어있을 겁니다."

극적인 효과를 위해 그는 또 한 박자 쉬었다.

"며칠 뒤 내가 웨스트민스터 사원의 통로로 길게 이어지는 관들을 구슬프게 따라가는 일이 벌어질지도 모르겠습니다."

그리고 다시 말을 멈추었다.

"백성들에게 욕을 먹겠죠. 보르자를 보르자 식으로 없애버렸다고 말입니다(보르자Borgia 가문은 손님들을 독살하는 것으로 악명이 높았다)."

그는 시가를 나눠주었고 사람들은 불을 붙였다. 모두 살아남았다.

그러나 일주일 후 존 콜빌은 기증받은 상자에서 시가 한 대씩 MI5에 보내 검사하기로 했다고 처칠에게 보고했다. 그리고 "분석 결과가 나올 때까지 그 시가를 피우지 않기를 바란다"는 교수의 조언을 전했다. "쿠바는 불순한 구석이 너무 많은 나라라고 교수님은 지적하면서 나치 스파이들과 동조자들이 놀랄 정도로 많이 활약한다고 하셨습니다."

린드만은 처칠이 해외에서 기증받은 시가를 피우지 않기를 바랐을 것이다. 콜빌은 별도의 메모에서 그 점을 지적하여 보고했다. "그러나 교수님은 각하가 그것들을 안전한 곳에 보관해두셨다가 전쟁이 끝난 뒤에 피우시는 게 좋다고 생각합니다. 그때는 그런 위험을 감수해도 상관없다고 생각하는 모양입니다. 그때도 꼭 피우고 싶으시다면 말입니다."

늘 과학적인 교수는 냉정했다. 시가 때문에 죽는다 해도 그때는 대수로운 일이 아닐 테니까.

*

비버브룩은 일할 시간을 빼앗는 공습과 허위 경보와 단순히 사이렌을 울려 노동자들을 대피소로 몰아넣는 임무밖에 없는 것이 분명한 폭격기들의 시위 때문에 점점 더 초조해졌다. 어떤 날은 단독 비행에 나선 항공기 2대가 일정 시간을 두고 차례로 런던 상공에 날아들어 공장의 생산 작업을 6시간 지연시킨 적도 있었다. 9월 28일 토요일까지 한 주 동안 공습과 경보 때문에 주요 항공기 공장 7곳에서 손해 본 시간이 작업 시간의 절반이었다. 이렇게 잃어버린 시간의 대가는 다음 날에 대피소에서 밤을 보낸 노동자들의 떨어진 작업 능률로 나타났다. 폭탄의 직접적인 피해도 피해이지만 더 심각한 것은 그런 간접 효과였다. 노동자들은 집에서 나오지 않으려 했고 야간 근무조는 지원자를 구하기가 어려웠다. 그러나 위험은 외면할 수 없는 현실이었다. 지난 7월 포탑 제조업체인 파놀에어크래프트Parnall Aircraft Ltd.는 7만 3,000시간을 허위 경보로 날렸다. 7개월 뒤에는 단 한 번의 대낮 공습으로 50명이 넘는 노동자들이 목숨을 잃었다.

비버브룩은 공습 사이렌 소리에 진저리를 쳤다. "사이렌 소리는 거의 강박관념처럼 그를 괴롭혔다." 그의 개인비서인 데이비드 패러는 그렇게 썼다. 비버브룩은 처칠에게 불평을 늘어놓으며 경고 사이렌을 전면 금지해달라고 들볶았다. "그런 결정 때문에 목숨을 잃는 사람도 있겠죠." 그는 그렇게 썼다. "그러나 경고 사이렌을 계속 울려대면 아마도 항공기 생산 위축으로 더 많은 대가를 치르게 될 겁니다."

비버브룩은 생산 차질에 대한 일부 책임을 가장 만만한 반대파인 아치 싱클레어Archie Sinclair 공군장관에게 전가하며, 공습이 임박했다는 사전 경고를 받고도 공장을 제대로 보호하지 않았다고 비난했다. 그는 공장에 탄막풍선을 더 많이 띄우고 공장 주변에 대공포도 늘려달라면서 심지어 공군부에서 공단을 보호해줄 스핏파이어까지 한 대 배치해 달라고 떼를 썼다.

그런 조치가 실제로 공장 보호에 별다른 도움이 되지 않는다는 사실은 그도 잘 알고 있었다고 비서 패러는 전했다. "그가 노리는 것은 안전해 보이는 것이지, 안전 자체는 아니었다." 그의 관심은 노동자들을 지키는 것이 아니라 그들을 자리에 붙들어두는 것이었다고 패러는 썼다. "그는 더 많은 항공기를 생산하기 위해서라면 그들의 생명까지도 담보로 잡을 각오가 되어 있었다."

비버브룩은 또한 생산을 위협하는 다른 문제에도 치를 떨면서 그런 위협들이 곳곳에 산재해있다고 했다. 그래서 그는 국토안전부 장관 겸 내무장관인 허버트 모리슨Herbert Morrison의 새로운 제안에 반대 의사를 분명히 했다. 모리슨은 상점을 일주일에 5일만 열고 오후 3시에 문을 닫아 야간 공습이 시작되기 전에 상점 직원들이 집이나 대피소로 갈 시간을 주자고 제안했다. 하지만 그러면 공장 직원들도 같은 요구를 할 것이라고 비버브룩은 주장했다. "물론 그렇게 되면 큰일입니다." 그는 그렇게 썼다.

비버브룩은 영국의 공장이 24시간 가동하지 않으면 미국이 먼저 알아차리고 보내는 장비의 양을 줄일 것이라고 주장했다. 물론 비버브룩이 실제로 미국의 눈치를 본 것 같지는 않다. 그는 무슨 수를 써서라도 생산량을 늘리려 했다. 그러기 위해서는 처칠의 관심이 필요했는데, 루스벨트라는 망령을 불러내 그를 홀리게 만드는 것도 한 가지 방법이었다. 가동 시간을 줄이면 "실제로 필요한 것 이상으로 장비를 많이 가지고 있다는 미국의 주장도 완전히 맞는 말이 된다."

비버브룩은 직원들이 공습경보를 무시하도록 하기 위해 사이렌이 울려도 그는 책상에 남아있기로 했다. 그러나 사실은 무서웠다. "비버브룩은 신경질적인 성격이었다." 비서 패러는 그렇게 말했다. "폭탄 떨어지는 소리가 들리면 그는 완전히 질겁했다. 그러나 생산에 쫓기고 있다는 생각이 두려움보다 더 컸다."

*

한편 교수는 엉뚱한 주제와 희한한 무기들에 관해 적은 메모와 회의록으로 처칠에게 공세를 폈다. 무엇이든 과학이라는 차가운 렌즈를 통해 보려는 성향 때문에 피도 눈물도 없는 제안을 할 때도 없지 않았다. 한 비망록에서 그는 중동 지역의 이탈리아 군대가 사용하는 우물에 독을 타자고도 했다. 그는 염화칼슘을 권하면서 덧붙였다. "5,000갤런(약 2만 리터)당 1파운드(약 450그램) 정도만 풀면 되기 때문에 아주 간단합니다." 그러나 그는 대중의 시선을 의식해서 비소 같은 치명적인 독극물은 권하지 않았다. 그런 것들은 "사람들의 마음에 바람직하지 않은 연상"을 불러일으킬 수 있기 때문이라고 했다.

그러나 그는 적군 병사들이 가장 믿는 보급품을 소각하는 문제에 대해서는 그런 제약마저 두지 않았다. "석유가 대량으로 사용되는 점을 생각한다면 전쟁에서 석유를 태우는 것도 얼마든지 가능한 일이라고 생각합니다." 그는 일주일 후 처칠에게 그렇게 말했다. 석유를 태우면 적의 진격을 멈출 수 있었다. "병력과 차량 대열 전체를 태우면 훨씬 더 좋을 겁니다." 그는 그렇게 썼다. "길을 따라 양쪽으로 늘어선 생울타리 밑에 파이프를 묻고 길 쪽을 향해 구멍을 내면 됩니다. 파이프 하나면 석유를 수백 미터 운반할 수 있습니다. 장갑차 대열이 도로를 지나갈 때를 기다렸다가 결정적인 순간에 기름을 틀고 불을 붙이면 준비했던 구간의 도로를 통째로 불가마로 만들 수 있습니다."

*

메리 처칠은 여전히 "지나치게 감싸고도는" 부모 때문에 시골에 안전하게 숨어 지내면서 전쟁을 전혀 경험할 수 없는 처지에 화가 났다. 9월 25일 수요일 밤 그런 그녀에게 기회가 왔다. 루프트바페의 거대한 낙하산 기뢰 하나가 에일즈버리로 날아와 여성자원봉사단 사무실 근처에서 폭발하여 여러 개의 사무실이 사용할 수 없을 정도로 파괴된 것이다. 다친 직원도 19명이나 됐다.

메리는 할 일이 생겨 들떴지만 아버지와 정부를 향한 비난이 높아지자 그런 흥분도 차갑게 식어버렸다. 처칠은 최고군사고문들의 확신에 굴복하여 드골 장군이 이끄는 영국과 자유 프랑스 연합군으로 서아프리카 다카르 상륙작전을 개시했다. 이른바 '메너스 작전Operation Menace'이었다. 주초에 시작된 공격은 쉽게 승리로 끝날 듯했지만 항구를 장악하고 있던 비시 부대의 예기치 않은 강력한 저항 등 여러 가지 복합적인 요인 탓에 보기 좋게 실패했다. 너무 혼잡하고 어설픈 작전이어서 처칠이 생각했던 불의의 일격을 서투르게 흉내만 내다 끝났다. 다시 한 번 영국군은 철수할 수밖에 없었고 비평가들은 이 사건을 노르웨이, 덩케르크, 갈리폴리 등 일련의 실패 중 최근 사례에 지나지 않는다고 비꼬았다. 옛 시절을 기억하고 있는 사람들에게 갈리폴리는 처음 해군장관에 임명된 처칠이 터키에 군대를 상륙시키려다 결국 철수하고 말았던 곳이었다. 그때는 다카르보다 훨씬 더 많은 병사들을 희생시키고 패주했기에 결국 장관에서 물러났다. 국내정보국의 보고서는 다카르의 실패에 대한 대중의 반응을 간단히 정리했다. "또 한 번의 철수를 향한 승리."

메리는 아버지가 단순히 독일을 폭격하는 것 이상으로 독일에 대한 본격적인 공격작전을 얼마나 간절히 바라는지 잘 알고 있었다. 처칠이 일주일 전 억스브리지의 RAF 작전센터를 방문한 후 직감에 따라 작전을 취소한 것은 잘한 일이지만, 고위 지휘관들의 완강한 반대에 부딪혀 번복한 것도 있었다. 일기에서 메리는 아버지를 두둔했다. "그렇게 끝도 없이 많은 결정을 내리는데 어떻게 실수를 피하실 수 있는지 모르겠다."

처칠 집안의 사람들은 '메너스 작전'의 실패가 처칠 정부에 위협이 될 만큼 치명적이라고 판단했다.

"맙소사. 어찌 된 일인지 이 사소한 역전이 모든 것에 그림자를 드리웠다." 메리는 그렇게 썼다. "정부가 잘 극복했으면 좋겠다. 여러 가지로 심정이 착잡하다. 물론 아버지가 잘 처리하시기를 바라지만 꼭 개인적인 이유 때문만은 아니다. 아버지가 그만두고 누가 와도 그런 심정은 마찬가지 아니겠는가??"

다음 날인 9월 27일 금요일에도 상황은 나아지지 않았다. "오늘은 다카르 사태로 다들 침울한 것 같다." 메리는 그렇게 썼다. "분명히 어딘가 오판이 있었던 것 같다. 아, 아빠가 너무 걱정된다. 아빠는 프랑스인들을 너무 좋아하고 그들이 대담하고 시원스런 조치를 해주길 열망

하셨는데, 혹시 이 일로 아빠가 타격을 입지 않을까 두렵다." 메리에게
는 언론의 공격도 충격이었다. 특히 〈데일리미러Daily Mirror〉는 이 사태
에 작심한 듯했다. "갈리폴리에 견줄 만하다고?" 메리는 신문의 문구를
인용했다. "아, 정말 인정머리라고는."

가뜩이나 불안한 집안 분위기에 임신한 올케 파멜라까지 목요일
부터 몸이 안 좋아지더니 금요일에는 상황이 더 나빠졌다. 파멜라의 주
치의 카나크 리벳은 그녀에게 앉지도 말고 계속 걸으라는 등 들들 볶아
사람을 숨 막히게 만들었다. 메리는 일기에서 대고 소리쳤다. "리벳은
왜 가엾은 새언니를 내버려두지 않는 거지?"

*

출산 예정일이 임박했지만 파멜라와 클레멘틴은 10월 8일 화요일
체커스를 떠나 런던으로 출발했다. 파멜라의 남편 랜돌프가 새 하원의
원으로 선서하는 취임식에 참석하기 위해서였다. 랜돌프는 제4여왕직
속기병대의 직책을 유지한 상태였고 비버브룩의 〈이브닝스탠더드〉 특
파원 자리도 계속 유지했다.

런던으로 차를 몰고 있었지만 그날 밤 루프트바페가 다시 오리라
는 사실은 그들도 잘 알고 있었다. 9월 7일 이후로 매일 밤 그랬기에 본
토 침략의 공포는 여전히 높았다. 10월 4일 금요일에 처칠은 루스벨트
에게 말했다. "침략의 위험이 지나갔다고는 생각하지 않습니다." 그는
히틀러를 언급했다. "그 친구가 옷을 벗고 수영복을 입었지만, 물은 점
점 차가워지고 가을바람이 서늘합니다." 히틀러가 뭔가 계획을 꾸미고
있다면 날씨가 나빠지기 전에 서둘러야 할 것이다. 처칠은 누구보다 그
런 히틀러의 입장을 잘 알고 있었다. 그는 루스벨트에게 말했다. "우리
는 가장 높은 단계의 경계태세를 유지하고 있습니다."

파멜라와 클레멘틴은 파멜라가 진통을 시작할 경우를 대비해 차에 웃음가스(이산화질소) 탱크를 실어두었다. 그러나 체커스에 남겨진 메리에겐 멋진 체험이 기다리고 있었다.

*

그날 밤 메리는 체커스 호위에 배정된 콜드스트림 근위대 장교들의 초대를 받았다. 그녀는 파티를 좋아했고 관심받는 것을 좋아했다. 루프트바페가 훼방을 놓기 전까지는 그랬다.

식사가 한창일 때 날카로운 휘파람 소리가 들렸다. 폭탄이 떨어지는 소리였다. 사람들은 크게 동요했다. 그들은 본능적으로 몸을 숙이고 폭발음이 날 때를 기다렸다. 꽤나 시간이 걸린 것 같았다. 폭탄이 터졌지만 이상하게도 소리가 부드러웠다. 초대된 손님들은 "숨을 죽였지만 멀쩡했고 조금도 기죽은 것 같지 않았다." 메리는 그렇게 썼다.

메리를 초대한 군인들은 급히 그녀를 데리고 나와 깊숙한 방공참호 안으로 데려갔다. 참호 바닥은 전부 진흙이어서 그녀가 아끼는 스웨이드 신발이 엉망이 되었다. 공격이 끝났다고 판단한 장교들은 그녀를 집까지 배웅해주었다. "모두들 다정하게 대해주었다." 메리는 일기에 그렇게 썼다. "무섭게 짜릿했고 숨을 못 쉴 지경이었다. 하지만 다행히도 상상했던 것처럼 하얗게 질리거나 떨릴 정도는 아니었다."

그녀는 덧붙였다. "한창 흥이 오르는 파티를 망친 저 망할 못된 훈족들."

다음 날인 10월 9일 수요일에 메리는 폭탄이 떨어진 곳에 거대한 웅덩이가 생긴 것을 발견했다. 근위대 식당에서 100미터밖에 떨어지지 않은 진흙밭이었다. 폭발음이 그렇게 작았던 이유가 진흙 때문이었다고 메리는 추측했다.

그녀는 일기에 썼다. "전쟁에 완전히 무시당한 것 같았던 기분은 이제 사라진 것 같다."

*

목요일 아침 일찍 파멜라는 체커스에 상주하는 소심한 닥터 리벳의 도움으로 아들을 낳았다. 젊은 간호사도 곁에 있었다. 마취에서 조금씩 깨어나던 파멜라의 귀에 간호사의 목소리가 들렸다. "아들이라고 5번이나 말했다고요. 이젠 좀 믿어주시죠?"

얼떨떨했지만 파멜라는 그래도 확인하고 싶었다. "이젠 바뀔 리 없겠지." 그녀는 말했다. "그래. 이젠 못 바꿔."

아기의 성별이 바뀌는 일은 없을 것이라며 그제야 그녀는 안심했다.

클레멘틴은 그 소식을 체커스 방명록에 적었다. "10월 10일 새벽 4시 40분. 윈스턴." 그 집에서 1세기 만에 처음 태어난 아이였다.

"윈스턴 처칠 주니어가 세상에 왔다." 메리는 일기장에 그렇게 썼다. "만세."

그리고 덧붙였다.

"팸(파멜라)은 기운이 하나도 없지만 행복한 얼굴이다."

"아기는 기운이 넘친다 & 불공평할 정도로 행복하기만 해!"

파멜라의 남편이자 갓 취임한 하원의원 랜돌프는 아기가 태어나는 모습을 보지 못했다. 그는 런던에서 오스트리아 출신 테너 가수의 아내와 침대에 누워있었는데, 그 테너는 외알 안경을 쓴 사진이 담배카드에 실린 유명인사였다.

다음 날 아침 처칠은 다우닝가 10번지의 침대에 앉아 업무를 보다 보고를 받았다. 근처 호스가드퍼레이드Horse Guards Parade에 폭탄 2개가 떨어졌지만 폭발하지는 않았다는 내용이었다. 그는 콜빌에게 물었다. "그게 폭발하면 우리도 피해를 입을까?"

"그렇지는 않을 겁니다. 각하." 콜빌이 안심시켰다.

"그건 그저 자네 의견이겠지? 그렇다면 아무 소용도 없는 얘기잖아." 처칠은 그렇게 말했다. "자네 불발탄이 터지는 거 본 적 없지? 가서 정식으로 보고하라고 하게."

보고서는 콜빌이 "자신의 의견을 뒷받침할 만한 근거도 없이" 처칠 앞에서 아는 척을 하는 것이 어리석은 짓이라는 사실을 확인시켜 주었다.

처칠은 그 주말에 체커스로 내려가 새 손자를 만났다. 그는 언제나 그렇듯 퍼그 이즈메이와 브룩 장군을 비롯한 손님들을 잔뜩 데리고 갔다. 처칠은 "너무 신이 나셔서 수시로 와서 아기를 보고 우유를 먹이며 좋아서 어쩔 줄을 모르셨다." 파멜라는 그렇게 말했다.

아기 윈스턴도 인기였지만 처칠은 메리의 저녁 파티를 방해한 폭탄이 남긴 분화구에도 상당한 관심을 보였다. 점심 식사 후 그와 이즈메이는 콜빌과 다른 손님들을 이끌고 분화구를 자세히 살폈다. 그리고 폭탄이 집 가까운 곳에 떨어진 것이 단순한 우연인지를 두고 그들은 얘기를 나누었다. 콜빌은 우연이라고 말했지만 처칠과 퍼그는 동의하지 않고 그것이 그 집을 노린 의도적인 공격인 것 같다고 주장했다.

"확실히 위험한 구석이 있다." 콜빌은 그날 밤 일기에 그렇게 털어놓았다. "노르웨이와 폴란드와 네덜란드에서 독일인들은 그들 정부를 내쫓기 위해서라면 어떤 수단 방법도 가리지 않는다는 것을 과시한 바 있다. 그들에게 윈스턴은 이들 세 나라의 내각을 전부 합친 것보다 더 가치가 있다." 그의 동료이자 수석비서인 에릭 실은 시릴 뉴월의 후임으로 공군참모총장이 된 찰스 포털Charles Portal에게 개인적으로 보낸 편지에서 그런 우려를 거듭 밝혔다. "우리는 육로로 들어올 때 발생할지 모르는 모든 비상사태에 대비할 수비대를 그곳에 배치했습니다. 하지만 각하가 정말로 폭격으로부터 안전한지는 전혀 확신할 수 없습니다." 아직 이 문제에 관해 처칠에게 아무 말도 하지 않았다는 사실을 강조하며 실은 덧붙였다. "적들이 각하의 위치를 절대 알 수 없도록 은신처를 그때그때 옮겨가며 활용할 수 있다면 저도 한결 마음을 놓을 수 있을 겁니다."

처칠에게 체커스는 완전히 포기하기엔 너무나 아까운 자산이었지만 그도 주말마다 그 집에서 지내다가는 어떤 변을 당할지 모른다고 인정해야 했다. 날이 맑고 보름달일 때는 특히 그랬다. 하긴 그 자신도 체커스의 안전성을 우려한 적이 있었다. "아마 그들도 내가 여기 계속 올 만큼 어리석다고는 생각하지 않을 거야." 그는 그렇게 말했다. "게다가 나는 잃을 게 많아. 한꺼번에 3대가 사라질 수도 있어."

그러나 단순히 도시에 머무는 것은 고려 대상이 아니었다. 주말은 꼭 시골에서 보내고 싶었던 처칠은 마침 달 밝은 날 체커스를 대신해줄 아주 딱 맞는 집을 알고 있었다.

처칠은 그 집의 주인 로널드 트리Ronald Tree를 자신의 집무실로 초대했다. 트리는 처칠이 전쟁 전에 히틀러의 득세를 걱정했을 때부터 의견을 같이했던 오랜 지기였다. 지금은 보수당 의원으로 더프 쿠퍼 정보부장관 밑에서 사무차관을 맡고 있었다. 재정적으로 보면 두 직책 모두 그에게는 불필요한 자리였다. 그는 시카고를 근거로 한 마셜필드Marshall Field 제국의 일원으로서 막대한 재산을 물려받았다. 그의 아내 낸시Nancy는 미국인으로 레이디 애스터Lady Astor의 조카였다. 그들은 다우닝가 10번지에서 120킬로미터 떨어진 옥스퍼드셔에 있는 18세기 저택 디츨리Ditchley를 소유하고 있었다.

처칠은 직설적이었다. 그는 트리에게 다가오는 주말을 디츨리에서 보내고 싶다고 말했다. 그는 손님도 많고 직원들과 경호원 등 공식 요원들이 함께 갈 것이라고 말했다.

트리는 기뻐했고 그의 아내는 신이 났다. 처칠이 그곳으로 오는 이유를 그들이 정확하게 알고 있었는지는 확실히 알 수 없다. 처칠이 디츨리로 쳐들어가는 행차는 조용한 잠입작전이 아니라 히틀러의 전격전을 닮았다.

"그 자체가 대단한 일이었다." 해럴드 니컬슨은 디츨리 침공에 합세한 뒤, 일기에 그렇게 썼다. "먼저 형사 2명이 가서 다락방부터 지하실까지 수색했다. 그다음에는 시종과 하녀가 짐을 잔뜩 가지고 도착했고, 이어 밤새 건물을 지킬 병사 35명 외에 장교들이 나타났고, 그다음엔 속기사 2명이 서류 뭉치를 한 아름 들고 갔다." 그런 다음 손님들이 들이닥쳤다. "덩치가 묵직한 그 집은 어둡고 창문도 없다. 그렇게 문을 빠끔 열고 들어가면 갑자기 중앙난방의 온기와 함께 현란한 불빛과 놀랍게 아름다운 홀이 나타난다."

그 집의 장식은 이미 오래전부터 전설처럼 사람들의 입에 오르내렸고, 색채와 편안함과 격식의 결여를 강조하는 별장 장식의 전형으로 빠르게 명성을 얻고 있었다. 인기에 힘을 얻은 미세스 트리는 그런 콘셉트를 기반으로 홈 디자인 회사를 차렸다. 나중에 그녀의 사업 파트너가 되는 사람은 그녀의 미감을 '기분 좋은 퇴폐미'라고 정의했다.

트리 부부는 갑작스런 기습에도 전혀 개의치 않았다. 오히려 그 반대였다. "저는 늘 각하의 보잘것없는 팬 중에도 가장 열렬한 팬이었습니다." 트리 부인은 처칠이 처음 다녀간 후에 그에게 편지를 썼다. "그리고 각하가 디츨리를 찾아주셔서 더없이 기쁘고 영광스러웠다는 말씀을 드리고 싶습니다. 갑작스레 오셔도 상관없으니 언제라도 필요하시면 연락하시고 편리하게 이용하시기 바랍니다. 저희 집은 각하 마음대로 사용하실 수 있는 곳입니다."

실제로 그곳은 편리했다. 처칠은 그다음 주말에도 왔을 뿐 아니라 그다음 해에도 또 그 이후에도 계속 왔다. 그는 전쟁에서 가장 중요했던 시기를 포함하여 열 번도 넘게 주말마다 그 집을 점령했다.

그 집의 좋은 점 한 가지는 금방 드러났다. 디츨리에는 홈시네마가 갖춰져 있었다. 총리는 그게 너무 마음에 들어 나중에 화재조사관들이 "중대한 화재의 위험성"을 안고 있다고 경고했는데도 체커스에도 하나 만들도록 주문했다. 비버브룩이 나서 소방 문제를 처리한 덕에 처칠은 체커스에서도 최신 영화와 뉴스 영화를 볼 수 있게 되었다. "맥스는 이런 일을 처리하는 법을 알고 있지." 처칠은 그렇게 말했다. "난 그렇게 못해."

이후 매주 모이는 체커스 수행원에 영사기사 두 명이 추가되었다.

54장 씀씀이

　전쟁이 충분한 연습 없이 치러지듯, 파멜라와 랜돌프의 결혼생활
도 점점 더 아슬아슬해져갔다. 내지 않은 공과금이 쌓여갔지만 랜돌프
의 도박과 음주벽은 나아질 기미를 보이지 않았다. 그는 자신의 클럽인
화이츠나 런던의 젊고 부유한 사람들이 선호하는 여러 레스토랑에서
자주 식사를 했으며 일행이 자신보다 훨씬 부자일 때에도 늘 먼저 계산
을 했다. 셔츠와 양복도 꼭 맞춰 입었다. 파멜라는 처칠에게 도움을 청
했다. 그는 부부의 빚을 청산해주기로 했지만 더 이상 청구서가 쌓이지
않게 하라는 조건을 달았다. "그렇게 하겠습니다." 파멜라는 약속했다.
"이번이 마지막입니다." 그러나 상점과 백화점들은 외상으로 물건을
사간 고객에게 3개월 이상 간격을 두고 대금을 청구했기 때문에 구매
시점과 분기별 청구서 도착 시점 사이에 시차가 발생했다. "맙소사!"
파멜라가 기겁했다. "그럼 청구서가 더 많이 있겠네."
　당시 기준으로 봐도 랜돌프의 수입은 꽤 괜찮은 편이었지만, 부부
의 씀씀이는 랜돌프의 수입을 무색케 했다. 군대에서 받는 봉급과 강의
료, 의회와 비버브룩의 〈이브닝스탠더드〉에서 받는 급여와 그 밖의 다
른 수입원 등, 그는 1년에 3만 파운드 즉 12만 달러를 벌었다. 요즘 시
세로 환산하면 192만 달러 정도 되는 거금이었다. 비버브룩이 지급해
주는 돈만 해도 1년에 1,560파운드, 즉 6,240달러(요즘으론 약 9만 9,840달
러)였다. 그런데도 모자랐다. 그의 채권자들은 인내심을 잃고 있었다.

어느 날 런던의 나이츠브리지 구역에 있는 고급 백화점 해로즈Harrods
로 쇼핑을 갔던 파멜라는 자신의 신용이 취소되었다는 말을 듣고 "어
이가 없었다."

그녀는 울면서 가게를 나왔다. 다우닝가 10번지로 돌아온 파멜라
는 클레멘틴에게 그 얘기를 했다. 클레멘틴은 아들에 대한 환상이 없
었다. 아들의 씀씀이는 고질병이었다. 랜돌프가 스무 살이었을 때 처칠
은 그에게 편지를 써 빚을 갚고 은행 문제를 해결하라고 다그쳤다. "넌
버는 족족, 아니 버는 것 이상으로 아무 생각 없이 써대는구나. 그러니
걱정이 끊이지 않고 한심하고 창피한 일만 생기는 것 아니냐." 처칠은
아들을 꾸짖었다.

다른 사람들을 모욕하고 말싸움을 거는 랜돌프의 성격 또한 끊일
줄 모르는 갈등의 요인이었다. 비난의 화살이 처칠 자신에게 향하자 그
는 랜돌프와 점심을 같이 하기로 한 계획을 취소하면서 편지를 썼다.
"나는 정말로 그런 모욕을 받을 자신이 없다. 그리고 당장은 네 꼴을 보
고 싶지 않다." 그래도 편지 끝에는 늘 용서하는 편이어서 이번에도 똑
같이 마무리했다. "널 사랑하는 아버지가."

클레멘틴은 그처럼 관대하지 않았다. 그녀는 랜돌프가 어릴 때부
터 노골적으로 미워했는데 그런 불화는 나이가 들면서 더 심해졌다. 아
들의 결혼 초기, 어려웠던 시절에 그녀는 파멜라에게 랜돌프를 다루는
몇 가지 요령을 가르쳐주었다. "3~4일 정도 어디로 가있거라. 어디로
간다고 말하지 말고. 그냥 떠나야 돼. 그냥 간다는 쪽지만 남겨라." 클
레멘틴은 처칠에게도 그렇게 했다며 덧붙였다. "효과가 아주 그만이었
지." 해로즈에서 낭패를 당한 얘기를 들은 클레멘틴은 며느리 편을 들
었다. "어머님 덕분에 큰 위안을 받았죠. 그분은 놀라울 정도로 다정하
시고 나를 잘 이해해주셨지만 그분 역시 기분이 많이 상하셨어요." 나

중에 파멜라는 어떤 인터뷰 자리에서 기자에게 그렇게 말했다.

클레멘틴은 언젠가 랜돌프 때문에 남편이 크게 난처해지는 일이 생길까 봐 불안감을 감추지 못했고, 파멜라도 그런 걱정을 당연하게 여겼다. 랜돌프가 술에 취했을 때는 특히 그랬다. "난 술을 모르는 집에서 자랐어요." 파멜라는 그렇게 말했다. "아버지는 술을 입에 대지도 않으셨어요. 어머니도 셰리(스페인산 백포도주) 한 잔 정도가 전부예요." 막상 술꾼과 살아보니 보통 일이 아니었다. 가뜩이나 못마땅한 랜돌프 성격이 술만 들어가면 더욱 삐딱해졌다. 그는 파멜라든 친구든 초대한 사람이든 가리지 않고 시비를 걸었다. 식탁에서 벌컥 화를 내며 나가버리는 경우도 있었다. "그냥 앉아있어야 할지 따라 나가야 할지 난감했어요. 이런 일 때문에 늘 불안하고 속상했죠."

얼마 안 가 그녀는 밀려드는 청구서를 혼자 처리하느라 쩔쩔매야 했다. 10월에 랜돌프는 제4여왕직속기병대에서 그의 클럽 멤버들이 결성한 새로운 특공대로 자리를 옮겼다. 그는 기병대에서 붙들 줄 알았지만 실망스럽게도 아무런 반응이 없었다. 동료 장교들은 그가 떠나는 것을 오히려 반기는 분위기였다. 그의 사촌 하나는 나중에 회상했다. "다른 장교들이 자신을 싫어하고 자신의 욕설에 진절머리를 내고 다른 곳으로 가버렸으면 한다는 말을 들었을 때 얼마나 충격을 받았을까?"

랜돌프는 10월 중순에 특공 훈련을 받으러 스코틀랜드로 떠났다. 파멜라는 처칠 집안에 얹혀 체커스에서 혼자 사는 것이 싫었기에 랜돌프와 윈스턴 주니어와 함께 살 수 있는 비싸지 않은 집을 구하고 있었다. 결국 처칠 집안의 자잘한 일을 봐주는 브렌던 브래큰Brendan Bracken이 나서 런던에서 북쪽으로 약 50킬로미터 떨어진 허트퍼드셔주 히친에 있는 오래된 사제관을 찾아주었다. 임대료가 1년에 단돈 52파운드라고 했다. 파멜라는 비용을 줄이기 위해 랜돌프의 누나 다이애나와 그녀의 자녀들을 불러 같이 살았고 또 자신의 어린 시절 가정교사였던 내니 홀Nanny Hall을 고용하여 아기를 맡겼다. 그녀는 남편이 떠나기 직전에 남편에게 편지를 썼다. "아! 랜디, 당신이 항상 우리와 함께 있을 수만 있다면 얼마나 좋을까요." 그녀는 마침내 자기 집을 갖게 되어 매우 기뻤고 그래서 빨리 이사하고 싶었다. "아, 내 사랑. 우리만의 생활이 있다니 너무 멋져요. 이젠 더는 남의 집에서 살지 않아도 돼요."

그 집은 손볼 데가 많았지만 전쟁으로 번번이 일을 중단해야 했다. 커튼을 달아주던 사람은 일도 마치기 전에 사라졌다. 전화를 걸어도 받지 않았다. 파멜라는 런던에 있는 그의 집이 폭격을 맞았다고 추정했다. 찬장을 만들던 목수도 관공서 일로 불려갔다. 다른 사람을 불러 일을 끝내주겠다고 약속했지만, 뒤에 오는 사람이 전쟁으로 구하기 힘들어진 목재를 가져올 수 있을지는 의문이었다.

9개나 되는 방이 모두 채워졌다. 내니, 다이애나와 그녀의 가족, 가정부, 몇몇 다른 직원들 그리고 파멜라와 그녀의 아기가 각방의 주인이었다. 파멜라는 아기를 '베이비 덤플링' 또는 '아기 P.M.' 등으로 다양하게 불렀다. 랜돌프의 비서 미스 벅Miss Buck은 이웃집이 폭격당하자 그들까지 사제관에 들어가 살게 했다. 미스 벅은 죄송하다고 말했지만 파멜라는 흔쾌히 받아주었다. 그녀는 랜돌프에게 편지를 썼다. "어제 지방 당국에서 아이들 20명이 기거할 곳을 부탁했는데, 미스 벅이 이미 다 찼다고 말했으니 우리로서는 차라리 잘된 일이죠."

하지만 집을 떠나있으니 불안했다. "내가 가서 어떻게 되어가고 있는지 볼 수 있으면 좋겠어요." 파멜라는 남편에게 말했다. "현재 처지에서 미약하나마 어려운 처지에 있는 사람을 도울 수 있어서 다행이에요. 하지만 내가 결정하고 싶어요. 그들이 우리의 예쁜 보금자리를 어지럽히지 않았으면 하는 마음이에요."

집세가 싼 만큼 유지비가 많이 들었다. 커튼만 해도 162파운드, 요즘으로 말하면 1만 달러 정도가 든다고 했다. 다행히도 클레멘틴이 전액을 대주기로 했다. 재정 문제는 갈수록 안 좋아졌다. "제발 전화 요금 좀 내세요." 파멜라는 랜돌프에게 그렇게 썼다.

랜돌프는 스코틀랜드에서도 씀씀이가 헤펐다. 그는 클럽 화이츠에서 매우 부유한 회원들과 함께 살면서 훈련했는데, 함께 특공대를 결성한 사람들이 부자라서 문제였다. 파멜라는 편지를 썼다. "여보, 부자들과 함께 지내는 게 어렵다는 것 알아요. 그래도 식비라도 좀 줄이려고 해보세요. 나와 아기 윈스턴은 당신을 위해서라면 굶을 수도 있어요. 하지만 굶지 않는 편이 좋겠죠."

*

1940년 10월 14일 월요일 저녁 처칠이 다우닝가 10번지에 새로 요새화한 가든 룸Garden Rooms에서 손님들과 식사를 하고 있을 때, 폭탄 하나가 건물 가까운 곳에 떨어져 창문을 날리고 주방과 거실을 파괴했다. 폭발 직후 클레멘틴은 바이올릿 본햄 카터에게 보낸 편지에 이렇게 썼다. "가스도 뜨거운 물도 안 나와 석유 스토브에서 요리를 하고 있어. 요전 날 밤 누가 윈스턴에게 전화를 걸었는데 캄캄한 데서 받으면서 그러더군. '이런 일로 약해지지만 않는다면 그것도 대단한 인생이지!'"

같은 날 밤 다우닝가 10번지가 피격당했다. 폭탄은 인근 재무부 건물에도 큰 피해를 입혔다. 칼튼 클럽Carlton Club은 직격탄을 맞았는데 처칠 정부의 고위 간부들이 자주 이용하는 곳이었다. 그들 중 일부는 폭탄이 터졌을 때 식당에 있었다. 해럴드 니컬슨은 나중에 총리가 되는 해럴드 맥밀런Harold Macmillan으로부터 자초지종을 들었다. "그들은 폭탄이 떨어지는 소리를 듣고 본능적으로 몸을 피했다." 당시 손님이었던 니컬슨은 10월 15일 자신의 일기에 그렇게 기록했다. "크게 부서지는 소리가 들렸고 전등이 나가고 사방이 온통 화약 냄새와 잔해 먼지로 가득 찼다. 사방을 덮은 짙은 안개 속에서 여전히 불이 켜진 식탁 위의 사이드라이트들이 희미하게 반짝였다. 사람들의 머리와 눈썹에 먼지가 두텁게 앉았다." 폭탄이 터졌을 당시 클럽에는 120명 정도가 있었지만 크게 다친 사람은 없었다. "기적 같은 일"이라고 니컬슨은 썼다.

영국의 정부청사들이 폭격 위험에 처하자, 처칠은 다시 고심한 끝에 체커스로 물러나기로 했다. 자동차와 비서들이 줄을 섰다. 늘 하던 대로 호송차가 돌무더기가 널린 거리를 뚫고 천천히 출발했다. 20킬로미터 정도 갔을 때 처칠이 불쑥 물었다. "넬슨은 어디 있지?" 물론 고양이를 말하는 것이었다.

넬슨은 차에 없었다. 다른 차에도 없는 것 같았다.

처칠은 운전기사에게 차를 돌리라고 명령했다. 돌아가 보니 비서하나가 겁에 질린 고양이를 구석에 몰아넣은 다음 휴지통으로 덮어놓고 있었다.

넬슨을 태운 후 차들은 다시 움직였다.

*

10월 19일 토요일 밤 런던에 남은 존 콜빌은 루프트바페가 화이트홀을 집중 폭격하는 현장을 직접 경험했다. 그는 집에서 저녁을 먹은 후 최근에 처칠의 직원용으로 군대에서 지급해준 차를 타고 일터로 출발했다. 머리 위의 하늘은 온통 오렌지색으로 물들어 있었다. 그는 운전기사에게 템스강과 나란히 달리는 제방 쪽으로 돌라고 지시했다. 런던 지청이 들어선 거대한 에드워드 양식의 카운티홀 너머로 먼 둑에 서있는 창고 하나가 화염에 싸여있었다.

콜빌은 그 화재가 폭격기들에게는 횃불이라는 걸 직감했다. 운전기사는 급히 다우닝가로 향했다. 차가 화이트홀로 막 들어섰을 때 호스가드퍼레이드를 마주보는 해군 건물에 폭탄이 터졌다.

운전기사는 재무부 청사로 통하는 통로 입구 근처에 차를 세웠다. 콜빌은 차에서 뛰쳐나와 10번지로 향했다. 잠시 후 주변에 소이탄이 떨어지기 시작했다. 그는 땅바닥에 쓰러져 그대로 누워있었다.

외무부 건물 지붕에 불이 붙었다. 이미 심하게 파손된 재무부 건물에 소이탄 2개가 떨어졌다. 다른 것들은 공터에 떨어졌다.

몸을 일으킨 콜빌은 요동치는 심장을 안고 10번지로 달려가 비상구를 통해 들어갔다. 그는 지하 1층의 보강한 식당에서 그날 저녁을 보냈다. 이후 밤은 평온했다. 하지만 콜빌에게는 선풍기 돌아가는 소리조차 독일 비행기 소리로 들렸다.

*

콜빌이 화이트홀에서 소이탄을 피하던 시간에 처칠은 체커스에서 풀이 죽어있었다. 그와 퍼그 이즈메이는 호트리 룸에서 아무 말 없이 앉아있었다. 이즈메이는 그렇게 조용히 앉아있다 처칠이 물으면 조언이나 의견을 제시하곤 했다. 그런 때를 대비하는 것이 그의 역할이었다. 또 처칠이 연설에 대한 아이디어나 문구를 떠올릴 때 들어주거나 그저 함께 조용히 앉아있는 것도 그가 하는 일 중 하나였다.

처칠은 피곤해 보였고 깊은 생각에 잠긴 것이 분명했다. 다카르 사태가 그의 마음을 무겁게 짓눌렀다. 프랑스군은 언제 일어나 싸울 것인가? 다른 곳에서는 U-보트가 전날에만 8척을 침몰시켰고 그날도 10척을 더 침몰시켜 막대한 선박과 인명 피해를 입혔다. 계속되는 공습경보와 폭탄과 그로 인한 혼란도 이번에는 그를 지치게 하는 것 같왔다.

이즈메이는 처칠이 그렇게 피곤해하는 모습을 좀처럼 못 봤지만 그래서 좋은 점도 있다고 생각했다. 어쩌면 오늘 밤 처칠은 일찍 잠자리에 들지 모르고 그러면 이즈메이도 일찍 잘 수 있을 것이다.

하지만 웬걸, 처칠이 벌떡 일어섰다. "난 해낼 수 있어!" 그가 말했다. 순식간에 피로가 사라진 것 같았다. 불이 들어왔다. 종이 울렸다. 그는 비서들을 불렀다.

55장 워싱턴과 베를린

미국 대통령 선거 양상이 험하게 변하기 시작했다. 공화당 전략가들은 윌키에게 너무 신사적이라고 충고하면서 여론조사에서 유리한 입지를 차지하려면 전쟁을 쟁점화해야 한다고 부추겼다. 루스벨트를 전쟁광으로 몰면서 고립주의자로서의 면모를 과시하라는 충고였다. 처음에 윌키는 마지못해 승낙했지만 결국 적극적으로 태도를 바꿔 미국 전역에 공포심을 유발하는 캠페인을 벌이기 시작했다. 루스벨트가 당선될 경우 이 나라의 젊은이들은 5개월 이내에 유럽으로 가야 할 것이라고 그는 경고했다. 여론조사에서 그의 지지도는 금방 올라갔다.

이런 가운데 선거일을 불과 일주일 앞둔 10월 29일, 루스벨트는 새 징병법에 따라 첫 번째 추첨번호를 뽑는 행사를 주재했다(징병제라지만 21~36세 남성 중 제비뽑기로 대상을 선정했다-옮긴이). 윌키도 미국의 방위력을 향상시키기 위해 징병제가 필요하다는 사실은 인정했지만 고립주의자들의 목소리가 큰 점을 생각하면 위험한 행사였다. 그날 밤 방송에서 루스벨트는 언어 선택에 신중을 기해 '징집conscription'이니 '징병draft'이니 하는 용어 대신 중립적이고 역사적인 냄새가 나는 '소집muster'이라는 말을 사용했다.

하지만 반면에 윌키에게는 그런 조심성이 필요 없었다. 공화당을 지지하는 어떤 방송국은 미국 어머니들을 겨냥했다. "여러분의 아들이 유럽의 어떤 전쟁터나 마르티니크(비시 프랑스 거점)에서 죽을 때 이렇게 소리칠 것입니다. '어머니! 어머니! 저를 전쟁터로 내보낸 프랭클린 D. 루스벨트를 탓하지 마세요. 프랭클린 D. 루스벨트를 또다시 백악관으로 보낸 어머니 자신을 탓하세요!'

여론조사에서 윌키가 갑자기 강세를 보이자 루스벨트는 자신도 전쟁만큼은 피하고 싶다고 선언하며 단호하게 맞섰다. "나는 전에도 이미 말했습니다." 그는 보스턴 유세에서 그렇게 말했다. "하지만 몇 번이고 되풀이해서 말하겠습니다. 여러분의 아들이 외국에서 벌어지는 전쟁에 나가는 일은 절대 없을 것입니다." 민주당 공식 강령에 '공격을 받을 경우를 제외한다'는 문구가 추가됐지만 이제 그는 그마저도 빠뜨렸다. 고립주의 유권자들에게 호소하려는 의도가 분명했다. 연설문 작성자 중 한 명이 이 부분에 이의를 제기하자 대통령은 퉁명스레 답했다. "물론 공격을 받으면 싸워야지. 누가 우리를 공격하면 그건 외국의 전쟁이 아니잖나? 아니면 남북전쟁 같은 일이 일어날 때만 군대를 투입하라는 말인가?"

갤럽이 10월 26일부터 31일까지 실시해 선거 전날 발표한 1940년 최종 '대통령 지지도 조사' 결과는 루스벨트가 겨우 4퍼센트포인트 앞선 것으로 나타났다. 월초의 12포인트에 비해 크게 떨어진 수치였다.

*

루프트바페는 수장 헤르만 괴링의 새로운 명령에 따라 전략을 수정하여 영국 시민들까지 폭격 대상에 포함시키기로 했다.

한 달 전 처칠을 굴복시키지 못한 루프트바페의 작전 실패를 검토한 히틀러는 언제라는 기약도 없이 바다사자 작전을 연기했다. 그저 봄에 다시 검토해야겠다고만 생각했다. 그와 그의 지휘관들은 그런 상황이 몹시 못마땅했다. 괴링이 애지중지하는 루프트바페가 약속대로 브리튼 제도에서 제공권 우위를 확보했다면 본토 침공의 전망이 훨씬 높아졌겠지만, RAF가 여전히 공중을 장악하고 있는 마당에 그런 공격은 무모한 시도였다.

영국의 복구 능력을 확인한 히틀러의 머릿속에 생각하고 싶지 않은 전망이 그려졌다. 처칠이 저렇게 버티고 있으면 미국이 영국을 돕겠다고 개입할 수 있겠다는 생각이 든 것이다. 히틀러는 처칠의 구축함 거래를 양국의 유대감이 강화된 구체적인 증거로 보았다. 그러나 그에게는 더 큰 걱정이 있었다. 일단 미국이 전쟁에 개입하면 루스벨트와 처칠은 스탈린과 동맹을 꾀할 것이다. 스탈린은 팽창의 야욕을 분명히 드러냈고 그래서 군사력을 빠르게 키우고 있었다. 비록 1939년에 러시아와 불가침조약을 체결했지만 히틀러는 스탈린이 약속을 존중하리라는 환상을 갖고 있지 않았다. 영국과 미국에 러시아까지 동맹에 가담한다면 "독일은 매우 어려운 상황에 몰릴 것이다." 히틀러는 그렇게 말했다.

그는 러시아를 방정식에서 제거하여 동쪽 전선을 안전하게 만드는 것이 해결책이라고 생각했다. 러시아와의 전쟁은 또한 공산주의자들을 무너뜨리고 그가 그토록 탐내던 레벤스라움Lebensraum(생존권역)을 획득한다는, 1920년대 이후 채택해온 그의 오랜 지상명령을 이행할 수 있게 해주는 약속이었다.

히틀러의 장군들은 여전히 양면전의 위험성을 걱정했고, 히틀러 자신도 양면전을 피하는 것을 기본 전략으로 삼았지만 이제는 그런 불안감마저도 던져버린 것 같았다. 해협을 건너야 하는 영국 침공에 비해 러시아와의 일전은 쉬워 보였다. 그런 종류의 군사행동에서 그의 군대는 지금까지 탁월한 능력을 보여주었다. 그는 최악의 경우 6주를 넘길 수도 있다고 예측했지만 그래도 러시아에 대한 공격을 당장 시작해야 한다고 압박했다. 시간을 끌수록 스탈린은 군대를 보강할 시간을 더 많이 벌 것이다.

한편으로 히틀러는 처칠이 간섭하지 못하도록 괴링에게 항공전을 강화하라고 명령했다. "공습을 끊임없이 이어가는 것이 무엇보다 중요하다"고 그는 강조했다. 그는 여전히 루프트바페가 약속을 이행하여 처칠을 평화 테이블로 끌어내리라는 희망을 버리지 않았다.

괴링은 새로운 계획을 세웠다. 그는 여전히 런던을 두들겼지만 다른 도시들도 공략하여 완전히 초토화시킴으로써 영국의 저항을 분쇄할 작정이었다. 그는 직접 표적을 선정한 다음 첫 공격을 '월광 소나타 Mondscheinsonate'라는 작전명으로 발령했다. 베토벤의 피아노 작품에서 따온 것이었다.

RAF는 나중에 발표한 보고서에서 이렇게 시작된 공습이 공중전 역사의 한 획을 그은 전투로 이어졌다고 설명한다. "처음으로 비교적 작은 도시에 대규모 공군력이 투입되었다. 아예 도시 자체를 없앨 목적이었다."[55] 보고서는 그렇게 밝혔다.

늦은 시간이었지만 처칠은 체커스에서 즉시 구술을 시작했다. 런던의 내각전쟁상황실에 새로 마련한 영국 BBC 라디오 스튜디오에서 영어와 프랑스어로 프랑스 국민에게 직접 연설할 계획이었다. 점령당하지 않은 프랑스를 통치하는 비시 정부는 독일군과 정식으로 동맹을 맺을 가능성이 있었다. 이에 처칠은 프랑스의 식민지를 포함한 전 세계 프랑스 국민들에게 영국이 전적으로 그들 편이라는 것을 확실히 알려주고 저항 운동을 부추기기로 했다. 답답한 노릇이지만 그로서는 당분간 그 이상의 어떤 것도 해줄 게 없었다. 그는 프랑스어 연설을 직접 쓰겠다고 했다.

그는 메모 없이 천천히 구술했다. 퍼그 이즈메이가 곁을 지켰다. 일찍 잠자리에 들기를 바랐던 희망은 버렸다. 처칠은 자정을 넘겨 일요일까지 두 시간 동안 구술했다. 그는 10월 21일 월요일 밤에 방송할 예정이며 프랑스어로 10분, 영어로 10분, 총 20분간 연설하겠다고 정보부에 통보했다. "계획에 차질이 없도록 준비하라"고 그는 지시했다.

월요일에도 처칠은 체커스에 머물면서 연설문 작성에 공을 들였고 여전히 프랑스어 연설을 직접 작성해보려 했지만 그의 고집이 생각만큼 실력을 보장해주지 못하는 현실을 절감했다. 정보부는 연설문을 프랑스어로 통역할 학문적 능력을 가진 젊은 직원을 체커스에 파견했지만 그 직원도 별 도움이 되지 못했다. 그날 체커스의 당직 비서였던 존 펙John Peck에 따르면 그는 "겁을 먹었다." 번역가 지망생의 실력을 확인한 총리는 마음을 고쳐먹고 프랑스어 초안을 직접 다시 작성하기로 마음을 굳혔다. 젊은이는 런던으로 돌아갔다.

정보부는 미셸 생드니Michel Saint-Denis라는 새 통역사를 보냈다. 펙의 말에 따르면 "BBC가 발굴한 매력적이고 자상하며 정말로 2개 국어를 구사하는 프랑스인"이었다. 그 자의 전문성을 확인한 처칠은 고집을 버렸다.

처칠은 그 연설을 가리켜 '개구리 연설frog speech'이라고 했다. '개구리'는 프랑스인을 비하하는 별명이었다. 그는 중요한 연설이라고 판단해 연습까지 했다. 평소 같으면 고집을 피우며 어린아이 같은 치기를 드러냈겠지만 통역사 생드니가 만난 총리는 다행히도 너그럽고 대체로 고분고분했다. 처칠은 프랑스어의 특정 발음을 어려워했다. 특히 'r'을 힘들어했지만 생드니는 배우려는 자세가 되어있는 분이라고 생각했다. 나중에 그는 회상했다. "어떤 단어들은 마치 과일을 맛보듯 음미하셨다."

처칠과 생드니는 런던으로 차를 몰았다. 연설은 그날 밤 9시로 예정되어 있었다. 그 시간은 원래 BBC의 뉴스 시간대여서 처칠은 영국과 프랑스 외에 독일에서 불법으로 라디오를 청취하는 사람 등 폭넓은 청취자와 높은 청취율을 어느 정도 보장받은 셈이었다.

*

공습이 한창 진행 중인 가운데 처칠은 옅은 파란색 사이렌 수트 차림으로 생드니와 참모들을 대동하고 다우닝가 10번지를 떠나 전쟁 상황실로 향했다. 평소 같으면 쾌적한 산책이었겠지만 루프트바페는 다시 한 번 정부청사를 노리는 것 같았다. 서치라이트가 하늘을 가르며 폭격기들의 항적운을 추적했다. 대공포는 어떨 때는 단발로 또 어떨 때는 1초에 2발씩 연달아 빠르게 불을 뿜었다. 저 멀리 상공에서 포탄들이 폭발하면서 쇠 파편들이 휘파람 소리를 내며 떨어졌다. 처칠은 활기차게 걸어갔다. 통역사는 그를 따라잡으려 뛰었다.

처칠은 BBC의 방송실에 자리를 잡았다. 팔걸이의자 하나, 책상 하나, 마이크가 전부였지만 방은 사람들로 꽉 찼다. 통역사 샌드니가 청취자들에게 자신을 소개하려고 했지만 앉을 자리가 없었다.

"내 무릎에 앉게." 처칠이 말했다.

처칠이 몸을 뒤로 젖히고 자신의 무릎을 탁탁 쳤다. "나는 다리 하나를 그분 다리 사이에 넣었다. 그리고 몸의 일부는 의자 팔걸이에 얹고 일부는 그분 무릎에 얹었다."

"프랑스 국민 여러분!" 처칠이 입을 열었다. "저는 삼십여 년 동안 여러분과 전쟁과 평화를 함께 겪으며 걸어왔습니다. 그리고 지금도 여전히 같은 길을 걷고 있습니다." 영국도 공격을 받고 있다고 그는 말했다. 야간 공습을 가리키는 말이었다. 그는 청중들에게 분명히 말했다. "우리 국민들은 조금도 굴하지 않고 굳건히 버티고 있습니다. 우리 공군은 아주 잘 싸우고 있습니다. 우리는 적들이 오래전에 기약한 침략을 기다리는 중입니다. 물고기들도 기다리고 있습니다."

이어서 프랑스인들을 향해 용기를 내달라는 호소가 뒤따랐다. 영국의 싸움을 방해하여 상황을 악화시키지 말라고 간청했다. 다카르를 지적하는 말이었다. 진짜 적은 히틀러라고 그는 강조했다. "이 사악한 인간, 이 증오와 패배의 괴물 같은 기형아는 프랑스를 완전히 절단 내고 프랑스의 생명과 미래를 무너뜨리기로 작정했습니다."

처칠은 "소위 정복되지 않은 프랑스"의 저항을 촉구했다. 비시가 통치하는 영토를 두고 하는 말이었다.

"프랑스 국민 여러분!" 그는 소리쳤다. "더 늦기 전에 단단히 마음을 재무장하세요."

히틀러를 무찌를 때까지 그와 대영제국은 결코 포기하지 않을 것이라고 그는 약속했다. "그럼 안녕히 주무세요." 그가 말했다. "아침에 힘을 내려면 잠을 자두세요. 아침은 올 테니 말입니다."

체커스에서 라디오에 귀를 기울이고 있던 메리는 뿌듯했다. "오늘 밤 아빠는 프랑스를 향해 말하셨다." 그녀는 일기에 그렇게 썼다. "아주 솔직하고 용기를 주는, 아주 고결하면서도 상냥한 연설이었다."

"아빠의 목소리가 많은 사람들에게 전달되었으면 좋겠다. 그 연설의 힘과 풍요로움이 그들에게 새로운 희망과 믿음을 가져다주었으면 좋겠다." 그녀는 감동하여 일기에 〈라 마르세예즈La Marseillaise〉의 후렴구를 불어로 적었다. "오 자흐메, 시트와양Aux armes, citoyens(시민이여, 무기를 들라) …"

"친애하는 프랑스여." 메리는 일기를 마무리했다. "그렇게 위대하고 영광스러움이 그대들의 고귀한 노래와 그대들의 대의, 바로 자유를 위해 흘린 두 번의 피로 족하기를."

방송이 끝났고 내각전쟁상황실에는 침묵이 흘렀다. "아무도 움직이지 않았다." 통역사 샌드니는 회상했다. "가슴이 먹먹했다. 그때 처칠이 일어섰다. 눈에 눈물이 그렁그렁했다."

처칠이 말했다. "오늘 밤 우리는 역사를 만들었소."

*

괴벨스는 일주일 뒤 베를린에서 아침 회의를 시작하며 장탄식을 했다. BBC를 듣는 독일 국민의 "수가 점점 늘어나고 있다"는 얘기였다.

그는 "라디오를 불법 청취하는 자에게 중형을 선고할 것"을 지시하면서 선전부 부관들에게 말했다. "독일인이 이런 방송을 듣는 것은 심각한 태업 행위라는 점을 명심해야 한다."

마침 RAF가 포로로 잡은 루프트바페 승무원으로부터 수집한 정보에 따르면 이런 괴벨스의 청취 금지 명령은 "장기적으로 볼 때 역효과만 불러왔다. 그런 명령 탓에 사람들은 방송 청취 충동을 억제하지 못하고 더 들으려 기를 썼다."

대선 당일인 11월 5일, 대서양 양쪽에 긴장이 감돌았다. 뉴욕 하이드 파크에 있는 루스벨트의 자택에 전달된 초기 개표 결과에서 윌키는 예상보다 선전하고 있었다. 그러나 밤 11시가 되자 승리의 추는 루스벨트 쪽으로 완전히 기울었다. "다 잘 되어가고 있는 것 같습니다." 그는 잔디밭에 모인 지지자들에게 그렇게 말했다. 유권자 투표 최종 집계에서 그는 10퍼센트포인트도 안 되는 표차로 신승했다. 그러나 선거인단 투표는 449 대 82의 압승이었다.

그 소식에 화이트홀 전체가 환호했다. "전쟁 발발 이후 최대 희소식이다." 해럴드 니컬슨은 그렇게 썼다. "신에게 감사한다." 결과를 들은 그는 "어린 연어처럼 가슴이 뛰었다." 국내정보국은 잉글랜드와 웨일스 전역에서 사람들이 "크게 안도했다"고 보도했다.

체커스에서 메리 처칠은 일기에 썼다. "할렐루야, 영광!!"

루스벨트가 재선됨에 따라 미국이 완전한 파트너로서 전쟁에 참여했으면 하는 바람도 그리 요원해 보이지 않은 것 같았다.

처칠은 그 어느 때보다도 미국의 도움이 필요했다. 재무장관은 영국의 생존에 필요한 무기와 식량, 그 밖의 지원물자에 대한 대금을 지불할 돈이 곧 바닥날 것이라고 그에게 보고했다.

처칠은 루스벨트에게 속셈이 뻔히 보이는 요란한 축하 전보를 보냈다. 루스벨트의 승리를 위해 기도했고 결과에 감사했다는 고백이었다. "그렇다고 해서 지금 우리 두 나라가 각자의 의무를 다해야 하는 당면한 세계 문제에 대해 각하가 보여주는 완전하고 공정하고 자유로운 마음의 배려 이상의 어떤 것을 청하거나 바라는 것은 아닙니다." 그는 그렇게 썼다. 그는 전쟁에 대한 서로의 생각을 주고받을 수 있기를 고대할 뿐이라고 주장했다. "이 세상 어디서든 영어가 사용되는 한 기억해두게 될 일들이 벌어지고 있습니다. 그리고 미국 국민들이 다시 한 번 각하에게 이런 큰 부담을 안겨드렸다는 사실에 제가 느낀 안도감을 표하면서, 우리가 움직이고 있는 이 불빛이 우리 모두를 안전하게 정박시켜 주리라는 제 확고한 믿음을 고백하는 바입니다."

루스벨트는 전보를 받았다고 확인해주지도 않았고 답장도 하지 않았다.

처칠은 초조하고 걱정되었지만 그렇다고 어떻게 할 수 있는 일도 아니었다. 거의 3주가 지난 뒤에 결국 그는 워싱턴에 있는 대사 로디언 경에게 전보를 쳐 무시당한 구혼자가 조심스레 상대방의 눈치를 보듯 부탁했다. "대통령께서 재선을 축하하는 제 전보를 받았는지 조용히 좀 알아봐 주시겠소?" 그는 그렇게 썼다. "당선 축하가 많아 어디로 사라졌을 수도 있을지 모르니까요. 그게 아니라면 혹시 대통령의 심기를 불편하게 하거나 당황하게 할 만한 내용이 있었는지도 모르겠군요."

"귀하의 충고는 언제든 환영이오." 처칠은 그렇게 덧붙였다.

적어도 교수만큼은 좋은 소식을 가져왔다. 1940년 11월 1일 처칠에게 보낸 전언문에서 그는 자신의 공중기뢰가 첫 희생자를 냈다고 보고했다. RAF 항공기가 루프트바페 폭격기들의 진행 방향으로 낙하산에 묶어 투사한 기뢰의 첫 번째 시험 운용에서 거둔 성과였다.

공중에 떠다니는 낙하산의 장막으로 접근하는 독일 폭격기 한 대를 추적하던 레이더 요원들은 그 지점에서 비행기의 레이더 에코가 사라져 "다시 나타나지 않았다"고 주장했다. 린드만은 이것을 성공의 증거로 간주했다.

그러나 그는 기뢰를 사출하는 기구에 이상이 생겼다는 사실도 함께 알렸다. 이 기구를 린드만은 '오비포지터ovipositor(산란관)'라고 불렀다. 곤충이나 물고기가 알을 간직하는 기관을 일컫는 생물학 용어였다. 오비포지터의 결함으로 기뢰 하나가 그것을 사출한 RAF 항공기의 동체에 부딪혀 폭발했다. 승무원들은 크게 놀라고 당황했지만 그 외의 "심각한 피해는 없었다."

하지만 교수는 이런 사고가 이 무기에 대해 좋지 않은 선입견을 가진 공군부의 평가에 미칠 영향을 걱정했기에 처칠의 변함없는 지원을 확약받으려 했다. 그는 "그토록 오랜 세월 공들인 무기의 상서로운 시작을 알리는 마당에 이처럼 확률이 희박한 사고로 인해 이런 시도가 방해받는 일은 없을 것으로 믿습니다." 그는 그렇게 썼다.

무기와 교수에 대한 처칠의 신뢰는 흔들리지 않았다.

그 사이 교수는 공군부를 괴롭히기로 작정을 한 것 같았다. 10월 말에 그는 강박적일 정도로 집착을 보였던 문제를 다시 들고 나와 처칠에게 편지를 썼다. 독일의 항법 빔이었다. 본토 방위를 위해서는 빔을 방해하거나 진로를 휘게 만드는 전자적 대응조치를 속히 개발해야 하는데도 교수는 공군부가 시간을 끌고 있다고 생각했다. 그는 처칠에게 불평했다.

또다시 자신의 '파워 릴레이'를 소환해낸 처칠은 교수의 전언문을 공군참모총장 찰스 포틸에게 전달하여 문제를 당장 처리하도록 지시했다. 포틸 장군은 교란 장치와 유인용 화재 등 이미 완료된 사항을 설명하는 것으로 답변을 대신했다. 유인용 화재는 빔의 경로를 따라 적당한 곳에 불을 질러 독일 조종사들이 엉뚱한 곳에 폭탄을 투하하게 만드는 기만술이었다. 이 화재는 밤에 공중에서 내려다볼 때의 모습 때문에 '불가사리Starfish'라고 불렸으며 화재 현장 근처의 빈 들판으로 떨어지는 폭탄의 수를 측정한 결과 나름의 효과가 있는 것으로 밝혀졌다. 예를 들어 포츠머스 외곽에 조성한 유인용 화재는 170개의 고폭탄과 32개의 낙하산 기뢰를 유인해냈다.

포틸은 짜증이 났지만 교수와 총리의 특별한 관계를 생각해서 점잖게 답했다. "린드만 교수는 전언문에서 우리가 독일의 빔 시스템에 대한 무선 대응책을 서둘러 마련하지 않는다는 투로 말하고 있습니다. 분명히 말씀드리지만 그건 사실과 다릅니다. 저희는 지금 이 문제를 최우선사항으로 다루고 있습니다."

교수는 또한 처칠의 군사수석자문으로 이미 경황이 없고 더러 긴장한 것처럼 보이는 퍼그 이즈메이에게도 일거리를 보태 괴롭혔다. 이 새로운 돌발행동에도 항법 빔은 빠지지 않았다.

11월 6일 밤, 능숙한 솜씨로 빔을 따라 비행한 것으로 보이는 루프트바페의 비밀병기 KGr 100 비행단 소속의 폭격기 한 대가 해협의 영국 쪽 해안 브리지포트 근해에 추락했다. 해안과 아주 가까운 바다에 추락한 그 비행기는 거의 손상을 입지 않은 상태였다. 기체에 쉽게 접근할 수 있는 해군 구조대가 나서 사고기를 회수하려 했지만 육군 관계자들은 그곳이 자신들의 관할 구역이라고 주장했다. "결국 육군은 폭격기를 확보하려는 어떤 시도도 하지 않았고, 그 탓에 비행기는 거친 파도에 휩쓸려 금방 난파되고 말았다." RAF 정보부는 사건을 그렇게 보고했다. 교수는 처칠에게 그 사실을 다시 한 번 확인시켜 주었다. 그는 RAF 보고서를 첨부한 메모에서 관계자들을 비웃었다. "부서끼리 다투다 기체를 잃다니 매우 유감입니다. 그 기종이 우리 수중에 떨어진 것은 처음인데 말입니다."

처칠은 즉각 퍼그 이즈메이에게 사적으로 전언문을 보냈다. "앞으로 우리 해안 근처에 독일기가 떨어질 경우, 가능한 한 모든 정보와 장비를 확보할 수 있도록 즉각 조치를 취하고 이런 드문 기회를 부서 간의 의견 차이로 놓치는 일이 없도록 확실히 조치해주기 바랍니다."

이즈메이로서는 당연히 자신의 힘을 과시할 수 있는 절호의 기회였다. 이즈메이는 전언문을 3군 참모총장에게 전달했고 참모총장들은 격추된 항공기를 처리하는 데 필요한 기존의 프로토콜을 검토했다. "어리석게도 이런 규정을 너무 고지식하게 해석했기 때문에" 비행기를 분실했다고 이즈메이는 처칠에게 말했다. 그는 처칠에게 새로운 명령이 하달될 것이며 격추된 항공기를 안전하게 회수하는 것이 무엇보다 중요하다고 강조했다. 그는 마지막으로 RAF가 적의 폭격기에서 그토록 찾으려 했던 무선 장비를 잔해에서 떼어내 결국 회수했다고 보고했다.

이런 날선 공방이 오가는 가운데 애초에 비행기가 추락한 원인은 온데간데없이 묻히고 말았다.[56] 교수의 끈질긴 괴롭힘과 R. V. 존스R. V. Jones 박사의 창의적인 관심과 RAF의 제80비행단의 전과 외에 생포된 독일 비행사들에 대한 능숙한 심문 덕분에 RAF는 결국 루프트바페의 'X-시스템' 항법의 존재를 알아냈다. 코드명 '브로마이즈Bromides'라는 송신기로 빔의 방향을 바꾸는 '미코닝meaconing'이 가능한 항법 장치였다. 이 방식에 의한 최초의 송신기는 문제의 독일 폭격기가 뜨기 5일

전에 설치되었다.

잔뜩 흐린 밤하늘을 날아야 했던 문제의 폭격기 승무원들은 영국과 웨일스 사이에 있는 브리스틀 해협 위에서 지정된 가이드 빔을 찾은 다음 빔을 따라 목표물인 버밍엄에 있는 공장까지 갈 예정이었지만 그들은 신호를 찾지 못했다. 시야가 확보되지 않은 상태에서 빔 없이 비행하는 건 무모한 짓이었다. 결국 조종사는 계획을 바꿔 대신 브리스틀의 해군 공창을 폭격하기로 했다. 그는 구름 아래로 내려가 새로운 길을 뚫을 수 있는 랜드마크를 찾으려 했다. 하지만 구름 천장cloud ceiling (지상이나 해면에서 가장 낮은 구름까지의 높이)이 매우 낮았고 그 아래는 어둡고 날씨가 안 좋아 시야가 확보되지 않았다. 조종사 한스 레만Hans Lehmann은 그제야 길을 잃었다는 것을 깨달았다.

그러나 곧 브리타니 해안의 세인트 말로에서 루프트바페의 표준 무선표지가 보내는 강한 신호가 잡히기 시작했다. 레만은 기수를 돌려 그 신호를 따라 기지로 돌아가기로 했다. 세인트 말로에 왔을 때 그는 현재 위치와 가려는 방향을 보고했다. 일반적인 관례와 달리 그는 자신이 보낸 메시지를 수신했다는 통고도 통상적인 착륙 지시도 받지 못했다.

레만은 계속 비행한 다음 하강을 시작하면서 아래에 곧 친숙한 지형이 나타나기를 바랐지만 보이는 것은 물뿐이었다. 그는 비행장을 지나쳤다고 생각하여 다시 기수를 돌려 다시 한 번 접근을 시도했다. 하지만 연료가 부족했다. 그의 폭격기는 8시간 넘게 떠있었고 길을 잃은 것 같았다. 레만의 유일한 선택은 프랑스 해안에 비행기를 착륙시키는 것뿐이었다. 시야가 너무 나빠 그는 대신 해안이 가까운 바다에 내려앉았다. 그와 다른 두 명의 승무원은 가까스로 해안에 다다랐지만 4번째 승무원은 나타나지 않았다.

레만은 그곳이 프랑스라고 생각했다. 비스케이만인 것 같았다. 하지만 그의 비행기가 내린 곳은 영국의 도싯 해안과 가까운 바다였다. 그가 세인트 말로를 가리킨다고 생각했던 유도 표지는 사실 브리스틀에서 남쪽으로 55킬로미터 떨어진 영국 서머싯의 템플콤 마을에 있는 RAF의 허위무선송신소에서 전송한 교란 표지였다.

레만과 그의 부하들은 즉시 체포되어 런던 외곽의 RAF 심문 센터로 이송되었다. 체포한 승무원들이 그동안 베일에 싸여있던 KGr 100 소속 대원인 것을 알게 된 공군정보부 사람들은 쾌재를 불렀다.

영국의 날씨는 나빠졌다. 강풍이 경관을 할퀴고 주변 바다를 뒤집어 놓아 독일군의 수륙양용 작전의 가능성은 점점 희박해졌다. 블레츨리 파크(공군부 관리들은 '우리의 특별 정보원情報源'이라고만 칭했다)에서 흘러나오는 단편적인 정보에 따르면 히틀러가 바다사자 작전을 연기했을지도 모른다고 했다. 그러나 루프트바페는 밤마다 런던을 공격했고 이제는 런던 이외의 다른 도시로 범위를 넓히는 것 같았다. 뭔가 새로운 일을 꾸미는 것이 분명했다. 그렇다면 보통 문제가 아니었다. 런던은 야간 공격을 견딜 수 있다는 것을 보여주었지만 나머지 지역들은 어떤가? 자기 집에서 죽거나 다치거나 폭격을 당하는 시민이 계속 늘어난다면?

루프트바페가 새로 벌이는 전쟁의 세부적인 내용들이 뚜렷하게 드러나기 시작했다. 11월 12일 화요일에 정보당국은 새로 붙잡힌 독일 비행사가 다른 포로들과 나누는 대화를 감청했다. 그 방에는 마이크가 숨겨져 있었다. "그는 런던에서 폭동이 일어나고 사람들이 버킹엄궁에 난입했다고 믿고 있다. 또한 그는 '헤르만(헤르만 괴링)'이 보름달이 뜨는 15일과 20일 사이를 심리적으로 대규모 공습을 감행하기에 알맞은 시기로 판단하고 있으며 코번트리와 버밍엄을 표적으로 삼는 것 같다고 생각한다." 담당자들은 그렇게 보고했다.

포로의 설명이 사실이라면 오싹한 시나리오였다. 루프트바페는 이 공습에 가능한 폭격기를 모두 동원하고 모두 항법 빔을 사용할 계획이라고 했다. 비행기들은 50킬로그램짜리 '귀청을 찢는' 폭탄을 실을 것이다. 보고서에 따르면 그 포로는 반란을 일으킬 가능성이 높은 노동자들이 사는 동네를 골라 집중적으로 폭격할 것이라고 말했다.

보고서는 포로의 말에 신빙성이 떨어질 수 있으니 그 점을 감안하여 신중히 처리하라고 권고했다. 보고서에 따르면 공군정보통이 포로의 말을 군이 전달한 이유는 독일군이 작전명 '월광 소나타'로 통하는 '대규모 공습'을 계획하고 있다는 정보를 그날 오후에 특수 소식통으로부터 받았기 때문이었다. 이 소식통은 적이 노리는 도시가 코번트리나 버밍엄이 아닌 런던이라고 믿었다. 공격은 사흘 후인 11월 15일 금요일 보름달이 뜰 때로 보이며, 선봉인 KGr 100 비행단의 폭격기를 비롯해 독일 항공기가 1,800대까지 동원되며 소이탄으로 목표물을 환하게 밝힐 것으로 예상되었다. 이번 작전을 괴링이 직접 지휘할 계획이라는 점도 그 중요성을 짐작하게 해주었다.

만약 그 말이 전부 사실이라면 그것은 처칠이 말하는 하늘의 "성찬banquet", 즉 결정적인 대량 공습의 망령을 부르는 참사가 될 것이다. 민방위 담당자들이 전쟁 발발 이후로 줄곧 예상하고 두려워해왔던 사태였다.

공군부는 지금까지 밝혀진 정보를 토대로 의견을 제시한 '전언문'를 배포했다. '극비'라고 표시된 항목에서 RAF의 어떤 중령은 KGr 100의 폭격기들의 오후 비행이 아마도 정확한 공격 날짜의 신호가 될 것이라고 썼다. 선택된 목표물에 대한 기상 상태를 확인하고 항법 빔이 제 위치를 가리키는지 확인하는 것이 그들의 비행 목표일 것이다. 그는 또한 '소나타'라는 단어 자체에 중요한 의미가 담겨있을지도 모른다는 의견을 제시했다. 소나타는 전통적으로 3악장으로 구성된다. 이는 공격이 3단계로 이루어진다는 암시일 것이다. 정확한 표적은 아직 밝혀지지 않았지만 가로챈 정보에 따르면 루프트바페는 4개 지역을 염두에 두고 있으며 그중에는 런던도 있었다.

공군부 관리들은 대응 계획을 세워야 할 만큼 입수한 정보의 신뢰도가 높다고 판단했다. 반격작전은 독일의 공격에 찬물을 끼얹는다는 의미에서 '찬물Cold Water'이라는 작전명을 붙였다. 한 관리는 영국 국민의 입장에서 생각할 때 RAF가 독일에 목표물을 정해 대규모 공격을 개시하는 것이 최선의 대응이라고 제안했다. 그는 루르강 연안의 목표물을 때리거나 아예 베를린을 표적 삼아 "크게 한 방big bang" 먹이자고 주장하면서 폭탄에 독일식 '여리고의 나팔Jericho trumpet'을 장착해 폭탄이 내려갈 때 날카로운 소리를 내도록 만들 것을 권고했다. "쇳소리를 내는 장치는 이미 병참부로 나갔으며 100~200킬로그램짜리 폭탄에 장착하는 데 아무런 문제가 없을 것이다. 이 같은 공격으로 최상의 심리적 효과를 거둘 수 있다면 반드시 이 방법을 쓸 것을 제안한다."

'찬물 작전'은 또한 7월에 창설된 RAF의 새로운 대응부대인 제80비행단에게 독일이 송신하는 항법 빔을 최대한 교란시키는 데 주력할 것을 요구했다. 아울러 특수 장비를 갖춘 두 대의 폭격기가 셰르부르에서 전송한 핵심 빔을 역추적하여 송신기를 폭격하기로 했다. 앞서 행한 전자 정찰을 통해 빔이 송신소 바로 위에서 사라진 것을 확인했기 때문에 목표를 쉽게 찾을 수 있을 것이다. RAF는 이 사각 지역을 '불감청 지역the silent zone' 또는 '컷아웃the cut-out' 또는 '불감청 원추the cone of silence' 등으로 불렀다.

처칠은 아직 독일군이 공격 준비를 완료했다는 보고를 받지 못했다.

*

수요일 저녁 7시, 공군정보통은 특수소식통으로부터 받은 '월광 소나타'에 대한 새로운 소식을 RAF 사령관에게 전달했다. 그들은 이 작전이 하룻밤에 3단계로 진행되는지 아니면 사흘 밤에 걸쳐 진행되는지는 분명하지 않지만 어쨌든 공습이 3단계에 걸쳐 이뤄지는 것만은 틀림없다고 확인했다. 이 소식통은 세 단계 중 두 단계의 코드명을 제공했는데 첫 번째는 레겐셤Regenschirm 즉 '우산'이고 두 번째는 몬트샤인 세레나데Mondschein Serenade 즉 '월광 세레나데'였다. 세 번째의 이름은 아직 확인이 되지 않았다. 공군참모차장 윌리엄 숄토 더글러스William Sholto Douglas는 독일이 사흘 밤에 걸쳐 공격할지 모른다는 말을 믿지 못했다. "독일 놈들이 아무리 낙천적이라도 그렇지 어떻게 사흘이나 계속 날씨가 좋기를 바랄까?"

통상 독일군의 일상적인 활동은 처칠에게 보고되지 않지만 11월 14일 목요일에 공군은 총리에게 보낼 특별 '극비' 비망록을 작성했다. 그 문서는 처칠의 노란색 상자로 들어갔다. 중요한 비밀 서류를 보관하는 특별 상자였다.

짐작대로라면 공습은 11월 15일 금요일 밤에나 가능했다. 그날이 비행에 가장 이상적인 날씨였기 때문이었다. 춥고 대부분 지역에서 맑은 하늘과 보름달이 뜨기 때문에 하늘에서 보면 아래 조망이 환하게 보일 것이다.

그러나 이 추정은 곧 잘못된 것으로 밝혀졌다.

*

목요일 정오에 콜빌은 웨스트민스터 사원으로 갔다. 그는 한 주 전에 사망한 네빌 체임벌린 전 총리의 장례식 안내를 맡았다. 처칠은 핼리팩스와 함께 관 옆에서 따라가기로 했다. 폭탄이 예배당 유리창들을 날려버린 뒤여서 난방도 되지 않았다. 정부 각료들이 합창단 좌석을 가득 채웠다. 외투와 장갑을 착용했지만 모두들 몸이 얼어있었다. 콜빌은 장례식 시간과 장소를 비밀로 했기 때문에 예배당은 일부만 찼다고 적었다. 신중할 수밖에 없는 조치였다. "폭탄 하나가 똑똑하게 자리를 골라 떨어졌다면 결과가 볼만했을 것이다."

콜빌의 시선은 정보부 장관 더프 쿠퍼를 향했다. 그의 표정은 "공허한 무관심, 아니 경멸에 가까웠다." 몇몇 장관들이 찬송가를 따라 불렀다. 사이렌도 울리지 않았고 독일 항공기도 나타나지 않았다.

*

그날 오후 다우닝가 10번지에서 처칠과 콜빌과 타이피스트 등 그와 주말을 함께할 일행들은 뒷마당을 지나 늘 타던 차에 올랐다. 그들은 보름달이 뜰 때 가는 디츨리를 향해 시골 행차를 준비했다.

출발 직전, 주말 당직을 배정받은 비서관 존 마틴이 처칠에게 극비 교신이 담긴 노란색 상자를 건네주고 뒷좌석에 함께 앉았다. 차들은 빠른 속도로 출발하여 몰을 따라 서쪽으로 움직였고 버킹엄궁을 지나 하이드 파크의 남쪽 경계를 따라갔다. 출발한 지 몇 분 뒤에 처칠은 상자를 열었고 그 날짜로 된 비밀 메모를 봤다. 글씨가 빼곡한 3쪽짜리 비망록으로, '월광 소나타'라는 루프트바페의 작전이 임박한 것 같다는 내용이었다.

공군정보통이 알아낸 정보와 그에 대한 대응책을 상세히 밝힌 그 보고서는 센트럴런던Central London과 그레이터런던Greater London을 포함한 4개 지역을 표적으로 지목하고 있었다. 그 보고서는 런던이 거의 틀림없다고 단정했다.

문제는 그 뒤에 이어지는 내용이었다. "독일의 장거리 폭격부대가 전부 동원될 것으로 보입니다." 게다가 이번 습격은 헤르만 괴링이 직접 지휘할 것이다. 그 정보통은 "실제로 아주 믿을 만한 정보원에서 나온 것"이라고 했다. 물론 처칠은 그 정보원이 블레츨리 파크라는 것을 알고 있었다.

만족스러운 것은 그다음 2쪽으로, RAF가 계획한 대응책인 '찬물작전'을 구체적으로 밝힌 부분이었다. RAF 폭격기 사령부는 '이에는 이 원칙'에 따라 독일의 도시 한 곳을 골라 집중 폭격할 것이라고 했다. 아마도 베를린일 확률이 크지만 날씨에 따라 뮌헨이나 에센이 될 수도 있었다.

그 부분을 읽을 때 처칠과 그의 수행원들은 아직 런던을 벗어나지 못한 상태였다. 처칠은 운전기사에게 차를 돌리라고 명령했다. "런던이 대공습을 받을 것으로 보이는 판국에 한가하게 시골에서 잠을 잘 수는 없었다." 비서 마틴은 그렇게 썼다.

차들은 속히 다우닝가 10번지로 되돌아왔다. 사태가 위중하다고 판단한 처칠은 여직원들에게 해가 지기 전에 퇴근하여 집이나 '패독'으로 가라고 지시했다. 패독은 돌리스힐에 있는 요새화된 비상대책본부였다. 그는 존 콜빌과 또 다른 비서인 존 펙에게 다운스트리트역에서 밤을 보내라고 말했다. 런던여객운송위원회London Passenger Transport Board가 지은 호화로운 대피소인 그곳은 처칠도 가끔 이용하곤 했다. 그는 그곳을 자신의 "굴burrow"이라고 불렀다. 콜빌은 저항하지 않았다. 그와 펙은 콜빌의 표현대로 "요란뻑적지근하게apolaustically" 식사를 즐겼다. '매우 즐겁다'는 뜻 중 일부러 음절이 많은 것을 골라 쓴 단어였다. 이 대피소에 저장된 사치품 품목에는 캐비어, 아바나 시가, 1865년산 브랜디 외에 샴페인도 당연히 포함되어 있었다. 1928년산 페리에주에Perrier-

Jouët였다.

처칠은 내각전쟁상황실로 가서 공격을 기다렸다. 그는 잘하는 게 많았지만 기다리는 데에는 소질이 없었다. 조바심이 난 그는 퍼그 이즈 메이를 대동하고 가까이 있는 공군부 청사 옥상으로 올라갔다.[58]

*

공군정보부가 결국 목표물을 찾아냈다. 오후에 RAF의 무선대책 본부 대원들은 프랑스에 있는 독일 송신소에서 전송되는 새로운 빔 을 감지했다. 독일의 교신에 귀를 기울이고 있던 무선통신사들은 예상 된 루프트바페의 사전 정찰 보고서와 함께 공격을 지시하기로 되어 있 는 베르사유 관제 센터에서 나온 메시지를 가로챘다. 모든 메시지가 바 로 그날 11월 14일 밤에 '월광 소나타' 작전이 개시된다고 일러주고 있 었다. 정보기관에서 처음 주장했던 것보다 하루 이른 날짜였다.

해가 떨어지고 한 시간쯤 지난 오후 6시 17분, 첫 번째 독일 폭 격기들이 영국 남부 해안의 라임만을 건넜다. 전부 13대였다. 모두가 KGr 100 소속 폭격기였기 때문에 전파 빔을 따라 비행하는 데 능숙 했다. 그들은 곧 뒤따를 폭격기에게 목표물을 밝혀주기 위한 소이탄을 1만 개 이상 싣고 있었다.

오후 7시 15분 항공기 몇 대가 런던 상공을 지났고 10분 뒤에 다 시 사이렌이 울렸다. 사람들은 대피소로 몰려갔지만 항공기들은 달빛 을 받아 유령처럼 조용해진 도시를 뒤로한 채 아무 일 없이 계속 날아 갔다. 속임수였다. 대규모 공습의 목표를 수도로 착각하게 만들기 위한 수법이었다.

59장 코번트리여 안녕

그날 목요일 오후 3시에 RAF의 무선대응팀은 독일의 항법 빔이 런던 상공이 아니라 거의 150킬로미터 떨어진 미드랜즈Midlands(잉글랜드 중부 지역)의 무기 제조 센터인 코번트리 상공에서 교차하고 있다는 사실을 확인했다. 공업도시라는 이미지와는 별개로 코번트리는 중세 성당과 11세기에 말을 탄 고다이바 부인Lady Godiva의 전설로 유명한 유서 깊은 도시였다. 토머스라는 사나이가 지나가는 백작 부인을 훔쳐보지 말자는 약속을 어겨 '피핑 톰Peeping Tom'이라는 말이 만들어진 곳이다. 어떤 이유에서인지 처칠은 독일군이 노리는 목표지점이 코번트리라는 보고를 받지 못한 채 공군부 옥상에서 초조하게 기다렸다.

RAF의 무선대응팀은 코번트리를 표적으로 삼은 항법 빔을 방해하거나 왜곡하는 데 필요한 정확한 주파수를 찾으려 했다. 교란용 송신기는 몇 개만 통했고, 보이지 않는 광선들이 하늘을 갈랐다. 광선 하나가 런던 서쪽의 윈저성 바로 위를 통과해, 루프트바페가 왕실을 겨냥한 것 아닌가 하는 우려를 낳게 했다. 성에 경고가 전달되었다. 방어 임무를 맡은 공습대책반ARP 대원들은 중세시대에 포위전을 기다리는 병사들처럼 전투태세에 돌입했다. 잠시 후 머리 위에서 만월에 가까워진 달을 배경으로 끝없이 줄지어 오는 검은색 폭격기 행렬이 보였다.

폭탄은 떨어지지 않았다.

*

오후 5시 46분 코번트리가 등화관제에 들어갔다. 하지만 앞서 오후 5시 18분에 떠오른 달 때문에 사방이 훤했다. 시민들은 암막 블라인드와 커튼을 쳤고 기차역도 모든 등을 껐다. 늘 하던 일이었다. 하지만 등화관제에도 거리는 빛으로 환했다. 달은 눈부셨고 하늘은 유난히 맑았다. 무기 공장의 공구계측원 레너드 대스콤Dascombe은 일터로 가는 길에 "주택의 지붕들 위로 비추는" 달빛이 아주 화려하다고 생각했다. 달이 밝아 굳이 차의 헤드라이트를 켤 필요가 없겠다고 생각한 사람도 있었다. "신문도 읽을 정도였다. 정말 멋진 밤이었다." 그는 그렇게 말했다. 새로 선출된 시장 존 "잭" 모즐리John "Jack" Moseley의 딸 루시 모즐리Lucy Moseley는 회상했다. "바깥이 정말 이상할 정도로 밝았다. 이렇게 환한 11월 밤은 거의 본 적이 없었다." 모즐리 부부가 저녁 식사를 위해 자리를 잡았을 때 가족 중 한 사람이 달을 가리키며 "크고 정말 끔찍한 '폭격기의 달'"이라고 한마디 했다.

오후 7시 5분, 지역 민방위 통제실에 '황색 공습 메시지'가 도착했다. 항공기가 코번트리 쪽으로 향하는 것을 감지했다는 의미였다. 그리고 사이렌을 울리라는 신호인 "적색 공습 메시지"가 도착했다.

코번트리는 전에도 공습을 당한 적이 있었다. 그리고 잘 대처했었다. 그러나 그날 목요일은 달랐다고 나중에 주민들은 회상했다. 갑자기 하늘에서 불꽃들이 낙하산에 매달린 채 떠내려와 이미 달빛으로 환한 거리를 더 밝게 비추었다. 7시 20분에 떨어지기 시작한 소이탄은 한 목격자의 설명대로 "폭우처럼 쏴- 하는 소리"를 냈다. 소이탄들 중 일부는 신종인 것 같았다. 소이탄은 단순히 점화하고 불을 지르는 것이 아니라 폭발하면서 발화 물질을 사방에 뿌렸다. 1,800킬로그램짜리 '사탄' 5발을 포함해 많은 고폭탄이 떨어졌다. 수도관을 파괴하여 소방대원들의 화재 진압을 방해하려는 의도가 분명했다.

고폭탄은 비처럼 쏟아졌다. 조종사들은 "불을 투하했다." 그들은 낙하산 기뢰도 투하했다. 전부 127개였는데 그중 20개는 폭발하지 않았다. 고장이 났거나 시간지연 신관 때문이었다. 루프트바페는 폭발을 지연시키는 것에 재미를 붙인 것 같았다. "하늘은 포화 소리, 폭탄 날아가는 소리, 소름 끼치는 섬광과 폭발음으로 가득 찼다." 한 경찰관은 그렇게 회상했다. "하늘을 비행기로 다 메운 것 같았다." 너무나 갑작스럽고 강렬한 공습이어서 YWCA 호스텔에 있던 여성들은 인근 대피소로 갈 틈도 없었다. "두려움에 떤다는 게 어떤 것인지 난생처음 알았다." 어떤 여성은 그렇게 썼다.

폭탄은 대피소도 몇 군데 강타했다. 군인과 공습대책반 요원들은 생존자들이 다칠까 손으로 잔해를 들어내며 수색했다. 직격탄을 맞은 것이 분명한 대피소도 있었다. "잠시 뒤에 대피소에 있던 사람들에게 다가갔다." 한 구조대원은 그렇게 썼다. "어떤 사람은 이미 몸이 식었고 또 어떤 사람은 온기가 남아있었지만 모두 죽어있었다."

이블린 애시워스 박사Dr. Eveleen Ashworth와 두 아이들이 대피한 대피소 근처에도 폭탄이 떨어졌다. 처음에는 "부서지는 소리"가 났지만 이어 폭발했다고 그녀는 썼다. "그러더니 땅이 요동치면서 대피소를 뒤흔들었다." 그 폭발로 대피소 문이 날아갔다.

그녀의 일곱 살짜리 아이가 말했다. "머리카락이 날아갈 뻔했어."

세 살짜리가 말했다. "난 머리가 날아갈 뻔했어!"

도심 병원에 있던 해리 윈터 박사Dr. Harry Winter는 소이탄을 끄러 지붕으로 올라갔다. 서두르지 않으면 병원이 다 타버릴 판이었다. "눈을 믿을 수 없었다." 그는 그렇게 말했다. "병원 구내 곳곳에서 말 그대로 수백 개의 소이탄이 타고 있었다. 대형 크리스마스트리에 반짝이는 불빛 같았다.”

건물 내부의 산부인과 병동에는 여성들이 침대 밑에 깔렸고 매트리스가 그들의 몸을 누르고 있었다. 환자 중에는 맨 위층 침대에서 부상에서 회복 중이던 독일 공군도 있었다. “폭탄이 너무 많아, 끝이 없어!” 그는 신음했다. “폭탄이 너무 많아!”

사상자들이 병원에 도착하기 시작했다. 윈터 박사 등 외과의사들은 3곳으로 나눠 수술실에 투입되었다. 팔다리를 크게 다쳤거나 심각한 열상裂傷 환자가 대부분이었다. “폭발로 인한 열상의 합병증은 표면의 상처는 작지만 그 밑에 파열된 부위는 범위가 넓다.” 윈터 박사는 나중에 그렇게 썼다. “조직이 전부 펄프처럼 풀어져버린다. 안쪽 깊숙이 크게 절개하지 않고 표면의 상처만 치료해서는 아무 소용도 없다.”

다른 병원에서 있던 어떤 수습간호사는 오래전부터 우려했던 공포와 마주했다. “수습기간 중에 나는 절단한 환자의 사지를 손에 들고 있어야 할 일이 생길까 늘 겁냈었다. 지금까지는 절단 수술이 있을 때마다 용케 비번이었다.” 그녀는 그렇게 썼다. 그 공습은 “나를 싹 다 바꿔놓았다. 더는 징징거릴 겨를이 없었다.”

그 도시는 많은 사람에게 엄청난 트라우마를 안겨주었다. 소이탄은 이 도시의 명물인 성 미카엘 성당의 지붕과 바닥을 불로 지져놓았다. 소이탄이 성당에 처음 쏟아진 것은 8시경이었다. 그중 하나가 납으로 만들어진 지붕에 떨어졌다. 이 불로 금속이 타면서 녹은 납이 아래쪽 나무로 된 내부로 떨어져 불이 붙었다. 목격자들은 소방차를 불렀지만 모두 도시 전역에서 화재와 싸우고 있었다. 소방차가 성당에 도착한 것은 불이 붙은 지 1시간 30분 지난 뒤였다. 23킬로미터 떨어진 솔리헐 마을에서 온 소방차였다. 소방대원들은 지켜만 볼 뿐 손을 쓸 수 없었다. 폭탄이 주요 수도관을 산산조각 냈기 때문이었다. 한 시간 후 마침내 물이 나오기 시작했지만 압력이 너무 낮았고 그나마도 얼마 안 가 끊기고 말았다.

불이 계속 번져 성단소와 본당과 지붕의 무거운 목재 빔에 붙기 시작하자 교회 직원들이 안으로 달려들어 태피스트리, 십자가, 촛대, 제병을 담는 상자, 십자가상 등을 손에 잡히는 대로 안고 나왔다. 그들은 근엄하게 행렬을 갖춰 경찰서로 그것들을 날랐다. 주임신부 R. T. 하워드R. T. Howard는 경찰서 현관에서 성당이 타는 모습을 지켜봤다. 헨델이 연주했던 유서 깊은 파이프오르간을 오렌지색 화마가 집어삼키고 있었다. "내부 전체가 들끓는 화염 덩어리였고 불타는 대들보와 목재가 쓰러져 차곡차곡 쌓였다. 그 사이로 짙은 청동색 연기가 뚫고 나와 허공으로 올라갔다." 하워드는 그렇게 썼다.

다른 곳들도 불타고 있는 것 같았다. 50킬로미터 떨어진 어떤 별장에 초대받은 국토안전부 장관 허버트 모리슨도 그 불빛을 봤다. 공습 직후에 격추당한 한 독일 조종사는 기지로 돌아가는 중 150킬로미터 떨어진 런던 상공을 지날 때도 코번트리의 불빛이 보였다고 RAF 심문관들에게 말했다. 코번트리에서 서쪽으로 13킬로미터 떨어진 볼솔코먼에 사는 일기기록원 클라라 밀번Clara Milburn은 이렇게 썼다. "밖으로 나가보니 서치라이트가 맑은 하늘을 샅샅이 훑었고 별이 매우 가까웠다. 공기도 맑고 달빛도 눈부셨다. 이렇게 화려한 밤은 처음이었다. 항공기들이 파도처럼 끝도 없이 밀려오더니 거센 포성이 이어졌다."

그날 밤 내내 11시간 동안 폭격기가 밀려왔고 소이탄과 폭탄이 떨어졌다. 목격자들은 화염으로 인한 익숙한 냄새를 얘기하면서 그런 이유만 아니라면 사실 정겨운 냄새였을 것이라고 말했다. 담배 가게를 집어삼킨 불로 시가향과 파이프 담배 타는 냄새가 주변을 가득 메웠다. 불타는 정육점에서 나는 냄새는 전통적인 일요일 만찬용 '고기'를 굽는

향수를 불러일으켰다.

폭탄은 아침 6시 15분까지 떨어졌다. 7시 54분이 되어서야 등화관제가 해제되었다. 맑은 새벽하늘에 달은 여전히 빛났지만 폭격기는 사라지고 없었다. 성당 지붕에서는 아직도 납이 녹아 떨어졌고, 검게 그을린 목재 조각들이 더는 버티지 못하고 폐허 더미 위로 무너졌다. 도시 전역에서 가장 흔하게 들을 수 있는 것은 깨진 유리를 밟을 때 나는 바작거리는 신발 소리였다. "유리가 너무 두텁게 쌓여 거리가 온통 얼음으로 뒤덮인 것 같습니다." 한 뉴스 리포터는 그렇게 말했다.

그리고 끔찍한 장면들이 목격되었다. 애시워스 박사는 "어린이의 팔을 입에 물고" 거리를 달리는 개를 보았다고 했다. E. A. 콕스E. A. Cox 라는 남자는 폭탄 분화구 옆에서 머리가 없는 사람의 시체를 보았다. 다른 곳에서는 폭발한 기뢰에 까맣게 탄 몸통들이 널려있었다. 임시 영안실엔 시간당 60구에 이르는 속도로 시신들이 들어왔고, 장의사들은 한 번도 겪어보지 못한 문제를 처리해야 했다. 시신은 시신이라고 할 수 없을 정도로 훼손되어 있었다. 40~50퍼센트는 '신원 확인이 불가능할 정도의 훼손'으로 분류됐다.

상태가 온전한 시신들은 발견된 장소와 짐작이 가는 신원을 기재한 수화물 꼬리표를 달아 여러 층으로 쌓았다. 생존자들은 주변을 다니며 실종된 친구와 친척을 찾아다녔지만, 인근 천연가스 저장 시설에서 터진 폭탄이 시체안치소의 지붕을 찢으면서 그나마도 중단되었다. 비가 내려 수화물 꼬리표도 엉망이 되었다. 시신 하나를 놓고 서너 명이 서로 다른 말을 하는 등 신원 확인 과정도 너무 섬뜩하고 성과가 없어 당국은 결국 사람들의 출입을 중단시키고 사망자의 몸에서 수거된 소지품을 통해 신원을 확인했다.

영안실 밖에는 표지판이 붙었다. "매우 유감스럽게도 저희 영안실로는 더 이상 감당이 안 돼 인척들에게 시신을 보여드릴 수 없게 되었습니다."

*

비버브룩 경은 또 다른 끔찍한 공습을 놓쳤다는 말을 듣고 싶지 않아 서둘러 코번트리로 갔다. 그는 거기서도 환영받지 못했다. 그는 공격으로 피해를 입은 공장들의 생산력을 복구하는 데 주력했다. 관리들과 만난 자리에서 그는 처칠식 수사를 슬쩍 빌렸다. "코번트리는 공군이 뿌리를 내린 곳입니다. 코번트리의 생산량에 문제가 생기면 나무는 시들해질 것입니다. 그러나 잿더미 속에서 도시가 다시 일어난다면 나무는 계속 싹을 틔워 새로운 잎과 나뭇가지들을 돋게 할 것입니다." 그는 파괴 현장을 보고 눈물을 흘렸지만 사람들 신경만 "날카롭게" 만들었다고 시장의 딸 루시 모즐리는 썼다. 눈물도 효력이 없었다는 얘기였다. 비버브룩은 생산량을 최대로 늘리기 위해 공장들을 쥐어짰지만 이제 도시 대부분이 폐허가 되고 말았다. "그는 그동안 코번트리의 직원들에게 전력을 다해달라고 당부했었다. 그런데 그들에게 돌아온 것은 무엇인가?" 모즐리는 그렇게 썼다.

국토안전부 장관 허버트 모리슨도 왔지만 도시를 제대로 지키지 못했다는 가책에 괴로웠다. 사실상 독일 폭격기들이 RAF의 별다른 제지도 받지 않고 그곳까지 온 것도 자신의 탓인 것 같아 마음이 무거웠다. 실제로 그날 밤 RAF는 121차례나 출격했고 그중 전투기 수십 대가 공대공 레이더를 장착하고 있었지만 교전은 두 차례밖에 이루어지지 않았고 폭격기를 한 대도 파괴하지 못했다고 보고했다. 그들은 여전히 어둠 속에서 전투를 벌이기가 어렵다는 점만 다시 한 번 강조했다. '찬물 작전'의 효과도 미미했다. 영국 폭격기들이 프랑스의 비행장과 베를린의 군사 목표물을 타격했지만 그 과정에서 폭격기 10대를 잃었다. RAF의 대응팀인 제80비행단은 독일 빔을 왜곡하고 우회시키기 위해 방해전파를 쏘고 빔을 휘게 만드는 송신기를 사용했지만, 공군 분석에 따르면 "그날 밤하늘이 너무 맑고 달이 밝아 애초에 전파 항법 보조장치가 그다지 필요한 것도 아니었다." 이 부대는 두 대의 폭격기를 보내 두 개의 독일 빔을 따라 셰르부르에 있는 본기지 송신소까지 갔지만 그곳에서 두 대 모두 피격당해 전투력을 상실했다. 적기를 한 대도 격추하지 못한 것에 화가 난 공군부는 전투기사령부에 전보를 쳐서 물었다. "날씨도 맑았고 달빛도 환했고 전투기가 그렇게 많이 출격했는데도 왜 요격 전과가 이렇게 빈약한가?"

코번트리는 토요일 아침에 예고 없이 찾아온 국왕을 따뜻하게 맞았다. 모즐리 시장은 전날 늦게야 국왕이 온다는 사실을 알았다. 시외에 있는 친척 집으로 거처를 옮기기 위해 소지품을 챙기던 시장의 아내가 울음을 터뜨렸다. 그건 기쁨의 눈물이 아니었다. "오, 세상에!" 그녀가 외쳤다. "그렇게 직접 오지 않으셔도 너무 엉망이라 할 일이 많다는 것을 그분은 정말 모르신다는 말입니까?"

왕은 먼저 시청 공식 응접실에서 시장을 만났다. 맥주병 몇 개에 끼운 초가 불을 밝혔다. 곧이어 두 사람은 관리들을 대동하고 폐허가 된 현장을 둘러보기 위해 나섰다. 피해가 가장 심한 지역에 국왕이 예고도 없이 나타나자 정류장에 지쳐 앉아있던 노인들이 놀라 벌떡 일어나 국가를 불렀다. "신이여 왕을 지키소서God Save the King." 헬멧을 쓴 채 지저분한 차림으로 피곤에 절어 잠시 길가에 앉아 휴식을 취하던 어떤 노동자가 고개를 드니 저편에서 한 무리의 남자들이 다가오고 있었다. 일행 중 리더로 보이는 사람이 지나치며 그에게 "안녕하십니까"라고 인사했고 노동자는 고개를 끄덕였다. 그들이 지나간 뒤에야 그는 그 사람이 국왕이라는 것을 깨달았다. "소스라쳤고 너무 당황하고 놀라고 압도당해 대답할 새도 없었다."

성당에서 왕은 주임신부 하워드를 만났다. "국왕의 출현에 깜짝 놀랐다." 하워드는 그렇게 썼다. 사람들의 환호 소리와 함께 왕이 교회의 남서쪽 끝에 있는 문을 통해 들어오는 것이 보였다. 하워드는 왕을 맞이했다. 두 사람은 악수를 했다. "그분과 나란히 서서 폐허를 바라보았다." 그는 그렇게 썼다. "거동 하나하나에 깊은 위로와 슬픔이 담겨있었다."

금요일 오후에 공습의 영향을 기록해온 매스옵저베이션 연구팀이 도착했다. 그들은 연이은 보고서를 통해 지난 두 달 동안 이어진 상습적인 공습보다 "히스테리와 공포와 노이로제의 징후가 더 농후하다"고 썼다. "금요일에는 철저한 *무력감이* 짓눌렀다."(이탤릭체는 그들의 표기다.) 연구팀은 제자리에 있는 것이 거의 없는 데서 오는 낙담한 심리 상태를 예사롭지 않게 보았다. "그 정도가 너무 심해 사람들은 마을 자체가 살해되었다고 생각한다."

BBC는 이번 공습과 관련된 뜬소문이 갑자기 확산되는 것을 막기 위해 토요일 밤 9시 황금시간대인 홈서비스Home Service 뉴스 시간에 매스옵저베이션 총책임자인 톰 해리슨Tom Harrisson 본부장을 초대했다. 29살인 해리슨은 자신이 직접 시내에서 본 것을 있는 그대로 얘기했다.

"무엇보다도 가장 낯선 광경은 성당이었습니다." 그는 시청자들에게 그렇게 말했다. "양쪽 끝에 유리 없이 틀만 남은 창문은 여전히 아름다웠습니다. 하지만 그 사이에 벽돌과 기둥, 대들보, 기념비 등이 뒤죽박죽 뒤섞여 있더군요." 그는 금요일 밤 자신의 차로 폭탄 분화구와 깨진 유리 더미를 헤치고 주변을 돌며 느꼈던 도시의 무서운 정적을 말했다. 그는 그날 밤 차에서 잠을 잤다. "아마 평생을 살아도 이보다 더

기이한 경험은 다시 하기 힘들 겁니다." 그는 그렇게 말을 이었다. "쓸쓸하고 고요한 폐허 속에서 차를 몰았고 그 위대한 산업도시에는 무심한 비만 부슬부슬 내렸습니다."

11월 18일 월요일 처칠의 전시내각 회의에서 이 방송이 화제가 되었다. 앤서니 이든 전쟁장관(곧 외무장관이 된다)은 사람을 "아주 우울하게 만든 방송"이라 평했다. 다른 사람들도 고개를 끄덕이며 그 방송으로 시민들의 사기가 꺾이지 않을지 걱정했다. 그러나 처칠의 생각은 달랐다. 균형 있는 방송은 별다른 악영향을 끼치지 않고 오히려 그 방송으로 미국 청취자들까지 관심을 갖게 될지도 모른다며 좋게 해석했다. 〈헤럴드트리뷴Herald Tribune〉은 이번 폭격을 "말도 안 되는" 만행이라고 규정하며 단언했다. "미국이 영국의 손에 쥐어줄 수 있는 어떤 방어 수단이 있다면 그들은 더는 보류할 이유가 없다."

*

독일 고위 관리들은 코번트리 공격에 대한 세간의 평판에도 전혀 꿈쩍하지 않았다. 괴벨스는 오히려 "보기 힘든 성공"이라고 규정했다. 11월 17일 일요일자 일기에서 그는 이렇게 썼다. "코번트리에서 나오는 보도들은 끔찍하다. 말 그대로 도시가 통째로 사라졌다. 영국인들은 더는 허세를 부리지 못할 것이다. 지금 그들이 할 수 있는 것은 울부짖는 일뿐이다. 하지만 그것은 그들이 자초한 결과다." 그는 이번 공격에 쏠리는 전 세계의 관심을 전혀 부정적으로 보지 않고 오히려 그 공습을 하나의 전환점으로 삼을 수 있을 것이라 생각했다. "이 사건은 전 세계에서 대단한 관심을 불러일으켰다. 우리의 주가가 다시 오르고 있다." 그는 11월 18일 월요일 일기에 이렇게 썼다. "미국의 기세는 한풀 꺾였고 런던의 언론에서도 평소의 오만한 어조가 사라지고 있다. 우리에게 필요한 것은 몇 주 정도의 좋은 날씨다. 그러면 영국을 간단히 처리할 수 있을 것이다."

루프트바페 수장 괴링도 그 공습을 가리켜 "역사적인 승리"라고 높이 평가했다. 아돌프 갈란트의 지휘관 케셀링 원수는 "이례적으로 대단한 성과"를 칭찬했다. 케셀링은 민간인 사망자들을 단순한 전쟁 비용으로 치부했다. 하지만 그는 나중에 이렇게 썼다. "아무리 정밀 폭격이라 해도 그런 결과까지 예측할 수는 없다. 매우 유감스러운 일이지만 무력 공격을 하다 보면 어쩔 수 없는 일이다."

그러나 루프트바페 조종사들 중에는 선을 넘은 공습이라고 생각하는 사람들이 적지 않았다. "시민들을 향한 직격탄을 반기는 통상적인 환호가 마음에 들지 않았다." 한 폭격기 조종사는 그렇게 썼다. "승무원들은 아무 말 없이 불바다를 내려다보았다. 이곳이 정말 군사목표라는 말인가?"

*

코번트리 공습으로 민간인 568명이 사망하고 865명이 중상을 입었다. 괴링이 코번트리를 공격하기 위해 발진시킨 509대의 폭격기 중 일부는 대공포 때문에 임무를 단념했고 또 다른 일부는 다른 이유로 되돌아갔다. 루프트바페 승무원들은 11시간 넘게 고폭탄 500톤과 소이탄 2만 9,000발을 떨어뜨렸다. 그 공습으로 건물 2,294채가 소실되고 4만 5,704채가 파손돼 '코번트레이션coventration(도시 파괴)'이라는 신조어가 생겨났다. RAF는 코번트리를 공습의 등급 기준으로 삼아 이후 독일 마을을 공습하는 과정에서 나오는 사망자 수를 추정할 때 '1 코번트리', '2 코번트리' 등으로 평가했다.

시 당국은 신원이 밝혀지지 않은 수많은 시신의 개별 매장을 금

지시켰다. 172명의 희생자를 위한 첫 번째 합동장례식과 매장은 11월 20일 수요일에 거행되었고, 사흘 뒤에 250명이 넘는 희생자들을 위한 두 번째 합동장례식이 열렸다.

독일에 보복 공격을 하자는 사람들의 요구는 없었다. 첫 번째 장례식에서 코번트리 주교는 말했다. "우리가 함께 이 일을 겪었고 오늘 이 자리에 섰으니 앞으로 더 좋은 친구, 더 좋은 이웃이 되겠다고 하나님 앞에 서약합시다."

60장 기분 전환

존 콜빌은 매료되었다. 폭탄이 떨어지고 도시가 불탔지만 이성에
대한 관심은 여전했다. 게이 마거슨을 향한 연모는 여전히 냉대를 면치
못하고 있었지만, 그래서인지 18세의 오드리 패짓에게 조금씩 마음이
끌리기 시작했다. 11월 17일 일요일 청명한 가을에 두 사람은 런던 중
심부에서 북쪽으로 약 1시간 거리에 있는 패짓 가문의 사유지인 해트
필드 파크Hatfield Park의 광활한 부지를 드라이브했다.

그는 일기에 그날 오후의 데이트를 적었다. "오드리와 나는 화창
한 햇볕에 씩씩하고 잘생긴 말을 하나씩 타고 해트필드 파크를 달리고
숲과 고사리를 헤치며 걷고 들판과 도랑을 뛰어넘었다. 한시도 오드리
에게서 눈을 뗄 수 없었다. 날씬한 몸매와 예쁘게 헝클어진 머리와 상
기된 볼 때문인지 그녀는 숲속의 요정 같았다. 현실 속의 인물치고는
너무 사랑스러웠다."

그는 이러지도 저러지도 못했다. "사실 내가 게이를 사랑하지 않
고 오드리가 나와 결혼해준다면(지금은 분명 아니겠지만) 아름답고 발랄
하고 존경스럽고 정말로 좋아할 아내를 얻는 셈이겠지." 그는 다음 날
그렇게 썼다.

"하지만 아무리 결함이 있다 해도 게이는 여전히 게이 아닌가. 또
결혼을 할 수 있다 해도 유럽 역사가 이 지경인데 지금 하는 건 어리석
은 일일 것이다."

*

파멜라 처칠에겐 돈 문제가 다시 불거졌다. 11월 19일 화요일 그녀는 남편 랜돌프에게 편지를 보내 일주일에 10파운드(요즘 시세로 약 640달러)를 더 보내달라고 부탁했다.

"여기 지출 내역을 적은 쪽지를 동봉하니 살펴보세요." 그녀는 그렇게 썼다. "치사하고 못되게 굴고 싶지 않지만, 여보, 나는 당신 집을 꾸려가고 당신의 아들을 돌보기 위해 경제적으로 내가 할 수 있는 건 다 하고 있다고요. 그래도 안 되는 건 안 되는군요." 그녀는 담뱃값, 술값까지 살림살이에 들어가는 비용을 전부 열거했다. 랜돌프에게 받은 돈과 그 밖에 시누이 다이애나가 낸 임대료와 그녀의 가족이 보태준 돈 등 거의 모든 수입이 이런 데 거의 다 들어간 상태였다.

그러나 이런 돈은 따져보면 정확하게 계산이 나오는 납득이 가는 지출이었다. 그녀의 진짜 걱정은 랜돌프의 헤픈 씀씀이와 술과 도박에 약한 그의 버릇이었다. "그러니 스코틀랜드에서 쓰는 돈을 일주일에 5파운드로 제한해 보세요." 그녀는 그렇게 썼다. "그리고 여보, 부끄러워하지 말고 도박할 만큼 돈이 넉넉하지 않다고 말하세요. 당신이 베이비 윈스턴과 나를 사랑한다는 것 잘 알고 있어요. 우리를 위해 어떤 희생도 마다하지 않는다는 것도 잘 알고 있고요."

그녀는 서로 지출을 줄여야 한다고 다시 한 번 강조했다. "사는 재미가 전혀 없어요. 늘 걱정만 하는 것도 지겹고요." 그녀는 결혼생활에 크게 실망했지만 아직 돌이킬 수 없을 정도는 아니라고 말했다. 그리고 말투를 누그러뜨렸다. "오! 내 사랑 랜디, 내가 당신을 이렇게 깊이 간절하게 사랑하지만 않았어도 걱정 따위는 하지 않았을 거예요. 나를 아내로 맞아주고 아들까지 갖게 해줘 고마워요. 살면서 이보다 멋진 일은 없었어요."

*

주말에 이용하는 체커스와 디츨리는 처칠에게는 더없이 소중한 기분 전환의 기회였다. 그곳에 가면 화이트홀의 또 다른 곳이 불타거나 폭파되어 날아가는, 갈수록 살풍경해지는 런던 거리를 안 봐도 되었다.

언젠가 보름달 대피소인 디츨리에서 처칠과 손님들은 저택의 홈 시네마로 찰리 채플린Charlie Chaplin의 〈위대한 독재자The Great Dictator〉를 보았다. 다음 날 밤늦게 기운이 없는 탓인지 처칠은 의자에 앉으려다 잘못해서 의자와 보조의자 사이로 주저앉아, 두 의자 사이에 몸이 낀 채 엉덩이는 바닥에 발은 공중에서 버둥거리는 볼썽사나운 모습을 연출했다. "허세로라도 위엄 따위는 찾으려 하지 않았다." 콜빌은 그렇게 썼다. "그분은 이참에 웃기기로 작정하고 똑같은 말을 몇 번이고 중얼거렸다. '찰리 채플린이 따로 없네!'"

*

11월 30일 주말은 기분 전환을 위한 특별히 반가운 이벤트 두 가지가 준비되어 있었다. 토요일에 가족들은 처칠의 66번째 생일을 축하하기 위해 체커스에 모였다. 그리고 파멜라와 랜돌프 처칠의 새 아들 윈스턴의 세례식도 있었다. 아이는 토실토실하고 건강했다. 개인비서 존 마틴이 "할아버지를 쏙 빼닮았다"며 놀란 표정을 짓자 처칠의 딸 누군가가 놀리듯 말했다. "아기들은 다 그래요."

가족들은 클레멘틴이 늘 다니는 엘스버러 근처의 작은 교구 교회로 가서 예배를 드렸다. 처칠로서는 첫 방문이었다. 세 딸도 모두 왔고 메리까지 인후통을 참고 왔다. 아기의 대부모 4명도 왔다. 비버브룩 경과 랜돌프의 절친한 친구인 버지니아 코울스 기자도 그중 한 명이었다.

처칠은 예배 도중 때로 눈물을 흘리며 살며시 중얼거렸다. "가엾은 우리 아가. 하필 이런 세상에 태어나다니."

그리고 처칠 가족과 대부모와 교회 책임자는 점심 식사를 위해 집으로 돌아왔다.

비버브룩이 자리에서 일어나 아이를 위한 건배를 제의했다.

그러나 처칠이 얼른 일어나 말했다. "어제가 내 생일이었으니 여러분은 먼저 내 건강을 위해 건배를 해줘야 해요."

"좀 앉으세요, 아빠!"라는 외침과 함께 손님들이 웃으며 항의했다. 처칠은 떼를 좀 썼지만 곧 자리에 앉았다. 아기를 위한 건배가 끝나자 비버브룩이 잔을 들어 처칠에게 경의를 표했다. "세상에서 가장 위대한 분을 위하여!"

처칠은 다시 눈물을 흘렸다. 답사를 하라는 외침이 나왔다. 그는 일어섰다. 목소리가 떨리고 눈물이 흘러내렸다. "요즘에 나는 주님을 자주 생각합니다." 그는 그렇게 입을 열었다. 그리고 더는 말을 잇지 못했다. 그는 도로 앉았고 아무도 쳐다보지 않았다. 대응변가도 북받치는 감정에 말문이 막혔다.

코울스는 감동했다. "단순한 몇 마디였지만 결코 잊을 수 없었다. 그분이 전쟁을 즐겼다면 전쟁의 고통도 잘 알고 계셨다는 것을 잊지 말아야 할 것이다."

다음 날 분명 요양이 좀 필요했던 비버브룩은 다시 사임했다.

비버브룩은 12월 2일 월요일 그의 고향인 체클리에서 편지를 썼다. "저는 혼자 이곳에 와있습니다. 그리고 우리가 취해야 할 정책의 방향을 생각해볼 시간을 가졌습니다." 그는 항공기 공장을 더 분산시켜야 한다고 쓰면서 생산이 일시적으로 줄어들더라도 이 문제를 좀 더 공격적으로 밀어붙여야 한다고 촉구했다. "이 대담한 정책을 실천에 옮기려면 다른 사업을 위해 이미 정해둔 적절한 부지가 필요하기 때문에 다른 부처와 조정을 해야 합니다."

그러나 그런 다음 그는 이렇게 썼다. "저는 그 일에 맞는 인물이 못 됩니다. 제 능력으로는 필요한 지원을 받을 수 없습니다."

그는 전투기 위기가 완화되기 시작하면서 자신의 평판이 안 좋아진 경위를 인용하며 다시 한 번 자기 연민에 빠졌다. "사실 저수지가 비었을 때 저는 천재였습니다. 이제 저수지에 물이 좀 들어가니 영리한 산적 취급을 받는군요. 물이 넘치기 시작하면 살벌한 무정부주의자라는 소리를 들을 것입니다."

그는 이제 새로운 인물이 이 일을 맡아야 한다고 말했다. 그는 두세 명을 추천했다. 그는 자신의 건강이 나빠져 사임하게 되었다고 설명해달라고 처칠에게 부탁했다. "유감스럽지만 그것으로 충분한 해명이 될 것입니다."

늘 그렇듯 그는 종종 그가 '윤활유'라고 부르는 아첨으로 끝을 맺었다. 그는 "이렇게 중요한 편지를 마무리하려니 그동안 제가 이룩한 성공이 각하의 지원 덕분이라는 말씀을 강조하지 않을 수 없습니다. 각하의 지원이 없었다면, 각하의 격려가 없었다면, 각하의 리더십이 없었다면, 저는 결코 각하가 제게 부여하신 임무와 사업을 완수할 수 없었을 것입니다."

처칠은 비버브룩의 천식이 다시 도졌다고 생각했다. 그는 친구의 사정이 안타까웠지만 인내심이 바닥나고 있었다. "내가 자네 사표를 수리하는 건 아무런 문제가 없네." 12월 3일 화요일 처칠은 그렇게 썼다. "말했듯이 자네는 노예선을 타고 있네. 그러니 끝까지 노를 저어야지."

처칠은 한 달 정도 쉬면서 몸을 추스르라고 권했다. "그동안 나는 자네를 확실히 지지하는 뜻으로 분산정책을 실행에 옮기겠네. 지금 이렇게 맹공을 당할 때는 분산정책을 외면할 수 없다는 생각도 들고 말일세." 그는 천식이 재발해서 유감이라고 비버브룩을 위로하면서 말했다. "천식에는 심각한 우울증이 뒤따른다더군. 그러게 내가 뭐랬나. 사소한 일에 짜증을 내서 나까지 정신 사납게 만들지 말라고 하지 않았나. 이제 자네가 이룩한 그 대단한 성과만 기억하게. 그것을 지속하는 것이 얼마나 중요하고 멋진 일인지만 기억해주게. 이런 말밖에 나로서는 자네에게 보답할 방법이 없네.

자네의 충실한 오랜 친구,

윈스턴 처칠."

비버브룩은 갤리선으로 돌아가 다시 한 번 노를 들었다.

*

그러던 가운데 모두가 병에 걸렸다. 감기가 온 집안을 덮쳤다. 메리는 12월 2일 월요일 밤에 감기 기운을 느꼈다. "열이 있다." 그녀는 일기에 그렇게 썼다. "아, 안 되는데."

처칠은 12월 9일 감기에 걸렸다.

클레멘틴은 12월 12일이었다.

폭탄은 계속 떨어졌다.

61장 특별 배달

영국군은 리비아에서 이탈리아군을 상대로 승리를 거두었지만 중요한 보급품을 실은 상선들은 무서운 속도로 계속 침몰했고 영국의 도시들은 불타올랐다. 국가 재정이 하루가 다르게 악화되자 처칠은 루스벨트 대통령에게 장문의 편지를 써서 영국이 처한 사태의 중대성과 미국의 도움이 영국에게 얼마나 절실한 문제인지 설명했다. 총 15쪽에 달하는 편지에서 처칠은 전시내각 회의록에서 지적한 대로 신뢰와 필요 사이의 적절한 균형을 다시 한 번 찾아야 했다. "상황을 너무 암울하게 설명하면 우리를 도와봐야 자원만 버릴 뿐 소용없는 일이라고 말하는 사람들이 목소리를 높일 것이라고 총리는 말했다. 그렇다고 상황을 너무 밝게 얘기하면 지원을 보류할지 모른다." 회의록은 그렇게 기록하고 있었다.

어디를 봐도 "만만한 구석이 없는 줄다리기"라고 처칠은 12월 6일 금요일에 투덜거렸다.

나중에 처칠은 루스벨트에게 보낸 그 편지가 자신이 쓴 것 중에 가장 중요한 편지였다고 말했다. 그럴 만도 했다.

*

12월 7일 토요일에 처칠은 체커스에서 비밀 회의를 소집해 독일의 공군력과 앞으로 독일이 늘릴 수 있는 항공기의 생산량을 추정해보왔다. 그는 이를 중대 사안으로 간주하여 교수와 전시내각 장관 브리지 외에 경제전쟁부MEW와 공군참모부 정보기관 책임자 등 5명을 초청했다. 그러나 퍼그 이즈메이는 휴식을 주기 위해 부르지 않았다. 퍼그가 빠지는 경우는 드물었다.

4시간이 넘도록 입수한 통계와 정보를 놓고 토론을 벌였지만 루프트바페가 전선에 띄울 수 있는 항공기 수와 내년에 추가로 생산할 수 있는 항공기 수는 고사하고, 현재 보유하고 있는 항공기에 대해서도 현황을 정확히 파악하고 있는 사람이 아무도 없었다. 더욱 답답한 것은 RAF가 당장 운용할 수 있는 항공기의 대수조차 모른다는 사실이었다. 경제전쟁부와 공군정보통 두 기관은 서로 다른 수치와 계산법을 사용하여 추정치를 내놓았다. 교수가 두 추정치를 느닷없이 뒤섞은 탓에 벌어진 혼란이었다. 처칠은 화가 났다. "뭐가 맞는지 결론을 내릴 수 없구려." 그는 공군부장관 싱클레어와 공군참모총장 포털에게 그렇게 썼다. "아마 진실은 그 둘 사이 어딘가에 있겠죠. 이는 전쟁의 전모를 파악하는 데 매우 중요한 문제요."

가장 짜증 나는 것은 그의 공군부가 전선에 배치된 항공기와 당장에라도 출격할 수 있다고 보는 예비 항공기 8,500대 중 현황을 제대로 파악하지 못하는 항공기가 3,500대나 된다는 점이었다. "공군부에는 모든 항공기에 대한 현황을 기록한 자료가 틀림없이 있을 것 아니오." 처칠은 나중에 보낸 전언문에서 그렇게 불평했다. "이것들은 매우 비싼 자원이요. RAF가 기체를 언제 수령했고 언제 어떤 이유로 격추되었는지 우린 그 날짜를 알아야겠소." 자동차 회사 롤스로이스Rolls-Royce도 판매한 자동차를 모두 추적하여 기록한다고 그는 지적했다. "8,500대 중에 3,500이라면 차이가 너무 심하지 않은가."

수뇌부의 회의 결과 처칠은 예리한 눈을 가진 외부인이 개입해야 문제를 해결할 수 있다고 판단했다. 그는 판사 한 명이 배석한 법정 재판에 준하는 절차를 통해 관련 당사자 모두의 증언을 듣기로 결정했다. 그는 1936년에 일어난 악명 높은 '다리 밑 시체들'의 벽 럭스턴Buck Ruxton 사건을 주재하여 이름을 떨친 왕좌법원King's Bench Division 판사 존 싱글턴 경Sir John Singleton을 지목했다. 럭스턴은 아내와 가정부를 살해한 다음 시신을 70여 개로 토막 내어 유기한 혐의로 기소되었다. 토막난 시신은 어떤 다리 밑에서 발견되었다. 이 사건은 '직소 살인 사건the Jigsaw Murders'으로도 불렸다. 희생자들의 시신을 이어 맞추려는 영웅적인 법의학적 노력을 암시하는 명칭이었다.

두 기관은 싱글턴 판사에게 의뢰하는 것이 좋겠다는 데 동의했고 싱글턴도 사건을 수락했다. 아마도 훼손된 시신을 짜 맞추는 것보다 훨씬 더 간단한 문제라고 생각한 것 같았다.

*

런던이 아끼는 유물의 피해는 계속 늘어났다. 12월 8일 일요일 밤에는 웨스트민스터궁의 세인트 스티븐 성당 내 수도원들이 폭격당해 파괴되었다. 그곳은 처칠이 가장 좋아하는 장소 중 하나였다. 다음 날 의회 사무차관 칩스 채넌Chips Channon은 폐허 사이를 걷는 처칠을 발견했다.

처칠은 체커스에서 주말을 보냈지만 감기 기운이 있는데도 도시로 돌아왔다. 그는 모피 깃이 달린 코트를 입었다. 입에는 시가가 삐죽 나와 있었다. 그는 산산조각이 난 유리와 잡석 더미를 헤치고 걸어갔다.

"끔찍하군." 그가 시가를 문 채 웅얼웅얼 말했다.

"놈들이 제대로 맞힌 모양입니다." 채넌이 말을 받았다.

처칠이 중얼거렸다. "크롬웰이 찰스왕의 사형집행 영장에 서명한 곳인데 말이야."

*

월요일엔 처칠이 워싱턴의 루스벨트에게 전보로 보낸 장문의 편지가 미 해군 순양함에 타고 있는 대통령에게 전해졌다. 터스칼루사호 Tuscaloosa는 10일 일정의 항해 중 카리브해를 지나다 영국령 서인도제도에 들렀다. 미 해군은 시찰이라고 둘러댔지만 실제로는 대통령에게 휴식할 기회를 주기 위해서였다. 일광욕과 영화 관람과 낚시가 주목적이었다. (어니스트 헤밍웨이Ernest Hemingway는 대통령에게 푸에르토리코와 도미니카 공화국 사이에 있는 바다에서 큰 물고기가 발견될지도 모르니 돼지껍데기를 미끼로 삼으라고 권했다.) 처칠의 편지는 해군 소속 수상비행기 편으로 얼마 전부터 백악관으로 우편물을 배달하는 선박에 전달되었다.

"올해도 얼마 남지 않았습니다." 편지는 그렇게 시작됐다. "각하께서는 제가 1941년의 전망을 내놓았으면 하고 기대하시겠죠." 처칠은 가장 도움이 필요한 곳은 영국에 대한 식량과 군수 물자의 공급량을 유지하는 문제라는 점을 재차 밝히면서 영국이 버티느냐 못 버티느냐에 따라 미국의 운명이 좌우될 수 있다고 강조했다. 그리고 문제의 핵심은 마지막을 위해 남겨두었다. "우리가 더는 선적품과 그 밖의 물품에 대한 대금을 지불할 수 없게 되는 순간이 멀지 않은 것 같습니다."

끝으로 그는 루스벨트에게 "이 편지를 원조에 대한 호소가 아니라 우리의 공동의 목적을 달성하기 위해 필요한 최소한의 조치의 진술로 간주해주시길" 바란다고 말했다.

물론 처칠은 미국의 원조를 원했다. 그것도 아주 많이. 선박, 항공기, 총탄, 기계 부품, 식량 등. 그는 그에 대한 대금을 내고 싶지 않았고 실제로 그렇게 할 여력도 빠르게 고갈되고 있었다.

　사흘 후인 12월 12일 목요일, 처칠의 주미대사인 로디언 경이 요독증으로 갑작스레 사망했다. 58세였다. 크리스천 사이언스Christian Science(1879년에 창시된 신흥종교로 현대 의술을 거부하는 편이다-옮긴이)를 믿었던 그는 이틀 동안 앓아누워서도 의료 조치를 거부했다. "크리스천 사이언스의 또 다른 희생자다. 대체하기가 매우 어려운 인물이 갔다." 핼리팩스 외무장관은 그렇게 썼다." 다이애나 쿠퍼도 탄식했다. "오렌지 에이드와 크리스천 사이언스가 그를 완전히 보냈다. 정말 때이른 종말이다."

　처칠은 그날 체커스로 갔다. 로디언의 죽음으로 집은 걷잡을 수 없을 만큼 침통한 분위기였다. 처칠의 저녁 식사에는 메리와 존 콜빌만 함께했다. 편두통과 인후염에 시달리던 클레멘틴은 식사를 거르고 잠자리에 들었다.

　스프가 나왔지만 분위기는 바뀌지 않았다. 처칠은 스프 맛을 보았다가 마음에 들지 않았는지 화를 내며 밝은 청색 사이렌 수트 위에 걸친 화려한 색조의 드레싱가운을 펄럭이며 주방으로 들어갔다. 메리는 일기에 썼다. "음식 때문에 파파 기분이 상하셨다. 물론 나도 파파를 어떻게 할 수 없었다. 성격도 괴팍한 데다 갑자기 나가셔서는 요리사에게 수프를 가지고 타박을 하셨다. 파파는 수프가 (진짜) 아무 맛도 안 난다고 했다. 집안일이 엉뚱한 곳에서 틀어질까 걱정된다. 나 원 참!"

　체커스 음식이 형편없다며 꼬치꼬치 따지자 듣다 못한 메리는 식탁을 떠났고 처칠과 콜빌만 남았다. 조금 지나자 기분이 좀 나아졌다. 브랜디가 들어간 때문인지 처칠은 최근 리비아에서 거둔 승리를 다시 입에 올리며 흐뭇해했고 전쟁이 금방 끝날 것처럼 이야기했다. 콜빌은 새벽 1시 20분에 잠자리에 들었다.

그날 밤 일찍 런던에서 처칠은 극비리에 전시내각을 소집하여 독일의 폭격에 대응할 RAF의 새로운 전술을 의논했다. 처칠은 코번트리에 대한 루프트바페의 대규모 공격과 이후 버밍엄과 브리스틀에 대한 강도 높은 공습에 맞서는 대응책으로 RAF가 제시한 전략을 승인했다. 목표는 독일의 도시 한 곳을 골라 같은 수준으로 초토화시키는 '집중 타격'이었다.

내각은 그런 공격은 주로 화재에 의존해야 하기 때문에 밀집형 도시를 표적으로 삼아야 한다고 주장했다. RAF에서 공격한 적이 없는, 그래서 민방위 체제가 허술한 도시여야 했다. 폭발력이 높은 폭탄으로 분화구를 만들어 소방대원들이 제대로 대응하기 힘들게 만드는 것도 효과적인 방법이었다. "적의 사기에 영향을 주는 것이 목표이기 때문에 정해진 도시를 조금이라도 넓게 파괴해야 한다." 내각 회의록은 그렇게 기록했다. "따라서 너무 큰 도시는 안 된다." 내각은 계획을 승인했고, 작전명은 '아비게일Abigail'로 정했다.

다음 날인 12월 13일 금요일 일기에서 존 콜빌도 언급했지만, "이 문제에 대한 내각의 도덕적 양심에 따른 항의는 간단히 묵살되었다."

*

루스벨트는 터스칼루사호에서 처칠의 편지를 받았다. 그는 편지를 읽었지만 소감은 내비치지 않았다. 친구이자 속내를 터놓고 얘기하는 해리 홉킨스Harry Hopkins도 터스칼루사호에 함께 타고 있었지만 그의 반응을 가늠할 수 없었다. (건강 상태가 매우 안 좋았던 홉킨스의 낚싯대에 9킬로그램짜리 농어가 걸렸지만, 그는 힘이 달려 낚싯대를 다른 사람에게 넘겨야 했다.) "그때 대통령이 무슨 생각을 했는지 한동안 나는 알지 못

438

했다." 홉킨스는 그렇게 말했다. "하지만 그때 갑자기 '아하, 이 양반이 지금 재충전하는 중이지' 하는 생각이 들었다. 그렇게 휴식을 취할 때는 아주 태평해 보일 때가 많다. 그래서 난 어떤 질문도 하지 않았다. 그러던 어느 날 저녁에 그가 갑자기 이 문제를 들고나왔다."

매스옵저베이션은 일기기록원들에게 다가오는 해를 맞는 심정을 적어달라고 요청하면서 "12월 지시사항"을 보냈다.

"1941년을 맞는 기분이 어떠냐고?" 일기기록원 올리비아 코켓은 그렇게 썼다. "타이핑을 2분 동안 멈추고 유별나게 요란한 적기 소리를 들었다. 폭탄이 떨어져 커튼이 안쪽으로 크게 펄럭이고 집안이 흔들거리더니(나는 꼭대기층 침대에 있었다) 대공포 소리가 쾅쾅 들렸다. 정원 후미진 곳에 분화구가 몇 개 생겼고 폭발하지 않은 작은 폭탄이 하나 보였다. 유리창 4장이 깨졌다. 걸어서 5분 거리에 집 18채가 폐허로 변했다. 집이 부서진 친구 둘이 우리 집에서 지내고 있다.

1941년이라, 글쎄 운이 좋아 그때까지 살아있다면 아주 기쁜 일이겠지. 글쎄 그렇게 됐으면 좋겠다." 그녀는 솔직히 "기분은 좋다"고 썼다. "하지만 달리 생각해보면 우린 더 굶주릴 것이고(아직은 아니지만) 해외에서 죽는 젊은이들도 더 많아지겠지."

63장 그 한심한 돈 얘기

극작가, 시나리오 작가이자 대통령의 연설문 작성자인 로버트 E. 셔우드Robert E. Sherwood에 따르면 12월 16일 월요일에 루스벨트는 "햇볕에 그을리고 기운이 넘치고 쾌활한" 모습으로 워싱턴으로 돌아왔다. 대통령은 다음 날 기자회견을 열었다. 그는 여유 있게 담배를 피우며 기자들을 맞이했다. 기자들과 늘 격의 없는 자리를 즐겼던 그는 "특별한 뉴스거리는 없는 것 같다"고 운을 뗀 뒤 터스칼루사호에서 떠올렸던 생각을 털어놓기 시작했다. 역사학자들은 이 아이디어가 나중에 전쟁을 한 단계 발전시키는 중요한 계기가 되었다고 평가한다.

"지금 당장 미국을 지킬 수 있는 최선의 방법은 영국이 스스로를 지키는 것이라고 생각하는 미국인들이 분명 압도적으로 많을 것입니다." 그는 그렇게 시작했다.

"이제 돈 얘기는 그만하려 합니다. 지금 이 방에 있는 사람들에게는 전혀 새로운 얘기가 필요하니까요. 어리석고 한심하고 해묵은 돈 얘기는 집어치우자고요."

"예를 하나 들죠." 그는 그렇게 말하며 비유를 하나 들었다. 나중에 많은 미국인들이 자주 입에 올리게 되는 비유였다. "이웃집에 불이 났는데 내가 100미터나 150미터짜리 정원용 호스를 가지고 있다고 합시다. 그리고 그 이웃이 내 호스를 가지고 가서 소화전에 연결하면 불을 끌 수 있습니다. 내가 어떻게 해야 되겠소? 그가 불을 끄기 전에 이렇게 얘기해야 할까요? '이 호스가 15달러짜리니까 돈부터 내시오.' 그런 말은 하지 않을 겁니다. 지금 당장 필요한 흥정이 뭡니까? 15달러는 필요 없어요. 불을 끄고 난 다음에 호스만 제자리에 갖다 놓으면 돼요. 좋아요. 불을 끄고 난 다음에 아무런 피해를 입지 않고 온전하다면 그는 내게 호스를 돌려주면서 빌려주어 아주 고맙다고 말할 겁니다. 하지만 불을 끄다가 호스가 심하게 망가지고 여기저기 구멍이 났다고 합시다. 그래도 나는 그에게 말할 겁니다. '호스를 빌려줄 수 있어서 좋았어요. 이젠 더는 쓸 수 없게 됐군요. 완전히 망가졌네.

그가 말할 겁니다. '몇 미터짜리였죠?'

난 말하죠. '50미터짜리에요.'

그럼 그가 그러겠죠. '알겠습니다. 제가 구해드리겠습니다.'"

이 아이디어는 곧이어 안건 'H. R. 1776호' "미국의 방위 및 기타 목적을 증진하기 위한 추가 법안A Bill Further to Promote the Defense of the United States, and for Other Purposes"이라는 제목으로 의회에 상정된다. 소위 무기대여법Lend-Lease Act이라는 별명으로 불리게 되는 법안이었다. 안건의 핵심은 영국이든 어떤 동맹국이든 대금을 지불할 능력이 있고 없고 여부와 상관없이 필요할 경우에는 모든 지원을 제공하는 것이 미국의 국익에도 도움이 된다는 발상이었다.

이 법안은 즉시 상하 양원에서 거센 저항에 부딪쳤다. 그렇게 하다 보면 전쟁에 말려들 수밖에 없다고 그들은 주장했다. 이 법안에 반대하는 어떤 의원은 정확한 예측을 내놓았다. 그렇게 되면 "미국의 청년들 4명 중 한 명은 땅에 묻히게 될 것이다." 이 말은 미국의 심장부에 커다란 반향을 불러일으켰다. 그 말에 루스벨트는 격분했다. 그는 그 의원을 향해 "우리 세대의 공인의 입에서 나온 말 중에 가장 가증스럽고 가장 비열하고 비애국적인 소리"라고 쏘아붙였다.

루스벨트의 아이디어는 단순한 아이디어 이상의 의미를 갖게 되지만, 1940년 크리스마스 때만 해도 확실한 것은 아무것도 없었다.

*

　　해리 홉킨스는 처칠이란 인물에 강한 호기심을 느꼈다. 셔우드에 따르면 루스벨트에게 보낸 총리의 서한에서 어떤 웅변적 힘을 느꼈는지 홉킨스는 "처칠을 알아보고 싶고 그에 대해 얼마나 많은 부분이 과장되고 어디까지가 사실인지 확인해보고 싶었다."

　　홉킨스는 곧 그런 기회를 얻게 된다. 건강도 안 좋고 체력도 달렸지만 그는 폭탄에 찢긴 런던에서 처칠을 만나 얼어 죽을 정도의 추위와 싸우면서 전쟁의 향방을 바꾸는 데 일조하게 된다.

64장 문 앞의 두꺼비

　루스벨트에 대한 처칠의 구애가 민감한 벽에 부딪힌 가운데 로디언 경을 대신할 대사를 택하는 문제가 다급해졌다. 처칠의 교활한 본능은 로디언의 죽음을 내각을 확실하게 장악할 기회로 삼으라고 그에게 속삭였다. 정적을 멀리 내쫓는 수법은 정치적 반대의견을 잠재울 때 처칠이 즐겨 사용하는 익숙하고도 효과적인 전술이었다. 앞으로 자신을 반대하고 나설 가능성이 있는 사람으로 두 사람이 부각되었다. 로이드 조지 전 총리와 외무장관 핼리팩스 경이었다. 핼리팩스는 지금 자신이 앉은 자리를 노렸던 인물이었다.

　그가 두 사람 중에서 첫 번째를 선택한 것을 보면 로이드 조지가 좀 더 당장의 위협이었던 것 같다. 처칠은 비버브룩 경을 중재자로 보내 그에게 미국대사 자리를 제안했다. 비버브룩으로서는 떨떠름한 임무였다. 비버브룩 자신이 미국대사로 가고 싶었기 때문이었다. 그러나 처칠은 항공기생산부 장관으로, 친구로, 측근으로, 고문으로 너무 귀중한 자산인 그를 내보내고 싶지 않았다. 로이드 조지는 자신의 건강을 걱정하는 주치의의 말을 앞세워 제안을 거절했다. 그는 실제로도 77세였다.

　다음 날인 12월 17일 화요일에 처칠은 이번에도 비버브룩을 불러 핼리팩스를 워싱턴으로 보내는 문제를 의논했고, 결국 또 그를 보내 그 자리를 제안했다. 처칠은 비버브룩과의 오랜 우정을 통해 그가 사람들을 구슬려 자신이 원하는 것을 얻어내는 재주가 있고 또 그런 일을 즐긴다는 사실을 알고 있었다. 핼리팩스의 전기 작가 앤드루 로버츠는 비버브룩을 "타고난 책략가"라고 불렀다. "정치적으로 볼 때 사람들을 이 직책에서 저 직책으로 옮기거나 그런 공작을 위해 묘안을 짜내는 일보다 비버브룩이 더 좋아하는 것은 없었다." 비버브룩의 전기 작가 A. J. P. 테일러A.J.P. Taylor는 그렇게 썼다.

핼리팩스에게 그 자리를 제안하려면 어느 정도 잔인해야 했다. 어떤 기준을 들이대도 그건 강등이었다. 아무리 미국을 전쟁에 끌어들이는 문제에 국운이 달렸다고 해도 강등은 강등이었다. 그러나 처칠은 또한 자신의 정부가 흔들리면 처음부터 핼리팩스를 편애했던 왕이 자신을 대신할 사람으로 핼리팩스를 눈여겨보리라는 것을 잘 알고 있었다. 바로 그 때문에 처칠은 핼리팩스를 보내기로 작정했고 그래서 비버브룩을 보냈다.

*

12월 17일 화요일 BBC 방송이 나간 후 비버브룩은 핼리팩스를 만나기 위해 외무부로 갔다. 핼리팩스는 경계하는 눈초리였다. 그는 비버브룩이 음모나 꾸미고 자신을 험담하며 전쟁을 치러왔던 전력을 알고 있었다. 비버브룩은 처칠의 뜻이라며 그에게 대사 자리를 제안했다. 핼리팩스는 그 화요일 밤 일기에서 처칠이 정말로 자신을 최고의 적임자로 여긴 것인지 아니면 단지 자신을 런던의 외무부에서 빼내려는 수작인지 확실치 않다고 적었다.

핼리팩스는 가고 싶지 않았고 비버브룩에게 그런 뜻을 내비쳤지만 비버브룩은 처칠에게 돌아가 핼리팩스가 주저하지 않고 "알았다"고 답했다고 보고했다. "그는 처칠에게 돌아와 핼리팩스의 반응을 완전히 조작해서 전달했다." 전기 작가 로버츠는 그렇게 썼다.

처칠과 핼리팩스는 다음 날 아침 11시 40분에 다른 문제로 만났고 그 자리에서 핼리팩스는 대사 자리가 내키지 않는다고 사양의 뜻을 분명히 밝혔다. 그는 다음 날인 12월 19일 목요일에도 다시 같은 말을 했다. 대화는 살얼음판을 걸었다. 핼리팩스는 처칠에게 외무장관을 워싱턴에 보내면 너무 필사적이라는 인상을 준다며 처칠을 단념시키려 했다. 그런 식으로는 루스벨트의 비위를 맞추기 힘들 것이라고도 했다.

핼리팩스는 대사직을 용케 피했다고 생각하며 외무부로 돌아왔다. 하지만 그건 오산이었다.

*

겨울이 가까워지면서 당장 침략의 위협은 줄었지만 그것이 일시적인 소강상태일 뿐이라는 사실은 아무도 의심하지 않았다. 그리고 이제 또 다른, 딱히 뭐라 말할 수 없는 위험이 그 자리를 차지했다. 루프트바페가 공격의 범위를 넓히고 다른 영국 도시들을 대상으로 코번트리 공습을 재현하려는 가운데 사기 문제가 표면으로 떠오른 것이다. 런던은 복구 능력을 스스로 입증해보였고 또 대도시여서 루프트바페의 새로운 초토화 전술에 어느 정도 면역력을 갖추고 있었다. 하지만 '코번트레이션'을 겪는 도시들이 늘어나면, 그들 도시도 그런 강인함을 입증할 수 있을까?

코번트리 공격은 도시를 구석구석 뒤흔들어 사기를 떨어뜨렸다. "코번트리의 충격 효과는 [런던의] 이스트엔드나 이전에 폭격의 영향을 조사했던 다른 어떤 지역과 비교할 수 없을 정도로 컸다." 국내정보국은 그렇게 분석했다. 이어 사우샘프턴에 가해진 두 차례 공습도 마찬가지로 대중의 심리를 완전히 무너뜨렸다. 사람들이 "잠 한숨 못 자고 끔

446

찍한 밤들을 보낸 탓인지 의욕을 완전히 상실했다. 기력이 남은 사람은 모두 마을을 떠나고 있다." 이 도시가 속한 윈체스터 교구의 주교는 그렇게 전했다. 매일 밤 수백 명의 주민들이 도시를 빠져나와 탁 트인 시골에 차를 세우고 잠을 잔 뒤 다음 날 다시 출근했다. "한동안 다들 풀이 죽어 지냈다." 주교는 그렇게 말했다. 버밍엄이 잇따른 공습을 받은 후 버밍엄 주재 미국 영사는 런던에 있는 상부 인사들에게 보낸 편지에서, 주민들 사이에서 불충이나 패배주의의 기미는 보이지 않지만 "폭격에도 정신 건강이 훼손되지 않고 있다면 그것도 터무니없는 허세일 것"이라고 썼다.

독일의 최근 공격은 국방을 책임진 자들이 오랫동안 두려워해왔던 대로 국가의 사기를 완전히 무너뜨리고 처칠 정부를 위협할 정도로 대중의 실망을 가중시켰다.

겨울이 오자 문제는 더욱 심각해졌다. 독일군의 항공 작전으로 일상생활이 더욱 어려워졌기 때문이었다.

겨울은 비와 눈과 추위와 바람을 몰고 왔다. 가장 심한 스트레스 요인을 기록해달라는 매스옵저베이션의 요청에 사람들은 날씨를 첫손 꼽았다. 파편에 뚫린 지붕 사이로 비가 들이치고 깨진 유리창으로 바람이 불었다. 수리하고 싶어도 유리가 없었다. 전기, 연료, 수도 공급이 자주 끊기자 집은 난방이 안 되고 주민들은 매일 씻기도 힘들었다. 그래도 사람들은 일을 해야 했고 아이들은 학교에 가야 했다. 폭격으로 전화는 며칠 동안 두절되었다.

그러나 사람들을 가장 괴롭힌 것은 등화관제였다. 특히 겨울이면 영국의 북위도 탓에 밤이 길어졌고 그래서 모든 것이 더 어려웠다. 매스옵저베이션은 매해 12월마다 일기기록원들에게 폭격으로 가장 큰 불편사항을 순위에 따라 목록으로 작성하여 보내달라고도 요청했다.

등화관제는 부동의 1위였고 두 번째는 교통이었지만 이 두 가지는 사실 연결되는 경우가 많았다. 폭격으로 인한 피해 때문에 간단한 통근 절차도 몇 시간씩 걸리는 대장정이 되었고, 그 때문에 노동자들은 어두운 새벽부터 일어나 촛불 속에 더듬거려가며 일터로 갈 준비를 해야 했다.

노동자들은 야간 등화관제가 시작되기 전에 창문을 가리기 위해 일과가 끝나면 서둘러 집으로 갔다. 그것도 처음 해보는 일거리였다. 시간도 꽤 걸려서 매일 저녁 약 30분 정도가 필요했다. 창문이 많으면 소요되는 시간도 많아졌고 어떻게 하느냐에 따라 더 길어질 수도 있었다. 등화관제 때문에 크리스마스 시즌은 더욱 우울해졌다. 크리스마스 조명도 금지되었다. 창문을 가리기가 쉽지 않은 교회들은 저녁 예배를 취소했다.

등화관제는 또한 새로운 위험을 야기했다. 사람들은 수시로 가로등에 부딪히거나 자전거로 장애물을 들이박았다. 도시들은 보도의 연석과 계단과 자동차의 발판과 범퍼에 흰색 페인트를 칠해 문제를 개선해보려 했다. 나무와 가로등 기둥에 흰 페인트로 고리를 그려 넣기도 했다. 경찰은 등화관제 속도 제한을 시행하여 그 해에 범칙금 스티커를 5,935장 발부했다. 그러나 사람들은 여전히 벽에 차를 박았고 장애물에 걸려 넘어졌고 서로 부딪혔다. 독일의 비밀 빔을 발견했던 공군정보통의 존스 박사는 흰색 페인트의 가치, 아니 흰색 페인트를 칠하지 않았을 때의 위험성을 체험으로 알았다. 어느 날 밤 블레츨리 파크에서 강연을 마치고 차를 몰고 런던으로 돌아가던 그는 도로 위에 세워둔 트럭을 들이받았다. 뒤쪽 끝에 흰색 페인트를 칠해놓았지만 진흙이 묻어 잘 보이지 않았기 때문이었다. 존스는 시속 25킬로미터로 천천히 달렸지만 앞유리를 세게 들이받아 이마가 찢어졌다. 리버풀 당국은 익사한 부두 노동자 15명의 죽음이 등화관제와 관련이 있다고 보았다.

하지만 등화관제는 웃을 일도 만들어주었다. 열차 창문에 부착된 등화관제 가림막은 "낙서 패드가 되었다"고 매스옵저베이션 일기기록원 올리비아 코켓은 썼다. 그녀는 누군가가 '어두워지면 블라인드를 내려놓아야 합니다Blinds must be kept down after dark'라는 안내문을 '어두워지면 금발은 머리를 낮춰야 합니다Blonds must be kept down after dark'로 바꿔놓았다고 적었다. 이 문구는 나중에 다시 바뀌었다. '어두워지면 니커스(헐렁한 여성용 속바지)를 내려둬야 합니다Knickers must be kept down after dark.' 등화관제 등 생활의 스트레스를 덜기 위해 코켓은 담배를 찾았다. "전쟁 탓에 새로운 습관이 생겼다. 담배 맛에 빠진 것이다." 그녀는 그렇게 썼다. "어쩌다 한 번씩 피우던 담배를 이젠 하루에 서너 개피씩 꼬박꼬박 피운다. 그것도 즐겨 피운다! 연기를 들이마시면 기분이 달라진다. 들이마신 뒤에 1~2초 동안은 몸과 마음이 분리된다. 니코틴 치유법이다."

런던 시민들의 사기를 가장 크게 위협하는 것은 수만 명의 시민이 폭격이나 그 밖의 다른 이유로 공공대피소를 이용해야 하는 현실이었다. 대피소 내의 상황은 여러 가지로 비난의 대상이 되었다.

불만의 목소리가 점점 거세지자 클레멘틴 처칠은 실태를 직접 눈으로 확인하기 위해 대피소를 시찰하기 시작했다. 존 콜빌을 대동하는 경우도 잦았다. 그녀가 찾은 곳은 대피소의 "단면을 대표적으로 아주 잘 보여준다"고 스스로 판단한 곳들이었다.

예를 들어 12월 19일 목요일에 클레멘틴은 버몬지의 대피소들을 둘러보았는데 바로 이전 세기에 악명 높았던 빈민가 제이콥스섬이 있는 공업지대로, 찰스 디킨스Charles Dickens가 《올리버 트위스트Oliver Twist》에서 악한 빌 사이크스Bill Sikes를 죽인 곳이었다. 현장을 확인한 클레멘틴은 불쾌감을 지울 수 없었다. 대피소에서 지내는 사람들은 "24시간 중 14시간을 춥고 습하고 더럽고 어둡고 악취 나는 정말 끔찍한 환경에서 보내는 것 같다"고 그녀는 남편에게 메모를 썼다. 상황이 극도로 열악한 대피소들은 개선 대상에 포함되지도 못했다. 당국자들이 손을 쓸 수 없을 정도로 끔찍한 곳이라 해도 당장 필요해서 문을 닫을 형편이 못 되었기 때문이다. 그 결과 상황이 더 나빠진다고 클레멘틴은 생각했다.

그녀가 특히 화가 났던 것은 3층 침대였다. 야간 폭격에 대비해 장기적인 잠자리를 마련하려는 대피소들이 정해진 공간에 가능한 한 많은 사람을 수용하기 위해 쥐어짜낸 아이디어였다. "3층 침대가 많으면 사람들은 더 열악하다고 생각할 겁니다." 클레멘틴은 그렇게 썼다. "물론 침대도 너무 좁아요. 폭이 15센티미터만 넓어도 크게 달라졌을 겁니다. 편하다고는 못해도 아주 불편하지는 않겠죠."

침대 길이도 너무 짧았다. 발과 발이 닿고, 발이 머리에 닿고, 머리가 머리에 닿았다. "머리끼리 닿으면 이를 옮길 위험이 큽니다." 클레멘틴은 그렇게 썼다. 그리고 이는 심각한 문제를 야기했다. "전쟁에는 이가 따라다니잖아요." 이가 옮기는 발진티푸스와 참호열의 발생 가능성도 높았다. "이런 전염병이 돌기 시작하면 런던의 빈민들 사이에 분노가 들불처럼 번질 겁니다." 그녀는 그렇게 적었다. "노동자들 사망률이 높아지면 전쟁물자 생산량도 심각하게 감소하겠죠."

클레멘틴이 목격한 3층 침대가 특히 나쁜 것은 위쪽 침대와 아래쪽 침대 사이의 공간이 너무 좁기 때문이었다. "사람들이 산소 부족으로 죽지 않는 것이 오히려 이상할 정도예요." 그녀는 그렇게 썼다. "아기를 데리고 자는 엄마들이 특히 괴로울 겁니다. 침대가 너무 좁아 아기를 옆에 누일 수 없기 때문에 아기를 가슴이나 배 위에 올려놓고 자야 하거든요." 그녀는 3층 침대를 더 많이 주문했다는 말에 질렸고, 처칠에게 침대를 다시 설계할 때까지 주문을 중단할 수 없는지 물었다. 이미 설치된 침대는 중간층만 없애도 해결책이 될 수 있다고 그녀는 주장했다. 그렇게 하면 열악한 대피소로 몰려드는 사람들의 수를 3분의 1 줄이는 "만족스러운 결과"를 얻을 수도 있다고 그녀는 지적했다.

클레멘틴이 가장 우려한 것은 위생이었다. 그녀는 대피소에 화장실이 거의 없고 전반적으로 위생 상태가 최악이라는 것을 알고 기겁했다. 클레멘틴의 보고서는 익숙하지 않은 지역에 과감하게 뛰어들어 문제를 해결하려는 그녀의 의지뿐 아니라 디킨스 뺨치는 섬세한 안목을 보여주었다. 임시변소는 "침대 사이에 있는 경우도 흔하고 범포로 된 가림막도 짧아 제대로 가려주지 못합니다. 가림막 아래쪽은 대부분 불결해요. 임시변소는 침대와 멀리 떨어져 있어야 하고 출입구는 어느 정도 프라이버시가 보장되도록 벽을 향해야 해요." 그녀는 화이트채플 필포트 스트리트의 유대교회당에서 최악의 사례를 보았다. "사람들이 변소 맞은편에서 발을 거의 범포 가림막 안에 넣고 잠을 자고 있더군요. 악취도 참기 힘들었어요."

클레멘틴은 화장실의 수를 2~3배 늘려야 한다고 말했다. "대부분 양동이로 대신하기 때문에 어려운 일도 아니에요." 그녀는 이런 것들을 흡수가 잘되는 땅 위에 놓은 탓에 오물이 땅에 스며들어 쌓이는 모습을 발견했다. 한 가지 해결책은 이런 것들을 "쟁반처럼 가장자리가 올라온 커다란 양철판 위에 올려놓는 것입니다. 양철 쟁반은 씻으면 되고요." 그녀는 키가 낮은 어린이용 양동이를 따로 설치해야 한다고 했다. "보통 양동이들은 아이들에게 너무 높아요." 그녀는 사람들이 양동이에 거의 관심을 갖지 않는다는 것도 확인했다. "당연히 양동이가 가득 차기 전에 비워야 하지만 24시간에 한 번 비우는 곳도 있다고 들었어요. 그래서는 안 되죠."

그녀는 특히 변기가 자주 열려있는 것을 보고 소스라쳤다. "대체로 어둡다 보니 더러움을 감추는 정도가 아니라 아예 조장하는 수준이더군요."[59]

겨울비와 추위 때문에 상황은 더 안 좋았다. 대피소를 둘러보던 클레멘틴은 "지붕을 뚫고 떨어지는 물이 벽과 바닥을 통해 스며드는" 것을 목격했다. 그녀는 흙바닥이 진흙으로 변하고 펌프로 퍼내야 할 정도로 물이 고인 경우가 많다는 말을 들었다고 했다.

또 다른 문제도 있었다. 대부분의 대피소에는 차를 끓일 도구들이 없었다. "이 정도 문제라면 전원 플러그와 포트만 있어도 해결할 수 있을 겁니다."

그녀는 처칠에게 대피소 상태가 전반적으로 열악한 이유는 그 책임을 맡은 기관이 너무 많고 그 권한이 중복되기 때문인 것 같다고 지적했다. "문제를 바로잡을 유일한 방법은 안전과 건강과 그 밖의 모든 권한을 한 곳으로 몰아주는 것입니다. 권한을 나눠놓은 바람에 전혀 개선이 되지 않고 있어요." 그녀는 짧은 전언문에 그렇게 썼다. 그리고 수신자를 윈스턴이 아닌 '총리'라고 적었다.

그녀의 조사는 효과가 있었다. 처칠은 국민들이 대피소를 바라보는 느낌이 정부를 바라보는 시각에 영향을 미친다고 판단하여 대피소 개혁을 다가오는 해의 최우선 과제로 삼았다. 그는 보건부 장관과 내무 장관에게 보낸 전언문에서 지시했다. "대피소를 근본적으로 개선해야 할 때입니다. 그래야 내년 겨울에 대피소를 이용하는 모든 사람에게 더 안전하고 더 편안하고 따뜻하고 밝고 쾌적한 환경을 마련해줄 수 있습니다."

1941년 말에도 분명 대피소는 여전히 필요할 것이라고 처칠은 생각했다.

12월 20일 금요일 아침에 외무차관 알렉산더 캐도건은 로디언 경의 추도식에 참석하기 위해 외무부에서 핼리팩스를 태우고 웨스트민스터 사원으로 갔다. 캐도건은 일기에서 먼저 와 자리를 잡고 앉은 핼리팩스의 아내가 기분이 상한 표정을 숨기지 않았다고 썼다. "단단히 화가 나있었다." 그녀는 처칠에게 직접 따지기로 작심했다.

예배가 끝난 후 그녀와 그녀의 남편은 다우닝가 10번지로 쳐들어갔다. 처칠을 만난 도로시Dorothy는 간신히 화를 억누르며 만약 남편을 미국으로 보내면 처칠이 정치적으로 위기에 처했을 때 그를 지지해줄 강력한 동맹자들을 모아줄 충실한 동료 하나를 잃는 셈이라고 말했다. 그녀는 비버브룩이 뒤에서 농간을 부렸다고 의심하고 있었다.

핼리팩스도 곤혹스럽기는 마찬가지였다. 그는 나중에 전 총리 스탠리 볼드윈에게 보낸 편지에서 처칠이 아내를 더할 나위 없이 정중하게 대했지만 "그와 도로시는 전혀 말이 통하지 않았다"고 썼다. "총리님(볼드윈)은 제 심정이 얼마나 착잡한지 짐작하실 겁니다. 저는 제가 특별히 그쪽에 잘 맞는다고 생각하지 않습니다. 그리고 전 미국인을 좋아해본 적이 없습니다. 오히려 이상한 사람들이라고 생각했지요. 대체로 전 항상 그들을 불쾌하게 여겼습니다!"

12월 23일 월요일 줄다리기는 끝났다. 핼리팩스의 후임 외무장관이 정해졌다는 발표가 나왔다. 앤서니 이든이 그의 뒤를 이을 것이다. 정오 각료회의에서 처칠은 핼리팩스에게 매우 중차대한 임무를 맡아주어 감사하다고 말했다. "고개를 들어 내 맞은편에 있던 비버를 보니 뭐가 그리 신나는지 환한 얼굴로 눈을 찡긋했다." 그 자리에 있던 캐도건은 그렇게 썼다.

왕은 크리스마스이브에 윈저성으로 찾아온 핼리팩스에게 건넬 위로의 말을 찾았다. "곧 떠날 생각을 하니 몹시 상심한 것 같았다. 그리고 윈스턴에게 무슨 일이라도 일어나면 어떻게 될지 몹시 걱정되는 모양이었다." 왕은 일기에 그렇게 썼다. "리더가 없는 팀은 강할 수 없다. 그리고 성급한 리더들도 있다. 나는 그에게 언제고 다시 부르게 될 날이 있을 것이라고 말했다. 그의 마음을 조금이라도 가볍게 해주기 위해 요즘 같은 시국엔 주미대사 자리가 여기 외무장관 자리보다 더 중요하다고 말해주었다."

그런 말도 핼리팩스에게는 별다른 위안이 되지 못했다. 핼리팩스는 자신이 외무장관직에서 제거된 것은 처칠의 유력한 후계자로 지목되는 것에 대한 사전 조치라고 생각했다. 그리고 그 계획의 배후에 있는 모략가가 '두꺼비'라고 단정했다. 두꺼비는 그가 비버브룩 대신 부르는 별명이었다.

65장 바이나흐튼

오뚝이 같은 처칠의 복원력에 독일 지도자들을 당혹감을 감추지 못했다. "이 처칠이라는 인간은 도대체 언제 항복할 작정인가?" 나치 선전장관 괴벨스는 자신의 일기에 최근 사우샘프턴에 코번트리와 유사한 공격을 가하고 연합군 선박 5만 톤을 추가로 침몰시킨 사실을 늘어놓은 후 그렇게 썼다. "영국이 언제까지고 버틸 수는 없을 것이다!" 그는 "영국이 무릎을 꿇고 평화를 애원할 때까지" 공습이 계속될 것이라고 단언했다.

그러나 영국은 조금도 굴복할 기세가 아니었다. RAF는 이탈리아와 독일의 목표물을 연이어 급습했으며 그중에서도 만하임 공습에는 100대 이상의 폭격기가 출격하여 34명의 사망자를 내고 500여 채의 구조물을 파괴하거나 피해를 입혔다. 바로 코번트리에 대한 보복으로 단행된 '아비게일 작전Operation Abigail'이었다. 괴벨스에게 그런 공습은 특별히 문제가 되지 않았다. 그는 "얼마든지 견딜 수 있다"고 말했다. 그러나 영국이 여전히 공격을 감행할 수 있을 만큼 자신감에 차 있고 RAF가 그렇게 많은 항공기를 집결시킬 수 있다는 사실에는 당황하지 않을 수 없었다. 폭격기들이 베를린까지 강타하자 괴벨스는 결국 이렇게 썼다. "아무래도 영국인들이 다시 기운을 차린 것 같다."

그러나 어떻게든 이 전쟁에서 처칠을 끌어내리는 일이 중요해졌다. 12월 18일 히틀러는 작전지시 21호 '바르바로사 작전Unternehmen

Barbarossa'을 발령했다. 러시아 침공을 개시하라는 지시였다. 지시는 이렇게 시작되었다. "영국과의 전쟁이 끝나지 않았지만 우리 독일은 속전속결로 소련을 궤멸할 준비를 해야 한다." 이탤릭체는 히틀러의 표기였다. 작전지시는 독일의 육군, 공군, 해군 특히 육군의 기갑부대가 수행할 역할을 상세하게 밝히면서 레닌그라드와 크론슈타트 점령은 물론 최종적으로 모스크바 점령까지 구상에 넣고 있었다. "서러시아에 주둔하고 있는 러시아군 대부분은 깊숙이 침투하는 우리 선봉대가 주도하는 과감한 작전 앞에 속절없이 무너질 것이다."

히틀러는 지휘관들에게 계획서와 시간표를 만들라고 지시했다. 하루라도 빨리 군사행동을 일으키는 것이 중요했다. 시간을 지체할수록 러시아는 육군과 공군을 증강할 것이고 영국도 전력을 회복할 것이다. 독일군은 1941년 5월 15일까지 준비를 끝내기로 했다.

"우리의 공격 의도를 감추는 것이 무엇보다 중요하다." 작전지시는 그렇게 강조했다. 루프트바페는 이를 준비하되 영국에 대한 공격은 기한을 두지 않고 계속 이어가기로 했다.

*

괴벨스는 도덕적 타락에 짜증이 났다. 그는 독일의 선전 프로그램의 방향을 정하는 것 외에 대중문화 장관을 겸임한 입장에서 공공의 윤리의식을 해치는 세력을 소탕하는 것을 자신의 사명으로 여겼다. "스트립 댄서가 시골 지역 작은 마을에 주둔하는 군인들 앞에서 공연하는 일이 없도록 하라." 그는 12월 선전 회의 중에 부하직원들에게 그렇게 말했다. 그는 39살이지만 여전히 동안인 그의 부관 레오폴트 구터러Leopold Gutterer에게 '콩페르들compères'에게 보낼 회람을 만들라고 지시했다. 콩페르는 카바레의 사회자를 지칭하는 말이었다. "회람에는 무조건적인 최종 경고문을 담아, 공연에서 정치 풍자나 외설적인 농담이 일체 나오지 못하도록 하라."

괴벨스는 크리스마스에도 제동을 걸었다. 독일인들은 다른 어떤 휴일보다 크리스마스Weihnachten를 좋아했다. 그들은 곳곳에서 크리스마스트리를 팔고 캐럴을 부르고 춤을 추고 술도 많이 마셨다. 그는 부관들에게 "감상적인 크리스마스 분위기"가 조성되지 않도록 하라고 경고하면서 기독교 명절을 핑계로 "울고 짜는" 행위를 비난했다. 그것은 "군인답지도 독일적이지도 않은 행태"라며 강림절 기간에 그런 분위기가 조성되지 않도록 경계하라고 당부했다. "명절 분위기는 크리스마스이브와 크리스마스 당일로 국한되어야 한다." 이어서 그는 크리스마스도 전시라는 점을 감안하여 지내야 한다고 강조했다. "몇 주 동안 세워두는 간결하지 못한 크리스마스트리는 독일 국민들의 호전적인 기조와도 맞지 않는다."

그러나 집에서 연휴를 준비하던 괴벨스도 명절 분위기에 조금씩 빠져들었다. 그래도 불쾌하지 않았다. 그와 그의 아내 마그다Magda는 6명의 자녀를 두었는데 이름이 모두 H로 시작되었다. 헬가Helga, 힐데가르트Hildegard, 헬무트Helmut, 홀디네Holdine 헤드비히Hedwig 그리고 이제 막 한 달 반 된 하이드룬Heidrun이었다. 부부에게는 또한 마그다가 전 남편 사이에서 얻은 맏아들 하랄트Harald가 있었다. 아이들은 신이 났고 그건 마그다도 마찬가지였다. "마그다의 머릿속에는 온통 크리스마스밖에 없다." 괴벨스는 그렇게 썼다.

12월 11일 일기. "처리해야 할 크리스마스 소포와 선물이 산더미다. 선물을 받을 병사들과 대공포 사수가 베를린에만 12만 명이다. 그래도 즐겁다. 개인적으로 약속한 것도 많다. 이런 일은 해마다 증가하고 있다."

12월 13일. "크리스마스 선물을 골랐다! 마그다와 함께 크리스마스 준비를 했다. 아이들이 예쁘다. 안타깝지만 한두 녀석은 꼭 아프다."

12월 22일에 두 차례 이어진 RAF 공습으로 가족들은 아침 7시까지 대피소에 머물렀다. "가지가 많으면 바람 잘 날이 없다. 아픈 아이는 여전히 아프다." 괴벨스는 그렇게 썼다. "두 시간밖에 못 잤다. 너무 피곤하다." 그러나 그가 가장 좋아하는 소일거리를 떠올리면 피곤함도 싹 가셨다. "'유대인법'이 소브라니이Sobranje(불가리아 의회)를 통과했다. 성에 차지는 않지만 그것만도 대단하다. 강요하지 않았는데도 우리의 이념이 유럽 전역에서 당당하게 개진되고 있다."

다음 날 RAF의 폭격으로 베를린 시민 45명이 사망했다.

"피해가 너무 크다." 괴벨스는 크리스마스이브에 그렇게 썼다.

그는 동료들의 크리스마스 보너스를 재가했다. "그동안 보여준 그들의 노력과 끊임없는 헌신은 합당한 보상을 받아야 한다."

*

러시아가 히틀러의 시야에 들어오자 부총통 루돌프 헤스는 영국과의 합의를 반드시 이끌어내 총통의 '숙원'을 풀어드려야겠다고 생각했다. 스코틀랜드의 해밀턴 공작으로부터 아무런 응답도 없었지만 그는 공작에게 걸었던 희망의 끈을 놓지 않았다.

헤스에게 한 가지 생각이 떠올랐다. 12월 21일 그의 비행기는 뮌헨에서 가까운 메서슈미트 공장의 아우크스부르크 비행장에서 이륙 준비를 했다. 눈이 60센티미터 이상 쌓였지만 상관할 바 아니었다.

비행기는 메서슈미트 Me 110으로, 장거리 비행을 위해 개조된 쌍발엔진 전폭기였다. 보통 두 명이 타지만 혼자서도 쉽게 날았다. 헤스의 조종 실력은 베테랑급이었다. 그래도 Me 110의 특징은 알아둬야 했기에 교관에게 수업을 받았다. 자신의 실력을 교관에게 입증해보인 후 새로운 기종을 단독으로 사용해도 좋다는 허락을 받았다. 하긴 히틀러의 대리인이고 관점에 따라서는 제3제국에서 두 번째 또는 세 번째로 영향력이 있는 실권자이기 때문에 가능한 특권이기도 했다. 그러나 권력에도 한계가 있었다. 헤스가 처음 원했던 것은 단발엔진 Me 109였지만 거부당했다. 그는 아우크스부르크 비행장에 새 비행기를 붙박아놓고 틈틈이 탔다. 어느 누구도 의문을 제기하지 못했다. 왜 고위 공직자가 군이 비행기를 직접 조종하려는지, 왜 비행거리를 늘려 계속 개조해달라는지, 왜 비서에게 브리튼 제도에 대한 최신 항공 기상예보를 가져오라고 요구하는지 적어도 대놓고 묻는 사람은 없었다.

헤스는 스코틀랜드의 지도를 입수하여 침실 벽에 걸어놓고 주요 지형을 익혀두었다. 그는 산악 지대를 붉은색으로 칠해놓았다.

12월 21일, 활주로에 눈이 치워졌고 헤스는 이륙했다.

그는 3시간 뒤에 돌아왔다. 비행 중에 비상용 조명권총이 비행기의 수직안정판(동체 뒤쪽에 있는 두 개의 직립형 지느러미)을 조절하는 케이블에 엉켜 꼼짝달싹할 수 없었다고 했다. 그래도 그렇게 눈이 내리는 상황에서 무사히 착륙할 수 있었던 것은 조종사로서 그의 솜씨가 그만큼 대단하다는 반증이었다.

크리스마스가 가까워지면서 별별 소문이 횡행했다.[60] 공습과 침략의 위협은 헛소문이 퍼지기 좋은 토양을 마련해주었다. 정보부는 소문을 퇴치하기 위해 허위사실대책반Anti-Lies Bureau을 마련하여 독일의 선전공세에 대응하고 유언비어대책반Anti-Rumors Bureau을 만들어 국내발 유언비어에 대처했다. 우편검열국Postal Censorship도 사람들의 우편물을 읽고 전화를 도청했다. W. H. 스미스가 소유한 서점의 매니저들도 시중에 도는 뜬소문을 보고했다. 허위사실을 유포하는 사람은 벌금형에 처하거나 심하면 투옥했다. 소문은 종류도 다양했다.

— 오크니 제도, 셰틀랜드 제도, 도버 등지에서 압수한 서신에 의하면 침략작전이 실패한 후 수천 구의 시신이 해안으로 밀려왔다. 이 소문은 꽤 오랫동안 가라앉지 않았다.

— 여성 복장을 한 독일의 낙하산 부대가 미드랜즈의 레스터셔주와 북해 연안의 스케그네스에 상륙했다고 한다. 이 정보는 사실이 아닌 것으로 밝혀졌다.

— 독일 비행기들이 독성 거미줄을 떨어뜨린다는 소문이 돌았다. "이 소문은 빠르게 잦아들고 있다." 국내정보국은 그렇게 보도했다.

— 윔블던에 "적군이 가공할 규모의 고폭탄을 사용할 준비를 하고 있으며, 그 위력은 지도에서 도시 근교를 없애버릴 정도"라는 소문

이 돌았다. "그 소문은 윔블던 시민의 상상력을 매우 좋지 않은 방향으로 몰고 갔다." 어떤 관리는 그렇게 썼다. 그런 폭탄은 존재하지 않았다.

— 크리스마스 바로 전주에 "폭격당한 여러 공공대피소에는 수많은 시체가 그대로 남아있다. 그곳들을 벽돌로 둘러쌓아 공동묘지로 만들 예정"이라는 유언비어가 떠돌았다. 이런 소문은 공습이 있을 때마다 고개를 들어 끈질기게 오래 버텼다.

누구나 마음으로는 크리스마스를 생각했다. 크리스마스는 사기를 위해서도 중요했다. 처칠은 루프트바페가 영국을 먼저 치지 않는 한 크리스마스이브나 크리스마스 당일에는 독일을 폭격하지 않기로 했다. 콜빌은 하원이 제기한 '곤란한 질문'을 듣고 처칠의 입장이 난처하겠다고 생각했다. 관례에 따라 크리스마스에 교회에서 종을 울릴 것인지, 아니면 독일군의 침략 경고로 오해할 수 있기 때문에 울리지 말아야 하는지 하원에서 물었기 때문이었다. 처음에 처칠은 종을 울리라고 했지만 브룩 장군과 얘기를 나눈 뒤 마음을 바꿨다.

콜빌은 종을 울리는 문제에 대해 강경한 의견을 준비했지만 한 걸음 물러서 일기에만 적었다. "크리스마스 날에 어떤 불행한 일이 벌어질 경우 내 책임이 될 수 있다는 생각에 잠자코 있기로 했다."

콜빌과 그의 동료 비서들은 계속해서 새벽 2시까지 일을 해왔기 때문에 크리스마스에는 일주일 정도 휴가를 냈으면 하고 바랐다. 수석 비서관 에릭 실은 그럴듯하게 다듬은 문구로 전언문을 작성하여 재가를 구했다. 콜빌에 따르면 그런 요청에 처칠은 "몹시 화를 냈다."

처칠은 스크루지처럼 휴가요청서에 '불가'라고 휘갈겼다. 그는 실에게 수요일인 크리스마스에 자신은 체커스나 런던에서 "계속" 일하며 보낼 계획이라고 말했다. "이번 명절을 밀린 일도 처리하고 아울러 새로운 문제를 보다 세심하게 다루는 기회로 사용하기"를 바란다고 그는 썼다. 그러나 그 주가 "별일 없이 지나가면" 크리스마스 때부터 3월 31일까지 각자 일주일씩 휴가를 주겠다고 양보했다.

크리스마스이브 오후에 처칠은 콜빌과 다른 비서들에게 선물로 나눠줄 자신의 책에 서명했다. 그는 또한 왕과 왕비에게 크리스마스 선물을 보냈다. 왕에게는 자신의 것과 같은 사이렌 수트를, 왕비에게는 헨리 왓슨 파울러Henry Watson Fowler의 유명한 영어 안내서인 1926년도 판《현대영어용법사전A Dictionary of Modern English Usage》을 선물했다.

한편 개인비서들은 처칠의 아내에게 적합한 선물을 고르기 위해 분주히 움직였다. 전쟁과 공습의 위협이 여전해도 런던의 상가들은 변함없이 붐볐지만 실제로 물건다운 물건을 갖추고 있는 곳은 많지 않았다. "상점에 가도 별게 없었다. 런던을 빠져나간 사람도 많겠지만 뭐라도 사려고 애쓰는 모습들이 마치 나이아가라를 거슬러 헤엄치려는 사람처럼 보였다. 거리는 사람들과 자동차로 꽉 찼다." 미국의 장군 리Lee는 일기에 그렇게 썼다.

비서들은 처음에 클레멘틴에게 꽃을 선물하려 했지만 꽃가게에도 종류가 많지 않아 적당한 꽃을 찾지 못했다. "크리스마스 때만 되면 나타나던 히아신스는 네덜란드산이었다." 존 마틴은 일기에 그렇게 썼다. 네덜란드는 현재 독일의 수중에 들어가 있었다. 그래서 그들은 초콜릿을 생각했다. 하지만 대형 상점에 가도 재고가 없었다. "그래도 결국 우리는 큰 초콜릿 상자를 만들어주는 상점을 발견했다." 선물 받을 사람이 총리의 영부인이라는 사실도 분명 도움이 되었을 것이다.

처칠은 체커스로 떠나며 소리쳤다. "붐비는 크리스마스와 대단한 새해를 위하여!"

크리스마스이브에는 당연히 눈이 내렸고 밤하늘은 조용했다. 그 날 콜빌은 그동안 혼자 좋아했던 게이 마거슨이 니콜라스 "니코" 헨더슨Nicholas "Nicko" Henderson과 약혼한다는 소문을 처음 들었다. 헨더슨은 수십 년 뒤에 주미 영국대사가 된다. 콜빌은 아무렇지도 않은 척했다. "하지만 그 얘기를 듣고 마음이 아팠고 동시에 걱정도 됐다. 그래도 나는 게이가 그렇게 갑자기 일을 저지를 줄은 몰랐다. 그녀는 정말로 쉽게 결정을 못 하는 편이니까."

자신의 구애에 반응을 보일 것 같지도 않은 게이를 왜 그렇게 계속 좋아하는지 콜빌 스스로도 이해할 수 없었다. "그녀의 성격적 결함, 무관심, 이기심, 도덕적으로나 정신적으로 패배주의를 떨치지 못하는 나약한 성향 등이 경멸스러울 때가 있다. 그러고는 그게 다 내 이기심 때문이라고 혼잣말을 한다. 내게 관심을 보이지 않는 그녀의 모습을 덮으려고 그녀에게서 결함을 찾는다. 정말로 그녀를 사랑한다면 그런 그녀를 바로 잡아줘야 하는데 그렇게 하지는 않고 빈정거리고 경멸하면서 스스로 위안을 삼으려고만 한다."

그리고 그는 덧붙였다. "내 기분이 정말 어떤지만 알아도 이렇게 답답하지는 않을 텐데."

게이에게는 그가 알고 있는 다른 여자들과는 뭔가 다른 점이 있었다. "나도 가끔은 홧김에 결혼해버리고 싶은 생각이 든다. 하지만 아무리 요원해도 가능성이 한 가닥이라도 남아있는데 어떻게 그런 생각을 할 수 있겠는가? 시간만이 문제를 해결해줄 것 같다. 참을 수밖에!"

*

그날 밤늦게 비버브룩 경은 가장 아끼는 직원 하나가 여전히 퇴근하지 않고 있는 모습을 보았다. 그 직원은 일주일에 6~7일씩 근무했고 해가 뜨기 전에 사무실에 도착해 해가 떨어진 뒤에도 한참 있다 자리에서 일어나곤 했다. 공습경보가 울려도 책상을 뜨지 않는 경우를 여러 번 보았다. 게다가 지금은 크리스마스이브였다.

그 직원은 퇴근하기 전에 화장실을 들르려 자리에서 일어나 사무실을 나갔다.

돌아오니 책상 위에 작은 꾸러미가 놓여있었다. 열어보니 목걸이였다.

비버브룩의 메모도 있었다. "자네 아내가 어떤 기분일지 알 것 같네. 안부 전해주게. 이건 원래 내 아내 것이었네." 그리고 "B"라는 서명이 있었다.

*

메리 처칠에게는 예상하지도 못한 기쁜 크리스마스가 기다리고 있었다. 온 가족이 체커스에 모였다. 대부분 크리스마스이브에 도착한 사람들이었다. 고양이 넬슨도 있었다. 새라 처칠의 남편으로 처칠이 싫어하는 빅 올리버Vic Oliver도 왔다. 날이 날인지라 공적인 방문객은 없었다. 크리스마스 장식 덕분에 분위기가 들떴다. "불을 밝히고 장식을 한 트리 덕분에 음산했던 커다란 홀이 한결 밝아졌다." 메리는 일기에 그렇게 썼다. 벽난로마다 불이 타올랐다. 병사들은 착검한 소총을 메고 부지를 순찰하며 차가운 밤공기에 입김을 불었고 항공기 탐색병들은 지붕에 얼어붙은 채 서있었지만, 그것만 아니면 공중전도 해전도 없는 크리스마스이브와 크리스마스였다. 전쟁은 그렇게 조용히 지나갔다.

크리스마스 날 아침에 처칠은 침대에서 아침을 들었고 넬슨은 침대보 위를 어슬렁거렸다. 처칠은 늘 하던 대로 검은색 '박스'와 그의 노란 비밀 상자 안에 있는 서류를 검토한 다음 타이피스트에게 답장과 논평을 받아 치게 했다. "총리는 휴일 내내 평소와 다름없이 일했다." 체커스의 당직비서 존 마틴은 그렇게 썼다. "어제 아침도 여느 때와 다름없이 늘 편지와 전화가 왔다. 물론 크리스마스 축하 메시지도 많았다." 처칠은 히틀러, 레온 트로츠키, 프랭클린 루스벨트 등 유명인사 24명에 관한 자신의 에세이집《이 시대의 위인들Great Contemporaries》에 서명하여 마틴에게 주었다. 루스벨트 항목의 소제목은 '멀고도 먼 루스벨트 Roosevelt from Afar'였다.

"많지 않은 일을 끝내고 점심때부터 크리스마스 파티를 시작했다." 마틴은 그렇게 썼다. 그들은 마틴을 가족처럼 대해주었다. 식량 배급을 받는 시절치고는 사치라고 해도 좋을 거대한 칠면조 요리를 가운데 두고 점심을 들었다. "내가 본 것 중 가장 큰 칠면조"라고 마틴은 썼다. 고인이 된 처칠의 친구 해럴드 함스워스Harold Harmsworth의 농장에서 보내준 것이었다. 언론계의 거물이었던 함스워스는 한 달 전에 죽었는데, 그의 마지막 소원 중 하나가 그 조류의 처분에 관한 지시였다. 로이드 조지는 서레이에 있는 그의 사유지 브론이드에서 수확한 사과를 보냈다. 그곳에서 조지는 브램리Bramleys와 콕스오렌지피핀Cox's Orange Pippins 같은 사과를 재배한 것 외에 개인비서 프란체스 스티븐슨Frances Stevenson과의 은밀한 관계도 오랫동안 함께 가꿔왔다.

처칠 가족은 1932년부터 매년 습관처럼 라디오로 방송하는 국왕의 '왕실 크리스마스 메시지Royal Christmas Message'를 들었다. 왕은 오랫동안 그를 괴롭혔던 언어장애와 싸우면서 천천히 말했지만(예를 들어 '풍부한unstinted'이라는 단어가 금방 나오지 않아 잠시 힘겨워했지만 그 뒤로는 완벽했다) 그래서 더욱 메시지에 무게가 실렸다. "지난번 큰 전쟁에서 우리는 꽃다운 젊은이들을 많이 잃었습니다. 나머지 사람들도 그 전투를 더러 보기는 했지만 자세히는 보지 못했습니다. 이번은 다릅니다. 우리는 모두 최전선에 함께 있으며 함께 위험을 겪고 있습니다." 그는 승리를 예견하면서 "다시 행복한 크리스마스 시즌"을 맞는 날을 기대하자고 청중들을 위로했다.

그리고 흥이 오르기 시작했다. 빅 올리버가 피아노 앞에 앉았고, 새라가 노래를 불렀다. 즐거운 저녁 식사가 이어졌고 더 많은 음악이 흘러나왔다. 샴페인과 포도주가 들어가자 처칠은 명랑해졌다. "이런 일엔 속기사도 필요 없었다." 존 마틴은 그렇게 썼다. "자정 너머까지 함께 노래를 불렀다." P.M.은 항상 음정이 맞는 것은 아니었지만 씩씩하게 노래를 불렀고 올리버가 비엔나 왈츠를 연주할 때는 방 한가운데로 나가 유별나게 장난스러운 박자에 맞춰 춤을 추었다.

처칠은 밤 2시까지 이것저것 쉬지 않고 해설해가며 열변을 토했다.

"주변에서 온갖 끔찍한 일이 벌어지고 있지만, 내 기억에 이처럼 행복한 크리스마스도 없었던 것 같다." 메리는 그날 밤늦게 '감방'에 들어가 일기를 썼다. "정말로 신이 나서 행복한 것은 아니었다. 하지만 우리 가족이 그렇게 행복하고 그렇게 단합되고 그렇게 서로에게 다정했던 적도 없는 것 같다. 흠잡을 데가 없었다. 랜돌프와 빅도 아침에 도착했다. '크리스마스 기분'을 이처럼 확실하게 느껴본 적이 언제 있었나? 모두가 상냥했고 사랑스러웠고 즐거워했다. 내년 크리스마스도 이렇게 모두 함께할 수 있을지 모르겠다. 그러길 기도해야지. 내년에는 더 많은 사람들이 더 행복해지기를."

비공식 크리스마스 휴전이었다. "정말로 고요한 밤 속의 거룩한 밤 Heilige Nacht in Truth Still Nacht이다." 존 마틴은 그렇게 썼다. "마음이 놓였고 조금은 감동했다."

독일과 영국 양쪽 모두에 폭탄이 떨어지지 않았고 모든 가정에서 사람들은 한때 정상이었던 생활을 떠올렸다. 다른 점이 있다면 교회 종소리가 울리지 않고 식탁에 빈자리가 많다는 사실뿐이었다.

*

정보부의 해럴드 니컬슨은 런던에서 크리스마스를 혼자 보냈고 그의 아내는 안전하게 시골별장에 머물렀다. "지금까지 보낸 크리스마스 중 가장 우울한 날"이라고 니컬슨은 일기에 썼다. "일찍 일어났지만 할 일이 거의 없다." 그는 이런저런 문서를 읽고 혼자 점심을 먹었다. 그 사이에 1915년에 출판된 《윌리엄 피트 주니어의 전시 연설집 The War Speeches of William Pitt the Younger》을 읽었다. 나중에 그는 리츠 바Ritz Bar에서 친구이자 한때 애인이었던 레이먼드 모티머Raymond Mortimer를 만났고 자리를 옮겨 유명한 프랑스 레스토랑 프루니에Prunier에서 식사를 했다. 이날 늦게 니컬슨은 소속 부서에서 주최한 파티에 참석했다. 영화 관람이 포함된 파티였다. 그리고 폭격과 화재에 눈까지 녹아 을씨년스레 변한 거리를 지나 블룸스베리에 있는 자신의 아파트로 돌아갔다. 등화관제 중인 데다 초승달이 사흘 뒤에나 뜰 예정이라 유난히 어두운 밤이었다.

"고색창연한 가엾은 런던이 너무 칙칙해 보인다." 그는 그렇게 썼다. "파리는 아주 젊고 쾌활해서 조금 두드려 맞아도 견딜 수 있다. 그러나 런던은 수도 가운데서도 잡일에 시달리는 여성이어서 이가 빠지기 시작하면 정말로 병색이다."

그래도 런던은 여전히 크리스마스를 축하하며 환호했다. 한 일기 기록원의 말대로 "주점들마다 행복하고 취한 사람들로 가득했고 '티퍼래리Tipperary'와 최근에 유행한 군가 '치어럽 마이 래즈, 퍽 음 올Cheer up my lads, fuck 'em all '을 신나게 불렀다."

68장 에그레이어

1940년 12월 27일 금요일 해군은 교수가 개발한 공중기뢰에 대한 본격적인 실험에 들어갔다. 풍선으로 작은 폭탄을 높이 띄우는 새로운 실험이었다. 독일 항공기가 접근해온다는 정보에 따라 풍선 900개가 발사 준비를 마쳤다. 담당 장교가 신호를 보냈다.

풍선은 떠오르지 않았다.

풍선을 띄울 팀은 30분 동안 발사 메시지를 받지 못했다.

그 뒤의 일은 더욱 어이없었다. "풍선 900여 개 중 약 3분의 1이 결함이 있는 것으로 판명되었다." 공중전을 연구하는 역사학자 배즐 콜리어Basil Collier는 그렇게 지적했다. "다른 것들은 올라가다 일찍 폭발하거나 예상치 못한 장소로 일찍 내려왔다."

폭격기는 나타나지 않았다. 실험은 2시간 만에 중단되었다.

그래도 처칠과 교수는 단념하지 않았다. 두 사람은 기뢰가 실제로 활용할 수 있을 뿐 아니라 방공에도 중요하다고 주장했다. 처칠은 기뢰를 더 많이 생산하고 실험도 더 많이 하라고 명령했다. 웃기려는 의도는 없었겠지만 이 기뢰 프로그램에는 '에그레이어Egglayer(알 낳는 기계)'라는 공식 암호명까지 붙었다.

RAF는 루프트바페의 빔을 찾아내 방해하거나 차단하는 방법을 계속 향상시켰지만, 독일 엔지니어들은 새로운 변종 빔과 전송 패턴을 고안하고 송신기도 더 많이 제작했다. 그래도 독일 조종사들은 RAF가 독일의 빔을 이용해 폭격기의 위치를 파악하여 공중 매복작전을 시행하지 않을까 늘 두려워했다.

그들은 RAF를 너무 높이 평가하고 있었다. 영국은 공대공 레이더와 전술을 개선했지만, 전투기사령부는 해만 떨어지면 여전히 눈뜬 장님이나 다름없었다.

69장 올드 랭 사인

12월 29일 일요일 밤 루스벨트는 그의 임기 중 16번째 방송하는 '노변담화Fireside Chat'에서 영국 지원의 당위성을 강조했다. 3선에 성공하면서 그는 이제 마음 놓고 전쟁을 입에 올릴 수 있게 되었다. 그는 처음으로 "나치"라는 단어를 사용했고 해리 홉킨스가 제시했던 말을 인용해 미국을 "민주주의의 병기창arsenal of democracy"이라고 지칭했다.

"호랑이를 아무리 쓰다듬어도 고양이처럼 길들일 수 없습니다." 루스벨트는 그렇게 말했다. "잔인한 상대에겐 어떤 유화정책도 소용없습니다." 만약 영국이 패배한다면 독일과 이탈리아와 일본의 "사악한 동맹unholy alliance" 즉 추축국은 더욱 기가 오를 것이고 "아메리카 대륙에 있는 우리 모두는 총부리 끝에서 살게 될 것입니다." 그는 연설 후반부에 "나치의 총부리"라고 분명히 특정했다.

앞서 홉킨스는 담화에 낙관적인 내용을 가미할 것을 권했었다. 루스벨트도 그 말에 동의했다. "추축국들은 절대 이 전쟁을 이기지 못합니다. 나의 이런 믿음은 최근에 들어온 매우 정확한 정보에 바탕을 두고 있습니다." 그는 그렇게 말했다.

"최근에 들어온 매우 정확한 정보"라고 했지만 그것은 사실 그의 무기 대여 계획이 의회에서 통과될 뿐 아니라 전쟁의 균형이 영국에게 유리한 쪽으로 바뀔 것 같다는 그의 직감이 전부였다. 연설문을 작성한 로버트 셔우드는 그것이 "무기대여법이 통과되리라는 개인적인 자신감과 그런 조치가 추축국의 승리를 좌절시키리라는 확신"에서 비롯된 전망이라고 말했다.

수백만의 미국인들이 그 방송을 들었고 수백만의 영국인들도 새벽 3시 30분에 방송을 들었다. 그러나 런던에는 다른 문제가 더 많았다. 그날 밤 루스벨트가 계획한 노변담화의 효력을 반감시켜 보겠다는 바람으로 루프트바페는 그 어느 때보다 대대적인 공습을 감행했다. 이번 공습의 표적은 더 시티the City로 알려진 런던 금융가의 핵심 구역이었다. 공습의 진짜 의도가 루스벨트의 방송을 희석시키기 위한 것인지는 확실하지 않지만 타이밍도 그렇고 다분히 고의적이라고 볼 만한 요소가 많았다. 폭격기들은 크리스마스가 낀 주의 일요일 밤에 왔다. 더 시티의 사무실, 상점, 술집이 모두 문을 닫아 떨어지는 소이탄을 발견하고 진압할 사람이 거의 없는 시간을 노린 것이 분명했다. 템스강은 썰물이어서 화재 진압에 필요한 물 공급이 제한되었다. 그날은 달도 뜨지 않았다. 바로 전날 밤에 초승달이 떴기 때문에 RAF가 제대로 대응할 것 같지도 않았다. 루프트바페의 선봉인 KGr 100 비행단은 무선 신호의 정밀한 안내로 목표물을 밝히는 소이탄을 투하했고 고폭탄으로 급수원을 파괴하고 더 많은 연료를 화재에 노출시켰다. 거센 바람은 화재를 더욱 키워 1666년 이후로 기록상 '두 번째 런던 대화재'를 만들었다.

그 공습으로 1,500건의 화재가 발생했고 도시의 90퍼센트가 파괴되었다. 성 바오로 대성당에는 소이탄 24개가 떨어졌다. 처음에는 주변 화재의 연기로 돔이 가려져 성당이 사라졌다고 생각한 사람들은 두려움에 떨었다. 하지만 성당은 큰 피해를 입지 않았다. 그것만 제외하면 공습은 매우 효과적이어서 RAF 기획자들은 독일 도시에 대한 향후의 화재 공습에도 똑같은 전술을 채택했다.

*

　요제프 괴벨스는 일기에 공격이 만족스럽다고 썼지만 루스벨트의
노변담화 얘기부터 했다. "루스벨트는 우리를 지목하여 무례한 연설을
했다. 그는 아주 야비하게도 제3제국과 우리의 운동을 비방하고 영국
을 대대적으로 지원하자고 요구한다. 그는 영국의 승리를 확고하게 믿
고 있다. 전형적인 민주주의의 왜곡이다. 총통은 여전히 그 문제에 대
해 결단을 내리지 못하고 계시다. 나는 거친 싸움을 좋아하지만 미국은
끝까지 건드리지 않는 것이 좋을 것 같다. 지금으로서는 그렇게 멀리
갈 필요가 없다. 언젠가는 그들도 자기 앞가림하기 바쁠 날이 오겠지."
　확실히 만족한 듯 그는 루프트바페와 최근의 성과에 눈을 돌렸다.
"런던은 우리의 공격에 떨고 있다." 그는 미국 언론이 놀랐고 깊은 인상
을 받았다고 주장했다. "우리가 이 정도 규모로 4주 동안 계속 폭격을
할 수 있다면 상황은 달라 보일 것이다. 이 외에도 우리는 그들의 수송
에 막대한 손실을 입히고 있으며 호위함에 대한 공격도 성공적이다. 런
던은 현재로서는 웃을 일이 없다. 그건 확실하다."

*

　하지만 처칠의 생각은 달랐다. '대화재' 공습은 미국인의 공감을
촉발시켰다는 점에서 타이밍이 완벽했다고 알렉산더 캐도건은 일기에
썼다. "이 사건은 매우 결정적인 순간에 미국과의 관계에 엄청난 도움
을 줄 것이다. 정말 다행이다. 독일인들은 교활하고 근면하고 능률적이
지만 그래도 바보들이다."
　사망자도 많고 피해도 컸지만 처칠은 루스벨트의 노변담화를 듣
고 옳다구나 쾌재를 불렀다. 12월 마지막 날 저녁에 그는 소감을 보내
기 위해 비버브룩과 신임 외무장관 앤서니 이든을 만났다. 처칠의 최고

참 재무장관 킹슬리 우드Kingsley Wood도 참석했다.

"어제 각하께서 말씀하신 모든 것에 대해 깊은 감사를 드립니다." 전보는 그렇게 시작했다.

그러나 누구라도 금방 알 수 있지만 루스벨트의 연설이 단지 그럴듯한 단어를 잘 골라 나열한 것에 지나지 않는다는 사실은 처칠도 잘 알고 있었다. 그 연설에는 의아한 점이 많았다. "잊지 마시기 바랍니다. 대통령 각하." 그는 비서에게 그렇게 불러주었다. "우리는 각하가 무슨 생각을 하고 계시는지 미국이 정확히 무엇을 할 것인지 알지 못합니다. 하지만 우리는 목숨을 걸고 싸우고 있습니다."

그는 주문해놓은 물자에 대한 대금을 거의 치르지 못하고 있는 상황에서 영국이 당면한 재정적 압박을 슬쩍 내비쳤다. "우리가 귀국의 도급업체에 대금을 제때 지불하지 못해 그들이 노동자들에게 보수를 주지 못한다면 세상 사람들이 뭐라 하겠습니까? 그렇게 되면 영국과 미국의 협력이 완전히 어긋났다며 적이 악용하지 않을까요? 하지만 대금 납부가 몇 주 정도 지연되면 이런 문제가 현실이 될 수도 있습니다."

*

메리는 일기장의 뒷부분에 있는 메모를 적는 빈 페이지에 책이나 노래나 아버지의 연설 등을 인용했고 어설픈 토막시를 썼다. 그녀는 1940년에 읽었던 책들을 수십 권 열거했는데 그중에는 헤밍웨이의《무기여 잘 있거라A Farewell to Arms》, 듀 모리에의《레베카Rebecca》, 디킨스의 《골동품 상점The Old Curiosity Shop》등이 있었다.《골동품 상점》은 시작만 하고 끝을 내지 못했다. "아무리 생각해도 그 상냥한 꼬마 넬Nell과 그녀의 늙은 할아버지를 납득할 수 없다." 그녀는 그렇게 썼다. 또한 올더스 헉슬리Aldous Huxley의《멋진 신세계Brave New World》를 읽고 이렇게 적었다. "엄청난 얘기인 것 같다."

그녀는 1940년 12월 20일자 일기에 미국의 가수 빙 크로스비Bing Crosby가 최근에 녹음한 '어 나이팅게일 생 인 버클리 스퀘어A Nightingale Sang in Berkeley Square'라는 노래의 가사를 기억나는 부분만 적었다.

달은 머리 위에서 빛나고,
가엾게도 당황한 달에 그는 얼굴을 찡그렸다!
우리가 그렇게 사랑에 빠졌다는 걸 그는 어떻게 알았을까?
터무니없는 온 세상이 다 뒤집힌 것 같아

요제프 괴벨스는 베를린에서 꼬박 하루를 일한 뒤 '사나운 눈보라'를 뚫고 도시의 북쪽 보겐제 호수에 있는 고향 집으로 차를 몰았다. 그 집은 방이 70개여도 아늑했고, 눈도 오고 새해 전야(독일어로 질베스터Silvester)였기 때문인지 그는 생각에 잠겼다.

"때로는 대도시가 싫다." 그는 그날 밤 일기에 이렇게 썼다. "여기 밖은 얼마나 아름답고 아늑한가.
어떨 땐 (도시로) 전혀 돌아가고 싶지 않다.
아이들이 허리케인 랜턴을 들고 문 앞에서 우리를 기다리고 있다.
밖에는 눈보라가 사납게 몰아친다.
난로 옆에서 수다나 떨면 한결 좋겠다.
여기에 이렇게 밖에서 우리만 즐겁다는 사실이 마음에 걸린다."

*

런던의 내각전쟁상황실에서 존 콜빌은 동료 비서 존 마틴에게 샴페인을 한 잔 건넸다. 이미 퍼그 이즈메이가 제공한 브랜디를 이것저것

476

마신 뒤였다. 그들은 옥상으로 올라가, 캄캄하고 달도 거의 보이지 않는 밤하늘을 보며 새해를 축하했다.

*

그날 자정을 기준으로 1940년에 런던을 공격한 독일군 공습으로 시민 1만 3,596명이 사망하고 1만 8,378명이 중상을 입었다. 그리고 아직 닥치지 않은 일은 더 많았다. 단 한 번의 최악의 공습도 그중 하나였다.

1941년

5부 **미국인들**

1월—3월

70장 비밀

1월 들어 첫 엿새는 추웠다. 전형적인 영국 날씨였다. 스코틀랜드 에든버러 근처의 웨스트린턴의 기온은 1월 1일부터 6일까지 계속 영하권에 머물렀다. 영국의 작은 마을 호그홀은 영하 21도까지 떨어졌다. 버밍엄에는 한 달 동안 간헐적으로 내린 눈이 40센티미터까지 쌓였고 리버풀 부근에는 바람에 날려온 눈이 3미터 높이로 쌓였다. 거센 강풍이 시골을 휩쓸어 시속 100킬로미터는 보통이었고, 그중 시속 130킬로미터짜리 강풍은 웨일스의 홀리헤드 항구를 쑥대밭으로 만들어놓았다.

바람과 추위로 런던 거리는 빙판으로 변했고 파편에 집이 뚫렸어도 유리창이 부족해 난방을 못 하는 등 고생이 이만저만이 아니었다. 5성급 호텔 클라리지스Claridge's조차 그런 혹한에 제대로 대처하지 못해 손님들에게 불편을 끼쳤다. 미 주재무관military attaché으로 이 호텔에 투숙하고 있던 레이먼드 리Raymond Lee 장군은 석탄 난로로 겨우 온기를 쬘 수 있었지만 1월 4일에는 방이 "아이스박스 같다"고 불평했다.

1월 6일 밤에 내린 눈은 무너진 주택의 들쭉날쭉한 잔해를 가려주어 잠깐이지만 런던의 풍경을 아름답게 포장해주었다. "오늘은 정말 멋진 겨울 아침이었다!" 리 장군은 다음 날 일기에 그렇게 썼다. "일어나 꽤 높은 곳에서 창문으로 밖을 내다보니 거리와 지붕이 모두 깨끗한 하얀 눈으로 덮여있었다." 런던의 풍광은 그에게 "솜이불처럼 덮인 하

얀 눈과 잿빛 하늘을 배경으로 검게 튀어 오른 굴뚝과 그 각도 때문인
지" 중부 유럽의 눈 덮인 도시를 그린 크리스마스카드를 연상케 했다.

*

비버브룩은 또 사표를 냈다. 처칠로서는 새해를 시작하자마자 맞
닥뜨린 골치 아픈 수많은 일 중 하나였다. 그가 비버브룩에게 영국의
생존이 달린 결정적이라고 생각하는 직책을 추가로 맡기자 나온 사퇴
역습이었다.

식량과 철강과 그 밖의 수많은 민간 및 전쟁물자의 수입 물량을
늘리는 것은 처칠의 최우선 과제였지만 독일의 U-보트 공격이 거세지
면서 그 어느 때보다도 물자 공급이 위험에 처해있었다. 물자 공급을
지시하고 조정하고 물량을 늘리기 위해 처칠은 '수입집행위원회Import
Executive'를 신설했고, 그것을 가장 잘 운영할 수 있는 인물로 비버브룩
을 지명했다. RAF의 전투기 생산량을 크게 늘린 그의 능력을 높이 샀
기에 내린 결정이었다. 1월 2일에 처칠은 비버브룩에게 수입집행위원
회의 의장직을 제안했다. 항공기생산부 장관직을 계속 수행하면서 직
책을 확장하여 정부의 공급부처 세 곳을 감독해달라는 당부였다. 그는
여기서도 비버브룩이 상품과 전쟁물자의 수입을 크게 늘리는 촉매 역
할을 해주기 바랐다. 그 직책은 더 많은 권한을 원했던 비버브룩의 숙
원을 풀어주겠지만, 그것은 결국 위원회 의장 자리를 차고앉으라는 얘
기였다. 처칠도 잘 아는 사실이지만 비버브룩은 위원회라면 질색했다.

처칠은 비버브룩이 그런 제안에 반발할 수도 있다고 생각하여 저
자세로 구슬리면서 그가 필요함을 간절하게 하소연했다.

"그 어떤 것도 자네가 맡게 될 임무보다 더 중요한 것은 없다네."
처칠은 비버브룩이 당연히 그 일을 맡아주리라고 확신하며 그렇게 시

작했다. "나는 자네를 전적으로 신뢰하며 동시에 국가의 존폐가 상당 부분 자네의 어깨에 걸려있다는 점을 짚고 싶네."

비버브룩이 그 직책을 맡지 않는다면 처칠 자신이 그 일을 해야 한다고 그는 하소연했다. "그렇게 되면 군사 문제에 집중하지 못하고 정신이 산만해질 테니 그리 좋은 생각은 아니겠지." 그는 그렇게 썼다. "이런 말을 하는 이유는 자네가 나를 얼마나 간절히 돕고 싶어 하는지 내가 알고 있기 때문이라네. 그리고 우리의 수입과 선적과 운송 문제를 원만하게 해결하는 것만큼 나를 도와줄 방법은 달리 없을 것일세."

비버브룩은 꿈쩍도 하지 않았다. 그는 깊은 유감을 표명하며 의장 직을 거부하고 자신의 사임 의사는 항공기생산부에도 해당된다는 점을 분명히 했다. "저는 위원회 체질이 아닙니다." 그는 1월 3일에 그렇게 썼다. "저는 혼자 걷는 고양이입니다."

그는 여지를 남겨두지 않고 끝냈다. "이 편지에는 답장하지 않으셔도 됩니다. 저는 제 뜻대로 할 겁니다."

처칠은 비버브룩의 사표를 자신과 영국에 대한 모욕으로 받아들였다. 비버브룩이 지금 떠난다면 그것은 배신이다. 그의 에너지와 탐나는 독창성 덕분에 항공기 생산량은 거의 기적적인 수준까지 올라갔고 처칠도 그 덕분에 독일의 공습을 견뎌내면서 최후의 승리를 어느 정도 자신할 수 있게 되었다. 게다가 처칠은 개인적으로도 그가 필요했다. 정치 저변에 대한 그의 지식과 조언도 그렇지만 그저 그가 옆에 있어만 주어도 처칠은 기운이 났다.

"이보게 맥스." 1월 3일 그는 그렇게 받아쓰게 했다. "자네에게 그런 편지를 받으니 매우 속상하군. 자네의 사임은 온당치 않으며 아무래도 직무유기라고 해야 할 것 같네. 그것은 자네가 그동안 쌓아온 모든 평판을 한순간에 무너뜨리고 수많은 사람의 감사와 호의를 분노로 바꾸는 행위일세. 아마 평생 후회하게 될 걸세."

처칠은 다시 한 번 자기 연민에 호소했다. "내가 자네에게 준 것만
큼 많은 지원을 받은 장관은 아무도 없네. 내가 맡기려는 중차대한 임
무를 자네가 맡지 않으면 다른 사람들이 어떤 부담을 지게 될지 자네도
잘 알고 있겠지."

그는 비버브룩의 대답을 기다렸다.

*

처칠에겐 그보다 더 골치 아픈 일이 있었다. 그는 두 차례나 저질
러진 보안 사고에 당황했다. 첫째는 미국의 어떤 특파원이 비시 정부
와 관련된 비밀 정보를 소속사인 〈시카고데일리뉴스Chicago Daily News〉
에 전보로 알린 사건이었다. 처칠이 특히 펄쩍 뛴 것은 당사자인 헬렌
커크패트릭Helen Kirkpatrick 기자가 처칠의 보름달 별장인 디츨리에서 만
찬회 중에 오갔던 대화에서 그 정보를 얻어냈다는 사실이었다. 디츨리
에서 나눈 대화는 밖으로 새어나가서는 안된다는 것이 그곳의 불문율
이었다. 비시 정부가 독일에 직접적인 군사 지원을 하지 않을 것이라는
비밀을 누설한 사람은 유명한 물리학자의 딸이자 프랑스의 피아니스
트인 에브 퀴리Ève Curie였다.

"유명 여류인사인 마드모아젤 퀴리가 지각이 있는 사람이라면 그
런 근거 없는 말을 시골별장 파티에서 하지는 말았어야 하지 않겠소?"
처칠은 현재 외무장관인 앤서니 이든에게 그렇게 썼다. "헬렌 커크패
트릭 양은 기자의 욕심에서 그런 기밀을 누설했어요. 이 두 여성은 모
두 빠른 시일 내에 MI5의 조사를 받아야 하며 이에 대해 해명해야 합
니다." 그는 이든에게 커크패트릭을 당장 추방하라고 말했다. "이런 부
류의 사람들이 영국의 이익에 관계없는 기삿감을 찾기 위해 사사로운

집들을 냄새 맡고 다니는 건 전혀 바람직하지 않아요."

이 사건과 미국 항공 잡지에 비밀 항공기에 관한 세부 내용이 실린 두 번째 사건으로 처칠은 퍼그 이즈메이와 그 밖의 관련자들에게 기밀 유지에 관한 전반적인 지침을 보냈다. "새해가 시작되었으니 전쟁 수행과 관련된 모든 문제에서 비밀을 좀 더 안전하게 확보하기 위한 새롭고 강력한 조치를 취해야 한다." 처칠은 그렇게 썼다. 그는 기밀 자료와 기자들이 입수할 수 있는 정보 유통에 대한 규제를 강화하라고 지시했다. "외신기자들 때문에 어려움이 많다. 우리가 미국 쪽에 한 말이 전부 즉시 독일에 전해지는데도 우리는 아무런 대책도 마련하지 못하고 있다."

기밀 문제로 처칠이 발끈하는 것을 본 존 콜빌은 자신의 일기가 걱정이 되었다. 그의 일기에는 작전상의 비밀과 처칠의 행동에 대한 통찰이 깨알같이 적혀있었다. 독일 측 요원이 그 일기장을 우연히 발견하기라도 하는 날엔 대단한 전리품이 될 것이다. 그렇게 정확하게 기록하는 행위가 불법일 가능성이 매우 높다는 것을 콜빌은 잘 알고 있었다. "P.M.은 기록의 기밀성을 지키는 문제에 관한 전언문을 배부했다. 갑자기 일기가 찔렸다." 콜빌은 새해 첫날 일기에 그렇게 썼다. "하지만 폐기할 생각은 없다. 그저 좀 더 철저히 단속해두는 정도로 타협해야겠다."

1941년의 첫날이 저물어갈 때 처칠은 내각전쟁상황실 천장의 방탄 공사를 시찰하기 위해 콜빌을 불렀다. 처칠은 들보와 비계 더미를 헤치고 다닐 일에 대비해 지팡이 위에 손전등을 매달고 출발했지만 얼마 안 가 "굳지 않은 두꺼운 시멘트가 발목까지 올라왔다." 콜빌은 그렇게 썼다.

*

떨어지는 폭탄이나 선박에 명중하는 어뢰 외에 가장 울화가 치미는 소식은 RAF와 루프트바페의 강점을 비교 조사한 싱글턴 판사의 예비 보고서였다. 처칠은 그 보고서가 문제를 해결하고 아울러 관련된 여러 관련 당사자들 간의 분쟁과 비난 행위를 끝내주길 바랐다.

하지만 아니었다.

싱글턴은 조사 과정에서 전투기, 폭격기의 수 외에 항공기의 '손실 대수', 예비 항공기, 훈련용 비행기 수에 관한 증언을 청취하는 데 5일을 보냈다고 썼다. 1월 3일 금요일에 그가 제출한 서류는 중간보고서에 불과했다. 그도 들여다보면 볼수록 종잡을 수 없기 때문이었다. "어느 정도 의견이 일치되기를 바랄 때도 있었지만, 이제는 주요 요인에 대한 합의가 나올 것 같지 않다는 생각입니다." 싱글턴은 서두 부분에서 그렇게 적었다.

그는 한 해 전 봄에 교수가 제시한 논리를 받아들였다. 독일기의 손실 대수, 보존 대수, 새로운 항공기의 생산 속도 등 그들이 전쟁에서 겪는 현황이 영국의 현황과 다를 리 없으니 영국의 현황부터 먼저 정확하게 파악해야 한다는 주장이었다. 그러나 정확한 숫자를 파악할 길이 없었다. 치밀하게 조사하고 따져봤지만 설명할 수 없는 RAF 항공기들이 3,000대가 넘었다. 싱글턴은 독일군은 말할 것도 없고 영국 공군의 정확한 현황조차 짐작할 수 없었다. 부처마다 내놓은 수치도 제각각이었다. "아무래도 독일의 전력에 대해서는 어떤 수치를 산출하기가 매우 어려울 것으로 생각됩니다." 그는 그렇게 썼다. "현 단계에서는 공군참모부(정보국)의 주장만큼 높지는 않을 것이라는 말밖에 할 수 없습니다."

처칠은 그런 실태에 어이가 없고 화가 났다. 특히 공군부가 자신의 항공기마저 정확히 기록하지 못하고 있다는 사실이 크게 못마땅했다. 싱글턴은 조사를 계속했지만 그때까지 그가 입수한 수치도 모두 제각각이었다.

*

비버브룩의 입장은 확고했다. 그는 토라진 학생처럼 1월 6일 월요일에 애당초 장관이 되고 싶었던 적도 없다고 처칠에게 말했다. "저는 정부에 참여하고 싶지 않았습니다." 그는 그렇게 썼다. "내각에 그런 자리가 필요하다고 생각하지도 않았고 사실 저는 극구 반대했습니다." 그는 다시 한 번 새 의장직을 거절하면서 항공기생산부 장관직도 사임하겠다는 말을 되풀이했다. "제 소임은 여기까지라고 생각하기 때문입니다. 제 할 일은 다 했습니다." 그곳은 "제가 없는 편이 더 낫습니다." 그는 그동안 처칠의 지지와 우정에 감사한다고 말하고 작별의 뜻을 기정사실화하는 말로 편지를 마무리했다. "그동안의 인연을 생각하셔서 가끔 각하를 뵙고 얘기를 나눌 수 있도록 허락해주셨으면 하는 바람입니다."

지나친 요구였다. "자네를 놔줄 생각은 추호도 없네." 처칠은 그렇게 답장했다. "자네가 그렇게 비정상적이고 쓸모없는 고집을 부린다면 나는 치명적인 타격을 입었다고 느낄 것이네." 보기에 따라서는 총리의 의견 전달이 아니라 버림받은 애인의 편지에 더 가까웠다. "이처럼 전쟁이 한창인 상황에서 자네가 내게 이런 부담을 줄 권리는 없지." 그는 그렇게 썼다. "… 내가 얼마나 자네의 조언에 의지하고 위로를 받는지는 누구보다 자네가 더 잘 알고 있지 않은가. 그런데도 자네가 이렇게 나오다니 믿을 수가 없네." 그는 만약 건강 때문이라면 몇 주 정도 요양해보라고 제안했다. "하지만 지금 배를 버려선 안 되지. 절대로!"

한밤중에 처칠은 다시 비버브룩에게 편지를 썼다. 이번에는 친필로 역사의 심판을 소환했다. "사소한 어려움 때문에 거대한 규모의 사건들과 우리가 서있는 역사의 휘황한 무대를 잊어서는 안 되네." 그는 프랑스 혁명을 주도한 조르주 당통Georges Danton이 1794년 단두대에 서기 직전에 스스로 했던 말을 인용하며 편지를 마무리했다. "'당통, 나약하게 굴지 마.'"

비버브룩과의 실랑이는 대부분 무대에서 연기로 하는 칼싸움이었다. 오랫동안 친구로 지내온 두 사람은 서로의 자제심을 어떻게 흔들어대고 언제 그만두어야 하는지 잘 알고 있었다. 처칠이 비버브룩을 각료로 발탁한 것도, 그를 늘 지근거리에 두려 한 것도 그 때문이었다. 비버브룩의 행동은 도무지 예측이 불가능했다. 화를 돋우는 것도 사실이지만 뇌우 같은 에너지를 쏟아내면서도 냉철한 명료함을 잃지 않았다. 두 사람은 서로에게 보낼 편지를 받아쓰게 할 때도 묘한 즐거움을 느꼈다. 두 사람에게 그 일은 배우의 연기 같은 것이어서, 처칠은 금빛 용이 그려진 잠옷을 입고 불이 붙지 않은 시가를 들고 허공에 주먹질을 해대면서 발음과 어휘의 느낌을 음미했다. 비버브룩은 축제에서 조수를 벽에 세워두고 손에 잡히는 대로 칼을 던지는 칼잡이 같았다. 그렇게 나온 편지의 물리적인 특징은 두 사람의 대위법적 성격을 그대로 드러냈다. 처칠의 문단은 길고 정확한 언어 구사로 문법 구조가 복잡하고 역사적인 암시로 가득한 반면(비버브룩에게 보낸 메모에서 그는 "이크티오사우루스Ichthyosaurus"라는 단어를 사용하기도 했다), 비버브룩의 문단은 짧고 힘 있는 단어가 톱니를 물고 돌아가듯, 음미하기보다 툭툭 내뱉는 말투였다.

"사실은 그들 둘 다 그것을 즐겼다. 물론 글쓰기, 아니 보통은 불러주는 것이지만 그 작업이 힘들다고는 생각하지 않았다." 비버브룩의 전기작가 A. J. P. 테일러는 그렇게 썼다. "비버브룩은 자신의 고충을 과시하길 좋아했고 편지를 받아쓰게 하는 동안 실제로 느끼는 감정적 집착을 드러내며 마무리하는 편을 훨씬 더 좋아했다."

*

1941년 첫 한 주가 끝나는 1월 7일 화요일 오전 2시에 처칠은 한결 긍정적인 메모를 받고 기분 좋게 잠자리에 들었다. 기분 좋은 소식이 들어온 곳은 리비아였다. 영국군이 이탈리아군을 계속 격파하는 중이라고 했다. 그리고 월요일 저녁(영국에선 화요일 새벽)에 루스벨트는 연두교서를 통해 무기 대여 계획을 의회에 발표하면서 선언했다. "우리 나라와 민주주의의 미래와 안전은 국경 저편에서 벌어지고 있는 사건들과 밀접한 관련이 있습니다." 그는 다가올 세계는 "인간의 4가지 본질적인 자유", 즉 언론과 신앙의 자유, 결핍과 공포로부터의 자유에 기반을 둘 것이라고 말했다.

처칠은 무기대여법이 통과되기까지 긴 싸움이 남아있다는 것을 알고 있었지만 영국에 대한 루스벨트의 명확하고도 공개적인 동조 선언에 크게 고무되었다. 더욱 좋은 소식은 루스벨트가 런던에 개인적으로 특사를 보내기로 했다는 사실이었다. 특사는 며칠 후에 도착할 예정이었다. 처음에는 특사의 이름을 듣고도 기억을 해내지 못했다. 처칠은 그의 이름을 듣고 되물었다. "누구라고?"

하지만 그는 홉킨스가 대통령의 최측근이어서 한때 백악관에서도 에이브러햄 링컨의 집무실이었던 2층 스위트룸에서 살았다는 사실은 알고 있었다. 그곳은 바로 대통령의 거처와 같은 복도에 있는 방이었다. 처칠의 보좌관 브렌던 브래큰은 홉킨스를 "이 나라를 방문한 미국인 중 가장 중요한 인사"라면서 그가 "현존하는 어느 누구보다" 루스벨트에게 직접적인 영향을 미칠 수 있는 인물이라고 생각했다.

처칠은 결국 매우 흡족해서 낙관적인 전망을 하며 잠자리에 들었다. 그는 웃으며 "침대보 안으로 몸을 밀어 넣었다." 콜빌은 일기에 그렇게 썼다. "늦게까지 나를 붙들고 잠 못 자게 만든 걸 사과하는 아량까지 보이셨다."

*

파멜라 처칠은 씁쓸한 메모로 한 해를 시작했다. 그녀는 랜돌프가 그리웠다. "아! 당신이 지금 여기 있어 나를 꼭 안아주면 얼마나 좋을까요." 그녀는 새해 첫날 쓴 편지에서 랜돌프에게 말했다. "그럼 정말 행복할 거예요. 여기 혼자 있는 게 너무 무서워요. 이렇게 오래 떨어져 있다 나를 잊어버릴까 겁나요. 그러면 못 견딜 것 같아요. 부디 나를 잊지 말아요, 랜디."

그녀는 또한 그에게 아기 윈스턴을 위한 특별한 방독면이 도착했다고 말했다. "그렇게 꼭 맞을 수가 없어요." 파멜라는 그렇게 말하며 곧 지역 병원에서 열리는 독가스 강의에 참석할 계획이라고 덧붙였다.

*

비버브룩은 항공기생산부 장관직을 유지했지만 수입집행위원회 의장은 되지 못했다. 비버브룩이 맡지 않을 경우 처칠 자신이 순교할 각오로 그 직을 맡는 수밖에 없다고 위협했지만 처칠도 그렇게는 하지 않았다.

71장 11시 30분발 특별 열차

1월 10일 금요일 아침, 다우닝가 10번지로 걸어 들어간 그 남자는 건강이 매우 안 좋아 보였다. 안색은 창백했고 전체적으로 허약하고 지친 모습이었다. 지나치게 큰 외투 때문에 그런 허약함이 더욱 눈에 띄었다. 파멜라 처칠은 그가 코트를 벗지 않을 것 같다고 생각했다. 그를 처음 보았을 때 그녀는 그의 외모에 충격을 받았고, 그가 입에 물고 있던 불붙이지 않은 구겨진 담배 때문에 더욱 그의 건강이 좋지 않은 것 같다고 짐작했다. 전날 런던에서 150킬로미터 떨어진 푸울의 수상비행기 항구에 도착했을 때도 그는 너무 지쳐 안전벨트조차 풀지 못했다. "아무리 봐도 지체 높은 사절다운 모습은 어디에도 없었다." 퍼그 이즈메이는 그렇게 썼다. "게다가 그는 애처로울 정도로 너저분했다. 옷은 마치 그대로 입고 잔 것처럼 구겨졌고 모자도 수시로 깔고 앉은 것 같았다. 너무 병약해 보여 바람이라도 불면 날아갈 것 같았다."

그러나 그가 누구인가. 나중에 처칠이 전쟁에서 결정적인 역할을 했다고 평가하게 되는 해리 홉킨스Harry Hopkins였다. 50세의 홉킨스는 루스벨트의 개인 고문이었다. 얼마 전에 그는 공공사업진흥국Works Progress Administration, WPA을 비롯하여 루스벨트의 대공황시대 뉴딜정책의 세 가지 주요 프로그램을 주도하여 수백만 명의 실업자들에게 일자리를 마련해주었다. 루스벨트는 1938년에 홉킨스를 상무장관으로 임명했는데 그는 악화된 건강에도 1940년까지 잘 버텼다. 홉킨스는 위암 수술을 받은 후 정확한 원인을 알 수 없는 병세로 어려움을 겪었다. 1939년 9월에 그를 진찰한 의사들은 몇 주밖에 살 수 없다는 진단을 내렸다. 하지만 그는 몸을 다시 추스렸다. 1940년 5월 10일 처칠이 총리가 되던 날 루스벨트는 그를 백악관으로 불러들여 그곳에서 지내도록 조치했다. 그 조치는 끝까지 바뀌지 않았다. "그는 쇠약하고 스러져가는 육체에서 불타오른 영혼이었다." 처칠은 그렇게 썼다. "그는 곧 쓰러질 것 같은 등대였지만, 거기에 빛을 밝혀 거대한 함대를 항구로 이끌었다."

그러나 그 모든 불꽃과 불빛은 나중 얘기였다. 처칠을 만나기 전에 홉킨스는 먼저 브렌던 브래큰의 안내로 다우닝가 10번지를 둘러보았다. 그 유명한 총리 관저는 백악관에 비해 훨씬 작아 위압적인 면도 없고 몹시 낡아 보였다. "바로 옆에 있는 재무부가 폭격을 맞아서인지 다우닝가 10번지는 약간 초라했습니다." 홉킨스는 이날 오후 루스벨트 대통령에게 보낸 메시지에서 그렇게 썼다. 어느 층엘 가도 폭탄을 맞은 자국이 뚜렷했다. 창문은 대부분 날아갔고 일꾼들이 수리하느라 바쁘게 움직이고 있었다. 브래큰은 홉킨스를 지하에 새로 방탄 설비를 마친 식당으로 안내한 뒤 그에게 셰리주를 한 잔 따랐다.

그리고 처칠이 도착했다.

"오동통하고 혈색이 붉은 신사가 웃으면서 나타났습니다. 포동포동하지만 확신에 찬 손을 내밀며 영국에 온 것을 환영한다고 말했습니다." 홉킨스는 루스벨트에게 그렇게 썼다. "짧은 검정색 코트와 줄무늬 바지 차림에 명쾌한 눈매와 엉키는 듯한 목소리가 제가 받은 영국 지도자에 대한 첫인상이었습니다. 아름다운 며느리와 손자의 사진을 자랑스러운 표정으로 내게 보여주더군요." 파멜라와 어린 윈스턴 얘기였다. "점심은 간소했지만 좋았습니다. 아주 평범해 보이지만 이들 가족을 오랜 세월 돌본 것 같은 여성이 음식 시중을 들었습니다. 스프, 차가운 쇠고기 수프(총리에게 맞추느라 우무를 많이 안 먹었는데도 총리께서 더 얹어주셨습니다), 야채샐러드, 치즈와 커피, 라이트 와인과 레드 와인 등이었습니다. 총리는 작은 은 상자에서 코담배를 꺼냈습니다. 그걸 좋아하시더군요."

홉킨스는 곧바로 본론으로 들어갔다. 그는 미국과 영국 간의 관계를 콕 집어 말했다. "저는 그분, 처칠이 미국이나 미국인이나 루스벨트를 좋아하지 않는다는 느낌이 들었다고 그에게 말했습니다." 처칠은 펄쩍 뛰면서 조지프 케네디가 그렇게 잘못된 인상을 퍼뜨렸다고 비난했다. 그는 비서에게 지난가을 루스벨트에게 보냈던 전보를 찾아오라고 지시했다. 루스벨트의 재선을 축하하는 전보로, 루스벨트가 답장도 고맙다는 말도 하지 않은 전보였다.

영국의 처지와 영국이 필요로 하는 것을 파악하기 위해 자신이 할 수 있는 최선을 다하는 것이 자신의 임무라고 홉킨스가 설명하자 처음의 어색한 분위기는 금방 사라졌다. 독가스에서 그리스와 북아프리카 전선까지 대화는 따로 범위가 없었다. "서로에게 아주 깊은 인상을 받았는지 두 분의 밀담은 4시가 다 돼서야 끝났다." 존 콜빌은 일기에서 처칠과 홉킨스의 첫 만남을 그렇게 언급했다.

날이 어두워지고 있었다. 홉킨스는 클라리지스 호텔로 떠났다. 달이 거의 차서 처칠과 평소 주말에 그를 수행하는 사람들은 디츨리로 출발했다. 다음 날 토요일에 홉킨스는 디츨리에서 그들과 함께 식사를 하고 잠도 잤다.

*

콜빌과 브래큰은 함께 차를 타고 디츨리로 가면서 홉킨스 얘기를 했다. 홉킨스가 루스벨트에게 얼마나 중요한 인물인지 처음 눈치챈 사람은 브래큰이었다.

잡담을 나누며 차를 몰다 보니 시야가 좁아졌다. 맑은 밤에도 등화관제로 전조등 불빛을 자그마한 틈만 남겨놓고 가렸기 때문에 운전이 어려운 데다 "차가운 안개까지 내려앉았다." 콜빌은 그렇게 썼다. "난데없이 피시앤칩스 수레차와 충돌했고 수레차가 화염에 휩싸였다. 아무도 다치지 않았고 우리는 무사히 디츨리에 도착했다."

가슴 아픈 하루를 보냈던 콜빌에게 그 사건은 적절한 구두점이었다. 처칠이 홉킨스와 점심 식사를 하는 동안 콜빌은 런던의 칼튼그릴 Carlton Grill에서 사모하는 게이 마거슨과 식사를 했다. 공교롭게도 그날은 그녀에게 처음 청혼한 지 2주년이 되는 날이었다. "너무 사적인 감정을 드러내지 않고 초연한 척하려고 애썼다." 그는 그렇게 썼지만 대화 주제는 곧 철학으로 바뀌어 인생을 살아가는 방법으로 넘어갔고 그러다 보니 좀 더 사사로운 영역까지 건드리게 되었다. 그녀는 사랑스러웠고 세련되어 보였다. 그녀는 은색 여우 모피 코트를 입었고 머리카락은 어깨까지 흘러내렸다. 콜빌은 루주가 너무 진하다고 허물없이 지적했다. 그녀의 불완전한 부분을 지적함으로써 그녀를 얻을 수 없는 고통을 스스로 덜어내는 행동은 이제 익숙한 그만의 수법이었다. "확실히 그녀는 1939년 1월 10일의 게이는 아니었다." 그는 그렇게 썼다. "아무래도 옥스퍼드가 그녀에게 좋지 않은 영향을 미친 것 같다."

점심 식사 후 그들은 국립미술관으로 가 엘리자베스 몬태규 Elizabeth Montagu, 즉 베츠Betts와 니콜라스 "니코" 헨더슨Nicholas "Nicko" Henderson을 만났다. 헨더슨이 게이의 마음을 사로잡았다는 소문이 있었다. 니코와 게이가 주고받는 눈길이 보통이 아니라는 것은 콜빌도 눈치로 금방 알 수 있었다. 그런 그들의 모습은 '묘한 향수'를 불러일으

컸다. 그는 그것을 질투라고 여겼다.

"다우닝가 10번지로 돌아와 이곳에서 매일 마주하는 중대한 이슈들에 비하면 그 모든 것이 다 하찮은 짓이라고 스스로 다독여봤지만 소용이 없었다. 사랑은 나와 함께 천천히 죽어간다. 마음이 아팠다."

*

메리 처칠은 디즐리에 합세하지 못했다. 대신 그녀는 레콘필드 경 부부Lord and Lady Leconfield의 양녀이자 친구인 엘리자베스 윈덤Elizabeth Wyndham과 함께 런던 남서부 웨스트서식스의 바로크 양식 별장인 펫워스 하우스Petworth House에서 주말을 보내기로 했다. 해협에서 불과 25킬로미터 떨어진 그곳은 독일군의 침략 예정지였다. 메리는 먼저 기차를 타고 런던으로 가서 유모였던 메리엇 와이트와 쇼핑을 한 다음 남서쪽으로 가는 두 번째 기차를 타기로 했다. "너무나 기다려진다." 그녀는 일기에 그렇게 썼다.

체커스의 '감방'은 추웠고 바깥은 얼음이 언 데다 매우 어두웠다. 위도 때문에 겨울 아침은 항상 어두웠지만 영국이 전쟁 중에 시간제를 바꾼 탓에 아침은 전보다 더 어두웠다. 지난가을에 정부는 연료를 절약하고 등화관제가 시작되기 전에 사람들이 집에 들어갈 시간적 여유를 더 주기 위해 '영국 더블 서머 타임double British summer time'을 적용했다. 관례에 따라 가을에는 시간을 되돌려야 하지만 그렇게 하지 않았다가 봄에 다시 1시간 앞으로 당긴 시간제였다. 덕분에 여름에는 낮시간이 1시간이 아니라 2시간 더 늘어났고, 그 탓에 겨울 아침은 길고 어두워 침울할 수밖에 없었다. 민간 일기기록원들은 자주 불평을 토로했다. "아침이 너무 어두워 일찍 일어나 이리 뛰고 저리 뛰어봐야 아무것도 제대로 할 수 없다. 괜히 무기력해지는 기분이다." 코번트리 인근 볼솔

커먼의 일기기록원 클라라 밀번은 그렇게 썼다.

어둡고 추워 메리는 몸을 잔뜩 웅크린 채 늦잠을 잤다. 누가 깨워 주리라 예상했지만 아무도 깨우지 않았다. 기분이 별로였다. 도로는 얼음으로 창백했다. 늘 다니던 길이 폭격에 피해를 입었기 때문에 시간이 많이 걸려도 우회로를 택해야 했다. 그래도 그녀는 기차 시간에 아슬아슬하게 맞춰 역에 도착했다.

8월 이후 런던을 찾은 것은 처음이었다. "기분이 이상했다. 매우 낯설고 촌사람이 된 기분이고 매우 당황스러웠다." 그녀는 그렇게 썼다.

몇 달 사이에 폭탄과 불이라는 암흑의 마법 때문에 도시가 기괴한 모습으로 둔갑했지만 그래도 그녀에겐 여전히 익숙한 곳이었다. "잘 아는 거리를 차를 타고 통과하며 곳곳에 난 상흔을 보았다. 내가 런던을 아주 많이 사랑하고 있구나, 하는 생각이 들었다. 런던은 전시 복장 차림이어서 똑똑한 모습은 온데간데없이 사라졌지만 그래도 그 도시가 갑자기 무척 사랑스러워졌다."

그런 모습을 대하니 과거에 감동했던 런던의 모습이 프루스트 Proust의 시상처럼 되살아났다. 뜨거운 여름 오후에 그녀는 자전거를 타고 하이드 파크를 통과했었다. 그리고 다리 위에 잠시 멈춰 서서 아래쪽에 배를 탄 사람들을 지켜보았었다. 화이트홀의 지붕들이 "먼 곳 마법의 도시에 솟은 돔처럼 저녁 햇살을 받으며 나무 위로 떠올랐다." 그리고 그 순간 그녀는 세인트제임스 파크에 있는 호수 옆에 서 있던 어떤 나무의 "완벽한 아름다움"에 탄성을 질렀었다.

메리는 처칠이 내각전쟁상황실 위에 새로 지은 다우닝가 10번지 별관에 잠시 들렀다. 그곳에서 그녀는 어머니의 솜씨에 다시 한 번 감탄했다. 클레멘틴은 메리의 표현대로 "마법의 지팡이"를 휘둘러 평범했던 사무실을 아늑하고 멋진 공간으로 탈바꿈시켰다. 클레멘틴은 벽을 옅은 색조로 칠하고 조명을 잘 받는 그림과 가족들의 손때가 묻은 가구로 방을 채웠다. 별관에는 정부청사들을 연결하는 통로가 가로지르고 있었다. 그곳에서 "관리들은 로마 황제처럼 목욕 타월로 몸을 감은 윈스턴과 자주 마주쳐 당황하곤 했다. 아빠는 욕실에서 나와 물을 뚝뚝 흘리며 통로를 가로질러 침실로 유유히 걸어갔다." 메리는 회고록에 그렇게 썼다.

메리가 그날 오후 일찍 펫워스에 도착했을 때는 성대한 파티의 흥이 무르익는 중이었다. 젊은 남녀 친구들 외에 낯선 사람들도 많았다. 그녀는 요즘 들어 친구 엘리자베스가 "멍청하게 굴고 잘난 체한다"고 폄하하며 덧붙였다. "사실 난 그 애를 별로 좋아하지 않아." 그러나 엘리자베스의 어머니 바이올릿은 반가웠다. 바이올릿은 새로운 패션 왕국을 세우는 데 앞장서서 유명해졌다. "바이올릿은 옅은 청색의 브이넥 점퍼에 보석을 달고 진홍색 코듀로이 슬랙스를 아주 멋지게 차려입으셨다!!"

많은 손님이 영화를 보기 위해 자리를 떴지만 여전히 몸 상태가 좋지 않은 메리는 배정받은 방에 들어가 쉬었다. 나중에 차를 마시고 기운을 되찾은 후 밤 무도회를 위해 옷을 갈아입었다. "선홍색 새 드레스에 은색 자수를 놓은 벨트를 하고 다이아몬드 귀걸이를 착용했다."

디너파티가 먼저였고 그다음에 춤이 이어졌다. 멋졌다. "완전히 전쟁 전 모습이잖아."

그녀는 장 피에르 몽태뉴Jean Pierre Montaigne라는 프랑스인과 춤을 추었다. "믿어지지 않을 정도로 즐거웠다. 나는 장 피에르와 당당하고 거칠고 아주 빠르게 왈츠를 추었다. 정말 재미있었다. 놓친 춤은 얼마 되지 않았다."

메리는 새벽 4시 30분에 잠자리에 들었다. "발도 아프고 피곤하지만 그래도 아주 즐거웠다."

그리고 호되게 앓았다.

*

토요일 디츨리에서는 처칠과 저택 주인인 로널드와 낸시 트리 부부가 그날의 주빈인 미국의 특사 해리 홉킨스를 위해 성대한 저녁을 준비했다. 각계각층에서 온 다른 손님들도 다들 도착했다. 그중에는 통상위원회Board of Trade 의장 올리버 리틀턴Oliver Lyttelton도 있었다.

"디츨리의 만찬은 장엄한 격조를 갖춰 거행되었다." 존 콜빌은 토요일 밤 일기에 그렇게 썼다. 벽에 설치된 촛대의 촛불만이 유일한 조명이었고 머리 위에는 커다란 샹들리에가 설치되어 있었다. "테이블 장식은 요란하지 않았다. 네 개의 금촛대에는 길고 노란 초가 타들어 갔고 가운데에 금색 잔이 한 개 있었다." 최근 식품부Ministry of Food가 주도한 과식 방지 캠페인 때문에 아무래도 전보다는 식사에 정성이 덜 들어갔을 것이라 콜빌은 추측했지만 저녁 식사 자체는 "상황에 맞게" 성대한 것 같았다.

저녁 식사 후 낸시와 클레멘틴을 비롯한 여성 하객들은 식당을 떠났다. 홉킨스는 시가와 브랜디를 즐기며 죽음을 코앞에 둔 사람 같지 않은 매력을 마음껏 발산했다. 그는 처칠의 연설을 칭송하면서 미국에서 아주 큰 반향을 일으켰다고 말했다. 루스벨트는 국무회의 도중에 라디오를 가져오게 하여 모두가 설득력 있는 그의 연설을 듣게 했다고 말했다. "P.M.은 감동했고 아주 흡족한 표정이었다." 콜빌은 그렇게 썼다.

흥이 오르고 브랜디로 몸까지 따뜻해지자 처칠은 본격적으로 막을 올리고 1인극을 시작했다. 브랜디에 촉촉해진 눈에 촛불이 반짝이는 가운데 그는 지금까지 펼쳐진 전쟁의 생과 사를 찬찬히 열거했다. 그는 영국이 전쟁에서 지향하는 목표와 미래의 세계로 눈을 돌렸다. 그는 유럽합중국United States of Europe이라는 비전을 제시하면서 영국을 그 설계자로 설정했다. 조용한 시골별장에서 술과 시가 연기에 파묻힌 몇 안 되는 남성들에게 하는 말이 아니라 꼭 하원에서 하는 연설 같았다. "우리는 보물을 찾는 것이 아닙니다. 우리는 남의 영토를 넘보지 않습니다. 우리가 추구하는 것은 오로지 자유로워지려는 인간의 권리입니다. 우리는 자신이 믿는 신을 경배하고, 자기만의 방식으로 인생을 살고, 박해로부터 안전할 권리를 추구합니다. 하루 일과를 끝내고 일터에서 돌아오는 변변치 않은 노동자라도 자신의 오두막에서 피어난 연기가 고요한 저녁 하늘로 올라가는 모습을 보고 있을 때, 비밀경찰이 그의 집 문을 쾅쾅쾅(여기서 처칠은 식탁을 세게 두드렸다) 두드려 그의 여가를 방해하거나 휴식을 망치는 일은 절대 없을 것이라는 점을 그들이 알아주었으면 합니다." 영국은 대중의 동의에 의한 정부, 하고 싶은 말은 무엇이든 말할 수 있는 자유, 법의 관점에서 모든 사람의 평등만을 추구해왔다고 그는 말했다. "그러나 전쟁은 이런 것이 아닌, 우리가 용인할 수 없는 것들을 저지르려 합니다."

처칠은 말을 멈췄다. 그리고 홉킨스를 바라보았다. "대통령은 이런 문제를 어떻게 생각하실까요?"

홉킨스는 대답하기 전에 잠시 침묵했다. 비틀거리는 촛불의 파편이 수정과 은에 부딪혀 되튀었다. 그의 침묵은 불편해질 정도로 오래 지속되었다. 1분 정도 됐을 것이다. 그렇게 사사로운 자리에서는 더더욱 길게 느껴지는 시간이었다. 시계가 째깍거리고 난로에서 불이 쉿쉿 소리를 내며 타오르고 촛불이 조용히 아라비아 춤을 추었다.

마침내 홉킨스가 입을 열었다.

"저, 총리 각하." 그는 아주 느린 미국 억양으로 입을 열었다. "우리 대통령은 그게 어찌 되든 말든 상관하지 않을 겁니다."

추밀원 고문인 올리버 리틀턴은 일기에 가슴이 철렁했다고 적었다. 처칠이 계산을 잘못했나? "저런." 그는 생각했다. "큰일 났군…"

홉킨스는 또다시 꾸물거렸다.

"아시겠지만," 그는 느릿하게 말을 이었다. "우리는 빌어먹을 망할 놈의 히틀러가 끝장나는 꼴을 보는 데에만 관심이 있습니다."

막혔던 것이 뚫린 안도감에 사람들은 박장대소했고 식탁이 들썩였다.

*

트리 부인이 들어와 처칠과 나머지 손님들에게 차분하지만 단호한 어조로 디즐리 홈시네마로 가시라고 전했다. 전년도에 개봉한 〈브리검 영Brigham Young〉은 딘 재거Dean Jagger가 모르몬교 지도자로, 타이론 파워Tyrone Power가 그의 추종자로 나오는 영화였다. (이 영화는 솔트레이크 시티에서 처음 상영되어 큰 반향을 일으켰고 도시 인구가 총 15만 명일 때 21만 5,000명의 관객을 끌어들일 정도로 폭발적인 인기를 얻었다.) 그다음으로 상영된 독일의 뉴스영화에는 1940년 3월 18일 오스트리아와 이탈리아를 가르는 알프스산맥에 자리한 브레너패스에서 히틀러와 무솔리니가 만나는 장면이 나왔다. "경례하는 모습이나 그 터무니없는 짓거리들이 찰리 채플린이 〈위대한 독재자〉에서 연기한 어떤 장면보다 더 우스꽝스러웠다." 콜빌은 그렇게 썼다.

처칠과 손님들은 새벽 2시에 물러갔다.

*

그날 밤 런던은 독일군으로부터 맹폭격을 받았다. 폭탄 하나가 뱅크언더그라운드Bank Underground에 떨어져 그 안에 대피해있던 사람 56명이 숨졌고 일부는 들어오는 열차 앞에 내동댕이쳐졌다. 사망자는 14세에서 65세까지 다양했으며 비글스Beagles라는 경찰관, 파니 지프 Fanny Ziff라는 러시아 국적을 가진 65세 노인과 해리 로스트Harry Roast라는, 소름 끼치게 이름처럼 되어버린 16세 소년도 포함되었다.

템스강 남쪽에서는 불에 탄 커피 냄새가 진동했다. 버몬지의 한 창고에 보관되어 있던 커피 100톤이 불에 타면서 나는 냄새였다.

공습은 그렇게 또 한 번의 잔인함을 보였다. 사람을 죽이고 불구로 만드는 것 이외에도 영국의 목숨을 연장해주는 상품들을 파괴했다. 그나마도 이미 엄격한 배급제로 제한되어 있던 물자였다. 그 주 마지막 날인 1월 12일 일요일에 폭격과 화재로 설탕 2만 5,000톤, 치즈 730톤, 차 540톤, 베이컨과 햄 288톤이 사라졌다. 무엇보다도 가장 용서할 수 없는 만행은 970톤의 잼과 마멀레이드를 못 쓰게 만든 짓이었다.

*

일요일 밤 디츨리에서 처칠은 훨씬 더 늦은 새벽 4시 30분까지 홉킨스를 붙들고 놔주지 않았다. 홉킨스는 그날 밤 이야기를 편지로 써서 루스벨트에게 보냈다. 클라리지스 호텔 로고가 찍힌 깔끔하고 품위 있는 편지지였다. 총리가 봤다면 무척 기뻐했을 내용이었다. "처칠을 위시하여 이곳 사람들은 정말 놀라울 뿐입니다." 홉킨스는 루스벨트에게 그렇게 말했다. "용기만 가지고 이길 수 있다면 결과는 안 봐도 알 수 있습니다. 하지만 그들은 우리의 도움이 절실히 필요한 처지입니다. 그것을 가로막는 어떤 것도 각하께서는 허용하지 않으리라고 저는 확신합니다." 그는 처칠이 영국 정부를 완전히 장악하고 있으며 전쟁을 속속들이 파악하고 있다고 썼다. "각하가 멀리 이곳에서 완전한 의견 일치를 봐야 할 사람이자 유일한 사람이 그분이라는 사실을 다시 한 번 강조하고 싶습니다."

홉킨스는 사안의 절박함을 강조했다. "이 섬은 지금 우리의 도움을 필요로 하고 있습니다. 대통령 각하. 우리가 줄 수 있는 것은 모두 주어야 합니다."

두 번째 편지에서 홉킨스는 처칠 정부에 만연한 임박한 위기의식을 강조했다. "제가 지켜본 것 중 가장 중요한 것 한 가지는 대부분의 각료와 이곳의 군사 지도자들이 본토 침공을 임박한 사실로 믿고 있다는 점입니다." 다들 그 날짜가 5월 1일 이전일 것으로 예상한다고 그는 썼다. 그들은 "독가스와 독일이 개발했을지도 모르는 다른 신무기를 동원한 전면적인 공격이 될 것이라고 믿고 있습니다." 그는 당장 조치를 취해야 한다고 루스벨트를 압박했다. "5월 1일 이전에 침략이 단행되리라는 가정하에 각하께서 당장 급한 것부터 충족시키기 위한 어떤 조치를 꼭 좀 취해주셔야 한다고 말씀드리고 싶습니다."

처칠이 홉킨스에게도 방독면과 헬멧, 즉 '철모'를 지급하라고 지시한 것을 보면 독가스를 중대한 실질적인 위협으로 본 것이 틀림없다. 홉킨스는 둘 다 쓰지 않았다. 의상의 관점에서 이것은 현명한 선택이었다. 그의 거대한 외투만으로도 그는 이미 미국 농부가 새들을 겁주기 위해 들판에 세워두는 무엇과 닮았기 때문이었다.

홉킨스는 루스벨트에게 말했다. "철모에 대해서는 아무리 좋게 봐주려 해도 내 모자보다 형편없어 보이고 맞지도 않는다는 말밖에 드릴 말이 없습니다. 방독면도 안 쓸 생각입니다. 저는 괜찮습니다."

화요일 아침, 메모를 다 쓴 홉킨스는 쌀쌀한 추위를 뚫고 스코틀랜드 북단 앞바다 스카파플로우Scapa Flow에 있는 영국 해군기지로 출발했다. 처칠과 클레멘틴과 퍼그 이즈메이와 미 주재무관 리와 핼리팩스 부부를 만나기 위한 긴 여정이었다. 스카파플로우에서 핼리팩스와 리 장군은 미국행 전함에 탑승하기로 되어있었다.

스카파로 가는 여정은 그 자체가 홉킨스를 영국의 명분으로 끌어들이기 위한 처칠의 노력의 일부였다. 홉킨스는 영국에 온 이후로 처칠과 거의 붙어 다니는, 어울리지 않게 큰 코트를 입은 처칠의 쇠약한 분신이었다. 나중에 손가락을 꼽아본 홉킨스는 영국에 도착한 첫 2주 동안 총리와 함께 저녁을 보낸 횟수가 12번이었다는 사실을 깨달았다. 처칠은 "그가 시야에서 벗어나게 내버려두지 않았다." 퍼그 이즈메이는 그렇게 썼다.

런던의 지리적 특이성을 아직 파악하지 못한 홉킨스는 킹스크로스역이라고 생각한 곳으로 나갔다. 그곳에 가면 처칠의 열차가 기다리고 있을 것이었다. 그는 그 열차를 "11시 30분발 특별 열차"로만 부르라는 주의를 받았다. 처칠이 타고 있다는 사실을 비밀로 하기 위해서였다.

기차는 킹스크로스역에서 그를 기다리고 있었다. 홉킨스는 그곳에 없었다. 그가 간 곳은 채링크로스Charing Cross였다.

72장 스카파플로우

1월 14일 화요일 아침 다우닝가 10번지 별관, 폭격에 견딜 수 있도록 설계된 침실에서 깨어났을 때 처칠은 겉모습도 목소리도 형편없었다. 12월에 걸린 것이 분명한 감기는 기관지염으로 도져 좀처럼 떨어질 생각을 하지 않았다. (메리는 체커스로 돌아갔고 월요일 밤엔 감기로 기침을 심하게 하다 지쳐 일찍 침대 신세를 졌다.) 클레멘틴은 특히 핼리팩스와 그의 아내 도로시와 작별 인사를 하기 위해 그날 아침 스카파플로우로 떠날 준비를 하는 남편이 못내 걱정스러웠다. 그녀는 처칠의 주치의 찰스 윌슨 경Sir Charles Wilson을 불렀다. 남편이 총리가 된 직후인 지난 5월에 본 것이 마지막이었다.

별관 정문에서 윌슨을 맞은 처칠의 참모는 처칠을 보기 전에 클레멘틴이 먼저 만나잔다고 전했다.

클레멘틴은 윌슨에게 처칠이 스카파플로우에 간다고 말했다.

"언제요?" 윌슨이 물었다.

"오늘 정오에요." 그녀가 말했다. "거긴 눈보라가 심하고, 윈스턴은 독한 감기에 걸렸어요. 경께서 말려주셔야 해요."

의사는 아직 침대에 누워있는 처칠을 보고 여행을 취소하라고 충고했다. "그는 얼굴이 벌게졌다." 윌슨은 그렇게 회상했다.

처칠은 잠옷을 벗어던졌다. "무슨 말도 안 되는 소리를!" 그는 말했다. "당연히 갈 거요."

윌슨은 클레멘틴에게 사실대로 말했고 클레멘틴은 달갑지 않은 표정을 지었다. "내 참." 그녀가 쏘아붙였다. "경이 못 막으면 최소한 같이 가주시기라도 해야겠네요."

윌슨은 수락했고 처칠도 동행을 허락했다.

단순한 왕진이 이런 식으로 전개될 줄 몰랐던 윌슨은 당연히 가방도 꾸리지 않았다. 처칠은 그에게 아스트라칸 깃이 달린 두터운 코트를 빌려주었다. "그거면 바람을 막을 수 있을 것이라고 그는 말했다." 윌슨은 그렇게 회상했다.

윌슨은 신임 대사를 배웅하는 것이 이 여행의 목적이라고 들었지만 진짜 동기는 따로 있을 것이라고 생각했다. 처칠은 정작 스카파플로우에 정박해 있는 배들이 보고 싶은 것이었다.

*

역에 도착해보니 풀먼Pullman 객차가 길게 늘어서 있었다. 일행이 많다는 뜻이었다. 처칠의 '특별 열차'에는 침실, 욕실, 휴게실, 집무실이 딸린 그의 전용 객차와 두 부분으로 나뉜 식당차도 있었다. 한쪽은 처칠과 그의 손님을 위한 것이고 나머지 하나는 직원용이었다. 그 외에도 특별 손님에게 배정된 1등 칸막이 방 12개가 딸린 침대차가 있었다. 직원들이 자는 곳은 조금 수수한 편이었다. 처칠의 집사 소여스도 변함없이 톰슨 경위를 포함한 경찰관들과 함께 탔다. 처칠은 다우닝가 10번지를 지키는 당직비서를 통해 런던에 있는 그의 집무실과 지속적으로 연락을 취했다. 그날 당직은 존 콜빌이었다. 열차에는 암호화된 전화기가 있어 역이나 비상측선에 있는 전화선에 연결되게 되어있었다. 열차에 동승한 비서가 교환원에게 '래피드 폴스Rapid Falls 4466'라고 말하면 자동으로 총리실과 연결되었다.

11시 30분발 특별 열차는 비밀이었지만 그런 건 아무런 쓸모가 없었다. 처칠 일행이 도착하자 취재 사진과 뉴스 속보로 쉽게 그들을 알아본 사람들이 몰려들었기 때문이었다. 비버브룩과 이든을 비롯한 장관들도 작별인사를 하러 나와있었다. 레이디 핼리팩스는 비버브룩이 온 것이 마뜩치 않았다. 그가 수작을 부려 남편이 대사로 쫓겨간다고 믿었기 때문이었다. 그녀도 핼리팩스도 런던을 떠날 생각이 없었다. "우리 둘 다 비버브룩이 그 자리를 제안했다고 믿었다. 나는 그를 털끝만큼도 신뢰하지 않았다." 후에 핼리팩스 부인은 그렇게 썼다. "결국 우리는 가야만 했다. 그보다 더 속상한 일은 없었던 것 같다."

리 장군은 기라성 같은 거물들이 도착하는 것을 지켜보았다. "아주 키가 큰 핼리팩스 경과 아주 작은 부인이 함께 플랫폼에서 작별의 슬픔을 견뎠고 그다음엔 살집이 있는 둥근 얼굴과 들창코에 반짝이는 눈을 가진 총리가 해군 복장을 닮은 더블 브레스티드 푸른색 코트를 입고 챙이 있는 정복 모자를 쓰고 나타났다. 키가 크고 맵시 있는 처칠 여사가 곁을 지켰다." 퍼그 이즈메이는 그들과 함께 걸었다. 감기를 앓고 있는 게 분명했지만 처칠은 "기분이 좋았다"고 리는 썼다. 군중들은 밖에서 환호성을 질렀다.

기차에 올라탄 이즈메이는 처칠의 주치의 찰스 윌슨 경을 보고 놀랐다. "그는 초라해 보였다." 이즈메이는 그렇게 썼다. "나는 경이 이곳에 웬일이냐고 물었다."

윌슨은 아침에 처칠을 만난 이야기를 해주었다.

"그렇게 됐네." 윌슨이 말했다. "칫솔도 없어."

마지막 순간에 홉킨스가 그 거대한 외투를 펄럭이며 플랫폼으로 달려왔다. 그러나 그를 태우지 않고 기차가 떠날 일은 없었다. 처칠은 아무리 오래 기다리더라도 행운의 부적 같은 미국 친구를 위해 열차를 붙들어 놓았을 테니까.

*

　그날 저녁 식당차에서 리 장군은 핼리팩스 경 옆에 앉게 되었다. 클레멘틴과 캐나다 군수장관 맞은편이었다. "우리는 정말 즐거운 시간을 보냈다." 리는 그렇게 썼다. "처칠 여사는 키가 큰 데다 아주 잘 생겼고 멋진 주홍색 망토를 걸치고 있었다. 나도 모르게 기분이 좋아졌다." 어느 순간 핼리팩스는 왜 백악관을 백악관이라고 부르느냐고 진지하게 물었고 클레멘틴은 핼리팩스가 미국에 도착하기 전에 그것부터 배워야겠다며 농담을 했다.

　리 장군은 정색을 하고 1812년 전쟁에서 영국이 원래 있던 대통령 관저를 태운 경위를 설명했다. "핼리팩스 경은 놀라서 어리둥절한 표정을 지었다." 나중에 그는 그렇게 썼다. "1812년에 양국이 전쟁을 벌인 사실을 모르고 있는 것이 분명했다."

　처칠은 레이디 핼리팩스와 이즈메이와 식사를 했다. 홉킨스도 당연히 함께 있었다. 처칠은 일행 중 유일하게 디너 재킷을 입었는데 그 때문에 늘 그렇듯 후줄근한 홉킨스와 더욱 대비가 되었다. 저녁 식사 후에 처칠과 다른 사람들은 휴게실로 이동했다.

　기관지염에 시달리면서도 처칠은 새벽 2시까지 잘 생각을 하지 않았다. "그는 해박한 역사 지식과 유창한 언변과 엄청난 에너지로 분위기 자체를 즐겨 홉킨스에게 볼거리를 제공했다." 리 장군은 그렇게 썼다. "홉킨스는 그가 미국 대통령의 대표로 정당하게 대우한 첫 번째 인물이었다. 내가 보기에 그는 결코 조지프 케네디(주영 미국대사)를 믿지 않았고 정당한 배려도 해주지 않았다."

　다음 날 아침 눈을 뜬 처칠 일행은 어딘가 앞에서 일어난 탈선 사고로 정차해야 한다는 연락을 받았다. 종착지인 서소역을 20킬로미터도 안 남겨둔 곳이었다. 그들은 서소역에서 배를 타고 스카파플로우로 갈 예정이었다. 바깥은 꽁꽁 얼어붙어 여행을 전담한 개인비서 존 마틴은 "히스만 무성한 황무지"라고 썼다. "땅은 눈으로 하얗게 변했고 폭풍우가 창문을 때리며 울부짖었다." 영국 기상청은 바람에 눈이 날려 이 지역에 최고 450센티미터까지 쌓이겠다고 보고했다. 열차 차량 사이로 바람이 날카로운 소리를 냈고 눈보라가 평원을 가로질렀다. 창밖 풍경을 내다보던 홉킨스는 그저 춥기만 한 줄 알았던 한 주의 절정에 망연자실했다.

처칠은 목이 잠기고 아픈 기색이 분명했지만 "환한 표정으로 식당차로 들어와 커다란 잔으로 브랜디를 한 잔 들이켰다." 핼리팩스의 개인비서 찰스 피크Charles Peake는 그렇게 일기에 썼다. 총리는 뱃멀미에 민감했지만 어서 바다를 보고 싶어 안달이었다. 그러더니 불쑥 말했다. "가서 마더실Mothersills을 가져와야겠어." 뱃멀미약 얘기였다.

처칠은 한 번에 소형 로켓 여러 발을 발사하는 대공 무기를 실험 중이라며 그 위력을 설명하기 시작했다. 체커스에서 저공비행하는 적기를 대상으로 일찍이 여러 차례 반복 실험을 했지만 해군은 이 무기를 육지가 아닌 함정에 배치할 계획을 세우고 있었다. 스카파플로우에 있는 동안 처칠은 그 시험용 무기를 발사해볼 생각에 들떠있었다. 하지만 일행과 함께 왔던 해군의 한 고위 간부가 한 번 발사하는 데 약 100파운드(요즘 시세로 약 6,400달러)의 비용이 든다고 말했다.

"P.M.의 얼굴에서 웃음이 가시더니 입꼬리가 아기처럼 아래로 내려갔다." 피크는 그렇게 썼다.

"그래서, 쏘지 말자고?" 처칠이 물었다.

클레멘틴이 끼어들었다. "아니요, 여보. 한 번은 발사할 수 있겠죠."

"그래, 맞아." 처칠은 그렇게 말했다. "딱 한 번만 쏘지. 딱 한 번만. 그거면 돼."

"그걸로 되는 게 아니라고 말할 용기가 있는 사람은 아무도 없었다. 그의 얼굴은 다시 환해졌다." 피크는 그렇게 썼다.

다음 날이면 모두 알게 되지만 그것으로 되는 일이 아니었다.

열차는 서소 외곽에 멈춰 섰고 날씨도 지독하고 처칠의 몸 상태도 좋지 않자 일정을 강행해야 하는지를 놓고 논쟁이 벌어졌다. 클레멘틴은 남편의 기관지염을 걱정했고 그의 주치의도 같은 걱정을 했다. "바다에 폭풍이 불고 대장이 심한 감기에 걸렸기 때문에 무얼 어떻게 해야 할지를 두고 많은 논의를 벌였다." 비서 마틴은 그렇게 썼다.

막다른 길을 뚫은 건 처칠 자신이었다. 그는 모자를 쓰고 코트를 입더니 기차 밖으로 나가 선로 근처에 세워져 있던 어떤 자동차로 씩씩하게 걸어갔다. 그는 뒷좌석에 몸을 단단히 파묻고 무슨 일이 있어도 스카파플로우에 가겠다고 우겼다.

나머지 일행도 차에 올라탔다. 일행은 눈 덮인 도로를 출발하여 스크랩스터라고 불리는 작은 항구로 향했고, 그곳에서 그들은 작은 배에 올라탔다. 더 멀리 떨어진 곳에서 그들을 기다리는 더 큰 배로 데려다줄 배였다. "대지는 바람이 매서워 사람의 접근을 막고 있었다." 리 장군은 그렇게 회상했다. "살아있는 것이라고는 양 같이 생긴 무리뿐이었다. 해리스 트위드Harris tweed(스코틀랜드의 해리스 섬에서 손으로 짠 양모 직물-옮긴이)가 되지 않으면 얼어 죽을 녀석들이라고 생각했다." 일행 중 일부는 기뢰제거선 두 대에 나눠 옮겨 탔지만 처칠과 클레멘틴, 홉킨스, 이즈메이, 핼리팩스는 구축함 HMS 네이피어호Napier로 올라탔다. 배는 눈부신 태양과 불투명한 눈보라가 뒤섞인 성난 바다를 뚫고 움직였고, 바다는 반짝거리는 눈 덮인 해안을 배경으로 인상적인 코발트색을 띠었다.

기관지염만 아니라면 이만한 눈요기도 쉽지 않을 법한 광경이었다. 그런 즐거움은 두말할 필요 없이 일련의 대잠수함 그물을 지나 스카파플로우로 진입하는 드라마 같은 장면으로 한층 고조되었다. 경비함들은 그물을 당겼다가 U-보트가 뒤에서 잠입하지 못하도록 신속하게 다시 닫았다. (전쟁 초기인 1939년 10월 14일에 전함 로열오크호HMS Royal Oak가 U-보트의 어뢰에 격침되어 승선한 인원 1,234명 중 834명이 사망했던 사건을 계기로 해군은 '처칠 방벽Churchill Barriers'이라 불리는 일련의 방어용 둑길을 설치했다.) 네이피어호와 기뢰제거선 두 대가 스카파 중앙 해역에 진입했을 때 다시 태양이 고개를 내밀어 정박 중인 선박들과 눈 덮인 언덕에 다이아몬드 빛을 쨍하고 부딪쳤다.

퍼그 이즈메이는 그 광경에 압도되어 홉킨스를 찾으러 나갔다. "나는 해리가 그 환경에서 대영제국의 병력과 그 장엄함과 통치력과 힘을 보기를 바랐고 만약 이 배들에 어떤 불미스러운 일이 일어날 경우 세계의 미래가 완전히 바뀔 수 있으며 그건 영국뿐 아니라 궁극적으로 미국에게도 영향을 미치는 일이라는 사실을 깨달았으면 했다." 이즈메이의 말에는 과장이 약간 섞여있었다. 그 당시 그곳에 정박한 함정들 중에는 중요한 배가 거의 없었고 함대 대부분은 지중해로 보냈거나 호송함을 보호하고 상선을 노리는 독일군을 사냥하기 위해 나가있었기 때문이다.

이즈메이는 상급사관실에서 "쓸쓸하게 떨고 있는" 홉킨스를 발견했다. 그는 지쳐 보였다. 이즈메이는 그에게 자신의 스웨터 하나와 모피를 덧댄 부츠를 한 켤레 주었다. 덕분에 홉킨스는 조금 기운을 냈지만 같이 배를 한 바퀴 둘러보자는 이즈메이의 권고를 받아들일 정도는 아니었다. "그는 너무 추워서 홈플리트Home Fleet(영국 해군의 주력 함대)에 열광할 기분이 아니었다." 이즈메이는 그렇게 썼다.

홉킨스가 추위와 바람을 피해 숨었기 때문에 이즈메이는 혼자 걸었다. 그는 아주 좋은 자리를 발견하고 앉았다.

중사가 그에게 다가왔다. "실례합니다. 각하." 부사관이 말했다. "여기 앉아 계시면 안 될 것 같습니다. 각하, 그건 기뢰입니다."

＊

처칠 일행은 핼리팩스와 리 장군을 미국으로 데려갈 배에 탑승했다. 킹조지5세King George V라는 이름을 받은 인상적인 새 전함이었다. 처칠이 핼리팩스에게 이 전함을 택해 내어준 것도 루스벨트의 환심을 사기 위해 계산된 조치였다. 처칠은 대통령이 배를 좋아하고 자신처럼 해군 문제에 관심이 각별하다는 것을 알고 있었다. 실제로 루스벨트는 크고 작은 선박 모형을 400개 넘게 수집해놓고 있었다. 그 모형들은 1941년 6월 뉴욕 하이드 파크에 FDR 대통령 도서관FDR Presidential Library이 개장하자마자 그곳에 전시되었다. "어떤 연인도 내가 루스벨트 대통령의 비위를 맞춘 것처럼 상대를 연구하지는 못할 것이다." 처칠은 그렇게 말했다. 그가 킹조지5세호를 택한 것은 "우리의 신임 대사 핼리팩스 경이 미국에 도착했다는 사실에 특별히 중요한 의미를 부여하기 위해서였다." 처칠은 그렇게 썼다.

배에서 오찬을 나눈 일행은 서로 작별 인사를 나누었다. 홉킨스는 루스벨트에게 보내는 편지를 리 장군에게 건네주었다.

처칠과 수행원들은 작은 보트에 옮겨 탔다. 그날 밤 그들의 목적지인 넬슨Nelson이라는 오래된 전함으로 데려다줄 보트였다. 처칠은 언제나 그랬듯이 해군 의전에 따라 선임 장교가 배를 마지막으로 떠난다

514

는 원칙을 지켰다. 이 경우 선임 장교는 처칠 자신이었다. 파도가 높았고 바람이 어두운 바다를 할퀴었다. 킹조지5세호의 갑판에서 리는 작은 보트가 "소나기 세례를 맞으며" 떠나는 모습을 지켜보았다. 리가 확인한 시간은 4시 15분이었고 저녁노을이 지는 북녘 하늘이 빠르게 다가오고 있었다.

킹조지5세호는 리 장군과 핼리팩스 부부를 태우고 떠났다. "떠들썩한 소란도 음악도 예포도 없었다. 닻이 오르고 우리는 바다를 향해 나아갔다." 리는 그렇게 썼다.

어스름이 깔리는 가운데 처칠과 홉킨스가 탑승한 작은 보트는 넬슨호로 돌아와 그곳에서 다른 사람들과 밤을 보냈다.

*

다음 날인 1월 16일 목요일, 처칠은 넬슨호에서 새로운 대공 무기를 발사할 기회를 얻었다. 하지만 뭔가 잘못되었다. "발사체가 삭구와 엉켰다." 비서 마틴은 그렇게 회상했다. "큰 폭발음과 함께 잼 항아리 모양의 물체가 우리가 서 있는 함교를 향해 날아왔다. 모두 몸을 웅크렸고 쾅 하는 소리가 크게 났지만 심각한 피해는 없었다." 홉킨스는 나중에 국왕을 만나 폭탄이 그가 서있던 곳에서 1.5미터 옆에 떨어졌다고 말했다. 다치지 않았기 때문인지 그는 그 사건을 재미있어했다. 처칠은 전혀 재미있지 않았다.

결국 처칠 일행은 넬슨호를 떠나 제독의 바지선에 올라타고 구축함 네이피어호를 향해 갔다. 구축함은 그들을 열차가 있는 곳으로 다시 데려다줄 것이다. 전날보다 더 나빠진 날씨로 바다가 거칠어졌기 때문에 바지선에서 구축함 갑판에 오르는 것도 위태로운 모험이었다. 승선할 때 해군 의전은 하선 때와 순서가 반대여서 처칠이 먼저 올라야 했다. 파도 때문에 두 배가 모두 위아래로 크게 출렁였고 바람 때문에 두 뱃전 사이가 벌어졌다 좁혀지기를 반복했다. 처칠은 올라가는 동안 내내 태평스레 뭐라 말했다. 아래 바지선에 있던 퍼그 이즈메이는 처칠의 무게 때문에 사다리 가로장 하나가 "기분 나쁘게" 우지끈거리는 소리를 들었지만 총리는 계속 나아가 곧 갑판에 올랐다. "내 차례가 왔을 때 나는 그 수상한 가로장을 조심스레 건너뛰고 올라갔지만 해리 홉킨스에겐 그만한 운이 따르지 않았다." 이즈메이는 그렇게 썼다.

홉킨스는 외투 자락을 펄럭이며 올라가기 시작했다. 문제의 가로장이 부러졌고 홉킨스의 몸이 기우뚱했다. 루스벨트의 최측근이자 영국을 구해줄 당사자가 아래에 있는 보트로 곤두박질치려 하고 있었다. 아니 보트면 차라리 나았다. 잘못하면 보트와 선체 사이의 비좁은 틈새의 바다로 처박힐 판이었다. 보트와 선체는 죔쇠의 이빨처럼 서로 부딪치며 흔들거렸다.

수병 둘이 급히 달려들어 그의 어깨를 잡았고 그는 바지선 한참 위에서 대롱대롱 매달리는 신세가 되었다.

처칠이 응원의 함성을 질렀다. "거기서 너무 오래 머뭇거리면 안 돼요, 해리. 바다가 거칠고 두 배가 서로 가까이 있을 땐 다치기 십상이에요."

*

런던으로 돌아오는 길에 처칠의 기차는 글래스고에서 멈추었다. 그곳에서 그는 소방대원, 경찰관, 적십자 대원, 공습대책반ARP 대원, 여성자원봉사단 등 도열한 모든 민간 자원자들을 사열했다. 새로운 단체를 만날 때마다 그는 잠시 걸음을 멈추고 홉킨스를 가리키며 그를 미국 대통령의 개인 특사라고 소개했다. 그런 시위는 봉사단체에겐 힘이 되었지만 홉킨스의 인내심은 바닥이 났다.

그는 처칠을 보기 위해 몰려드는 사람들 사이로 몸을 숨겼다.

"하지만 도망갈 곳은 없었다." 퍼그 이즈메이는 그렇게 썼다.

처칠은 홉킨스가 안 보일 때마다 큰 소리로 그를 불렀다. "해리, 해리, 어디 있어요?" 해리는 그의 곁으로 돌아올 수밖에 없었다.

그리고 바로 이곳 글래스고에서 홉킨스는 영국에 체류하는 동안 가장 중요한 순간을 맞게 된다. 하지만 그런 사실은 당분간 비밀에 부쳐졌다.

일행은 톰 존스턴Tom Johnston과의 조촐한 저녁 파티를 위해 글래스고의 스테이션 호텔Station Hotel에 모였다. 존스턴은 하원이자 저명한 언론인으로 곧 스코틀랜드 장관으로 임명되는 인물이었다. 홉킨스 옆에 앉게 된 처칠의 주치의 윌슨은 그의 단정치 못한 몰골에 새삼 충격을 받았다. 연설에 연설이 이어졌고 마침내 홉킨스 차례가 되었다.

홉킨스는 자리에서 일어나 "영국의 국가 체제를 두고 한두 가지 흠을 잡더니 특히 충동을 억제하지 못하는 총리의 흠을 보았다." 이즈메이는 그렇게 회고했다. 그런 다음 그는 처칠 쪽으로 얼굴을 돌렸다.

"각하는 제가 돌아가 루스벨트 대통령에게 무슨 말을 할지 알고 싶으시겠죠."

그것도 사실 점잖게 축소시켜 한 말이었다. 처칠은 홉킨스를 향한 자신의 구애가 얼마나 잘 먹혀들고 있는지 그리고 대통령에게 어떤 말을 전할지 알고 싶어 안달이었다.

"글쎄요." 홉킨스가 말했다. "성경의 한 구절을 인용하겠습니다. 존스턴 씨의 어머님과 스코틀랜드 출신인 제 어머니가 그 책에서 진리를 배우며 자라셨죠."

홉킨스는 거의 속삭이는 듯한 목소리로 구약 〈룻기〉의 한 구절을

읊었다. "그대가 가는 곳에 나도 가고 그대 머무는 곳에 나도 머물겠나
이다. 그대의 백성이 나의 백성이 되고 그대의 하나님이 나의 하나님이
되시려니."

그런 다음 부드럽게 그는 덧붙였다. "마지막까지."

"마지막까지"는 그가 덧붙인 말이었다. 그리고 그 말과 함께 감사
와 안도의 물결이 방을 덮었다.

처칠은 눈물을 흘렸다.

"그는 그 말의 의미를 알고 있었다." 그의 주치의는 그렇게 썼다.
"우리가 듣기에도 그건 물에 빠진 사람에게 던진 밧줄이었다." 이즈메
이는 그렇게 썼다. "[홉킨스가] 그의 지지를 이런 식으로 보여준 것은 경
솔한 행동이었을지 모르지만 우리는 모두들 깊이 감동했다."

*

1월 18일 토요일 처칠과 홉킨스가 런던으로 돌아온 뒤, 콜빌은 차
에 시동을 걸고 옥스퍼드로 향했다. 게이 마거슨과 점심을 함께하기 위
한 나들이였지만 그는 자신의 연애 사업이 총리와 관련된 공무인 양 행
세했다. 런던은 온통 눈에 덮여있었고 운전하는 중에도 눈은 계속 내
렸다. 그는 그녀가 옥스퍼드의 안 좋은 분위기에 더욱 물들지 않았을지
걱정되었다. 아니 어쩌면 그렇게 되길 바라는 것인지도 몰랐다. 그녀의
새로 기른 긴 머리가 바로 그런 영향을 상징처럼 드러내고 있었다. 하
지만 점심 식사를 한 후 게이의 방으로 가 얘기를 나눠 보니 언제나 그
랬던 것처럼 고혹적이었다.

"다시 봐도 그녀는 매력이 넘쳤고 내가 두려워했던 것만큼 많이
변하지도 않았다." 그는 그렇게 썼다. "하지만 별다른 진전은 없었다.
우리 대화는 유창하지만 나는 '늘 그렇고 그런 녀석' 외에 뭣 하나 제대

로 되는 게 없다. 그리고 내가 달라지지 않으면, 아니 달라진 척이라도 하지 않으면 게이에게 새로운 인상을 심어줄 기회는 없을 것 같다."

곧 헤어질 시간이 되었다. 눈이 내렸다. 게이는 잘 가라는 말과 함께 다시 찾아오라고 말했다. 그렇게 눈 속의 "게이는 늘 그렇듯 아름다웠다. 그녀의 긴 머리는 손수건으로 반쯤 가려졌고 뺨은 추위로 붉게 상기되어 있었다." 그는 서글픈 심정으로 그렇게 썼다.

콜빌은 눈과 얼음을 헤치고 런던으로 돌아오는 차 안에서 그날 행차를 "악몽"으로 단정했다.

돌아와 생각하니 더는 참기가 힘들었다. 그는 마음을 정하고 게이에게 편지를 쓰기로 했다. "여전히 그녀를 사랑하지만, 내 생각에 유일한 해결책은 고르디우스의 매듭을 잘라버리고 이제 더는 만나지 않겠다고 그녀에게 말하는 것이다. 그녀도 나를 좋아한다고는 생각하지만 그녀의 삶에 중대한 틈을 남겨줘서는 안 되겠다. 그동안 있었던 일에 대한 추억과 있을 수 있었던 일에 대한 꿈에 시달리며 계속 거절당하는 구혼자로 그녀 주변을 서성일 수는 없었다."

그러나 그는 이것이 어느 시대나 불운한 연인들이 시도하는 도박에 불과하다는 것을 알고 있었고 아울러 자신도 진심으로 그 매듭이 영원히 끊어진 채로 있기를 바라는 것도 아니라고 생각했다. 그는 편지를 제쳐둔 뒤 일기에 이렇게 썼다. "아마 마음이 약하기 때문이겠지만, 결심을 미루고 당분간 그녀와 계속 '어울리기로' 했다. 역사는 '잃어버린 명분'을 되찾는 시도에 대한 교훈으로 가득하다."

*

그 주 토요일 히틀러의 대리인 루돌프 헤스는 다시 한 번 아우크스부르크에 있는 메서슈미트 공장에 딸린 비행장으로 갔다. 운전병과 형사와 부관 칼-하인츠 핀치Karl-Heinz Pintsch와 함께였다. 헤스는 핀치에게 편지 2통을 주면서 그가 가고 난 뒤 4시간 뒤에 그중 하나를 열라고 지시했다. 핀치는 4시간이 지난 후 안전하게 15분 더 기다렸다가 편지를 열었다. 그는 깜짝 놀랐다. 편지에는 헤스가 평화 협정을 시도하기 위해 영국으로 가는 길이라고 적혀있었다.

핀치는 형사와 운전병에게 방금 읽은 내용을 말했다. 자신들의 목숨과 미래가 걸린 일이라 걱정이 되어 전전긍긍하고 있던 차에 헤스의 전투기가 공항으로 돌아왔다. 항로 유지에 필요한 무선 신호를 찾지 못했기 때문이었다.

헤스 일행은 다시 뮌헨으로 돌아갔다.

*

홉킨스의 영국 방문은 원래 2주로 예정되어 있었다. 하지만 실제로는 4주를 훌쩍 넘겼다. 그리고 그는 대부분의 시간을 의회에서 통과될지 여부가 전혀 확실치 않은 무기대여법 때문에 불안이 고조되는 상황에서 처칠과 함께 보냈다. 당시 홉킨스는 만나는 사람들 거의 모두에게 좋은 인상을 남겼다. 클라리지스의 직원들도 그의 외모를 버젓하게 만들어주기 위해 각별한 노력을 기울였다. 홉킨스는 어떤 직원에게 말했다. "아, 그렇군. 내가 지금 런던에 있다는 것을 깜빡했네. 여기서는 품위 있어 보이는 게 중요하지." 때로 직원들은 그가 옷에 아무렇게나 찔러둔 비밀 문서나 바지 주머니에 두고 나간 지갑을 발견하기도 했다. 호텔의 한 웨이터는 홉킨스가 "아주 친절하고 배려심이 깊고 다정한 분이어서 여기서 쉽게 보는 다른 대사들과는 많이 달랐다"고 말했다.

처칠은 틈날 때마다 홉킨스를 사람들에게 소개했다. 시민들에게 용기를 주려는 의도도 있었고 홉킨스와 미국에게 미국의 참전이 자신만의 요구가 아니라는 점을 확인시켜 주고 싶은 마음도 있기 때문이었다. 하지만 사실 개인적으로 그는 루스벨트가 애초부터 의회와 실랑이를 벌일 것 없이 그냥 전쟁에 뛰어들어 주었으면 하는 마음이 간절했다. 1월 31일 금요일에 처칠은 홉킨스를 데리고 크게 폭격을 맞은 포츠머스와 사우샘프턴을 시찰한 다음 다시 체커스로 차를 몰아 클레멘틴과 이즈메이와 비서 에릭 실과 식사를 했다. 처칠은 "컨디션이 아주 좋았소." 실은 그날 저녁 아내에게 보내는 편지에 그렇게 썼다. 처칠은 "홉킨스와 찰싹 붙어 사이좋게 지내고 있어요. 홉킨스는 상냥해서 누구에게나 호감을 준다오."

홉킨스는 음반 상자를 하나 꺼냈다. 미국 노래와 실의 표현대로 "영미 관계에 의미 있는" 여러 가지 음악이 담긴 음반들이었다. 축음기가 있던 그레이트홀은 금방 음악으로 가득 찼다. "자정이 훨씬 지난 시간이었지만 우리는 음악을 들었소. P.M.은 이리저리 걷다 음악에 맞추어 파쇨pas seul(1인무)을 추기도 했지." 처칠은 빙글빙글 돌며 춤을 추다가 때로 멈춰서 영국과 미국의 유대감이 좋아진 얘기도 하고 루스벨트에 대한 소감을 말하기도 했다. "멋진 식사와 음악 때문인지 모두들 약간 감상적이 되어 영국과 미국이 하나가 되는 느낌을 받았어요." 말로 형용하기 어려운 무엇이 그레이트홀에 스며들었다. "매우 즐겁고 만족스러운 한 때였지만 말로 전달하기가 어렵구려. 특히 편지로는 표현하기가 그렇소." 실은 아내에게 그렇게 말했다. "그 자리에 있던 사람들은 서로를 잘 알았고 서로를 아꼈소. 홉킨스를 만나는 사람마다 모두 그를 좋아하니 정말 놀라울 따름이오."

러시아 침공 계획(바르바로사 작전)이 착착 진행될수록 히틀러는 영국의 끈질긴 저항에 짜증이 났다. 러시아전을 벌이려면 있는 병력과 탱크며 항공기를 모두 동원해야 했다. 작전이 끝나면 그다음에 마음 놓고 브리튼 제도에 다시 관심을 집중시킬 수 있을 것이다. 그러나 그때까지는 영국과 평화 협상을 하거나, 그렇지 않으면 영국을 확실한 적으로 간주하고 무력화시켜야만 했다. 일시적이긴 하지만 지금 단계에서 영국 침공은 고려 대상이 아니기 때문에 루프트바페는 러시아 작전에서도 중요한 역할을 계속 맡아줄 것이다. 헤르만 괴링이 약속했던 승리를 가져다주지 못한 것은 분명 실망스러운 일이었지만, 히틀러는 자신의 공군이 우세하리라는 희망을 버리지 않았다.

2월 6일 목요일, 그는 공군과 해군에 새로운 작전지시 23호를 발령하여 영국에 대한 공격의 강도를 높이라고 명령했다. 그래서 처칠이 항복한다면 더없이 좋겠지만 최소한 영국이 그의 러시아 출정을 방해하지는 못할 만큼 영국군의 힘을 빼놓을 것이라 예측했다. 러시아가 항공기와 탱크 등 군수품 생산을 서두르고 있다고 여겨지는 마당에, 더 기다렸다가는 완전한 토벌이라는 당초 비전을 달성하기가 어려울 것이었다.

공격의 강도가 높아지면 처칠은 영국 침공이 임박했다고 착각할 것이고 따라서 국내 방어를 위해 병력을 추가로 배치하는 등 부차적인 효과도 거둘 수 있을 것이라고 작전지시는 밝혔다.

*

괴링은 실망했다.

"공격 목표를 동쪽으로 돌리기로 했다는 말을 듣고 절망했죠." 괴링은 나중에 미국 취조관에게 그렇게 말했다.

그는 히틀러의 저서 《나의 투쟁》의 한 구절을 인용하여 히틀러를 만류하려 했다고 주장했다. 전선을 둘로 나누는 것은 위험하다는 경고였다. 괴링도 독일이 러시아군을 쉽게 물리칠 수 있을 것으로 확신했지만 시기가 잘못되었다고 생각했다. 그는 히틀러에게 그의 공군으로 조금만 더 밀어붙이면 영국을 무너뜨리고 항복을 받아낼 수 있다고 말했다. "영국은 이제 독 안에 든 쥐입니다. 그런데 이제 와 멈추라니요."

히틀러는 대답했다. "알았네. 자네 폭격기를 3~4주만 빌리겠네. 그런 다음 다시 돌려주지."

히틀러는 일단 러시아 작전이 끝나면 마음대로 쓸 수 있는 새로운 모든 자원이 루프트바페로 쏟아져 들어오리라고 장담했다. 이 대화를 목격한 사람의 말에 따르면 히틀러는 괴링에게 그의 공군 전력이 "세 배, 네 배, 다섯 배가 될 것"이라고 호언했다.

괴링은 히틀러를 몰아붙일 수 있는 건 여기까지라고 판단했다. 그리고 항상 그의 총애를 탐냈지만 러시아 침공을 되돌릴 수 없다고 체념하고 자신이 그 작전의 핵심 역할을 맡기로 마음을 바꿨다. 그는 바르바로사 작전의 세부계획을 마련하기 위해 베를린 외곽의 가토브 항공학교Gatow Luftkriegsakademie에서 군사기획회의를 소집했다.

루프트바페의 케셀링 원수는 '극비'라고 썼다. "한 마디도 새어나가지 못하게 했다. 참모들이나 병사나 모르기는 마찬가지였다."

독일 고등사령부도 짐작만 했다.

*

작전지시 23호에 따라 루프트바페는 영국에 대한 공격 강도를 높였다. 그들에게 유일한 걸림돌은 겨울의 악천후뿐이었다. 조종사들은 별다른 저항을 받지 않았다. 그동안 경험으로 볼 때 영국은 여전히 밤에 독일군을 요격할 효과적인 수단을 찾지 못한 것이 분명했다.

75장 다가오는 폭력

홉킨스가 미국으로 돌아가는 긴 여정을 시작하는 2월 8일 토요일에 미국 하원에서 무기대여법이 260 대 165로 통과되었다는 소식이 전해졌다. 첫 번째 중요한 난관을 넘은 것이다. 홉킨스는 그날 리스본으로 가는 비행기를 타기 위해 본머스행 기차에 몸을 싣기에 앞서 처칠과 클레멘틴에게 작별 인사를 하러 체커스로 향했다. 처칠은 2월 9일 일요일 저녁에 방송할 연설을 준비하느라 열심이었다.

처칠은 신경질적으로 왔다 갔다 했고 비서는 타이프를 두드렸다. 홉킨스는 넋을 잃고 그 모습을 지켜보았다. 표면적으로는 영국 시민들에게 하는 연설이었지만, 미국 상원에 제출될 무기대여법과 관련하여 미국의 지지를 넓히는 수단도 된다는 것을 두 사람은 잘 알고 있었다. 홉킨스는 처칠에게 그 법안이 미국을 전쟁에 끌어들이기는커녕 미국의 전쟁 개입을 막는 가장 효과적인 수단이라는 점을 강조하라고 권했다. 처칠은 그의 조언을 받아들였다. 그는 또한 루스벨트가 보낸 메모를 활용하기로 했다. 대통령이 자필로 롱펠로우Longfellow의 시에서 5줄을 옮긴 메모였다.

홉킨스는 처칠에게 감사의 뜻을 담은 메모를 남겼다. "친애하는 총리 각하. 각하와 함께한 며칠과 각하가 보여주신 무한한 신뢰와 승리의 의지는 결코 잊을 수 없을 것입니다. 저는 늘 영국을 좋아했지만, 지금은 더욱 좋아졌습니다.

오늘 밤 미국으로 떠나지만, 각하께 위대한 행운이 함께하고 적들이 지리멸렬하기를 바랍니다. 영국의 승리를 빕니다."

그날 밤늦게 홉킨스는 본머스행 기차에 몸을 실었다. 다음 날 일요일 아침 푸울의 수상비행장 근처에 도착한 그는 날씨가 좋지 않아 리스본행 비행기가 연기되었다는 말을 들었다. 브렌던 브래큰이 배웅하러 따라왔다. 호텔 방에 기밀 서류를 놓아두는 홉킨스의 버릇 때문에 워싱턴까지 그의 곁을 지킬 영국 경호원이 그와 동행했다. 그 요원은 스파이 활동의 중심지로 악명이 높은 리스본에서 특히 밀착 경호하기로 되어있었다.

일요일 저녁 홉킨스와 브래큰 일행은 처칠의 방송을 듣기 위해 푸울에 있는 브랭섬타워 호텔Branksome Tower Hotel의 바에 모였다.

나중에 국내정보국은 연설의 어떤 부분에서 "소름이 돋은 사람들도 있다"고 보고한다.

*

독일군의 공습을 견뎌낸 런던을 비롯한 여러 지역 시민들의 투지를 치하하는 말로 서두를 연 처칠은 독일 공군이 떨어뜨린 "폭탄에 대해 3배, 4배로 갚아줄 것이라"고 약속했다. 그는 경찰을 따로 언급하여 치하하면서 "경찰은 언제 어디에나 있었으며 한 근로여성은 '그런 신사들이 따로 없었다!'고 감탄했다"고 강조했다. 그는 중동 지역에서 이탈리아를 상대로 거둔 성과에 박수를 보냈다. 아울러 미국이 동정과 호의의 표시로 홉킨스 특사를 파견해 주었다고 말했다. 처칠은 홉킨스의 조언에 따라 본론을 시작했다. "지난 전쟁에서 미국은 대서양 건너편으로 200만 명의 병사들을 보내주었습니다. 그러나 지금 이 전쟁은 대규모 군대가 서로 엄청난 양의 포탄을 쏘아대는 전쟁이 아닙니다. 우리에게 필요한 것은 미합중국이 조직하는 용감한 군대가 아닙니다. 올해에도 내년에도 제가 보기에 어느 해가 되어도 그런 군대는 필요하지 않습니다." 필요한 것은 보급품과 선박이라고 그는 말했다. "지금 우리에게 필요한 것은 그것이고, 그것을 가져와야 합니다."

계속해서 처칠은 겨울이 가면 침략의 위협은 위험한 단계로 다가설 것이고 어떤 식으로든 가능성은 다시 높아질 것이라고 말했다. "지난가을 나치가 영국을 침략한 것은 다소 즉흥적인 결정에서 나온 행동이 분명합니다." 그는 그렇게 말했다. "히틀러는 프랑스가 항복했으니 당연히 우리도 항복할 줄 알았겠지만 우리는 항복하지 않았습니다. 그리고 그는 생각을 달리해야 했습니다." 이제 독일은 필요한 장비와 상륙정을 설계하고 만들 시간을 가질 것이라고 그는 말했다. "우리 모두는 가스 공격, 낙하산 공격, 글라이더 공격에 항상 대비하고 미리 생각하고 기량을 닦아놓아야 합니다." 그러니 남은 문제는 하나뿐이었다. "히틀러가 전쟁에 이기려면 대영제국을 무너뜨려야 합니다."

그러나 독일이 얼마나 멀리 전진했든 얼마나 더 많은 영토를 점령했든 히틀러는 승리하지 못할 것이다. 대영제국의 힘, "아니 어떤 의미에서는 영어권 세계가 모두" 그의 뒤를 쫓고 있다고 그는 말했다. "정의의 칼을 들고 말입니다."

그 칼을 든 나라 중 하나는 미국이라는 사실을 암시하며 마무리를 향해 가는 처칠은 루스벨트가 그에게 보낸 친필 메모를 인용했다.

"계속 항해하라, 오, 조국의 배여!" 처칠이 고함쳤다.

"계속 항해하라, 오, 강하고 위대한 조국이여!
온갖 두려움에도 인류는
앞으로 맞이할 시대에 대한 모든 희망을 안고

숨죽인 채 그대의 운명에 매달리리니!"

처칠은 자신이 여기에 어떤 대답을 해야겠느냐고 되물었다. "내가
1억 3,000만 국민을 이끄는 국가의 수장으로 세 번씩 선택받은 이 위대
한 인물에게 여러분의 이름을 걸고 어떤 대답을 해야 하겠습니까? 그
대답은 이것입니다. …"

*

영국인들 대다수가 듣고 있었다. 70퍼센트는 되었을 것이다. 홉킨
스는 브랭섬타워 호텔에서 귀를 기울였다. 드물게 주말 휴가를 얻은 콜
빌도 런던에서 230킬로미터 떨어진 노스스태퍼드셔에 있는 할아버지
의 시골집인 메이들리 장원에서 어머니와 동생과 식사를 한 뒤 연설을
들었다. 밤은 춥고 비가 추적거렸지만 벽난로가 많아 집은 아늑했다.

처칠의 주특기가 나왔다. 솔직하면서도 용기를 북돋우는 말로 장
중하지만 마음을 들뜨게 만들어 국민들에게 힘을 주는 한편, 다소 의뭉
스럽기는 해도 대다수 미국인에게 자신이 미국에 원하는 것은 물질적
인 원조뿐이라고 안심시켰다.

괴벨스도 듣고 있다 한마디 했다. "뻔뻔하긴."

*

처칠은 마무리를 위해 다시 화려한 수사의 질주에 박차를 가했다.

"이제 루스벨트 대통령에게 대답하겠습니다. 우리를 믿으세요."
처칠은 말했다. "우리에게 그대의 믿음과 축복을 주세요. 그러면 신의
섭리에 따라 모든 것이 잘 될 것입니다.

우리는 실패하거나 흔들리지 않을 것이며 약해지거나 지치지 않

을 것입니다. 갑작스런 전투의 충격도 오랫동안 지속해온 경계와 분투의 시련도 우리를 지치게 하지 못할 것입니다.

우리에게 연장만 주면 우리가 일을 끝낼 것입니다."

*

그 주말에 국왕 조지는 새삼 깨달았다. 그는 일기에 썼다. "이보다 더 나은 총리를 보유할 수는 없다."

*

미국 의회에서는 아무 일도 일어나지 않았다.

2월 중순까지 루스벨트의 무기대여법은 여전히 상원에서 발이 묶여있었다. 처칠은 답답했고 영국 국민도 절망했다. 그들은 국내정보국이 이 법안을 두고 "분명히 지루한 논의"만 계속되는 것 같다고 평하자 초조함을 드러내기 시작했다.

처칠은 또한 루프트바페가 자신과 그의 각료들을 암살할 계획을 꾸미고 있다고 확신했다. 내각전쟁상황실은 보강되고 있었지만 2월 15일 토요일에 처칠이 전시내각 장관 에드워드 브리지스에게 보낸 전언문에서 말한 대로 (처칠은 그날 최소 18개의 전언문을 썼다) 그는 영국 본토방위군 건물이 유달리 공격에 취약하다며 우려했다. 독일군의 폭탄은 점점 더 가까워졌고 화이트홀에 집중되고 있는 것 같았다. "내각전쟁상황실을 중심으로 반경 1킬로미터 내에 떨어진 폭탄이 몇 개나 되오?" 처칠은 브리지스에게 물었다.

그때까지 화이트홀을 강타한 공습은 적어도 40회였고 위령비the Cenotaph를 중심으로 반경 1킬로미터 이내에 떨어진 폭탄은 146개였다. 위령비는 화이트홀의 중심부에 있는 다우닝가 10번지에서 불과 한 블록 반 떨어진 곳에 있었다.

같은 날 처칠은 퍼그 이즈메이에게 침공 얘기를 썼다. 정보부는 히틀러가 영국 침공 계획을 연기한 것 같다고 보고했지만 처칠은 여전히 위협을 심각하게 받아들여야 한다고 생각했다. (시민들도 같은 생각이었다. 1월에 갤럽이 발표한 여론조사에 따르면 올해 안에 독일이 침공할 것으로 본다는 응답자가 62퍼센트였다.) 히틀러가 언젠가 영국을 처치해야 하는 것은 분명했고 그렇다면 더 강해지기 전에 그렇게 해야 한다는 것도 부인할 수 없는 현실이었다. 영국은 무기와 장비의 생산을 늘려갔다. 루스벨트의 무기대여법이 통과된다면 곧 미국으로부터 엄청난 물자를 받게 될 것이다. 처칠의 고위 지휘관들은 히틀러에게 침공 외에는 다른 선택이 없다고 믿었고, 독일이 런던을 비롯한 여러 도시들을 다시 폭격하는 것은 그런 관심이 되살아난 불길한 징조라고 판단했다.

처칠은 썩 확신하지 못했지만 본토방위군과 민간인들이 독일의 공격을 최대한 격퇴할 수 있도록 대비를 해두어야 한다고 생각했다. 그렇다면 영국의 해변과 해변 공동체에서 민간인을 소개시켜야만 했다. 그는 퍼그 이즈메이에게 "주민들에게 떠나도록 설득해야 한다"고 편지를 보내며 "집에 머물겠다는 사람들에게는 집에서 가장 안전한 곳을 알려주고 마을이 적의 수중에 떨어지면 떠날 수 없다는 점을 분명히 통고하라"고 일러두었다.

한편 비버브룩은 공장장들에게 작업 강도를 높이라고 다그쳤다. "날씨가 나아졌을 때 닥칠 침략에 대비해 항공기 생산과 관련된 모든 부품을 제조하는 데 지속적이고 배가된 노력이 무엇보다 중요합니다." 그는 항공기 제작과 관련된 144개 업체에 보낸 전보에서 그렇게 말했다. "따라서 각 공장마다 앞으로 생산량을 극대화할 수 있도록 일요일에도 작업을 계속해주기를 바랍니다." 그는 가스 제독 장비를 만드는 60개 회사에도 비슷한 전보를 보냈다. "제독 장비가 너무 부족하기 때문에 주야간 교대 근무가 필요하고 특히 일요일에도 작업할 수 있어야 합니다."

*

운이 좋았는지 해리 홉킨스의 출발에 맞춰 하이드 파크의 풀밭에 눈이 녹고 크로커스가 고개를 내미는 등 날씨가 따뜻한 봄처럼 바뀌었다. 조운 윈덤은 그게 살짝 비딱한 그녀의 "사랑하는 루퍼트"와 산책을 나갔다. "봄처럼 화창한 날, 파란 하늘, 유쾌한 멋진 기분. … 그날 오후는 우리가 함께 보낸 날 중 가장 행복한 날이었다. 우리는 둘이지만 생각은 하나였다. 아니 생각이 없는 편이었다."

그 주에 랜돌프 처칠과 그의 새 전투여단 제8코만도No. 8 Commando는 글렌로이호Glenroy를 타고 이집트로 향했다. 지금까지 이 여단에는 500명이 넘는 병사 외에 장교와 연락관들이 배치되어 있었는데 그중에는 랜돌프의 사교클럽 화이츠의 회원인 작가 이블린 워도 있었다. 랜돌프와 파멜라는 이렇게 떨어져 있는 김에 재정문제라도 안정되기를 바랐다. 그녀가 둘째 아이를 가졌을지도 모른다는 생각이 들었기 때문에 그것은 더욱 중요한 문제였다. "떨어져 있는 건 정말 지옥이야." 랜돌프는 출발하기 전에 그렇게 그녀에게 말했다. "… 적어도 빚은 해결할 수 있겠지."

하지만 항해는 길었고 랜돌프의 도박벽은 심각했다.

76장 런던, 워싱턴, 베를린

3월 첫째 주가 되자 처칠은 바짝 긴장했다. 여전히 상원에 발이 묶인 무기대여법에 대한 지지도가 약해지는 징후가 드러나기 시작한 것이다. 최근 갤럽 여론조사에 따르면 이 법안에 찬성하는 미국인이 55퍼센트인 것으로 조사되었는데, 이전의 58퍼센트보다 약간 줄어든 수치였다. 그래서인지 3월 6일 목요일 다우닝가 10번지 지하 식당에서 또 다른 미국인을 맞는 오찬을 시작할 때 처칠의 표정은 좀처럼 펴지지 않았다. 손님은 하버드 대학 총장 제임스 코넌트James Conant였다.

클레멘틴과 코넌트 외에 다른 손님들이 식당에 자리를 잡았을 때도 처칠은 나타나지 않았다. 키가 큰 교수가 침울한 표정으로 도착했고 클레멘틴의 친구 위니프레다 유일Winnifreda Yuill도 나타났다. 또한 유명한 신문 편집자이자 처칠의 연설집을 편집한 찰스 이드Charles Eade도 있었다.

클레멘틴은 셰리주를 대접하면서 남편 없이 식사를 시작해야겠다고 생각했다. 그녀는 전쟁 슬로건이 적힌 두건을 터번처럼 둘렀다.

처칠은 첫 번째 코스가 나오기 전에 도착했다. 들어서자마자 그는 위니프레다의 손에 입을 맞췄다. 그렇게 처음에는 괜찮은 편이었지만 곧 시무룩해진 얼굴로 입을 다물었다. 기관지염을 앓고 있다고는 해도 뭔가 언짢은 것만은 분명했다. 그는 피곤해 보였고 담소를 나눌 기분도 아닌 것 같았다.

코넌트는 분위기를 띄우기 위해 자신은 처음부터 무기대여법의 열렬한 지지자였다고 밝혔다. 그는 또한 상원에 나가 미국이 전쟁에 직접 개입해야 한다고 증언했다고도 했다. 그러자 처칠의 입이 열리기 시작했다고 코넌트는 일기에 적었다.

우선 처칠은 누가 봐도 기쁜 표정으로 이틀 전에 영국 특공대와 노르웨이 병사들이 감행한 노르웨이의 로포텐 제도 공격이 성공리에 끝났다고 설명했다. '클레이모어 작전Operation Claymore'으로 불린 이 공격으로 두 나라의 병사들은 대구의 간유肝油와 글리세린을 만드는 시설을 파괴하는 데 성공했다. 간유는 독일 국민에게 꼭 필요한 비타민 A와 D를 공급하는 중요한 자원이고 글리세린은 폭약 성분이었다. 특공대는 200명이 넘는 독일군과 '키비슬링Quislings'이라 불리는 노르웨이 부역자 몇 명을 포로로 붙잡았다. 키비슬링은 독일과 동맹을 추진했던 노르웨이 정치가 비드쿤 키비슬링Vidkun Quisling에서 유래된 말이었다.

처칠은 그 소식을 직접 발표했다. 그러나 오찬 손님들에게 공개하지 않은 비밀이 있었다. 급습하는 과정에서 연합특공대가 독일의 암호기 에니그마Enigma의 핵심 원리와 독일 해군이 향후 몇 달 동안 사용할 암호 키가 담긴 문서를 획득했다는 사실이었다. 이제 블레츨리 파크의 암호 해독 요원들은 루프트바페의 통신뿐 아니라 U-보트로 전송되는 명령을 포함한 독일 해군의 통신도 읽을 수 있게 되었다.

그런 다음 처칠은 가장 마음에 걸리는 문제를 꺼냈다. 무기대여법이었다. "이 법안은 통과되어야만 합니다." 그는 코넌트에게 말했다. "그렇게 되지 않는다면 우리는 어떻게 되겠습니까? 대통령은 또 어떻게 되겠습니까? 법안이 통과되지 않으면 그분은 역사 앞에 어떤 과오를 저지르게 되겠습니까?"

＊

아직도 당장 비서 노릇을 그만두고 전쟁에 뛰어들 생각뿐인 존 콜빈은 방법을 생각해냈다.

3월 3일 월요일 아침 그는 공군장관 싱클레어의 개인비서인 친구 루이스 그레이그Louis Greig에게 빌린 말을 타고 그와 함께 큐에 있는 왕립식물원Royal Botanical Gardens 근처에 자리한 리치먼드 파크로 갔다. 승마를 즐긴 뒤 콜빈은 자신의 차로 그레이그를 다시 런던으로 태워다주면서 폭격기 승무원이 되고 싶다고 털어놓았다. 콜빈은 막연하게나마 처칠이 자신을 해군이나 육군보다는 RAF로 보내려는 것 같다고 생각했다.

그레이그는 그에게 신체검사 '면접' 기회를 알아봐주겠다고 약속했다. RAF에 입대하려면 거쳐야 하는 절차였다. 콜빈은 기뻤다. 그가 알았든 몰랐든 폭격기 신참 승무원의 기대수명은 약 2주였다.

＊

워싱턴의 전쟁부War Department는 자체 부서인 전쟁기획부War Plans Division가 영국의 전망을 평가한 보고서를 심층 검토했다. "브리튼 제도가 함락될지, 그렇다면 언제 함락될지는 예측할 수 없다." 보고서는 그렇게 결론을 내렸다.

중요한 것은 앞으로 한 해였다. 영국의 전쟁 물자 생산량과 미국의 원조는 증가하고 있지만, 독일의 자원은 향후 10개월 동안 전쟁을 치르고 점령지를 유지하는 부담 때문에 전쟁 전에 찍었던 정점에서 떨어질 것이 분명했다. 보고서는 영국이 버텨주기만 하면 1년 안에 양국의 전력은 대등해질 것이라고 평가했다. 가장 심각한 위협은 "현재 또는 이후에 시도될 침략에 맞춰 강화된 공군, 지상군, 해군, 잠수함 활동이다."

영국이 이런 복합적인 공격을 견뎌낼 수 있을지에 대해서는 의문의 여지가 있다고 보고서는 지적했다. "이런 중차대한 시기에 브리튼 제도가 봉쇄작전에 굴복하지 않는다거나 독일의 침공이 성공할 수 없다는 가정하에 군사적 계획을 수립할 여유가 미국에겐 없다. 그 중차대한 시기는 현재 시점부터 1941년 11월 1일까지로 추정된다."

히틀러는 여전히 영국에 대한 무력 행사를 강화하려 했다. 미국이 전쟁에 뛰어들 확률이 높아지긴 했지만 그것은 영국이 존속할 경우에 한해서만 가능한 문제라고 그는 계산했다. 3월 5일, 히틀러는 또 다른 작전지시인 24호를 발령했다. 국방군최고사령부Oberkommando der Wehrmacht, OKW 사령관 빌헬름 카이텔Wilhelm Keitel 원수가 서명한 이 작전지시는 독일이 지난가을에 이탈리아, 일본과 체결한 3국동맹조약Dreimächtepakt에 따라 전략을 조율하는 것을 목표로 삼고 있었다.

조약의 목표는 "가능한 한 빠른 시일 내에 일본이 극동에서 군사행동을 일으키도록 유도해야 한다. 그렇게 하면 강력한 영국군의 발을 묶어놓고 미국의 주력을 태평양으로 돌릴 수 있다." 작전지시는 그렇게 밝혔다. 그런 계산이 아니라면 독일이 특별히 극동에 관심을 가질 이유가 없었다. "이 전략의 공동목표는 미국이 전쟁에 개입할 수 없도록 서둘러 영국의 무릎을 꿇리는 것이다."

메리 처칠에게 그 주말은 '감방'을 벗어날 수 있는 또 다른 절호의
기회였다. 이번에는 어머니와 함께 런던으로 차를 몰았다. 전시 중이
지만 런던은 막 사교 시즌이 시작되고 있었다. 성인이 된 여성들이 사
교계에 데뷔하는 무도회인 '샬롯 여왕의 연례 생일축하연 무도회Queen
Charlotte's Annual Birthday Dinner Dance'는 3월 8일 토요일 밤으로 정해졌다. 메
리와 그녀의 친구들은 무도회가 끝나면 런던의 인기 나이트클럽 카페
드파리Café de Paris에서 다음 날 아침까지 춤을 추고 술을 마시며 즐길 예
정이었다.

날씨도 맑은 하늘에 하현달이 뜰 것으로 보여 최적의 기상 조건
이었다. 고운 실크로 멋을 부린 여인들과 야회복을 입고 실크해트를
쓴 남자들에게 어울리는 날씨였다. 그건 독일 폭격기에게도 마찬가지
였다.

대공포 사수와 서치라이트 요원들은 길고 험난한 밤이 될 것이 틀
림없다고 생각하여 각오를 단단히 다졌다.

*

피카딜리의 코번트리 스트리트에 자리한 카페드파리의 사장 마
틴 폴슨Martin Poulsen은 북적거릴 밤이 기다려졌다. 토요일엔 늘 붐볐지
만 이번 토요일은 근처 그로브너하우스 호텔Grosvenor House Hotel에서 열

리는 데뷔 무도회로 평소보다 더 복잡하고 요란한 밤이 될 것이 분명했다. 성년이 된 상류층 여성과 그들의 데이트 상대와 그들의 친구들('뎁스 딜라이츠debs' delights'로 불리는 매력적인 미혼 청년들)이 틀림없이 나중에 클럽으로 몰려와 자리를 꽉 채울 것이다. 카페드파리는 엠버시 클럽Embassy Club, 400 클럽과 함께 런던에서 가장 인기 있는 클럽이었으며 최고의 재즈 밴드와 쟁쟁한 밴드 리더들을 보유하고 있다는 평을 들었다. 폴슨 사장은 특히 인기 있는 프런트맨front man(메인보컬이나 진행자)을 고용해 공연을 맡겼는데, 영국령 기아나 출신으로 몸이 유연한 26세의 흑인 댄서이자 밴드 리더인 켄릭 "스네이크힙스" 존슨Kenrick "Snakehips" Johnson이었다. 어떤 여성은 "날씬하고 원숙하면서도 아름다운 스네이크힙스"라는 표현을 썼다. 그를 '켄릭'이라고 부르는 사람은 없었다. 그는 늘 '켄'이거나 그냥 '스네이크힙스'였다.

폴슨 자신도 낙천적이고 늘 유쾌한 성격으로 유명했다. 그래서 덴마크 사람치고는 다소 이례적이라고 여기는 사람도 있었다. 이 클럽의 전기 작가가 말한 대로 그는 "역사상 가장 우울하지 않은 덴마크인"이었다. 폴슨은 리알토Rialto 극장 지하의 다 찌그러지고 큰 텅 빈 식당을 골라 카페드파리를 열기 전까지만 해도 또 다른 인기 클럽의 수석 웨이터였다. 카페드파리의 참신한 인테리어는 타이타닉의 화려함과 사치스러움을 연상시켰다. 전쟁이 발발하면서 지하라는 클럽의 위치 덕분에 폴슨은 경쟁자들을 제치고 마케팅에서 우위를 차지할 수 있었다. "동네에서 가장 안전하고 신나는 식당. 공습에도 끄떡없음. 지하 6미터." 그는 그렇게 광고했다. 그러나 실제로 그곳은 인근 다른 어떤 건물에 비해 전혀 안전하지 않았다. 클럽은 지하에 있었지만 천장이 허술했고, 그 위에 있는 것이라고는 리알토 극장의 유리 지붕이 전부였다.

하지만 폴슨은 낙천가였다. 불과 일주일 전 그는 골프 친구에게 전쟁이 곧 끝날 것이 틀림없기 때문에 손님들이 즐겨 마시는 샴페인 2만 5,000병을 주문했다고 큰소리를 쳤다. 4.5리터짜리 매그넘 사이즈가 가장 잘 나갔다. "그깟 공습으로 왜들 그렇게 호들갑인지 잘 모르겠어." 그는 친구에게 그렇게 말했다. "전쟁은 한두 달 안에 끝날 거야. 틀림없다고. 그래서 카페드파리 외관을 장식할 네온사인을 주문할 생각이야."

공습 사이렌이 울리기 시작한 토요일 밤 8시 15분에 클럽은 이미 붐비고 있었다. 사이렌에 신경 쓰는 사람은 아무도 없었다. 첫 번째 밴드가 연주를 시작했다. 스네이크힙스는 저녁 9시 30분에 무대에 올라 첫 곡을 부를 예정이었다.

*

요제프 괴벨스는 토요일 밤을 베를린에서 보낸 다음 날 보겐제의 시골별장으로 향했다. 아내 마그다는 만성 기관지염으로 고생하고 있었다.

괴벨스는 토요일자 일기에서 노르웨이 로포텐 제도를 급습한 영국군으로 인한 피해가 "생각보다 더 심각하다"고 인정했다. 그들은 공장과 어유와 글리세린을 파괴하는 것 외에도 독일의 함정 1만 5,000톤을 격침시켰다. "노르웨이 스파이들이 관련되어 있다." 그는 그렇게 쓰며 노르웨이 국가위원회 의장Reich Commissar for Norways 요제프 테르보펜 Josef Terboven과 독일인 한 명과 골수 당원 충성파 한 명을 보내 적을 도운 섬 주민들을 색출하여 처벌하도록 지시했다. 토요일에 테르보펜은 괴벨스에게 전화로 그 결과를 보고했다. 괴벨스는 일기에 이렇게 적었다.

"그는 영국인을 돕고 독일인과 키비슬링들을 알려준 로포텐섬에 가장 가혹한 법정을 설치했다. 그는 파괴공작원의 농장을 불태우고 인질들을 데려가라고 명령했다. 등등."

괴벨스는 승인했다. 그리고 덧붙였다. "테르보펜이라는 친구가 잘하고 있군."

다른 곳에서도 진전이 있었다. "암스테르담에서도 사형이 대량으로 선고되었다." 괴벨스는 그렇게 썼다. "유대인은 밧줄에 매달아야 한다. 주변 사람들도 배울 것은 배워야 하니까."

그는 그날 일기를 마무리했다. "너무 늦었다. 그리고 너무 피곤하다."

*

워싱턴의 무기대여법에 희망이 보이기 시작했다. 루스벨트의 적수였던 웬델 윌키가 법안을 전폭적으로 지지한 것이 결정적이었다. (윌키는 공포 분위기를 앞세웠던 자신의 선거지원단이 "선거 때문에 어느 정도 과도한 전술"을 택할 수밖에 없었다며 그들을 해산시켰다.) 법안의 상원 통과는 이제 시간문제인 듯했다. 법안의 효력을 훼손시킬 어떤 수정 조치도 나올 것 같지 않았다. 언제든 통과될 수 있는 분위기였다.

루스벨트가 런던에 또 다른 특사를 파견하려 했던 것도 아마 그런 분위기 때문인 것 같았다. 이번에 발탁된 사람은 허약한 해리 홉킨스와는 전혀 상반된 인물로, 그는 곧 메리 처칠과 그녀의 올케 파멜라의 삶에 큰 영향을 미치게 된다.

루스벨트와 손님은 점심 식사를 위해 백악관 대통령 집무실 책상에 자리를 잡았다. 감기는 조금 나아졌지만 루스벨트는 아직 정신이 맑지 않았다.

"별난 식사였다." 그 손님은 나중에 그렇게 썼다. "별났다"는 말은 별나게 맛이 없었다는 뜻이었다.

"시금치 수프라니." 그는 그렇게 시작했다.

손님은 윌리엄 애버럴 해리먼William Averell Harriman으로, 부르는 사람에 따라 애버럴Averell이나 에이브Ave나 빌Bill 등 다양한 호칭으로 통했다. 그는 아버지가 설립한 철도 제국 유니언퍼시픽Union Pacific의 상속자였다. 예일대 4학년 때 이미 유니언퍼시픽의 이사였고 이제 막 49세의 나이로 이사회 의장에 오른 터였다. 1930년대 중반에 서부 철도 여행 붐을 일으키기 위해 그는 아이다호주에 선밸리Sun Valley라는 광대한 스키 리조트의 건설을 지휘했다. 어떻게 보면 잘생긴 사나이였지만 특히 그를 잘나 보이게 만든 데는 두 가지 요소가 큰 몫을 했다. 크고 환한 미소와 운동으로 단련된 부드럽고 우아한 동작이었다. 그는 스키를 잘 탔고 폴로 선수였다.

해리먼은 무기대여법이 최종적으로 통과되면 며칠 뒤인 3월 10일 월요일에 런던으로 출발하여 미국의 원조 문제를 조율할 예정이었다. 해리먼은 앞서 홉킨스와 마찬가지로 루스벨트가 영국의 사정을 자세히 들여다볼 수 있도록 유리창 역할을 해줄 작정이었다. 처칠이 가장 필요로 하는 원조를 확실히 얻어내고 그것을 최대한 활용할 수 있도록 그를 돕는 공식적인 책임도 안고 있었다. 루스벨트는 임명을 발표하면서 그에게 '방위특사defense expediter'라는 직함을 붙여주었다.

해리먼은 푸르죽죽한 묽은 액체에 수저를 담갔다.

"맛은 나쁘지 않지만 잘게 썬 시금치에 뜨거운 물을 부은 것 같았다." 그는 나중에 파일로 정리할 메모에 그렇게 썼다. "화이트 토스트와 핫 롤. 메인요리는 시금치를 곁들인 치즈 수플레!! 디저트는 크고 두터운 팬케이크 세 쪽, 넉넉한 버터와 메이플 시럽. 대통령은 차, 나는 커피."

해리먼은 루스벨트의 감기 때문에 특히 점심 메뉴가 걸렸다. "당시 상황을 생각하면 건강에 아주 안 좋은 식단이라는 생각이 들었다! 더구나 영국의 식량 형편과 비타민, 단백질, 칼슘 결핍을 논의하는 자리에서는 특히 그랬다." 그는 그렇게 썼다.

루스벨트는 해리먼에게 영국의 식량 공급을 최우선 과제로 다루어 달라고 당부했고 영국인들의 생존에 필요한 특정한 음식 이야기에 많은 시간을 할애했다. 해리먼이 보기엔 지나칠 정도로 너무 오래 그런 얘기를 했다. 해리먼은 좀 아이러니하다고 생각했다. "대통령이 피곤해 보이고 정신적으로도 생기가 없는 것이 분명했기 때문에 영국에 대한 관심보다는 대통령의 식단을 챙기는 것이 먼저라는 생각이 들었다."

해리먼은 루스벨트가 아직 영국 문제의 중대성과 그것이 갖는 세계사적 의미를 제대로 파악하지 못한 것 같다는 생각을 하며 자리를 떴다. 해리먼 자신은 공개적으로 미국의 전쟁 개입을 지지했다. "적어도 내가 생각하고 있는 상황의 전반적 현실을 대통령은 직시하지 못한다고 생각했다. 우리가 도와주지 않으면 독일은 영국 선박을 무력화하여 계속 버틸 수 있는 영국의 능력에 영향을 줄 가능성이 높았다."

이날 오후 5시 30분쯤 해리먼은 국무장관 코델 헐Cordell Hull을 만났다. 그 역시 감기 때문에 기운이 없어 보였다. 두 사람은 해군의 전반적인 상황, 특히 갈수록 세력이 커지는 일본이 싱가포르를 침략할 가능성을 두고 논의했다. 미 해군은 개입할 계획이 없다고 헐은 말했지만 개인적으로는 해군이 네덜란드령 동인도 제도 해역에 화력이 가장 강력한 함정 일부를 배치하여 무력시위를 해야 한다고 생각하고 있었다. 해리먼은 그의 말을 "일본인들이 경거망동하지 않도록 허세로라도 겁을 줄 필요가 있다"는 뜻으로 받아들였다.

헐은 의자에 몸을 묻으며 미국은 일본이 극동의 주요 전략 요충지를 점령하게 내버려두는 "굴욕적인 결과"를 감수하면서 태평양 기지에 선박을 안전하게 묶어놓고 있다고 탄식했다. 분명히 감기로 인해 피곤하고 정신이 흐릿해진 탓인지 헐은 정확한 위치를 기억해내지 못했다.

"그 항구 이름이 뭐더라?" 헐이 물었다.

"진주만입니다." 해리먼이 답했다.

"아, 그렇지." 헐이 말했다.

처음에 해리먼은 자신이 맡은 정확한 임무에 대해 막연한 생각밖에 없었다. "아무도 내가 해야 할 일에 대해 어떤 지시나 조언을 해준 적이 없다." 그는 파일로 정리할 또 다른 메모에 그렇게 썼다.

해리먼은 미 해군과 육군 관계자들의 의중을 떠보기 위해 그들과 얘기를 나누다 그들의 고충을 알게 되었다. 그들은 영국군이 그 무기와 장비를 가지고 정확히 무엇을 할 계획인지 확실하게 파악하지 않은 상태에서 지원하는 것 자체를 매우 꺼리고 있었다. 해리먼은 홉킨스가 일 처리를 잘못했기 때문이라 생각했다. 홉킨스는 영국이 무엇을 필요로 하며 그것이 처칠의 전쟁 전략에 얼마나 적합한지에 대해 막연한 인상만 가졌던 것 같았다. 해리먼이 얘기를 나눈 군 수뇌부는 회의적인 입장을 표명했고 처칠의 능력에 대해서도 확신을 갖지 못하고 있었다. "그들은 '포트와인 한 병을 놓고 얘기하다 밤늦게 꺼낸 요구를 우리는 진지하게 받아들일 수 없다'고 했다. 이름은 언급하지 않았지만 홉킨스와 처칠의 대화를 지칭하는 것이 분명하다."

워싱턴의 회의론자들을 만나본 해리먼은 이제 자신이 해야 할 일이 무엇인지 분명히 깨달았다. "총리를 설득하여 나나 누군가가 그의 전쟁 전략을 우리 국민에게 구체적으로 전달해줘야 한다. 그렇지 않으면 최대한의 원조를 기대하기 어려울 것이라고 그에게 말해야 한다." 해리먼은 그렇게 썼다.

*

해리먼은 팬아메리칸 항공사의 3월 10일 월요일 오전 9시 15분발 애틀랜틱 클리퍼Atlantic Clipper(보잉 314)를 예약했다. 출발지는 뉴욕시립공항New York Municipal Airport, 흔히 라과디아 비행장LaGuardia Field으로 통하는 공항의 머린에어 터미널Marine Air Terminal이었다. (이 공항의 정식 명칭은 1953년에 라과디아 공항LaGuardia Airport으로 완전히 바뀐다.) 기상 여건이 좋아도 그의 여정은 사흘 동안 여러 경유지를 거쳐야 했다. 처음에는 6시간 걸려 버뮤다로 갔다가 15시간 뒤에 아소르스 제도의 오르타에 내린다. 그곳에서 다시 리스본으로 날아가 KLM을 타고 포르투갈의 포르투로 간 후, 한 시간을 기다렸다가 영국 브리스틀로 가는 비행기를 탄 다음, 그곳에서 여객기편으로 런던으로 가는 여정이었다.

해리먼은 처음에 클라리지스 호텔에 방을 예약했지만, 취소하고 도체스터로 바꿨다. 구두쇠로 악명 높은 그는 3월 8일 토요일 클라리지스에 전보를 쳤다. "내 예약을 취소하고, 내 비서에게는 가장 싼 방을

예약해줄 것." 그는 현금을 가지고 다니는 법이 거의 없었고 누구에게
도 음식 한 번 사는 법이 없었다. 그의 아내 마리Marie는 그런 그를 가리
켜 '늙은 짠돌이 개자식cheap old bastard'이라고 했다.

불과 이틀 전, 처칠이 클라리지스에 머물던 하버드 총장 코넌트와
점심 식사를 하던 중에 도체스터 얘기가 나왔었다. 클레멘틴은 안전을
위해 코넌트에게 거처를 도체스터로 옮길 것을 권했다. 그 말에 클레멘
틴의 친구 위니프레다는 웃음을 터뜨렸다. "위니프레다는 코넌트 박사
에게 클라리지스에 계속 계시면 목숨이 위험할지 모르지만, 도체스터
로 가시면 그의 명성이 위험해질 수 있다고 설명했다." 또 다른 동석자
는 그렇게 회상했다.

코넌트는 하버드의 총장으로서 "명성보다는 목숨을 거는 쪽을 택
하겠다"고 대답했다.

79장 스네이크힙스[61]

샬롯 왕비의 무도회는 하이드 파크 동쪽 경계 맞은편에 있는 그로브너하우스 호텔의 지하 무도장에서 열렸다. 그곳에서 남쪽으로 몇 블록 떨어진 곳에 도체스터가 있었고, 같은 거리의 동쪽에는 미국대사관이 자리 잡고 있었다. 대형 다임러와 재규어들이 가느다란 십자형 빛으로 축소시킨 헤드라이트를 켠 채 천천히 호텔 쪽으로 나아갔다. 그렇게 맑고 달빛이 밝은 밤에는 공습 가능성이 높았지만, 호텔은 성인이 된 백인 여성들(150명의 데뷔턴트)과 그들을 사교계로 내보내기 위해 동석한 부모들과 젊은 남성들 그리고 이미 데뷔한 여성들로 붐볐다.

한 해 전에 이미 '데뷔한' 메리 처칠은 토요일을 친구들과 보냈다. 그녀는 주디 몬태규와 쇼핑을 했다. "예쁜 야회복과 멋진 드레싱 가운을 샀다." 도시는 복잡했고 쇼핑객들로 붐볐다. "런던의 상점들은 흥청거렸고 화려했다." 그녀는 그렇게 썼다. 메리와 주디와 다른 친구 두 명은 점심 식사를 한 다음 무도회의 전통인 케이크 커팅 세리머니 리허설에 참석했다. 새로운 데뷔턴트들이 거대한 하얀 케이크를 향해 허리 굽혀 절하는 법을 연습하고 있었다. 단순한 절이 아니라 정교하게 안무한 연습이었다. 마담 바카니Madame Vacani로 더 잘 알려진 춤 교사인 마거릿 올리비아 랜킨Dame Marguerite Olivia Rankin이 왼발을 오른발의 뒤에 놓고 머리를 똑바로 세우고 양손을 옆구리에 얹은 다음 부드럽게 내리게 했다.

이들을 지켜보는 메리와 그녀의 친구들의 평가는 냉정했다. "올해 데뷔턴트에는 특별히 얘기할 만한 인물이 없다는 데 다들 동의했다." 메리는 그렇게 썼다.

리허설을 본 후 메리와 친구는 도체스터에서 차를 마셨고 나중에 손톱을 다듬은 다음 무도회 옷을 입었다. 메리는 파란색 시폰을 입었다.

그녀의 어머니와 상류사회 여성 2명은 가족과 친구들이 앉을 식탁을 예약해두었다. 만찬이 곧 시작되고 메리가 무도장으로 가는 계단을 막 내려가려 할 때 공습 사이렌이 울리기 시작했다. 그런 다음 "쾅하는 소리가 세 번" 났다. 아마도 하이드 파크에 있는 길 건너편 나무들 뒤쪽 빈터에 설치한 대공포에서 난 소리 같았다.

아무도 눈치채거나 신경을 쓰는 것 같지 않았지만 바깥에서 왁자지껄한 소리가 높아졌기 때문에 예년과 달리 특별한 전율이 느껴졌다. 무도장은 "모든 것이 흥겨웠고 태평하고 행복했다." 메리는 그렇게 썼다. 지하 무도회장은 방공호처럼 안전하다고 생각했는지, 메리와 다른 참석자들은 태연하게 자리를 잡았고 곧이어 만찬이 시작되었다. 밴드가 연주를 했다. 여성들과 뎁스 딜라이트들이 플로어를 휘젓기 시작했다. 재즈는 없었다. 재즈는 나중에 카페드파리에 가야 나올 것이다.

메리는 막힌 듯한 대공포 소리와 폭탄이 터지는 소리를 쉽게 구분했다. 그녀는 그것을 "우리의 수다와 음악 소리를 압도하는 이상한 쿵쾅거림"이라고 묘사했다.

*

적색경보가 발령되었을 때 스네이크힙스 존슨은 엠버시 클럽에서 친구들과 술을 마시고 있었다. 조금 있다 택시를 타고 카페드파리로 가서 무대에 오를 계획이었다. 하지만 막상 밖으로 나와 보니 택시가 없었다. 택시기사들이 공습을 피해 대피소로 피신한 것 같았다. 친구들은 그에게 대규모 공습이 분명하니 무리해서 카페로 가지 말고 남아있으라고 말했다. 그러나 스네이크힙스는 클럽 사장인 마틴 폴슨과의 약속을 어길 수 없다며 고집을 피웠다. 호탕한 폴슨은 그가 부수입을 올릴 수 있도록 런던 외곽에 있는 몇몇 클럽에서 10회까지 공연을 할 수 있도록 허락해주었다. 스네이크힙스는 자신의 검은색 피부를 가리키며 "어둠 속에서는 아무도 나를 알아보지 못할 거야"라고 농담을 한 후 달리기 시작했다.

스네이크힙스는 9시 45분에 클럽에 도착했고 거리로 난 입구 바로 안쪽 계단 위에서 늘어뜨린 검은색 등화관제 커튼을 젖히고 클럽으로 내려갔다.

식탁들이 남북 축을 따라 큰 댄스 플로어를 타원형으로 둘러쌌고 남쪽 끝에는 밴드가 연주하는 무대가 솟아있었다. 그 너머엔 커다란 주방이 자리 잡고 있어 캐비어, 굴, 스테이크, 들꿩, 아이스멜론, 혀가자미, 피치 멜바 등이 포함된 간단한 음식이 샴페인과 함께 제공되었다. 두 개의 개방형 계단이 밴드 스탠드의 옆을 지나 발코니로 이어지고, 클럽의 벽을 따라 나란히 달리는 발코니에는 더 많은 테이블이 놓여있었다. 단골들은 아래쪽 댄스 플로어가 보이는 이 발코니 자리를 좋아하여 수석 웨이터인 찰스에게 팁을 넉넉히 찔러주고 자리를 확보하곤 했다. 클럽에는 창문이 없었다.

손님이 절반 정도 찼지만 자정까지는 만원이 될 것이 확실했다. 손님인 베티 볼드윈Betty Baldwin은 전 총리 스탠리 볼드윈의 딸이었다. 그녀와 친구는 네덜란드 장교 2명과 함께 왔다. 그녀는 자신이 즐겨 앉던 테이블을 차지하지 못한 것에 짜증을 한 번 내고는 파트너와 플로어로 나갔다. "남성들은 대부분 제복을 입었는데 다들 인물이 좋아 보였다. 젊은 여성들도 매우 아름다웠고 분위기 자체가 아주 쾌활하고 젊음의 매력이 넘쳤다." 나중에 그녀는 그렇게 말했다.

두 사람이 막 밴드 스탠드 옆을 지나가는데 스네이크힙스가 도착했다. 달려온 탓에 아직 숨을 헐떡거렸다.

주방에는 요리사와 보조 등 21명이 일하고 있었다. 쇼걸 10명이 플로어로 나갈 준비를 했다. 발코니에 있던 웨이터가 새로 도착한 6명의 일행을 앉히기 위해 벽에서 테이블을 끌어당겼다. 파리의 해리스 뉴욕바Harry's New York Bar의 주인이었지만 지금은 망명 중인 바텐더 해리 맥켈혼Harry MacElhone은 8명인 일행에게 내보낼 칵테일을 만들고 있었다. 베라 럼리-켈리Vera Lumley-Kelly라는 여성은 엄마에게 공습이 끝날 때까지 집에서 꼼짝하지 말라고 주의를 주려 공중전화에 동전을 넣었다. 밴드는 경쾌한 재즈 〈오 조니, 오 조니, 오!Oh Johnny, Oh Johnny, Oh!〉를 연주하기 시작했다. 댄이라는 손님은 특별 주문을 했다. '켄Ken'이라고 썼는데 '스네이크힙스'라는 뜻이었다. "누이 생일이에요. 춤 중간에 '생일 축하' 연주를 끼워 주실 수 있죠? 고마워요."

스네이크힙스가 밴드의 오른쪽으로 다가왔다. 언제나 그랬듯이 그는 맵시 있는 턱시도에 빨간 카네이션을 꽂았다. 사장인 폴슨과 수석 웨이터인 찰스가 발코니에 함께 서있었다.

플로어의 한 여성은 활기찬 스텝으로 손을 공중으로 쭉 뻗으며 외쳤다. "와, 조니!"

그로브너하우스 호텔에서는 샬롯 여왕의 무도회가 중단 없이 계속되고 있었다.

"그곳의 빛과 따뜻함과 음악, 인적이 드문 어두운 거리, 짖는 듯한 포성, 각자의 자리에서 각오를 다지는 수많은 남녀들, 폭탄과 죽음과 피, 모두 잊기 쉬워 보이는 것들이었다." 메리는 그렇게 썼다.

밖에서는 공습이 더 거세지고 있었다. 밤하늘은 항공기로 가득 찼고 창백한 광선이 검은 벨벳 캔버스에 너울거리는 뜨겁고 환한 데이지처럼 빛을 발했다. 폭격기는 소이탄 13만 개와 고폭탄 130톤을 바로 북쪽 버킹엄궁과 그린파크 건너편에 떨어뜨렸다. 폭탄 23발이 리버풀스트리트 기차역과 인근에 떨어졌고 그중 몇 발은 4번 승강장과 5번 승강장 사이에 떨어졌다. 가이즈 병원Guy's Hospital의 의사들은 불발된 폭탄 한 발 때문에 외과 병동에서 대피했다. 금융가의 한 경찰서가 직격탄을 맞아 2명이 사망하고 12명이 부상당했다. 소방대원들은 새로운 종류의 소이탄을 보고했다. 땅에 떨어지는 순간 불타는 로켓이 60미터 상공으로 발사되는 생소한 무기였다.

50킬로그램짜리 폭탄 하나가 리알토 극장 지붕을 뚫고 카페드파리 지하 플로어에 부딪혀 폭발했다. 밤 9시 50분이었다.

*

클럽에 있던 사람 어느 누구도 폭발음을 듣지 못했다. 하지만 모두가 그것을 보았고 몸으로 느꼈다. 섬광이 번쩍였다. 특이한 섬광, 파란 섬광이었다. 그리고 숨을 턱 막는 먼지구름이 일었고 화약 냄새가 진동하더니 칠흑같이 어두워졌다.

데이비드 윌리엄스David Williams라는 색소폰 연주자의 몸이 두 동강이 났다. 베티 볼드윈과 같이 왔던 네덜란드 장교 중 한 명은 손가락을 잃었다. 한 테이블에 있던 손님 6명은 외상 흔적 하나 없이 모두 그 자리에 앉은 채로 숨졌다. 수석 웨이터인 찰스는 발코니에서 바닥으로 내동댕이쳐졌다. 반대편에 있는 기둥에 기대어 쉬고 있다 당했다. 그리고 그렇게 죽었다. 한 젊은 여성은 폭발로 스타킹이 찢어졌지만 그것 말고는 아무런 이상이 없었다. 공중전화로 어머니에게 전화를 걸려던 베라 럼리-켈리는 침착하게 'B'라고 표시된 버튼을 눌렀다. 동전이 도로 나왔다.

처음에는 조용했다. 이어 들릴 듯 말 듯한 소리가 여기저기서 났고 생존자들이 움직이면서 파편 흩어지는 소리가 들렸다. 가루가 된 석고가 공기를 가득 채웠고 사람들의 머리카락은 하얗게 변했다. 얼굴은 화약으로 검게 그을렸다.

"두 발이 날아갔다." 한 손님은 나중에 그렇게 말했다 "뭔가 커다란 손이 누르고 있는 느낌이었다." 요크 드 수자Yorke de Souza라는 밴드 멤버는 이렇게 말했다. "뭔가 번쩍했는데 눈을 반쯤 떠보니 댄스 플로어가 보였다. 밴드 스탠드의 피아노에 깔려있었고 돌무더기와 석고와 유리가 내 몸을 덮고 있었다. 화약 때문에 숨을 쉴 수 없었다. 밤처럼 캄캄했다." 눈이 차츰 어둠에 적응해갔다. 부엌에서 한 줄기 불빛이 새어나왔다. 드 수자와 또 다른 밴드 멤버인 윌킨스Wilkins는 생존자를 찾기 시작했고 엎드려있는 시신 한 구를 발견했다. "윌킨스와 내가 그를 들어 올렸는데 상체만 딸려왔다. 데이브 윌리엄스였다." 그 색소폰 주자였다. "메스꺼워 그를 놓아버렸다. 눈앞이 흐려졌다. 그렇게 부옇게 흐린 상태로 걸었다."

레이디 볼드윈은 한쪽 발이 파편 밑에 깔린 채 플로어에 앉아 있었다. "뜨거운 느낌이 났다." 그녀가 말했다. "땀이 쏟아지는 줄 알았다." 얼굴 여기저기 찢어진 상처에서 피가 흘렀다. "계단 꼭대기에서 한 줄기 빛이 들어왔고 희생자들을 등에 업고 계단을 올라가는 사람들이 보였다." 그녀와 그녀의 파트너인 네덜란드 장교는 택시를 발견하고 운전사에게 주치의에게 데려가달라고 말했다.

"시트에 피가 묻지 않게 해주시면 고맙겠습니다." 운전기사가 그렇게 말했다.

주방에 있던 사람들 21명은 다친 데가 없었고 대기하고 있던 10명의 댄서들도 멀쩡했다. 처음 집계된 사망자 수는 34명, 부상 80명이었다. 신체 일부가 손상되거나 상처가 깊은 사람들이 많았다.

스네이크힙스는 죽었다. 머리가 몸에서 떨어져 나갔다.

*

그로브너하우스 호텔에도 드디어 춤이 멎었고 해제 사이렌이 울렸다. 사람들이 지하 무도장을 빠져나가기 시작했다. 메리는 어머니의 허락을 받고 친구들과 엄마들 몇 명과 함께(클레멘틴은 아니고) 계속 놀기로 했다. 그들은 카페드파리로 향했다.

메리 일행을 태운 차들이 클럽 가까이 갔지만 폭탄 파편과 구급차와 소방차 때문에 더 접근할 수가 없었다. 방공요원들이 차량들을 인접 도로로 우회시켰다.

일행 중 한 명이 카페드파리에 가지 못하면 어디로 가야 하느냐며 다급하게 물었다. 그들은 다른 클럽으로 차를 몰아 남은 밤을 춤추며 보냈다. 그러다 폭격 소식을 들었다. "아, 우리 파티는 너무 즐거웠다 … 그런데 갑자기 그 모든 것이 뒤틀렸다. 완전 웃음거리가 되고 말았다." 메리는 일기에 그렇게 썼다.

그때까지도 대공포며 사수들이며 먼 곳에서 들리고 보이는 소리와 섬광이 모두 일상과 동떨어진 아주 먼 곳의 일처럼 보였다. "어떻게 된 일인지 이번 공습은 실감이 나지 않았다. 당연히 그건 끔찍한 꿈이나 상상력의 산물일 뿐이다." 메리는 그렇게 썼다.

"하지만 이건 진짜다. 카페드파리가 당했다. 죽은 사람도 부상자도 많이 나왔다. 그들도 우리처럼 춤추고 웃고 있었다. 그들은 우리가 알고 있는 모든 것에서 한순간에 거대하고 무한한 미지의 세계로 사라졌다."

일행이었던 메리의 친구 톰 쇼네시Tom Shaughnessy는 그 비극을 사후세계와 연결시켜 상상했다. "카페에서 급사한 사람들이 갑자기 살아나 여기 있는 우리를 본다면 이렇게 말할 거야. '계속해. 음악, 주세요. 계속해, 런던.'"

그리고 그들은 일요일 아침 6시 30분까지 춤을 추고 웃고 농담을 주고받았다. "지금 그때 일을 회상하면, 남은 시간 동안 밤을 새고 놀려고 다른 곳을 찾아간 우리 모습이 너무 어이없다는 생각이 든다." 메리는 몇 년 후 그렇게 썼다.

런던 민방위 당국은 이날 밤 사건을 보고하며 "1월 초 이후 최악의 공습"이라고 했다.

*

오전 3시에 해리 홉킨스는 워싱턴 D.C.에서 체커스로 전화를 걸어 존 콜빌에게 미국 상원에서 무기대여법이 통과되었다고 알렸다. 60대 31이었다.

80장 총검술 시연

처칠에게 해리 홉킨스의 전화는 가뭄의 단비 같은 '생명수'였다. 다음 날 아침 그는 루스벨트에게 전보를 쳤다. "이런 고난의 시기에 이런 도움을 주신 각하와 미국에 대영제국이 온 마음을 모아 축복을 보냅니다."

기관지염을 앓고 있었지만 처칠은 그날 저녁 펄펄했다. 아픈 기색은 분명했지만 그는 하루 종일 평소처럼 영웅적인 페이스로 일했고 신문을 읽고 블레츨리 파크에서 가로챈 최신 요격 소식을 확인한 후 몇 가지 전언문을 보내고 작전지시를 내렸다. 체커스는 전날 밤에 묵은 손님들과 그날 도착한 손님들로 꽉 찼다. 교수와 퍼그 이즈메이와 콜빌 등 처칠의 이너서클 대부분이 다 모였다. 처칠의 딸 다이애나와 남편 던컨 샌디스, 파멜라 처칠도 있었다. (파멜라는 웬만하면 아기 윈스턴을 유모와 함께 히친에 남겨두고 다녔다.) 미국인 옵서버 윌리엄 도노반William Donovan 대령은 일요일에 왔다. 샤를 드골은 그날 아침에 떠났다. 지위가 가장 높은 손님은 주말을 묵은 호주 총리 로버트 멘지스Robert Menzies였다. 메리와 클레멘틴은 토요일 밤의 공포와 영광에 대한 얘깃거리를 가지고 런던에서 내려왔다.

처칠은 보이지 않았지만 파티는 한창 분위기가 무르익고 있었다. 처칠은 저녁 식사 직전에 하늘색 사이렌 수트를 입고 아래층으로 내려왔다.

저녁 식탁의 대화는 종잡을 수 없었다. "형이상학, 유아론唯我論, 고등 수학 등 많은 얘기들이 중구난방으로 뒤섞였다." 콜빌은 그렇게 평했다. 클레멘틴은 저녁을 거르고 저녁 내내 침대에 누워있었다. 메리의 말로는 기관지성 감기라고 했다. 메리는 아버지의 건강도 걱정이었다. "파파도 전혀 좋지 않다." 그녀는 일기에 그렇게 썼다. "걱정스럽지만, 그래도 V."

그러나 처칠은 계속 밀어붙였다. 저녁 식사 후 샴페인과 브랜디로 연료를 채운 그는 체커스 축음기를 켜고 행진곡과 군가를 틀었다. 그는 만리허Mannlicher로 보이는 큰 짐승을 사냥하는 엽총을 가지고 와 음악에 맞춰 행진하기 시작했다. 그가 가장 좋아하는 저녁 놀이 중 하나였다. 그런 다음 총검술 시범을 보였다. 상하의가 붙은 롬퍼스를 입은 그의 모습은 옅은 청색의 부활절 달걀이 전쟁에 나가는 것처럼 보였다.

본토방위군 참모총장 브룩 장군은 눈이 휘둥그레져 숨이 넘어갔다. "그날 저녁은 지금도 기억에 생생하다." 그는 나중에 일기를 출판하면서 추가한 부분에 그렇게 썼다. "윈스턴이 그렇게 신난 모습은 그날 처음 본 것 같다. 체커스 홀에서 롬퍼 수트 차림으로 총검술 시연을 벌이는 그의 모습에 나는 포복절도했다. 히틀러가 무기를 다루는 그의 솜씨를 봤다면 무슨 생각을 했을지 궁금했던 기억이 난다."

처칠로서는 시작일 뿐이었지만 기관지염이 유일한 걸림돌이었다. 손님들은 그의 기관지염에 감사했다. "오후 11시 30분에 잠자리에 든 건 기록이다." 콜빌은 일기에 그렇게 썼다. 브룩 장군도 회상했다. "다행히 P.M.은 일찍 잠자리에 들기로 했고 자정 무렵 나는 1550년까지 거슬러 올라가는 엘리자베스 시대의 4주식 침대에 편안하게 드러누웠다. 잠을 자려다 지난 400년 동안 여기에 누웠던 다양한 사람들에 대해 침대가 어떤 멋진 이야기를 들려줄 수 있을지 궁금해졌다."

*

베를린에서 요제프 괴벨스는 런던에 대한 새로운 '징벌적 공격'을 일기에 쓰면서 이렇게 덧붙였다. "더 나쁜 일이 닥칠 것이다."

랜돌프 처칠이 탄 글렌로이호는 이집트로 가야 했지만 지중해에 잠복한 잠수함과 비행기의 공격을 피해 아프리카 서안을 따라 먼 길을 돌아 내려갔다가 다시 올라와 아덴만과 홍해를 거쳐 수에즈 운하로 갔다. 운하 입구에 도달한 3월 8일까지 36일이 걸린 길고 지루한 항해였다. 기분을 전환할 만한 다른 방법을 찾지 못한 랜돌프는 그가 가장 좋아하는 일에 손을 댔다. "매일 밤 포커, 룰렛, 셰망드페르chemin-de-fer(카드 게임의 일종) 등 도박이 성행했다." 이블린 워는 코만도에 관한 비망록에서 그렇게 썼다. "랜돌프는 이틀 밤 사이에 850파운드를 잃었다." 워는 아내에게 보낸 편지에서 그렇게 썼다. "불쌍한 파멜라는 직장이라도 구해야 할 것 같다."

항해가 길어지면서 랜돌프가 잃는 돈은 더욱 늘어났고 동료들에게 3,000~1만 2,000파운드의 빚을 졌다. 요즘으로 말해 19만 달러가 넘는 거금이었다. 그중 절반은 단 한 사람, 피터 피츠윌리엄Peter Fitzwilliam에게 진 빚이었다. 피츠윌리엄은 요크셔에 있는 대저택 웬트워스 우드하우스Wentworth Woodhouse를 물려받을 예정인 부유한 가문의 상속자였다. 어떤 사람들은 그 저택이 제인 오스틴Jane Austen의 《오만과 편견 Pride and Prejudice》에 나오는 저택 펨벌리Pemberley의 모델이라고도 했다.

랜돌프는 파멜라에게 전보로 그 소식을 전하면서 어떻게든 알아서 자신의 빚을 갚으라고 지시했다. 그는 도박 친구 각자에게 매달

5~10파운드씩 보내라고 했다. "어쨌든 당신이 알아서 처리해주되 제발 어머니와 아버지에게는 말하지 말아요." 그는 그렇게 마무리했다.

또 임신한 게 틀림없다고 생각한 파멜라는 놀랐고 또 두려웠다. 여기가 '한계점'이라고 그녀는 혼잣말을 했다. 한 달에 10파운드씩이면 피츠윌리엄의 빚을 다 갚는 데 10년도 더 걸릴 것이다. 도저히 감이 잡히지 않는 액수였다. 결국 그녀는 결혼생활이 근본부터 잘못되었다는 생각을 하기 시작했다. "나는 완전히 혼자고 내 아들의 미래는 물론 내 미래도 내게 달려있으며 두 번 다시 랜돌프를 믿을 수 없다는 것을 그때 처음 깨달았다." 그녀는 그렇게 말했다.

"도대체 뭘 어떻게 해야 하지? 클레미와 윈스턴에겐 갈 수 없어." 그녀는 곰곰이 생각했다.

거의 동시에 비버브룩이 떠올랐다. "나는 그분을 아주 좋아했고 또 매우 존경했다." 비버브룩은 그녀와 아기 윈스턴이 그의 시골별장인 체클리에서 주말을 보낼 수 있도록 해준 적이 많았고, 그녀는 그를 막역한 친구로 여겼다. 그도 같은 생각이었다. 하지만 비버브룩을 아는 사람들은 인간관계에서 그가 단순한 우정을 넘어 다른 어떤 가치까지 계산에 넣는다는 것을 잘 알고 있었다. 파멜라는 이 땅에서 가장 고상한 사람들 사이에서 나오는 소문의 통로였다.

그녀는 비버브룩에게 전화를 걸어 흐느꼈다. "맥스, 제가 좀 가서 뵐 수 있을까요?"

파멜라는 런던으로 재규어를 몰았다. 마침 아침이어서 폭격의 위험은 적었다. 폐허와 먼지로 우중충하게 변한 거리를 운전하면서도 그녀는 노출된 집 내부에서 드문드문 드러나는 벽지와 페인트와 천 색깔이 다채롭다고 생각했다. 그녀는 템스 제방의 큰 석유 회사 건물에 위치한 항공기생산부의 새 사무실에서 비버브룩과 마주 앉았다.

파멜라는 그에게 도박 빚과 결혼 얘기를 털어놓으면서 클레멘틴이나 처칠에게 그 어떤 말도 하지 말라고 당부했다. 비버브룩이 처칠과 막역한 친구라는 것을 잘 알고 있기 때문이었다. 물론 그는 동의했다. 비밀은 비버브룩이 가장 아끼는 것이었다.

파멜라는 그에게 랜돌프의 급여를 1년 앞당겨 자신에게 지불해줄 수 있느냐고 단도직입적으로 물었다. 비버브룩이라면 쉽게 들어줄 수 있는 요구처럼 보였다. 랜돌프가 〈이브닝스탠더드〉에서 맡은 일도 사실 일이랄 것도 없는 단순한 명예직이었다. 결혼생활을 어떻게 계속할지, 아니 계속해야 할지 등 좀 복잡한 문제를 생각할 여유를 가지려면 당장 코앞의 불부터 꺼야 했다.

비버브룩은 그녀를 바라보았다. "절대 안 돼. 가불은 한 푼도 줄 수 없네." 그는 단호했다.

그녀는 멍했다. "정말로 완전히 놀랐었다." 나중에 그녀는 그렇게 말했다. "그분이 그렇게 나오실 줄은 전혀 생각하지 못했다. 사실 대단한 요구도 아니라고 생각했으니까."

그러나 비버브룩은 파멜라를 또 한 번 놀라게 했다. "자네가 3,000파운드짜리 수표를 받겠다면 그렇게 해주겠네. 자네를 위해서 말이야." 하지만 그것은 어디까지나 그녀에게 주는 선물이라고 그는 강조했다.

파멜라는 경계심이 생겼다. "맥스는 주변 사람들을 관리해야 했다. 그것이 브렌던 브래큰이든 심지어 윈스턴 처칠이든 상관없었다." 그녀는 그렇게 말했다. "그러니까 운전대를 잡은 건 그였는데 내 주변에서 위험의 냄새를 맡은 것뿐이었다." 과거에도 랜돌프는 파멜라에게 비버브룩에 대해 여러 차례 경고를 하면서 절대 그의 손아귀에 들어가면 안 된다고 말했었다. "절대로." 랜돌프는 강조했다. "맥스 비버브룩에게 한 번 잡히면 절대 못 빠져나와."

비버브룩의 사무실에서 그녀는 말했다. "맥스, 그렇게는 할 수 없습니다."

하지만 그녀는 여전히 그의 도움이 필요했다. 빚을 갚으려면 런던에서 일자리를 찾아야 했다.

비버브룩이 타협안을 제시했다. 그녀의 아들과 보모가 그의 시골 별장으로 오면 돌봐주겠다고 했다. 그리고 원할 때 언제든 런던으로 이사하면 된다고 했다.

파멜라는 제안을 받아들였다. 그녀는 런던을 피해 나왔던 히친에 있는 집을 유아원에 임대하고, 그들에게서 자신이 지불하는 돈보다 매주 2파운드를 더 받아 수익을 확보했다. 그녀는 런던에서 처칠의 조카인 클라리사Clarissa와 함께 도체스터의 꼭대기 층에 있는 방을 잡았다. "소문처럼 화려하지도 비싸지도 않았다." 클라리사는 나중에 그렇게 썼다. "공습이 계속되는 동안에는 그다지 인기 있는 층이 아니었기 때문이다." 그들은 매주 6파운드를 냈다. 클라리사는 파멜라를 좋아했지만 "유머 감각이 없다"고 지적했다. 파멜라가 가진 것은 주어진 상황을 최대한 활용하는 재능이었다. "그녀는 기회를 엿보는 빈틈없는 안목에 진정으로 따뜻한 마음을 겸비했다."

이사 온 직후 파멜라는 다우닝가 10번지에서 열린 오찬에서 병참부 장관 앤드루 레이 던컨 경Sir Andrew Rae Duncan의 옆자리에 앉았다. 24시간도 안 돼 그녀는 병참부 부서에 일자리를 얻었다. 집에서 멀리 떨어진 공장에 배정된 군수품 공장 노동자들이 묵을 호스텔 설립을 돕는 일이었다.

우선은 식사 문제부터 해결해야 했다. 도체스터 호텔에 내는 객실 요금에는 조식만 포함되어 있었다. 그녀는 병참부에서 점심을 먹었다.

저녁 식사는 가능하면 다우닝가 10번지에서 해결하거나 부유한 친구들과 함께해보려 했다. 저녁 식사 초대를 받으려면 어쩔 수 없이 "뻔뻔해져야" 했지만 그녀는 그 방면에 탁월한 재주가 있다는 것을 어렵지 않게 입증해보였다. 물론 그녀가 영국에서 가장 중요한 인물의 며느리라는 것도 도움이 되었다. 간단히 말해 그녀와 클라리사는 "친구와 지인을 각계각층에 깔아놓았다." 클라리사는 그렇게 회상했다.

두 사람은 종종 공습을 피해 다른 사람의 방 신세를 졌다. 호주 총리 멘지스도 그중 하나로, 그와는 처칠 가족과의 연줄로 친한 사이가 되었다. 멘지스는 도체스터 2층에 있는 큰 스위트룸을 차지하고 있었다. 두 여성은 방 입구의 창문도 없는 벽감에 펼쳐놓은 매트리스 위에서 밤을 보내곤 했다.

아직 랜돌프의 도박 빚을 시댁 식구들에게 비밀로 해야 하는 '까다로운' 문제가 남아있었다. "아기와 히친에서 행복하게 잘 살다가 왜 갑자기 아기를 놔두고 런던에서 일자리를 구하는지 클레미와 윈스턴에게 마땅히 둘러댈 말이 없었기 때문이었다."

생활비를 마련하고 빚을 갚기 위해 파멜라는 결혼 선물을 팔았다. "그중에는 다이아몬드 귀걸이와 멋진 팔찌도 몇 개 있었다"고 그녀는 나중에 말했다. 그 와중에 그녀는 새로 가진 뱃속의 아이를 잃었다. 그녀는 그것을 스트레스와 어수선한 생활환경 탓으로 돌렸다. 결혼이 끝났다고 생각한 것도 그때쯤이었다.

그녀는 새로운 해방감을 느끼기 시작했다. 1941년 3월 20일이면 21번째 생일을 맞이한다는 사실도 그런 느낌을 부추겼을 것이다. 물론 그녀는 얼마 안 있어 런던에서 가장 안전한 호텔에서 자기가 묵는 방 몇 층 아래의 가장 안전한 층에 사는 잘생긴 나이 든 남자와 사랑에 빠지게 될 줄은 전혀 모르고 있었다.

82장 클레멘틴에게 바친 선물

3월 10일 월요일 아침 애버럴 해리먼은 그의 개인비서 로버트 P. 미클존Robert P. Meiklejohn을 대동하고 뉴욕 라과디아 머린에어 터미널 Marine Air Terminal에서 애틀랜틱 클리퍼에 탑승했다. 하늘은 맑았고 플러싱만을 채운 바다는 단단한 수정처럼 푸르렀다. 오전 8시 기온은 영하 1.5도로 상쾌했다. 그가 탄 비행기는 보잉 314 '수상비행기(날개와 엔진이 달린 거대한 비행정)'였으며 실제로 탑승 방식도 부두 같은 승강대에서 물 위를 건너가는 등 비행기보다는 배와 공통점이 더 많았다.

대서양을 건너는 유람선의 일등석을 타고 여행할 때처럼 해리먼은 동료 승객들의 신분이 적힌 명단을 받았다. 세계 문학계에 새로운 돌풍을 일으키고 있던 애거서 크리스티Agatha Christie의 소설에서 가져온 것 같은 명단이었다. 마침 그녀의 베스트셀러 《그리고 아무도 없었다 And Then There Were None》가 한 해 전에 미국에서 출판되었다(영국판에는 '10명의 작은 –Ten Little –'이라는 최악의 제목이 붙었는데 세 번째 단어는 영국과 미국에서 흑인을 경멸적으로 부르는 저급한 말이었다). 명단에는 볼리비아 외교관이라고 되어있지만 '틴 킹Tin King'으로 더 잘 알려진 안테노르 파티뇨Antenor Patiño와 나치가 침공할 당시 주 폴란드 미국대사였던 앤서니 J. 드렉셀 비들 주니어Anthony J. Drexel Biddle Jr.가 있었다. 비들은 아내와 비서를 대동하고 런던에 있는 여러 망명 정부를 상대할 특사 자격으로 가는 중이었다. 그 외에도 영국과 미국의 외교관과 가이드 두 명과 직원들이 있었다. 안토니오 가즈다Antonio Gazda라는 승객은 스위스 출신의 엔지니어라고 적혀있었지만 실제로는 양쪽 모두에게 총을 파는 국제 무기 거래상이었다.

승객 한 명당 30킬로그램의 짐을 무료로 소지할 수 있었다. 해리먼과 그의 비서는 각각 가방을 2개씩 가지고 왔다. 비들 특사는 가방이 34개였고 그 외에 11개는 다른 비행기에 실었다.

비행정은 수류장을 벗어나 퀸즈 앞바다의 롱아일랜드사운드로 진입해 이륙을 위한 활주를 시작했다. 개방수역을 1.5킬로미터 정도 달리다 고래가 솟구치듯 물을 흘리며 이륙했다. 시속 230킬로미터의 순항속도를 유지하면 약 6시간 뒤에 비행정은 첫 번째 정거장인 버뮤다에 도착할 것이다. 2,400미터 높이로 날기 때문에 도중에 구름과 폭풍을 피하기는 어려울 터였다. 난기류도 있겠지만 호사도 약속되어 있었다. 흰색 재킷을 입은 스튜어드들이 식탁과 의자와 식탁보가 있는 식당칸에서 중국요리를 풀코스로 제공했다. 저녁 식사 때 남자들은 정장을, 여자들은 드레스를 입었고 밤에는 스튜어드들이 커튼을 친 침대를 준비해주었다. 신혼여행객의 경우 비행기 꼬리 부분에 마련된 개인 스위트룸을 예약하면 아래 바다에 부딪혀 반짝이는 달빛의 반영을 보며 황홀경에 잠길 수 있었다.

비행기가 버뮤다에 접근하자 스튜어드들은 모든 차양을 닫았다. 승객들이 영국 해군기지를 훔쳐볼 것에 대비한 보안 조치였다. 이를 어긴 사람은 누구든 500달러, 요즘 시세로 8,000달러 정도의 벌금을 물었다. 착륙하자마자 해리먼은 다음 비행편이 3월 11일 화요일로 연기되었다는 사실을 알게 되었다. 비행정들의 대서양 중간 기착지인 아소르스 제도의 악천후 때문이라고 했다.

해리먼이 날씨가 좋아지기를 기다리고 있을 때 루스벨트는 무기대여법에 서명했다.

*

해리먼은 리스본에 도착해서도 또 한 번 지연 통고를 받았다. 영국 브리스틀로 가는 KLM 항공편은 수요가 많았으며 비들 특사처럼 고위공직자들에게 우선권이 돌아갔다. 지연은 사흘이나 이어졌다. 그러나 해리먼은 조금도 짜증 나지 않았다. 그는 포르투갈령 리비에라에 있는 이스토릴의 팔라시우 호텔Hotel Palácio에 머물렀는데, 호화로운 시설과 스파이들의 요람으로 유명한 곳이었다. 그는 이 호텔에서 도노반 대령과 잠깐 만났다. 도노반은 체커스에서 일요일을 보낸 뒤 워싱턴으로 돌아가는 길이었다. 그는 얼마 후 전시 미국의 최고 첩보기관인 전략사무국Office of Strategic Services, OSS의 국장이 된다.

효율성을 중시하는 해리먼은 비서 미클존의 만류에도 지연되는 시간을 이용해 호텔에 여행용 옷의 세탁을 맡겼다. "해리먼 씨는 별생각 없이 호텔에 머무는 동안 세탁물을 맡기면서, 영국으로 출발하기 전에 가져다 놓겠다는 약속부터 확실하게 받았다." 미클존은 그렇게 썼다.

그리고 해리먼은 쇼핑을 나갔다. 맡은 임무가 임무인지라 그는 영국의 식량 부족과 까다로운 배급 규정을 잘 알고 있었기에 처칠의 아내에게 선물할 탠저린을 한 봉지 샀다.

*

체커스와 보름달이 뜬 날 대신 이용하는 디츨리 두 저택은 이제 주말이면 어김없이 의식처럼 들르는 처칠의 단골 휴양지가 되었다. 어느 쪽이든 그 잠깐의 체류는 폭격에 점점 더 흉물스럽게 변해가는 스산한 런던의 풍경에서 벗어나 영국인다운 그의 영혼이 요구하는 나무와 계곡과 연못과 새소리에 대한 갈증을 채워주었다. 그는 사흘 후인 3월 14일 금요일에 체커스로 다시 돌아가 루스벨트가 새로 보낸 특사를 맞을 계획이었다. 그 특사가 제때에 올 경우의 얘기지만.

그 사이에도 걱정스러운 일들이 많이 일어났다. 불가리아가 막 추축국에 합류하고 곧이어 독일군이 불가리아로 진주하면서 국경 남쪽에서 그리스를 침공할 가능성이 높아졌기 때문이었다. 논의를 거친 끝에 처칠은 그리스와의 기존 방위 협정을 준수하기로 작심하여, 예상되는 공격을 막기 위해 3월 9일에 영국군을 파견했다. 사실 그렇게 되면 리비아와 이집트에 주둔하는 영국군이 약화될 수밖에 없기 때문에 위험한 모험이었다. 승산이 없는 원정으로 보는 사람들이 많았지만 그래도 명예는 지킬 수 있는 결단이었다. 영국의 신의와 투쟁 의지를 과시하는 것도 처칠에게는 중요했다. 외무장관 앤서니 이든도 카이로에서 전보를 쳤다. "그리스인들을 도우려는 시도조차 하지 않는 것보다는 그리스인들과 고통을 함께하는 것이 낫다고 생각하기에 우리는 실패의 위험을 무릅쓸 각오가 되어 있습니다."

한편 새로운 독일 장군이 리비아의 사막에 나타났다. 수백 대의 판저 탱크를 거느리고 온 그는 이탈리아군을 지원하고 영국에 빼앗긴 영토를 되찾으라는 명령을 받았다. 얼마 안 가 '사막의 여우'라는 별명을 얻게 되는 에르빈 롬멜Erwin Rommel 장군은 이미 유럽에서 입증한 자신의 진가를 토대로 이제 새로 결성된 아프리카 군단Afrika Korps의 지휘봉을 잡았다.

*

3월 15일 토요일 해리먼은 마침내 리스본에서 브리스틀로 가는 비행기 좌석을 확보했다. 그의 세탁물은 소식이 없었다. 그는 호텔에 옷을 런던으로 보내달라고 당부했다.

그는 자신이 탈 KLM DC-3로 걸어가면서 그의 말로 "섬뜩한 경험"을 했다. 활주로에서 독일 항공기를 발견한 것이었다. 그로서는 처음 보는 전쟁의 표식이었다. 하얀 스와스티카를 제외하고 코에서 꼬리까지 까맣게 칠한 비행기는 반짝이는 미소 속에 눈에 띈 까만 이빨처럼 햇빛 화사한 풍경에 몹시 거슬렸다.

*

헤르만 괴링은 날씨가 좋은 시기를 이용해 영국 남부에서 북부 글래스고에 이르기까지 브리튼 제도에 대한 새로운 대규모 공습 작전을 개시했다. 3월 12일 수요일 고폭탄과 소이탄을 실은 독일 폭격기 340대가 리버풀과 주변 지역을 공격하여 500명이 넘는 사망자를 냈다. 그 뒤로 이틀 밤 사이에 루프트바페는 글래스고를 둘러싸고 있는 클라이드사이드를 강타하여 1,085명의 목숨을 앗아갔다. 사람들은 하늘에서 떨어진 날벼락 같은 죽음의 종잡을 수 없는 성격에 새삼 몸서리쳤다. 바람 따라 정처 없이 떠다니던 낙하산 기뢰가 공동주택을 파괴하여 83명의 민간인을 숨지게 했고, 조선소 방공호를 뚫고 들어간 폭탄은 80명이 넘는 인명 피해를 냈다.

3월 15일 토요일에 요제프 괴벨스는 의기양양해서 일기를 썼다. "우리 비행사들은 새로운 코번트리 두 곳을 화제 삼아 얘기한다. 영국이 얼마나 더 견딜지 두고 볼 일이다." 괴링도 그렇지만 괴벨스가 보기에 미국이 아무리 새로운 지원 의지를 보여주었어도 영국의 몰락은 그 어느 때보다 가능성이 높아 보였다. "우리는 영국의 숨통을 서서히 조이고 있다." 괴벨스는 그렇게 썼다. "언젠가는 땅바닥에 쓰러져 헐떡이겠지."

　아무리 전황이 급박하게 돌아가도 루프트바페 수장 괴링의 미술
품 수집을 방해하는 일은 없었다. 3월 15일 토요일에 그는 파리에서 강
탈한 방대한 물량의 작품 수송을 직접 지휘하여 그림, 태피스트리, 가
구 등 4천 점을 포장한 뒤 기차의 화물차량 25대에 실어 날랐다.

*

　해리먼은 라과디아를 떠난 지 닷새 만인 토요일 오후 영국에 도
착했다. 밝고 맑은 브리스틀 인근 상공에 탄막풍선들이 떠다니는 가운
데 그가 탄 KLM 항공편은 도시 외곽에 자리 잡은 비행장에 3시 30분
에 착륙했다. 도착해보니 처칠의 깜짝 선물이 기다리고 있었다. 해리먼
은 원래 그곳에서 런던까지 영국 여객기 편으로 마지막 비행을 할 예정
이었지만, 처칠은 자신의 해군보좌관 찰스 랄프 "토미" 톰슨Charles Ralfe
"Tommy" Thompson 소령을 보내 자신이 즐겨 타는 전용 비행기 플라밍고
호Flamingo를 내주었다. 허리케인 전투기 두 대의 호위를 받으며 그들은
막 새순이 돋고 꽃이 피는 봄을 맞아 한결 포근해진 영국 시골의 희미
한 불빛을 뚫고 체커스 인근의 비행장으로 직행했다. 해리먼은 저녁 식
사 시간에 맞춰 도착했다.

　처칠과 클레멘틴은 마치 오래 알고 지낸 사람처럼 해리먼을 따
뜻하게 맞이했다. 해리먼은 리스본에서 산 탠저린을 클레멘틴에게 건
넸다. "너무 고마워하는 처칠 여사에게 놀랐다." 해리먼은 나중에 그렇
게 썼다. "기쁨을 꾸밈없이 드러내는 그녀의 반응을 보니 영국이 전시
식단을 얼마나 살벌하게 제한하고 있는지 짐작이 갔다."

*

저녁 식사를 마친 처칠과 해리먼은 자리를 옮겨 히틀러와 벌이는 기 싸움을 두고 구체적인 얘기를 나누었다. 해리먼은 자신이 먼저 영국의 실상을 파악해야 한다는 점을 강조하면서, 총리가 가장 원하는 원조가 무엇이며 그것을 가지고 무엇을 할 계획인지를 정확히 알아야 자신이 쓸모가 있을 것이라 말했다. 또 총리의 관심사를 해결하는 데에도 도움이 될 것이라고 보탰다.

"곧 아시게 될 겁니다." 처칠은 그렇게 말했다. "우리는 대사님을 친구로 생각하고 있습니다. 대사님께는 아무것도 숨기지 않을 겁니다."

처칠은 독일군이 프랑스와 벨기에와 덴마크 항구에 함대를 집결시킨 경위를 언급하면서 침략의 위협을 강조했다. 그러나 처칠의 가장 큰 관심사는 스스로 '대서양 전투the Battle of the Atlantic'라고 부른 움직임으로, 영국의 해상 수송을 표적으로 삼은 독일의 잠수함 작전이었다. "지난 2월에만 U-보트와 항공기 공격과 기뢰로 선박 40만 톤이 침몰했고 그 비율은 계속 증가하고 있습니다." 처칠은 말했다. 한 번 호송할 때의 손실률은 약 10퍼센트로 선박의 침몰 속도가 선박을 새로 건조하는 속도보다 2~3배 더 빨랐다.

암담한 현실이지만 처칠은 조금도 위축된 것 같지 않았다. 필요하다면 영국 혼자서라도 전쟁을 계속하겠다는 결의와 미국이 끝내 개입하지 않으면 영국이 최후의 승리를 거둘 가망이 없다는 그의 솔직한 단언에 해리먼은 적지 않게 당황했다.

뭔가 거대하고 숙명적인 변화를 감지한 메리 처칠은 그런 중대한 대화를 지켜볼 수 있다는 사실 자체가 스스로도 신기했다. "정말 두근거리는 주말이었다." 그녀는 일기에 그렇게 썼다. "바로 이곳이 우주의 중심이었다. 수십억 세계인의 운명이 어쩌면 이 새로운 축, 영국과 미국, 미국과 영국의 우정에 달려있는지도 모른다."

*

드디어 런던에 도착한 해리먼은 너무도 대조적인 풍경들이 쉽게 받아들여지지 않았다. 한 블록은 집도 멀쩡하고 인도도 깔끔했지만, 다음 블록에는 돌무더기와 삐죽 튀어나온 목재와 철골이 처참했고, 반쯤 부서진 집들 전면에는 개인 소지품들이 패배한 부대의 깃발처럼 여기저기 흉하게 걸려있었다. 눈에 띄는 모든 것이 옅은 회색 먼지로 덮여 있었고 타버린 타르와 목재 냄새가 대기를 가득 채웠다. 그러나 하늘은 태연하게 파랬고 나무들은 푸른색을 띠기 시작했으며 하이드 파크의 잔디와 인공연못 서펀타인Serpentine에서는 안개가 피어올랐다. 지하철역과 이층버스에서 쏟아져 나온 통근자들의 손에는 서류나 가방이나 신문, 도시락, 방독면, 헬멧 등이 들려있었다.

어둠이 깔리기 전에 서둘러 퇴근하여 가장 가까운 대피소를 확인하는 것과 같은 중요한 선택을 할 때에도 사람들은 늘 최악의 상황을 염두에 두고 결정했다. 도체스터 호텔을 선택한 해리먼도 예외는 아니었다. 호텔은 해리먼에게 6층 607호부터 609호까지 큰 스위트룸을 배정해 주었지만 그는 그곳이 너무 크고 비쌀 뿐 아니라 옥상에 너무 가깝다고 생각해서(그 위로는 겨우 두 층밖에 없었다) 3층에 있는 더 작은 스위트룸으로 옮겨달라고 부탁했다. 아울러 그는 비서인 미클존에게 요금을 더 깎아보라고 지시했다. 미클존은 클라리지스의 '가장 싼 방'도 자신의 분수에는 맞지 않는다고 생각했다. 호텔에서 첫날밤을 보낸 후 그는 일기에 썼다. "호텔을 옮겨야 할 것 같다 … 그렇지 않으면 굶어 죽게 생겼다."

그는 클라리지스에서 공동주택으로 거처를 옮겼다. 공격에도 견딜 만해 보이는 곳이었다. 그는 미국에 있는 동료에게 보낸 편지에서 아파트가 마음에 든다고 설명했다. 그는 철골과 벽돌로 된 현대식 건물 8층에 있는 방 4개짜리 아파트를 얻었다. 그 위에 2개 층이 더 있어 공습을 막는 데도 도움이 될 것 같았다. "나도 나름대로 생각이 있다." 그는 그렇게 썼다. "지하로 들어갔다가 공습 때 무너지는 건물에 파묻히는 게 나은지 위층에 살다 건물과 함께 무너지는 게 더 나은지는 사람들마다 의견이 다 다르다. 적어도 위층에 있다면 무엇에 당하는지는 알 것 아닌가. 그게 위안이 된다면 말이다."

야간 등화관제가 꽤나 불편하고 스트레스를 줄 것으로 예상했지만 겪어보니 그렇지도 않았다. 등화관제로 기차역을 들락거리는 소매치기들과 손상된 주택이나 상점에서 귀중품을 약탈하는 자들은 신이 났겠지만, 그렇지 않고 폭탄만 아니라면 거리는 기본적으로 안전했다. 미클존은 어둠 속을 걷는 것을 좋아했다. "가장 인상적인 것은 침묵이다." 그는 그렇게 썼다. "사람들이 거의 대부분 유령처럼 돌아다닌다."

*

해리먼은 서둘러 사무실을 마련했다. 뉴스 기사는 그를 혼돈을 헤치고 당당히 활보하는 외로운 영웅으로 묘사했지만, 사실 '해리먼 사절단'은 작은 제국이었다. 해리먼과 미클존 외에 고위직 참모가 7명 더 있었고, 속기사 14명, 전령 10명, 문서정리원 6명, 전화교환원 2명, '청소부' 4명과 운전기사 한 명 등 대부대였다. 어떤 후원자는 해리먼에게 벤틀리Bentley를 빌려주었다. 2,000파운드, 요즘 시세로 12만 8,000달러를 호가하는 고급 승용차라고 했다. 해리먼은 속기사와 사무원 중 일부는

'기밀 유지'를 위해 미국인이어야 한다는 조건을 달았다.

사절단은 일단 그로브너 스퀘어 1번지에 자리한 미국대사관에 묵었다가 옆에 붙은 아파트로 옮겼다. 두 건물 사이에는 연결통로가 있었다. 미클존은 친구에게 보낸 편지에서 해리먼의 사무실을 묘사하면서 "해리먼 씨는 사무실이 다소 우아한 아파트의 거실이었던 매우 큰 방이라서 좋아하지도 않는 무솔리니 같은 기분을 만끽하고 있다"고 썼다. 미클존은 한때 아파트의 주방이었던 부엌과 냉장고가 딸린 자신의 사무실이 특히 마음에 들었다. 덕분에 오랫동안 그의 상사를 괴롭혀온 주기적인 위궤양 발작을 음식으로 어느 정도 완화해줄 수 있게 되었다.[62]

사무실 자체는 냉장고 같았다. 해리먼은 건물 관리인에게 보낸 편지에서 옆 대사관의 온도는 섭씨 22도인데 비해 자신의 사무실은 18도라고 불평했다.

그의 세탁물은 아직도 감감무소식이었다.

*

처칠의 환대는 런던에 있는 동안에도 계속되어 해리먼의 사무실에는 점심 식사나 저녁 식사 외에 주말에 시골별장으로 오라는 초대장이 수시로 날아들었다. 그의 탁상 달력에는 누구보다 처칠과의 약속이 가장 많이 표시되어 있었지만 교수나 비버브룩이나 이즈메이와의 약속도 간간이 있었다. 그의 일정은 금방 복잡해졌고 달력에도 클라리지스, 사보이, 도체스터, 다우닝 등 여러 지역이 리드미컬하게 표시되었지만, 매달 달이 밝을 때 정부가 디츨리로 옮겨가는 경우만 아니라면 루프트바페 때문에 지구 밖으로 날아갈 것 같다는 암시는 어디에도 적혀있지 않았다.

해리먼이 런던에 도착하자마자 받은 초대장 중에는 데이비드 니븐David Niven이 보낸 것도 있었다. 니븐은 31세의 나이에 이미 스타 반열에 오른 배우였고, 1934년 영화 〈클레오파트라Cleopatra〉에서 노예로 나온 단역부터 시작하여 유명세를 탄 1939년 영화 〈래플스Raffles〉에 이르기까지 다양한 배역으로 주가를 올리고 있었다. 전쟁이 발발하자 니븐은 연기 생활을 미루고 1929년부터 1932년까지 복무했던 영국 육군에 재입대하기로 했다. 그는 특공대에 배치되었다. 처칠은 해군장관으로 있을 때 만찬장에서 니븐을 만나 재입대한 그의 결정을 치하했다. "젊은이." 처칠은 니븐에게 악수를 청하며 말했다. "조국을 위해 아주 유망한 경력을 포기한 건 아주 훌륭한 결정이었네." 그는 잠시 말을 멈추더니 덧붙였다. "그거 아나? 그러지 않았다면 비겁한 거지!" 나중에 니븐의 설명에 따르면 그렇게 말할 때 처칠은 아주 유쾌한 표정으로 눈빛을 반짝였다고 했다.

니븐은 미국 아이다호주의 스키리조트 선밸리에서 해리먼을 만난 적이 있었기에 해리먼에게 편지를 써서 곧 휴가차 런던에 갈 텐데 "식사를 하며 함께 웃을" 시간이 있는지 알고 싶다고 했다. 니븐은 또한 자신이 회원으로 있는 클럽 부들스Boodle's의 임시회원권을 해리먼에게 제공하면서 부들스가 루프트바페로부터 '초대장'을 받았기 때문에 멤버 전원이 당분간 컨저버티브 클럽Conservative Club을 이용하고 있다고 귀띔해주었다.

"부들스는 유서 깊고 매우 조용하며 스칼렛 핌퍼넬Scarlet Pimpernel (극작가 에마 오르치Emma Orczy의 동명의 소설 주인공-옮긴이)이 한때 회원이었던 곳이지만 그래도 대사님은 여전히 최상의 만찬을 드실 수 있고 런던 최고의 스태프들이 시중을 들 것입니다." 니븐은 그렇게 썼다.

해리먼은 런던 입성 이틀째인 3월 18일 화요일에 첫 기자회견을 열고 54명의 기자, 사진기자들과 대화를 나눴다. 기자단에는 영국과 유럽 기자들 27명과 미국 기자 17명이 포함되어 있었다. CBS의 에드워드 R. 머로Edward R. Murrow 외에 카메라와 플래시건으로 무장하고 주머니를 일회용 전구로 가득 채운 사진기자 10명도 있었다. 처칠처럼 해리먼은 대중의 인지도가 높았고 그의 런던 체류가 얼마나 중요한 의미를 갖는지 다들 잘 알고 있었기에 기자회견이 끝난 후 그는 비버브룩이 소유한 신문사 중 2곳의 편집자들에게 기자들이 자신을 어떻게 보았는지 솔직하게 말해달라고 부탁했다. 물론 자신이 그런 요청을 했다는 사실을 기자들에게 알리지 말라는 당부도 덧붙였다. 〈데일리익스프레스 Daily Express〉 편집인 아서 크리스천센Arthur Christiansen은 다음 날 해리먼의 요청에 대한 답을 '냉철한' 보도로 대신했다.

"해리먼 씨는 지나치게 신중했다." 크리스천센은 기자회견을 취재한 〈익스프레스Express〉 특파원의 말을 인용해 그렇게 썼다. "그의 활기찬 미소와 대단히 정중한 태도는 기자들에게 친근하고 호감이 가는 인물이라는 인상을 주었지만 본국에 돌아갔을 때 입장이 난처해질 말은 절대 하지 않을 것이 분명했다. … 대답을 할 때도 너무 뜸을 들여 조심하는 기색이 역력했다."

해리먼은 비버브룩이 소유한 〈이브닝스탠더드〉의 편집자 프랭크 오웬Frank Owen에게도 비슷한 요청을 했었다. 오웬은 그의 뉴스 편집담당자가 그날 아침 6명의 기자로부터 취합한 논평을 전달했다. "물론입니다." 오웬은 그렇게 썼다. "그들은 그 논평이 왜 필요한지 전혀 모르더군요. 아주 솔직하게 가십으로 다뤘더라고요."

그중엔 이런 언급도 있었다.

"너무 법률적이고 무미건조하다."

"미국인이라기보다는 성공한 영국인 법정 변호사 같다."

"너무 소심하다. 그는 자신의 뜻을 전달할 정확한 문구를 찾느라 너무 오래 뜸을 들인다. 따분할 정도다."

그래도 그가 매력적이라는 사실은 아무도 부인하지 못했다. 기자 회견 이후 한 여성 기자는 해리먼의 딸 캐시에게 이렇게 말했다. "제발 다음 기자회견 때에는 방독면이라도 쓰시라고 아버님께 말 좀 해주세요. 그래야 그분 말씀에 집중할 수 있을 것 같아요."

*

3월 19일 수요일 저녁 8시 30분에 해리먼은 다우닝가 10번지의 방공 시설이 갖춰진 지하 식당에서 처칠과 저녁 식사를 했다. 거기서 그는 그동안 말로만 들었던 두 가지 사실을 자세히 감상할 수 있었다. 다름 아닌 대규모 공습과 총리의 순수한 용기를 직접 체험하는 일이었다.

83장 남자들

식사 시간표에 관한 한 처칠은 폭격기에 구애되지 않았다. 그는 늘 저녁을 늦게 먹었다. 그와 클레멘틴이 해리먼 외에 앤서니 비들 대사와 그의 부인 마거릿을 10번지 지하 식당에서 맞았던 수요일 밤도 예외는 아니었다. 비들 부부는 뉴욕에서 리스본으로 가는 해리먼의 애틀랜틱 클리퍼 비행정에 같이 탑승했었다.

그날 밤은 맑고 따뜻했으며 반달이 환했다. 만찬이 진행되는 도중에 공습경보가 한 옥타브까지 끌어올리며 울리기 시작했다. 첫 번째는 폭격기 500대가 런던 이스트엔드 선착장 상공에 진입했으며 고폭탄과 낙하산 기뢰와 10만 발이 넘는 소이탄을 싣고 있다는 경보였다. 폭탄 한 발이 대피소에 떨어져 런던 시민 44명이 그 자리에서 목숨을 잃었다. 대형 낙하산 기뢰들이 스테프니와 포플러와 웨스트햄의 지상으로 내려와 주변 주택들을 모조리 파괴했다. 200여 곳에서 화재가 발생했다.

저녁 식사는 마치 공습을 모르는 것처럼 진행되었다. 식사가 끝난 후 비들은 처칠에게 '런던의 달라진 공습대비책'을 직접 눈으로 확인하고 싶다고 말했다. 처칠은 그와 해리먼을 옥상으로 데려갔다. 공습은 여전히 계속되고 있었다. 도중에 그들은 철모를 썼고 존 콜빌과 에릭 실을 불렀다. 그래서 그들도 "그 난리를 구경"할 수 있었다.

옥상에 올라가려면 애를 좀 써야 했다. 실은 아내에게 보낸 편지에서 이렇게 썼다. "정말 멋졌어요. 사다리를 오른 다음 긴 원형 계단을 돌아 타워 꼭대기에 있는 작은 맨홀로 올라갔지."

근처 대공포가 불을 뿜었다. 밤하늘은 폭격기를 뒤쫓는 서치라이트 대원들의 긴 창 같은 불빛으로 어지러웠다. 때로 달과 별이 빛나는 하늘을 배경으로 비행기들의 실루엣이 보였다. 머리 위 저 높은 곳에서는 항공기들이 계속 굉음을 내며 치솟았다.

처칠과 헬멧을 쓴 일행은 두 시간 동안 옥상에 머물렀다. 비들 대사는 루스벨트 대통령에게 보낸 서한에서 이렇게 썼다. "그분은 내내 폭격을 당한 도시 곳곳에서 시도 때도 없이 들어오는 보고를 받았습니다. 정말 흥미로웠습니다."

비들은 처칠의 의연함과 힘에 감명받았다. 대공포가 발사되고 멀리서 폭탄이 터지는 와중에 처칠은 1842년에 시인 알프레드 테니슨 Alfred Tennyson이 예언처럼 쓴 〈록슬리 홀Locksley Hall〉이라는 독백의 일부를 인용했다.

고함으로 가득한 하늘을 들었다.
중앙의 청색에서 맞붙고 있는
온 나라 하늘의 해군에게서
유령 같은 이슬 한 방울이 내렸다

그 옥상에 있던 사람들은 모두 살아남았지만 6시간 동안 이어진 공습으로 500명의 런던 시민들이 목숨을 잃었다. 런던 웨스트햄에서만 204명이 사망했다. 이들은 모두 롬포드가에 있는 바스 시립 영안실 Municipal Baths Mortuary로 옮겨졌다. 런던경시청 조사관의 보고에 따르면 "빈소 직원들은 시간도 식사도 잊은 채 지독한 살과 피 냄새를 맡아가며 훼손된 유해와 시신을 분류하고 설명을 받아 적어" 세 명을 제외한 모든 희생자의 신원을 용케 밝혀냈다.

나중에 비들 대사는 처칠에게 그런 경험을 하게 해준 것에 대해 감사하는 편지를 보내면서 그의 리더십과 용기에 경의를 표했다. "각하와 함께할 수 있어 영광이었습니다."

1941년에 해리먼이 최근에 베닝턴 대학을 졸업하고 기자로 일하는 23살짜리 딸 캐시Kathy를 영국으로 불러 함께 살기로 결정한 것을 보면 그가 런던의 사기를 얼마나 긍정적으로 보았는지 짐작이 간다.

*

사기가 높은 만큼 절망도 깊었다. 3월 28일 금요일에 작가 버지니아 울프Virginia Woolf는 전쟁에 시달리다 블룸스베리에 있는 그녀의 집과 그다음에 살았던 집이 모두 파괴되면서 우울증이 악화되었다. 그녀는 이스트서섹스에 있는 그들의 시골별장에서 남편인 레너드Leonard에게 메모를 남겼다.

"여보, 아무래도 다시 미쳐가고 있는 것 같아요. 그런 끔찍한 시간을 또 견딜 수 있을 것 같지 않아요. 이번엔 회복하지 못할 거예요. 환청이 들리기 시작하고 집중을 못 하겠어요. 그래서 최선의 길이라고 생각되는 일을 하려 합니다."

그녀의 모자와 지팡이는 근처 우즈 강둑에서 발견되었다.

*

지난겨울 진입로에 깔았던 체커스의 잔디는 더는 하늘에서 식별하기 어렵게 잘 자랐다. 하지만 3월이 되자 새로운 문제가 생겼다.

체커스 상공을 비행하던 RAF 사진정찰대의 조종사 2명이 깜짝 놀랄 사실을 발견했다. 누군가가 U자형으로 쟁기질을 해놓아 집의 앞과 뒤쪽으로 차로가 아치형이 되어 옅은 색 지면에 넓은 반달이 하나 생긴 것이었다. 더구나 쟁기질이 "아주 특이해서" 마치 쟁기꾼이 일부러 삼지창 끝으로 그 집을 겨냥한 것처럼 되었다. 새로 뒤집혀 올라온 옅은 흙 때문에 잔디밭의 위장 효과는 무위로 돌아갔다. "따라서 우리가 처음 왔을 때와 거의 같은 상태가 되고 말았다. 아니 오히려 더 뚜렷해진 것 같다." 국토안전부의 민방위 위장 시설 관계자는 그렇게 썼다.

처음에는 매우 고의적인 수법으로 보여 처칠의 안전을 담당하는 톰슨 경위는 불순한 의도가 있다고 의심했다. 3월 23일 아침 '조사'를 마친 그는 범인을 찾아냈다. 데이비드 로저스David Rogers라는 소작농으로, 농사지을 땅을 조금이라도 넓혀볼 생각에 쟁기질을 했다고 해명했다. '식량 증산' 캠페인도 있고 해서 전시에 가능한 한 많은 식량을 재배하려 했던 모양이었다. 톰슨은 그 농부가 첩자가 아니라고 결론지었다.

3월 24일 월요일에 중장비 기사들이 트랙터로 문제를 해결했다. 인접한 지역을 갈아 공중에서 봤을 때 평범한 직사각형 밭처럼 보이도록 만든 것이다. "당연히 그 땅은 며칠 동안 아주 하얗게 보일 것이다." 보고서는 그렇게 설명했다. "하지만 방향 표시는 완전히 없어졌고 그곳엔 빠르게 자라는 작물의 씨앗을 뿌릴 것이다."

문제는 또 있었다. 처칠이 그 집에 있을 때는 밖에 주차된 차들이 많을 수밖에 없었다. "그렇게 되면 아무리 위장해도 소용이 없다." 위장부의 필립 제임스Philip James는 그렇게 지적했다. "체커스 밖에 주차된 차가 많으면 총리가 있다는 의심을 받기 쉽다. 평소 같으면 그 집에 별다른 관심을 두지 않고 지나갔을 적기들도 유심히 보게 될 것이다."

그는 차량에 위장포를 씌우거나 나무 아래에 주차해야 한다고 주장했다.

그래도 체커스는 여전히 독일 폭격기와 전투기가 접근하기 쉬운 범위 내에 있었고 눈에 잘 띄는 표적이었다. 루프트바페가 저고도 폭격에 능한 점을 생각하면 체커스가 서있는 것 자체가 기적처럼 보였다.

*

처칠은 공중전이 그해 내내 계속되고 폭격도 다음 해까지 이어질 것이 분명하다고 보았다. 그렇다면 자신의 정치적 입지도 위험해질 것이 뻔했다. 런던 시민들은 "감내할 능력이 있다"는 사실을 입증해보였지만 얼마나 더 그렇게 버틸 수 있을지는 의문이었다. 처칠은 대피소를 혁신하는 것이 매우 중요하다고 생각했기에 다음 겨울이 오기 전에 보건부 장관인 말콤 맥도널드Malcolm MacDonald를 다그쳐 대피소를 대대적으로 개선하도록 지시했다. 그는 특히 바닥과 배수에 주의를 기울이라고 당부했고 대피소에 라디오와 축음기를 설치하도록 했다.

처칠은 그 주말에 맥도널드와 모리슨 국토안전부 장관에게 보낸 두 번째 비망록에서 런던 시민들이 정원에 설치한 앤더슨식 방공호를 점검해야 할 것이라고 강조하며 장관들에게 "침수된 방공호는 제거하거나 주인이 기초공사를 제대로 할 수 있도록 지원하라"고 말했다.

처칠이 특별한 관심을 보이자 시민들에게 앤더슨식 방공호를 잘 이용하는 방법을 알려주는 소책자도 발행되었다. "침낭에 뜨거운 물병이나 벽돌을 넣으면 몸을 따뜻하게 유지할 수 있습니다." 소책자는 그렇게 설명하며 공습 시 "밤에 아이들이 배고파 잠에서 깰 경우에 대비해 비스킷 한 통 정도는 챙길 것"을 권했다. 석유램프는 "폭탄에 의한 충격이나 우연한 일로 기름이 유출될 수 있기 때문에" 위험했다. 소책자에는 개 주인들을 위한 조언도 담겨 있었다. "개를 대피소에 데리고 갈 경우엔 입마개를 해야 합니다. 근처에서 폭탄이 터지면 개가 놀라 이상행동을 할지 모릅니다."

"안전까지는 몰라도 최소한 편하게는 지내야지." 처칠은 나중에 그렇게 말했다.

*

주말에 메리 처칠과 친구 찰스 리치Charles Ritchie는 베스버러 경Lord Bessborough의 저택인 스탠스테드 파크를 방문하기 위해 기차를 탔다. 존 콜빌과 베스버러의 딸 모이라가 지난여름 추락한 폭격기를 살펴봤던 곳이었다. 그 주말에 메리와 찰스를 비롯한 같은 또래의 젊은이들이 그 집에 모이기로 되어있었다. 영국에서 가장 중요하고 그래서 집중적으로 폭격을 당한 탱미어 RAF 기지에서 열리는 성대한 무도회에 참석하기 위해서였다. 자동차로 약 30분 거리에 있는 기지였다. RAF는 아마도 완전히 까만 초승달 밤이 되리라 생각했던 것 같았다. 그러면 무도회가 진행되는 동안 독일이 공격해올 가능성도 적을 것이다.

메리와 찰스는 런던 워털루역에서 일등석 칸에 올라 담요를 뒤집어썼다. "기차를 전세 낸 것이나 다름없었다." 그녀는 일기에 그렇게 썼다. "우리는 발을 올리고 무릎 덮개로 덮었다." 어떤 정거장에서 한 여성이 그들의 칸을 들여다보며 아는 척 표정을 지었다. "아, 방해하지 않을게." 그 여성은 그렇게 말하며 황급히 사라졌다.

"나 참." 메리는 그렇게 썼다.

그들은 오후 차 마실 시간에 맞춰 스탠스테드 파크에 도착했다. 메리는 모이라를 처음 만났지만 의외로 호감이 가는 친구여서 조금 놀랐다. "전에 들은 얘기가 있어 다소 경계했었는데 막상 만나보니 아주 기분 좋은 친구였다. 속내를 잘 드러내지 않으면서도 명랑했다."

메리는 모이라의 오빠 에릭 던캐넌 경도 만났다. 왕립포병대의 장교인 에릭은 그녀보다 9살 위였고 덩케르크 철수 때 살아남았다. 그녀는 그를 훑어본 뒤 나중에 일기에 적었다. "감정을 조금 섞자면 잘생겼다. 매우 아름답고 큼직한 회색 눈동자와 노래하는 듯한 목소리를 지녔다. 매력적이면서도 편안한 인상이다." 그를 좀 아는 존 콜빌은 의견이 전혀 달랐다. "아주 이기적인 친구여서 모이라조차 얼굴을 붉힐 정도다. 진짜 황당한 물건이다." 콜빌은 그렇게 썼다.

차를 마신 후 메리와 모이라와 에릭 등 '라 쥐네스jeunesse(청춘들)'는 춤추러 가기 위해 아래층에 모였다. 막 출발하려는데 가까운 곳에서 대공포들이 불을 뿜기 시작했다. 소음이 가라앉은 후 그들은 공군기지로 출발했다. 달이 뜨지 않은 밤이라 특히 어두웠기 때문에 그들은 가늘게 빛을 내는 헤드라이트에 의지해 간신히 어둠을 뚫고 나아갔다.

파티에서 그녀는 RAF에서 가장 유명한 에이스 중 한 명인 31세의 비행대장 더글러스 베이더Douglas Bader를 만났다. 그는 10년 전에 추락 사고로 두 다리를 잃었지만 전쟁이 발발하면서 조종사가 부족해지자 전투 허가를 받았고 빠르게 전과를 축적해갔다. 그는 두 개의 의족에 의지해 걸었고 목발이나 지팡이는 절대 사용하지 않았다. "놀라운 사람이다." 메리는 그렇게 썼다. "그와 춤을 췄다. 아주 괜찮은 분이다. 인생과 정신에서 승리하고 장애보다 인격이 먼저라는 것을 보여주는 표본이다."

그러나 메리가 가장 관심을 가진 사람은 에릭이었다. 그녀는 에릭과 밤새도록 춤을 추었다. 그 얘기를 일기에 옮기면서 메리는 힐레어 벨록Hilaire Belloc이 1910년에 쓴 아주 짧은 시 〈거짓된 마음The False Heart〉을 인용했다.

마음에게 말했지

"어떻게 지내?"

마음이 대답했다.

"립스톤 피핀만큼이나 좋아!"

하지만 그건 거짓말이었다.

메리는 덧붙였다. "노 코멘트."

파티 후반에 불이 꺼지고 댄스 플로어가 캄캄해졌다. "무조건 다들 싫어하는 이벤트는 아닌 것 같다." 다들 무척 재미있어했다고 그녀는 썼다. "그러나 분명 웅큼하고 조금 별스러웠다."

그들은 행성과 별들로 뒤덮인 칠흑의 하늘을 머리 위에 두고 스탠스테드로 돌아갔다.

*

런던의 토요일 밤은 유난히 어두웠다. 그 탓에 새로 온 사절단 일원을 마중 나간 해리먼의 비서 미클존은 기차에서 내리는 사람을 구분할 수 없었다. 달도 뜨지 않은 데다 등화관제가 시행 중이어서 패딩턴역 승강장은 애초에 사람을 찾기가 힘들었다. 미클존은 새로 부임하는 직원이 자신을 쉽게 찾을 수 있도록 모피 깃이 달린 코트에 손전등을 들고 있다는 얘기를 미리 해두었다. 그래도 한참을 찾지 못해 헤맨 뒤 미클존은 묘안을 생각해냈다. 그는 눈에 잘 띄는 곳에 자리를 잡고 손전등을 자신의 옷깃에 비췄다. 그제야 그 직원이 다가왔다.

그날 밤 해리먼은 체커스에서 또다시 밤을 보내기 위해 런던을 떠났다. 이번에는 루스벨트가 조지프 케네디의 후임으로 임명한 신임 영국대사 존 G. 위넌트John G. Winant가 동행했다. 케네디는 점점 대통령의 눈에 벗어나 작년 말에 사임한 터였다. 위넌트와 해리먼은 둘 다 체커스에서 식사를 하고 하루 묵기로 했다. 저녁 식사 때 해리먼은 처칠의 며느리 파멜라의 맞은편에 앉았다. 파멜라는 나중에 그 순간을 이렇게 묘사했다. "지금까지 본 중에 가장 잘생긴 남자였다."

나이가 많다는 건 그녀도 인정했다. 그러나 일찍부터 그녀는 나이 든 남자에게 호감을 갖는 편이라고 자인하고 있었다. "내 또래와 있으면 재미도 없고 별다른 흥미를 못 느꼈다." 그녀는 그렇게 말했다. "나는 나이가 훨씬 많은 남자들에게 끌렸다. 그들과 있으면 아주 편안했다." 자기 또래와 있을 때는 그런 편안한 기분을 갖기 힘들었다. "불행인지 다행인지 전쟁이 터졌다. 그땐 그것도 그리 중요한 문제가 아니었다. 덕분에 나는 나보다 나이가 훨씬 많은 사람들과 함께 있을 기회를 많이 갖게 되었고 그들이 누구든 그들과 꽤나 행복하고 즐겁게 지냈다."

해리먼이 결혼했다는 사실도 그녀에겐 문제가 되지 않았다. 그것은 해리먼도 마찬가지였다. 런던에 올 당시 그의 결혼생활은 상호 존중과 성적 무관심이라는 지루한 안정단계에 갇혀 있었다. 그의 아내 마리 노튼 휘트니Marie Norton Whitney는 12살 어렸고 뉴욕에서 미술관을 운영했다. 그들이 만났던 1928년에 그녀는 뉴욕의 돈 많은 바람둥이 코넬리어스 밴더빌트 휘트니Cornelius Vanderbilt Whitney와 결혼한 상태였다. 그녀와 해리먼은 해리먼이 첫 번째 아내와 이혼한 뒤 1930년 2월에 결혼했다. 그러나 이제 두 사람 모두 불륜을 즐기는 처지였다. 해리먼 부인이 잘생기고 날씬한 뉴욕의 밴드 리더 에디 더친Eddy Duchin과 잠자리를 같이 한다는 소문은 세상이 다 알고 있었다. 더친 역시 결혼한 사람이었다.

결혼생활에 대한 파멜라의 흥미는 번갯불처럼 사라진 뒤였고, 그 책임이 상대방에게 넘어가자 그녀는 오히려 홀가분한 심정이었다. 좀 더 흥미로운 삶이 앞에 놓인 것 같았다. 그녀는 젊고 아름다웠으며 처칠 서클의 중심에 있었다. "끔찍한 전쟁이었지만 적당한 나이에 적절한 시기에 적절한 장소에만 있다면, 전쟁도 굉장한 이벤트였다." 파멜라는 그렇게 썼다.

처칠의 서클 어디를 가나 해리먼이 있다는 사실을 감안할 때 파멜라와 그가 다시 만나리라는 것, 그것도 자주 만나리라는 것은 불을 보듯 빤한 일이었다. 그것은 '한밤의 장관the Minister of Midnight'으로 알려진 항공기생산부 장관이자 비밀 수집가인 맥스 비버브룩에도 큰 즐거움이었다.

*

그 주말 체커스의 분위기가 밝았던 이유는 또 있었다. 앞서 며칠 동안 영국군은 에리트레아와 에티오피아에 주요 거점을 확보했고, 유고슬라비아에서는 반독일 쿠데타를 성공시킨 새로운 정부가 히틀러와의 기존 협정을 무효화했다. 3월 28일 금요일에 처칠은 워싱턴에 있는 해리 홉킨스에게 신이 나서 전보를 보냈다. "어제는 대단한 하루였습니다." 그리고 그는 덧붙였다. "해리먼과는 아주 긴밀하게 연락하고 지냅니다." 존 콜빌은 그의 일기에 처칠이 "주말 대부분을 축음기 음악(군가나 왈츠나 아주 천박한 브라스밴드용 노래)에 맞춰 그레이트홀을 이리저리 서성이며, 아니 경쾌한 발걸음으로 뛰어다니며 깊은 생각에 잠기곤 했다"고 썼다.

일요일에는 훨씬 더 좋은 소식이 전해졌다. 그리스 마타판곶 해전에서, 블레츨리 파크의 정보를 지원받은 왕립 해군이 지난가을 패배로 이미 기세가 한풀 꺾인 이탈리아 해군과 교전을 벌여 사실상 궤멸시켰다는 보고였다.

아직도 스탠스테드 파크에서 전날 밤의 즐거웠던 춤을 되새김하던 메리 처칠도 그 소식에 흥분했다. "하루 종일 우리는 들떠있었다." 그녀는 그렇게 썼다. 그날 오후 그녀와 에릭 던캐넌은 오랜 시간 산책을 하며 영지의 향기로운 봄 풍경을 만끽했다. "그는 매력적이다." 그녀는 그렇게 썼다.

에릭은 그날 그의 부대로 돌아가면서 결심한 듯 말했다. "전화해도 될까요?"

*

두 번의 만남과 두 곳의 시골저택, 멋진 3월의 어느 주말, 갑자기 승리가 조금 더 가까워진 것 같았다. 가족 관계에 크나큰 격변을 가져올 계기의 씨앗이 뿌려진 것도 그 즈음이었다.

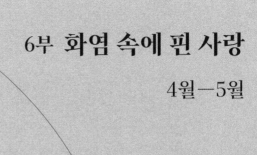

6부 화염 속에 핀 사랑

4월-5월

84장 중대 뉴스

4월 1일 화요일, 메리가 기거하는 체커스의 '감방'은 유난히 추웠다. 봄이 온다던 기약은 주춤거리며 다시 찾아온 겨울에 자리를 비켜주었다. "눈-진눈깨비-춥다-재미없어."[63] 메리는 일기에 그렇게 썼다. 그녀는 여성자원봉사단 사무실로 출근했고, 점심은 언니 새라와 먹었다. 새라는 에릭 던캐넌과 어떤 여성과의 소문을 들려주었다. "아주 흥미롭군."

이틀 후인 4월 3일 목요일, 메리는 에릭으로부터 편지를 받았다. "정말 달콤하긴 하네." 그러면서 자신을 타일렀다. "자, 메리. 정신 좀 차리렴. 우리 꼬마 아가씨."

그러자 곧바로 두 번째 편지가 날아왔다. 다음 주에 저녁을 같이 먹자는 얘기였다.

"이를 어째!" 그녀는 그렇게 썼다.

다음 날 몹시 추운 일요일에 에릭은 전화를 걸어 집안 분위기를 묘하게 술렁이게 만드는 발언을 했다. 그 집은 언제나 그랬듯이 해리먼, 파멜라, 퍼그 이즈메이, 숄토 더글러스 공군 원수 등 손님들로 가득 찼다. 에릭과 메리는 20분간 통화했다. "그는 아주 매력적이고 목소리가 매우 아름답다." 메리는 일기장에 그렇게 썼다. "이런, 내가 빠졌나? 내가?"

메리는 그 전화 한 통으로 집 전체를 짓누르고 있는 우울한 분위기에서 잠깐 벗어나 안도감에 젖을 수 있었다. 그렇지 않았으면 갑자기 역전된 중동 지역의 전세와 발칸반도에서 들어온 나쁜 소식으로 침울한 기분을 떨칠 수 없었을 것이다. 불과 일주일 전만 해도 체커스에는 자신만만하고 밝은 기운이 넘쳤는데 지금은 착 가라앉아 있었다. 갑작스런 독일군의 진격으로 영국군은 벵가지를 포기하고 또 한 번 철수했다. 그리고 에릭이 전화하기 전인 4월 6일 일요일 새벽에 독일군은 히틀러에 대항한 대가라는 뜻의 작전명 '보복작전Unternehmen Strafgericht'을 전격 단행하여 유고슬라비아를 전면 침공했고 그리스도 공격했다.

메리는 이런 일련의 사건들이 아버지에게 어떤 영향을 미칠까 걱정되어 얼어붙은 날씨에도 근처 엘스버러에서 열리는 아침 예배에 참석하기로 결심했다. "교회에 가서 큰 위로를 받고 힘을 얻었다." 그녀는 그렇게 일기에 썼다. "아빠를 위해 열심히 기도했다." 다음 날 아침 출근하기 전에 인사하러 아버지 사무실에 들렀다가 서류를 읽고 있는 아버지의 모습을 보았다. "아빠는 피곤해 보였다. 크게 상심하신 것 같았다." 처칠은 메리에게 이번 주에는 아주 안 좋은 소식을 듣게 될 것 같다고 말하면서 용기를 잃지 말라고 다독였다. "그래야겠다. 내가 용기를 내기만 해도 아빠에겐 도움이 될지 모르니까."

하지만 그 정도로는 별 도움이 될 것 같지 않다고 메리는 생각했다. "대의와 명분이 아무리 좋아도 실질적인 도움이 되지 못하면 거추장스러운 존재일 수밖에 없다. 나처럼 나약해빠지고 마냥 행복하고 편안한 녀석이 철없는 친구들과 경박스러운 짓만 하며 별 걱정도 없이 지내다 보면 결국 의기소침해져 울적해지고 만다."

그러나 아주 울적하지만은 않았다. 메리는 많은 시간을 에릭 던캐넌을 생각하며 보냈다. 비록 9일 전에 처음 만난 사람이지만 이젠 틈만 나면 그와의 일을 상상할 정도가 되었다. "지금 에릭과 사랑에 빠진 건가? 아니면 나 혼자 좋아하는 건가?"

*

처칠의 예측대로 그 주에 나쁜 소식이 들어왔다. 리비아에서 에르빈 롬멜의 기갑부대에 계속 밀리자 4월 7일에 영국군 지휘관 아치볼드 웨이블Archibald Wavell 장군은 "상황이 크게 악화됐다"고 타전했다. 처칠은 웨이블에게 어떤 희생을 치르더라도 항구도시 투브룩은 지켜야 한다면서 "물러서지 말고 죽음으로 사수해야 할 곳"이라고 다짐을 주었다.

처칠은 투브룩 사수 의지가 확고했고 투브룩이 아니더라도 전장의 사정을 잘 알았기에 퍼그 이즈메이에게 투브룩에 대한 계획과 모델을 구상해서 가져오라고 명령하면서 덧붙였다. "공중과 지상에서 사용할 수 있는 가장 좋은 사진도 가져오게." 히틀러의 유고슬라비아 보복작전으로 희생된 사람들에 대한 뉴스도 도착했다. 히틀러의 작전은 저항을 시도하는 모든 속국에게 분명한 메시지를 보내고 동시에 런던 시민들에게 앞으로 전개될 사태를 본보기로 보여주기 위한 것으로, 종려주일에 시작된 공습은 수도 베오그라드를 초토화하여 시민 1만 7,000명의 목숨을 앗아갔다. 이 소식이 특히 아프게 다가왔던 것은 같은 주에 본국에서도 그동안 희생된 민간인의 집계가 발표되었기 때문이었다. 영국 관리들은 독일의 공습으로 영국에서 사망한 민간인이 총 2만 9,856명에 달했으며 이는 사망자 숫자일 뿐이라고 발표했다. 중상자 등 부상자 수는 사망자 수를 크게 웃돌았다.

게다가 히틀러가 영국 본토 침공을 단행할지도 모른다는 두려움이 다시 고개를 들기 시작했다. 가로챈 정보대로라면 히틀러는 러시아로 눈을 돌리고 있지만 그렇다고 위험이 지나갔다고는 장담할 수 없었다. 4월 8일 화요일 처칠은 전시내각 장관 에드워드 브리지스에게 보낸 메모에서 얼마 남지 않은 부활절 휴일 동안 모든 핵심부서가 제 기능을 할 수 있도록 인원을 배치하고 장관들도 언제든 전화를 받을 수 있도록 휴가를 조정하라고 지시했다. "내가 듣기로는 부활절이 침략하기 매우 좋은 시기요." 처칠은 그렇게 썼다. 부활절 주말에는 만월이 예상되었다.

처칠은 다음 날 '전황'을 보고하는 하원 연설에서 역전된 전세와 전선이 그리스와 발칸반도로 확대된 사정을 설명했다. 원래는 영국군의 승리를 자축하는 연설을 했어야 할 자리였다. 그는 미국의 원조 특히 미국의 상선 건조를 "대폭" 증가해야 한다고 강조했다. 처칠은 또한 침략의 망령을 되살려냈다. "그건 분명 시련이지만 우리는 절대로 위축되지 않을 것"이라고 말하면서도, 독일은 러시아, 특히 우크라이나와 카프카스 유전에 대한 모종의 음모를 꾸미고 있는 것이 분명하다고 덧붙였다. 그는 영국이 잠수함의 위협을 극복하고 미국의 대여 물자가 원활히 공급되기 시작하면 히틀러는 "악을 응징하는 정의의 검을 든 우리에게 쫓기는 신세가 될 것"이라며 낙관적인 어조로 끝을 맺었다.

그러나 나쁜 소식이 너무 위압적이어서 단순한 낙관만으로는 불안을 해소하기 어려웠다. "하원은 침통한 슬픔에 잠겼다." 해럴드 니컬슨은 일기에 그렇게 썼다. 니컬슨은 처칠이 루스벨트에게 자신의 희망과 영국의 미래를 걸고 있다고 생각했다. 니컬슨은 총리가 미국을 여러 차례 언급한 사실을 주목하면서 이를 심각하게 받아들였다. "결론은 분명했다. 미국이 도와주지 않으면 가망이 없다는 얘기였다."

*

해리먼은 의회 특별방청석에서 연설을 지켜보았다. 그는 루스벨트에게 장문의 편지를 쓰면서 "이곳 사람들이 그 정도로 자신들의 미래를, 자신들의 희망과 믿음을 미국과 각하 개인과 연결 지어 생각하고 있다는 사실에" 놀랐다고 토로했다.

그는 다가오는 주말이 영국에서 보내는 다섯 번째 주말이자 처칠과 함께 보내는 네 번째 주말이라며 "그는 늘 우리가 곁에 있어야 자신감이 생기는 것 같다"고 썼다. "아마 우리가 각하와 미국이 베풀어야 할 원조를 대표한다고 생각하고 있는 것 같습니다." 해리먼이 보기에 처칠은 루스벨트의 확답을 무척 중요하게 여기고 있었다. "그분은 각하를 의지할 수 있는 든든한 친구로 여기고 있습니다."

해리먼은 짧은 문구로 편지를 마무리했다. 아마 나중에 생각나서 덧붙인 것 같았다. "영국은 강인하지만 출혈이 심합니다. 우리의 파트너가 너무 약해지기 전에 우리 해군을 직접 동원하는 편이 우리를 위해서도 좋다고 생각됩니다."

*

메리는 발칸반도의 뉴스가 특히 가슴 아팠다. 히틀러가 유고슬라비아에 저지른 만행의 깊이는 가늠하기 힘들 정도였다. "갈등의 공포를 매번 고스란히 상상할 수 있다면 세상 살기가 힘들 것이다." 그녀는 그렇게 썼다. "사실 매번 그런 것들을 실감하는 건 아주 좋지 않다."

그 소식 때문에 "우울했다"고 그녀는 4월 10일 목요일자 일기에 썼다. 하지만 그날 저녁 에릭을 만날 생각에 마음은 들떴다. 에릭은 그녀에게 존 던John Donne의 작품집을 한 권 주었다.

하지만 그보다 더 설레는 것은 부모님과 함께 그날 밤 피해 지역 시찰을 나가기로 한 계획이었다. 우선 폭격 피해가 심각한 웨일스의 스완지를 시찰한 다음 브리스틀로 갈 예정이었다. 브리스틀에서 그녀의 아버지는 또한 그 도시와 이름이 같은 대학의 명예총장으로 명예 학위를 수여할 예정이었다.

그러나 그날 아침 일찍 메리와 부모는 메리의 언니 다이애나의 남편 던컨 샌디스가 교통사고로 심각한 부상을 입었다는 소식을 들었다. "가엾은 다이애나." 메리는 그렇게 썼다. "하지만 다행스럽게도 생각했던 것만큼 심각하지는 않은 것 같다." 처칠은 카이로에 있는 그의 아들 랜돌프에게 보낸 편지에서 충돌 사고에 대해 그렇게 썼다. "던컨이 끔찍한 사고를 당한 얘기는 알고 있겠지. 런던에서 애버포스로 가던 길에 차 안에서 신발을 벗고 누워 잤던 모양이다. 운전기사도 2명이나 있었는데 둘 다 동시에 잠이 들었단다. 차가 돌다리에 부딪혔는데 길이 갑자기 좁아지는 곳이어서 양쪽 발이 으깨지고 척추도 다쳤다더군." 대공사령부 대령인 샌디스가 직무에 복귀할 수 있을지는 확실하지 않다면서 처칠은 이렇게 썼다. "하지만 다리를 절어도 직무에 복귀할 수는 있단다." 그렇게 못한다 해도 "하원은 언제나 열려 있으니까." 처칠은 비꼬는 투로 그렇게 맺었다.

그날 저녁에 메리와 그녀의 '파파'와 '마미'는 처칠의 특별 열차에 올랐다. 해리먼, 위넌트 대사, 호주 총리 멘지스, 퍼그 이즈메이, 존 콜빌 그리고 군 고위인사들도 동행했다. 교수도 가기로 되어 있었지만 감기로 몸져누워 빠졌다. 그들은 성 금요일인 다음 날 아침 8시에 스완지에 도착해 여러 차에 나눠 타고 도시를 둘러보았다. 처칠은 시가를 물고 지붕이 없는 포드에 앉았다. 그들은 완전히 파괴된 시가를 헤치고 나아갔다. "파괴된 구역의 몰골이 소름끼칠 정도다." 메리는 일기장에 그렇게 썼다. 그러나 그녀는 시민들이 아버지의 방문을 얼마나 간절히 원했는지 그리고 얼마나 아버지를 존경하는지 직접 목격할 수 있었다. "사람들이 이렇게 용기와 사랑과 진심과 자신감을 드러내는 모습을 본

적이 없다. 아빠가 가는 곳마다 주위로 모여들어 아빠의 손을 꼭 잡고 등을 두드리며 아빠의 이름을 크게 불렀다."

매우 감동적이었지만 또한 당혹스러운 광경이었다. "아빠에게 그토록 의지하는 모습이 오히려 두려웠다."

열차는 이들을 웨일스 해안의 무기실험장 옆으로 데려갔고 처칠 일행은 그곳에서 다양한 공중기뢰와 로켓 발사대의 실험을 참관했다. 처칠은 기대에 부풀어 영혼 어딘가 숨어있던 어린 소년의 마음이 되어 즐거운 표정이었지만 시험 발사는 원활하게 진행되지 않았다. "로켓은 제대로 발사되지 않았다." 콜빌은 그렇게 썼다. "아이도 맞힐 수 있는 쉬운 목표물이었지만 첫 시연은 연이어 빗나갔다. 그러나 다발성 포대는 가망이 있어 보였다. 낙하산으로 하강하는 공중기뢰도 마찬가지였다."

다음 날인 4월 12일 토요일, 기차가 브리스틀에 도착했을 때 그들의 여정은 초현실적으로 변했다.

*

열차는 도시 외곽 한 편에 멈추었고 일행들은 하룻밤 묵어가기로 했다. 최근 독일군의 공습이 심해지는 데다 달이 만월이어서 취해진 신중한 조치였다. 실제로 밤 10시부터 독일 폭격기 150대가 항법 빔과 달빛에 의지해 브리스틀을 맹폭하기 시작했다. 처음에는 소이탄을, 이어서 고폭탄을 투하했다. 지금까지 이 도시가 겪은 공격 중에도 가장 심한 편에 속하는 폭격이었다. 나중에 '성 금요일 공습the Good Friday Raid'으로 불리게 되는 이 공습은 6시간 동안 지속되어 200톤에 가까운 고폭탄과 3만 7,000개의 소이탄 투하로 180명의 민간인을 사망케 하고 382명에게 부상을 입혔다. 폭탄 한 발에 구조대원 10명이 목숨을 잃는 참사도 있었다. 희생자 중 3명은 인접한 아스팔트 도로로 날아가 갑자기 녹아내린 표면에 일부 흡수되었다. 그들은 나중에 불운한 구급차 운전기사에 의해 발견되었는데 그는 도로에서 그들의 몸을 떼어내는 달갑지 않은 일을 해야 했다.

처칠 일행은 기차에서 멀리 들려오는 포성과 폭발음을 들었다. 퍼그 이즈메이는 이렇게 썼다 "브리스틀이 점점 뜨거워지고 있는 것이 분명했다." 다음 날 아침 토요일, 기차는 브리스틀역으로 들어갔다. 부서진 건물에선 여전히 불이 타오르고 연기가 피어올랐다. 오작동이나 고의로 폭발하지 않은 폭탄이 적어도 100개는 되었기 때문에 구조대원들과 소방대원들은 구조작업을 제대로 진행할 수 없었고 도시를 시찰해야 하는 처칠의 경로 선택도 매우 위험하고 까다로운 절차가 되었다.

메리의 회상에 따르면 그날 아침은 흐리고 추웠으며 잔해들이 사방에 널려있었다. 다른 날과 마찬가지로 일터로 가는 사람들의 모습이 보였지만 다들 야간 공습으로 지친 기색이 역력했다. "다소 긴장된 창백한 얼굴들, 지쳐있고 다들 말이 없다." 그녀는 그렇게 썼다.

처칠과 일행은 우선 그랜드 호텔Grand Hotel로 갔다. 호텔은 그날 밤 공습에서 아무런 피해를 입지 않았지만 이미 그 전 공습에 상당한 피해를 입은 것이 분명해 보였다. "어딘가 기울어진 느낌이 있었다. 영업을 계속하려면 보강을 해야 할 것 같았다." 톰슨 경위는 그렇게 썼다.

처칠은 목욕물을 준비해달라고 청했다.

"알겠습니다, 각하!" 아무런 문제가 없는 것처럼 사무장이 경쾌하게 말했다. 사실 그 전에 있었던 여러 차례의 공습으로 그 호텔은 뜨거운 물이 전혀 나오지 않았다. "그러나 여하튼 몇 분 만에 하객들, 직원, 요리사, 호텔 잡역부, 군인, 걸을 수 있는 부상자 등의 행렬이 건물 뒷부분 어딘가에서 신이 난 모습으로 나타났고, 정원용 스프링클러 등 온갖 종류의 용기에 뜨거운 물을 담아 계단을 올라가 총리가 쓸 욕조를 가득 채웠다." 톰슨은 그렇게 썼다.

처칠 일행은 아침 식사를 위해 모였다. 해리먼은 호텔 직원들이 밤을 새웠다는 것을 금방 알아차렸다. "아침 식사를 제공한 웨이터는 호텔 옥상에서 소이탄을 밖으로 치우는 일을 돕다 왔습니다." 그는 루스벨트에게 보낸 편지에 그렇게 썼다. 아침 식사 후 일행은 도시를 둘러보기로 했다. 처칠은 지붕을 연 투어링카의 접힌 덮개(영국인들은 '후드'라고 했다) 위에 앉았다. 존 콜빌은 폐허의 참혹함이 "현실에서 가능하다고 생각해본 적이 없었던 수준"이었다고 썼다.

처칠의 방문은 예고된 것이 아니었다. 거리에 차량들이 들어서자 사람들은 몸을 돌려 일행을 보았다. 처칠을 알아본 사람들은 놀라고 기뻐했다고 메리는 썼다. 메리는 해리먼과 같은 차에 탔다. 그녀는 해리먼을 좋아했다. "관건은 그가 쥐고 있었다." 그녀는 그렇게 썼다. "그는 우리의 입장을 잘 알고 있으며 우리를 위해 애를 많이 쓴다."

행렬은 밤사이에 폐허로 변한 집 앞에 서서 잔해를 살펴보고 소지품을 회수하는 주민들 곁을 지나쳤다. 처칠을 보자마자 그들은 차로 달려왔다. "믿을 수 없을 정도로 감동적이었다." 메리는 그렇게 썼다.

처칠은 차에서 내려 가장 피해가 심한 지역을 걸어서 둘러보았다. 그는 힘차게 걸었다. 66세에 눈을 뜨고 있는 시간의 대부분을 술과 담배를 즐기며 보내는 과체중 남성에게 흔히 예상할 수 있는 불안한 걸음걸이가 아니었다. 나중에 나온 뉴스 영상에는 그가 수행원을 거느리고 돌진하듯 활보하며 간간이 미소를 짓거나 얼굴을 찌푸리거나 중절모를 벗기도 하고 가끔씩 몸을 획 돌려 구경꾼의 환호에 답례하는 모습이 담겼다. 투실투실한 몸매에 긴 외투를 입은 그는 아주 커다란 폭탄의 윗부분처럼 보였다. 클레멘틴과 메리는 몇 발자국 뒤에서 걸었다. 표정만으로는 즐겁고 명랑해 보였다. 퍼그 이즈메이와 해리먼도 뒤를 따랐다. 톰슨 경위는 그의 권총 주머니에 한 손을 넣고 처칠과 늘 가까운 곳에 있었다. 사람들이 처칠을 둘러싸자 그는 중절모를 벗어 지팡이 위에 올려놓은 다음 높이 들어 올려 즉석에서 팬이 된 바깥쪽 사람들에게 자신이 거기 있다는 것을 알렸다. "물러서세요." 해리먼은 처칠의 목소리를 들었다. "다른 사람들도 좀 봐야죠."

해리먼은 처칠이 군중들을 헤치고 가면서 사람들과 눈을 직접 마주치는 "그만의 요령"에 주목했다. 처칠이 조금 멀리 있다고 생각한 해리먼은 퍼그 이즈메이에게 말했다. "총리께서 중년 여성들에게 인기가 있는 것 같습니다."

처칠이 몸을 돌려 해리먼을 보았다. "무슨 말씀을? 중년 여성뿐이 아니에요. 젊은 여성들도 날 좋아해요."

*

학위 수여식을 위해 일행은 브리스틀 대학교로 이동했다. "이보다 더 극적인 장면은 없었을 것이다." 해리먼은 그렇게 썼다.

옆 건물은 여전히 불길에 휩싸여 있었다. 학위수여식 예복을 갖춰 입은 처칠은 비슷하게 차려입은 대학 관계자들과 함께 연단에 앉았다. 대부분 밤을 새우고 화재 진압을 도운 사람들이었다. 공습이 있었고 사방이 잔해였지만 홀은 가득 찼다. "매우 이례적이었다." 메리는 그렇게 썼다. "시간이 늦었는데도 사람들이 계속 들어왔다. 씻다 말았는지 검댕이가 묻은 얼굴들이 많았다. 젖은 소방복 위에 예복을 입은 사람도 있었다."

처칠은 위넌트 대사와 멘지스 호주 총리에게 학위를 수여했고, 미국으로 돌아가 자리에 없는 제임스 코넌트 하버드 총장에게도 학위를 수여했다. 식을 거행하기 전에 처칠은 해리먼에게 농담을 건넸다. "대사께도 학위를 드리고 싶지만 이딴 거엔 관심이 없으시죠?"

식 후반에 처칠은 일어나 즉석 연설을 했다. "오늘 이 자리에 모인 분들은 대부분 밤을 새우고 자리를 지키셨습니다." 그는 그렇게 입을 열었다. "모두들 장시간 극심한 적의 포격에 시달렸습니다. 그런데도 이렇게 모인 여러분을 보니 불굴의 정신과 침착함과 용기와 초연함이 얼마나 위대한 것인지 다시 한 번 알 것 같습니다. 이 모두가 고대 로마나 근대 그리스인들의 지혜에서 배워온 것에 합당한 행동입니다." 그는 폭격을 당한 지역을 찾아보기 위해 가능한 한 "지휘부"를 벗어나려 했다면서 "나는 적의 공격으로 인한 피해를 보고 있지만 그 처참함과 함께 폐허 속에서 조용히 확신을 가지고 밝게 미소 짓던 눈동자들도 보았습니다. 그 눈들은 어떤 인간적이고 개인적인 문제보다 훨씬 더 높은 대의와 결부되어 있다는 생각에 광채를 띠고 있었습니다. 내가 본 것은 결코 굴복하지 않는 사람들의 기백이었습니다."

나중에 처칠과 클레멘틴과 일행이 대학 본관 계단 위로 모습을 나타내자 많은 군중이 환호성을 지르며 앞으로 몰려들었다. 그리고 그 순간 하늘도 타이밍을 맞춰주려 했는지 태양이 구름을 뚫고 나왔다.

*

차들이 다시 기차역으로 향하자 군중들이 뒤를 따랐다. 모두들 웃고 환호하는 모습이 좀 더 평화로운 시절이었다면 도시 축제라도 될 법한 광경이었다. 사람들은 남녀노소를 가리지 않고 기쁜 표정으로 처칠의 차와 나란히 걸었다. "이들은 단지 좋을 때만 친구하는 사람들이 아니다." 메리는 그렇게 일기장에 썼다. "파파는 평화로울 때나 전쟁을 벌일 때나 항상 진심으로 마음을 바쳐 그들을 섬겼다. 그리고 그들은 좋을 때나 암담한 시기에나 파파에게 사랑과 자신감을 주었다." 그녀는 가장 힘든 상황에서 용기와 힘을 이끌어내는 아버지의 신비로운 힘을 느꼈다. "오 제발 하느님." 그녀는 그렇게 썼다. "파파를 지켜주시고 우리를 승리와 평화로 인도하소서."

기차가 떠날 때 처칠은 창문에서 군중들을 향해 손을 흔들었고 그들이 보이지 않을 때까지 계속했다. 그런 다음 의자에 등을 기대며 신문을 들어 올려 눈물을 가렸다. "자신감들이 대단해." 그는 그렇게 말했다. "책임이 막중하군."

*

일행은 저녁 식사 시간에 맞춰 체커스에 도착했다. 외무장관 앤서니 이든과 그의 아내와 제국군총참모장 딜 장군 등 많은 손님이 새로 합세했다.

처음에는 다들 침울했다. 처칠과 딜과 이든이 중동과 지중해에서 받은 최신 뉴스 때문이었다. 독일군은 그리스에서 아테네를 향해 빠르게 진격하고 있으며 그리스와 영국 방위군을 압도할 것으로 보여 또 한 번 철수해야 할 것 같다는 전망이 우세했다. 리비아에서 롬멜 전차부대는 영국군에게 계속 타격을 입혀 이집트 쪽으로 몰아내고 투브룩에 집결했다. 그날 밤 처칠은 중동 지역 영국군사령관 웨이블 장군에게 전보를 보내 자신과 딜과 이든이 그를 "전적으로 신뢰"하고 있다고 전하며 어떻게든 독일의 전진을 막아달라고 당부했다. "이것은 영국 육군 역사에서 가장 중요한 전투가 될 것이요." 처칠은 그렇게 썼다.

그는 또한 웨이블에게 '투브룩'을 'Tubruq'이나 'Tobruch'이 아니라 'k'로 끝나는 'Tobruk'으로 표기하라고 지정해주었다.

루스벨트로부터 날아온 전보 한 통으로 침울한 분위기는 한 순간에 걸렸다. 대통령은 처칠에게 북대서양의 미 해군 보안구역을 미국 해안과 서경 25도 사이의 모든 해역(대서양 3분의 2에 해당하는 면적)을 포함하도록 확장하는 동시에 "귀국의 수송 문제에 유리한 영향을 줄" 몇 가지 다른 조치들도 취하기로 결정했다고 통보했다. 그는 이를 당장 시행할 예정이라고 했다. "저희 국내 정치 사정상 각하와 우리가 외교적인 대화를 거치지 않고 우리가 일방적으로 이런 조치를 취하게 된 것을 기꺼이 이해해주시리라 믿습니다." 루스벨트는 그렇게 썼다.

이제부터는 미국 함정과 항공기가 이 해역을 순찰할 것이다. "우리의 순찰대가 새로운 보안구역 경계선 서쪽에서 활동하는 선박이나 항공기나 침략자들을 쉽게 색출할 수 있도록 호송 움직임을 비밀리에 통보해주셨으면 좋겠습니다." 루스벨트 대통령은 그렇게 말했다. 그러면 미국은 적 함정을 발견하는 즉시 그 위치를 영국 해군에 전달할 것이다.

처칠은 신이 났다. 4월 13일 부활절 일요일에 그는 체커스에서 대통령에게 감사의 뜻을 전달했다. "각하의 중대한 전보에 깊은 감사를 드립니다." 그는 그렇게 쓰면서 그 전보가 "구원을 향한 중대한 일보"라고 말했다.

콜빌은 해리먼에게 그렇다면 미국과 독일이 이제 전쟁을 시작한다는 뜻이냐고 물었다.

해리먼은 말했다. "그게 내가 바라는 걸세."

*

해리먼은 브리스틀을 시찰한 뒤 크게 각성하여 구두쇠 근성을 잠깐 접고 익명으로 도시에 100파운드, 요즘 시세로 약 6,400달러를 기부했다. 그런 사실이 알려지지 않도록 그는 클레멘틴에게 그 돈을 브리스틀 시장에게 전달해달라고 부탁했다.

클레멘틴은 4월 15일 화요일에 그에게 직접 손으로 감사편지를 썼다. "무슨 일이 생겨도 우리는 더는 외롭지 않을 것입니다."

*

그날 해리먼은 또한 해리 홉킨스의 주선으로 딸 캐시가 마침내 국무부로부터 런던 여행을 허락받았다는 소식을 들었다.

"너무 잘 됐다." 그는 즉시 전보를 쳤다. "언제쯤 오겠니? 여기 친구들에게 나눠주게 나일론 스타킹을 가능하면 많이 가지고 오거라. 또 다른 친구에게도 줘야 하니 스티뮤덴트Stim-U-Dent도 12팩 가져다주렴."

그가 말하는 스티뮤덴트는 치석을 제거하고 잇몸의 혈류를 자극하는 이쑤시개 같은 제품으로 언젠가 스미스소니언Smithsonian까지 영구 소장용 표본을 구했을 정도로 인기가 높았다. 또 다른 전보에서 해리먼은 다시 한 번 채근했다. "잊지 말고 스티뮤덴트를 꼭 챙겨라." 그는 캐시에게 그녀가 어떤 립스틱을 좋아하는지는 몰라도 겔랑Guerlain의 '초록색' 립스틱은 반드시 몇 개 구해와야 한다고 당부했다.

스티뮤덴트를 자꾸 채근하자 그의 아내 마리는 조금 수상하다고 생각했다. "충치 때문에 그렇게 고생하는 그 귀족 부인이 누군지 정말 알고 싶네요." 그녀는 그렇게 썼다.

그리고 그녀는 덧붙였다. "당신이 그 얘기를 세 번씩이나 하는 바람에 우리는 아무래도 뭔가 심각한 일이 있는 모양이라고 결론을 내렸답니다."

*

전시내각 회의는 무겁게 가라앉았다.[64] 벵가지를 잃은 데다 투브룩도 곧 떨어지게 되자 모두들 절망하는 분위기였다. 침울한 기운이 영국 전역을 지배했다. 겨울에 승리를 거두기를 바랐던 희망과 전혀 상반된 결과였기에 허탈감은 더욱 컸다. 독일의 강화된 공습도 그런 분위기를 부추겼다. 몇몇 공습은 이전 가을보다 더 치명적이었고 피해도 극심했다. 독일 폭격기들은 또다시 코번트리를 공격했고 다음 날 밤에는 버밍엄을 강타했다. 어둠은 계속 RAF를 좌절시켰다.

하원의 불만은 더욱 고조되었다. 처칠이 과연 이 전쟁을 승리로 이끌 수 있는 인물인지 점점 더 의심하는 의원이 적어도 한 명은 있었다. 로이드 조지였다.

85장 경멸

요제프 괴벨스는 4월 15일 화요일 아침 회의에서 그의 선전요원들에게 그리스에서 패퇴 일보 직전에 몰린 영국을 집중적으로 조롱하라고 지시했다. "처칠을 영국 총리직보다 몬테카를로의 룰렛 테이블에 더 어울리는 도박꾼으로 묘사하여 웃음거리로 만들어야 한다. 냉소적이고 인정머리 없고 모질기 짝이 없는 이 전형적인 도박꾼은 영국의 피를 아끼기 위해 다른 작은 나라의 피를 판돈으로 걸어 그들의 운명을 마구 짓밟고 있다."

"버터 대신 벵가지, 벵가지 대신 그리스, 그리스 대신 빈손." 언론도 이런 "잔인한 경멸조"의 슬로건을 반복해서 내보내기로 했다.

그는 덧붙였다. "그럼 끝장나겠지."

*

헤르만 괴링은 영국의 항복이 멀지 않았다고 판단해 그 공로를 자신과 자신이 사랑하는 공군이 차지할 수 있도록 마지막 총력을 기울였다. 하지만 RAF 때문에 통탄할 노릇이었다.

일주일 전에 영국 폭격기들은 베를린 중심부를 강타해 이 도시에서 가장 멋진 거리인 운터덴린덴Unter den Linden을 산산조각 내고 이거리에 있는 국립오페라하우스를 파괴했다. 이탈리아 오페라단의 초청 공연이 예정되어 많은 사람들이 기대하던 터였다. "히틀러는 격분했다." 히틀러의 루프트바페 연락관 니콜라우스 폰 벨로브Nicolaus von Below는 그렇게 썼다. "그 일로 그는 괴링과 격렬한 언쟁을 벌였다."

괴링이 런던에 대한 일련의 공격을 새로 제안했던 데에는 이런 히틀러의 분노와 자신의 울화가 한몫을 했을 것이다. 첫 공격은 4월 16일 수요일에 시작되었다.

*

처칠도 화가 났다.

2주쯤 전에 처칠은 스탈린에게 히틀러의 침공 계획을 암시하는 경고를 암호로 보낸 바 있었다. 암호를 사용한 것은 바르바로사 작전에 대한 구체적인 내용을 알려준 정보원이 블레츨리 파크라는 사실을 밝히고 싶지 않았기 때문이었다. 그는 러시아 주재 대사인 스태퍼드 크립스 경Sir Stafford Cripps에게 메시지를 보내면서 암호를 스탈린에게 직접 전달하라고 지시했다.

크립스가 메시지를 전달하지 않았다는 사실을 알게 된 것은 부활절이 지난 다음이었다. 명백한 불복종에 화가 난 처칠은 대사의 상관인 외무장관 앤서니 이든에게 편지를 썼다. "나는 이 개인적인 메시지를 스탈린에게 전달하는 문제를 특별히 중요하게 여겼소. 왜 이런 지시를 거부하는지 이해할 수 없습니다. 대사는 그런 사실이 갖는 군사적 의미를 잘 모르고 있는 모양이오. 부디 알아듣게 설명 좀 해주시오."

지금까지 처칠과 일해 본 사람이라면 "부디pray"로 시작하는 요구가 얼마나 절대적이고 타협의 여지가 없는 명령인지 잘 알고 있었다.

크립스는 결국 처칠의 경고를 전달했다. 스탈린은 대답하지 않았다.

86장 그날 밤 도체스터

4월 16일 수요일 애버럴 해리먼은 이발하기 위해 일찍 사무실을 나섰다. 이발소가 오후 6시 30분이면 문을 닫기 때문이었다. 그는 그날 밤 도체스터 호텔에서 열리는 공식 만찬에 참석할 예정이었다. 프레드 어스테어Fred Astaire의 누이 어델Adele이 주빈이었다. 해리먼 사절단에게 이날은 중요했다. 워싱턴에서 루스벨트는 무기대여법에 따라 첫 번째 식량 이송을 승인했다. 치즈 1만 1,000톤, 달걀 1만 1,000톤과 무가당 우유 10만 통이었다.

해리먼이 일찍 퇴근했기 때문에 그의 비서 로버트 미클존은 모처럼 저녁을 일찍 먹을 수 있었다. 그날 저녁은 아름답고 맑았다.

*

해가 진 지 한 시간 후인 9시, 런던 전역에서 공습 사이렌이 울렸다. 처음에는 아무도 사이렌 소리에 귀를 기울이지 않았다. 늘 듣는 흔한 소리였다. 이전의 경보와 다른 점이 있다면 타이밍뿐이었다. 평소보다 한 시간이 빨랐다.

블룸스베리에 불꽃이 떨어지기 시작했고 거리는 온통 환한 빛으로 넘쳤다. 작년에 소설《권력과 영광The Power and the Glory》을 발표한 작가 그레이엄 그린Graham Greene은 그의 정부인 작가 도로시 글로버Dorothy Glover와 저녁을 막 끝낸 참이었다. 둘 다 곧 일하러 가야 했다. 그린은 방공호 요원이었고 도로시는 화재감시원이었다. 그린은 도로시가 맡은 망루까지 그녀와 동행했다. "우리는 차고 지붕에 서서 조명탄이 천천히 떠내려와 불꽃을 떨어뜨리는 모습을 지켜보았다." 그린은 일기에 썼다. "불꽃은 크고 노란 작약처럼 표류했다."

달빛으로 붉게 물든 하늘에는 수백 대의 항공기 실루엣이 가득했다. 갖가지 크기의 폭탄이 떨어졌다. 거대한 낙하산 기뢰도 있었다. 교수가 개발한 공중기뢰를 서투르게 모방한 대형 기뢰였다. 지상은 먼지와 화재와 깨진 유리로 혼란스러웠다. 캐나다 군인 350명이 자고 있던 맬릿가의 빅토리아 클럽Victoria Club에 기뢰 한 발이 떨어졌다. 그린이 도착했을 때는 이미 아수라장이었다. "군인들이 피 묻은 회색 잠옷을 입은 채 나오고 있고 도로에는 유리 파편이 흩어져 있었다. 일부는 맨발이었다." 건물이 서 있던 자리에는 6미터 높이의 들쭉날쭉한 경사면이 기초 안으로 고개를 깊숙이 박고 있었다. 머리 위에서는 폭격기들이 계속 배회했다. "정말 이렇게 끝나는 모양이라고 생각했지만 정확히 말하면 무섭지는 않았다. 아무도 그날 밤 살아남을 수 있다고는 생각하지 않았을 테니까."

피해가 늘어갔다. 폭탄 하나가 유대인 여성들이 모이는 클럽을 강타하여 30명의 목숨을 앗아갔다. 하이드 파크에 있는 대공포 기지도 낙하산 기뢰를 맞고 파괴되었다. 한 술집 폐허에서는 신부가 당구대 밑으로 기어들어가 잔해에 갇힌 주인과 그 가족의 고해를 받았다.

공습이 계속되고 있었지만 존 콜빌은 다우닝가 10번지를 나서 처칠의 장갑차에 올라타고 새로 폭격을 당해 불타는 거리를 지나 그로브너 스퀘어에 있는 미국대사관으로 갔다. 그는 미국대사 위넌트를 만나 루스벨트에게 보낼 처칠의 전보를 논의했다. 새벽 1시 45분에 그는 대사관을 나와 다우닝가 10번지로 돌아갔다. 이번에는 걸어서 갔다. 폭탄이 "우박처럼" 주변에 떨어졌다고 그는 썼다.

그리고 다소 절제된 표현으로 덧붙였다. "아주 불쾌한 산책이었다."

*

해리먼의 비서 로버트 미클존은 저녁 식사를 마치고 미국대사관 직원들과 함께 대사관 옥상으로 갔다. 가장 높은 곳에 올라서니 사방으로 도시의 전망이 다 들어왔다. 그는 런던에 도착한 이후 처음으로 낙하하는 폭탄에서 나는 휘파람 소리를 들었다.

소름끼치는 소리였다.

"실제로 터지는 것보다 더 무섭다." 그는 일기에 그렇게 썼다. "폭탄을 피해 몇 차례 몸을 굴렸다. 다른 사람들도 그렇게 했지만 폭탄은 몇 블록 밖에 떨어졌다."

눈앞에서 땅을 뒤흔드는 거대한 폭발이 몇 번 일어났다. 낙하산 기뢰 같았다. "집들이 통째로 하늘로 올라가는 것처럼 보였다." 그는 그렇게 썼다. 위넌트 대사 부부도 옥상으로 올라왔지만 오래 머무르지 않았다. 그들은 대사관 5층에 있는 그들의 아파트에서 매트리스를 들고 나와 1층으로 옮겼다.

미클존의 눈에 멀리 배터시 발전소Battersea Power Station에서 폭탄이 터지는 장면이 들어왔다. 그 폭발로 대형 가스저장탱크에 불이 붙었고 탱크는 "몇 킬로미터는 돼 보이는 불기둥을 뿜어 올렸다."

그는 아파트로 돌아가 잠을 청해보려 했지만 한 시간 후에 포기했다. 가까운 곳에서 계속 터지는 폭발로 건물이 흔들렸고 유탄 파편이 유리창에 부딪쳤다. 지붕으로 올라간 그는 그곳에서 "내 생애 가장 놀라운 광경과 맞닥뜨렸다. 금융가 북쪽 전 구역이 불덩어리로 변해있었다. 화염은 수십 미터 상공으로 솟구쳤다. 구름 한 점 없는 밤이었지만 하늘을 절반가량 뒤덮은 연기는 아래쪽의 불길 때문에 온통 붉게 물들어 있었다." 때로 폭탄은 이미 불타고 있는 구조물을 뚫고 들어가 "간간이 불꽃을 내뿜었다."

미클존은 주변 사람들의 침착한 태도에 더욱 놀랐다. "그들은 폭격을 천둥번개쯤으로 여기는 것 같았다."

다시 런던으로 돌아와 인근 클라리지스 호텔에 묵고 있던 미 주재 무관 리 장군은 2층에 있는 미국대사관 외교 참모인 허셜 존슨Herschel Johnson의 방으로 내려갔다. 폭탄이 떨어지고 불타고 있는 시간에 두 사람은 주로 토머스 울프Thomas Wolfe의 작품과 빅토르 위고Victor Hugo의 소설 《레 미제라블Les Misérables》을 두고 토론했다. 대화 주제가 중국 미술로 옮겨갔다. 허셜은 훌륭한 도자기들을 몇 점 가지고 나왔다.

"엎어지면 코 닿을 거리에서 수백 명이 아주 야만적인 방법으로 살해당하는 현실이 역겨웠지만 어쩔 도리가 없었다." 리는 그렇게 적었다.

*

아홉 블록 떨어진 도체스터에는 프레드 어스테어의 만찬에 왔던 해리먼과 다른 손님들이 호텔 8층에서 공습을 지켜보았다.[65] 그들 중에는 한 달 전에 21살이 된 파멜라 처칠도 있었다.

복도를 따라 만찬회장으로 향하면서 그녀는 새로운 자유와 새로운 자신감을 되새겼다. 나중에 그녀는 그때를 이렇게 회상했다. "정말 독립했다는 느낌이었다. 내 삶은 이제 완전히 바뀔 것이다."

그녀는 앞서 체커스에서 해리먼을 만났고 지금은 해리먼의 옆자리에 앉았다. 두 사람은 오랫동안 얘기를 나누었다. 주로 맥스 비버브룩에 대한 얘기였다. 해리먼은 처칠 다음으로 친구로 삼고 싶은 사람이 비버브룩이라고 생각했다. 파멜라는 비버브룩의 성격을 설명해보려 애썼다. 해리먼이 그녀에게 말했다. "그러니까, 저… 내 방으로 가지 않을래요? 그러면 더 편하게 얘기를 나눌 수 있고 이쪽 사람들에 대해서도 더 많이 말해줄 수 있잖아요."

두 사람은 그의 방으로 갔다. 공습이 시작되었을 때 그녀는 비버브룩에 대한 다양한 통찰을 열심히 제공하고 있었다.

밖에서는 조명탄이 도시를 환하게 밝혔다. 해리먼은 나중에 아내 마리에게 보낸 편지에서 그 광경이 마치 "브로드웨이와 42번가를 닮았다"고 묘사했다.

폭탄이 떨어졌다. 옷도 흘러내렸다. 나중에 한 친구는 파멜라의 전기작가 샐리 베델 스미스Sally Bedell Smith에게 말했다. "대공습은 누군가와 침대로 들어가기에 아주 좋은 구실이지."

*

공습으로 인명과 거리 풍경이 큰 피해를 입었다. 사망자가 1,180명이었고 부상자는 훨씬 더 많았다. 지금까지 최악의 피해였다. 폭탄은 피카딜리, 첼시, 폴몰, 옥스퍼드 스트리트, 램버스, 화이트홀을 강타했다. 폭발로 해군 건물에 큰 균열이 생겼다. 크리스티 경매소는 화재로 무너졌다. 이튼 광장에 있는 성 베드로 교회에 떨어진 폭탄으로 교구사제 오스틴 톰슨Austin Thompson은 흔적 없이 사라졌다. 그는 교회 계단에 서서 사람들을 교회 안으로 대피시키고 있었다.

다음 날인 4월 17일 목요일 다우닝가 10번지에서 아침 식사를 마친 존 콜빌과 에릭 실은 피해 상황을 살피기 위해 호스가드퍼레이드로 걸어갔다. "런던이 뿌옇게 변하고 몰골이 추해졌다." 콜빌은 그날 일기에 그렇게 썼다.

그는 또한 "참상을 살피고 있던 파멜라 처칠과 애버럴 해리먼을 봤다." 그는 그 이상 언급하지 않았다.

*

해리먼은 아내에게 공습 얘기를 편지로 전했다. "자세히 말할 필요도 없겠지만 잠은 자는 둥 마는 둥 했소. 내내 대공포가 발사되고 머리 위에선 비행기들이 날아다녔소."

그날 밤 공습이 자행되는 동안 거의 내내 업무에 몰두했던 처칠은 목요일 아침 11시 30분에 열린 각료회의에서 피해를 입은 해군 건물을 본 뒤 트라팔가 광장의 넬슨 기념탑이 문제라는 생각을 하게 되었다고 말했다.

그러나 정말로 참을 수 없는 것은 이번에도 독일 폭격기들이 사실상 아무런 제지도 받지 않았다는 사실이었다. 어둠은 여전히 루프트바페의 최선의 방어책이었다.

아마도 고무적인 뉴스를 전할 생각이었는지 그날 교수는 최근에 실험한 그의 대공 기뢰에 관한 보고서를 처칠에게 보냈다. 거기에는 기뢰들(아주 작은 기뢰들)을 작은 낙하산에 매달아 비행기에서 떨어뜨리는 변종들도 있었다. RAF의 '에그레이어'는 21회의 출격에서 6개의 기뢰 장막을 설치했다. 그렇게 해서 파괴된 독일 폭격기는 최소 한 대였지만 교수는 아마 5대 정도는 파괴되었을 것이라고 주장했다.

교수의 그런 주장은 전혀 그답지 않았다. 그는 희망사항을 얘기하고 있었다. 폭격기가 파괴되었다는 유일한 증거는 레이더 에코가 사라졌다는 사실뿐이었다. 교전은 바다 위에서 이루어졌고, 육안으로 확인한 목격자는 없었다. 발견된 잔해도 없었다. "육지였다면 당연히 요구했을 증거는 분명 얻기 힘들었다." 그는 그렇게 인정했다.

그러나 그렇다고 해서 독일 폭격기 5대를 격추하지 못했다고 주장할 근거도 없다고 그는 생각했다.

*

4월 24일 목요일 메리는 에일즈버리에서 자원봉사를 마치고 집으로 달려와 친구 피오나 포브스와 차를 마셨다. 그런 다음 둘은 런던행 저녁 기차를 타기 위해 짐 꾸러미를 챙겨 급히 떠났다.

메리는 다우닝가 10번지 별관으로 가 '파파'를 뵌 다음 느긋하게 목욕을 한 후 옷을 차려입고 즐거운 밤을 보낼 생각이었지만 중간에 친구들의 전화와 전보가 끼어들었다. 그 탓에 결국 목욕은 7시 40분에야 할 수 있었다. 느긋한 목욕은 물 건너간 얘기였다. 그녀와 피오나는 8시 15분에 시작하는 파티에 참석할 예정이었지만 우선 에릭 던캐넌과 다른 친구들과 함께 도체스터에서 저녁 식사를 하기로 했다. 그 자리에는 메리의 언니 새라와 그녀의 남편 빅도 함께 했다.

그녀는 데이트 상대에게 홀딱 반했다. 그녀는 일기에 썼다. "오, 테 투아 몬 쾨르tais-toi mon coeur(진정하렴, 내 심장아)."

그들은 클럽으로 자리를 옮겨 새벽 4시에 밴드가 연주를 멈출 때까지 춤을 추었다. 메리와 피오나는 새벽녘에 별관으로 돌아왔고 메리는 일기장에 적었다. "정말 완벽한 파티였다."

그녀는 다음 날 토요일에 도체스터에 있는 친구의 시골집 침대에서 여유롭게 휴식을 취하며 기운을 회복했다. "아주 길고 맛있는, '침대에서의 망중한'이었다." 그리고 앨리스 두어 밀러Alice Duer Miller의 장시 〈백악절벽The White Cliffs〉을 읽었다. 영국 남자와 사랑에 빠졌지만 제1차 세계대전 때 프랑스에서 그를 잃은 미국 여성의 이야기였다. 공교롭게도 그 시에서 여성은 자신의 애정 행각을 시간 순으로 기록하면서 즉시 참전하지 않은 미국을 비난한다. 시는 이렇게 끝난다.

난 미국인이지만

여기서 증오할 것 그리고 용서할 것을 많이 봤다.

하지만 영국이 끝장나 소멸한다면

그런 세상에서 살 마음은 없다.

메리는 울었다.

*

같은 주 금요일 런던에서 존 콜빌은 RAF에서 신체검사 겸 면접을 봤다. 검진은 2시간 넘게 걸렸다. 시력을 제외하고는 모든 부문에서 합격점을 받아 딱 '경계선'에 걸렸다는 결과를 받아들였다. 하지만 콘택트렌즈를 끼면 비행기를 탈 수도 있다고 했다. 그에 대한 대가는 스스로 져야 할 테지만 그것도 성공하리라는 보장은 없었다.

그러나 다우닝가 10번지에 눌러앉는 것은 더는 적절치 않아 보였다. RAF에 입대할 생각을 하면 할수록 그는 현재의 처지가 더욱 불만스러웠고 그래서 벗어나야겠다는 생각만 간절해졌다. 그는 게이 마거슨을 갈망하는 것만큼이나 동경과 절망이 뒤섞인 심정으로 새 목표를 갈구했다. "전쟁이 발발한 이후 처음으로 만나는 사람들이 대부분 마음에 들지 않고 불안하고 지루하다. 아이디어도 궁핍해지는 것 같다." 그는 그렇게 일기에 적었다. "아무래도 변화가 필요하다. RAF에서의 적극적이고 실질적인 삶만이 진정한 해결책인 것 같다. 화성의 제단에 나 자신을 제물로 바치고 싶은 생각은 없지만 그까짓 세상사 뭐 별것 있나 하는 생각도 든다."

요제프 괴벨스는 전쟁이 잘 풀리는 것 같아 흡족했다. 이제야 영국의 사기가 꺾이는 것 같았다. 대규모 공습으로 플리머스가 완전히 공황상태에 빠졌다는 보도도 나왔다. "그 정도면 치명적인 성과다." 괴벨스는 일기에 그렇게 썼다. "런던에서 비밀리에 들어오는 보고에 따르면 우리의 공습으로 그들 사기가 주저앉은 것은 분명하다." 그리스에서도 "영국인들은 도망가기 바쁘다."

무엇보다도 처칠 스스로가 점점 더 비관적이 되어가는 것 같았다. "그는 몹시 우울해서 하루 종일 담배를 피우고 술을 마시며 보낸다고 한다." 괴벨스는 일기에 그렇게 썼다. "우리가 원했던 적의 모습이 바로 그런 것이다."

그의 일기는 전쟁과 삶에 대한 열정으로 활기가 넘쳤다. "밖은 얼마나 찬란한 봄날인가!" 그는 그렇게 썼다. "세상이 이토록 아름다울 수 있다니! 그런데도 그걸 즐길 기회가 없다. 이렇게 어리석은 인간이라니. 인생은 너무 짧다. 그리고 스스로 인생을 힘들게 만든다."

4월 24일과 25일 양일에 영국군 1만 7,000명이 그리스에서 패주
했다. 다음 날 밤에 또 1만 9,000 병력이 철수했다. 이집트에서 진격하
는 롬멜의 전차는 거칠 것이 없었다. 영국 내에서는 영국이 공세로 전
환해 영토를 장악할 능력이 없다는 우려가 갈수록 커졌다. 처칠이 총
리가 된 이후 벌써 세 번째 대규모 철수였다. 첫 번째는 노르웨이, 그
다음은 덩케르크, 이제는 그리스였다. "우리가 정말 잘하는 건 그것뿐
이다!" 알렉산더 캐도건은 일기에서 그렇게 자조했다.

최근의 군사적 패배로 국민과 미국이 당황할 수 있겠다고 생각한
처칠은 4월 27일 일요일 밤에 체커스에서 방송을 했다. 그는 최근 폭
격으로 피해를 입은 도시들을 방문한 것은 국민 정서를 헤아리기 위
해 일부러 강행한 일정이었다고 그 의도를 밝혔다. "나는 안심했고 또
한 다시 용기를 얻어 돌아왔습니다." 그는 대중의 사기가 드높다고 전
했다. "저를 둘러싼 사람들에게 저는 한껏 고양된 정신을 느낄 수 있었
습니다. 그런 그들의 정신력이야말로 인류의 고통을 당장의 현실 저 너
머로 끌어올려 보다 나은 세상에 속한 기쁨의 평온함으로 승화시키는
것 같습니다."

허세가 조금 심해 보였던 모양이었다. "최악의 폭격을 당했는데도
사기가 최고였다는 말은 솔직히 믿기지 않는다." 병원 침대에 누워있
던 한 매스옵저베이션의 일기기록원은 그렇게 썼다. "순 거짓말이야!"

다른 환자도 그렇게 말했다.

처칠은 청취자들에게 "이 길고 황량하고 험한 골짜기에서" 여러분을 안전하게 데리고 나갈 책임을 통감한다며 낙관할 수 있는 몇 가지 근거를 제시했다. "사악한 독일인은 다 합해야 7,000만도 안 됩니다. 그리고 그들 중 일부는 마음을 돌릴 수 있고 또 일부는 죽일 수 있습니다." 그러면서 그는 지적했다. "대영제국과 미국에 있는 국민은 각각의 본토와 영국령에만 2억 명에 육박합니다. 이 두 나라는 전 세계를 합친 것보다 더 많은 부와 기술 자원을 가지고 있고 더 많은 철강을 생산하고 있습니다." 그는 청중들에게 "균형감각"을 잃지 말라고 촉구하면서 그렇지 않으면 불필요하게 "낙담하거나 당황하게 된다"고 경고했다.

*

연설이야 늘 즐겁지만 처칠은 더는 물러설 곳이 없다는 것을 잘 알고 있었다. 대단한 전과를 거두었던 중동 지역은 특히 그랬다. 4월 28일 월요일 그는 자신의 전시내각에 '극비' 지령을 내려 지위 고하를 막론하고 모든 장사병들은 "영국의 생명과 명예가 이집트를 얼마나 제대로 수호하느냐에 달렸다"는 사실을 직시하라고 다그쳤다. 이집트에서 철군하고 수에즈 운하를 포기하려 했던 모든 사전 계획은 철저한 통제하에 즉시 취소되고 폐기되었다. "그런 계획은 입에 담는 것조차 허용하지 않겠다." 처칠은 그렇게 썼다. "해당 부대나 병력에 50퍼센트 이상의 사상자가 나오지 않는 한 장교와 사병 어느 누구도 항복하는 것을 용납하지 않겠다." 적에게 붙잡힐 위기에 처한 장군이나 참모 장교는 권총으로 끝까지 대항하라고 그는 명령했다. "부상자의 명예는 존중될 것이다." 그는 그렇게 썼다. "독일군이나 심지어 이탈리아군을 죽일 수만 있다면 최고의 복무를 한 것이다."

늘 그랬지만 처칠의 주요 관심사는 여기서 더 밀릴 경우 루스벨트가 그 패배를 어떻게 받아들일 것인가 하는 문제였다. "이집트 전투에서 이기지 못하면 영국으로서는 첫 번째 대재앙이 될 것이다." 처칠은 4월 30일 수요일 퍼그 이즈메이 경과 비버브룩 경 외에 해군부 고위 관리들에게 보낸 전언문에서 그렇게 썼다. "그 전투에 따라 터키와 스페인과 비시의 결정이 달라질 것이다. 미국은 우리가 더 이상 소용이 없는 존재라고 오판할 수도 있다."

하지만 문제는 미국만이 아니었다. 그 방송은 끓어오르는 반대파들의 불만을 가라앉히는 데에도 거의 도움이 되지 않았다. 반대파의 선두인 로이드 조지는 곧 자신의 의사를 드러낼 기회를 갖게 된다. 4월 29일 화요일에 노동당 의회 대표 권한대행 헤이스팅스 리스-스미스 Hastings Lees-Smith는 처칠의 연설에 앞서 질문을 던지는 의회의 '사적 통보' 조항에 따라 "전황에 대한 논의는 언제 시작할 작정인지" 물었다.

처칠은 토론 일정을 짤 뿐 아니라 하원을 소집해 결의안도 표결에 부치겠다고 답했다. "하원은 그리스를 지원하는 문제와 관련하여 폐하의 정부가 마련한 정책을 승인하고, 중동과 다른 모든 전장에서 실시되는 우리의 작전을 확실하고 강력하게 추진할 것임을 선언한다." 이것이 표결에 부칠 안건의 내용이었다.

이는 물론 처칠 자신에 대한 신임투표가 될 것이다. 타이밍이 나쁘지는 않지만 토론 시기가 전 총리 체임벌린을 퇴임시키고 처칠에게 권력을 주었던 투표일로부터 정확히 1년 뒤여서 이를 상징적인 신호로 받아들이는 사람들도 있었다.

＊

베를린에서 요제프 괴벨스는 처칠의 방송에 숨겨진 동기와 그것의 잠재적인 영향을 따져봤다. 그는 미국과 영국의 관계가 발전되어가는 과정을 예의주시하면서 선전요원들을 동원하여 결과에 영향을 미칠 방법을 궁리했다. "미국은 전쟁 개입 여부를 두고 여전히 격론을 벌이는 중이다." 그는 방송 다음 날인 4월 28일 월요일자 일기에 그렇게 적었다. 결과는 예측하기 어려웠다. "우리도 최대한 노력하고 있지만 그렇다고 귀청 떨어질 것 같은 저 유대인들의 입을 막을 수는 없다. 런던은 미국에 마지막 희망을 걸고 있다. 어떤 돌발사태가 일어나지 않는 이상 런던은 곧 전멸하게 될 것이다." 그러면서도 괴벨스는 고조되는 불안을 감지했다. "그들이 크게 두려워하는 것은 앞으로 몇 주와 몇 달 동안 입을 큰 타격이다. 우리는 이런 두려움을 사실로 만들기 위해 최선을 다할 것이다."

그는 부하들에게 처칠의 방송을 역이용하여 그의 신뢰를 떨어뜨리라고 지시했다. 그들은 처칠이 폭격을 당한 지역을 방문한 후 런던으로 돌아가 "안심도 되고 상쾌하기까지 하다"고 한 발언을 문제 삼아 조롱했다. 그들은 특히 처칠이 독일 침공에 맞서 이집트에서 그리스로 옮긴 병력을 가리켜 했던 말을 물고 늘어졌다. 처칠은 이렇게 말했었다. "이런 임무를 맡길 수 있는 가장 적합한 사단은 뉴질랜드와 호주 출신 병사들이다. 이런 위험한 원정에 참여한 병력 중 본국 출신은 절반 정도밖에 안 된다." 괴벨스는 쾌재를 불렀다. "정말 공교롭게도 그렇게 됐다! 영국군이 퇴각할 때면 어김없이 '그렇게 된다.' 마침 영국인들은 사상자가 나지 않았다. 공교롭게도 서부 지역을 공격하는 중에 가장 큰 희생을 치른 곳은 프랑스와 벨기에와 네덜란드 병사들이었다. 공교롭게도 영국인들은 노르웨이에서 빠져나갈 때도 노르웨이인들의 엄호를 받았다."

그는 선전요원들에게 처칠이 하원의 질문을 피하기 위해 대중연설 방송을 택했다는 점도 강조하라고 지시했다. "하원이었다면 연설이 끝난 뒤에 항의를 받았을 수도 있고 곤란한 질문들이 쏟아졌을 수도 있다." 괴벨스는 일기에 그렇게 썼다. "그는 의회를 두려워한다."

*

전쟁과 정치적 압박에도 처칠은 시간을 내어 망명 중인 벨기에 총리 위베르 피엘로Hubert Pierlot에게 애도의 편지를 썼다.

전시에도 총탄이나 폭탄과 무관한 비극은 일어났고 그런 일은 매일같이 닥치는 암울한 사건들 속에 잊히곤 했다. 이틀 전 오후 3시 30분쯤 킹스크로스에서 뉴캐슬까지 가던 고속철 기관사는 엔진의 견인력이 약간 떨어졌다는 사실을 알아챘다. 열차 어딘가에서 비상 브레이크가 작동됐다는 표시였다. 그는 계속 운행하면서 가까운 신호함이 나타나면 그 옆에 정차해야겠다고 생각했다. 도움을 요청하는 전화를 걸어야 할 경우를 대비한 조치였다. 그는 두 번째 비상 코드를 당긴 후 열차를 완전히 세웠다. 달리는 속도가 있는 데다 내리막길이 길었기 때문에 정차하기까지 약 3분이 걸렸다.

총 11량의 차량 중 마지막 3량에는 앰플포스 고등학교로 돌아가는 남학생 100명이 타고 있었다. 요크셔의 아름다운 골짜기에 자리 잡은 가톨릭 기숙학교 학생들이었다. 시속 80킬로미터가 넘는 속도로 달리던 열차가 목적지까지 절반쯤 갔을 때 지루함을 견디지 못한 학생 몇몇이 불붙은 성냥을 서로에게 튕겨 날리기 시작했다. 불붙은 성냥 하나가 좌석과 벽 사이에 떨어졌다. 좌석의 재질은 합판이었고 쿠션은 말총으로 채워져 있었다. 목재를 두른 틀을 강철 섀시로 고정시켜놓은 열차였다. 불은 좌석과 벽 사이에서 시작되어 눈에 보이지 않은 상태로 계속 타들어갔다. 거세진 불길은 열린 환풍구에서 불어오는 미풍을 타고 벽으로 올라붙기 시작했다. 순식간에 화마에 휩싸인 차량은 짙은 연기로 가득 찼다.

그 화재로 소년 6명이 사망하고 7명이 부상을 입었다. 사망자 중 두 명은 벨기에 총리의 두 아들이었다.

"친애하는 총리 각하." 처칠은 4월 30일 수요일에 편지를 썼다. "공무에 얼마나 어깨가 무거우시겠습니까? 거기에 개인적 상실과 슬픔이라는 예기치 않은 짐을 짊어져야 하는 각하에게 깊은 위로의 말씀을 드리고자 이렇게 펜을 들었습니다."

*

그날 뮌헨 외곽의 메서슈미트 비행장에서 루돌프 헤스는 또 한 번의 북해 횡단을 준비했다. 비행기에 올라타 엔진을 켜고 이륙 허가를 기다리고 있는 그에게 부관 핀치가 달려왔다. 핀치는 히틀러가 보낸 메시지를 전달했다. 다음 날 5월 1일 노동절에 메서슈미트 공장에서 열리는 기념식에 참석하여 빌리 메서슈미트Willy Messerschmitt 등 '노동의 선구자'들을 치하하라는 지시였다.

물론 헤스는 히틀러의 지시를 따랐다. 그에게는 총통이 곧 하늘이었다. 나중에 히틀러에게 보낸 편지에서 헤스는 "지난 20년 동안 각하는 저의 삶을 충만하게 채워주셨습니다"라고 썼다. 그는 히틀러를 독일의 구원자로 보았다. "1918년에 몸과 마음이 무너진 이후 각하는 저에게 다시 살아야 할 이유를 주셨습니다." 그는 그렇게 썼다. "저는 각하와 독일을 위해 다시 태어났고 다시 한 번 새로운 삶을 시작할 수 있었습니다. 각하를 섬기고 각하의 뜻을 충실히 따르는 것은 저뿐 아니라

각하의 다른 부하들에게도 드문 특권입니다."

그는 조종석에서 내려와 뮌헨으로 돌아가 발언할 준비를 했다.

90장 침울

같은 주 수요일에 비버브룩 경은 처칠에게 또다시 사표를 제출했다. "나는 정부 일을 그만두기로 결심했습니다." 그는 그렇게 썼다. "건강이 좋지 않다는 것 외에 따로 드릴 변명은 없습니다."

그는 오랜 우정을 인정하는 말로 문제를 얼버무렸다. "헌신과 애정으로 제 공식적인 관계를 끝내려 합니다."

"개인적인 관계는 그대로 남겨주시기 바랍니다." 그는 그렇게 덧붙였다.

결국 처칠도 승낙했다. 항공기생산부 장관으로 비버브룩은 모두가 기대하는 것 이상의 성공을 거두었지만 항공기생산부와 공군부 사이의 관계는 이미 돌이킬 수 없을 정도로 악화되어 있었다. 비버브룩이 그만둘 때도 되었다고 처칠은 판단했지만 친구가 완전히 떠나는 것을 허락할 수는 없었고, 비버브룩 역시 이전과 마찬가지로 아직 그 자리를 떠날 마음은 없었다.

5월 1일 목요일에 처칠은 비버브룩을 '정무장관Minister of State'에 임명했고 비버브룩은 "저를 그냥 보내주셔야 한다"며 거세게 항의한 후 그 직책을 수락했다. 하지만 그는 그 직책이 영국의 모든 생산 공급부처를 관할하는 위원회를 감독한다는 기본 임무만큼이나 모호하다는 것을 알고 있었다. "나는 교회의 사제minister of church도 할 각오가 되어 있다." 그는 그렇게 둘러댔다.

〈뉴요커〉에 기고하는 작가 몰리 팬터-다운즈에 따르면, 화이트홀에 있는 사람들은 대부분 그의 새로운 직책을 걱정했지만 대중들은 호의적으로 받아들였다. "가능한 한 빨리 전쟁에서 승리하는 것을 보고 싶어 하는" 사람들은 "새로 부활한 정무장관이 비효율성과 관료주의적 나태함을 당장 걷어내야 하는 시급한 임무를 처리해주기를 바랐다. 사람들은 그의 임명을 환호로 맞이했다."

그날 저녁 식사 후 처칠과 클레멘틴은 야간 열차에 몸을 싣고 황폐해진 도시를 향해 또 다른 탐험을 떠났다. 이번 목적지는 남서부 영국의 주요 해군기지인 플리머스로, 아흐레에 걸친 다섯 차례의 강도 높은 야간 공습을 견딘 곳이었다. 국내정보국의 설명은 무척 사무적이었다. "번창하는 지방의 사업 및 상업 중심지로서 플리머스는 당분간 존재하지 않게 되었다."

지금까지의 피해 지역 시찰 때와는 달리 이번 방문으로 처칠은 크게 동요했고 깊은 슬픔에 잠겼다. 다섯 차례의 야간 공습으로 완전히 주저앉은 항구도시는 그동안 봐왔던 폐허조차 무색하게 만들었다. 마을 전체가 흔적도 없이 사라졌다. 이 도시의 포틀랜드 광장 구역 공습 대피소는 직격탄을 맞고 76명이 그 자리에서 목숨을 잃었다. 처칠은 사망하거나 다친 수병이 많은 해군기지를 방문했다. 부상자 중 40명은 체육관의 간이침대에 누워있었고 방 건너편 낮은 커튼 뒤에서는 수병들이 운이 없던 동포들을 안치한 관 뚜껑에 못질을 하고 있었다. "부상자들에게는 망치질 소리가 남다르게 들렸을 것이다." 처칠과 동행한 존 콜빌은 그렇게 썼다. "피해가 너무 심각해서 다른 곳과는 비교가 안 된다."

차를 타고 브리티시파테British Pathé 뉴스영화 카메라기자 옆을 지나가던 처칠은 망연함과 슬픔이 뒤섞인 듯한 표정으로 렌즈를 뚫어져

라 응시했다.

*

체커스로 돌아왔을 때는 자정이었다. 그렇지 않아도 지치고 슬픈 그에게 또 나쁜 소식이 들려왔다. 영국 해군의 귀중한 구축함 한 척이 몰타에서 침몰되어 그랜드하버 입구를 막았다는 소식이었다. 중동 지역으로 탱크를 운반하던 수송선 한 척은 엔진 고장으로 멈춰 섰고, 이라크를 공격하던 영국군은 예상 밖으로 강력한 이라크 육군의 저항에 부딪혀 고전하고 있었다. 무엇보다 낙담스러운 것은 중동 방어의 중요성을 무시하는 듯한 루스벨트 대통령의 길고 실망스러운 전보였다. "개인적으로 저는 독일이 영토를 넓히기 위해 세력을 확대하는 것에 그다지 낙담하지 않습니다." 루스벨트는 그렇게 썼다. "그런 지역을 다 합쳐 봐야 대규모 점령군을 유지하거나 보완하는 데 필요한 원자재는 구하기 힘들 것입니다."

루스벨트는 물정 모르는 문구를 덧붙였다. "계속 건투를 빕니다."

루스벨트의 냉담한 답변에 처칠은 어이가 없었다. 전보에 드러나지 않은 의미는 분명했다. 루스벨트는 독일의 공격으로부터 미국의 안전을 지키는 데 직접적으로 도움이 되는 지원에만 관심이 있을 뿐 중동이 적의 손에 떨어지든 말든 알 바 아니라는 투였다. "대서양 전역에서 상당히 밀리는 것처럼 보입니다. 어느 사이에 우리 운명은 우리 스스로의 손에 달린 문제가 되었구려." 처칠은 앤서니 이든에게 그렇게 썼다.

그날 밤 나쁜 소식이 계속 밀려들어온 탓인지 처칠은 "최근 그 어느 때보다 더 우울한 모습이었다"고 콜빌은 썼다.

처칠은 루스벨트의 전보에 대한 답변을 불러주면서 중동 지역이 장기적인 관점에서 미국의 이익에 중요하다는 점을 강조했다. "이집트와 중동을 잃는 결과가 심각하지 않을 것이라고 생각하신다면 오산입니다." 그는 루스벨트에게 말했다. "그렇게 되면 대서양과 태평양은 심각한 위험에 처하게 되고 그에 수반된 모든 고통과 군사적 위험으로 인해 전쟁도 오래 끌 수밖에 없을 것입니다."

처칠은 전쟁에 개입하기 꺼리는 루스벨트의 태도에 점점 지쳐 갔다. 지금쯤이면 미국과 영국이 나란히 싸우고 있을 줄 알았는데 루스벨트의 행동은 늘 처칠의 요구와 기대에 미치지 못했다. 구축함들은 중요한 상징적 선물이었고 무기대여 방식과 해리먼의 효율적인 임무 수행이 신의 선물인 것도 사실이지만 처칠은 그 어느 것도 성에 차지 않았다.[66] 합리적인 기간 내에 승리를 거두려면 미국이 전쟁에 뛰어드는 길밖에 없었다. 그래도 그렇게 애타게 구애한 보람이 아주 없지는 않았다. 이제 자신의 우려와 소망을 좀 더 솔직하게 표현해도 미국이 완전히 등을 돌릴 걱정은 하지 않아도 되겠다는 생각이 들었기 때문이었다.

"대통령 각하." 처칠은 그렇게 썼다. "제가 마음속에 품은 생각을 그대로 드러낸다고 해도 제 말을 오해하지는 않으리라 믿습니다. 터키와 근동지방과 스페인에서 점점 커지는 비관론의 균형을 바로 잡아주는 한 가지 결정적 평형추는 미국이 전쟁을 불사하는 강대국으로 즉시 우리 편에 서는 것입니다."

잠자리에 들기 전에 처칠은 해리먼과 퍼그 이즈메이와 콜빌을 불러 난롯가에 앉아 늦은 밤까지 얘기를 나눴다. 모골이 송연해지는 지정학 구도가 주제였다. 콜빌이 나중에 회상한 내용은 "히틀러가 유럽과 아시아와 아프리카를 지배하고 미국과 우리는 내키지 않는 평화 외에 선택의 여지가 없는 세계"였다. 수에즈가 적의 손에 떨어지면 "중동을 잃게 되고 히틀러가 조종하는 새로운 질서는 한껏 기세등등하여 새로운 생명력을 발휘하게 될 것"이라고 처칠은 우려했다.

처칠은 전쟁이 매우 중요한 분기점에 다다랐다면서 최후의 승리를 결정짓는다는 의미에서가 아니라 전쟁이 빨리 끝날지 하염없이 길어질지를 가르는 기로에 섰기 때문이라고 말했다. 히틀러가 이라크의 석유와 우크라이나의 밀을 장악하게 되면 "우리 플리머스 동포들의' 뜨거운 충성심으로도 시련을 단축시키지 못할 것"이다.

콜빌은 처칠이 우울한 이유가 주로 플리머스의 참상 때문이라고 생각했다. 그날 밤 내내 처칠은 같은 말을 되뇌었다. "이런 건 본 적이 없어."

토요일 아침 햇살은 눈부셨지만 뼛속까지 으스스했다. 그해 5월 첫째 주는 아침 서리가 내리는 시기였던 탓인지 유난히 추웠다. "믿어 지지 않는 추위다." 해럴드 니컬슨은 그렇게 일기에 썼다. "2월 같다." 해리먼의 비서 미클존은 아파트 욕조에 뜨거운 물을 채워 수증기가 거실로 흘러들어가도록 했다. "다른 것만 아니면 심리적 효과는 아주 좋다." 그는 그렇게 썼다. (독일도 추웠다. "시골은 깊은 눈에 덮여있다." 요제 프 괴벨스는 불평했다. "여름이 코앞인데 이게 무슨 일인가!") 체커스에 있는 많은 나무들은 거의 비칠 것 같은 첫 잎을 선보이기 시작했고 덕분에 폴 시냐Paul Signac의 붓이 닿은 땅처럼 풍경에 점묘 효과를 주었다. 근처 쿰힐과 비컨힐은 이미 연녹색으로 물들어 있었다. "모든 것이 매우 늦 었지만 마침내 나무들이 제 모습을 찾기 시작했다." 존 콜빌은 그렇게 썼다.

처칠은 그날따라 심술이 유별났다. "잠을 너무 적게 주무신 탓인 지 P.M.은 오전 내내 짜증을 냈다." 콜빌은 그렇게 썼다. 점심 때쯤엔 "뚱한" 표정으로 바뀌었다. 전쟁이나 루스벨트 때문이라기보다는 클레 멘틴이 그가 아끼는 꿀을 썼기 때문이었다. 하찮은 대황을 달게 한답시 고 호주 퀸즈랜드에서 보낸 귀한 꿀을 쓴 게 그는 못내 아까웠다.

그날 오후, 메리 처칠에게 구혼한 에릭 던캐넌이 그의 여동생 모 이라 폰손비Moyra Ponsonby와 함께 도착했다. 모이라는 콜빌과 함께 스탠스테드 파크에서 격추된 독일 폭격기를 둘러봤던 여성이었다. 에릭은 갑작스레 들이닥쳐 메리를 비롯한 모두를 놀라게 했지만 그렇다고 다들 그를 환영한 것은 아니었다. 그는 원래 다음 날인 일요일 점심에 초대받았지만 토요일로 착각한 척했다.

그의 존재 때문에 사람들은 조금 더 긴장하게 되었다. 계속 메리의 환심을 사려 애쓰는 그의 행동거지로 보아 아무래도 주말이 다 가기 전에 청혼할 것 같았다. 메리는 응할 생각이 있었지만 가족들의 뜨뜻미지근한 태도 때문에 별로 들뜨지도 않았다. 우선 어머니가 반대했다. 둘째 언니 새라도 대놓고 비웃었다. 메리가 너무 어리다는 이유였다.

오후에 처칠은 정원에 자리를 잡고 앉아 여러 가지 메모와 전언문을 작성했다. 플리머스의 피해가 여전히 머릿속을 떠나지 않았다. 독일군이 RAF의 별다른 방해를 받지 않고 아흐레 중 닷새 동안 그 도시를 공격할 수 있었다는 사실에 그는 분개했다. 그는 여전히 교수의 공중기뢰를 크게 신뢰했지만 다른 사람들은 모두 비웃는 것 같았다. 실망을 감추지 못한 처칠은 공군참모총장 찰스 포털과 신임 항공기생산부 장관 존 무어 브라바존John Moore-Brabazon에게 보내는 메모를 불러주면서 공중기뢰를 살포할 책임을 맡은 RAF 비행단이 왜 아직 필요한 항공기 18대를 완전히 확보하지 못하고 있는지 추궁했다.

"내줄 수 있는 비행기가 7대밖에 없다는 건 그렇다 치더라도 왜 그것마저 띄우는 걸 허락받기가 그렇게 힘든 겁니까? 왜 플리머스 같은 마을이 이런 장비를 사용해보지도 못하고 연속해서, 거의 매일 야간 공습을 다섯 차례나 받게 내버려두는 거요?" 그리고 그는 폭격기들을 목표물까지 유도하는 독일 무전기 빔을 가로질러 공중기뢰를 발사하지 않은 이유가 무엇이냐고 물었다. "나는 이 장비를 완벽하게 만드는 데 필요한 조치를 방해해온 수년간의 장애물이 아직 사라졌다고 생각하지 않습니다." 그는 그렇게 썼다. "야간에 침략해오는 적에 대한 [왕립] 공군의 최근 대응은 어이없게도 초라하기 그지없었소. 설령 그 방법을 사용한 횟수가 적어 엄청나게 확률이 높은 결과가 나왔다고 해도, 지금 같은 상황에서 그 방법을 외면할 만큼 여유를 부릴 때는 아니잖소?"

그가 여기서 언급하고 있는 방법이라는 것이 정확히 무엇인지는 확실하지 않다. 그 기뢰들은 아직 정상적인 작전에 투입되지 않은 상태였다. 공군부 연구원들은 전투기가 야간 목표물을 쉽게 찾을 수 있도록 공대공 레이더를 개선하고 독일 항법 빔을 찾아내 조작하는 기술을 완벽하게 만드는 데 더욱 집중하고 있었다. 적을 심문한 보고서에 따르면 독일 조종사들조차 갈수록 빔을 불신할 만큼 그들은 방해 기술에서 진전을 이루고 있었다. RAF는 빔의 방향을 능숙하게 바꾸고 유인용 화재 '불가사리'를 사용하여 독일 조종사들을 헷갈리게 만들었다. 그래서 엉뚱한 곳을 목표지점으로 착각하는 경우가 적지 않았다. 플리머스에 가해진 것 같은 공격을 교란할 만한 수단이 있다고 해도 이런 장비를 정밀하게 배치할 수 있을지는 여전히 운에 맡겨야 했지만 방해 기술에 진전이 있는 것만은 틀림없었다.

그러나 공중기뢰는 문제점만 드러냈고 처칠과 교수 이외에는 아무도 쓸 만하다고 여기는 것 같지 않았다. 오직 처칠의 열정, 그의 '파워 릴레이'만이 그것을 계속 개발하도록 부추기고 있었다.

처칠의 기분은 그날 저녁에 호전되었다. 투브룩에서 벌어진 격렬한 전투 때문이었다. 치열한 전투와 군사적 영광의 전망만큼 그를 짜릿하게 만드는 것은 없었다. 그는 새벽 3시 30분까지 잠을 자지 않았고 기분이 좋아 "웃고 놀리고 일과 사담을 번갈아가며 했다"고 콜빌은 썼다. 앤서니 이든을 포함한 그의 공식 손님들은 하나둘 지쳐 잠자리에 들었다. 그러나 처칠은 계속 버텼고 그의 청중은 결국 콜빌과 메리의 잠재적인 구혼자인 에릭 던캐넌만 남았다.

메리는 이미 창살 없는 감옥으로 물러갔다. 다음 날이면 자신의 삶이 영원히 바뀔지 모른다고 생각했다.

*

베를린에서 히틀러와 요제프 괴벨스 선전부 장관은 갓 출간된 처칠 전기의 영어판을 두고 농담을 주고받았다. 분홍색 실크 내복을 입고 욕조에서 일하며 하루 종일 술을 마시는 등 그의 특이한 성벽을 적지 않게 폭로한 책이었다. "그는 욕조 안에서 또는 팬티 바람으로 메시지를 불러준다. 그런 희한한 모습을 총통은 매우 재미있게 여기셨다." 괴벨스는 토요일 일기에 그렇게 썼다. "총통은 대영제국이 서서히 해체되고 있다고 생각하신다. 건져낼 것은 많지 않을 것이다."

*

일요일 아침 그다지 심각하지 않은 불안감이 체커스의 근엄한 영역을 슬그머니 파고들었다. 에릭 던캐넌이 청혼할 것이 분명해 보이는데도 메리 이외에는 아무도 기뻐하는 사람이 없었다. 하긴 메리도 썩 내키는 것은 아니었다. 그녀는 이제 열여덟 살이고 진지한 구애는커녕 연애도 한 번 해본 적이 없었다. 약혼 생각에 그날 기분이 좀 묘해지기는 했어도 마음은 어수선했다.

새로운 손님들이 도착했다. 새라 처칠과 교수, 처칠의 20살짜리 조카 클라리사 스펜서 처칠Clarissa Spencer-Churchill이었다. "대단한 미모다." 콜빌은 클라리사를 보고 그렇게 적었다. 그녀에게는 동행이 있었다. 마드리드에서 해군 보좌관으로 복무 중인 평판이 좋지 않은 미남 소설가이자 자칭 모험가인 앨런 힐가스Alan Hillgarth 대위였다. 그는 마드리드에서 정보작전을 수행했다. 그중 몇 가지는 자신의 부원인 이언 플레밍Ian Fleming 중위의 도움을 받았다. 나중에 이언 플레밍은 제임스 본드James Bond라는 인물을 만들 때 힐가스 대위에게서도 영감을 받았다고 인정했다.

"에릭은 메리와의 관계를 진전시킬 것이고 메리는 불안하긴 해도 기뻐할 것이 분명했다. 모이라는 찬성하고 처칠 여사는 싫어했으며 클라리사는 재미있어했다." 콜빌은 그렇게 썼다. 처칠은 별다른 관심을 드러내지 않았다.

점심 식사 후 메리와 다른 사람들은 장미 정원으로 나갔고 콜빌은 처칠에게 이라크 상황이 담긴 전보를 전달했다. 날은 화창하고 따뜻해서 최근 계속된 추위가 거짓말 같았다. 콜빌로서는 알 수 없는 일이지만 에릭과 클라리사는 메리를 남겨두고 그들끼리 긴 산책을 나섰다. "아마도 클라리사에게 매력을 느꼈거나 아니면 메리의 질투심을 유발할 필요가 있겠다고 생각한 것 같았다. 클라리사도 자신의 매력을 배경으로만 둘 생각은 없었을 것이다." 콜빌은 그렇게 썼다. 산책을 마치고 클라리사와 힐가스 대위가 떠난 후 에릭은 낮잠을 잤다. 콜빌은 분명 저의가 있다고 생각했다. 나중에 롱 갤러리Long Gallery에 "극적인 등장" 효과를 노리는 것 같다고 그는 짐작했다. 이든과 해리먼을 비롯해서 처칠 가족과 손님들은 롱 갤러리에 모여 오후의 티타임을 가질 계획이었다. "이 모든 것이 다분히 에릭의 작위적인 기분을 충족시키고 메리의 순진한 감정을 자극하는 줄다리기 같지만 대단한 결과는 없을 것이다."

처칠은 오후 업무를 위해 정원에 자리를 잡은 뒤 따뜻한 날씨를 만끽하며 그의 노란 상자 안에 든 1급 비밀 서류를 뒤적였다. 콜빌도 가까이 앉았다.

처칠은 이따금 의심스러운 눈초리로 그를 힐끔거렸다. "내가 그분의 특별한 가죽 박스 안에 든 내용물을 훔쳐본다고 생각하신 모양이다."

＊

에릭은 메리를 화이트 팔러White Parlor 한쪽으로 데리고 갔다.

"오늘 저녁 에릭이 내게 청혼했다." 메리는 그렇게 일기장에 썼다. "얼떨떨하다. '그럴게요'라고 답한 것 같지만, 세상에, 그냥 얼떨떨할 뿐이다."

＊

처칠은 밤늦게까지 일했다. 창백한 얼굴로 늘 말이 없고 불쑥 나타나곤 하는 교수와 콜빌이 처칠의 침실에 함께 있었다. 처칠은 침대로 올라가 그날 들어온 보고서와 전언문을 검토했다. 교수는 가까이 앉았지만 콜빌은 침대 발치에 서서 처칠이 훑어본 자료를 정리했다. 새벽 2시가 넘어갔다.

콜빌은 다음 날인 5월 5일 월요일에 "피곤한 상태"로 런던으로 돌아갔다.

92장 르 쾨르 디 Le Coeur Dit (마음이 하는 말)

메리, 5월 5일 월요일.

"하루 종일 혼자 속으로 버둥거렸다."

"엄마가 다시 왔다. 나나도 왔다."

"침착해야지. 정원을 오래 거닐었다. 결국 눈물에 지고 말았지만
그래도 행복했다."

93장 팬저와 팬지

처칠의 전쟁 대처 방식을 논하는 의회 대토론은 5월 6일 화요일에 앤서니 이든 외무장관의 알맹이 없는 연설로 시작되었다. "하고 싶은 말은 많지만 부득이하게 지금으로서는 말씀드릴 수가 없습니다." 그렇게 운을 뗀 그는 몇 마디 안 되는 말을 서투르게 늘어놓았다. "모두 아무런 반응이 없는 가운데 그는 자리에 앉았다." 이든의 의회 사무차관인 칩스 채넌은 그렇게 썼다. "중요한 연설을 그렇게 어설프게 하는 건 처음 본다." 여러 지역 출신 의원들의 짧은 연설이 이어졌다. 한 가지 일관된 주제가 있다면 하원이 요구하는 것은 전쟁에 관한 토론인데 그것을 처칠이 신임투표로 삼은 것에 실망했다는 얘기였다. "왜 친애하는 총리께서 이런 안건으로 우리를 걸고넘어지는 겁니까?" 한 의원은 그렇게 말했다. "비판이 부적절하다고 생각하시는 겁니까?"

글래스고 출신의 사회당원 존 맥거번John McGovern은 그날 맹공을 퍼부으면서 처칠이 피해를 입은 도시를 방문하는 관행까지 비판했다. "국내 모든 피해 지역을 총리께서 손수 일행을 끌고 다니며 유람마차 뒷자리에 앉아 서커스의 '광대'처럼 지팡이에 모자를 얹어 흔드는 바람에, 정부 대표들은 이 나라 국민들이 무슨 생각을 하고 있는지도 모르는 매우 안타까운 상황이 되고 말았습니다." 맥거번은 전쟁이든 정부든 자신감이 전혀 없다고 질타하며 덧붙였다. "그리고 나는 흑인을 백인이라 우겨도 거의 믿게 만드는 총리의 웅변술의 위력에 경탄을 금할 수 없지만, 그가 인류에게 지속적인 혜택을 가져다줄 일을 할지에 대해서는 조금도 믿음이 가지 않습니다."

그러나 다른 연사들은 대부분 신중하게 비판하면서도 총리에 대한 찬사를 잊지 않았고 때로는 감상적인 표현도 사양하지 않았다. "내 생전에 지금 우리 총리님처럼 자신감과 열정을 불어넣어준 분은 기억나지 않습니다." 누구는 그렇게 말했다. 또 다른 의원인 모리스 페서릭Maurice Petherick 소령은 "정부가 좀 더 강인해지고 더 강력해지기"를 바란다며 이번 토론에서 가장 기억에 남을 발언을 했다. "우리가 원하는 것은 맵시 있는pansy 정부가 아니라 탱크 같은panzer 정부입니다."

이틀간의 토론 내내 가장 많이 나온 비판은 정부가 전쟁을 효율적으로 운영하지 못한다는 지적이었다. "정복해놓고 지키지 못하면 공격력을 키워봐야 일시적인 용도밖에 되지 않습니다." 체임벌린 정부에서 육군부 장관을 맡았던 레슬리 호어-벨리샤Leslie Hore-Belisha는 그렇게 말했다. 그는 또한 갈수록 미국에만 의존하려는 처칠의 태도를 비판했다. "우리가 지금 우리 자신의 힘으로 이 전쟁에서 이길 생각을 하는 겁니까, 아니면 미국만 믿고 할 일을 다 미루고 있는 겁니까? 만약 그렇다면 크게 잘못된 겁니다. 우리는 매일이라도 루스벨트 대통령을 허락하신 하나님께 감사해야 하지만, 할 수 있는 것까지 떠넘기는 것은 그에게도 그 나라에도 불공평한 처사입니다."

자신이 신임투표를 요청하긴 했어도 정부가 실패하고 있다는 말만 늘어놓는 연설을 구구절절 듣고 있자니 처칠은 슬슬 부아가 치밀었다. 아무리 내색을 하지 않으려 해도 한계가 있었다. 나중에 체커스에서 주말을 보낸 애버럴 해리먼의 딸 캐시도 그런 그의 심기를 알아챌 정도였다. "그분은 비판을 싫어한다." 캐시는 그렇게 썼다. "아이가 엄마에게 부당하게 엉덩이를 맞을 때처럼 상처를 받는다." 언젠가 처칠은 절친한 친구 바이올릿 본햄 카터에게 말한 적이 있었다. "난 사람들에게 공격을 받으면 짐승에 물린 것처럼 악의를 느끼게 돼."

그러나 그의 폐부를 가장 아프게 찌른 연설은 따로 있었다.

*

메리, 5월 6일 화요일.

"오늘은 한결 차분해졌다.

내 생각과 느낌을 다 적을 수는 없다.

이번 일에 대해 가장 진지하게 그리고 가장 자세히 따져보는 사람이 나라는 것만 알고 있다.

문제는 판단할 만한 수단이 내겐 거의 없다는 것이다.

그래도 난 에릭을 정말 사랑한다. 그것만은 확실하다.

우리 가족들은 매우 훌륭했다. 무척 도움이 되고 그런 태도가 이해도 된다.

그동안의 일을 다 자세히 쓰고 싶지만 어찌 된 일인지 이 모든 것이 너무 비현실적인 것 같아 이상한 기분이다. 그리고 너무 중요한 일이고 갇힌 몸이어서 차분하게 적을 수가 없다."

*

적은 토론 이틀째인 5월 7일 수요일에 또 나타났다. 진원지는 하고많은 사람들 중에 데이비드 로이드 조지였다. 1년 전에 그는 처칠이 총리가 되는 데 적지 않은 도움을 주었다. 전쟁은 지금 "가장 힘들고 비관적인 국면"에 이르렀으며 놀라운 일도 아니라고 그는 지적했다. 후퇴는 예상되었던 일이었다. "그러나 우리는 세 번째, 네 번째 대패하고 후퇴했습니다. 우리는 지금 이라크와 리비아에서 고전하고 있습니다.

독일군이 섬들을 점령해도 바라만 볼 뿐입니다." 채널 제도를 가리키는 말이었다. 그중 건지섬과 저지섬이 가장 컸다. "우리는 운송에서 엄청난 피해를 입고 있습니다. 단순한 손실이 아니라 생각지도 않았던 부분에서 피해를 입었습니다." 그는 "우리의 신용을 떨어뜨리고 우리를 허약하게 만드는 실책을 끝내라"고 촉구했다.

조지는 정부가 이런 사태에 대해 적절한 정보를 제공하지 않는다고 꼬집었다. "우리는 신생국이 아닙니다." 그는 그렇게 말했다. "불쾌한 사실을 숨길 이유가 없습니다. 그 정도로 겁먹을 우리가 아닙니다." 아울러 그는 처칠이 전시내각을 효율적으로 꾸리지 못했다고 비난했다. "그의 빛나는 자질은 의심하지 않아도 됩니다. 그러나 이런 말을 해도 될지 모르지만 바로 그 점 때문에 그에게는 좀 더 평범한 사람들이 필요합니다." 로이드 조지는 한 시간 동안 연설했다. "때로 논지가 빈약했다." 칩스 채넌은 그렇게 썼다. "어떤 부분에서는 교활하고 영리했으며 틈틈이 앙심을 품고 정부를 공격해댔다." 처칠은 "흥분한 것이 분명했다. 몸을 흔들고 안절부절 손도 가만있지 못했다."

하지만 막 4시가 넘어가고 있었다. 이제 그가 나설 차례였다. 그는 전투에 나가는 전사처럼 활기찬 모습으로 에너지와 자신감을 발산했다. 그는 "시작부터" 하원을 장악했다. 해럴드 니컬슨은 일기에 그렇게 썼다. "매우 유쾌하고 … 매우 솔직했다."

그는 또한 무자비했다. 그는 로이드 조지를 향해 포문을 열었다. "제가 딱히 상쾌하게 여기지 않은 연설이 있다면 그것은 바로 존경하는 카나번 출신 동료 의원님의 연설이었습니다." 처칠은 로이드 조지 자신이 낙담하고 실망했다고 설명하는 시기에 그런 말은 전혀 도움이 되지 않는다고 비난했다. "그것은 낙담과 불안을 떨쳐버리고 최후의 목표를 향해 당당히 밀고 나가는 데 익숙했던 과거의 대전을 이끌었던 분에게 기대할 수 있는 종류의 연설이 아니었습니다." 처칠은 그렇게 말했다. "그것은 제가 상상하기로 고명하고 존경받아 마땅한 페탕 원수가 레노 내각의 말기 시절에 활력을 불어넣었을 법한 연설이었습니다."

그는 신임투표를 요구한 자신의 결정의 정당성을 역설했다. 그 이유는 "전장에서 우리가 후퇴하고 낙담한 마당에 이 나라가 하원을 지지하는지 하원이 이 나라를 지지하는지 폐하의 정부는 알 권리가 있기 때문입니다." 그는 미국을 암시하는 것이 분명한 발언을 하면서 "그걸 알아야 하는 건 외국도 마찬가집니다. 특히 지금 정책의 균형을 맞추기 위해 애를 쓰는 나라들은 꼭 알아야 합니다. 이런 단호하고 고집스러운 전쟁을 치르는 정부가 안정적인 정부인지 그 반대인지에 대해 그들은 추호의 의심도 남겨두지 않으려 합니다."

마무리할 때가 되자 그는 1년 전 총리로서 하원에서 했던 첫 연설을 되풀이했다. "나는 여러분들이 제 증인이 되어주길 요청합니다. 제가 피와 눈물과 수고와 땀 이외에 어떤 것도 약속하거나 제공한 적이 없다는 사실을 말입니다. 이제 나는 여기에 실수와 부족함과 실망에 대해 우리가 마땅히 받아야 할 몫을 더하겠습니다. 이것은 오래갈지도 모릅니다. 하지만 저는 굳게 믿습니다. 약속할 수도 보장할 수도 없는 단순한 믿음에 대한 공언일 뿐이지만 우리는 끝내 완전하고 절대적인 최후의 승리를 거두고 말 것입니다."

총리에 임명된 지 1년이 "다 돼 간다"고 말하며 그는 그동안 일어났던 모든 일을 되짚어보라고 말했다. "그동안 극복해온 위험과 용기라는 배 하나로 헤치고 나갔던 거대한 산 같은 파도를 돌아볼 때, 그르친 일과 잘 해냈던 일을 빠짐없이 기억에 담아둘 때, 더는 우리는 폭풍우를 두려워할 필요가 없다고 확신합니다. 어디 으르렁거리고 솟구치라고 해보세요. 우리는 반드시 뚫고 나갈 것입니다."

처칠이 물러서자 의회는 환호성을 질렀다. 환호는 그가 본회의장을 빠져나와 홀에 들어설 때까지 계속 이어졌다.

그리고 투표 결과가 나왔다.

*

그날 해리먼은 루스벨트에게 편지를 쓰면서 전쟁을 버텨내는 처칠과 영국의 능력을 지켜본 소감을 전했다. 해리먼은 처칠이 자신을 그렇게 가까이 두거나 폭격당한 도시들을 시찰할 때 자신을 데리고 간 이유에 대해 어떤 환상도 가지고 있지 않았다. "그는 국민들의 사기를 위해서도 미국인을 곁에 두는 것이 쓸모 있다고 생각합니다." 해리먼은 루스벨트에게 그렇게 말했다. 그러나 해리먼은 그것도 부차적인 문제라는 것을 알았다. "그는 또한 제가 각하께 수시로 보고해주길 바라고 있습니다."

처칠이 오랫동안 확신하고 있던 문제를 이젠 해리먼도 확실하게 인식하게 되었다. 미국의 직접적인 개입 없이 영국은 전쟁에서 승리하기 어렵다는 것. 해리먼은 루스벨트가 검열과 정치선전의 벽을 넘어 영국이 만들어가는 전쟁이라는 건축물의 핵심을 들여다볼 수 있도록 렌즈 역할을 하는 것이 자신의 일이라는 사실을 잘 알고 있었다. 그는 항공기 수, 생산속도, 식량 비축분, 군함의 배치상황 등을 어느 정도 파악했고, 폭격당한 도시들을 많이 방문한 덕분에 화약과 부패한 시신의 냄새까지 알게 되었다. 마찬가지로 중요한 것은 그가 처칠 주변 인물들의 영향력까지 파악하고 있다는 점이었다.

예를 들어 처칠이 새로 지명한 장관인 맥스 비버브룩이 항공기생산부 장관이었을 때 전투기에 주력하느라 탱크가 푸대접을 받은 일로 지탄을 받고 있다는 것도 그는 알고 있었다. 영국은 탱크를 소홀히 한 탓에 중동에서 그 대가를 치르고 있었다. "리비아전은 이쪽이든 저쪽이든 많은 사람들에게 큰 충격을 주었습니다. 영국과 미국 모두 생산을 늘려야 한다는 압력을 크게 받을 것입니다." 해리먼은 그렇게 썼다. 영국의 본토방위군이 히틀러의 기갑부대와 맞서게 된다면 침략에 대비한 영국군의 방어를 위해서도 탱크는 많을수록 좋았다. "탱크 담당자들은 자신들에게 필요한 물건을 훔쳐간 비버브룩이 이제 와서 돕는다고 나서는 일 자체가 어불성설이라고 말합니다." 그들에게 필요한 물건이란 무기 생산에 필요한 재료와 도구를 의미했다. "사람들은 비버브룩을 개인적으로 좋아하지 않지만 형식적이고 번거로운 절차를 걸어낼 수 있는 유일한 사람이라는 것을 알고 있기에 동지로는 환영을 받는 편입니다."

하지만 다시 문제가 되는 것은 비버브룩의 건강이었다. "그는 천식과 눈병을 앓고 있으며 몸 상태가 별로 좋지 않습니다." 그래도 해리먼은 비버브룩이 계속 남아 할 일을 해낼 것으로 예상했다. "총리와 비버브룩이 나누는 대화를 들어보면 그만한 분쟁조정자도 따로 없어 보입니다."

해리먼이 보기에 처칠은 미국이 전쟁에 개입하기를 간절히 바라지만 그와 정부의 다른 사람들은 미국을 너무 강하게 밀어붙이지 않도록 조심하고 있었다. "당연히 그들은 우리가 호전적으로 나오길 바랍니다." 그는 루스벨트 대통령에게 그렇게 썼다. "그러면서도 모두들 저희 사정을 심리적으로 그렇게 잘 파악하고 있다는 사실이 놀라울 따름입니다."

*

5월 7일 수요일 메리.

"마음을 정했다.

에릭이 오후에 전화했다."

*

여전히 다우닝가 10번지를 탈출하기로 결심한 존 콜빌은 확률을 높이기 위해 처칠의 해결사 브렌던 브래큰에게 다시 중재를 요청했지만 브래큰은 이번에도 실패했다. 처칠은 절대로 콜빌을 놓아주려 하지 않았다.

그의 편은 아무도 없는 것 같았다. 외무부의 반발은 더욱 거세졌고 처칠의 수석 개인비서인 에릭 실이 특수 임무를 띠고 미국에 파견되는 바람에 생긴 비서실의 공백도 채워야 했다. 콜빌의 두 형 데이비드David와 필립Philip도 둘 다 군사위원회 위원이었지만 그들조차 응원해주지 않았다. 해군 출신인 데이비드는 특히 그런 생각을 싫어하는 것 같았다. "데이비드는 내가 RAF에 입대하는 것을 격렬하게 반대한다." 콜빌은 일기에 그렇게 썼다. "그 이유라는 게 대부분 모욕적인 것들이지만(예를 들어 데이비드와 필립은 내가 실전에 약하다고 말하는데 무슨 천만의 말씀을) 실제로는 나를 사랑하고 내가 죽을까 봐 두려워 그런다는 것을 알고 있기에 크게 개의치 않는다."

콜빌의 결심은 굳어져 갔다. 지금 그의 목표는 "사람의 힘으로 할 수 있는 일이라면" 전투기 조종사가 되는 것이었다. 첫 단계는 콘택트 렌즈에 적응하는 것으로, 그건 쉽지 않은 모험이었다. 플라스틱 재질이었지만 눈을 거의 다 덮는 '공막' 렌즈여서 불편하기로 악명이 높았다. 렌즈를 맞추고 끊임없이 모양을 이렇게 저렇게 바꾸고 불편함과 자극에 점차 적응해야 하는 더딘 과정 등 매 순간 끈기가 필요했다. 그래도 콜빌은 그럴 만한 가치가 있다고 생각했다.

RAF에 들어가는 데 필요한 구체적인 조치를 끝낸 때문인지 그는 마치 이미 확정된 것처럼 자신의 임무에 대한 낭만적인 상상에 빠졌다. "내 머릿속은 RAF에서 시작할 새로운 삶에 대한 계획들로 가득 차있다. 물론 대부분 비현실적인 백일몽에 불과하지만."

렌즈를 처음 맞추고 나면 완성된 렌즈를 착용하기까지 두 달이 걸릴 것이었다.

*

의원들은 복도에 줄을 섰다. 집계원들이 자리를 잡았다. 로이드 조지조차 처칠이 제안한 결의안을 지지했다. 최종 집계는 447 대 3이었다.

"아주 좋군." 해럴드 니컬슨은 빈정거렸다.

그날 밤 콜빌에 따르면 처칠은 "우쭐해서" 잠자리에 들었다.

5월 8일 목요일.

"서둘러 런던으로 갔다."

"에릭과 저녁 식사. 기분이 매우 좋았다."

"엄마는 결혼을 6개월 연기하잔다. 에릭이 마음에 들지 않는 게 분명하다."

"난감한 기분으로 잠자리에 들었다. 확신이 서지 않는다. 졸리다."

*

5월 9일 금요일.

"속상했다. 확실치 않다."

"머리를 했다."

"에릭이 왔다. 세인트제임스 파크를 함께 걸었다. 날씨가 참 좋았다. '사랑에 빠진 연인들은 봄을 사랑해!' 그와 함께 있으면 두려움과 의심이 모두 사라지는 것 같다. 점심 식사 때문에 돌아왔다. 행복했고 자신감이 생겼다. 마음을 정했다."

"베스버러 경 내외분과 점심 식사."

"가족들의 의논."

"다음 주 수요일에 약혼을 발표하기로 했다. 기쁘다."

95장 월출

요제프 괴벨스는 처칠의 하원 연설이 "변명"만 가득할 뿐 알맹이가 없다고 일축했다. "그러나 나약하다는 조짐은 안 보인다." 그는 9일 금요일 일기에 그렇게 인정하면서 덧붙였다. "영국의 저항 의지는 여전히 멀쩡하다. 그래서 더욱 우리는 공격을 계속해서 강대국이라는 저들의 지위를 무색하게 만들어야 한다."

괴벨스는 일기에서 처칠에 대한 새삼스러운 존경심을 털어놓았다. "이 사나이에겐 영웅심과 교활함이 묘하게 뒤섞여 있다. 만약 그가 1933년에 정권을 잡았다면 우리는 지금 이 자리에 있지 못할 것이다. 그리고 그 때문에 몇 가지 문제가 더 생길 것이다. 하지만 우리는 해결할 수 있고 실제로 해결할 것이다. 그래도 여느 때처럼 그를 가볍게 여겨서는 안 될 것 같다."

괴벨스에게는 길고도 힘든 한 주였다. 그리고 그는 일기장을 앞에 두고 앉아 생각해봤다. 처리해야 할 인사 문제가 있었다. 그의 핵심 인물 중 한 명이 그만두고 입대를 원했다. "모두들 전선으로 가고 싶어 한다." 괴벨스는 그렇게 썼다. "그럼 여기 일은 누가 한다는 말인가?"

영국과의 해운 전쟁도 롬멜의 북아프리카 전역과 마찬가지로 잘 풀리고 있었고 소련은 독일의 침공이 임박했다는 사실을 모르는 듯 했다. 그러나 이틀 전 밤에 RAF는 함부르크와 브레멘 등 몇몇 도시들을 집중 공격하여 함부르크에서만 100명의 사망자를 냈다. "이 문제를 처리하기도 바쁘다." 그는 그렇게 썼다. 그는 루프트바페가 징벌적인 보복에 나서 주리라 예상했다.

그는 또한 영국 신문들이 처칠을 "강력" 비판하고 있다고 지적했지만 그것이 실제로 의미가 있는지는 스스로도 의심스러웠다. 확실히 말할 수 있는 것은 처칠의 권력이 여전히 확고하다는 사실뿐이었다.

"힘겨운 주말이 오늘로 끝나니 얼마나 다행인가." 괴벨스는 그렇게 썼다. "지쳤고, 전투가 지겹다."

"누구도 이런 난리를 피할 수는 없다."

"그러는 사이에 날씨가 화창해졌다."

"보름달이다!"

"공습하기에 더없이 좋다."

*

5월 9일 금요일, 런던에서 존 콜빌은 에릭 던캐넌과 그의 부모 베스버러 부부가 메리와 처칠 부부와 점심 식사를 하기 위해 총리 관저 별관으로 왔다고 일기에 썼다. 나중에 메리는 콜빌에게 약혼했다고 알려주었다.

"메리의 행복을 빌어줄 수 있게 되어 마음이 놓였다." 그는 그렇게 썼다. "혹시 그녀가 그에 대한 의견을 물어볼까 두려웠다."[67]

*

그날 저녁 메리와 에릭은 기차를 타고 런던에서 남서쪽으로 약 30킬로미터 떨어진 레더헤드로 갔다. 영국 주둔 캐나다군 사령관인 A. G. L. 맥노튼A. G. L. McNaughton 장군의 사령부를 방문하기 위해서였다. 에릭은 맥노튼의 부관 중 한 명이었다. 에릭의 여동생이자 메리의 친구인 모이라도 그곳에 있었다. 메리는 모이라가 약혼을 기뻐하는 것 같아 기분이 좋다고 일기에 적었다.

메리는 부쩍 자신감이 생겼다.

*

달이 차오르자 처칠은 그의 총리직 첫해를 화려하고 환상적으로 끝낼 주말을 보내기 위해 디츨리로 떠났다.

7부 만 1년이 되는 날

1941년 5월 10일

96장 안톤이라는 범

5월 9일 금요일 밤늦은 시간에 나치 고위 관리들과 휘하 막료 등 히틀러의 최측근들이 바이에른알프스의 베르크호프에 모였다. 히틀러는 잠을 잘 수 없었다. 그는 불면증에 시달리고 있었다. 그리고 그가 잠을 못 자면 아무도 잠을 잘 수 없었다. 히틀러의 호위대, 즉 친위대 SS(슈츠스타펠) 대원들이 차와 커피를 대접했다. 담배와 술은 금지되었다. 난로 속에서 불이 이글거렸다. 히틀러가 아끼는 개 블론디Blondi도 난로의 온기를 쬐고 있었다. 나중에 독일산 셰퍼드로 알려지는 알사시안 종이었다.

언제나 그렇듯 히틀러는 혼잣말을 잘 했다. 주제는 채식주의부터 개를 훈련시키는 방법까지 다양했다. 시간은 더디게 흘렀다. 에바 브라운Eva Braun을 비롯한 손님들은 익숙한 태도로 가만히 그의 말을 들었다. 따스한 온기와 깜박이는 불빛 속에서 잘 알아들을 수는 없었지만 홍수처럼 쏟아지는 말이 흘러갈 때면 다들 별 도리 없이 그 물결을 건너야 했다. 루돌프 헤스, 하인리히 히믈러, 괴링, 괴벨스 등 히틀러의 최측근은 참석하지 않았다. 그러나 야심이 많은 그의 개인비서 마틴 보어만Martin Bormann은 총통이 보여주는 신뢰가 두터워지고 있다는 생각에 그날 밤은 히틀러의 대리인 헤스를 대체할 방법을 좀 더 알아봐야겠다고 생각했다. 다음 날 보어만은 전과에 대해 몇 가지 반가운 소식을 들었지만 히틀러와 그의 측근들에게는 최악의 뉴스였을 것이다.

새벽 2시쯤 보어만은 그 자리에 있는 사람들에게 최근 독일에 가해진 RAF의 공습을 상기시키면서 괴링이 아끼는 루프트바페가 맹공을 막는 데 별다른 조치를 취하지 않았으며 그 탓에 공습은 별다른 저항 없이 진행되었다는 사실을 애써 강조했다. 독일은 무력으로 대응해야 한다고 그는 덧붙였다. 히틀러의 전용 조종사인 또 다른 손님 한스 바우어Hans Baur가 그의 말에 맞장구를 쳤다. 히틀러는 그런 주장을 인정하지 않았다. 그는 곧 있을 러시아 침공에 모든 자원을 집중시키고 싶었다. 그러나 보어만과 바우어는 총통을 잘 알았기에 체면을 수습하기 위해서는 런던에 대한 대규모 공습이 필요하다고 주장했다. 게다가 공습을 통해 영국을 정복하려는 독일의 지속적인 의지를 보여주면 러시아 침공을 위장하는 데에도 도움이 될 것이라고 했다. 그는 결국 새벽녘에 히틀러의 화를 돋우는 데 성공했다. 토요일 아침 8시에 히틀러는 루프트바페의 참모총장 한스 예쇼네크Hans Jeschonnek에게 전화를 걸어 가능한 모든 항공기를 동원하여 런던에 보복 공격을 가하라고 명령했다.

*

클레멘틴은 메리와 에릭 던캐넌의 약혼 때문에 심기가 몹시 불편했다. 토요일에 그녀는 디츨리에서 맥스 비버브룩에게 편지로 자신의 심정을 토로했다. 평소 비버브룩을 싫어하고 믿지 않았던 점을 생각하면, 딸 문제로 인한 클레멘틴의 걱정이 생각보다 심각했던 것 같다.

"졸지에 이런 변이 없네요." 클레멘틴은 그렇게 썼다. "다음 주 수요일에 약혼식을 발표할 예정입니다. 하지만 경께서 메리를 아끼시니 이 점을 미리 알아주셨으면 합니다.

저는 윈스턴에게 태도를 분명히 하고 6개월을 미루라고 설득했습니다. 그 아이는 이제 겨우 18살이고 생각하는 것도 나이에 비해 어립니다. 또 사람들을 많이 겪어보지도 못했습니다. 아무래도 들떠서 발을 헛디딘 것 같아요. 정작 당사자들은 서로에 대해 아는 것이 전혀 없습니다."

그녀는 이렇게 마무리를 했다. "제가 의심하고 두려워한다는 말은 아무에게도 하지 마세요."

그날 공교롭게도 메리는 말을 타고 시골길을 달리던 비버브룩과 마주쳤다. 그의 영지 처클리는 맥노튼 장군의 캐나다군 사령부에서 2.5킬로미터 떨어진 곳에 있었다. "그분은 그다지 기뻐하는 표정이 아니었다." 메리는 그렇게 일기장에 썼다. 그러나 비버브룩은 나중에 메리에게 전화를 걸었다. 그는 "매우 다정했다." 비버브룩에게 그런 표현을 쓰는 사람은 거의 없었다.

처클리에서 어린 아들과 함께 주말을 보내고 있던 파멜라가 들러 브로치 두 개와 몇 가지 충고를 선물로 주었다.

"새언니는 심각해 보였다." 메리는 그렇게 썼다.

메리가 특별히 어떤 조언을 원한 건 아니었지만 파멜라는 어쨌든 한마디 했다. "상대방이 조른다고 해서 결혼하지는 말아요. 아가씨가 하고 싶을 때 해요."

메리는 그 말을 무시했다. "그때는 별로 귀담아듣지 않았다." 그녀는 그렇게 일기에 썼다. "그래도 그 말이 좀처럼 떨어지지 않았다. 계속 생각났다."

맥노튼 장군과 그의 아내는 메리와 에릭을 위해 오후에 작은 파티를 열었다. 손님들은 그들의 건강을 위해 건배했다. 약혼하는 타이밍도 그렇고 파티와 건배 등 모든 것이 메리로서는 더 큰 의미로 다가왔다. 하객들은 그녀의 아버지가 임명된 지 1년째 되는 날이라는 사실을 알고 있었기에 그의 건강을 위해 건배했다. "1년 전 오늘 아빠는 총리가 되셨다. 1년이라니. 무척이나 긴 세월처럼 느껴진다." 메리는 일기에 그렇게 썼다. "그곳에 모든 사람들과 함께 서서 나는 한 해 전 차트웰에서 보낸 날을 떠올렸다. 체임벌린이 전 세계에 아버지가 총리라고 선언하는 말을 들었다. 차트웰의 과수원과 피어나는 꽃과 고요한 황혼 속에 희미하게 빛나던 수선화를, 그리고 조용히 울면서 기도했던 내 모습을 떠올렸다."

그녀는 에릭과 단둘이 오랫동안 이야기를 나누었다. 그날 하루가 저물 때쯤 그녀의 자신감은 흔들리기 시작했다.

*

이날 오후 독일의 항법 빔을 추적하고 대응책을 마련하기 위해 설립된 RAF 제80비행단은 독일이 빔 송신기를 작동시킨 정황을 포착했다. 그날 밤 공습이 일어날 수 있다는 의미였다. 오퍼레이터들은 벡터를 그린 다음 RAF의 각 지역 '작전실'에 통보했고 각 작전실은 진입하는 항공기에 대한 보고서를 분석하고 우선순위를 정해 전투기사령부 등 해당 정보가 필요한 모든 부대에 전달했다. RAF는 이를 '전투기의 밤fighter night'이라고 선언했다. 단발엔진 전투기를 런던 상공에 배치하는 한편 아군 항공기가 아군에게 격추되는 불상사를 막기 위해 대공포의 발사를 제한하겠다는 뜻이었다. 이런 임무를 수행하려면 밝은 달과 맑은 하늘이 필요했다. 역설적이지만 그런 날 밤에 RAF는 쌍발엔진 야간 전투기에 대해서만큼은 지정된 순찰 구역으로부터 최소한 15킬로미터 이상 떨어져 있으라고 명령했다. 그들 전투기의 외관이 독일 폭격기와 유사하기 때문이었다.

오후 5시 15분 작전실의 한 장교가 런던의 소방본부에 전화를 걸었다.

"안녕하십니까, 서장님." 그 장교는 소방서장에게 말했다. "빔이 런던 상공을 지나고 있습니다."

빔의 발신지는 프랑스 해안의 셰르부르였고 암호명은 '안톤Anton' 이었다.

2분 뒤 소방서장은 소방차 1,000대를 런던에 집결시키도록 승인 해달라고 내무부에 요청했다.

5월 10일 토요일 날씨는 더할 나위 없이 좋아 보였다. 북해 500미터 상공에는 구름이 있었지만 글래스고의 하늘은 맑았다. 만월에 조금 못 미치는 그날 밤 달은 저녁 8시 45분에 떠서 다음 날 오전 10시에 질 예정이었다. 달빛은 그가 스코틀랜드 지도로 익혀둔 랜드마크들을 선명하게 보여줄 것이다.

절묘한 타이밍은 날씨뿐이 아니었다. 1월에 헤스에게 별점을 봐주었던 헤스의 한 부관은 5월 10일에 보름달뿐 아니라 행성의 '대회합 Major Conjunction'이 일어날 것이라고 예측했다. 또한 5월 초에 헤스가 추구하는 모종의 계획을 실현하기에 이상적인 시기임을 보여주는 별점을 알려주었다. 헤스가 비행을 생각한 것도 꿈을 통해서였다. 그는 이제 "초자연적 힘"이 자신을 이끌어준다고 믿었다. 그리고 그런 생각은 그의 멘토인 칼 하우스호퍼가 꿈 얘기를 해주었을 때 더욱 굳어졌다. 그의 꿈속에서 헤스가 영국의 어느 궁전 복도를 거침없이 거닐었다고 했다.

헤스는 여행 짐을 꾸렸다. 지독한 건강염려증 환자로 알려진 그는 온갖 종류의 동종요법에 탐닉하여 침대 위에 자석을 주렁주렁 걸어놓았고 애용하는 치료법들을 다 모아놓고 이를 '의학적 이기利器'라고 불렀다. 가령 이런 것들이었다.

— '스파즈말긴', '판토폰' 등 장 경련을 완화시키고 불안감을 덜어주는 앰풀 8개가 들어 있는 양철 케이스
— 피하 주사기와 바늘 4개가 든 금속 상자
— '덱스트로 에네르겐' 등 사각 포도당 태블릿 12개
— 흰색부터 반점이 있는 갈색까지 다양한 색깔과 크기의 카페인, 마그네시아, 아스피린 및 기타 성분이 든 태블릿 35알이 들어 있는 양철 상자 2개
— 중탄산나트륨, 인산나트륨, 황산나트륨 및 구연산으로 만든 백색 분말이 들어 있는 '바이엘Bayer'이라고 표시된 유리병
— 복통과 멀미 완화에 유용한 가벼운 농도의 아트로핀 10알이 들어 있는 튜브
— 방울로 투여하는 방향족 갈색 액체 병 7개
— 염화나트륨 및 알코올 용액을 담은 소형 플라스크
— 각성 유지용(그리고 독일 병사들의 표준 소지품인) 암페타민 '페르비틴' 28정
— 소독액 2병
— 다양한 동종요법 물질이 든 작은 흰색 알갱이 60개가 든 병 1개
— 각각 태블릿 20개가 든 작은 상자 4개. '디기탈리스', '콜로신시스', '안티몬 크루드' 등 다양한 라벨이 부착되어 있다.
— 동종요법 성분 태블릿 10알(흰색 7알, 갈색 3알)
— '아스피린'이라고 표시되어 있지만 진정제, 멀미약, 마취제 등이 들어 있는 상자
— '사탕'이라고 표시된 포장

그는 또한 작은 손전등과 면도날과 귀마개를 만드는 재료를 지참

했다.

그는 아내와 아들에게 작별인사를 한 후 부관 핀치를 데리고 아우크스부르크의 비행장으로 차를 몰았다. 그는 약과 엘릭시르와 라이카 카메라가 든 작은 가방을 조종석에 실었다. 그는 공항에 있는 장교들에게 노르웨이로 간다고 말했다. 하지만 진짜 목적지는 스코틀랜드 글래스고에서 남쪽으로 30킬로미터, 아우크스부르크에서 1,300킬로미터 떨어진 활주로였다. 그는 다시 한 번 부관 핀치에게 봉인한 봉투를 주었고 4시간이 지날 때까지 열지 말라고 지시했다. 나중에 봉투를 열어 본 핀치는 편지 4통을 확인했다. 각각 헤스의 아내 일제Ilse, 비행 용품을 빌려준 동료 조종사, 빌리 메서슈미트 그리고 아돌프 히틀러에게 보내는 편지였다.

독일 시간으로 오후 6시쯤 헤스는 아우크스부르크의 메서슈미트 공장 비행장을 이륙한 뒤 항공기의 상태를 확인하기 위해 크게 한 바퀴를 돌았다. 그런 다음 그는 북서쪽으로 기수를 돌려 본을 향해 갔다. 얼마 후 그의 눈에 주요 철도 분기점이 들어왔다. 올바른 항로를 날고 있다는 표시였다. 오른쪽으로 다름슈타트가 보였고 얼마 후 라인강과 마인강이 만나는 비스바덴 인근의 한 지점이 시야에 들어왔다. 그는 진로를 약간 수정했다. '일곱 봉우리'라는 뜻의 지벤게비르게 산맥이 본 바로 남쪽으로 보였다. 거기서 라인강을 건너면 바트고데스베르크였다. 헤스에게는 어린 시절의 즐거운 추억과 더불어 히틀러와 "프랑스 멸망이 임박했던 마지막 순간"을 함께 보낸 곳이었다.

*

헤스가 떠났다는 사실을 어떻게 알게 된 헤르만 괴링은 일이 잘못될까 두려웠다. 사실 괴링은 눈치챘을 수도 있었다. 그날 밤 9시 직후 헤스의 부관 핀치가 베를린의 루프트바페 사령부에 전화를 걸어 아우크스부르크에서 글래스고 남쪽에 있는 던게벌 하우스로 가는 노선을 따라 항법 빔을 전송해달라고 요청했기 때문이었다. 핀치는 빔을 보내주겠다는 말을 들었지만 오후 10시까지만이라고 했다. 그날 밤 런던 대공습에 모든 빔을 동원해야 하기 때문이었다.

전투비행단 전체를 책임지고 있는 에이스 아돌프 갈란트는 그날 저녁 괴링으로부터 전화를 받았다. 대원수는 걱정하고 있는 것이 분명했다. 그는 갈란트에게 즉시 그의 게슈바더Geschwader (비행단)를 전부 출격시키라고 명령했다. "게슈바더를 다 띄우란 말이야, 알아들었나?" 괴링이 반복했다.

갈란트는 당황했다. "무엇보다 날이 어두워지고 있었다." 그는 나중에 그렇게 썼다. "게다가 적기가 날아왔다는 보고도 없었다." 그는 괴링에게 그렇게 말했다.

"날아왔다고?" 괴링이 말했다. "'날아왔다'니 무슨 소리를 하는 거야? 나가는 비행기를 멈추란 말이야! 부총통이 정신이 나가 Me 110을 타고 영국으로 가고 있다고. 당장 데려와야 해. 그리고 갈란트, 돌아오면 나한테 직접 전화하게."

갈란트는 좀 구체적으로 말해달라고 요청했다. 헤스가 언제 이륙하고 어떤 코스로 날고 있다는 말인가? 갈란트는 난감했다. 10분쯤 뒤면 하늘이 캄캄해질 것이고, 그런 상태에서 앞서 출발한 다른 항공기를 찾는다는 것은 거의 불가능에 가까운 일이었다. 게다가 그 시간이면 하늘에 떠있는 Me 110이 한두 대도 아닐 것이다. "루돌프 헤스가 탄 비행기가 어떤 것인지 무슨 재주로 알아낸단 말인가?" 갈란트는 혼잣말로 중얼거렸다.

그래도 명령에 따르기로 했다. 단 따르는 시늉만 하기로 했다. "표를 남기기 위해 나는 이륙을 명령했다. 각 편대장들은 한두 대 정도를 띄울 것이다. 그들에겐 이유를 말하지 않았다. 다들 내가 미쳤다고 생각했을 것이다."

갈란트는 지도를 살폈다. 아우크스부르크에서 영국까지의 거리는 터무니없는 거리였다. 여분의 연료가 있더라도 헤스는 목적지에 도달하지 못할 것이다. 게다가 비행시간의 대부분은 영국 전투기의 활동 범위 내에 있을 것이다. "헤스가 정말로 아우크스부르크에서 브리튼 제도까지 도달하는 데 성공한다 해도 얼마 안 가 스핏파이어에게 잡히고 말 것이다." 갈란트는 혼잣말을 했다.

갈란트는 적당한 간격을 두고 괴링에게 계속 전화를 걸어 전투기들이 헤스를 찾지 못했다고 알렸다. 그는 괴링에게 부총통께서 살아남을 가능성은 거의 없다고 장담했다.

영국 북동부 해안이 가까워졌을 때 루돌프 헤스는 여분의 연료 탱크를 밖으로 던졌다. 이미 비운 데다 불필요한 공기저항만 야기하기 때문이었다. 탱크들은 린디스판 인근 바다에 떨어졌다.

*

이날 오후 10시 10분, 영국 체인홈 레이더 방어망에 약 3,500미터 상공에서 영국 노섬버랜드 해안을 향해 빠르게 날고 있는 비행기 한 대가 포착되었다. 그 항공기는 '공습 42Raid 42'라는 식별기호를 받았다. 잠시 후 더럼에 있는 영국 왕립관측단Royal Observer Corps의 한 관측자는 비행기 소리를 듣고 스코틀랜드 국경 근처 잉글랜드 해안도시 앤윅에서 북동쪽으로 약 11킬로미터 떨어진 곳이라고 판단했다. 비행기가 급강하하기 시작했다. 잠시 후 북쪽으로 19킬로미터 떨어진 채튼 마을의 한 관측자는 불과 15미터 상공에서 굉음을 내며 지나가는 비행기를 확인

했다. 관측자는 달빛에 드러난 선명한 윤곽을 보고 Me 110이라고 보고
했다.

더럼에서 근무 중이던 관제사는 "있을 수 없는 일"이라고 일축
했다. 이런 종류의 항공기는 이렇게 먼 북쪽까지 올 수 없고, 왔다고 해
도 독일로 돌아갈 연료도 없을 것이다.

그러나 관찰자는 자신의 눈이 틀림없다고 주장했다.

그 후 전초기지인 제드버그와 애쉬커크의 관측자들도 비행기를
목격했다. 이들은 비행기가 약 1,500미터 상공에서 비행하고 있다고 보
고했다. 그들 역시 Me 110이라고 상부에 알렸다. 제13전투비행단 사령
부에 보고가 전달되었지만, 그들 역시 말도 안 된다며 무시했다. 관측
자들이 착각한 것이 틀림없다고 관계자들은 추측했다. 아마도 도르니
어Dornier 폭격기를 봤을 것이다. 쌍발엔진과 2개의 수직안정판꼬리를
가진 장거리 비행이 가능한 폭격기였다.

그러나 글래스고의 관측자들은 이 비행기의 속도가 도르니어 폭
격기의 최대 속도를 훨씬 웃도는 시속 480킬로미터라고 확인했다. 무
단 침입자를 요격하기 위해 출격한 RAF 야간 2인승 전투기 디파이언
트Defiant도 뒤처칠 정도였다. 관측단을 보유한 조력 부대의 그레이엄
도널드Graham Donald 소령은 전투기가 도르니어일 리 없다는 취지의 메
시지를 전투사령부에 보냈다. 아무리 봐도 Me 110이 틀림없었다. 메시
지를 받은 RAF 관계자들은 "콧방귀를 뀌었다."[69]

그 사이에 비행기는 스코틀랜드를 지나 클라이드만 상공을 통과
해 스코틀랜드 서해안을 빠져나갔다. 그 후 비행기는 방향을 돌려 다시
영국 본토 상공을 향해 날아갔다. 해안 마을 웨스트킬브라이드의 관측
자는 8미터 높이에서 나뭇가지를 쳐낼 정도로 빠르게 지나가는 비행기
를 똑똑히 보았다.

RAF는 여전히 기종 확인을 거부했다. 스핏파이어 2대가 디파이언트의 침입자 사냥에 합세했다. 한편 남쪽 더 먼 곳의 레이더 기지 운영자들은 훨씬 더 불길한 장면을 확인했다. 프랑스 해안 상공 위로 수백 대의 항공기가 몰려오고 있었다.

98장 잔인한 공습

    첫 폭격기들이 영국 상공을 가로지른 것은 밤 11시 직전이었다.
이 최초 출격은 최정예 선봉 KGr 100 비행단에 따라붙은 20대의 폭격
기였지만 그날 밤 빛나는 달과 맑은 하늘을 생각하면 그들이 만들 신호
화재는 거의 불필요한 장식품이었다. 이들 뒤를 수백 대의 폭격기가 따
랐다. 공식적으로 과거의 공습 때처럼 그들의 표적은 빅토리아와 서인
도 부두와 배터시 발전소 등 군사적 요충지였지만, 이곳이 표적이면 런
던의 모든 민간인 거주 지역도 폭탄을 피할 수 없다는 것을 조종사들은
다 알고 있었다. 계획에 있든 없든 간에 피해의 유형이 말해주듯 루프
트바페는 이참에 런던에서 가장 유서 깊은 보물들을 파괴하여 처칠과
그의 정부의 숨통을 끊기로 작정한 것 같았다.
    이후 6시간 동안 소이탄 7,000개와 갖가지 크기의 고폭탄 718톤을
실은 폭격기 505대가 런던 상공으로 몰려들었다. 수천 개의 폭탄이 떨
어져 도시 구석구석을 찢어놓았지만 그중에서도 화이트홀과 웨스트민
스터의 피해가 특히 심각했다. 폭탄은 웨스트민스터 사원, 런던탑, 법
원 건물을 강타했다. 폭탄 하나가 빅벤이 있는 탑을 관통했다. 다행히
몇 분 뒤인 새벽 2시에 시계의 거대한 종소리는 어김없이 울렸다. 11세
기에 윌리엄 2세(윌리엄 루퍼스William Rufus)가 지은 웨스트민스터홀의 유
명한 지붕도 화재로 전소되다시피 했다. 블룸스베리에서는 불길이 대
영박물관을 휩쓸어 책 25만 권을 태우고 로마브리튼실室과 그리스 청

동실과 선사실 등을 집어삼켰다. 이런 일을 대비해 전시품들을 안전한 곳으로 대피시켜 놓은 것이 그나마 다행이었다. 쿠키 공장 피크프린Peek Frean에도 폭탄이 떨어졌다. 이 공장은 탱크 부품도 생산하고 있었다. 낙하산 기뢰 2발이 묘지에 떨어져 유골과 비석 조각을 사방에 뿌렸고 관 뚜껑 하나는 인근 주택 침실을 뚫고 들어갔다. 당시 아내와 함께 침대에 누워있던 집주인은 관 뚜껑을 들고 나와 구조대원들에게 건네며 치를 떨었다. "마누라와 침대에 누워있는데 이 피비린내 나는 물건이 창문을 뚫고 들어왔소." 그는 그렇게 말했다. "이걸로 뭘 하라는거요?"

요크테라스 43번지 리젠트 파크에서는 캘리포니아에 본거지를 둔 밀교 집단의 영국 지부인 희생과봉사단Group for Sacrifice and Service 회원 99명이 보름달을 찬양하는 예배를 올리기 위해 폐가로 보이는 어떤 집에 모여있었다. 그 집 지붕은 유리였고 중앙 홀에는 저녁 뷔페가 가득 차려져 있었다. 그 집에 폭탄이 떨어진 것은 새벽 1시 45분이었고 많은 신도들이 목숨을 잃었다. 구조대원들은 사제로 보이는 흰색 예복 차림의 희생자들을 발견했다. 흰 천에 묻은 피가 검게 보였다. 이 단체의 대주교이자 밀교 광신자인 버사 오튼Bertha Orton도 죽었다. 그녀의 목에는 다이아몬드가 박힌 금 십자가가 걸려있었다.

*

오후 11시가 조금 넘은 시각에 루돌프 헤스가 조종하는 Me 110은 연료가 바닥나고 있었다. 그는 아직도 어렴풋이 짐작할 뿐 정확한 지리를 파악하지 못해 쩔쩔맸다. 스코틀랜드의 서쪽 해안을 지났다가 다시 기수를 돌린 그는 지형을 자세히 보기 위해 다시 땅에 닿을 듯 말 듯하게 고도를 낮추었다. 조종사들이 말하는 '등고선 비행contour flying'이었다. 그는 지그재그 패턴으로 날았고 연료가 줄어들자 알아볼 수 있는 랜드마크를 찾았다. 아래 풍경이 달빛으로 물들었지만 그래도 어두웠다.

던게벌 하우스의 활주로를 찾지 못할 것 같다고 판단한 헤스는 탈출을 결심했다. 그는 고도를 높였다. 안전하게 뛰어내릴 수 있을 만큼 높이 날아간 후 엔진을 끄고 조종실을 열었다. 하지만 바람이 너무 거세게 불어 꼼짝할 수 없었다.

헤스는 어떤 독일 전투기 지휘관의 충고를 떠올렸다. 항공기에서 빨리 탈출하려면 비행기를 굽이치게 하여 중력의 도움을 받아야 한다는 말이었다. 헤스가 그렇게 했는지는 확실하지 않다. 비행기는 가파르게 올라가기 시작했고 헤스는 잠깐 의식을 잃었다. 정신을 차린 그는 조종석에서 튀어나왔고 달빛 비치는 밤에 낙하산을 타고 내려오다 쌍으로 된 수직안정판꼬리 중 한쪽에 발을 부딪혔다.

*

해리먼의 비서 로버트 미클존은 그 주 토요일을 직장에서 보냈다. 해리먼은 오후 1시 30분에 사무실을 나가 도체스터로 돌아갔다. 도체스터는 "정말 무엇이든 할 수 있는 유일한 곳"이라고 미클존은 일기에 썼다. 미클존은 결국 책상에서 점심을 먹고 오후 5시까지 일했다. 지긋지긋했다. 그 후 그는 프린스 오브 웨일즈 극장Prince of Wales Theatre에서 〈나인틴 노티 원Nineteen Naughty One〉이라는 '걸 쇼girl show'를 봤다. 뭔가 외설스럽고 저속한 공연을 기대했지만 6시 30분부터 9시까지 잘 다듬은 희가극만 물리도록 감상한 뒤, 극장을 나와 사무실로 돌아가 그날 아침 미국으로 보낸 전보에 답장이 왔는지 확인했다. 11시쯤 집으로 돌아가는 길에 공습 사이렌이 울렸다. 그는 발포 소리를 들었다. 그것만 아니었다면 밤은 고요했고 도시는 보름달 아래서 환하게 빛났을 것이다. 그는 무사히 아파트에 도착했다.

"자정 무렵 갑자기 지붕과 건물에 뭔가 빗발치는 소리가 들렸고 가린 커튼 사이로 밝은 파란색 섬광이 번쩍였다." 그는 일기에 그렇게 적었다. "밖을 내다보니 소이탄 수십 개가 거리와 아래쪽 작은 공원 여기저기서 마치 전기 스파크처럼 푸르스름한 불빛을 터뜨리고 있었다. 소이탄을 그렇게 가까이 본 것은 처음이었다." 그렇게 멍하니 지켜보고 있는데 복도에서 웅성거리는 소리가 들렸다. 이웃들이 건물 지하에 있는 대피소로 향하고 있었다. 누굴 만나러 왔던 공군 병사가 소이탄이 터지면 반드시 폭탄이 뒤따른다고 일러주었다.

"그제야 상황 파악이 됐다." 미클존은 그렇게 썼다. 그는 비싼 모피 코트를 걸쳤다. "절대 망가지면 안 되는 옷이었다." 그는 아래층으로 내려가 난생처음으로 대피소에서 밤을 보낼 준비를 했다.

곧 고폭탄이 떨어지기 시작했다. 새벽 1시에 건물 모퉁이 바로 너머에 떨어진 폭탄으로 가스 공급관에 불이 붙으면서 주변을 환하게 밝혔다. 미클존은 이 정도 불빛이면 신문도 읽을 수 있겠다고 생각했다. "뭘 좀 아는 사람들은 금방 동요했다." 그는 그렇게 썼다. "폭격기가 화재를 표적 삼아 집중 폭격할 것이 틀림없기 때문이었다."

더 많은 소이탄들이 떨어졌다. "그런 다음 한동안 폭탄이 빠르게 떨어져 내렸다. 3발씩 6발씩 연달아 떨어지는 것이 마치 기총소사처럼 들렸다." 주변 건물들이 고층부터 불이 붙었다. 폭발로 건물이 흔들렸다. 폭격이 잠잠해질 때마다 미클존과 미군 육군 장교 세 명은 건물 밖으로 나가 피해를 조사했지만 한 블록 이상은 감히 나갈 엄두를 내지 못했다.

*

　오후 11시가 조금 넘은 시각, 스코틀랜드 서부 해안에서 내륙으로 40킬로미터 정도 떨어진 이글스햄의 한 관측자가 항공기 한 대가 추락하여 화염에 휩싸였다고 보고했다.[70] 그는 또한 조종사는 빠져나가 안전하게 착륙한 것으로 보인다고 전했다. 그때가 11시 9분이었다. 남쪽으로 독일 폭격기 수백 대가 영국 해안선을 통과하고 있었다.

　수수께끼의 조종사는 방향을 모르고 헤매다 보니턴무어의 플로어 농장 근처까지 갔다. 그곳에서 한 농부가 그를 발견해 오두막집으로 데려갔다. 농부는 그에게 차를 권했다.

　조종사는 사양했다. 차 마시기에는 너무 늦은 시간이었다. 대신 그는 물을 달라고 했다.

　경찰이 도착했고 사나이를 글래스고 중심부에서 약 5항공마일 떨어진 기프녹 경찰서로 데려갔다. 경찰이 그를 '감방'에 가두자 그는 크게 화를 냈다. 독일에서 영국군 고위 장교 포로들에게 제공하는 것과 같은 대우를 기대했던 모양이었다.

*

　사고 지점이 글래스고에서 가깝다는 말을 들은 글래스고 조력 부대 장교 도널드 소령은 자신의 복스홀Vauxhall에 올라타 잔해를 찾으러 나서면서 상관들에게 RAF에 메시지를 보내라고 부탁했다. "만약 RAF가 디파이언트로 Me 110을 찾지 못하면 제가 복스홀로 잔해를 수거해 오겠습니다."

　그는 사방 80미터에 걸쳐 흩어진 비행기의 파편을 발견했다. 불이 붙은 상태였지만 화재가 크지 않은 점으로 보아 추락했을 때 연료가 거의 바닥났다는 것을 짐작할 수 있었다. 정말로 Me 110이었다. 신형이 틀림없었지만 무게를 줄이기 위해 비행에 부담되는 장비를 모두 제거한 것 같았다. "총도 없고 폭탄 걸이도 없었다. (당시로서는) 의아하게도 고정된 정찰 카메라도 보이지 않았다." 도널드 소령은 그렇게 보고했다. 그는 검은 십자가가 그려진 전투기 날개의 일부를 발견했다. 그는 그것을 차에 실었다.

그는 기프녹 경찰서로 차를 몰았다. 독일 조종사는 경찰관과 시민군에 둘러싸여 있었다. 통역사도 한 명 있었다. "소통이 잘 안 되는 것 같았다." 그는 그렇게 썼다.

조종사는 하우프트만 알프레드 호른Hauptmann Alfred Horn이라고 자신의 신분을 밝혔다.[71] 독일 계급으로 하우프트만은 대위였다. "그는 자신이 격추된 것이 아니고 별다른 어려움 없이 고의로 착륙했다고 진술했다. 그는 해밀턴 공작에게 전할 중요한 비밀 메시지가 있다고 말했다." 도널드 소령은 마지막 부분에 밑줄을 그었다.

독일어를 조금 할 줄 아는 소령은 포로에게 질문했다. '호른 대위'는 42세였고 뮌헨 출신이었다. 도널드 소령도 뮌헨에 간 적이 있었다. 그는 자신이 해밀턴 공작의 집 근처에 착륙하려 했다고 말하며 던게벌 하우스의 위치가 명확하게 표시된 지도를 꺼냈다. 그 비행사는 목적지 코앞까지 간 셈이었다. 던게벌과 불과 16킬로미터 떨어진 곳이었다.

도널드 소령은 호른 대위에게 여분의 연료 탱크가 있더라도 독일로 돌아갈 수는 없었을 것이라고 지적했다. 그 죄수는 돌아갈 계획은 없었다고 말하며 특별한 임무를 띠고 왔다는 말을 되풀이했다. 도널드 소령은 보고서에서 그 남자의 태도에서 호감을 느낄 정도였다고 덧붙였다. "나치에게 이런 말을 써도 되는지 모르겠지만 대단한 신사다."

도널드는 포로와 얘기를 나누면서 꼼꼼히 살펴봤다. 어디서 낯이 익은 얼굴 같았다. 그의 정체를 알아본 것은 잠시 뒤였다. 하지만 도저히 믿기지 않았다. "우리의 포로가 실제로 나치 서열 넘버 3라면 누가 믿겠는가?" 도널드 소령은 그렇게 썼다. "어쩌면 그를 닮은 '이중첩자'일지도 모른다. 개인적으로 난 아니라고 생각하지만. 이름은 알프레드 호른이지만 얼굴은 루돌프 헤스다."

도널드 소령은 경찰에게 범인을 "매우 각별하게 다뤄달라"고 당부한 뒤 글래스고로 돌아가 해밀턴 공작이 지휘하는 RAF 본부에 전화를 걸어 구금 중인 남자가 루돌프 헤스라고 당직 책임자에게 말했다. "어떻게 보면 당연한 일 같지만 다들 신빙성이 없다는 반응이었다." 이어진 RAF 보도에는 그렇게 적혀있었다. "그러나 도널드 소령은 지금 농담할 때가 아니라며 한시 바삐 공작에게 알려야 한다고 책임자를 설득했다."

공작은 다음 날 아침 10시쯤 어떤 군 병원 병실에서 포로를 만났다. 그는 이미 그 병원으로 이송된 터였다.

"저를 알아보실지 모르겠습니다." 독일인이 공작에게 말했다. "저는 루돌프 헤스입니다."

*

런던 대공습은 밤새 계속되었다. 도시의 이쪽 지평선에서 저쪽 지평선까지 전부 불타는 것 같았다. "5시쯤에 마지막으로 주위를 둘러보았다." 해리먼의 비서 미클존은 그렇게 썼다. "그러다 아래 불길에 반사된 연기구름 사이로 붉게 빛나는 보름달을 보았다. 대단한 광경이었다."

그날 아침 그는 바깥에서 타오르는 가스 주공급관의 불빛으로 면도를 했다. 그의 아파트는 거리에서 8층 위에 있었다.

마지막 폭탄은 새벽 5시 37분에 떨어졌다.

99장 히틀러의 경악

일요일 아침에 침대에 누워있던 콜빌은 뜬금없이 언젠가 읽었던 공상소설을 떠올렸다. 히틀러가 낙하산을 타고 영국을 깜짝 방문한다는 줄거리였다. 작가는 이언 플레밍의 형 피터 플레밍Peter Fleming이었다. "설명하기는 어렵지만 잠을 깬 뒤 피터 플레밍의 책《방문 비행Flying Visit》을 생각했다. 만약 괴링이 소문대로 런던 상공으로 날아왔을 때 그를 체포했다면 어떻게 되었을지 혼자 상상을 해봤다." 콜빌은 일기에서 그 순간을 그렇게 얘기했다. 괴링이 공습 중에 한 번 또는 그 이상 런던 상공을 비행했다는 소문이 있었다.

8시에 콜빌은 다우닝가 10번지를 나서 웨스트민스터 사원으로 걸었다. 일찍 열리는 예배에 참석할 계획이었다. 태양이 화사하고 하늘도 푸른 화창한 봄날이었지만 곧 엄청난 연기 장막이 앞을 막았다. "일부 폭파된 제지 공장에서 불에 탄 종이가 바람에 날려 가을 나뭇잎처럼 떨어지고 있었다." 그는 그렇게 썼다.

화이트홀은 사람들로 북적였다. 대부분 단지 피해를 확인하기 위해 나온 사람들이지만 검게 그을린 몇몇 사람들의 얼굴은 밤을 새워 화재와 싸우고 부상자들을 구조했음을 말해주고 있었다. 관광객으로 보이는 10대 소년이 웨스트민스터 궁 쪽을 가리키며 물었다. "저게 태양인가요?" 소년의 손가락 끝 저쪽 템스강 남쪽에서 여전히 타고 있는 거대한 불꽃이 뿜어내는 불빛이 보였다.

사원에 도착하니 경찰관과 소방차들이 길을 막고 있었다. 콜빌은 입구로 다가갔으나 문 앞에서 경찰관이 제지했다. "오늘 사원에는 예배가 없습니다." 경찰관은 그렇게 말했다. 콜빌은 그의 말투가 너무 태평해서 어이가 없었다. "마치 봄맞이 대청소를 위해 문을 닫았다는 투였다."

웨스트민스터홀의 지붕은 여전히 불타고 있었고 뒤쪽 어딘가에서 연기가 거세게 피어올랐다. 콜빌은 소방대원 한 명과 이야기를 나누었다. 그는 빅벤을 가리키며 흡족한 표정으로 콜빌에게 탑을 관통한 폭탄 얘기를 했다. 피해를 입은 흔적이 뚜렷했지만 빅벤은 여전히 2시간 앞당기는 영국 서머타임을 알려주고 있었다. 나중에 밝혀졌지만 그 폭탄으로 대영제국은 0.5초를 잃었다.

콜빌은 빅벤 타워 바로 앞에서 템스강을 가로지르는 웨스트민스터 브리지 위로 걸어갔다. 바로 남동쪽 세인트 토머스 병원St. Thomas' Hospital이 불길에 휩싸여 있었다. 불은 제방 전체를 태웠다. 그날 밤 공습으로 도시는 그동안 겪어보지 못한 종류의 깊고 오래 남을 피해를 입은 것 같았다. "그동안 공습을 많이 받았지만 다음 날 런던의 상처가 그렇게 심각해 보인 적은 없었다." 콜빌은 그렇게 썼다.

다우닝가 10번지로 돌아온 그는 아침 식사를 한 뒤 디츨리에 있는 처칠에게 전화를 걸어 피해 상황을 보고했다. "웨스트민스터홀에 있는 윌리엄 루퍼스의 지붕이 사라졌다고 말씀드리자 매우 슬퍼하셨다." 콜빌은 그렇게 적었다.

콜빌은 앤서니 이든의 두 번째 개인비서인 친구를 만나기 위해 외무부로 걸어갔다. 사무실에 들어서자 친구가 전화기에 대고 말했다. "잠깐만 기다리세요. 이 사람이 지금 찾으시는 분인 것 같습니다."

*

일요일 아침 메리와 에릭은 클레멘틴과 윈스턴과 그 밖의 여러 사람들과 하루를 보내기 위해 디츨리로 떠났다. 야간 폭격으로 기차역이 폐쇄되었기에 두 사람은 우회로를 택해야 했다. 언제 어디서 환승하는지도 알 수 없었다. 그렇게 멀지 않았던 행차는 힘들고 지루한 여정으로 바뀌었다. 그동안 메리의 의구심은 점점 구체화되어 갔다. "내가 뭘 걱정하는지 확실히 알게 되었다." 메리는 그렇게 썼다.

파멜라의 충고가 머리를 떠나지 않았다. "상대방이 조른다고 해서 결혼하지는 말아요. 아가씨가 하고 싶을 때 해요."

그녀는 에릭에게 불안한 심정을 털어놓았다. 그는 이해심이 많고 상냥했으며 그녀의 불안을 덜어주기 위해 할 수 있는 일을 했다. 디츨리에 도착하니 손님이 많았다. 애버럴 해리먼도 있었다. 클레멘틴은 곧바로 메리를 자신의 방으로 데려갔다.

*

런던 외무부에서 앤서니 이든의 개인비서는 수화기를 콜빌에게 건네주면서 전화를 건 사람이 자신이 해밀턴 공작이라고 밝혔으며 처칠에게 직접 전해야 하는 소식이 있다고 말한다고 했다. 공작은(정말로 전화를 건 사람이 공작이라면) 런던 외곽에 있는 RAF의 노솔트 공군기지로 날아갈 계획이라고 했다. 그는 처칠의 측근 중 누가 나와줬으면 좋겠다고 했다. 그날 그렇게 할 수 있는 사람은 다우닝가 10번지에서 당직 중인 콜빌밖에 없었다. 공작은 또한 이든의 차관인 알렉산더 캐도건도 함께 와주었으면 했다.

콜빌이 수화기를 들었다. 공작은 자세한 내용은 밝히지 않았지만 자신이 전할 내용은 공상소설에나 나올 법한 얘기라며, 스코틀랜드에서 추락한 독일 비행기와 관련이 있다고 말했다.

"그 말을 듣는 순간 아침 일찍 눈을 뜨자마자 떠올렸던 피터 플레밍의 책이 생각났고 히틀러나 괴링 둘 중 하나가 도착한 것 같다고 확신했다." 콜빌은 그렇게 썼다.

콜빌은 처칠에게 전화를 걸었다.

"그래, 누가 도착했다고?" 처칠이 짜증 섞인 목소리로 물었다.

"모르겠습니다. 누구라고는 말을 하지 않습니다."

"히틀러일 리는 없잖은가?"

"그렇겠죠." 콜빌이 말했다.

"그럼 쓸데없는 상상하지 말고 공작을 노솔트에서 바로 이곳으로 보내게. 그가 정말 공작이라면 말이야."

처칠은 콜빌에게 먼저 그 공작이 정말로 해밀턴 공작인지 확인하라고 지시했다.

*

5월 11일 일요일 아침, 히틀러의 건축가 알버트 슈페어는 히틀러에게 설계도를 보여주기 위해 베르크호프로 갔다. 히틀러의 집무실 앞 대기실에 두 사나이가 초조한 모습으로 기다리고 있었다. 칼-하인츠 핀치와 알프레드 라이트겐Alfred Leitgen으로 둘 다 루돌프 헤스의 부관이었다. 그들은 슈페어에게 자신들이 먼저 총통을 접견해도 되는지 허락을 구했고 슈페어는 그렇게 하라고 양보했다.

두 사람은 히틀러에게 헤스의 편지를 건넸다. "친애하는 총통 각하." 편지는 그렇게 시작했다. "이 편지를 받으실 때면 저는 영국에 있을 것입니다. 이런 결정을 내리는 것이 저로서는 쉽지 않은 선택이었다는 것을 각하도 짐작하시리라 믿습니다. 남자가 40살이면 20살 때보다는 여러 가지로 매인 곳이 많을 테니 말입니다." 그는 자신의 동기를 설명했다. 영국과의 평화 협정을 실현시키고 싶다고 했다. "그리고 총통 각하, 성공할 확률이 매우 적다는 것은 저도 인정하지만 이 일이 결국 실패하고 제 운명이 저에게 불리하게 결정된다 해도, 각하나 독일에게 어떤 누가 될 일은 하지 않을 것입니다. 각하께서는 언제든 모든 책임을 부인하실 수 있습니다. 제가 미쳤다고만 말씀하십시오."

슈페어는 자신의 도면을 들여다보고 있었다. "갑자기 짐승 같은 울부짖음이 들렸다." 그는 그렇게 썼다.

히틀러의 부하들이 그토록 두려워했던 발작적 분노, 부트아우스브뤼헤Wutausbrühe가 시작된 것이다. "폭탄이 베르크호프를 직격한 것 같았다." 한 측근은 그렇게 회상했다.

"보어만을 불러, 당장!" 히틀러가 소리쳤다. "보어만 어디 있어?"

히틀러는 보어만에게 괴링, 리벤트로프, 괴벨스, 히믈러를 소환하라고 말했다. 그는 헤스의 부관 핀치에게 편지의 내용을 알고 있는지 물었다. 핀치가 그렇다고 시인하자 히틀러는 병사들에게 그와 그의 동료 부관 라이트겐을 체포하여 강제수용소로 보내라고 명령했다. 알브레히트 하우스호퍼도 체포되어 베를린 게슈타포 안가女家 감옥으로 보내져 심문을 받았다. 그는 나중에 풀려났다.

수뇌부들이 도착했다. 괴링은 그의 수석기술책임자를 데리고 갔다. 그는 히틀러에게 헤스가 목적지에 도착할 가능성은 매우 낮다고 안심시켰다. 코스를 찾는 것이 헤스의 가장 큰 문제일 것이다. 바람이 거세기 때문에 거의 틀림없이 항로를 이탈했을 것이었다. 헤스는 아마도 영국 섬을 찾지 못했을 것이다.

그런 말을 듣자 히틀러는 한 가닥 희망을 가졌다. "차라리 북해에나 빠져버리라지!" 알버트 슈페어는 히틀러가 그렇게 말했다고 했다.

"그렇다면 흔적도 없이 사라질 테고, 우리도 때를 봐서 적당히 둘러댈 수 있겠지." 히틀러가 가장 두려워한 것은 처칠이 헤스의 실종 소식을 이용해 무슨 일을 꾸밀지 모른다는 점이었다.

*

엄마의 손에 이끌려 클레멘틴의 방으로 간 메리는 자신의 약혼을 걱정하는 어머니의 심정을 처음으로 헤아리게 되었다. 클레멘틴은 메리에게 자신과 아빠가 크게 걱정하고 있으며 그런 의심과 두려움을 드러내지 않고 두 사람의 관계가 여기까지 오도록 내버려둔 게 후회된다고 말했다.

그건 일부만 사실이었다. 사실 처칠은 온 신경이 전쟁에만 가있었기 때문에 딸의 약혼은 걱정할 틈도 없었고 그저 클레멘틴이 알아서 처리해주겠지 하며 내버려두고 있었다. 그 주말까지 그의 관심은 이 전쟁에서도 최악의 사태로 보이는 전날 밤의 공습과 다량의 전차를 중동으로 수송하는 '타이거 작전Operation Tiger'에 쏠려있었다.

클레멘틴은 메리에게 약혼을 6개월 연기하라고 달랬다.

"날벼락." 메리는 일기에 그렇게 썼다.

메리는 울었다. 그러나 어머니의 말에 틀린 데가 없다는 건 그녀도 알고 있었다. 일기에서도 그 점을 인정했다. "눈물을 흘리면서도 엄마의 판단이 현명하다는 걸 분명히 깨달았다. 그리고 지난 며칠 동안 여러 차례 나를 힘들게 했던 불안과 두려움 등 모든 의구심이 아주 또렷해지는 것 같았다."

클레멘틴은 메리에게 에릭과의 결혼에 확신을 갖고 있는지 물었다. "솔직히 그렇다고는 할 수 없었다." 메리는 그렇게 썼다.

남편의 관심을 끌어들이는 데 실패한 클레멘틴은 해리먼에게 메리를 좀 설득해달라고 부탁한 후 약혼을 연기하기로 한 자신의 결정을 직접 에릭에게 말했다.

해리먼은 메리를 데리고 직사각형으로 목재를 둘러 만든 디즐리의 정원으로 나갔다. 두 사람은 정원을 돌고 또 돌았다. 메리는 "크게 상심했고 가련하고 보기에도 조금 눈물겨웠다." 해리먼은 메리를 위로하면서도 상황을 직시하라고 충고했다.

"그분은 내가 나 자신에게 했어야 할 말씀만 하셨다." 그녀는 그렇게 썼다.

"앞으로 살 날이 창창하잖아요."

"처음 나타난 사람을 덥석 믿어서는 안 돼요."

"아직 사람을 많이 겪어보지 않았잖아요."

"자신의 삶에 대해 현명하지 못한 것도 일종의 죄랍니다."

그렇게 걷고 또 걷다 보니 점점 클레멘틴의 말이 옳다고 생각됐다. 그리고 동시에 "내가 너무 경솔하게 행동했다는 생각이 들기 시작했다. 그게 내 약점인 것 같다. 도덕적으로도 비겁했고."

그녀는 또한 안도감을 느꼈다. "엄마가 개입하지 않았다면 어떻게 되었을까? … 신이 엄마에게 분별력과 이해심과 사랑을 주셔서 다행이다."

에릭은 메리를 정중하게 대했고 그 입장을 이해했지만 그래도 클레멘틴에게는 화가 났다. 그는 부모와 몇몇 지인들에게 약혼이 연기되었다고 전보를 쳤다.

메리는 사과주스에 술을 조금 탔다. 기분이 좋아졌다. 그녀는 밤늦게까지 편지를 썼다. "무너진 가슴으로 잠자리에 들었다. 초라한 기분이었지만 아주 차분하다."

그에 앞서 메리는 모두와 함께 디즐리 홈시어터에 자리를 잡고 앉왔다. 메리는 해리먼의 옆에 앉았다. 영화 제목도 하필 〈불꽃에 휩싸인 세상World in Flames〉이었다.

메리가 일요일 밤 평온한 디즐리에서 잠자리에 들었던 그 시간에 런던의 소방대원들은 잔불을 잡느라 분주했고 구조대원들은 잔해를 헤치며 생존자를 찾고, 찢기고 훼손된 시신을 수습했다. 고의든 우연이든 터지지 않은 폭탄들이 많아 제거반이 폭탄을 안전하게 해체할 때까지 소방관과 구조대원들은 꼼짝할 수 없었다.

수많은 죽음과 사라진 귀중한 유산들과 치명적인 피해 등 이번 공습은 전쟁이 일어난 이래 최악의 악몽이었다. 이번 공습으로 사망한 런던 시민이 1,436명에 이르렀다. 하룻밤 사망자로는 최대 기록이었다. 중상자도 1,792명이었다. 집을 잃은 사람은 약 1만 2,000명에 달했다. 소설가 로즈 맥콜리도 일요일 아침 자신의 아파트로 돌아와보니 화재로 집이 전소되어 있었다. 불치병 말기를 앓는 연인이 보낸 편지, 쓰고 있던 소설, 옷과 책 등 그녀가 평생 쌓아온 것들이 모두 사라지고 없었다. 무엇보다도 슬픈 것은 타버린 책이었다.

"그동안 아꼈던 것들을 하나씩 계속 생각하게 된다. 그때마다 비수가 살을 파고드는 느낌이다." 그녀는 친구에게 그렇게 썼다. "차라리 외국에라도 나가있으면 좋겠다. 그러면 그것들이 그렇게 그립지는 않을 텐데, 그럴 수는 없지. 너무도 좋아했던 책들이라 그 무엇으로도 대체할 수 없을 거다." 그중에는 17세기에 출판된 전집도 있었다. "내 오브리, 내 플리니, 내 탑셀, 실베스터, 드레이턴, 모든 시인들, 그 많은 홀

륭하고 기묘하고 알려지지 않은 작가들도." 그녀는 수집해놓았던 여행
안내서 배데커Baedekers도 잃어버렸다. "누군가의 책이나 명멸하는 많은
문명처럼 어쨌든 여행도 끝나겠지." 그러나 가장 슬프게 한 유일한 손
실은《옥스퍼드 영어사전Oxford English Dictionary》이었다. 그녀는 폐허가 된
집을 뒤지다 검게 그을린 H 항목을 발견했다. 또 새뮤얼 핍스Samuel Pepys
가 쓴 유명한 17세기 일기의 한 부분도 찾아냈다. 그녀는 기억이 나는
책들을 목록으로 작성했다. 나중에 쓴 수필에서 "너무나 서글픈 목록
이다. 누구도 그런 걸 작성하는 일은 없어야 할 것"이라고 썼다. 빠뜨렸
던 제목이 헤어진 연인의 익숙한 몸짓처럼 불쑥 생각나곤 했다. "한때
가지고 있던 약간 별난 작은 책이 계속 생각난다. 그런 걸 다 나열할 수
는 없다. 그리고 모두 재가 된 마당엔 잊어버리는 것이 낫다."

5월 10일 공습에서 가장 상징적이고 많은 사람을 분노하게 만든
상처는 직격탄을 맞은 하원 본회의장이었다. 불과 나흘 전에 처칠이 신
임투표에서 승리한 방이었다. "유서 깊은 우리 하원이 산산조각이 났
구나." 처칠은 랜돌프에게 그렇게 썼다. "넌 이런 광경을 본 적이 없겠
지. 외벽 몇 개를 제외하곤 남은 것이 하나도 없단다. 독일놈들은 고맙
게도 우리가 아무도 없던 시간을 택해주었구나."[72]

매스옵저베이션 일기기록원이자 두 자녀와 함께 리젠트 파크 서
쪽 메이다베일에 사는 28세의 부유한 미망인은 일요일에 낯설지만 반
가운 평화가 찾아왔다고 기록했다. 그녀는 남동쪽으로 5킬로미터 떨어
진 웨스트민스터에서 대형 화재가 여전히 맹위를 떨치고 있는 것도 전
혀 모르고 있었다. "햇빛이 화창하고 완벽하게 평온한 날 나는 커튼을
젖혔다." 그녀는 그렇게 썼다. "향긋하고 두터운 흰빛의 배꽃을 배경으
로 정원에 있는 사과나무가 점점이 분홍빛으로 찍혀있었다. 하늘은 따
스하게 푸르고 새들은 나무에서 지저귀었다. 온화한 일요일 아침은 모

든 것이 고요했다. 어젯밤 바로 이 창문에서 보았던 무지막지한 화염과 연기에 빨갛게 물들고 지옥 같은 소음으로 귀가 먹먹했던 그 모든 것이 믿기지 않는다."

런던은 일요일 밤 달이 한가득 차올라 또 다른 공격에 대비했지만 폭격기는 오지 않았다. 다음 날 밤도 그다음 날 밤에도 오지 않았다. 고 개가 갸웃거려지는 정적이었다. "러시아에 쳐들어가기 위해 독일군이 동부 전선으로 집결하고 있는 것인지도 모른다." 해럴드 니컬슨은 6월 17일자 일기에 그렇게 썼다. "아니면 이집트에 있는 우리 전선을 공격 하는 데 모든 공군력을 집중시키는 것인지도 모르지. 그것도 아니면 항 공기에 탄막풍선의 케이블을 끊을 전선 절단기 같은 새로운 장비를 장 착하고 있는 것일 수도 있고. 어쨌든 예감이 안 좋다." 그는 그렇게 결 론을 내렸다.

변화의 조짐은 국토안전부가 매달 집계하고 있는 사망자 수에서 도 분명히 드러났다. 5월에 영국 전역에서 독일의 공습으로 사망한 민 간인은 5,612명이었다(그중 791명이 어린이였다). 6월에는 총계가 410명 으로 뚝 떨어져 93퍼센트 가까이 감소했고, 8월에는 162명, 12월에는 37명으로 줄었다.

이상하게도 이 새로운 정적은 전투기사령부가 마침내 야간 방어 의 요령을 파악했다고 생각했을 때와 시기가 일치했다. 무선대책본부 인 제80비행단은 이제 독일군의 빔을 효과적으로 교란했고 어둠 속에 서 싸우는 법을 개선해온 전투기사령부의 노력도 마침내 성과를 거두 는 것 같았다. 쌍발 야간 전투기들은 이제 대부분 공대공 레이더를 갖 추었다. '전투기의 밤fighter nights'에 출격하는 단발 전투기 조종사들도 페이스를 찾은 것 같았다. 같은 주 토요일 밤 달이 눈부신 가운데 허리 케인과 디파이언트 연합 병력 80기는 외곽 대공포대의 도움을 받아 적어도 7대의 폭격기를 격추시키고 KGr 100의 선도기 한 대에 큰 손상을 입혔다. 지금까지 중 최고의 성과였다. 1월부터 5월까지 RAF 단발엔진 전투기가 요격한 독일 항공기는 4배로 늘어났다.

지상의 분위기도 달라지고 있었다. 그것은 히틀러의 맹공을 견딜 수 있다는 영국의 저력을 확고하게 보여주는 전반적인 느낌과 일치했다. 떨치고 일어설 때가 된 것이다. 여행 세일즈맨으로 일했던 한 매스옵저베이션 일기기록원은 이렇게 썼다. "소극적이었던 사람들의 정신력이 적극적으로 바뀌는 것 같다. 대피소에서 웅크리고 있기보다 올라가 뭐라도 하려고 한다. 마치 불꽃놀이를 하는 아이처럼 소이탄에 달려들고 소화용 소형 펌프를 가지고 높은 층에 올라가 화마와 싸우는 모습은 이제 저녁의 일상이 되었다. 어떤 소방대장은 위험을 무릅쓰고 달려드는 사람들을 막는 일이 제일 힘들다고 내게 토로했다. 모두가 '폭탄을 치우려' 한다."

*

그리고 헤스가 있었다.

5월 13일 화요일에 요제프 괴벨스는 아침 선전회의에서 이 문제를 다뤘다. "역사는 의도가 아무리 좋았다고 해도 마지막 순간에 용기를 잃은 탓에 조국에 누를 끼친 많은 유사한 사례를 보여주고 있다." 그는 그렇게 말했다. 결국 이 사건은 제3제국의 길고 영광스러운 서사에 어처구니없는 하나의 에피소드로 역사의 귀퉁이에 따로 기록될 것이라고 그는 단정했다. "물론 지금 당장은 유쾌한 일이 못된다. 그러나 우리의 날개를 처지게 만들거나 이런 오명을 씻을 기회가 없다고 생각할 근거는 전혀 없다."

그러나 괴벨스도 당황한 것이 분명했다. "하필 제국이 승리를 목전에 두고 있는 터에 이런 일이 일어나다니." 5월 15일 목요일 회의에서 그는 그렇게 말했다. "이것은 우리 제국의 성격과 유지 능력에 대한 마지막 어려운 시험이며, 우리는 운명이 보내준 이런 시련을 오히려 달갑게 감당해낼 것이다." 그는 부관들에게 전쟁 전에 사용했던 선전 노선을 다시 활용하라고 지시했다. 바로 히틀러를 신비한 존재로 부각시키는 신화였다. "우리는 총통의 예지력을 믿는다. 이제 우리의 앞길을 막는 것은 무엇이든 결국에는 우리의 행운을 입증해주는 존재가 될 것이다."

물론 괴벨스는 대중의 관심이 머지않아 다른 곳으로 향하리라는 것을 알고 있었다. "당분간 그 사건은 무시하라." 그는 그렇게 말했다. "이제 헤스를 잊고 다른 문제로 관심을 돌릴 만한 일이 곧 군사 분야에서 일어날 것이다." 히틀러가 곧 러시아를 침공하리라는 암시였다.

독일은 공식 성명을 통해 헤스를 "최면술사와 점성가"에 현혹된 병자로 묘사했다. 이어진 논평은 헤스를 가리켜 "영원한 이상주의자이자 병약자"라고 했다. 그의 점성술사는 체포되어 강제수용소로 보내졌다.

괴링은 빌리 메서슈미트를 회의장으로 불러 헤스를 도운 혐의를 심문했다. 루프트바페의 수장은 메서슈미트에게 제정신이 아닌 헤스 같은 사람에게 왜 비행기를 몰게 했는지 따졌다. 메서슈미트는 비꼬듯 응수했다.

"미치광이가 제3제국에서 그렇게 높은 직책을 맡을 줄 누가 생각이나 했겠습니까?"

괴링이 파안대소하며 말했다. "당신은 구제불능이야, 메서슈미트!"

　처칠은 헤스를 정중하게 대하라고 지시했지만 "이 사람도 다른 나치 지도자들과 마찬가지로 잠재적 전범이며 그와 그의 동료들은 전쟁이 끝날 때 당연히 범법자라는 판결을 받을 수 있다"는 사실을 알고 있었다. 처칠은 정식 수용처가 정해질 때까지 헤스를 런던탑에 임시로 보호하자는 육군부의 제안을 허락했다.

　루스벨트는 이런 소식을 유쾌하게 받아들였다. "장담하지만 이렇게 멀리서도 헤스의 비행은 미국인의 상상력을 자극했습니다. 이런 이야기는 며칠 심지어 가능하면 몇 주 동안 펄펄하게 살아 회자될 수 있도록 해야 합니다." 그는 5월 14일 처칠에게 그렇게 전보를 보냈다. 이틀 뒤 처칠은 답장에서 히틀러는 평화를 도모할 의지가 있지만 처칠과는 협상하지 않을 것이라는 헤스의 주장 등 이 사건과 관련하여 자신이 알고 있는 내용을 전달했다. "정신이상 징후는 전혀 보이지 않습니다." 처칠은 헤스를 그렇게 평했다. 그리고 루스벨트에게 이 편지는 비밀로 해야 한다고 강조했다.

　"언론이 한동안 이 문제에 달려들게 내버려두어 독일인들이 계속 멋대로 추측하게 된다면 그것도 썩 괜찮은 일이라고 생각합니다."

　그리고 처칠 정부의 그런 작전은 주효했다. 갖가지 소문이 떠돌았다. "당신들이 데리고 있는 헤스는 사실 아무것도 모른다." 독일의 어떤 신문은 그렇게 비아냥거렸다. 헤스는 실제로 헤스가 아니라 영리한 이중인격자일 것이라는 추측도 있었다. 어떤 사람들은 헤스가 처칠에게 접근해 독침을 찌르는 임무를 받았다고도 했다. 런던의 한 영화관에서 뉴스영화를 해설하는 아나운서가 다음에 헤르만 괴링이 직접 오더라도 이제 영국은 놀라지 않을 것이라고 하자 관객들은 다들 폭소를 터뜨렸다.

모든 일이 거짓말 같았다. "이렇게 매혹적인 지옥에서 이런 극적인 에피소드가 펼쳐지다니!" 미 주재무관인 레이먼드 리 장군은 일기에 그렇게 썼다. 화이트홀의 화젯거리는 온통 헤스 얘기뿐이라고 리는 생각했다. 헤스의 이름이 끊임없이 반복되자 술집이든 휴게실이든 식당이든 치찰음 '스' 소리로 가득 차는 이상한 현상이 나타났다.

"마치 뱀이 한 바구니 가득한 것 같았다."

*

그렇게 약혼 소동이라는 가정사와 시민들의 트라우마와 하늘에서 뚝 떨어진 히틀러의 대리인과 함께 처칠이 이끌고 온 첫 한 해도 막을 내리고 있었다. 모든 역경에도 영국은 굳건했고 시민들은 겁먹기보다 대담해졌다. 그 모든 것을 통해 처칠은 어쨌든 그들에게 두려움을 모르는 기술을 가르쳤다.

"누가 그 자리에서 국민들을 이끌었든 그들은 떨치고 일어나 난국을 헤쳐나갔겠지만 그건 어디까지나 추측일 뿐이다." 처칠의 전시내각 군사 담당 차관보이자 나중에 중장으로 진급하는 이언 제이콥Ian Jacob은 그렇게 썼다. "우리가 알고 있는 것은 총리가 그렇게 탁월한 지도력을 발휘했기 때문에 사람들은 사태의 위험성을 거의 즐기다시피 하며 영광스럽게 홀로 우뚝 섰다는 사실이다." 에드워드 브리지스 전쟁내각 장관도 그렇게 썼다. "그만이 국민들이 승리를 믿게 하는 힘을 가지고 있었다." 런던 시민이자 중앙전신국 간사인 넬리 카버Nellie Carver의 표현이 아마도 가장 정확한 것 같다. "윈스턴의 연설을 들으면 혈관에서 온갖 종류의 전율이 쿵쾅거려, 독일군이 떼로 몰려와도 맞붙을 수 있을 것 같은 기분이 든다."

보름달이 떴던 어느 주말 디츨리에서 정보부 장관 더프 쿠퍼의 아내 다이애나 쿠퍼는 사람들에게 용기를 심어준 것이 가장 잘하신 일이었다고 처칠에게 말했다.

처칠은 수긍하지 않았다. "나는 그들에게 용기를 준 적이 없습니다." 그는 그렇게 말했다. "그들의 용기를 하나로 모았을 뿐입니다."

런던은 중상을 입었지만 결국 견뎌냈다. 1940년 9월 7일 런던 중심부에 대한 대규모 공격이 처음 시작되었을 때부터 1941년 5월 11일 일요일 아침 사이 영국 대공습이 끝날 때까지 2만 9,000명에 가까운 시민들이 목숨을 잃었고 2만 8,556명이 중상을 입었다.

다른 도시들은 피해가 조금 덜했다고 해도 1940년과 1941년 사이에 런던을 비롯한 영국 전역에서 사망한 민간인은 총 4만 4,652명에 달했고 5만 2,370명이 부상을 입었다.

그중 5,626명은 어린이였다.

101장 체커스의 주말

크리스마스를 몇 주 앞둔 1941년 12월 어느 일요일 저녁, 늘 그렇듯 낯익은 많은 얼굴들이 하룻밤을 묵거나 아니면 식사만 하기 위해 체커스로 향했다. 손님 중에는 해리먼과 파멜라 그리고 그날로 24살이 된 해리먼의 딸 캐시도 있었다. 저녁 식사 후 처칠의 시종집사 소여스가 라디오를 가져왔다. 참석자들에게 BBC 정규 뉴스방송을 들려주기 위해서였다. 집안 분위기는 그다지 밝지 않았다. 처칠은 전쟁이 그런대로 잘 진행되는 편이어도 낙담한 것처럼 보였다. 클레멘틴은 감기 때문에 위층 그녀의 방에 있었다.

그 라디오는 해리 홉킨스가 처칠에게 선사한 값싼 휴대용이었다. 처칠은 뚜껑을 열고 라디오를 켰다. 방송은 이미 진행 중이었다. 아나운서는 하와이 얘기를 몇 마디 한 다음 투브룩과 러시아 전선으로 넘어갔다. 히틀러는 지난 6월 러시아 침공을 개시했다. 관측통들은 그 정도 대규모 공격이면 몇 주 아니 몇 달 안에 소련을 굴복시킬 것이라고 예상했다. 그러나 러시아 육군은 예상보다 효율적으로 버텼고 빠르게 전열을 가다듬고 있었다. 12월에 접어들면서 침략자들은 러시아의 변치 않는 두 가지 무기인 거대한 땅덩어리와 겨울 날씨를 마주하고 있었다.

그러나 사람들은 여전히 히틀러의 승리를 예상했고 처칠은 러시아 원정이 끝나면 그의 총구가 다시 영국을 향하리라는 사실을 인정했다. 처칠이 지난여름 연설에서 예측했던 대로 러시아전은 "브리튼 제도 침략전의 서막에 지나지 않는다."

BBC 아나운서의 목소리가 변했다. "일본 항공기가 하와이에 있는 미국 해군기지인 진주만을 급습했다는 소식이 방금 들어왔습니다. 공격 사실은 루스벨트 대통령의 간단한 성명을 통해 공표되었습니다. 하와이 오아후섬의 해군과 군사 목표물도 공격을 받았습니다. 더 자세한 내용은 아직 입수된 것이 없습니다."

처음에는 다들 어리둥절했다.

"기절초풍할 일이었다." 해리먼은 그렇게 썼다. "나는 같은 말만 반복했다. '일본군이 진주만을 기습하다니.'"

"아뇨, 아뇨." 처칠 보좌관 토미 톰슨Tommy Thompson이 반박했다. "아나운서가 진주강Pearl River이라고 했어요."

그 자리에 있던 미국대사 존 위넌트가 처칠을 힐끗 쳐다봤다. "믿기지 않아 서로 얼굴만 바라봤다."

뭔가 짓눌렸던 것이 갑자기 사라진 것처럼 처칠이 라디오의 뚜껑을 쾅 닫더니 벌떡 일어섰다.

당직비서 존 마틴이 들어와 해군부에서 제독의 전화가 와있다고 알렸다. 처칠은 문으로 향하면서 말했다. "우리는 일본에 선전포고를 할 거요."

위넌트가 당황해서 뒤를 따랐다. "맙소사." 그는 중얼거렸다. "선전포고를 라디오로 발표할 수는 없습니다." (나중에 위넌트는 이렇게 썼다. "처칠에겐 미적지근하거나 애매한 구석이 없다. 특히 그가 한번 마음먹은 일이라면 더더욱 없다.")

처칠이 걸음을 멈췄다. 그의 목소리가 조용해졌다. 그리고 말했다. "어떻게 해야 하지?"

위넌트는 루스벨트에게 확실한 내용을 듣기 위해 전화기를 들었다.

"나도 그분과 할 얘기가 있소." 처칠이 말했다.

루스벨트와 연결이 되자 위넌트는 대통령에게 먼저 얘기하고 싶어 하는 분이 있다고 말했다. "목소리를 들으면 누구인지 아실 겁니다."

처칠은 수화기를 들었다. "대통령 각하, 일본이 어떻다는 말입니까?" 그가 물었다.

"사실입니다." 루스벨트는 그렇게 말했다. "그들이 진주만에서 우리를 공격했습니다. 우리 이제 한배를 탔군요."[73]

루스벨트는 다음 날 일본에 선전포고를 할 것이라고 처칠에게 말했다. 처칠은 루스벨트가 선전포고를 하면 곧바로 따라 하겠다고 약속했다.

그날 밤 새벽 1시 35분에 처칠과 해리먼은 해리 홉킨스에게 '급전'을 보냈다. "이 역사적인 순간에 대사님 생각이 많이 납니다. 윈스턴, 애버럴."

모두가 사태를 파악했다. "피할 수 없는 일이 마침내 일어났다." 해리먼은 그렇게 말했다. "우리 모두는 그것이 가져올 암울한 미래를 알게 됐지만 적어도 이제 우리에겐 미래가 생겼다." 모스크바로 떠날 준비를 하고 있던 앤서니 이든은 그날 밤 처칠의 전화를 받고 기습 소식을 알았다. "이제 살았다는 안도감을 숨길 수 없었다. 숨기려고 애쓸 필요도 없었다." 그는 그렇게 썼다. "무슨 일이 일어나든 이젠 시간문제라고 생각했다."

그날 밤늦게 처칠은 마침내 방으로 물러갔다. "충만한 상태로 그리고 감상과 감동에 흠뻑 젖어 잠자리에 들었고, 살았다는 고마운 마음으로 잠들었다." 그는 그렇게 적었다.

처칠은 루스벨트가 일본에만 집중하지 않을까 잠깐 걱정했지만

12월 11일 히틀러가 미국에 전쟁을 선포했고, 미국은 그 호의에 보답했다.

처칠과 루스벨트는 정말로 같은 배에 올라탔다. "거센 폭풍을 만날 수도 있지만 뒤집히지는 않을 것이다." 퍼그 이즈메이는 그렇게 썼다. "결말에 대해서는 의심의 여지가 없었다."

*

곧이어 처칠과 비버브룩 경과 해리먼은 최신형 전함 듀크오브요크호Duke of York를 타고 워싱턴 D.C.로 출발했다. 매우 위험했지만 루스벨트를 직접 만나 전쟁 구상을 의논하기 위해 극비리에 나선 행차였다. 처칠의 주치의 찰스 윌슨 경을 포함해 처칠의 시종에서 영국군 최고위 장교인 딜 원수, 제1해군경 파운드, 공군참모총장 포털에 이르기까지 50여 명이 처칠을 수행했다. 비버브룩 경이 데려온 사람만 비서 3명과 시종 한 명, 짐꾼 한 명 등 5명이었다. 루스벨트는 위험하다고 생각되어 처칠을 만류했다. 실제로 배가 침몰했다면 영국 정부의 숨통을 끊는 참사가 되었을 것이다. 그러나 처칠은 대통령의 우려를 일축했다.

찰스 윌슨은 처칠의 달라진 상태에 경탄했다. "미국이 전쟁에 뛰어든 뒤로 그는 딴사람이 되었다." 주치의는 그렇게 썼다. "나는 런던에서부터 윈스턴을 알았기에 무척 놀랐다. … 나는 세상의 무게를 짊어지고 가는 그의 모습을 보았고 그가 얼마나 오랫동안 그렇게 버틸 수 있을지 그리고 그 문제를 어떤 식으로 끝낼 것인지 궁금해했었다. 그런데 이제 하룻밤 사이에 그 자리에 젊은 청년이 들어선 것 같았다." 신이 난 모습이 다시 돌아왔다. "갑자기 전쟁은 이긴 것이나 다름없어졌고 영국은 안전해졌다. 위대한 전쟁에서 영국의 총리가 되어, 내각과 육군과 해군과 공군과 하원과 영국 자체를 지휘하는 것은 그도 생각해보지 못한 일이었을 것이다. 그는 그것을 속속들이 사랑한다."

항해 첫 며칠은 북대서양이라는 것을 감안해도 지나칠 정도로 험난했고 배도 6노트로 속도를 늦출 수밖에 없었다. 안전을 위해서는 5배 가까이 빠르게 항해해야 했지만 모든 것이 허사였다. 거대한 파도가 배의 낮은 선체를 휩쓸고 지나갔기 때문에 모든 여행객들은 갑판에서 떨어지라는 명령을 받았다. "이렇게 큰 잠수함은 처음 타보는군." 비버브룩이 이죽거렸다. 처칠은 클레멘틴에게 이렇게 썼다. "이런 날씨에 배에 있자니 감옥에 갇힌 것이나 다름없구려. 익사할 수 있는 특별한 기회가 생겼다는 것만 아니면 말이오." 그는 뱃멀미 때문에 모더실 Mothersill's을 복용했고 윌슨이 말렸지만 비서들에게도 나눠주었다. 윌슨은 어떤 종류의 약이든 처방에 신중한 편이었다.

"총리는 매우 건강하고 기운이 넘친다." 해리먼은 그렇게 썼다. "식사 때도 쉴 새 없이 말한다." 처칠은 뱃멀미에 필요한 것들을 장황하게 늘어놓았다. "구축함 함교에 있는 양동이 등등." 해리먼은 그렇게 썼다. "결국 이를 극복하지 못한 딜은 얼굴이 사색이 되어 식탁을 떠났다."

전함은 메릴랜드 앞바다의 체서피크만에 정박했다. 처칠 일행은 비행기를 타고 워싱턴으로 날아갔다. "밤이었다." 톰슨 경위는 그렇게 썼다. "비행기에 탄 사람들은 들뜬 마음에 꼼짝 않고 창문에 붙어 환하게 밝혀진 도시의 장대한 전경을 내려다보며 감탄했다. 워싱턴은 소중한 상징을 던졌다. 바로 자유와 희망과 힘이었다. 우리는 2년 동안 불밝힌 도시를 보지 못했다. 가슴이 벅찼다."

처칠은 마틴 비서 등 몇몇 측근들과 함께 백악관에 머물면서 루스벨트의 비선 조직을 유심히 살폈다. 루스벨트도 처칠을 자세히 들여다보았다. 처칠 일행이 백악관에서 보낸 첫날 밤, 역시 하객 중 한 사람인 톰슨 경위는 처칠과 같은 방에서 여러 가지 위험 요소를 살폈다. 그때 누가 문을 두드렸다. 처칠의 지시에 따라 톰슨이 문을 열어보니 복도에 휠체어에 앉은 대통령이 혼자 있었다. 톰슨은 문을 활짝 열었다. 자신의 뒤쪽으로 방을 들여다보는 대통령의 표정이 묘하게 바뀌는 걸 그는 포착했다. "얼른 몸을 돌렸다."[74] 톰슨은 그렇게 썼다. "윈스턴 처칠은 완전히 벌거벗고 있었다. 한 손에 술을, 다른 한 손에 시가를 든 채로."

대통령은 바퀴를 돌려 돌아가려 했다.

"들어오세요, 프랭클린" 처칠이 말했다. "우리밖에 없지 않소."

대통령은 톰슨이 "이상한 으쓱임"이라고 표현한 제스처를 한 다음 직접 바퀴를 굴려 방으로 들어섰다. "아시겠지만 대통령 각하." 처칠이 말했다. "저는 숨길 것이 없습니다."

처칠은 어깨에 수건을 걸치고 이후 한 시간 동안 벌거벗은 채 방을 돌아다니며 술을 홀짝거리면서 루스벨트와 대화를 나누었고 이따금 대통령의 빈 잔에 술을 채웠다. "그분은 원로원에서 토론을 멋지게 끝낸 후 느긋하게 욕실에 나타난 로마인 행세를 했다." 톰슨 경위는 그렇게 썼다. "루스벨트 여사가 들어왔다 해도 눈 하나 깜짝하지 않았을 것이다."

＊

크리스마스이브에 처칠은 다리보조기를 찬 루스벨트 옆에 서서 백악관 남쪽 현관 앞 광장에 운집한 3만 명 군중에게 연설했다. 남쪽 잔디밭으로 옮겨와 국가 지정 크리스마스트리로 선정된 가문비나무의 점등식을 보기 위해 모인 사람들이었다. 해 질 무렵 걸스카우트와 보이스카우트의 기도와 발언이 있은 후 루스벨트가 점등 버튼을 눌렀다. 그는 연설을 짧게 끝내고 처칠에게 연단을 양보했다. 처칠은 워싱턴에 오니 고향에 온 것처럼 편하다고 말문을 꺼냈다. 그는 "참으로 낯선 크리스마스이브"라고 말하며 "섬나라가 폭풍 한가운데 휘말려 있어도 크리스마스를 잊을 수는 없다"고 강조했다. "아이들은 즐거움과 웃음이 가득한 밤을 보내야 합니다." 처칠은 그렇게 말했다. "아이들이 산타클로스의 선물로 즐겁게 놀 수 있어야 합니다. 어른들도 인색하지 않은 기쁨을 마음껏 나누도록 합시다." (갑자기 그의 목소리가 낮고 깊어지면서 무섭게 으르렁거렸다.) "그런 다음 우리 앞에 놓인 준엄한 과제와 만만치 않은 한 해로 돌아갑시다. 결단하세요! 우리의 희생과 담대함으로 바로 이 아이들이 그들의 유산을 강탈당하거나 자유롭고 품위 있는 세상에서 살 권리를 거부당하는 일이 없도록 말입니다."

그는 마무리를 지었다. "그리고," 그가 손을 하늘로 치켜세웠다. "하나님의 은총 아래 모두에게 즐거운 크리스마스가 되시기를."[75]

군중들은 '참 반가운 신도여O Come, All Ye Faithful'로 시작하여 '고요한 밤Silent Night' 3절까지 캐럴 세 곡을 불렀다. 새로운 전쟁을 앞둔 수천 명의 미국인들은 숙연한 마음으로 합창했다.

＊

톰슨 경위는 다음 날 루스벨트의 비밀 경호국장과 크리스마스 저녁 식사를 함께하기 직전에 한 여직원으로부터 루스벨트 여사가 보낸 크리스마스 선물을 받고 감격했다. 포장을 풀어보니 넥타이와 크리스마스카드가 담긴 작은 흰색 봉투가 있었다. "월터 헨리 톰슨 경위에게, 1941년 크리스마스에. 즐거운 크리스마스가 되시기를. 루스벨트 대통령 부부가."

톰슨이 입을 다물지 못하는 모습을 여직원은 넋을 잃고 쳐다보았다. "온 국민을 이끌고 역사에서 가장 큰 전쟁을 준비하는 한 나라의 대통령이 크리스마스라고 해도 일개 경찰관에게 넥타이를 선사할 생각을 하다니 도저히 믿어지지 않았다." 톰슨은 그렇게 썼다.

*

물론 앞으로 전쟁은 4년 더 계속될 것이고 그때는 어둠을 쉽게 헤쳐나갈 전망도 보이지 않을 때였다. 영국의 극동 지역 보루인 싱가포르가 적의 손에 넘어가면서 일본까지 처칠 정부를 무너뜨리겠다고 위협했다. 독일군은 크레타에서 영국군을 몰아내고 투브룩을 탈환했다. "우리는 정말로 굴욕의 골짜기를 걷고 있습니다." 클레멘틴은 해리 홉킨스에게 보낸 편지에 그렇게 썼다. 반전에 반전이 뒤따랐지만 전세가 연합군에게 유리한 쪽으로 바뀌기 시작한 것은 1942년 말부터였다. 영국군은 '엘 알라메인 전투Battle of El Alamein'로 알려진 일련의 사막전에서 롬멜을 패퇴시켰다. 미 해군은 미드웨이에서 일본을 격파했다. 히틀러의 러시아전은 진창과 얼음과 유혈 속에서 한 발짝도 더 나가지 못하고 있었다. 1944년 연합군이 이탈리아와 프랑스로 진격한 후 결과는 정해진 것 같았다. 영국과의 공중전은 1944년 영국을 향해 발사한 무인비행폭탄 V-1과 히틀러의 '보복' 무기 V-2 로켓의 등장으로 잠시 활력을 되찾지만 이것은 독일이 피할 수 없는 패배를 앞두고 같이 죽자고 덤비는 것 이외에 다른 목적도 없었던 마지막 공격이었다.

새해를 맞기 전, 1941년의 마지막 날 처칠 일행은 캐나다를 방문한 후 워싱턴으로 돌아가는 기차에 몸을 실었다. 물론 톰슨 경위도 함께였다. 처칠은 전갈을 보내 식당차로 모두 모이라고 했다. 술이 나오고 자정이 되자 그는 건배를 제의했다. "투쟁의 한 해를 위해, 고난과 모험의 한 해를 위해 그리고 승리를 향한 긴 발걸음을 위해 건배!" 그런 다음 모두가 손을 잡은 가운데 처칠은 옆에 선 RAF 중사와 찰스 포털 공군참모총장의 손을 잡고 '올드 랭 사인Auld Lang Syne'을 불렀다. 열차는 어둠을 뚫고 불 밝힌 도시를 향해 달렸다.

맺는말. 세월은 흘러

메리

시골쥐 메리는 하이드 파크에 있는 포병중대에 대공포 포대원으로 배치되었다. 그 때문에 그녀의 어머니는 잠시도 마음을 놓지 못했다. 1942년 4월 17일 공습으로 사우샘프턴 포병중대에서 18세의 포병이 사망한 뒤로는 특히 그랬다. "내 첫 번째 근심은 아마도 너였을 것이다." 클레멘틴은 어떤 편지에서 그녀에게 그렇게 말했다. 하지만 딸에게 이렇게 털어놓기도 했다. "사랑하는 네가 이처럼 어렵고 단조롭고 위험하며 가장 필요한 일을 선택했다는 사실이 개인적으로도 너무 대견하다. 난 사랑하는 생쥐 너를 수시로 생각한단다." 어느 날 저녁 공습 사이렌이 울리자 "P.M.은 메리가 근무하는 포병중대를 보기 위해 차를 타고 하이드 파크로 달려갔다"고 존 콜빌은 회상했다.

메리는 승진하여 전쟁이 끝나기 한 해 전인 1944년에는 여성 자원봉사자 230명을 지휘하는 대장이 되었다. "21살 벼슬치고는 괜찮네!" 그녀의 아버지는 랜돌프에게 보낸 편지에서 아주 뿌듯해했다.

훨씬 더 큰 감명을 받은 사람은 윈스턴 주니어였다. 그는 할아버지가 중요한 사람이라는 것을 알고 있었지만 그의 진짜 우상은 고모 메리였다. 그는 회고록에서 "세 살짜리에겐 할아버지가 총리로 전쟁을 이끈다는 것이 뭔지 잘 이해가 되지 않았다." 그는 회고록에서 그렇게 썼다. "… 하지만 대포를 4문이나 가지고 있는 사람이 고모라는 사실은 대단한 일이었다!"

*

에릭 던캐넌은 1941년 9월 6일 토요일 존 콜빌과 몇몇 친구들과 함께 스탠스테드 파크에서 사냥하면서 그의 구애가 완전히 실패했다는 사실을 알고 풀이 죽었다.

"단순하고 좋게만 생각하고 있던 에릭은 여전히 메리 처칠 외에는 아무것도 생각할 수 없다고 내게 털어놓았다." 콜빌은 그렇게 썼다.

콜빌

처칠은 끝까지 사정을 봐주지 않았다. 1941년 7월 8일 화요일, 섭씨 30도가 넘는 폭염에 지쳐 존 콜빌은 낮잠을 청하기 직전에 처칠의 집무실에 들렀다.

"자네가 나를 팽개칠 궁리를 한다면서?" 처칠은 다짜고짜 물었다. "내가 못하게 막을 수 있다는 걸 알고는 있겠지? 자네 뜻을 무시하고 내 곁에 붙들고 있을 수는 없지만 다른 곳이라면 보내줄 수 있네."

콜빌은 무슨 말씀인지 알겠다고 말하면서 그렇게 하지 않으셨으면 좋겠다고 덧붙였다. 그는 아직 마감 처리가 끝나지 않은 콘택트렌즈를 하나 보여주었다.

처칠은 콜빌에게 그렇게 가고 싶으면 가라고 말했다.

마침내 렌즈를 끼게 된 콜빌은 또 한 번 RAF 신체검사를 받았다. 이번에는 통과였다. "됐다!" 곧이어 그는 조종사가 되기 위한 마지막 여정의 첫 번째 관문인 RAF 자원 예비부대의 신병으로 선서했다. 그러나 RAF는 우선 치아 2개를 채워넣어야 한다고 말했다. 앞서 치과의사가 그에게 걱정하지 말라고 했던 문제였다. 그는 한 시간을 들여 이를 해 넣었다.

드디어 다우닝가 10번지를 떠날 때가 되었다. 마침내 전투기 조종사가 되기 위한 훈련을 시작할 수 있게 된 것이다. 콘택트렌즈는 두 시간 정도밖에 착용할 수 없기 때문에 다행스럽게도 그는 폭격기 승무원으로 복무할 자격은 얻지 못했다. 처칠도 "목표물에 도달할 때까지 장시간 기다려야 하는 폭격기 승무원보다는 짧고 치열한 전투를 벌이는 전투기 조종사가 훨씬 낫다"고 생각했다. 그러나 그는 콜빌이 장교가 아니라 신병이나 다름없는 공군 일등병으로 훈련을 받는다는 말을 듣고 깜짝 놀랐다. "그럴 수는 없지." 처칠은 그에게 말했다. "그러면 부하도 거느릴 수 없지 않은가."

"연봉을 350파운드나 받는 당신의 비서가 부하도 하나 거느릴 수 없다는 생각은 하지 못하셨던 것 같다." 콜빌은 그렇게 썼다.

9월 30일 짐을 꾸린 뒤 콜빌은 총리 집무실에서 개인적으로 작별 인사를 했다. 처칠은 다정하고 인자한 표정이었다. "그분은 내가 자주 와서 뵙기를 바라셨기 때문에 '오 흐부아au revoir(안녕)'라고 밖에 말할 수 없다고 말씀하셨다." 처칠은 콜빌에게 정말로 보내고 싶지 않다고 말하며 앤서니 이든도 그 사실을 듣고 화를 냈다고 말했다. 하지만 그는 콜빌이 "매우 용감한 결단"을 내렸다는 점은 인정했다.

갈 때가 되자 처칠이 말했다. "나는 자네에게 각별한 애정을 가지고 있네. 우리 모두 그렇고 클레미와 나는 특히 그렇지. 잘 가게. 신의 가호가 있기를."

콜빌은 슬픈 마음을 안고 떠났다. "방을 나서려는데 목이 메었다. 몇 년 동안 가져보지 못했던 감정이었다."

*

콜빌은 Me 109에게 격추되었지만 불타는 잔해 속에서 죽지 않고
살아남았다. 그는 비행 훈련을 받았고 정찰대에 배치되어 스탠스테드
파크에 인접한 펀팅턴 기지에서 미국에서 만든 전투기 머스탱Mustang을
탔다. 그는 기지에서 농가진이라는 피부병에 걸렸다. 에릭 던캐넌의 어
머니 베스버러 부인은 그를 스탠스테드 하우스로 불러 그곳에서 요양
하도록 배려했다. 몇 주 후 그는 처칠로부터 호출을 받았다.

"이젠 돌아올 때가 됐네." 처칠은 그에게 그렇게 말했다.

"하지만 이제 겨우 한 번 출격했을 뿐인데요."

"그럼 6번만 하게. 그리고 다시 와서 일해."

그는 6번을 채운 후 다우닝가로 돌아와 비서 일을 다시 시작했다.
디데이가 가까워지자 그는 다시 부대로부터 호출을 받았다. 교수는 그
가 체포되었다가 신원이 확인될 경우 독일 정보기관에 귀중한 자산이
될 것이라는 이유로 말렸지만 그는 가겠다고 고집을 피웠다. 처칠도 내
키지 않았지만 그를 보내주었다. "자네는 개인적인 재미로 싸우는 것
같아." 처칠은 그에게 그렇게 말했다. "하지만 내가 자네 나이라도 똑같
이 했을 거야. 그러니 이제 두 달간의 전투 휴가를 주겠네. 하지만 올해
그 이상의 휴가는 없을 줄 알아!"

말로만 휴가였다. 콜빌은 프랑스 해안 상공으로 40회 출격하여 사
진 정찰을 수행했다. "해협을 건너 바다 위에서 해안으로 향하는 온갖
종류의 배들을 내려다보고 있으면 기분이 짜릿했다." 그는 일기에 그
렇게 썼다. "보금자리로 돌아가는 거대한 편대의 무리와 폭격기와 전
투기가 하나가 되어 모두 남쪽으로 날아가는 것 역시 장관이었다." 그
는 세 번이나 격추될 뻔했다. 처칠에게 보낸 장문의 편지에서 그는 대
공 포탄에 한쪽 날개가 뚫렸던 일을 설명했다. 처칠은 무척 재미있어

했다.

콜빌은 다시 다우닝가 10번지로 돌아왔다. 파멜라 처칠에 따르면 RAF에 입대하기 전 10번지에서 그는 당연히 많은 사람들에게 호감을 주었지만 열화와 같은 사랑은 받지 못했다. 하지만 현역 복무에서 돌아온 후로는 사람들이 콜빌을 대하는 태도가 크게 달라졌다. "클레미를 제외하고는 아무도 조크를 그렇게 좋아하진 않았다." 몇 년 후에 파멜라는 그렇게 말했다. "… 하지만 그는 그 후 공군에 입대했다. 내 생각에 그것은 매우 현명한 결정이었다. 알다시피 그가 다시 돌아왔을 때 모두가 그를 반갑게 맞아주었기 때문이다." 1940년 여름에 메리가 그를 처음 보았을 때처럼 그는 더는 "꿔다놓은 보릿자루"가 아니었다. "알고 보니 전혀 그런 사람이 아니었다." 그녀는 나중에 그렇게 인정했다.

1947년 콜빌은 곧 여왕이 될 엘리자베스Elizabeth 공주의 개인비서가 되었다. 뜻밖의 제의였다. "수락하는 것은 자네 의무일세." 처칠은 그렇게 말했다. 공주의 곁을 지키는 2년 동안 콜빌은 공주의 시녀 마거릿 에저튼Margaret Egerton을 만나 사랑에 빠졌다. 그들은 1948년 10월 20일에 웨스트민스터 사원 근처에 있는 세인트마거릿 교회St. Margaret's Church에서 결혼했다.

콜빌은 1985년에 《권력의 주변The Fringes of Power》이라는 제목으로 자신의 일기를 편집 출판하여 어떤 개인비서들보다도 더 유명세를 누렸다. 그것은 처칠이 이끄는 다우닝가 10번지의 내부 사정에 관심이 있는 모든 학자들에겐 더없는 시금석이었다. 그는 서문에서 쓴 것처럼 "일반인들이 별로 흥미를 보이지 않을 사소한 항목" 등 사사로운 자료는 상당 부분 삭제했지만, 영국 케임브리지의 처칠기록보관소Churchill Archives Centre에 있는 육필 일기를 읽은 사람이라면 그 사소한 항목들이 콜빌 자신에게는 가장 중요한 문제였다는 것을 금방 눈치챌 것이다.

그는 이 책을 "일기 초반부에서 그녀에게 별로 좋은 말을 듣지 못할 몇 가지 언급 때문에 참회와 애정을 담아" 메리 처칠에게 바쳤다.

비버브룩

비버브룩은 총 14차례 사직서를 냈는데, 그 마지막은 그가 병참부 장관으로 있던 1942년 2월이었다. 그는 전쟁생산부 장관이라는 새 직책을 맡지 않고 물러났다. 이번에는 처칠도 반대하지 않았다. 클레멘틴은 틀림없이 기뻐했을 것이다.

비버브룩은 2주 뒤에 떠났다. "제 평판은 오로지 각하 덕분입니다." 그는 마지막 날인 2월 26일 편지에서 처칠에게 그렇게 썼다. "제가 사람들로부터 신임을 얻을 수 있었던 것은 순전히 각하 덕분입니다. 그리고 제가 계속 용기를 낼 수 있었던 것 역시 각하 덕분입니다." 그는 처칠에게 "우리 국민의 구원자이자 자유세계 저항의 상징"이라고 말했다.

처칠도 같은 식으로 답했다. "우리는 끔찍한 세월을 어깨를 나란히 하고 싸웠네. 우리의 동지애와 공적인 일은 중단 없이 계속될 것일세. 이제 내가 바라는 것이 있다면 그대가 어서 기력을 되찾고 건강을 회복하여 내가 그대를 꼭 필요로 할 때 다시 와서 도와주었으면 하는 것뿐이네." 그는 1940년 가을 비버브룩이 "우리를 살리는 데 결정적인 역할"을 맡아주었다며 그의 업적을 치하했다. "자네는 우리의 몇 안 되는 천재적인 투사일세." 그는 그렇게 말을 맺었다.

그렇게 비버브룩은 결국 떠났다. "그의 빈자리가 너무도 크게 느껴진다." 처칠은 그렇게 썼다. 비버브룩은 했어야 할 일을 결국 해냈다. 그는 항공기생산부 장관으로서 첫 석 달 동안 전투기 생산량을 두 배로 늘렸다. 아울러 조언과 유머로 내내 처칠의 곁을 지킨 것도 어쩌면 그 못지않게 중요한 일이었을 것이다. 실제로 처칠이 가장 소중하게 여겼던 것도 바로 그 부분이었다. 덕분에 처칠은 어려울 때나 우울할 때 기분을 쉽게 털어낼 수 있었다. "가끔 그에게 기댈 수 있어서 좋았다." 처칠은 그렇게 썼다.

1942년 3월에 비버브룩은 왜 자신이 그렇게 여러 차례 그만두겠다고 협박했는지 그 이유를 처칠에게 설명해야겠다고 생각했다. 그는 자신의 업무를 지연시키고 반대하는 사람들을 물리치기 위해(말하자면 자기 마음대로 하기 위해) 그런 협박 카드를 자주 빼들 수밖에 없었다고 인정했고 처칠이 그런 자신의 의도를 알고 있다고 믿었다. "저는 늘 각하가 제 방식을 지지하기 때문에 제가 공직에 남아 과감하게 밀어붙이며 사직하겠다고 위협했다가 다시 철회하기를 바라신다는 인상을 받았습니다." 비버브룩은 그렇게 썼다.

두 사람은 조금 멀어졌다 가까워지기를 반복했지만 여전히 친구로 지냈다. 1943년 9월에 처칠은 그에게 국새상서lord privy seal라는 직책을 안겨 다시 공직으로 끌어들였는데, 이는 주로 그의 친구이자 조언자를 가까이 두고 싶었던 의도로 보인다. 비버브룩은 나중에 그 직책에서도 물러났지만 그때는 처칠도 퇴임을 앞두고 있었다. 제2차 세계대전을 개인의 입장에서 다룬 역사서에서 처칠은 비버브룩을 높이 칭찬했다. "그는 실패하지 않았다." 그는 그렇게 썼다. "그때가 그의 전성기였다."

교수
교수는 혐의를 벗었다.

싱글턴 판사는 결국 독일과 영국의 공군력과 관련된 다양한 통계 수치에 대해 충분히 확신을 갖고 판단을 내릴 수 있다고 생각했다. "내가 도달한 결론은 1940년 11월 30일 현재 독일 공군이 영국 공군에 비해 대략 4 대 3 정도로 강하다는 것이다." 그는 1941년 8월 최종보고서에서 그렇게 썼다.

RAF는 적이 압도적으로 강하다고 믿었지만, 싱글턴은 독일과 힘으로 맞붙었을 때 두 공군은 장거리 폭격기의 수에서 큰 차이가 없다고 결론을 내렸다. 물론 이런 위안을 주는 소식은 사실 뒤늦은 감이 없지 않았다. 4 대 1 정도로 밀린다고 생각했던 RAF가 자신들보다 압도적으로 우월하다고 착각했던 루프트바페만큼이나 자신감을 가졌더라면 처음부터 훨씬 더 기민하고 능숙하게 잘 싸웠을 것이다. 그 보고서는 결국 교수의 직감이 정확했다는 것을 입증해주었다.

그가 믿었던 공중기뢰는 그다지 좋은 성과를 거두지 못했다. 1940년과 1941년 내내 처칠은 공군부 관리들과 비버브룩을 윽박지르고 구슬려 기뢰를 생산해 배치하고 영국의 주요 방어 무기로 활용하도록 지시했지만, 성공 사례는 드물고 실패만 거듭하다 거센 저항에 부딪혀 결국 접고 말았다.

린드만과 처칠은 전쟁 내내 친구로 지냈다. 채식주의자인 린드만은 다우닝가 10번지와 체커스와 디츨리에서 모이는 식탁의 단골손님이었다.

파멜라와 애버럴

한동안 파멜라 처칠과 애버럴 해리먼의 관계는 뜨거웠다. 해리먼의 딸 캐시는 런던에 도착한 직후 두 사람 사이를 눈치챘지만 개의치 않았다. 자신이 아버지의 애인보다 몇 살 위라는 사실도 그렇게 거슬리지 않는 것 같았다. 캐시는 자신의 의붓어머니인 마리와 특별히 가깝지 않았기에 두 사람의 불륜에 별다른 감정이 없었다.

당사자들도 캐시가 그렇게 금방 눈치를 챘다는 사실에 당황한 것 같지 않았다. 두 사람은 자신들의 관계를 군이 감추려고 애쓰지도 않았다. 실제로 약 6개월 동안 해리먼과 파멜라와 캐시는 미국대사관 근처 그로브너 스퀘어 3번지에 있는 침실 3개짜리 아파트를 같이 썼다. 파멜라는 처칠이 둘의 관계를 알고 있었다고 짐작했지만 그는 겉으로 걱정을 드러내지 않았다. 오히려 처칠의 가족 중 한 사람이 루스벨트의 개인적 특사와 그렇게 끈끈한 관계를 갖고 있다면 그것도 하나의 자산일 수 있었을 것이다. 클레멘틴은 인정하지도 않았지만 그렇다고 간섭하려 하지도 않았다. 랜돌프는 나중에 존 콜빌에게 그의 부모가 "같은 지붕 밑에서 벌어지는 불륜을 못 본 척하고 있다"며 불평했다. 비버브룩은 그런 관계를 알고 있었을 뿐 아니라 그것을 알고 있다는 사실도 즐겨, 해리먼과 파멜라가 자신의 시골별장인 체클리에서 긴 주말을 보내게 해주기까지 했다. 그곳에는 윈스턴 주니어가 유모의 보살핌 속에 계속 지내고 있었다. 해리 홉킨스도 그 일을 알고 있었고 루스벨트도 마찬가지였다. 대통령은 재미있어했다.

1941년 6월에 처칠은 미국의 지원이 이집트에 주둔하는 영국군에게 어떤 도움이 되는지 확인하기 위해 해리먼을 카이로로 보내면서 아들 랜돌프에게 그를 잘 대접해달라고 부탁했다. 랜돌프는 카이로에 있는 영국사령부에서 공보 담당 소령으로 승진해 있었다. 그도 어떤 영국 장군의 아내인 모모 메리엇Momo Marriott이라는 사교계 명사와 열애 중이었다. 어느 날 밤 랜돌프는 나일강에 전세 범선을 띄워 방문 중인 미국인을 위해 만찬을 벌였고, 그 자리에서 자신의 연애 사실을 자랑삼아 얘기했다. 그는 해리먼이 자기 아내와 잠자리를 같이하고 있다는 사실을 전혀 모르고 있었다. 하지만 그가 속한 사교계와 런던의 화이츠 클럽에서 두 사람은 이미 가십 거리가 된 지 오래였다.

랜돌프가 아무것도 몰랐다는 사실은 1941년 7월에 파멜라에게 보낸 편지를 봐도 분명히 알 수 있다. 그는 영국으로 돌아가는 해리먼에게 그 편지를 맡기며 아내에게 전해달라고 부탁했다. 편지에서 그는 해리먼을 칭찬했다. "그 사람 정말 매력적이야." 랜돌프는 그렇게 썼다. "그리고 당신과 친구들 소식을 들을 수 있어서 너무 좋았어. 그 양반도 당신 얘기를 아주 좋게 하더군. 강력한 라이벌이 생겨 걱정이야!"

랜돌프는 1942년 초 휴가차 나왔다가 결국 둘 사이의 관계를 알게 되었다. 그래서인지 더욱 노골적으로 난봉을 피웠다. 이미 낭비와 술과 파멜라의 무관심으로 상처를 입은 그들의 결혼은 이제 말다툼과 모욕의 독기를 품기 시작했다. 총리 관저 별관에선 격렬한 싸움이 벌어졌고, 한번 터지면 랜돌프는 처칠에게도 싸움을 걸었다. 남편이 뇌졸중으로 쓰러질까 겁이 난 클레멘틴은 또다시 랜돌프를 집에서 쫓아냈다. 이번에는 전쟁이 끝날 때까지 못 들어올 줄 알라며 엄포를 놨다. 여름에 랜돌프는 카이로에서 자동차 사고를 당해 런던으로 돌아왔지만 이미 그때 그들의 결혼은 회복될 수 없는 단계로 접어든 뒤였다. 랜돌프의 화이츠 클럽 친구인 이블린 워는 파멜라에 대해 이렇게 썼다. "파멜라는 그를 너무 싫어해 그와 한 방에 있으려 하지도 않았다." 1942년 11월, 랜돌프는 그녀를 떠났다.

해리먼은 그녀에게 방을 얻어주고 연간 3,000파운드(요즘 돈으로 16만 8,000달러)의 용돈을 지불했다. 자신이 주었다는 사실을 숨기기 위해 그는 다른 사람을 내세웠다. 맥스 비버브룩이었다. 언제나 인간 드라마에 대한 자신의 애정에 충실했던 비버브룩은 기쁜 마음으로 그 일을 해냈고 해리먼이 돈을 댄다는 사실을 위장하기 위한 술책도 꾸몄다.

하지만 이것 역시 비밀이라고 할 수는 없었다. "암시장이 확실하게 자리 잡은 파리와 달리 모든 사람들은 자부심을 갖고 식량 배급에만 꼬박 매달렸다." 존 콜빌은 그렇게 썼다. "하지만 파멜라와 함께 식사를 하게 되면 보통 5, 6개 코스의 저녁 식사와 8~10명의 손님과 함께 평소 구경하기 힘든 음식을 먹게 된다. 내 짐작이지만 식탁에 모였던 우리들은 모두 음흉하게 웃으며 애버럴이 여자친구를 잘 돌보고 있다고 생각했던 것 같다."

1943년 10월에 루스벨트는 해리먼을 모스크바 주재대사로 발탁했고 두 사람의 관계는 불가피하게 식어갔다. 멀어진 거리는 두 사람 모두에게 자유를 주었다. 해리먼은 다른 여성들과 잠자리를 가졌고 파멜라는 방송캐스터 에드워드 R. 머로Edward R. Murrow 등 몇몇 남자들과 관계를 맺었다. "그러니까 젊을 때는 세상일도 아주 다른 방식으로 보게 돼요." 파멜라는 나중에 한 기자에게 그렇게 말했다.

전쟁이 막바지에 이르렀을 즈음 파멜라는 앞일이 슬슬 걱정되기 시작했다. 1945년 4월 1일 그녀는 모스크바의 해리먼에게 편지를 썼다. "전쟁이 앞으로 4~5주 안에 끝난다고 가정해보세요. 생각만 해도 겁이 나요. 너무 오랫동안 기다려왔던 일이어서 막상 그런 일이 일어나면 다들 겁이 날 것 같아요. 제 말이 무슨 뜻인지 알기나 하세요? 내가 어른이 된 이후로 겪은 것이라고는 전쟁이 전부였으니까 전시에 어떻게 해야 하는지는 잘 알아요. 하지만 평화로운 세상에서는 뭘 어떻게 해야 할지 몰라 걱정이에요. 너무 무서워요. 참 바보 같죠?"

그리고 몇 해가 지나갔다. 해리먼은 해리 트루먼Harry Truman 대통령 밑에서 미국 상무부 장관이 되었고 후에 뉴욕 주지사로 선출되었다. 그는 케네디와 존슨 행정부에서도 여러 고위 자문직을 맡았다. 그러다 국무장관 심지어 대통령이 되겠다는 큰 포부를 품기도 했다. 하지만 그건 그가 넘볼 자리가 아니었다. 복잡한 혼외 관계에도 그는 아내 마리와의 결혼생활을 유지했고 모든 면에서 그들의 결혼은 해가 거듭될수록 더욱 단단해졌다. 마리의 딸 낸시에 따르면 1970년 9월 마리의 죽음으로 해리먼의 가슴은 완전히 허물어졌다. "아버지는 툭하면 엄마 방에 앉아 우시곤 했다."

1960년에 파멜라는 브로드웨이 오리지널 뮤지컬 〈사운드 오브 뮤직The Sound of Music〉의 공동 제작자이자 재능 있는 에이전트인 릴랜드 헤이워드Leland Hayward와 결혼했다. 그들의 결혼생활은 1971년 3월 헤이워드가 사망할 때까지 계속되었다.

파멜라와 해리먼은 멀리서도 연락을 주고받았다. 1971년 8월, 그들은 둘 다 〈워싱턴포스트Washington Post〉의 발행인 캐서린 그레이엄Katharine Graham이 워싱턴 D.C.에서 주최한 한 저녁 파티에 초대된 사실을 알았다. 해리먼은 79세였고 파멜라는 51세였다. 그들은 그날 저녁 밀담을 나누었다. "무척 이상했다." 파멜라는 그렇게 말했다. "얘기를 시작하자마자 몇 년 동안 꽁꽁 묻어두었던 옛날 일이 너무 많이 떠올랐기 때문이었다."

8주 뒤 그들은 결혼했다. 맨해튼 어퍼이스트사이드에 있는 한 교회에서 열린 조촐한 결혼식에는 세 명의 하객만 참석했다. 그들은 그들의 결혼식이 알려지는 것을 원하지 않았다. 하지만 그것도 잠시뿐이었다.

그날 오후 150명가량 되는 친구들이 해리먼의 타운하우스에 모였다. 모두 그저 칵테일파티가 있다는 말만 듣고 온 사람들이었다.

파멜라는 방에 들어서면서 한 친구에게 외쳤다. "우리가 해냈어! 해냈다고!" 불과 30년밖에 걸리지 않은 일이었다. "오, 팸." 또 다른 친구는 그 직후에 파멜라에게 편지를 썼다. "인생이란 게 정말 묘하지 않니!!" 그들의 결혼은 1986년 7월 해리먼이 사망할 때까지 15년간 지속되었다.

독일 사람들

뉘른베르크 재판에서 헤르만 괴링은 전쟁 범죄와 반인륜 범죄 등 일련의 혐의로 유죄판결을 받았다. 법정은 1946년 10월 16일 그에게 교수형을 선고했다.

그는 증언에서 덩케르크 이후 즉시 영국을 침공하고 싶었지만 히틀러가 계획을 엎었다고 진술했다. 그는 심문을 맡은 미국 공군대장 칼 스파츠Carl Spaatz에게 자신은 러시아 공격 계획을 탐탁하게 여기지 않았다고 말했다. 그는 영국을 계속 폭격하여 처칠에게 항복을 받아내고 싶었다. 괴링은 스파츠에게 러시아전은 타이밍이 치명적이었다고 진술했다. "루프트바페를 러시아 전선으로 돌리는 바람에 영국만 살아난 거요."

괴링은 끝까지 뉘우치지 않았다. 그는 뉘른베르크 법정에서 말했다. "물론 우리는 다시 전열을 가다듬었습니다. 더 철저하게 강화하지 못한 것이 아쉬울 뿐이오. 물론 나는 조약도 휴지조각처럼 여겼소. 물론 위대한 독일을 위해서였소."

괴링은 또한 유럽 전역에서 예술품을 체계적으로 약탈한 사실도 정당한 행위였다고 주장했다. 재판을 기다리는 동안 그는 미국의 한 정신과의사에게 털어놓았다. "사치품에 둘러싸여 있으면 그렇게 좋을 수가 없어요. 나는 예술적인 기질이 풍부해 명작들을 보면 생기가 돌고 내면에서 뭔가 뜨거운 것이 치밀어요. 그게 아마 내 약점이겠지." 그는 자신이 죽은 후에 소장품들을 국립박물관에 기증할 생각이었다고 주장했다. "그런 관점에서 보면 그것이 윤리적으로 왜 문제가 되는지 알 수 없어요. 나는 미술품을 팔거나 부자가 되기 위해 쌓아둔 게 아니에요. 나는 예술을 그 자체로 사랑하고, 말했듯이 성격상 세계 최고의 예술품에 둘러싸여 있어야 살 수 있는 사람이란 말이오."

수사관들은 전쟁이 시작된 이후 그가 수집한 작품의 목록을 만들었다. "그림 1,375점, 조각 250점, 태피스트리 108점, 여러 시대의 가구 200점, 페르시아와 프랑스 양탄자 60점, 스테인드글라스 75점" 그리고 기타 175점이었다.

처형 전날 밤 그는 청산가리를 들이켜 자살했다.

*

요제프 괴벨스와 그의 아내 마그다는 소련군이 가까이 오자 1945년 5월 1일 히틀러의 벙커에서 헬가, 힐데가르트, 헬무트, 홀디네, 헤드비히, 하이드룬 등 여섯 명의 자녀를 독살했다. 먼저 의료 부관을 시켜 아이들에게 모르핀 주사를 투여한 다음 히틀러의 주치의가 아이들에게 한 명씩 청산가리를 입에 넣어주었다. 괴벨스와 마그다 역시 청산가리로 자살했다. SS 장교 한 명이 괴벨스의 지시에 따라 두 사람을 확인사살하기 위해 총을 쐈다.

히틀러는 하루 전날 자살했다.

*

루돌프 헤스는 뉘른베르크에서 재판을 받았고 히틀러에 대해 변함없는 충성을 맹세했다. "어떤 후회도 하지 않습니다." 그는 그렇게 말했다. 그는 전쟁 발발에 조력한 혐의로 종신형을 선고받고 다른 독일 관리 6명과 함께 베를린 슈판다우 교도소에 투옥되었다.

알버트 슈페어를 비롯한 다른 사람들은 하나씩 풀려나 1966년 9월 30일에는 헤스 혼자 남았다. 그는 1987년 8월 17일에 전기 연장 코드로 목을 매어 93세의 나이로 자살했다.

*

아돌프 갈란트는 전투에서 몇 차례 죽을 고비를 맞았지만 기적적으로 살아남았다. 어떤 날에는 하루에 두 번 총에 맞아 쓰러진 적도 있었다. 그는 1945년 4월 25일에 루프트바페의 최신형 전투기인 제트기를 몰고 미국 폭격기 2기를 격추시켜 104점을 기록했다. 두 번째 폭격기를 격추시킨 후 그는 미국 P-47에 의해 요격되었다. 부상을 당했고 비행기도 심하게 파손되었지만 그는 자신의 비행장으로 용케 귀환했고 폭탄과 총알 세례를 받으며 추락했다. 그는 다리에 부상을 입었을 뿐 죽지 않았다. 그는 열흘 뒤에 미군에 의해 체포되었다. 그때가 서른세 살이었다. 그의 기록은 대단했지만 그때는 이미 그의 많은 동료들에 의해 깨진 뒤였다. 각각 300대 넘게 격추시킨 조종사가 두 명이었고 갈란트와 대등하거나 그보다 더 많은 기록을 세운 조종사도 92명이었다.

독일에서 첫 심문을 받은 후 갈란트는 추가 심문을 위해 1945년 5월 14일에 영국으로 압송되었다. 그로서는 처음 육지로 방문하는 영국행이었다. 7월에 그는 스탠스테드 파크 근처의 탱미어로 이송되었다. 그는 그곳에서 두 다리를 잃은 영국의 에이스 더글러스 베이더 Douglas Bader를 만났다. 베이더는 메리 처칠과 춤을 춘 적이 있었다. 갈란트는 전쟁 초기에 베이더를 만난 적이 있었다. 베이더가 격추되어 포로로 잡혔을 때였다. 갈란트는 그가 독일에서 좋은 대우를 받았다고 주장했다.

베이더는 그에게 시가를 건넸다.

처칠과 전쟁

남자는 커서도 아이 티를 못 벗는다고 했던가.

1944년 여름 아침, 전쟁이 한창일 때 클레멘틴은 10번지 별관 침상에서 처칠의 개인비서 미세스 힐의 아들인 10대 병사 리처드 힐 Richard Hill을 불렀다. 파멜라의 아들 윈스턴 주니어에게 줄 장난감 기차 세트가 도착해서 빠진 조각은 없는지, 제대로 작동하는지 확인하고 싶었다. 그녀는 힐에게 기차를 조립해서 시험해봐달라고 부탁했다.

박스 안에는 선로와 객차와 기관차 두 대가 들어있었다. 태엽으로 작동되는 기관차였다. 힐은 무릎을 꿇고 트랙을 맞추기 시작했다. 한창 조립에 열중하는데 눈앞에 "W.S.C."라는 모노그램이 새겨진 슬리퍼 한 켤레가 나타났다. 고개를 들어보니 처칠이었다. 총리는 옅은 파란색 사이렌 수트를 입고 담배를 피우며 조립 중인 그를 유심히 지켜보았다. 힐은 일어서려 했지만 총리가 제지했다. "하던 일 계속하게." 처칠이 말했다.

조립이 끝났다.

처칠은 그동안에도 계속 지켜보고 있었다. "기관차 하나를 선로에 올려놓아 봐." 그는 그렇게 말했다.

힐은 시키는 대로 했다. 기관차가 원을 그리며 시계방향으로 돌았다.

"기관차가 두 개군." 처칠이 말했다. "다른 것도 올려놓아 보게."

힐은 이번에도 시키는 대로 했다. 기관차 두 개가 앞뒤로 선로 위를 움직였다.

처칠은 입에 담배를 문 채 손과 무릎을 바닥에 대고 꿇었다.

신이 난 그는 말했다. "자, 충돌시키자!"

*

　유럽 전쟁은 1945년 5월 8일에 끝났다. 종전 소식이 런던 전역으로 퍼지자 그날 내내 런던 광장은 몰려드는 군중으로 가득 찼다. 한껏 어깨에 힘이 들어간 미군 병사들은 군중을 헤치며 미국 국기를 흔들었고 이따금씩 군가 '오버 데어Over There'를 불렀다. 독일은 공식으로 항복했다. 처칠은 3시 정각에 다우닝가에서 대국민 연설을 하기로 했다. BBC가 중계하는 가운데 확성기로 연설한 후 그는 하원으로 갈 예정이었다.

　빅벤이 3시를 알리자 군중들은 모두 입을 닫았다. 독일과의 전쟁이 끝났다고 처칠이 말했다. 그는 전쟁의 경과를 간단히 정리한 다음 결국 "지금 우리 앞에 굴복한 사악한 무리들과 맞서 거의 모든 세계가 하나로 뭉친" 그간의 역정을 설명했다. 그는 일본이 아직 항복하지 않았다는 냉철한 반성으로 희소식에 들뜬 군중을 진정시켰다. "이제 국내외를 막론하고 마지막 남은 우리의 임무를 완수하기 위해 모든 힘과 자원을 바쳐야 합니다. 전진하라, 브리타니아! 자유의 대의여, 영원하라! 신이여, 왕을 지키소서!"

　10번가 직원들이 뒷마당을 빠져나가 차로 걸어가는 그에게 길을 터주며 박수를 보냈다. 처칠은 감동했다. "정말 고마워요." 그가 말했다. "정말 고마워요."

*

　버킹엄궁에 왕과 왕비가 왕실 발코니에 모습을 드러내자 더몰에 운집해있던 군중들은 환호성을 터뜨렸다. 왕실 부부가 안으로 들어간 뒤에도 박수와 환호는 계속되었고 사람들은 깃발을 흔들었다. 군중은 계속 외쳤다. "폐하께 영광을! 폐하께 영광을!" 마침내 왕과 왕비가 다시 나타났다. 두 사람은 한 발씩 물러서 다른 사람이 설 자리를 마련했다. 그리고 윈스턴 처칠이 걸어 나왔다. 만면에 미소를 띠고 있었다. 함성이 폭발했다.

공식적으로는 그날 밤에도 등화관제가 여전히 시행 중이었지만 런던 전역에 모닥불이 타오르며 익숙한 오렌지빛 불길이 하늘로 올라갔다. 축하의 불이라는 점만 달랐다. 서치라이트 불빛이 트라팔가 광장에 있는 넬슨 기념탑 위에서 춤을 추었다. 아마 무엇보다 가장 감동적인 장면은 서치라이트 요원들이 세인트 폴 성당의 돔에 서있는 십자가 바로 위 상공에서 불빛을 엇갈려 빛으로 십자가를 만든 순간이었을 것이다.

*

불과 두 달 후, 기가 막히는 아이러니이지만 영국 국민은 보수당에게 등을 돌려 투표로 처칠을 권좌에서 끌어내렸다. 사람들은 그가 전쟁을 이끌기에는 이상적인 인물이었지만 전후 영국을 회복시킬 인물로는 부족하다고 보았다. 처칠의 자리는 393석을 얻은 노동당 대표 클레먼트 애틀리Clement Attlee가 이어받았고 보수당은 213석만 차지했다.

투표의 최종 결과는 목요일인 7월 26일에 나왔다. 며칠 후 처칠 가족과 몇몇 친구들은 체커스에서의 마지막 주말을 보내기 위해 다시 모였다. 집은 언제나 그랬듯이 꽉 찼다. 콜빌과 위넌트 대사, 브렌던 브래큰, 랜돌프, 메리, 새라 그리고 다이애나가 남편 던컨 샌디스와 함께 왔다. 교수는 점심 식사 때 도착했다.

처칠은 엘스버러 교회에 간 적이 거의 없었지만 그 교회 사제도 작별 인사를 하기 위해 찾아왔다.

그 주 토요일 밤 저녁 식사 후 뉴스영화와 유럽 연합군의 승리를 다룬 다큐멘터리를 본 후 가족들은 아래층으로 내려갔다. 처칠은 급격히 낙담한 모습이었다. 그는 메리에게 말했다. "여기 있으니 뉴스가 그리워. 일도 없고 할 게 없어."

그녀는 아버지를 향한 슬픔을 일기장에 쏟아부었다. "단단히 조인 마음과 영혼의 능력을 모두 갖춘 이 거인이 그 엄청난 에너지와 무한한 재능을 쓰지 못해 따분하게 이리저리 왔다 갔다 하며 나로서는 짐작으로밖에 헤아릴 수 없는 슬픔과 환멸을 속으로 달래는 모습을 지켜보는 것처럼 괴로운 일도 없었다."

"지금까지 중 최악의 순간이었다." 메리는 그렇게 썼다. 가족들은 그의 기운을 돋우기 위해 레코드를 틀었다. 첫 번째로 튼 '길버트와 설리번Gilbert and Sullivan'은 거의 효과가 없었고 이어 올려놓은 미국과 프랑스의 군대 행진곡은 약간 도움이 되었다. 그런 다음 '런 래빗 런Run Rabbit Run'이 나왔고 처칠의 신청곡으로 《오즈의 마법사The Wizard of Oz》에 나오는 노래를 틀었다. 결국 이게 통했다. "마침내 2시에 아버지는 졸음이 와 주무시고 싶다고 할 만큼 만족하셨다." 메리는 그렇게 썼다. "우리는 모두 아버지를 위층으로 안내했다."

메리는 덧붙였다. "사랑하는 아빠. 너무 너무 사랑해요. 해드릴 수 있는 게 없어 마음이 너무 아프다. 난 너무 피곤하고 녹초가 되어 잠자리에 들었다."

다음 날 점심 식사 후 메리와 존 콜빌은 비컨힐까지 마지막 산책을 했다. 햇빛이 가득하고 화창한 날이었다. 사람들이 잔디밭에 모여있었다. 클레멘틴은 던컨과 크로케를 했다. 그는 자동차 충돌 사고에서 거의 회복된 상태였다. 그들은 체커스 방명록에 모두 서명했다. "여기 적힌 이름들에서 전쟁의 구상과 책략을 더듬어갈 수 있는, 잊을 수 없는 방명록" 메리는 그렇게 적었다. 클레멘틴은 이렇게 적었다. "체커스에서의 마지막 주말은 슬펐다. 그러나 우리 모두 방명록에 이름을 쓰면서 나는 이 고택이 전쟁에서 해낸 멋진 역할을 되새겼다. 얼마나 저명한 하객들을 품었으며 얼마나 중대한 회합을 목격했으며 어떤 운명적인 결정이 이 고택의 지붕 밑에서 내려졌던가."

처칠은 마지막으로 서명했다.

그는 이름을 쓰고 그 밑에 한 단어를 덧붙였다.

"피니스Finis."

감사의 말

뉴욕으로 거처를 옮겼다가 불현듯 계시처럼 다가온 9.11에서 이 책을 쓸 생각을 하게 되었지만 사실 내게는 그에 못지않게 중요한 동기가 또 한 가지 있었다. 바로 내가 부모라는 사실이었다. 나의 세 딸이 장담하듯 나는 자식 걱정을 놓지 못하는 별수 없는 불안의 왕이다. 하지만 내 걱정은 하늘에서 떨어지는 고폭탄이나 소이탄이 아니라 아이들의 직업이나 남자친구나 연기탐지기 같은 일상적인 문제가 그 중심이다. 세상에, 처칠 가족과 주변 사람들은 어떻게 견뎠을까?

그 질문을 등불 삼아 나는 처칠 관련 연구라는 거대하고 복잡하게 얽힌 숲을 통과하는 긴 여정에 착수했다. 그것은 방대한 분량의 영역이자 왜곡된 사실과 기상천외의 음모론을 걷어내고 나만의 처칠을 찾아내는 시도였다. 그동안 발표했던 책을 쓰면서 알게 된 사실이지만 신선한 렌즈를 통해 과거를 보게 되면 세상은 어김없이 다르게 보이고, 심지어 잘 다져진 길을 따라가도 새로운 자료와 통찰을 발견하게 된다.

처칠에 대한 글을 쓸 때 한 가지 위험한 점은 이미 대중화된 엄청난 양의 작품들 때문에 처음부터 기가 눌려 나아갈 엄두를 내지 못하게 된다는 점이다. 그런 문제를 피하기 위해 나는 적당한 분량의 전작들만 읽기로 했다. 윌리엄 맨체스터William Manchester와 폴 리드Paul Reid가 함께 쓴 《왕국의 수호자Defender of the Realm》, 로이 젠킨스Roy Jenkins의 《처칠Churchill》, 그리고 마틴 길버트Martin Gilbert의 《최고의 순간Finest Hour》이 그것이었다. 그런 다음 나는 가능한 한 참신한 방법으로 처칠의 세계를 체험하기 위해 기록보관소로 바로 뛰어들었다. 내가 말하는 특별한 렌즈는 어떤 문서들이 기존의 처칠 전기 작가들의 작품보다 훨씬 더 쓸모 있을 수 있다는 의미와도 통했다. 예를 들어 총리의 시골별장 체커스의 가계지출목록, 하수도에 부담을 주지 않고 경내에 병사들을 기거하게 하는 방법에 관한 서신 등은 미래의 역사 저술가들에게는 그다지 중요하지 않을지 모르지만 당시에는 상당히 현실적 의미를 가진 관심사였다.

나는 런던의 외곽 큐에 있는 영국국립문서보관소National Archives of the United Kingdom, 케임브리지 처칠대학에 있는 처칠문서보관소Churchill Archives Center, 워싱턴에 있는 미의회도서관U.S. Library of Congress의 육필 원고부Manuscript Division를 비롯하여 수많은 기록보관소를 찾았다. 기록문서들이 쌓이자 나는 내 이야기를 소위 보니것 곡선Vonnegut curve에 따라 구성을 짜기 시작했다. 그것은 커트 보니것Kurt Vonnegut이 시카고 대학에서 석사 논문을 쓰며 고안한 도표로, 그는 도표가 너무 단순하고 너무 재미있어서 지도교수에게 퇴짜를 맞았다고 주장했다. 보니것 곡선은 소설이든 논픽션이든 그동안 쓰인 모든 스토리를 분석하는 도식을 제공한다. 수직축은 행운에서 불행까지 이어지는 굴곡의 연속체를 나타내어 위는 좋고 아래는 나쁘다. 수평축은 시간의 흐름을 나타낸다. 보니것이 구분한 스토리 유형 중 하나는 '수렁에 빠진 남자Man in a Hole'로, 주인공은 대단한 행운을 얻었다가 큰 불행을 겪은 다음 다시 기어올라 훨씬 더 큰 성공을 거둔다. 바로 이것이야말로 처칠이 총리로 취임한 첫해를 아주 잘 보여주는 구조라고 나는 생각했다.

이 곡선을 옆에 놓고 나는 처칠의 방대한 전기물 중 시간적 여유가 없어 말해주지 않았거나 하찮아 보여 종종 빠뜨렸던 이야기들을 사냥하기 시작했다. 처칠은 그런 하찮은 순간에 종종 자신의 본 모습을 드러내곤 했다. 직원들에게 지나친 요구를 해도 그들에게 사랑과 존경을 받을 수 있었던 것도 바로 그런 이유 때문일 것이다. 나는 또한 큰 역사 속에서 수시로 뒷전으로 밀려나곤 했던 인물들을 전면에 세우고 싶었다. 처칠을 연구하는 학자라면 누구나 존 콜빌의 일기를 인용하지만 나는 콜빌이 스스로에게 부끄럽지 않은 인물이 되고 싶어 하는 것처럼 보여 그의 소원을 풀어주려 했다. 그가 게이 마거슨에게 달콤하면서도 씁쓸한 연애 감정을 버리지 못했다는 사실을 암시하는 작품은 어디에서도 본 적이 없다. 내가 굳이 이 사연을 끼워 넣은 이유는 내가 성인이 되면서 특별히 안타까웠던 시절이 생각났기 때문이다. 그 이야기는 콜빌이 자신의 일기를 간추려 출판한 《권력의 주변The Fringes of Power》에는 나오지 않지만 나처럼 처칠문서보관소를 찾아 그의 육필 원고와 비교해보면 누구나 로맨틱한 사연이 담긴 그 부분을 쉽게 찾아낼 수 있을 것이다. 그는 이 부분과 그 외에 누락된 부분을 "일반인들이 별로 흥미를 보이지 않을 사소한 항목"이라고 일축했다. 그러나 그가 실제로 그런 이야기들을 기술했을 당시에 그의 곁에서 일어났던 사건들은 결코 사소하지 않았다. 게이에 대한 감정을 단념하지 못하는 그의 모습이 무척 흥미롭게 다가왔던 이유는 매일 수도 없이 떨어지는 폭탄으로 런던이 화염에 휩싸여 있던 기간에 그가 그런 감정을 기록했다는 사실 때문일 것이다. 그 두 사람은 그가 말한 것처럼 "충분한 행복"의 순간을 현실에서 떼어낼 수 있었다.

메리 처칠도 전면에 내세웠다. 그녀는 아버지를 매우 사랑했지만 RAF 장병들과의 춤도 좋아했고 조종사들이 그녀와 친구들의 머리 바로 위로 저공비행을 하며 '기습공격'을 하는 장난에도 좋아서 어쩔 줄을 몰랐다. 메리의 따님 에마 솜스Emma Soames 여사께 특별히 감사드린다. 그녀는 내게 선뜻 어머니의 일기를 내주었다.

나는 처칠기록보관소의 앨런 팩우드Allen Packwood 소장에게도 큰 신세를 졌다. 그는 내 원고의 초안을 읽고 적지 않은 오류를 지적해주었다. 그의 최근 저서 《처칠은 어떻게 전쟁을 헤쳐나갔나How Churchill Waged War》는 처칠을 바라보는 참신한 시각을 포착하는 데 매우 귀중한 자료가 되었다. 또한 국제처칠협회International Churchill Society의 두 전임 회장 리 폴록Lee Pollock과 마이클 비숍Michael Bishop에게도 감사드린다. 두 분은 내 원고를 읽고 아주 미세한 잘못까지 찾아내 수정하고 바로잡을 것을 권했다. 일찍이 두 분은 모두 참고할 만한 좋은 자료들을 많이 추천해주었다. 특히 워싱턴 D.C.에 있는 협회 본부가 소장하고 있는 다우닝가 10번지 탁상용 카드 달력들은 보기 힘든 흥미로운 자료였다. 전쟁이 발발한 1939년 9월의 카드에는 커다란 검은 얼룩이 묻어있었는데 아마도 잉크병이 엎어졌기 때문으로 보인다.

언제나 그랬듯이 나를 참아준 아내 크리스Chris에게 헤아릴 수 없는 감사와 함께 롬바우어 샤도네이Rombauer chardonnay 한 병을 빚지고 있다. 그녀는 특히 내 원고를 처음 꼼꼼히 읽어주며 평소처럼 웃는 얼굴, 슬픈 얼굴, zzzzzzz 등을 여백에 그려주었다. 편집을 맡아준 어맨다 쿡Amanda Cook에게도 정말 감사드린다. 그녀의 지적은 너무 정확하여 다소 아프고 또 벅찼지만 항상 예리해서 깨우치는 것이 많았다. 그녀의 조수인 재커리 필립스Zachary Phillips는 친절하면서도 열정적으로 이 책이 옆길로 빠지지 않도록 중심을 잡아주었다. 하지만 내 끔찍한 악필 때문에 아마도 눈을 많이 버렸을 것 같아 무척 미안한 마음이다. 항상 품위를 잃지 않지만 때로 고물상 경비원이기도 한 내 에이전트 데이비드 블랙David Black은 긴 여정 내내 나를 격려해주었고 주기적으로 레드와인과 근사한 음식을 날라주었다. 팩트 체크 전문가인 줄리 테이트Julie

Tate는 무슨 확대경으로 원고를 뒤지는지, 용케 숨어있는 오타를 사냥하고 잘못된 날짜나 사건의 순서나 어울리지 않는 인용구를 찾아내어 내 밤잠의 질을 크게 개선시켜 주었다. 내 친구이자 크라운Crown 출판사의 에이스인 페니 사이먼Penny Simon에게도 고맙다는 말을 하고 싶다. 초고를 읽어준 그녀는 내가 그녀의 아량에 절대 보답할 수 없다는 것을 잘 알고는 기회 있을 때마다 그 점을 강조했다. 내 오랜 친구이자 예전 동료였던 〈월스트리트저널Wall Street Journal〉의 1면 담당 편집인 캐리 돌란Carrie Dolan도 그녀가 가장 좋아하는 일, 비행기를 타고 바다 위를 날아다니는 틈틈이 내 초고를 읽어주었다. 사실 그녀는 나를 싫어하는 것 몇 배 이상으로 비행기 타는 것을 싫어하지만 이 책은 마음에 든다고 우겼다.

지략이 넘치고 창의적이고 활기찬 랜덤하우스Random House와 크라운의 정예 팀은 이 책에 생명을 불어넣어 이렇게 멋진 작품으로 바꿔놓았다. 랜덤하우스 사장 겸 발행인 지나 센트렐로Gina Centrello, 크라운의 발행인 데이비드 드레이크David Drake, 편집장 질리언 블레이크Gillian Blake, 부발행인 앤슬리 로즈너Annsley Rosner, 홍보팀장 다이애나 메시나Dyana Messina, 마케팅 팀장 줄리 케플러Julie Cepler 등이 그분들이다. 특히 산만한 독자들의 관심을 집중시키는 새로운 방법을 알고 있는 뉴미디어의 마에스트로 레이첼 올드리치Rachel Aldrich에게 따로 감사드린다. 보니 톰슨Bonnie Thompson은 혹독한 최종 교열을 책임져주었다. 잉그리드 스터너Ingrid Sterner는 권말의 주註를 손보았다. 루크 에플린Luke Epplin은 지독한 내 악필을 '번역'하여 기록적인 시간에 조판교정쇄로 바꿔놓았고, 마크 버키Mark Birkey는 그것을 전부 감수하여 책으로 만들었다. 크리스 브랜드Chris Brand는 매혹적인 표지를 디자인했고 바버라 바크만Barbara Bachman은 책의 내부를 멋지게 디자인해 주었다.

번거로운 일상 속에서 균형감각을 잃지 않게 도와준 나의 세 딸에게 특별히 고맙다는 말을 해야겠다. 물론 내 일상이라고 해봐야 처칠과 그 주변 인물들이 매일 처리해야 했던 엄청난 일상에 비하면 하찮은 것이겠지만.

*

원본 자료 중 한 가지는 특별히 주목할 필요가 있다.《처칠 전쟁 기록집The Churchill War Papers》이다. 처칠 역사의 거장 마틴 길버트Martin Gilbert가 수집하여 출판한 이 책은 총리 처칠의 많은 전기물에 대한 일종의 방대한 부록인 셈이다. 나는 그중 2권과 3권의 전보, 편지, 연설문, 개인 전언문 등 총 3,032편을 요긴하게 활용했다. 로맨스 이상의 또다른 소중한 자료인 콜빌의《권력의 주변》은 전쟁 중 다우닝가 10번지의 생활을 엿보게 해주는 훌륭한 자료인 제1편을 주로 참조했다. 그 외에도 나는 훌륭한 2차 자료들을 우연히 많이 찾아낼 수 있었다. 앤드루 로버츠Andrew Roberts의《홀리 폭스The Holy Fox》는 핼리팩스 경의 전기이고, 존 루카치John Lukacs의《1940년 5월 런던의 5일Five Days in London, May 1940》, 린 올슨Lynne Olson의《골치아픈 젊은이들Troublesome Young Men》, 리처드 토이Richard Toye의《사자의 포효The Roar of the Lion》, 라라 파이글Lara Feigel의《폭탄의 매력The Love-Charm of Bombs》, 데이비드 로우David Lough의《이제 샴페인은 없어No More Champagne》등이 그것이다. 마지막 로우의 작품은 처칠의 재정적 전기이자 지난 10년 동안 나온 처칠에 관한 학술자료 중 가장 창의적인 작품이다.

주에서 나는 원 자료나 2차 자료에서 인용했던 자료를 주로 인용하고 싶었다. 또한 여기 인용한 것들 중에는 독자들로서는 새롭거나 논쟁의 여지가 있어 보이는 것도 있을 것이다. 그러나 나는 모든 자료를 인용하지는 않았다. 이미 잘 알려졌거나 다른 곳에서 완벽하게 기록된 에피소드와 세부적인 내용과 날짜가 분명한 일기처럼 출처가 분명한 자료 등은 최종판이 장황해지는 것을 피하기 위해 따로 상세한 주를 달지 않았다. 그래도 미련이 남아 다시 언급할 필요가 있는 이야기들로 단조로운 주에 양념을 쳤다.

미주

1 "Examples of Large German Bombs," Dec. 7, 1940, HO 199/327, UKARCH. "Types of German Bombs and Mines," Jan. 3, 1941, HO 199/327, UKARCH. 반 올림하지 않은 '사탄'의 정확한 무게는 3,970파운드(약 1,800.76킬로그램)이다.

2 Wheeler-Bennett, King George VI, 444n. 처칠에 대한 왕의 생각은 다음 자료를 참조할 것. 같은 책, 445 – 46.

3 Olson, Troublesome Young Men, 294; Andrew Roberts, "Holy Fox," 196. 올슨의 저작에는 감탄부호가 세 군데 붙는다. 로버츠의 저술에는 맨 마지막 문장에 한 번만 붙는다. 마지막 문장의 감탄부호가 제격인 것 같다.

4 Soames, Daughter's Tale, 153. 10년 뒤 하워드 소령 가족이 대대로 살았던 요크셔의 캐슬 하워드Castle Howard는 이블린 위의《다시 찾은 브라이즈헤드Brideshead Revisited》를 TV 드라마로 각색한 동명의 인기 드라마 촬영의 세트장이 된다.

5 콜빌의 성장과정에 관한 자세한 내용은 그가 직접 쓴 다음 자료를 참조할 것. Footprints in Time.

6 Manuscript Diary, May 11, 1940, Colville Papers. Colville's original entry differs greatly from that published in Fringes of Power, 143 – 44. 이 언급은 **빠져있다**.

7 Sumner Welles, Memorandum, March 12, 1940, FDR/Safe. 웰스가 말한 24인치 시가는 과장된 것이 분명하다. 그런 게 있기나 하면 좋겠다.

8 Ismay, Memoirs, 169. 이즈메이에 따르면 처칠은 특히 비밀작전의 작전명을 선택할 때 각별한 주의를 기울였다. 발음이 쉽거나 경박한 이름은 안 되었다. "아들이 버니허그BUNNY HUG라는 작전을 수행하다 전사했다는 말을 어머니가 들으면 기분이 어떻겠소?" 이즈메이는 그렇게 썼다. 같은 책, 187.

9 Gilbert, War Papers, 2:83 – 89. 다음 자료를 참조할 것. Toye, Roar of the Lion, 45 – 47. 토이의 책에는 처칠의 위대한 연설에 관한 흥미로운 뒷이야기가 많다.

10 Lee, London Observer, 79. 리는 또한 54쪽에서 비버브룩을 "난쟁이 같고 성깔이 있다"고 언급한다. 캐슬린 해리먼은 1941년에 그를 만난 뒤 풍자지 〈펀치 Punch〉에 나오는 캐리커처에 비유했다. "작은 대머리에 불쑥 나온 배, 그 아래로 작고 아주 반짝이는 노란 구두까지 몸이 점점 가늘어진다. 그는 스포츠를 가리켜 주변에 똑똑한 사람들을 모아놓고 그들끼리 논쟁하고 싸우도록 부추기는 놀이라고 생각한다." Kathleen Harriman to Mary Harriman Fisk, May 30, 1941, Correspondence, W. Averell Harriman Papers.

11 나는 이 별명을 다른 곳에서도 많이 확인했다. 다음 자료를 참조할 것. Chisholm and Davie, Beaverbrook, 339, 356, 357, 371, and Colville, Fringes of Power, 2:83.

12 (날짜가 분명치는 않지만 1940년 7월 8일인 것 같다), Prime Minister Files, BBK/D, Beaverbrook Papers.

13 Thompson, Assignment, 129. 톰슨은 1943년에 실수로 자신을 쐈다. 권총 방아쇠가 가구 어딘가에 걸렸던 것 같다. 그는 회복했고 처칠은 그를 다시 받아들였다. "어쨌거나 난 자네를 의심하지 않아, 톰슨." 처칠은 그렇게 말했다. "자넨 조심성이 많은 친구야. 하던 대로 계속 일하게." 같은 책, 214-15.

14 Kesselring, Memoirs, 60. 육군총참모장 프란츠 할더의 일기 첫머리도 참조할 것. 여기서는 이렇게 결론 내린다. "포위된 적의 숨통을 끊는 일은 공군에게 넘어갔다!!" Halder, War Diary, 165.

15 "The Göring Collection," Confidential Interrogation Report No. 2, Sept. 15, 1945, Office of Strategic Services and Looting Investigative Unit, T 209/29, UKARCH. 이 자료는 괴링의 개인적 약탈 작전을 매우 상세하고 인상적으로 진술한다. 작전의 폭이나 그의 부패의 깊이는 입이 다물어지지 않을 정도다. 이 단락에 인용된 작품들은 다음 페이지에서 확인할 수 있다. 7, 14, 15, 16, 18, 19, 25, 28, 35.

16 Shirer, Berlin Diary, 363. 샤이러는 일관성을 위해 괴링의 휴양지를 'Karin Hall'로 표기했지만 나는 'Carinhall'로 바꿨다.

17 게이 마거슨 때문에 자주 절망하는 존 콜빌의 일기는 처칠기록보관소Churchill Archives Centre의 콜빌 서류Colville Papers에 보관된 그의 육필 원고에서 확인할 수 있다. 그러나 일부 재치가 번득이는 언급을 제외하면 대부분의 에피소드는 출판 당시 빠졌다. The Fringes of Power.

18 Dalton, Fateful Years, 335-36. 이 정도로 사실적인 묘사는 아니지만 내용이 조

금 다른 기록도 있다. 다음 자료를 참조할 것. Andrew Roberts, "Holy Fox," 225.

19 Halle, Irrepressible Churchill, 137; Maier, When Lions Roar, 256. 마이어의 저서
에는 이렇게 기록되어 있다. "그리고 놈들이 오면 우리는 맥주병으로 놈들의 머
리를 부술 것이오. 들고 싸울 게 그것밖에 없으니까!"

20 Spears, Fall of France, 150. 주 프랑스 미국대사 윌리엄 불릿William Bullitt은
1940년 5월 30일자 편지에서 루스벨트 대통령에게 이렇게 말했다. "제가 여기
서 폭탄을 맞아 각하를 다시 뵙지 못하더라도, 각하를 위해 봉직할 수 있었던
것을 영광으로 여기고 있으며 각하가 베풀어주신 우정에 진심으로 감사드린다
는 점을 알아주셨으면 합니다." Goodwin, No Ordinary Time, 62.

21 Jones, Most Secret War, 135. 존스 박사의 항공기 탐지 작업에 관한 흥미로운 진
술에 대해서는 135-50쪽을 참조할 것.

22 앤(아나)은 고작 6개월간 왕비로 있다 결혼요건을 충족시키지 못했다는 이유로
이혼당했다. "자네도 알다시피 나는 예전에도 그 여자를 별로 안 좋아했다네."
헨리 8세는 토머스 크롬웰Thomas Cromwell에게 그렇게 말했다. "그런데 이젠 더
싫어졌어." 이와 관련된 에피소드는 다음 자료를 참조할 것. Robert Hutchinson,
Thomas Cromwell (New York: St. Martin's Press, 2007), 253.

23 Spears, Fall of France, 199. 프랑스 투르에서의 운명적인 만남에 대한 스피어스
의 상세하고도 풍부한 묘사에 대해서는 같은 자료 198-220쪽을 참조할 것.

24 다음 자료를 참조할 것. Jones, Most Secret War, 135 - 50.

25 리가 그 그림을 구입했을 때는 다들 렘브란트의 작품이라고 생각했다. 나중에
조사 결과 그 그림은 렘브란트의 제자 헤르브란트 반 덴 에이크하우트Gerbrand
van den Eeckhout의 작품으로 밝혀졌다. Major, Chequers, 128.

26 처칠이 하루에 시가를 몇 대나 피웠는지, 끝까지 피운 것은 또 몇 대인지는 확
실치 않다. "아침 식사 직후에 시가에 불을 붙이곤 했다." 톰슨 경위는 그렇게
말했다. "그러나 점심시간 때쯤이면 같은 시가가 절반 정도로 길이가 줄어든다.
여러 번 다시 불을 붙이고 그만큼 또 곧바로 끄기 때문이다. 그분은 시가를 씹
기만 하고 피우지는 않으셨다." 불을 다시 붙이려면 불도 연기도 많이 난다. "그
분을 생각하면 늘 떠오르는 모습이 있다. 피우던 시가에 다시 불을 붙이는 모습
이다." 그의 비서였던 엘리자베스 레이턴(나중의 넬 부인Mrs. Nel)은 그렇게 썼다.
그녀는 그 순서를 설명했다. "하던 일을 잠깐 멈추신다. 아주 커다란 성냥에서

불꽃이 위아래로 튀기고, 입에서 푸른 연기구름이 뿜어져 나온다. 그리고 성냥을 급히 흔들어 끈다. 그리고 일을 계속했다." 다 피운 시가나 피울 만큼 피웠다고 생각한 시가는 가까운 난로에 던져 넣었다. 시가는 타지 않는 시간이 더 많았기 때문에 전시내각 군사 담당 차관보 이언 제이콥 장군은 "사실 그는 전혀 담배를 피우지 않았다"고 말하기도 했다. 다음 자료를 참조할 것. Thompson, Assignment, 251; Nel, Mr. Churchill's Secretary, 45; Wheeler-Bennett, Action This Day, 182.

27 Lough, No More Champagne, 288-89. 데이비드 로의 이 저작은 처칠이 공직에 있으면서 재정적으로 얼마나 어려움을 겪었는지 잘 설명해준다.

28 같은 책에서 독자는 전부 세 가지 사고를 확인할 수 있다. Purnell, Clementine, 88, 115.

29 메르셀케비르 사건과 관련된 모든 언급은 다음 자료가 출처다. "Battle Summary No. 1: Operations Against the French Fleet at Mers-el-Kebir (Oran), July 3-6, 1940," ADM 234/317, UKARCH. 원본 문서에서 발췌한 내용으로 채워진 이 설명들은 표현이 세련되었지만 감정이 전혀 들어가 있지 않아 소름이 끼칠 정도다. 어떤 이유로(편의상이겠지만) 2차 자료들은 대부분 이 사건을 언급하면서 '오랑'이라는 지명을 사용하지만, 사실 작전의 대부분은 메르셀케비르에서 이루어졌다.

30 톰슨 경위는 그녀의 그런 표정을 보기가 겁났지만 그래도 본의 아니게 비슷한 상황을 자주 겪었다. 그럴 때마다 늘 가까이 있어야 하는 자신의 처지가 원망스러웠다. "적어도 그분은 (내 존재로 인해) 보호받는다는 느낌보다는 훨씬 불편하고 짜증만 났을 것"이라고 그는 생각했다. 그래서 더욱 그런 불쾌감을 드러내지 않는 그녀에게 늘 감탄했다. "그분은 인내가 한계점에 다다랐을 때에도 사람을 냉철하게 바라볼 수 있는 지혜를 갖고 계셨다. 그래서 이런 경우엔 나도 그분의 화가 풀릴 때까지 어디 안 보이는 데 갔다 왔으면 좋겠다는 생각을 자주 했다." Thompson, Assignment, 15.

31 Manuscript Diary, July 10, 1940, Colville Papers. 이 내용은 콜빌이 자신의 일기에서 "사소한" 부분이라고 말한 곳 중 하나다. 출판할 때 그런 부분은 모두 빠졌다.

32 이때 보낸 수많은 전보들은 다음 자료에서 확인할 수 있다. Roosevelt's papers, in the President's Secretary's Files, FDR/Diplo. For example, July 13 and 14, 1940.

33 이 연설 사본은 다음 자료를 참조할 것. Vital Speeches of the Day, 6:617－25, on www.ibiblio.org/pha/policy/1940/1940-07-19b.html.

34 갈란트의 성장과정과 경력에 관해서는 그의 전기인《처음과 끝The First and the Last》과 전후에 작성된 미 공군장교의 취조 자료를 참조할 것. 특히 1945년 5월 18일자 심문 내용이 도움이 될 것이다. 보다 포괄적인 내용은 다음 보고서를 참조할 것. "The Birth, Life, and Death of the German Day Fighter Arm (Related by Adolf Galland)," Spaatz Papers.

35 이 전투기는 원래 이를 제조한 바이에른 항공기제작사Bayerische Flugzeugwerke의 이니셜을 따서 종종 Bf 109로 불렸다. Overy, Battle of Britain, 56.

36 이 부분에 대한 전체적 설명은 다음 자료를 참조할 것. Interview Transcripts, July 1991, Biographies File, Pamela Harriman Papers. Also, Ogden, Life of the Party, 95－97.

37 실제로 1942년 말에 포로가 된 루프트바페의 한 장교의 심문 내용에 따르면 독일 정보통은 RAF와 연합군이 보유한 항공기를 모두 합해도 "500대 미만"밖에 안된다고 보고했다. 다음 자료를 참조할 것. "Intelligence from Interrogation: Intelligence from Prisoners of War," 42, AIR 40/1177, UKARCH.

38 Nicolson, War Years, 111. 윌리엄 샤이러는 폭발한 대공포탄의 파편 소리를 일기에서 이렇게 설명했다. "마치 우박이 양철지붕에 떨어지는 것 같다. 나무 사이나 헛간 지붕에 떨어질 때도 그런 소리가 난다." (389).

39 Air Interrogation Reports, 237/1940 and 243/1940, AIR 40/2398, UKARCH. 보고서 237은 폭격기의 휘장을 설명한다. "중앙에 하얀 불가사리가 그려진 푸른색 방패, 불가사리 중앙에는 노란색 장식. 위쪽 날개는 암녹색, 아래쪽 날개는 회색."

40 Bessborough, Enchanted Forest, 118. 베스버러 경의 아들과 그의 공동 저자인 클라이브 애슬릿Clive Aslet은 스탠스테드 하우스와 영국 시골 생활을 매력적으로 그려낸《마법의 숲, 서섹스 스탠스테드 이야기Enchanted Forest: The Story of Stansted in Sussex》를 발표했다. 책을 읽다 보면 재미있는 사실들을 많이 알게 되지만, 그중에서도 저택 동쪽 창문에 있는 스테인드글라스로 들어오는 빛 중 하나가 '언약의 궤Ark of the Covenant'를 묘사했다는 설명은 아주 그럴 듯하다. (80). 또한 주인이 손님들에게 많은 음식을 준비한 것처럼 보이기 위해 남은 음식으로 파이를

만드는 요령도 소개되어 있다. 그것은 "순전히 식탁에 올리는 요리의 개수만 부풀리려는 수법으로 평소 같으면 버렸을 남은 음식들을 아무렇게나 뒤섞어 만든 그 집 고유의 요리였다." (73).

41 Boelcke, Secret Conferences of Dr. Goebbels, 78‒79. 괴벨스는 영국 내의 불안감을 고조시킬 아주 교활한 방법을 고안해냈다. 그는 침략의 길을 쉽게 열기 위해 제5열이 열심히 암약하고 있다는 잘 알려진 공포감을 더욱 확산시키기로 했다. 이를 위해 그는 외부 방송 담당자에게 정규방송에 "알 듯 말 듯 하면서도 아주 그럴듯한 메시지"를 끼워 넣으라고 지시했다. 들으면 마치 스파이들의 비밀 교신처럼 보이게끔 만들어 "우리가 영국에 있는 제5열과 연락하는 것처럼 계속 의심하게" 해야 한다. 일요일 저녁이면 영국 사람들은 온 가족이 그런 방송을 들으며 생각할 것이다. "참 이상하네. 왜 아나운서가 포리지(오트밀로 만든 죽)라는 말을 여섯 번이나 하는 거지?" 같은 책, 79.

42 Miller, Occult Theocracy, 8. 밀러는 또한 1918년에 일종의 요리책인 《주방의 상식Common Sense in the Kitchen》을 출간하여 "12명의 하인과 3명의 주인으로 이루어진 가정"에 맞춘 팁을 통해 음식물 쓰레기를 줄이는 아주 좋은 방법을 선보였다. 다음 자료를 참조할 것. Edith Starr Miller, Common Sense in the Kitchen: Normal Rations in Normal Times (New York: Brentano's, 1918), 3.

43 Fort, Prof, 233; Birkenhead, Prof in Two Worlds, 167, 272‒73; Note, "Mrs. Beard: An old woman . . . ," June 4, 1959, A113/F1, Lindemann Papers. 전직 간호사와 그녀의 재정적 어려움에 관한 나머지 긴 사연은 F2‒F15을 참조할 것. 그 밖에 교수가 베푼 선행은 파일 A114‒18을 참조할 것.

44 차에 관한 다양한 언급은 다음 자료를 참조할 것. Overy, Battle of Britain, 45‒46; Stansky, First Day of the Blitz, 138; Harrisson, Living Through the Blitz, 78; Wheeler-Bennett, Action This Day, 182‒83.

45 The Greatest Battle in the History of Air Warfare (London: Batsford, 2015). 온라인의 다음 사이트도 참조할 것. "Plan of Attack," doc. 43, Battle of Britain Historical Society, www.battleofbritain1940.net/document-43.html.

46 Harrisson, Living Through the Blitz, 112. Field, 이들 자료는 1940년 11월에 지하철과 "그 정도 규모의 대피소"를 이용한 사람이 전체 런던 시민의 약 4퍼센트밖에 안 된다고 지적한다. 1940년 10월에 국내정보국은 런던 시민의 약 4퍼센트가 공공 대피소를 이용했다는 매스옵저베이션의 연구 결과를 인용했다. 사

람들이 지하철역을 이용하지 않는 주된 이유 중 하나는 "매몰될까 두려워했기"
때문이었다. Home Intelligence Weekly Report for Sept. 30 – Oct. 9, 1940, INF
1/292, UKARCH.

47   Harrisson, Living Through the Blitz, 112. 매스옵저베이션의 연구 결과에서
나온 71퍼센트라는 추산은 다음 자료에도 나온다. Home Intelligence Weekly
Report for Sept. 30 – Oct. 9, 1940, INF 1/292, UKARCH.

48   Stafford, Flight from Reality, 21, 88 – 89, 160 – 63. 이 편지 사본은 다음에 보관
되어 있다. "The Capture of Rudolf Hess: Reports and Minutes," WO 199/328,
UKARCH.

49   Panter-Downes, London War Notes, 26. 오렌지를 가지고 기교를 부리는 피아
니스트 얘기는 다음 작품에도 나온다. Fort, Prof, 49.

50   이 에피소드와 관련된 구체적인 자료는 다음 장소에 보관되어 있다. Churchill
Archives Centre, at CHAR 1/357, Winston Churchill Papers.

51   초과비용에 대해서는 다음 자료를 참조할 것. "Chequers Household Account,"
June – Dec. 1940, and C. F. Penruddock to Kathleen Hill, March 25, 1941; Hill
to Penruddock, March 22, 1941, CHAR 1/365, Winston Churchill Papers. 2만
288달러라는 수치는 데이비드 로가 그의 〈No More Champagne〉에서 제시한
등가 및 점증 공식을 사용해 산출한 것이다. 그 공식에 따르면 1939년-41년 기
간에 1파운드는 대략 4달러인데, 이를 요즘 가치로 환산하면 대략 16배가 된다.
1940년에 처칠의 초과비용은 317파운드로, 달러로 환산하면 1,268달러였다. 여
기에 16을 곱하면 2만 288달러가 된다. 운전기사들의 비용에 대해서는 다음 자
료를 참조할 것. Elletson, Chequers and the Prime Ministers, 107.

52   다음 자료를 참조할 것. "Wines Installed in Cellar at Chequers, 23rd October,
1941," and related correspondence, CHAR 1/365, Winston Churchill Papers.

53   Nicolson, War Years, 120; "Animals in the Zoo Don't Mind the Raids," The
War Illustrated 3, No. 4 (Nov. 15, 1940). 다음 자료도 참조. "London Zoo During
World War Two," Zoological Society of London, Sept. 1, 2013, www.zsl.org/
blogs/artefact-of-the-month/zsl-london-zoo-during-world-war-two.

54   Shirer, Berlin Diary, 411 – 13. 영국 정보부는 협조하는 포로들에게 런던 투어를
시켜주고 심지어 극장으로 데려가 폭격에도 굴하지 않는 도시 사람들의 모습을

보여주었다. "포로들은 그동안 귀에 닳도록 들었던 것처럼 런던이 폐허가 되어 주저앉은 것이 아니라는 것을 직접 눈으로 확인했다." 정보부 보고서는 그렇게 기술했다. 결국 그들은 그동안 상부로부터 들었던 말을 믿지 않게 되었고 그래서 더욱 협조적으로 나왔다. "Intelligence from Interrogation: Intelligence from Prisoners of War," 10, AIR 40/1177, UKARCH.

또 다른 정보부 보고서는 영국 취조관이 마이크로 엿들은 두 포로 간의 대화를 발췌하여 보여준다. 한 포로가 말한다. "런던이 멀쩡하게 존재하고 있다는 게 이해가 안 돼!" "그러게 말이야." 다른 포로가 말한다. "납득이 안 가. 차를 타고 외곽을 다 돌아다녀봤지만 … 그 이상 박살났어야 했는데 말이야!" Special Extract No. 57, WO 208/3506, UKARCH. (흥미롭게도 이 보고서는 1992년까지 기밀 문서로 분류되었다.)

55   "Air Defense of Great Britain," vol. 3, "Night Air Defense, June 1940 – December 1941," 82, AIR 41/17, UKARCH. 보고서에는 "비중이 작은"이라고 되어 있다. 분명 "비교적 작은"을 본의 아니게 잘못 쓴 것으로 보인다.

56   조종사 한스 레만의 운수 나쁜 날에 관한 상세한 내용은 다음 자료를 참조할 것. Wakefield, Pfadfinder, 64 – 67.

57   이번 장과 그다음 장에서 다루는 코번트리 공격에 대해 참고한 공식 정보부 보고서와 비망록은 모두 다음 자료 파일에서 확인할 수 있다. "German Operations 'Moonlight Sonata' (Bombing of Coventry) and Counter-plan 'Cold Water'," AIR 2/5238, in the National Archives of the United Kingdom. 그 공격이 있은 후 음모론을 좋아하는 사람들은 처칠이 사태의 전모를 알고도 블레츨리 파크의 존재가 드러나는 것을 피하기 위해 아무런 조치를 취하지 않았다며 그런 사실을 입증하려 했다. 그러나 1971년에 비밀 문서에서 해제된 기록에 따르면 그날 밤 처칠은 코번트리가 표적이었다는 사실을 전혀 몰랐던 것이 분명하다.

58   톰슨 경의 표현대로 "그는 의회에서 토론을 벌일 때면 가만히 못 앉아있었지만, 공습이 벌어지면 더더욱 외면하지 못하고 들썩였다." Thompson, Assignment, 126.

59   Clementine Churchill to Winston Churchill, Jan. 3, 1941; "The 3-Tier Bunk," "Sanitation in Shelter," "Shelters Visited in Bermondsey on Thursday December 19th 1940," all in PREM 3/27, UKARCH.

이와 비슷하게 아침 식사 자리에 어울리는 멋진 얘기가 있다. 가을 이른 시간에 기자 킹슬리 마틴Kingsley Martin은 이스트엔드의 틸버리 대피소를 찾았다. 밤마다 1만 4,000명이 몰려드는 마가린 창고였다. 그때의 경험으로 그는 '이스트 런던의 전쟁The War in East London'이라는 제목의 생생한 에세이를 썼다. "백인, 유대인, 비유대인, 중국인, 인도인, 흑인 등" 피난처를 찾는 사람들은 위생에 관심이 없었다. "그들은 건물 여기저기에 소변이나 대변을 보았다. 마가린이 담긴 판지 상자가 쌓여 있었기에 가능한 일이었다. 사람들은 상자 더미 안에 몸을 숨기고 잠을 자거나 대소변을 해결했다." 이 마가린이 그때 도시의 식품 시장에 유통되었는지 여부는 그도 몰랐지만, "수많은 사람들이 런던 시민들이 먹는 마가린 위에서 잠을 자는 것은 분명 위험한 일"이라고 그는 썼다. More toast anyone? PREM 3/27, UKARCH.

60 이들 소문과 그 밖의 다른 소문에 대해서는 다음 자료를 참조할 것. Home Intelligence Weekly Reports for Sept. 30 – Oct. 9, 1940; Oct. 7 – Oct. 14, 1940; Jan. 15 – Jan. 22, 1941; Feb. 12 – Feb. 19, 1941, all in INF 1/292, UKARCH. 윔블던의 소문은 다음 자료를 참조할 것. "Extract from Minute by Mr. Chappell to Mr. Parker, Sept. 23, 1940," HO 199/462, UKARCH.

61 Charles Graves, Champagne and Chandeliers, 112 – 25. 이 카페의 전기인 이 책은 폭격 당시의 상황을 현장감 있게 상세히 그려낸다. 영국국립문서보관소 National Archives of the United Kingdom에는 이 클럽의 설계도와 함께 부상당한 손님과 시신의 위치를 보여주는 수사관들이 작성한 지도가 보관되어 있다. 거기에는 이런 설명이 달려있다. "6명이 식탁에 앉은 채 숨져있었다. 모두들 외상은 한 군데도 없었다." HO 193/68, UKARCH.

62 Meiklejohn to Knight Woolley, May 21, 1941, Public Service, Chronological File, W. Averell Harriman Papers. 해리먼은 또한 디스펩시아dyspepsia로 고생했다. 가슴앓이와 소화불량이 복합된 알다가도 모를 증세였다.

63 이들 다양한 일기 내용은 메리의 일기장에 표시된 날짜에 따라 확인할 수 있다. Mary Churchill Papers.

64 알렉산더 캐도건은 1941년 4월 7일부터 시작하는 일련의 일기에서 이런 표현을 쓴다. "아주 침통." "완전히 침통." "다소 침통." Cadogan, Diaries, 370.

65 크리스토퍼 오그든은《라이프 오브 더 파티Life of the Party》를 쓰면서 주로 파멜라의 기억에 의존하거나 그녀의 말을 확대해석했다. 파멜라는 이날의 만찬이 런

던 사교계의 유명인사 레이디 에메럴드 큐나드Emerald Cunard의 도체스터 방에서 열렸다고 했다(118-20). 하지만 이 기간에 큐나드 부인은 영국에 없었다. 샐리 베델 스미스Sally Bedell Smith는 《회고 속의 영광Reflected Glory》에서 좀 더 설득력 있는 설명을 제시한다(84-85). 앤 치점Anne Chisholm의 《낸시 큐나드Nancy Cunard》에서는 큐나드가 그날 만찬이 열렸던 시간에 카리브해의 어떤 섬에 있는 것으로 설명한다(159, 261). 하지만 결국 결과는 달라지지 않는다는 점도 알아둘 필요가 있다.

66 루스벨트가 영국에 건넨 구축함 50척에 대한 기록을 보면 착잡한 생각을 금하기 힘들다. 적어도 12척은 연합군 선박과 충돌했고 5척은 미국 선박과 충돌했다. 캐나다 해군은 구축함 2척을 받았다가 1944년 4월에 돌려주려 했지만 미 해군은 거절했다.

하지만 이들 배는 제 몫을 했다. 구축함 선원들이 바다에서 구조한 인명도 1,000명이 넘는다. 그중 총리의 성을 딴 처칠호Churchill는 수송선단을 1941년에만 14차례 호위했다. 이들 구축함은 항공기를 격추시키고, 최소 6척의 잠수함을 침몰시켰으며, U-보트 1척을 온전한 상태로 나포하는 것을 도왔다. 영국 해군은 나포한 잠수함을 자국 함대로 취역시켰다.

전쟁이 길어지면서 미국이 빌려준 구축함들은 퇴역 수순을 밟았다. 12척은 해전에서 조종사를 훈련시킬 때 표적으로 사용되었다. 처칠호를 포함한 8척은 또다른 한 척과 함께 예비 부품으로 활용하기 위해 러시아로 이송되었다.

1945년 1월 16일, 디즈텔니즈호Dejatelnyj(영어로 'Active'라는 뜻)로 개명된 처칠호는 러시아 백해에서 수송선단을 호위하던 중 U-보트에 의해 어뢰를 맞고 침몰했다. 선장과 선원 116명이 실종됐으며 생존자는 7명뿐이었다.

이와 관련하여 가장 좋은 참고 자료는 필립 굿하트Philip Goodhart의 《세계를 구한 50척의 배Fifty Ships That Saved the World》일 것이다. 제목은 과장되었지만 내용은 충실하다.

67 Colville, Fringes of Power, 1:457. 일기를 출간하면서 콜빌은 그 문장에서 단어 두 개를 뺐다. "그에 대한"이었다. 별것 아니지만 그래도 흥미롭다.

68 지구상에서 가장 문명화된 곳 중 하나인 영국국립문서보관소는 헤스에 관한 방대한 자료를 보유하고 있으며, 그중에는 최근에야 전문가들에게 공개된 것도 있다. 여기에는 누구라도 탐낼 만한 상세한 내용이 많이 담겨있는데, 여기서도 코번트리 이야기처럼 음모론자들은 실망을 금치 못할 것이다. 음모는 없었다.

헤스는 어처구니없는 즉흥적인 충동에 의해 영국 정보부에 중재를 요구하지도 않고 무조건 날아갔다. 내가 참조한 자료들은 다음과 같다.

- FO 1093/10.
- "The Capture of Rudolf Hess: Reports and Minutes," WO 199/328.
- WO 199/3288B. (2016년에 공개됨.)
- AIR 16/1266. (당초에 2019년까지 공개하지 않기로 되어 있었으나 예정보다 일찍 공개되었다.)
- "Duke of Hamilton: Allegations Concerning Rudolf Hess," AIR 19/564.
- "Studies in Broadcast Propaganda, No. 29, Rudolf Hess, BBC," INF 1/912.

69 "Prologue: May 10, 1941," Extract, AIR 16/1266, UKARCH. 저술가 데릭 우드 Derek Wood는 이 부분을 명료하고 상세하게 냉정한 입장에서 진술한다. 이 자료는 공군부 서류철에 보관되어 있다.

70 Report, "Rudolf Hess, Flight on May 10, 1941, Raid 42.J," May 18, 1941, AIR 16/1266, UKARCH. 같은 파일의 다음 자료를 참조할 것. "Raid 42J—10/5/1941," No. 34 Group Centre Observer Corps to Royal Observer Corps, Bentley Priory, May 13, 1941; and "Prologue: May 10, 1941," Extract. 다음 자료도 참조할 것. "The Capture of Rudolf Hess: Reports and Minutes," WO 199/328, UKARCH.

71 "Report on the Collection of Drugs, etc., Belonging to German Airman Prisoner, Captain Horn," FO 1093/10, UKARCH. 헤스에게 임시로 배당된 암호명은 '호른Horn'이었다.

72 Winston S. Churchill, Memories and Adventures, 19. The Foreign Office undersecretary, 알렉산더 캐도건의 생각은 달랐다. "아무려면 어떤가. 의원들이 대부분 그 자리에 있었으면 더 좋았을 텐데." Cadogan, Diaries, 377.

73 Harriman, Special Envoy to Churchill and Stalin, 112. 루스벨트는 1941년 12월 8일자 전보에서 당시 소감을 반복했다. 그는 처칠에게 말했다. "오늘 우리 모두는 총리 각하와 대영제국 국민들과 한배를 타게 되었습니다. 이 배는 가라앉지 않을 것이고 가라앉을 수도 없습니다." Roosevelt to Churchill, Dec. 8, 1941, FDR/Map.

74 다른 사람들은 이 부분을 다르게 전하고 있지만 결과는 같다. Thompson, Assignment, 248; Sherwood, Roosevelt and Hopkins, 442; Halle, Irrepressible Churchill, 165.

75 자세한 뒷얘기는 다음 자료를 참조할 것. Hindley, "Christmas at the White House with Winston Churchill." 나는 이 연설을 브리티시파테 뉴스영화로 봤다. 다음 유튜브에서 확인할 수 있다. www.youtube.com/watch?v=dZTRbNThHnk.

참고자료

공문서 및 기록물

· Beaverbrook, Lord (Max Aitken). Papers. Parliamentary Archives, London.
· Burgis, Lawrence. Papers. Churchill Archives Center, Churchill College, Cam\-bridge, U.K.
· Churchill, Clementine (Baroness Spencer-Churchill). Papers. Churchill Archives Center, Churchill College, Cambridge, U.K.
· Churchill, Mary (Mary Churchill Soames). Papers. Churchill Archives Center, Churchill College, Cambridge, U.K.
· Churchill, Randolph. Papers. Churchill Archives Center, Churchill College, Cam\-bridge, U.K.
· Churchill, Winston. Papers. Churchill Archives Center, Churchill College, Cam\-bridge, U.K.
· Colville, John R. Papers. Churchill Archives Center, Churchill College, Cambridge, U.K.
· Eade, Charles. Papers. Churchill Archives Center, Churchill College, Cambridge, U.K.
· Gallup Polls. ibiblio.org. University of North Carolina, Chapel Hill.
· Gilbert, Martin. *The Churchill War Papers*. Vol. 2, *Never Surrender, May 1940 – December 1940*. New York: Norton, 1995.
· ——— . *The Churchill War Papers*. Vol. 3, *The Ever-Widening War, 1941*. New York: Norton, 2000.
· *Hansard*. Proceedings in the House of Commons. London.
· Harriman, Pamela Digby. Papers. Library of Congress, Manuscript Division, Wash\-ington, D.C.

- Harriman, W. Averell. Library of Congress, Manuscript Division, Washington, D.C.
- Ismay, General Hastings Lionel. Liddell Hart Center for Military Archives, King's College London.
- Lindemann, Frederick A. (Viscount Cherwell). Papers. Nuffield College, Oxford.
- Meiklejohn, Robert P. Papers. Library of Congress, Manuscript Division, Washing\-ton, D.C.
- National Archives of the United Kingdom, Kew, England (UKARCH).
- National Meteorological Library and Archive, Exeter, U.K. Digital archive: www.metoffice.gov.uk/research/library-and-archive/archive-hidden-treasures/monthly-weather-reports.
- Roosevelt, Franklin D. Papers as President: Map Room Papers, 1941 – 1945 (FDR/Map).
- Roosevelt, Franklin D. Papers as President: The President's Secretary's File, 1933 – 1945. Franklin D. Roosevelt Presidential Library & Museum. Digital collec\-tion: www.fdrlibrary.marist.edu/archives/collections/franklin/?p=collections/findingaid&id=502.
- ———. Confidential File (FDR/Conf).
- ———. Diplomatic File (FDR/Diplo).
- ———. Safe File (FDR/Safe).
- ———. Subject File (FDR/Subject).
- Spaatz, Carl. Papers. Library of Congress, Manuscript Division, Washington, D.C.

도서 및 간행물

- Addison, Paul. *Churchill on the Home Front, 1900 – 1955*. London: Pimlico, 1993.
- Addison, Paul, and Jeremy A. Crang, eds. *Listening to Britain: Home Intelligence Reports on Britain's Finest Hour, May to September 1940*. London: Vintage, 2011.
- Adey, Peter, David J. Cox, and Barry Godfrey. *Crime, Regulation, and Control Dur\-ing the Blitz: Protecting the Population of Bombed Cities*. London: Bloomsbury, 2016.
- Alanbrooke, Lord. *War Diaries, 1939 – 1945*. London: Weidenfeld & Nicolson, 2001.
- Allingham, Margery. *The Oaken Heart: The Story of an English Village at War*. 1941. Pleshey, U.K.: Golden Duck, 2011.
- "The Animals in the Zoo Don't Mind the Raids." *War Illustrated*, Nov. 15, 1940.

- Awcock, Hannah. "On This Day: Occupation of the Savoy, 14th September 1940." *Turbulent London*. turbulentlondon.com/2017/09/14/on-this-day-occupation-of-the-savoy-14th-september-1940/.

- Baker, David. *Adolf Galland: The Authorized Biography*. London: Windrow & Greene, 1996.

- Baumbach, Werner. *The Life and Death of the Luftwaffe*. New York: Ballantine, 1949.

- Beaton, Cecil. *History Under Fire: 52 Photographs of Air Raid Damage to London Buildings, 1940 – 41*. London: Batsford, 1941.

- Bekker, Cajus. *The Luftwaffe Diaries*. London: Macdonald, 1964.

- Bell, Amy. "Landscapes of Fear: Wartime London, 1939 – 1945." *Journal of British Stud\-ies* 48, no. 1 (Jan. 2009).

- Below, Nicolaus von. *At Hitler's Side: The Memoirs of Hitler's Luftwaffe Adjutant, 1937 – 1945*. London: Greenhill, 2001.

- Berlin, Isaiah. *Personal Impressions*. 1949. New York: Viking, 1980.

- Berrington, Hugh. "When Does Personality Make a Difference? Lord Cherwell and the Area Bombing of Germany." *International Political Science Review* 10, no. 1 (Jan. 1989).

- Bessborough, Lord. *Enchanted Forest: The Story of Stansted in Sussex*. With Clive Aslet. London: Weidenfeld & Nicolson, 1984.

- Birkenhead, Earl of. *The Prof in Two Worlds: The Official Life of Professor F. A. Linde\-mann, Viscount Cherwell*. London: Collins, 1961.

- Boelcke, Willi A., ed. *The Secret Conferences of Dr. Goebbels: The Nazi Propaganda War, 1939 – 43*. New York: Dutton, 1970.

- Booth, Nicholas. *Lucifer Rising: British Intelligence and the Occult in the Second World War*. Cheltenham, U.K.: History Press, 2016.

- Borden, Mary. *Journey down a Blind Alley*. New York: Harper, 1946.

- Bullock, Alan. *Hitler: A Study in Tyranny*. New York: Harper, 1971.

- Cadogan, Alexander. *The Diaries of Alexander Cadogan, O.M., 1938 – 1945*. Edited by David Dilks. New York: Putnam, 1972.

- Carter, Violet Bonham. *Winston Churchill: An Intimate Portrait*. New York: Harcourt, 1965.

- Channon, Henry. *"Chips": The Diaries of Sir Henry Channon*. Edited by Robert Rhodes

James. London: Phoenix, 1996.

· Charmley, John. "Churchill and the American Alliance." *Transactions of the Royal His\-torical Society* 11 (2001).

· Chisholm, Anne. *Nancy Cunard*. London: Sidgwick & Jackson, 1979.

· Chisholm, Anne, and Michael Davie. *Beaverbrook: A Life*. London: Pimlico, 1993.

· Churchill, Sarah. *Keep on Dancing: An Autobiography*. Edited by Paul Medlicott. Lon\-don: Weidenfeld & Nicolson, 1981.

· Churchill, Winston. *The Grand Alliance*. Boston: Houghton Mifflin, 1951.

· ———. *Great Contemporaries*. London: Odhams Press, 1947.

· ———. *Their Finest Hour*. Boston: Houghton Mifflin, 1949.

· Churchill, Winston S. *Memories and Adventures*. New York: Weidenfeld & Nicolson, 1989.

· Clapson, Mark. *The Blitz Companion*. London: University of Westminster Press, 2019.

· Cockett, Olivia. *Love and War in London: The Mass Observation Wartime Diary of Olivia Cockett*. Edited by Robert Malcolmson. Stroud, U.K.: History Press, 2009.

· Collier, Basil. *The Battle of Britain*. London: Collins, 1962.

· ———. *The Defense of the United Kingdom*. London: Imperial War Museum; Nash\-ville: Battery Press, 1995.

· Collier, Richard. *The City That Would Not Die: The Bombing of London, May 10 – 11, 1941*. New York: Dutton, 1960.

· Colville, John. *Footprints in Time: Memories*. London: Collins, 1976.

· ———. *The Fringes of Power: Downing Street Diaries, 1939 – 1955*. Vol. 1, *September 1939 – September 1941*. London: Hodder & Stoughton, 1985.

· ———. *The Fringes of Power: Downing Street Diaries, 1939 – 1955*. Vol. 2, *October 1941 – 1955*. London: Hodder & Stoughton, 1987.

· ———. *Winston Churchill and His Inner Circle*. New York: Wyndham, 1981. Origi\-nally published in Britain, under the title *The Churchillians*.

· Conant, James B. *My Several Lives: Memoirs of a Social Inventor*. New York: Harper & Row, 1970.

· Cooper, Diana. *Trumpets from the Steep*. London: Century, 1984.

· Costigliola, Frank. "Pamela Churchill, Wartime London, and the Making of the Special Relationship." *Diplomatic History* 36, no. 4 (Sept. 2012).

· Cowles, Virginia. *Looking for Trouble*. 1941. London: Faber and Faber, 2010.

· ———. *Winston Churchill: The Era and the Man*. New York: Harper & Brothers, 1953.

· Dalton, Hugh. *The Fateful Years: Memoirs, 1931 – 1945*. London: Frederick Muller, 1957.

· Danchev, Alex. " 'Dilly–Dally,' or Having the Last Word: Field Marshal Sir John Dill and Prime Minister Winston Churchill." *Journal of Contemporary History* 22, no. 1 (Jan. 1987).

· Davis, Jeffrey. "Atfero: The Atlantic Ferry Organization." *Journal of Contemporary History* 20, no. 1 (Jan. 1985).

· Dockter, Warren, and Richard Toye. "Who Commanded History? Sir John Colville, Churchillian Networks, and the 'Castlerosse Affair.' " *Journal of Contemporary History* 54, no. 2 (2019).

· Donnelly, Peter, ed. *Mrs. Milburn's Diaries: An Englishwoman's Day-to-Day Reflections, 1939 – 1945*. London: Abacus, 1995.

· Douglas–Hamilton, James. *Motive for a Mission: The Story Behind Hess's Flight to Britain*. London: Macmillan, 1971.

· Ebert, Hans J., Johann B. Kaiser, and Klaus Peters. *Willy Messerschmitt: Pioneer of Avia\-tion Design*. Atglen, Pa.: Schiffer, 1999.

· Eden, Anthony. *The Reckoning: The Memoirs of Anthony Eden, Earl of Avon*. Boston: Houghton Mifflin, 1965.

· Eden, Clarissa. *Clarissa Eden: A Memoir, from Churchill to Eden*. Edited by Cate Haste. London: Weidenfeld & Nicolson, 2007.

· Elletson, D. H. *Chequers and the Prime Ministers*. London: Robert Hale, 1970.

· Farrer, David. *G—for God Almighty: A Personal Memoir of Lord Beaverbrook*. London: Weidenfeld & Nicolson, 1969.

· ———. *The Sky's the Limit: The Story of Beaverbrook at M.A.P.* London: Hutchinson, 1943.

· Feigel, Lara. *The Love-Charm of Bombs: Restless Lives in the Second World War*. New York: Bloomsbury, 2013.

· Field, Geoffrey. "Nights Underground in Darkest London: The Blitz, 1940 – 41." *In\-ternational Labor and Working-Class History*, no. 62 (Fall 2002).

· Fort, Adrian. *Prof: The Life of Frederick Lindemann*. London: Pimlico, 2003.

- Fox, Jo. "Propaganda and the Flight of Rudolf Hess, 1941−45." *Journal of Modern His\-tory* 83, no. 1 (March 2011).
- Fry, Plantagenet Somerset. *Chequers: The Country Home of Britain's Prime Ministers.* London: Her Majesty's Stationery Office, 1977.
- Galland, Adolf. *The First and the Last: The Rise and Fall of the German Fighter Forces, 1938−1945.* New York: Ballantine, 1954.
- Gilbert, Martin. *Finest Hour: Winston S. Churchill, 1939−41.* London: Heinemann, 1989.
- Goldensohn, Leon. *The Nuremberg Interviews: An American Psychiatrist's Conversa\-tions with the Defendants and Witnesses.* Edited by Robert Gellately. New York: Knopf, 2004.
- Goodhart, Philip. *Fifty Ships That Saved the World: The Foundation of the Anglo−American Alliance.* London: Heinemann, 1965.
- Goodwin, Doris Kearns. *No Ordinary Time: Franklin and Eleanor Roosevelt: The Home Front in World War II.* New York: Simon & Schuster, 1994.
- Graves, Charles. *Champagne and Chandeliers: The Story of the Café de Paris.* London: Odhams Press, 1958.
- Greene, Graham. *Ways of Escape.* New York: Simon & Schuster, 1980.
- Gullan, Harold I. "Expectations of Infamy: Roosevelt and Marshall Prepare for War, 1938−41." *Presidential Studies Quarterly* 28, no. 3 (Summer 1998).
- Halder, Franz. *The Halder War Diary, 1939−1942.* Edited by Charles Burdick and Hans−Adolf Jacobsen. London: Greenhill Books, 1988.
- Halle, Kay. *The Irrepressible Churchill: Stories, Sayings, and Impressions of Sir Winston Churchill.* London: Facts on File, 1966.
- ———. *Randolph Churchill: The Young Unpretender.* London: Heinemann, 1971.
- Harriman, W. Averell. *Special Envoy to Churchill and Stalin, 1941−1946.* New York: Random House, 1975.
- Harrisson, Tom. *Living Through the Blitz.* New York: Schocken Books, 1976.
- Harrod, Roy. *The Prof: A Personal Memoir of Lord Cherwell.* London: Macmillan, 1959.
- Hastings, Max. *Winston's War: Churchill, 1940−45.* New York: Knopf, 2010.
- Hickman, Tom. *Churchill's Bodyguard.* London: Headline, 2005.
- Hindley, Meredith. "Christmas at the White House with Winston Churchill." *Hu\-manities* 37, no. 4 (Fall 2016).

· Hinton, James. *The Mass Observers: A History, 1937 – 1949*. Oxford: Oxford University Press, 2013.

· Hitler, Adolf. *Hitler's Table Talk, 1941 – 1944*. Translated by Norman Cameron and R. H. Stevens. London: Weidenfeld & Nicholson, 1953.

· Hylton, Stuart. *Their Darkest Hour: The Hidden History of the Home Front, 1939 – 1945*. Stroud, U.K.: Sutton, 2001.

· Ismay, Lord. *The Memoirs of General the Lord Ismay*. London: Heinemann, 1960.

· Jenkins, J. Gilbert. *Chequers: A History of the Prime Minister's Buckinghamshire Home*. London: Pergamon, 1967.

· Jenkins, Roy. *Churchill*. London: Macmillan, 2002.

· Jones, R. V. *Most Secret War: British Scientific Intelligence, 1939 – 1945*. London: Hodder & Stoughton, 1978.

· Kendall, David, and Kenneth Post. "The British 3-Inch Anti-aircraft Rocket. Part One: Dive-Bombers." *Notes and Records of the Royal Society of London* 50, no. 2 (July 1996).

· Kennedy, David M. *The American People in World War II: Freedom from Fear*. Oxford: Oxford University Press, 1999.

· Kershaw, Ian. *Hitler, 1936 – 1945: Nemesis*. New York: Norton, 2000.

· Kesselring, Albert. *The Memoirs of Field-Marshal Kesselring*. Novato, Calif.: Presidio Press, 1989.

· Kimball, Warren F. *Churchill and Roosevelt: The Complete Correspondence*. Vol. 1. Princeton, N.J.: Princeton University Press, 2015.

· Klingaman, William K. *1941: Our Lives in a World on the Edge*. New York: Harper & Row, 1988.

· Koch, H. W. "Hitler's 'Programme' and the Genesis of Operation 'Barbarossa.' " *His\-torical Journal* 26, no. 4 (Dec. 1983).

· ———. "The Strategic Air Offensive Against Germany: The Early Phase, May – September 1940." *Historical Journal* 34, no. 1 (March 1991).

· Landemare, Georgina. *Recipes from No. 10*. London: Collins, 1958.

· Lee, Raymond E. *The London Observer: The Journal of General Raymond E. Lee, 1940 – 41*. Edited by James Leutze. London: Hutchinson, 1971.

· Leslie, Anita. *Cousin Randolph: The Life of Randolph Churchill*. London: Hutchinson,

1985.

· Leutze, James. "The Secret of the Churchill-Roosevelt Correspondence: September 1939 - May 1940." *Journal of Contemporary History* 10, no. 3 (July 1975).

· Lewin, Ronald. *Churchill as Warlord*. New York: Stein and Day, 1973.

· Longmate, Norman. *Air Raid: The Bombing of Coventry, 1940*. New York: David McKay, 1978.

· Lough, David. *No More Champagne*. New York: Picador, 2015.

· Lukacs, John. *Five Days in London, May 1940*. New Haven, Conn.: Yale University Press, 1999.

· Mackay, Robert. *The Test of War: Inside Britain, 1939 - 1945*. London: University Col\-lege of London Press, 1999.

· Maier, Thomas. *When Lions Roar: The Churchills and the Kennedys*. New York: Crown, 2014.

· Major, Norma. *Chequers: The Prime Minister's Country House and Its History*. London: HarperCollins, 1996.

· Manchester, William, and Paul Reid. *Defender of the Realm, 1940 - 1965*. Vol. 3 of *The Last Lion: Winston Spencer Churchill*. New York: Bantam, 2013.

· Martin, John. *Downing Street: The War Years*. London: Bloomsbury, 1991.

· Matless, David. *Landscape and Englishness*. London: Reaktion Books, 1998.

· Miller, Edith Starr. *Occult Theocracy*. Abbeville, France: F. Paillart, 1933.

· Moran, Lord. *Churchill, Taken from the Diaries of Lord Moran: The Struggle for Survival, 1940 - 1965*. Boston: Houghton Mifflin, 1966.

· Murray, Williamson. *Strategy for Defeat: The Luftwaffe, 1933 - 1945*. Royston, U.K.: Quantum, 2000.

· Nel, Elizabeth. *Mr. Churchill's Secretary*. London: Hodder & Stoughton, 1958.

· Nicolson, Harold. *The War Years, 1939 - 1945: Diaries and Letters*. Edited by Nigel Nicolson. Vol. 2. New York: Atheneum, 1967.

· Niven, David. *The Moon's a Balloon*. New York: Dell, 1972.

· Nixon, Barbara. *Raiders Overhead: A Diary of the London Blitz*. London: Scolar Press, 1980.

· Ogden, Christopher. *Life of the Party: The Biography of Pamela Digby Churchill Hayward Harriman*. London: Little, Brown, 1994.

- Olson, Lynne. *Troublesome Young Men*. New York: Farrar, Straus and Giroux, 2007.
- Overy, Richard. *The Battle of Britain: The Myth and the Reality*. New York: Norton, 2001.
- ——— . *The Bombing War: Europe, 1939 – 1945*. London: Penguin, 2014.
- ——— . *Goering: Hitler's Iron Knight*. London: I. B. Tauris, 1984.
- Packwood, Allen. *How Churchill Waged War: The Most Challenging Decisions of the Sec\-ond World War*. Yorkshire, U.K.: Frontline Books, 2018.
- Panter-Downes, Mollie. *London War Notes, 1939 – 1945*. New York: Farrar, Straus and Giroux, 1971.
- Pawle, Gerald. *The War and Colonel Warden*. New York: Knopf, 1963.
- Phillips, Paul C. "Decision and Dissension—Birth of the RAF." *Aerospace Historian* 18, no. 1 (Spring 1971).
- Pottle, Mark, ed. *Champion Redoubtable: The Diaries and Letters of Violet Bonham Carter, 1914 – 1945*. London: Weidenfeld & Nicolson, 1998.
- Purnell, Sonia. *Clementine: The Life of Mrs. Winston Churchill*. New York: Penguin, 2015.
- Roberts, Andrew. *"The Holy Fox": The Life of Lord Halifax*. London: Orion, 1997.
- ——— . *Masters and Commanders: How Four Titans Won the War in the West, 1941 – 1945*. New York: Harper, 2009.
- Roberts, Brian. *Randolph: A Study of Churchill's Son*. London: Hamish Hamilton, 1984.
- Ryan, Alan. *Bertrand Russell: A Political Life*. New York: Hill & Wang, 1988.
- Sherwood, Robert E. *Roosevelt and Hopkins: An Intimate History*. New York: Harper, 1948.
- ——— . *The White House Papers of Harry L. Hopkins*. Vol. 1. London: Eyre & Spot\-tiswoode, 1949.
- Shirer, William L. *Berlin Diary: The Journal of a Foreign Correspondent, 1934 – 1941*. 1941. New York: Tess Press, 2004.
- Showell, Jak Mallman, ed. *Führer Conferences on Naval Affairs, 1939 – 1945*. Stroud, U.K.: History Press, 2015.
- Smith, Sally Bedell. *Reflected Glory: The Life of Pamela Churchill Harriman*. New York: Simon & Schuster, 1996.
- Soames, Mary. *Clementine Churchill: The Biography of a Marriage*. Boston: Houghton Mifflin, 1979.
- ——— . *A Daughter's Tale: The Memoir of Winston and Clementine Churchill's Youngest

Child. London: Transworld, 2011.

· ———, ed. *Speaking for Themselves: The Personal Letters of Winston and Clementine Churchill*. Toronto: Stoddart, 1998.

· Spears, Edward. *The Fall of France, June 1940*. Vol. 2 of *Assignment to Catastrophe*. New York: A. A. Wyn, 1955.

· Speer, Albert. *Inside the Third Reich*. New York: Macmillan, 1970.

· Stafford, David, ed. *Flight from Reality: Rudolf Hess and His Mission to Scotland, 1941*. London: Pimlico, 2002.

· Stansky, Peter. *The First Day of the Blitz: September 7, 1940*. New Haven, Conn.: Yale University Press, 2007.

· Stelzer, Cita. *Dinner with Churchill: Policy-Making at the Dinner Table*. New York: Pegasus, 2012.

· ———. *Working with Churchill*. London: Head of Zeus, 2019.

· Strobl, Gerwin. *The Germanic Isle: Nazi Perceptions of Britain*. Cambridge, U.K.: Cam\-bridge University Press, 2000.

· Süss, Dietmar. *Death from the Skies: How the British and Germans Survived Bombing in World War II*. Oxford: Oxford University Press, 2014.

· Taylor, A.J.P. *Beaverbrook*. New York: Simon & Schuster, 1972.

· Taylor, Fred, ed. and trans. *The Goebbels Diaries, 1939–1941*. New York: Putnam, 1983.

· Thomas, Martin. "After Mers-el-Kébir: The Armed Neutrality of the Vichy French Navy, 1940–43." *English Historical Review* 112, no. 447 (June 1997).

· Thomas, Ronan. "10 Downing Street." *West End at War*. www.westendatwar.org.uk/page/10_downing_street.

· Thompson, Walter. *Assignment: Churchill*. New York: Farrar, Straus and Young, 1955.

· Toliver, Raymond F., and Trevor J. Constable. *Fighter General: The Life of Adolf Ga\-land*. Zephyr Cove, Nev.: AmPress, 1990.

· Toye, Richard. *The Roar of the Lion: The Untold Story of Churchill's World War II Speeches*. Oxford: Oxford University Press, 2013.

· Treasure, Tom, and Carol Tan. "Miss, Mister, Doctor: How We Are Titled Is of Lit\-tle Consequence." *Journal of the Royal Society of Medicine* 99, no. 4 (April 2006).

· Trevor-Roper, H. R., ed. *Blitzkrieg to Defeat: Hitler's War Directives, 1939–1945*. New

York: Holt, Rinehart, 1965.

· Tute, Warren. *The Deadly Stroke*. New York: Coward, McCann & Geoghegan, 1973.

· Wakefield, Ken. *Pfadfinder: Luftwaffe Pathfinder Operations over Britain, 1940–44*. Charleston, S.C.: Tempus, 1999.

· Wakelam, Randall T. "The Roaring Lions of the Air: Air Substitution and the Royal Air Force's Struggle for Independence After the First World War." *Air Power History* 43, no. 3 (Fall 1996).

· Waugh, Evelyn. *The Diaries of Evelyn Waugh*. Edited by Michael Davie. London: Phoenix, 1976.

· Wheeler–Bennett, John, ed. *Action This Day: Working with Churchill*. London: Mac\-millan, 1968.

· ———. *King George VI: His Life and Reign*. London: Macmillan, 1958.

· Wilson, Thomas. *Churchill and the Prof*. London: Cassell, 1995.

· Winant, John G. *A Letter from Grosvenor Square: An Account of a Stewardship*. London: Hodder & Stoughton, 1948.

· Wrigley, Chris. *Winston Churchill: A Biographical Companion*. Santa Barbara, Calif.: ABC–CLIO, 2002.

· Wyndham, Joan. *Love Lessons: A Wartime Diary*. Boston: Little, Brown, 1985.

· Young, Kenneth. *Churchill and Beaverbrook: A Study in Friendship and Politics*. London: Eyre & Spottiswoode, 1966.

· Ziegler, Philip. *London at War, 1939–1945*. London: Sinclair–Stevenson, 1995.

찾아보기

폭격기의 달이 뜨면

1940 런던 공습, 전격하는 히틀러와 처칠의 도전

1판 1쇄 펴냄 | 2021년 12월 10일
1판 5쇄 펴냄 | 2022년 11월 20일

지은이 | 에릭 라슨
옮긴이 | 이경남
발행인 | 김병준
편　집 | 김서영
디자인 | 최초아
마케팅 | 정현우··차현지
발행처 | 생각의힘

등록 | 2011. 10. 27. 제406-2011-000127호
주소 | 서울시 마포구 독막로6길 11, 우대빌딩 2, 3층
전화 | 02-6925-4185(편집), 02-6925-4188(영업)
팩스 | 02-6925-4182
전자우편 | tpbook1@tpbook.co.kr
홈페이지 | www.tpbook.co.kr

ISBN 979-11-90955-46-1 03920